中华人民共和国

江西日史

第七卷

（1995～1999）

中华人民共和国日史编辑委员会

江西编辑室 编

名誉主编：孙家正　李金华　张文彬

　　　　　张承钧　李永田

主　　编：孙用和　蒋仲平　魏丕植

　　　　　管志仁　沈谦芳

副主编：符　伟　杨德保　廖世槐

　　　　　罗益昌　张翊华

人民出版社

目 录

第七卷

1995 年 1

1996 年 81

1997 年 157

1998 年 241

1999 年 313

CONTENTS

1995 年

概　要

中共中央总书记江泽民到江西考察农业。先后在德安、九江、湖口、彭泽、永修、南昌等地，察看粮棉油生产、养殖业、红壤开发和乡镇企业的发展情况，并与基层干部群众交谈。肯定了江西"不仅在改革和发展中取得了新的成绩，而且取得了重要经验"，指出"江西省不声不响地有了很大的进步和显著的变化"，江西"坚持走加强农业、促进江西省经济发展的路子"，"这个路子走得对"。8月，中共江西省第十次代表大会总结了省第九次党代会以来的5年工作和主要经验，确定了江西省未来5年至15年的基本任务和战略构思："坚持把江西经济大厦建立在现代农业基础之上，抓住京九铁路贯通和沿长江开放开发的机遇，以京九沿线为主干、浙赣沿线为两翼，开创大开放格局，拓展生产力布局；加强农业，主攻工业，繁荣第三产业，推进基础设施建设，加快县域经济发展，加速工业化、城镇化进程"。将加快发展县域经济确定为未来江西发展的重大取向之一。全省各地发展县域经济的重点，集中在着力发展农业、乡镇企业、个体私营经济和小城镇建设四个方面。

现代企业制度的改革试点　省政府印发《江西省一九九五年经济体制改革实施要点》，提出体改总任务是重点推进以建立现代企业制度为目标和国有企业改革，配套进行社会保障体制，国有资产管理体制和培育要素市场，建立健全社会保障体系、国有资产管理运营体系和市场体系；改革措施紧紧围绕抑制通货膨胀、调整经济结构、提高经济效益、增加有效供给进行。104家企业进行建立现代企业制度的改革试点，新余钢铁有限责任公司则被列为"全国百家试点企业"。试点企业按照"产权明晰，权责明确，政企分开，管理科学"的要求，明晰产权关系，建立出资人制度和法人治理结构，在改革劳动、人事、分配制度等方面进行了积极努力。为配合现代企业制度试点，省政府又在电子、冶金、化工、医药、建材、纺织、农垦、物资八个省直部门和省建筑总公司进行组建资产营运主体，实行国有资产授权经营的试点，探索建立国有资本出资人制度。

国际援助　自1991年以来，联合国开发署、科教文组织和粮农组织以及德、日、以、美、英、法、加、荷、瑞士和瑞典等十多个国际组织和国家，先后派员来赣，以各种方式进行合作和援助。1月，欧盟社会经济发展理事会会议高度评价江西山江湖工程可作为发展中国家社会经济持续发展的重要借鉴，一些国家当场表达了援助与合作意向。德国政府批准了10年（1995~2005）大规模援助计划，欧盟确定了无偿援助项目，国际农业发展基金组织提供了贷款，以色列与江西省签署了长期技术合作协定，山江湖工程总计已得到国内外投资、无偿援助和贷款达6亿美元。山江湖工程是一项浩大繁复的计划用时50年左右的跨世纪系统工程。到本年已基本消灭宜林荒山，森林覆盖率跃居全国第二。

昌九工业走廊吸引外资 昌九工业走廊相继建成一批基础设施项目，在交通、电力、通信方面成为全省最为发达的地区。走廊地区出现了较快的发展速度，国内生产总值和工业总产值均超过了"总体规划"规定的本年分别达到 138 亿元和 300 亿元的目标，1992 年至本年走廊的国内生产总值平均增长 22%，高出全省平均增长速度 6 个百分点，占全省的比重本年达到 26.1% 的历史最高水平。昌九工业走廊的建设在海内外产生了一定的影响，成为海内外对江西的主要关注点之一。国家有关部门曾将其列为 21 世纪中国十大经济热点之一，介绍外商和外省市前来考察和投资。昌九工业走廊成为全省吸引外资的热点和重点地区，从 1992 年至 1995 年间，先后引进产值 1 亿元以上、外商投资的项目 10 余个，全省外商投资 1000 万美元以上的项目大部分集中在走廊区，走廊实际利用外资数额占全省一半左右，外资来源 90% 来自东南亚地区。

京九铁路全线铺通 11 月，京九铁路全线提前铺通。京九铁路江西段北起九江市，南至定南县，从北至南穿越江西 26 个县（市、区），长达 704.9 公里，占全线总长近 1/3。其建成开通，对江西的经济社会发展具有重大意义。它恢复了江西近代以来失落的全国南北通衢的交通优势，改变了江西在全国经济社会格局中的战略地位，为快速北上南下，扩大对外开放和招商引资，密切与东南沿海地区的联系，提供了更为便捷的条件，它彻底结束了江西中南部广大地区无铁路的历史。为改变全省生产力布局长期"北密南稀"、"北强南弱"的不平衡状态，为经济的流通和发展以及人们的出行，提供了便利条件。京九铁路对江西的影响是全局的、长久的、多方面的。

城镇企业职工养老保险 10 月，省政府推出《江西省城镇企业职工养老保险制度改革实施方案》，将养老保险扩大到个体、私营企业和"三资"企业的中方职工，实现了全省制度和政策的统一；建立了个人账户，确定个人缴纳保险费的比例，形成社会统筹与个人账户相结合的老有所养的新制度。

其他重要事件 从本年起，江西计划用 10 年左右时间兴建南昌—樟树—吉安—赣粤边界高速公路，全长 580 公里，总投资约 105 亿元。省政府确定首批 34 项基建重点项目，项目总规模 309.2 亿元，年计划投资 74.5 亿元，其中建成投产项目 12 项，收尾项目 6 项，续建项目 13 项，新建项目 3 项。省政府提出江西省九五技术改造要力争上 100 个大项目，投入 200 亿元，新增 500 亿元产值。10 月，省委《关于加强社会主义精神文明建设若干重要问题的建议》指出，要大力弘扬井冈山精神，一手抓物质文明建设，一手抓精神文明建设。省政府印发《江西省妇女发展规划（1995~2000）》、《江西省关于〈90 年代国家产业政策纲要〉的实施细则》；省政府印发《江西省贯彻〈中国教育改革和发展纲要〉实施意见》，提出了江西在本世纪教育改革与发展的总目标，以及基本普及九年义务教育和扫除青壮年文盲，发展职业教育、成人教育和高等教育，加强师资队伍建设和增加教育投入等具体任务。省政府自 5 月 1 日起施行《江西省最低工资规定》，规定江西省一、二、三、四类区域每月最低工资分别为 190 元、170 元、150 元、140 元。按照国务院规定和省政府《关于实施新工时制度的通知》，自 5 月 1 日起，江西省机关、社会团体、企事业单位和其他组织全部执行职工每日工作 8 小时、每周工作 40 小时的工作制度（周六、周日为公休日）。

全省本年主要经济指标情况 国民生产总值 1261.73 亿元，比上年增长 14.2%，比 1990 年增长 98.4%。农业总产值 631.71 亿元，增长 5.2%；工业总产值（本年起按新规定计算）1170.13 亿元，增长 35.6%。财政收入 105 亿元，增长 18.5%，其中地方财政收入 64 亿元，增长 29.9%。第一产业产值 374.64 亿元，比上年增长 5%；粮食总产量 321.48 亿斤，增长 0.2%。森林覆盖率达到 50.9%。第二产业产值 479.12 亿元，比上年增长 23.4%；第三产业产值 391.35 亿元，比上年增长 13.7%。进出口贸易额 16.63 亿美元，其中出口 14.3 亿美元，增长 34.1%；当年实际利用外资 4.5356 亿美元。商品零售物价上涨 15.9%，涨幅比上年下降 8 个百分点。年末全省总人口 4062.54 万人，人口自然增长率 11.66‰。

1995
1月
January

公元 1995 年 1月							农历乙亥年【猪】						
日	一	二	三	四	五	六	日	一	二	三	四	五	六
1 元旦	**2** 初二	**3** 初三	**4** 初四	**5** 初五	**6** 小寒	**7** 初七	**8** 腊八节	**9** 初九	**10** 初十	**11** 十一	**12** 十二	**13** 十三	**14** 十四
15 十五	**16** 十六	**17** 十七	**18** 十八	**19** 十九	**20** 大寒	**21** 廿一	**22** 廿二	**23** 廿三	**24** 廿四	**25** 廿五	**26** 廿六	**27** 廿七	**28** 廿八
29 廿九	**30** 三十	**31** 春节											

1 日　江西移动电话与全国20个使用摩托罗拉系统的省、市、自治区联网，实现自动漫游。

2 日　庐山连续三年未发生森林火灾。国家林业部、人事部授予庐山管理局"森林防火先进单位"称号。

2 日　由江西电视台和远大集团公司联合举办的"远大鄱阳湖"杯江西电视台播音员大赛圆满结束。萍乡、上饶、景德镇、宜春、吉安电视台选送的播音员获二等奖；新余钢铁总厂、九江石化总厂、抚州地区电视台选送的播音员获三等奖；鹰潭台、赣州台和江西铜业公司电视台选送的播音员获优秀奖；一等奖空缺。

2 日　宁都县退休干部火石，在中国现代文化学会艺术部举办的"世界书画展"中，以古代甲骨文与现代书法融为一体的作品"咏梅"获铜奖，并获"世界艺术家"称号。他的作品岩画、国画多次在日本等国展出，国画作品还在"国际和平"书画大赛中获优秀作品奖，被编入《20世纪中华艺苑掇英》大画册。

2 日　信丰县古陂村老均背小组村民黄小明在打屋基时挖出两大罐铜钱，从形制上推断："金"字头带有"镞"形，"铢"字上面平齐，属西汉五铢钱。

2 日　江西省研制出安全有效的节育器，获国家专利。

3 日　原总后勤部副政委李真，将自己收藏多年的国画珍品拍卖，并将所得50余万元捐赠给老区永新县建一所中学。

3 日　三清山风景名胜区总体规划由国家建设部批准实施。该景区以山岳自然景观为主要特色，兼有道教遗存，是供游览观光、开展科学研

三清山的猴头杜鹃花

究的山岳型国家重点风景名胜区，辖区总面积为229.5平方公里。

3日 樟树市刘公亩乡陈乐三等人收集、整理、编纂的民间舞蹈《老虎舞》、《蛤蟆舞》已入选《中国民族民间舞蹈集成·江西卷》，获国家重点艺术科研成果奖。

3日 经国务院批准，贵溪冶炼厂二期工程正式立项，初步设计审查在北京经专家论证获通过。

3日 省科委、省科协、省科学院等单位联合编写的《江西省科学技术志》，由中国科学技术出版社正式出版。

3日 丰城市拖船乡政府聂云军在烟台举行的"1994国际硬笔书法家精品大展"上，获银质奖并入编《国际硬笔书法家大辞典（第一卷）》。

3日 江西省民间文艺家协会会员、都昌县著名民间文艺家陈印昌被选入《中国当代民间艺术界名人总鉴》一书。该书由文化部、中国文联、中国民协主编并由中央民族大学出版社出版发行。

3日 新编《瑞金县志》由中央文献出版社出版。全书分为37部类，计160余万字。

4日 省山江湖开发治理委员会召开全体委员会议。从1995年开始，江西山江湖工程进入大规模开发治理新阶段。会议由省长兼省山江湖开发治理委员会主任吴官正主持。全体委员听取并审议了省山江湖开发治理委员会副主任杨淳朴所作的关于山江湖工程1994年工作情况和全省山江湖开发治理"九五"计划概要的汇报。吴官正即席讲话强调：山江湖工程是造福子孙后代的跨世纪工程，要坚持"三结合"，即治山、治江、治湖与治穷相结合；经济建设、社会发展与改善生态环境相结合；当前工作与长远规划相结合。省委常委、省山江湖委副主任张逢雨，副省长、省山江湖委副主任黄懋衡到会并讲话。

4日 全国总工会以滕一龙副主席为团长的"送温暖"慰问团抵达南昌，对江西省职工特别是困难职工进行慰问。省委副书记卢秀珍会见了滕一龙一行，代表省委、省政府向全国总工会

"送温暖"慰问团表示热烈欢迎，对他们前来江西省看望和慰问困难职工，把党中央的关怀送给困难职工表示诚挚的敬意。

4日 广昌县白莲饮料厂推出的新型天然高级保健饮品——"莲帝"牌莲子汁，获"1994中国国际饮料及饮料加工设备展览会金奖"，并被推荐为第四次世界妇女大会指定饮品。

4日 上饶市电焊条厂研制的银基钎料、铜基钎料两个系列4种产品通过技术鉴定。

4日 江西青年作家陶云凤的第二本寓言故事集《"糊涂官"断荒唐案》，由北京科学普及出版社出版。省政协副主席兼秘书长江国镇为此书题写了书名。

4日 省、地、市委党校和省直工委党校校长会议在省委党校召开。出席会议的各地市委党校和省直工委党校校长总结了成绩，交流了经验。校长们就新的一年里进一步贯彻中共十四届四中全会决定精神，加快党校自身改革和发展等问题谈了各自的意见。省委副书记、省委党校校长卢秀珍出席会议并讲话。会议于5日结束。

5日 宜春地区计划生育工作连续三年获省计划生育工作目标管理考核第一名。国家计生委、人事部授予宜春地区计生委"全国计划生育工作先进集体"称号。

5日 江西邮政特快业务开办局已发展到91个。

5日 江西青年书法家程欣荣，在"国际硬笔书法家精品展"评选中获银质奖。

5日 江西青年作家傅太平的中短篇小说集《小村》，入选《21世纪文学之星丛书（1994年卷）》。

5日 大型征文"中国女知识青年的足迹"在北京举行颁奖，江西共青垦殖场陆建珠的文章，获得征文一等奖。

5日 经省政府决定，江西省产权交易中心正式成立。该中心以盘活存量资产，优化资源配置，规划产权交易行为为主要任务。

5日 江西省体改工作会议召开。会议提出：1995年改革总任务是，突出重点，配套进行三个体系建设，抓好关系全局的十项改革：开展

清产核资工作；选择100家企业进行建立现代企业制度配套改革试点；在南昌、九江、景德镇选择部分行业推广"改制、改组、改造相结合"的全行业综合改革经验；对占国有企业90%以上的小型国有企业改、转、租、卖并举；适当加大依法破产试点的力度；抓好国有资产运营主体的组建和国有资产授权经营的工作；将养老保险的范围进一步扩大到城镇集体企业、三资企业中方职工和私营企业从业人员；确保失业保险金的80%以上用于失业救济和失业职工的医疗费用；加快培育市场体系；在所有行政和企事业单位中全面推行住房公积金制度；进一步推进区域综合改革。

5日 省委宣传部、省委组织部、省纪委在新余市联合召开为期2天的江西省基层党校工作会议。会议主题是贯彻中共十四届四中全会精神，研究进一步加强和改进基层党校工作，部署在全体党员中开展建设有中国特色的社会主义理论和党章的学习教育活动，省委常委、宣传部长钟起煌出席会议并讲话。

5日 省政府决策咨询委员会和省金融学会在省中行联合召开为期2天的"深化金融体制改革"研讨会，共商江西金融改革和发展大计。

5日 省经贸工作会议召开，认真总结了1994年工交工作，对1995年的工作作了具体安排。提出改革、改组、改造三管齐下，突出搞好国有大中型企业这个难点，抓好建立现代企业制度等各项改革试点。会议于7日结束。

5日 全省计划会议召开，安排和落实1995年度全省国民经济和社会事业发展计划。副省长黄智权出席会议并讲话。会议强调，1995年在保持经济适度增长的同时，要力争在降低物价涨幅、繁荣农村经济、搞好国有企业、发展县城经济、加快技术进步、提高经济效益、改善人民生活、增强发展后劲等方面取得明显成效。

5日 全省物价会议召开。会议的主要议题是研究以抑制通货膨胀为中心，进一步落实和完善各项宏观调控政策和措施，讨论以建立健全价格调控机制为重点的价格改革工作。会议总结了1994年的工作，研究和部署了1995年全省物价

工作。会议于7日结束。

5日 全国煤炭工业劳动模范和先进集体表彰大会自即日起至10日在北京召开。江西煤炭行业11人、3个单位，获全国煤炭工业劳动模范、先进集体荣誉称号。萍乡矿务局高坑煤矿采煤工人凌敬刚被授予"全国煤炭特等劳动模范"荣誉称号。

6日 国务委员彭珮云、国务院副秘书长徐志坚、卫生部部长陈敏章、体委副主任刘志峰一行，在省委常委、副省长舒圣佑陪同下，自即日起至9日考察九江市职工医疗保险制度改革试点工作。

7日 在广州结束的"中国明星企业及名牌产品展示会"上，江铃汽车股份有限公司、江铃JMC系列轻型汽车获"中国明星企业"、"中国名牌产品"称号。

7日 东风星子专用汽车联营公司试制的EQ5120ZLJ型后装全封闭压缩式垃圾车样车。据专家鉴定，该产品技术性能达到国外同类产品水平。

7日 由中国建筑业协会主办的1994年度中国建筑工程"鲁班奖"评选揭晓，南昌市一建公司承建的江西汽车制造厂驾驶室冲压车间获奖。

7日 江西省"电子陶瓷产品的开发研究"、"2000吨有机硅产品开发及应用研究"、"蔓荆综合利用"等3个项目被批准列入国家计委的"八五"国家重点科技攻关计划。

7日 大余县通过了全国环境监测试点县验收。

7日 全省财政工作会议召开，提出进一步完善分税制财政体制改革，加强财税管理，依法治税，确保江西省财政收入与经济发展同步。

7日 全省国税局长会议召开。要求以依法治税为目标，全面巩固和完善新税制。从推进征管改革入手，全面加强税收征管。

7日 江西省首次地税局长会议召开。要求艰苦创业、突出征管、加强基层、努力开创地方税收工作新局面。

8日 全省卫生系统一批单位和个人被卫生部、国家中医药管理局、人事部授予全国先进荣

誉称号。被授予"全国卫生系统先进集体"的有：江西省儿童医院、九江市结防所、宜春地区人民医院、瑞金市妇幼保健所、南昌市卫生局、鹰潭市中医院。被授予"全国卫生系统先进工作者"的有：江西医学院二附院主任医师毛振邦等15位同志。南昌市第一医院、省儿童医院等20家医院被确认为"爱婴医院"。

8日 全省卫生工作会议召开。省领导陈癸尊、罗明、黄懋衡出席会议并讲话，会议强调，"搞好妇幼卫生工作，发展妇幼卫生保健事业是一项带有全局性的卫生工作重点"。会议于10日结束。

9日 副省长周慇平会见并宴请以越南科技联合会主席何学祥为团长的越南环境保护考察团一行5人。

9日 景德镇品陶斋召开新闻发布会，发布景德镇首次发现大量的洪武官窑瓷器与永乐官窑外销瓷的消息，认为此项发现对研究明代御窑设置年代与郑和宝船中的遗物具有重大的科学价值。

10日 省委办公厅发出《关于组织万名机关干部"四定包干创五好"抓后进村建设的通知》，要求：从省、地（市）、县（市）区、乡（镇）四级，组织万名机关干部驻村，实行"四定包干"，一包三年，集中力量突击狠抓后进村的建设，达到中央提出的"五个好"的目标要求。"四定包干"指：定驻村包干对象、人数、时间；定工作任务和目标；定责任，检查验收和奖励办法；定工作组管理制度。

10日 铅山县紫溪造纸厂试制的新产品卷筒凸版纸通过鉴定。

10日 国务院发展研究中心、《管理世界》、中国企业评价中心和国家统计局工业交通统计司联合函告：1994年度江西江中制药厂名列"中国500家最佳经济效益工业企业医药制造业第一位"，并居"中国江西最佳经济效益工业企业"榜首。

10日 《江西省建筑业志》出版发行，全书约85万字，104幅彩照。由中共中央党校出版社出版。

11日 省冶金总公司1994年生铁、钢、成品钢材和有色金属等11种产品产量均大幅度增长，实现利润8亿元，再次蝉联全省各行业利税大户之冠。

11日 省委外宣小组、省广播电视厅联合举办的电视系列片《开放中的江西》"红星杯"大赛评奖揭晓，《变化中的九江》、《鄱阳湖畔养珠人》获一等奖。

11日 一条长达594米的架空光缆在峡江县赣江两岸架通，吉安地区的邮电通讯实现"两化网"。

11日 江西省台胞第五次代表大会在南昌召开。省委副书记、省政协主席朱治宏到会并讲话，强调台联会要紧密联系和团结江西省台胞群众，为加快江西改革开放和经济建设步伐，促进社会稳定作出积极贡献。会议通过了省台联关于工作报告的决议和关于台联会章程的决议。民主选举了台联五届理事会理事29人，何大欣当选为会长，廖云龙、曹鲁合、许进本、曹金祥、吕春华当选为副会长。选举了江西出席全国台湾同胞第五次代表大会的代表10名。

11日 应法国上塞纳省塞夫尔市市长让·凯洛诺的邀请，副省长郑良玉率领江西省政府代表团赴法国访问。

11日 省人事局处长编办主任会议召开。会议确定1995年人事机构编制的指导思想是：以邓小平建设有中国特色的社会主义理论为指导，认真贯彻落实中央经济工作和全国组织工作会议精神，紧紧围绕中心，切实服务大局，努力建立与社会主义市场经济配套的人事管理体制和行政管理体制。

12日 新余钢铁公司青年工人田承茂在共青团中央、国家经贸委、劳动部组织开展的全国百名青年岗位能手评选活动中获"全国青年岗位能手"称号。

12日 萍乡市芦溪镇林增余，被《中国科技经济纵横》杂志社《中国当代发明人才库》收录，并获荣誉证书。

12日 共青团江西省十一届四次全委（扩大）会议召开。会议深入学习贯彻中共十四届四中全会和共青团十三届三中全会精神，认真总结

1994 年的工作，研究部署 1995 年的工作任务。省委副书记卢秀珍到会讲话，副省长张云川、省政协副主席江国镇出席会议。会议表彰了"江西省十大杰出青年"、1994 年度共青团工作先进单位和江西省青年志愿者道路交通法规宣传教育活动先进集体、个人。通过了命名江西省第三批青年文明号的决定。团省委书记黄建盛作题为《大力加强自身建设，全面推进青年工程，推动江西省团的工作再上新水平》的工作报告。会议于 13 日结束。

13 日 上饶建材化工（集团）公司建材厂生产的 NF 高效减水剂，在国家建设部召开的科技成果表彰会上，被列为全国科技成果重点推广项目。

13 日 南昌预备役师炮兵团六连劳武企业——南昌县塔城调味品厂生产的青岚牌"家乡豆豉"被选送参加第五届亚洲及太平洋国际贸易博览会，并获博览会金奖。

14 日 在欧洲联盟社会经济发展理事会于布鲁塞尔召开的"中国生态脆弱区农业持续发展研讨会"上，江西省山江湖区域内的各项工程已取得国家投资及国外贷款（含部分无偿援助）约计 6 亿美元。进行了土壤等十多个大项目的开发工作。会议于 18 日结束。

15 日 昌河飞机工业公司生产的 CH1010 微型箱式货车，在由国家汽车质量监测检验中心、国家技术监督局和机械工业部汽车工业司组织进行的微型汽车全国统检中，质量等级综合评定得分为 91.78 分，被评为一等品，取得了汽车产品全国质量统一监督检验合格证书。

昌河飞机制造厂 CH1010 微型车总装线

15 日 监察部决定表彰南昌市纪委、监察局"马自行等人贪污受贿诈骗案"调查组，给予记集体三等功，省纪委、监察厅"汪新华等人经济犯罪案"调查组张新华荣立个人三等功。

15 日 由贵溪银矿环保工程师吕先钧主持的含镉工业废水处理方法获国家专利。

17 日 省农办、省经济学会和新余市渝水区委联合召开为期 2 天的"五荒"拍卖研讨会。会议认为拍卖"五荒"（荒山、荒地、荒坡、荒滩、荒水）经营权、使用权，是农村深化改革的重要内容，也是发掘水土资源、加快农业发展的重大举措。

18 日 省消防总队召开江西省消防部队基层建设表彰大会。一批在部队建设、灭火战斗和

为展示江西省总体消防能力，江西省消防总队举行了历时 7 个月、130 万人参与的第四届消防运动会

消防监督中贡献突出的模范集体和个人受到表彰。省领导和公安部消防局孙伦少将等出席会议，并为消防部队英模颁奖。南昌、抚州消防支队，赣州市、玉山县消防科、队，新余市消防支队参谋林冲和德安县消防中队战士邹晨等集体和个人受到表彰。

18 日 省政协七届十次常委会召开。会议应到 101 人，实到 78 人。会议原则通过政协江西省七届常委会工作报告；原则通过关于政协江西省七届二次会议以来提案工作情况报告；通过政协江西省七届三次会议议程（草案）和日程（草案），决定提请省政协七届三次会议审议；通过关于同意委员辞职的决定；通过关于调整委员会增补委员名单；通过政协江西省七届三次会议各组召集人名单；通过人事任免

名单。驻赣全国政协委员，各省辖市政协、省政协驻各地区联络处、省政协办公厅的负责同志列席了会议。

18日　安远县森林消防林场挂牌成立。该场人员编制35人，平时以生产及扑火训练为主，实行半军事化管理；发生火灾时，由县森林防火指挥部统一调动。

18日　财政部驻江西省财政监察专员办事处挂牌成立，原南昌市财政局中央企业财政驻厂员组撤销，并入省财政监察专员办事处，其余十个地市财政监察专员办事组将于1月20日挂牌。

19日　为推进物资流动市场化、社会化、国际化、现代化进程而组建的江西物资集团公司成立。

19日　1994新词新曲大奖赛在京结束，原南昌人民广播电台音乐编辑魏薇作曲、词作家倪维德作词的《仙鹤》获大赛一等奖，另一首《爱的距离》获优秀奖。

19日　波阳连杆厂为安徽东至县法藏寺成功地浇铸了一口仿古巨钟。这口仿古钟高达2米，钟口直径1.55米，重2.1吨，钟四壁有古色古香的花纹图案。

20日　省委组织部、省经贸委联合召开全省重点工业企业代表座谈会。江西81家国营大中型企业的厂长（经理）、党委书记和23个有关部门负责人参加会议。座谈和交流过去一年全省工业建设的成就和经验，共商发展工交经济的良策，坚定搞好国有企业尤其是国有大中型企业的信心。省委副书记卢秀珍出席并讲话，代表省委、省政府对夺取1995年工业经济新成绩提出要求：（一）认清形势，坚定战胜困难的信心；（二）转变观念，把经济增长的质量和效益放在首位；（三）实施名牌战略，创一大批名优产品；（四）下大功夫，造就一支宏大的企业队伍。

20日　省委召开农村基层组织建设电话会议，要求按照中央和省委关于加强农村基层组织建设的部署，进一步动员起来，坚定不移地把省、地、市（县）各级、各部门各单位"四定包干"抓后进村整顿工作落到实处，力争1995年全省各级"四定包干"抓后进村整顿的工作，取得扎扎实实的成效。

20日　省政府发布第38号令《江西省居民生活必需品和服务价格鉴审规定》，共5章32条。

20日　在乐安市风景名胜洪岩洞中，发现地下瀑布奇观"九天飞瀑"。天然的地下瀑布落差近40米，瀑面宽约4米。

21日　新加坡作家协会、新加坡国立大学艺术中心与新加坡《联合早报》联合举办的首届世界华文微型小说研讨会在新加坡国立大学召开。江西百花洲文艺出版社编审李春林应邀参加研讨会，并宣读论文。

21日　省政府通报九江市大中商场火灾事故。要求各地：（一）要把消防工作真正作为一件大事来抓；（二）春节前各地要全面进行一次消防安全大检查；（三）切实加强城市公共消防基础设施建设；（四）要进一步增强全民消防安全意识；（五）要严格执法，依法加强监督检查。

22日　樟树粮油公司饲料厂获"全国饲料工业行业百强企业"、"全国饲料工业行业先进集体"两项大奖。该厂厂长黄承风被评为"全国饲料行业先进工作者"。

22日　江西长林机械厂与浙江大学合作研制的溴化锂冷温水机组（俗称无氧空调）通过技术鉴定。该机组采用国际流行的先进技术和工艺，整机标准化程度高，技术性能居国内同类产品领先水平。

24日　寻乌县城附近发生4.5级地震，造成较大损失。省抗震办及时赶赴灾区进行调查。省建设厅与财政厅联合下文，下达补助经费10万元，对灾情较严重的几项生命线工程进行抗震加固。

28日　江西氨厂化工有限责任公司尿素质量改进小组，继1994年6月获省优秀QC成果一等奖后，又获化工部QC成果一等奖。同时，该小组还被中国科协、中国质量协会、团中央等单位授予"全国优秀质量管理小组"荣誉称号。

29日　全国交通系统三年一度的评选表彰揭晓。江西省六个劳模和两个单位、一个集体受到表彰。六个劳模是：湖口渡口管理局班长余国华、省航务局工程船厂厂长黄卫、崇义公路段丰洲养路队队长简荣兰（女）、瑞金汽车运输总公司驾驶员蔡厚强、宜春地区汽车运输总公司二〇五车队副队长聂世进、省轮船公司"赣昌推1005"号轮船长游喜仔。两个先进单位是：省远洋运输公司、都昌造船厂。一个先进集体是：萍乡公路分局湘东公路段。

本月 江西省东乡糖厂精心策划组织实施的《工厂十农户股份合作制》获第三届全国企业管理现代化创新成果二等奖。

本月 江西省于 1989 年前后设立的 2309 个村公所，现已全部撤销，并按《村委会组织法》的规定重新设置了村民委员会和村民小组。

本月 国家民政部、解放军总政治部联合表彰一批军（警）民共建精神文明先进单位，驻昌部队与南昌火车站榜上有名。

本月 江西南飞公司洪都摩托车联营公司研制的摩托车 156FM 四冲程发动机通过省级技术鉴定。

本月 江西省首卷《中国国情丛书——百县市经济社会调查高安卷》出版发行。该书由省委党校、省委办公厅组织编写，省长吴官正作序。

本月 经国家有关部门和单位多次鉴定，江西华新生物化学制品厂研制的赤霉素 GA3 含量已达 99.5％，达到国际领先水平，我国已将该厂作为国内同类产品的制标单位。

本月 中国社会科学院社会学研究所商品社会评价中心与国家统计局社会科技司联合进行的全国主要消费品市场占有率的社会调查上，江西省共青城的"鸭鸭"产品，社会市场占有率为 21.5％，居全国第一。

1995

2月
February

1 日　国家统计局最新评价，江西乳品厂1994 年获中国食品制造业"最佳经济效益"和"中国江西最佳经济效益工业企业"。

1 日　《江西省个体工商户与私营企业条例》经省人大常委会通过，自即日起实行。

2 日　九江市庐山区五里乡前进村，艰苦创业，强农兴工，1994 年在九江市第一个迈入亿元村行列。

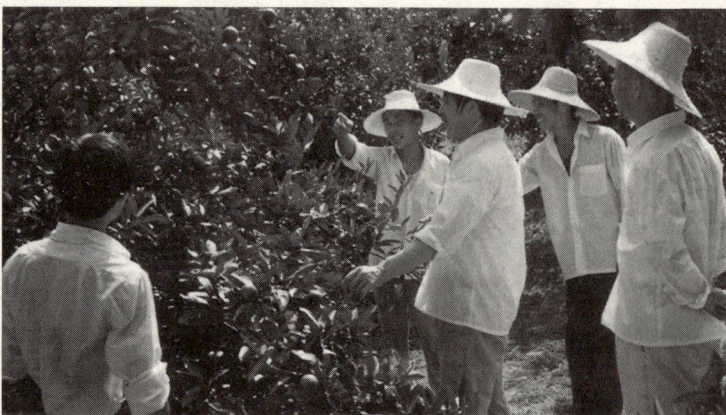

五里乡前进村蜜橘丰收在望

3 日　全省供销社部门 1994 年农副产品收购总额为 17.2 亿元，名列全国第三位。

6 日　全省计划生育工作会议在南昌举行。会议肯定了全省计划生育工作的艰巨性、长期性，要求进一步提高认识，下定决心，提高全省计划生育工作整体水平。省委常委张逢雨到会讲话，副省长郑良玉、省长助理孙用和出席会议。

6 日　地处赛城湖畔的江西铜业公司城门山铜硫矿起步工程已由国家计委正式批准建设。

6 日　经国家经贸委、建设部批准，江西省建二公司九江混凝土集中搅拌站列入国家"八五"技术改造项目。

6 日　乐平电厂 10 万千瓦系列机组扩建改造项目，经国家计委批准立项。

8 日　江西省政法工作会议在南昌召开。会议提出 1995 年全省政法战线的主要任务是：服从和服务于全党全国工作大局，进一步加强和改革政法工作，重点抓维护稳定，抓队伍建设，充分发挥政法部门的职能作用，动员全社会的力量，严厉打击严重刑事犯罪和严重经济犯罪，继续大力推进社会治安综合治理，为加快改革发展创造稳定的环境，为建设良好的社会主义市场经济秩序提供法律保障和法律服务。

8日 江西省建设银行行长会议召开，会议提出：以服从宏观大局为重点，下大力气增强资金实力，继续进行改革，强化各项管理，提高资产质量和经营效益。

10日 江西省金融工作会议召开，人行、工行、农行、中行、建行和保险公司的各地市县分行、支行行长和经理出席了会议。会议提出了主要任务和要求：以抑制通货膨胀为中心，以提高资金使用效益为重点，努力优化贷款投向，加强金融监管，深化金融改革，坚持从严治行，强化内部管理，促进江西省经济持续快速健康发展。

10日 中共中央政治局委员、国务委员、国家体改委主任李铁映在省委书记毛致用陪同下，自即日起至14日先后到上饶、鹰潭、抚州、南昌等地市和共青垦殖场进行考察。李铁映强调，党的十四届三中全会以后，改革的总体目标已经明确，当前改革的主要任务是通过试点，在企业改革、社会保障体制、市场培育等各个方面，探索出可以在面上推广的典型样板，探索建立社会主义市场经济体制的具体办法和路子。

11日 公安部授予南昌市公安局交警支队西湖大队民警刘川"全国公安系统二级英雄"称号，颁发奖章和证书，并奖励人民币5000元。这是南昌市交警支队第三位全国公安模范。

11日 江西省人保工作会议召开。会议提出：1995年全省人保工作围绕继续坚持以业务发展为中心，以效益考核为主要目标，进一步深化内部改革，加大经济体制转换的力度，强化经济管理，提高业务质量和经济效益，促进各项业务的稳定增长，为抑制通货膨胀，促进国民经济发展贡献力量。

11日 江西省审计工作会议召开。会议认真总结1994年全省审计工作情况，部署1995年审计工作任务，强调围绕改革开放、发展和稳定，结合实际，强化对国家财政收支和国有资产有关的财务收支的审计监督，维护财经法纪，服务宏观调控，推动审计工作全面提高和发展，副省长舒圣佑到会讲话。

12日 武警江西总队召开表彰大会。宜春地区支队万载县中队等13个中队分别记一次集体三等功，赣州地区支队等11个支队，信丰县中队等49个中队，总队警务装备处等17个处室分别被评为目标管理、落实《纲要》及年度工作先进单位或受到集体嘉奖。专业警士刘红星记一次二等功，王军等53人记一次三等功，唐江洪等47人受到嘉奖。省委、省政府对受表彰的先进集体和个人表示祝贺。

12日 国家林业部批准宁都县近郊的翠微峰风景区为国家森林公园。

12日 经省教委批准，南昌大学10个学院（政法学院、经济学院、人文学院、数理与材料工程学院、生命科学与食品工程学院、建筑与环境工程学院、机电学院、信息科学工程学院、化学化工学院、共青学院）正式成立。各学院实行党委领导下的院长负责制。

12日 九江发电厂三期工程利用外资项目在北京由外交部、外经贸部与日本政府换文签约，日本政府将贷款296亿日元用于该工程5号、6号机组主设备的采购。

13日 南昌航院、南昌大学、省中医学院社科部被评为江西省高校"两课"（马列主义理论课和思想政治课）建设先进单位。

13日 经中国质协、江西省质协复查审定批准：鹰潭铁路南站为全国"用户满意企业"，江西铁路经济开发总公司李运萍为全国"为用户服务先进工作者"，向塘车轮厂、横峰车站为江西省"用户满意企业"，新余工务段橡胶厂生产的"混凝土轨枕橡胶垫板"为江西省"用户满意产品"。

13日 南飞公司获1994年国家教委"珍惜人才"奖。

13日 江西省纪检委第十次全体会议在南昌召开，会议的主要任务是：传达贯彻中纪委第五次全会精神，按照中央和省委关于深入开展反腐败斗争的部署和要求，回顾总结1994年江西省反腐败斗争的情况，研究部署1995年深入开展反腐败斗争工作。省纪委书记马世昌作题为《在深入上下功夫，在落实上见成效，不断取得反腐败斗争新进展》的报告。省纪委委员23人出席了会议，各地市、省直机关及大专院校纪检监察机关的负责人和省纪委监察厅机关的负责人列席会议。

13日 江西省宣传部长会议、对外宣传工作会议、讲师团长会议召开。会议总结交流了经验，部署了1995年工作任务。省委宣传部长钟起煌作总结讲话，指出1995年的工作，要按照"123410"的基本思想去做，即坚持一个方针、团结两大目标、增强三种意识、落实四项主要任务、抓好十项重点工作。要坚持以邓小平建设有中国特色社会主义理论为指针；紧紧围绕物质文明建设和精神文明建设两大目标充分展开；要增强政治意识、大局意识和责任意识；落实以科学的理论武装人，以正确的舆论引导人，以高尚的精神塑造人，以优秀的作品鼓舞人四项主要任务。会上，还为江西省第二届优秀对外作品《开放中的江西》电视系列片"红星杯"大奖赛获奖作品颁奖，并举行了中宣部"万村书库"工程赠书仪式。

15日 高安市伍桥乡东方村小学青年教师何园生创作的国画《乡音》获中国文联主办的中国书画艺术博览大赛一等奖。

15日 据国家统计局测算，1995年2月15日全国人口达到12亿。值此之际，江西省召开电话会议，要求江西省广大干部和群众正确地、全面地认识人口形势、增强人口意识、人均观念，为进一步搞好计划生育工作，实现控制全省人口的目标。

15日 南昌市西湖区法院在中宣部、全国人大内务司法委员会、团中央、国家教委、司法部联合召开的全国未成年人保护工作先进事迹材料综合评议中，被评为全国未成年人保护工作先进集体。

16日 省委召开省直机关农村基层组织建设工作动员大会，号召省直机关以及全省扶贫包村部门、单位和全体驻村工作人员，认真贯彻落实全国、江西省农村基层组织建设工作会议精神，到边远山区去，到艰苦的地方去，坚决完成"四定包村创五好"的目标和任务。张逢雨作动员报告，省直厅局、省委组织部、省委农村基层组织建设办公室的负责人和省直机关驻79个村的人员参加了会议。

16日 江西省八届人大常委会十四次会议举行。毛致用主持会议。会议应到55人，实到49人。会议通过《省八届人大三次会议议程（草案）》，决定提请省八届人大三次会议预备会议审议通过；通过《省八届人大三次会议主席团秘书长名单（草案）》，决定提请省八届人大三次会议预备会议选举；通过《省人大常委会工作报告（讨论稿）》，决定提请省八届人大三次会议审议；听取并通过省人大常委会副主任、代表资格审查委员会主任委员王昭荣作的省人大常委会代表资格审查委员会关于选举、补选省八届人大代表的代表资格的审查报告；通过人事任免名单。会议于17日结束。

17日 在1995年中国泉州广场民间文化艺术节上，南丰傩舞表演团《跳和合》节目获"东海滨城杯"邀请赛三等奖。

南丰傩舞表演

18日 宜春地区酒厂"长青牌"超级珍藏黑糯米酒被中国食品协会授予中国黄酒名牌产品奖金杯。

18日 全美江西同乡会在法拉盛台湾会馆

举行春季联欢活动。包括纽约中国信托银行总经理黎大海、美国ABC电视公司副总经理雷倩、熊玠教授等在内的大纽约地区江西籍乡亲，以自助餐春宴及江西传统民俗等娱乐活动表演助兴。旅美江西乡亲300余人参加联欢。

18日 抚州第二人民医院中医唐学游，继《脑郁初探》获第一届世界传统医学大会"生命力杯"奖后，其新作《唐学游论医集》又获第二届世界传统医学大会"超人杯"国际优秀成果奖。

18日 省政协七届三次会议在南昌举行。省政协七届委员会共有委员727名，到会674名。省政协副主席叶学龄在省政协七届委员会常务常委会作工作报告，省政协提案委员会主任刘峰作关于省政协七届二次会议以来提案工作情况的报告。大会通过政协江西省第七届委员会第三次会议决议、本次会议提案情况和审查意见的报告。会议补选缪兵为秘书长，补选江积祥、杨福运、李爱蒸、欧阳绍仪、赵伟成、倪贵松、韩乃英（女）、释一诚、傅文仪为常务委员。同意江国镇辞去其兼任的省政协秘书长职务的决定。同意丁耀民、郭建章辞去省政协常委和委员的决定。新增补港澳政协委员王维邦、邓国容、冼炎深、严大庆、陈苏、陶秀英（女）。会议于23日结束。

省政协七届三次会议大会会场

19日 省八届人民代表大会第三次会议在南昌举行。会议实到586人，合乎法定人数。会议补选卢秀珍、张逢雨、郑良玉为省八届人大常委会副主任，罗光启为秘书长，刘心格、张玉翠

省八届人大三次会议会场

为委员。会议通过《关于江西省人民政府工作报告的决议》、《关于江西省一九九四年国民经济和社会发展计划执行情况与一九九五年计划的决议》、《关于江西省一九九四年财政预算执行情况和一九九五年省财政预算的决议》、《关于江西省人大常委会工作报告的决议》、《关于江西省高级人民法院工作报告的决议》和《关于江西省人民检察院工作报告的决议》。会议于25日结束。

20日 1994年江西十大新闻评选揭晓：（一）各级领导干部带头认真学《邓小平文选》；（二）农业战胜特大灾害实现大丰收；（三）工业企业扭亏增盈取得显著成效；（四）"五个一工程"喜获五项金奖和组织奖；（五）乡镇企业实现历史性跨越；（六）京九铁路江西段连战告捷；（七）南昌大桥和昌九高速公路一线贯通；（八）希望工程造福21世纪；（九）江西体育健儿在第十二届亚运会上捷报频传；（十）南昌、九江电话升位，江西省电话实现"两化"。

20日 奉新县经国家农业部批准为全国农机"绿色证书"工程试点县。

20日 临川县建筑安装公司连续两年获上海最高建筑奖"白玉兰"杯奖。

20日 南昌市水产技术推广站承担的国家级"星火计划"项目——南昌市郊水产综合养殖技术推广和省级"星火计划"项目——南昌市淡水白鲳养殖技术推广通过省级验收。

20日 经省卫生厅评定，宁都县医院获

"江西省二级甲等医院"称号。

21日 据林业部核查考评,江西省"长防林"工程建设综合得分连续三年为全国第一。

21日 省科委评定出100项"江西省优秀星火产品",其中技术水平达到国际先进水平的4项,国内先进水平的44项,省内先进水平的52项。在国际上得奖的8项,在国内省级以上得奖的62项。

22日 1994年度江西星火奖在南昌评选揭晓,其中一等奖1项,二等奖5项,三等奖16项。获一等奖的是江西省畜牧兽医局、江西农业大学、江西饲料厂等单位完成的大面积推广养猪生产适用技术。

22日 江西武夷山自然保护区与福建武夷山自然保护区共同被列入全球环境基金(GET)中国自然保护区管理项目示范保护区。

22日 全国柴油机市场调查结果揭晓,江西柴油机厂生产的375型和480型柴油机被评为优等品。

23日 中国电工产品认证委员会(CCEE)专家组成的安全论证小组,自即日起至24日对景德镇华意无氟压缩机进行了安全论证。华意无氟压缩机性能优良,安全可靠,具有国际先进水平,完全达到国家各项安全指标要求,并颁发中国电工产品安全论证证书和长城标志。

24日 省委、省政府召开全省计划生育工作座谈会。省长吴官正到会讲话。会议通报了全

计划生育工作座谈会会场

省1994年人口计划执行情况、责任目标、考评结果以及1995年人口计划编制情况的说明;表彰了获得江西省1994年人口计划目标任务综合一等奖的宜春地区,二等奖的新余地区,三等奖的上饶市以及获得计划生育单位单项进步奖的景德镇市。参加省八届人大三次会议的各地、市、县党政主要负责同志,地、市计生委主任,省计划生育领导小组成员出席座谈会。

24日 中德九江长江中上游生态防护林体系造林工程项目领导小组成立,省长助理孙用和为组长,省林业厅厅长吴志清为副组长,下设办公室,设在省林业厅。

24日 民进江西省委三届四次全体委员会议在南昌召开。会议认真学习中共十四届四中全会文件,听取民进中央九届三中全会精神,传达审议并通过工作报告。会议于25日结束。

25日 省长吴官正会见全国政协委员、中国广联实业(集团)有限公司董事长兼总经理严瑞藩。

25日 民盟江西省委九届四次会议在南昌召开。副省长舒圣佑、黄懋衡到会讲话,省政协副主席戴执中等出席会议。会议于26日结束。

25日 九三学社江西省委三届四次全委会在南昌召开。省委副书记、省人大常委会副主任卢秀珍到会讲话。会议于26日结束。

25日 江西省外贸工作会议在南昌召开。毛致用、吴官正、舒圣佑、周慰平等领导先后到会讲话。要求各地各部门都要把外贸的发展放在推动江西省经济上新台阶的大局中,进一步加强领导,尽力支持将本省产品打入国际市场。会议于27日结束。

26日 万安县气象局地面气象记录报表预审员赖兆友,自1992年4月以来,连续测报合格被中国气象局授予"质量优秀测报员"荣誉称号。

26日 省委宣传部、省委对外宣传小组、省广播电视厅和江西新闻局联合开展的江西省第二届优秀对外宣传品评选揭晓。各地市和省直主要涉外单位共

推荐外宣品 187 件,其中 65 件获奖。江西电视台与中央电视台合作摄制的九集电视系列片《庐山》和江西省台办编印的《鄱阳湖》分别获音像和图书类特别奖。

27 日 南昌市市长洪大诚与血防试点县南昌县、新建县、进贤县、郊区的县(区)长签订《实施南昌市国家血吸虫病综合防治试点项目责任书》。按试点规划,通过三年综合防治,预期目标是:除 4 个乡(镇)达到控制血吸虫病标准外,将有 12 个乡(镇)达到基本消灭血吸虫病标准;31 个乡(镇)达到消灭血吸虫病标准;安义县 5 个乡(镇)进一步巩固消灭血吸虫病成果。

27 日 省委政法委书记朱治宏,省人大常委会副主任王国本看望江西出席全国公安保卫系统先进集体、先进个人表彰大会归来的代表团成员。受表彰的先进集体代表是:新干县公安局、宜春市西村派出所、乐安七二一矿公安局;受表彰的个人代表是:南昌市特警支队队长王仪荣、省公安厅刑侦科副所长车大阶、景德镇瓷厂保卫科科长熊志刚、南昌市半边街居委会副主任兼治保主任胡招莲。

27 日 全省安全生产工作会议在南昌召开。确定 1995 年安全生产工作目标,部署落实整顿 42 项重大事故隐患。

28 日 江西省高院在南昌召开全省法院先进集体和个人表彰大会。这次表彰奖励的有高安市法院等 16 个先进单位和上饶市法院院长王国鑫等 18 位同志,分别记集体、个人二等功。抚州地区中级法院等 6 个单位,吉安地区中级法院刑事审判工作等 42 个单项工作和南昌市中级法院陈绪富等 112 名同志,分别被授予"江西省法院系统先进集体"和"江西省法院先进工作者"。

本月 赣州市南外办事处红旗村在章江边的柑子园开挖鱼塘时,发现三座宋代烧造城墙砖的古窑址。三座古窑均掩埋在距地表 1.5 米以下,属于馒头窑,窑室直径约 4.5 米,高度约 2.5 米,且窑门、烟道均保存完好。窑室内清理出的砖有成品和半成品,其中 5 块压印有"第二务"三个字。

本月 至月底,江西省已有 131 个镇的水厂建成通水,建设规模日产水达 33 万多吨,能使 100 万居民饮上自来水,全省建制镇以上自来水普及率达 50% 以上。

1995

3月
March

公元1995年3月							农历乙亥年【猪】						
日	一	二	三	四	五	六	日	一	二	三	四	五	六
			1 二月大	**2** 初二	**3** 初三	**4** 初四	**5** 初五	**6** 惊蛰	**7** 初七	**8** 妇女节	**9** 初九	**10** 初十	**11** 十一
12 十二	**13** 十三	**14** 十四	**15** 十五	**16** 十六	**17** 十七	**18** 十八	**19** 十九	**20** 二十	**21** 春分	**22** 廿二	**23** 廿三	**24** 廿四	**25** 廿五
26 廿六	**27** 廿七	**28** 廿八	**29** 廿九	**30** 三十	**31** 三月大								

　　1日　自1985年江西省与美国犹他州签订友好合作关系以来，双方多次互访。日前，江西省与美国犹他州在南昌签订了关于进一步发展友好关系的合作协议书。加强在工业、农业、科技、教育、文化、卫生和商贸等领域的交流与合作。

　　1日　江西省办理统一条形代码证书总数10.05万家，企业颁证为60%，机关人民团体为80%，社会团体为50%。

　　1日　省社联五届五次理事会在南昌召开。会议的中心议题是坚持以邓小平建设有中国特色社会主义理论为指针，坚持党的基本路线，增强政治意识、大局意识、责任意识，团结鼓励，切实改进，加强社团工作，力争江西省哲学社会科学事业再上一个新台阶。会议于2日结束。

　　2日　临川县个体私营经济协会，被国家工商局中国个协授予"全国先进集体"荣誉称号。

　　3日　全省物资工作会议在南昌举行。强调以改革为动力，以效益为中心，以建立新型工商关系、强化企业管理为重点，积极办好和充分发挥物资集团和集团公司的优势，构筑新型的物资

大流通格局，促进江西省经济的快速发展。

　　3日　全省电子工业工作会议在南昌召开。会议强调坚持改革开放，加快产品结构调整和扩大规模经济的步伐，勇于开拓国内和国际两个市场，着力提高经济运行质量和效益，为"九五"江西省电子工业发展奠定扎实基础。

　　3日　安远万头种猪通过专家鉴定，符合国家级种猪场标准，成为江西第27个种猪场。

　　4日　江西省高等学校统战工作会议在南昌举行。会议的主要任务是：贯彻全国和省统战工作会议和教育工作会议精神，总结和部署江西省高校的统战工作。中央统战部副部长刘延东、省委副书记舒惠国在会上讲话，梅亦龙作题为《积极进取，开创我省高校统战工作新局面》的报告。

　　4日　江西省新钢公司第二炼钢厂青年科技人员罗礼设计开发的技术改进项目——围边式模口钢锭模获国家实用新型专利。

　　6日　江西省第六次优秀社会科学成果评奖揭晓。参评成果共634项（其中专著196本），共评出优秀科研成果195项，一等奖11项，二

等奖 44 项，三等奖 110 项。

6 日 全国武警部队干部转业复员工作会议在南昌举行。全国武警部队 46 个单位的 100 名代表参加了会议，中组部、国务院军转办、解放军总政治部、国家民政部的有关部门领导和武警总部政治部副主任王宏运、省委组织部长舒惠国、省军区副政委范军等到会祝贺并讲话。

7 日 江西省检察院首次评出 10 位优秀检察官家属，授予他们"十佳优秀检察官家属"的荣誉称号。

7 日 经国务院批准，国家农业部、人事部、水利部、林业部及国家科委、国家农业综合开发办公室联合表彰奖励全国县以下长期直接从事农业科技推广工作，并在近几年作出显著成绩的 185 个先进单位和 976 名先进工作者。南城县农业技术推广服务中心、万载县畜牧兽医技术推广中心、南昌县冈上乡水产技术推广站、奉新县科委、信丰县林业技术推广站、玉山县水电局、永丰县农业综合开发办公室等单位获奖。上高县农业局土肥站肖邦达等 36 名同志榜上有名。

7 日 江西九江珍稀濒危植物种资源库位于长江南岸、庐山北麓，现已被国家环保局列为重点保护珍稀濒危植物基地，是当前全国唯一的专门从事珍稀濒危植物移地保护和研究的单位，在移地保护植物面积、数量、繁殖苗上均居全国之冠。

7 日 经国务院批准，民政部批准同意撤销南康县，设立南康市（县级），以原南康县的行政区域为市的行政区域，成为江西第二十个城市。

7 日 江西省防汛工作会议在南昌召开，会议要求各级防汛主管部门，克服麻痹思想，及早安排，精心部署，扎扎实实做好防大汛抗大灾的各项准备。省防总与地市防汛指挥长签订了《一九九五年防汛责任状》，对水利目标管理先进单位和水利建设先进县进行了表彰。会议于 8 日结束。

8 日 南昌市东湖公安分局豫章派出所在全

国打击伪造倒卖盗窃增值税发票违法犯罪表彰大会上，被最高人民法院、最高人民检察院、公安部、国家税务局评为先进集体。

9 日 全国绿委、林业部表彰了首批造林绿化"千佳村"、"百佳乡"、"百佳县"、"十佳城市"和 1994 年度全国绿化奖章获得者。婺源县、井冈山市、兴国县、吉安县、奉新县被授予"全国造林绿化百佳县（市）"称号。德兴市潭埠桥镇、宜丰县双峰乡、新建县溪霞乡、渝水区九龙山乡被授予"全国造林绿化百佳乡（镇）"称号；南康县平田乡白石村、莲花县坊楼乡小江村等 40 个村被授予"全国造林绿化千佳村"称号。19 位同志被授予全国绿化奖章。

昔日"江南沙漠"兴国县，如今飞播造林变绿洲

9 日 共青团江西省委组织的京九沿线绿化带建设活动在新建县乐化镇境内的京九沿线两侧拉开序幕。省、市直属机关及部分大、中专院校的 1000 多名青年志愿者顶风冒雨参加植树劳动，共计植树 1.4 万余棵。

9 日 建设部副部长毛如柏一行对京九铁路沿线小城镇建设进行为期 8 天的考察。

10 日 省政府召开福、杭、贵、成光缆通信干线江西工程建设动员大会，专门就江西段工程全面施工建设进行战前总动员，要求各地市县、各有关部门积极支持工程建设，确保该工程江西段的顺利施工。总投资 13.1 亿元的福杭贵成光缆通信干线是"八五"期间国家重点通信建设工程。该工程在江西境内 970.4 公里，总投资 2.03 亿元，建成后可为江西提供长途电话 52200 路端。

10 日 江西地质矿产调查研究大队在德兴某地发现一处翠玉矿。经野外勘查，有矿体 3 个，其中最大长度在地表可见 50 米至 60 米，厚度 1 米至 2 米。矿石呈白、黄、翠绿和深绿色，属于中档玉石原料。

10 日 经国家船舶检验局检验，江西前卫化工厂白色纯酚醛壳漆、中绿酚醛水线漆、紫红酚醛甲板漆、白色醇酸船壳漆等 5 项产品获"国家船用产品证书"。

10 日 江西省离退休干部工作会议在南昌召开。会议传达了全国离退休干部工作座谈会精神，总结交流了经验，研究探讨了新形势下进一步做好离退休干部工作的新路子。省委副书记卢秀珍出席会议并讲话。省委组织部长舒惠国作了会议总结。会议于 11 日结束。

11 日 省纪委、省监察厅在南昌召开纪检监察机关办案先进集体和个人表彰大会。共有 17 个办案先进集体和 19 名先进个人受到表彰。

12 日 九江曲轴厂年产铸件万吨的技改工程在湖口建成投产。该项工程投资 400 万元，建筑面积 2800 平方米，是江西省最大的球墨铸铁生产基地。

12 日 共青团南昌市湾里区委、湾里区林业局举办中国第一块青年婚林基地，220 对男女青年在此种树结婚。湾里区负责树木成活，在 10 年至 20 年能找到结婚树原址。

12 日 江西拖拉机厂研制生产的 WJ2 井下铲运机三大传动件，被机械部列入"九五"工程矿山机械重点发展项目规划。

13 日 国内贸易部认定，1994 年南昌洪城大厦在全国大型零售商场（店）经济指标排序中，经济实力进入同行业全国百强。

13 日 国家农业部在北京召开的新闻发布会上公布，进贤李渡出口花炮厂生产的"洪都牌"礼花弹、江西东方制药厂生产的"东方牌"注射用氨苄青霉素钠、萍乡市铬黄厂生产的"环球牌"中铬黄三个产品，进入"中国乡镇企业名牌产品"百强行列。

13 日 江西省地市委秘书长、办公室主任座谈会在南昌召开。会议的主要议题是：传达贯彻全国党委秘书长、办公厅主任座谈会精神，交流江西党委办公厅（室）工作经验。研究如何适应改革开放和现代化建设的新形势，适应党委领导工作和党的建设的新要求，进一步加强和改进办公厅（室）工作，提高办公厅（室）工作水平。

13 日 宜春市三阳镇蔺坊村农民文化技术学校受到国家教委嘉奖，被评为"1994 年度全国技校先进单位"。

14 日 在中国硬笔书法家协会、《书法艺术》杂志社、香港硬笔书法协会、加拿大世界书画家协会等近百家海内外艺术单位联办和协办的"国际硬笔书法家精品展"活动中，江西作者陈文定的硬笔书法作品被评为银奖，并编入《国际硬笔书法家大辞典》。

14 日 在上海举行的 1995 年中国华东出口商品交易会上，江西省交易总额达 1.2 亿美元，比 1994 年增长 48.45%。

15 日 被誉为"雷锋式好渡工"的湖口县渡口管理所余国华，被交通部授予"劳动模范"称号。

15 日 江西省党史工作暨 1994 年度党史工作先进单位表彰大会在南昌举行。会议传达了全国党史研究室主任会议精神，部署了 1995 年度江西省党史工作。会议强调加强党史工作，服务改革开放。大会于 17 日结束。

16 日 全省畜禽防疫工作会议在南昌召开。提出了 1995 年畜禽防疫新目标，要求猪、牛、禽因疫病死亡率分别控制在 2%、1% 和 12% 以内，做到有疫不流行，有病不成灾。

16 日 全省质量工作会议结束。会议要求进一步强化质量法制观念，提高全民质量意识，组织企业实施名牌战略，努力开拓在政企分开条件下，强化质量管理、提高产品质量的新路子，增收增益，扭亏解困，提高经济增长的质量和效益。

17 日 陈丕显题名的赣粤边三年游击战争纪念馆在信丰建成。

17 日 华东地区国际新闻报道座谈会在南昌举行。省委常委、宣传部长、省委外宣小组组长钟起煌出席会议，并介绍江西省"两个文明"建设情况和丰富的资源。会议传达了有关文件，并围绕进一步改进国际新闻报道的问题，总结了成绩，交流了经验和情况。国务院新闻办二局局长张治平主持会议，华东六省和河南省委的外宣办、省报及省会城市报的负责人出席座谈会。座谈会于18日结束。

18日 江西省向第四次世界妇女大会中国组委会赠送《中国母亲》一书仪式在人民大会堂举行。中央有关领导雷洁琼、李沛瑶、徐惟诚、李源潮参加。全国妇联领导田淑兰、首都有关新闻单位负责同志和记者出席了仪式。省领导王昭荣、黄懋衡、陈癸尊、罗明出席仪式。赠书仪式由王昭荣主持，李沛瑶、赵地、黄懋衡分别发表讲话。

省、市各界妇女在新华书店的售书点购买《中国母亲》一书

18日 省政府批准设立三清山旅游经济开发区，并成立开发区管理委员会与三清山风景名胜管理局，两块牌子一套人马，隶属上饶行署领导。

18日 省体委决定成立江西省跳水运动学校。

18日 省邮电局在南昌举行全国首批智能卡公用电话南昌试验局开通典礼。副省长周慤平出席。

19日 中共中央总书记、国家主席江泽民自即日起至23日赴江西考察农业。他先后在德安、九江、湖口、彭泽、永修、南昌等地察看粮、棉、油生产、养殖业、红壤开发和乡镇企

江泽民在德安县园艺场视察

业的发展情况，考察了共青城、德安县园艺场和庐山区新港镇的油菜地、彭泽县棉船镇的棉田、永修县立新精养鱼池、南昌县三洞湖水产养殖场、热心村制药厂等。在全国植棉第一村金星村，江泽民详细询问了棉花营养体制作情况。他说，科学种田，是农业发展的根本出路。在看望德安县甲鱼养殖专业户黄德涛时，江泽民赞扬他带动全村108户农民共同致富的精神。他肯定了江西"不仅在改革和发展中取得了新的成绩，而且取得了重要经验"。江西"坚持走加强农业，促进江西省经济发展的路子"，"这个路子走得对"。他对江西工作及全国农业的发展提出了富有长远意义的要求。20日，江泽民视察九江，并为京九铁路九江站题写站名。考察期间，江泽民来到省军区和公安机关，慰问解放军指战员、武警官兵

江泽民接见江西省军区和驻昌部队干部并合影

江泽民接见武警江西总队正团以上干部

江泽民给省军区题词

和公安干警。随同考察的有关方面负责同志有：于永波、曾庆红、曾培炎、刘江、周正庆、滕文生等。

19日 为纪念中国抗日战争和世界反法西斯战争胜利50周年，江西美术出版社推出《浴血山河》。

19日 为纪念朱熹诞辰865周年，婺源县修复朱熹世祖墓。

20日 江西省矿山救护支队在丰城成立。该支队共1000多人，下属的赣西、赣中、赣东北、赣南4个区域矿山救护大队同时成立。

20日 省委宣传部、省司法厅和省委普法办召开为期4天的地市普法办主任暨"三五"普

法思路理论研讨会，会议总结了江西省1994年法制宣传教育工作，交流了经验，部署了1995年法制宣传教育工作任务。

22日 在北京举行的"1994年至1995年度全国产品（服务）质量消费者跟踪调查活动"揭晓仪式上，江西国营第八三四厂的华声牌系列产品获"特别推荐的消费者满意产品"称号。该产品1993年曾被中国保护消费者基金会评为推荐产品。

23日 省审计厅组织各级审计机关对全省1993年和1994年1月至9月的救灾款物管理和使用情况进行专项审计，查出违纪违规金额230.32万元。省政府批转了省审计厅的审计报告。

23日 省政府发布《江西省建设用地附加费征收管理办法》。此法共21条。

23日 1994年"江铃科技精英奖"揭晓，"江铃科技精英奖"是由省科协与江铃集团联合建立的。这次获科技精英奖的9名科技人员是：江西医学院眼科专家陈彼得教授、省农科院水稻育种专家杨素芬研究员、江西农大土壤专家刘开树教授和农学家刘宜柏教授、自学成才的华东地勘局高级工程师吴景勤、赣州有色冶金研究所高级工程师熊大和、南昌电信局高级工程师戴健书、南昌飞机制造公司高级工程师石屏。

24日 在云南省昆明举行的第五届中国兰花博览会上，南昌市人民公园送展的"象牙白"兰花首次获金奖。

24日 江西省社会治安综合治理委员会议召开，提出1995年工作重点：（一）继续狠抓社会治安综合治理项目目标管理和领导责任制度的落实；（二）深化严打斗争，加大打击力度；（三）切实加强社会治安综合治理的基层基础建设；（四）动员社会各方面力量齐抓共管，落实各项防范措施；（五）狠抓重点整治，解决突出的治安问题；（六）加强社会治安综合治理的宣传和调查研究工作；（七）进一步加强各级综治机构的自身建设。

24日 省政府召开粮食、棉花、化肥工作会议，传达全国粮食、棉花、化肥工作会议精

神，并按照国务院要求，结合江西省情况进行具体的研究和部署，以切实抓好全省粮食、棉花、化肥这三项重要工作，促进农业和农村的稳定发展乃至全省国民经济的持续、快速、稳定发展。各地市常务副专员、常务副市长和省、地（市）粮食局、供销社、物价局主要负责人参加会议。

24 日 江西木材厂人武部部长蔡子立自学根雕技术，有 20 余件作品问世，获奖作品达 12 件，其中《春晓》获全国第二届根艺大奖赛三等奖。

27 日 江西光学仪器总厂制造出一种能拍出独特艺术照片的凤凰 DC303KE 单反多次曝光照相机通过鉴定。

27 日 濒临绝迹、营养价值极高的八宝黑药鸡，在龙南县繁殖成功。八宝黑药鸡从里到外、从肉到骨、从头到脚全部为黑色。

28 日 江西省贸易学校在南昌成立。

28 日 滕王阁新添"临江—阁独香"镏金七字的精制匾额。

28 日 省教育工作会议在南昌召开。会议紧紧围绕现代化建设的需要，积极落实《中国教育改革和发展纲要》及其《实施意见》，做到规划到位，各项年度工作目标到位，促使全省教育事业的改革和发展上一个新台阶。会议传达了全国城市教师住房建设工作经验交流会、全国农村教育综合改革工作会和国家教委 1995 年教育工作电话会议精神。会议于 30 日结束。

28 日 民建江西省四届四次全委会在南昌举行，会议传达了全国人大、政协八届三次会议精神和民建中央六届三中全会、六届八次常委（扩大）会议精神，听取和审议了民建江西省委常委工作报告。会议补选肖山为民建江西省委员会副主任委员，陈长安为常委。会议于 30 日结束。

28 日 新余发电厂冷却水塔封顶，塔高116.13 米，最大处半径 44 米，最小处半径 24.28 米，全部工程为土方 3 万立方米，混凝土 1.3 万立方米。

28 日 全国第三届城运会举重比赛（预赛）

在抚州结束，共有 4 人 4 次打破 4 项全国青年举重纪录，南昌代表队的秦广夺得 83 公斤级第一名，总成绩列参赛各队的第三名，并获"体育道德风尚奖"。

28 日 省有线电视台影视频道正式开播。

29 日 江西省命名首批 19 名省级工艺美术大师荣誉称号，其中景德镇占 18 名。

29 日 省、市领导召开建设南昌新八一桥会议。省委书记毛致用主持会议，省领导吴官正、朱治宏、卢秀珍出席会议。该桥始建于1937 年，木结构桥面，1939 年和 1949 年曾两次遭到破坏，1957 年进行修建，1972 年至1977 年曾多次加固。

29 日 江西省对台宣传工作会议在南昌召开。会议认真贯彻落实中央对台宣传工作会议精神，深入学习宣传中共中央总书记江泽民春节重要讲话。副省长周慜平传达了中央对台宣传工作会议精神。

29 日 国家重点工业万吨有机硅试验项目，在江西星火化工厂通过鉴定验收。该项目共有 8 套工艺装置，并首次在国内采用 11 项新技术，具有工艺可靠、流程合理、生产效益高、成本低、环境污染小等优点。

30 日 省委、省政府召开会议传达贯彻江泽民重要讲话，动员全省广大干部群众把各方面的工作推向前进。省委副书记朱治宏、卢秀珍分别传达了江泽民的几次讲话。会议于 31 日结束。

省委、省政府召开会议，传达、学习、贯彻江泽民总书记考察江西时的重要讲话

30 日 南昌市长堎镇企业城、德安县丰林工

业区、浮梁县洪源经济开发区被国家批准为全国乡镇企业东西合作示范区。全国乡镇企业东西合作示范区是中西部地区乡镇企业集中连片发展的样板及龙头，是中部地区乡镇企业西进的基地。

31日 南昌市东湖区被全国工商局和全国个协授予"先进个协"光荣称号。

31日 鹰潭火车站派出所在全国公安系统英雄模范集体和个人表彰会上，被公安部评为"全国公安系统先进集体"。

31日 聂荣臻元帅生前关心并题写碑名的"金溪战役纪念碑"，在金溪县浒湾镇大仙岭上落成。碑高8米，用大理石建造，是为纪念1933年1月工农红军粉碎国民党军队对中央革命根据地的第四次"围剿"的金溪战役而建立的。

31日 九江举行口岸开放15周年庆典活动。九江口岸现有3座共6个5000吨级海轮泊位，全部向外籍船舶开放。

31日 省委、省政府在南昌召开全省农村工作会议。会议要求各级党委、政府和农村广大干部群众振奋精神，坚定信心，统一思想，抓住机遇，做好工作，狠抓落实，确保实现"三稳三增三保"目标，夺取1995年农业的全面丰收。

吴官正主持会议，毛致用讲话，张逢雨代表省委、省政府作报告。会议于4月1日结束。

31日 国家开发银行与江西信托投资公司2000万美元贷款签字仪式举行。该贷款用于支持建设江西省丰城电厂。副省长黄智权、周慈平，国家开发银行副行长刘明康出席签字仪式。

本月 省人大常委会组织开展妇女权益保障法检查。在1995年1月份各地市县普遍自查的基础上，省人大常委会会同省政府组织部分省人大常委会委员、省政府有关部门和社会团体的领导分成四个检查小组，对赣州、吉安、宜春、上饶四个地区的执法情况进行检查。

本月 省政府发出《关于做好一九九五年百分之一人口抽样调查工作的通知》，以1995年10月1日零时为标准时间在全省11个地（市）的49个县（市区）进行抽样调查。

本月 由北京矿冶研究总院和武山铜矿共同试验研究的上向斜壁进路水砂充填采矿法获中国有色金属工业总公司颁发的科技进步二等奖。至此，该矿北矿带下向进路水砂充填，南矿带上向斜壁进路水砂充填采矿法均获国家科技进步二等奖。

1995
4月
April

日	一	二	三	四	五	六	日	一	二	三	四	五	六
						1 初二	**2** 初三	**3** 初四	**4** 初五	**5** 清明	**6** 初七	**7** 初八	**8** 初九
9 初十	**10** 十一	**11** 十二	**12** 十三	**13** 十四	**14** 十五	**15** 十六	**16** 十七	**17** 十八	**18** 十九	**19** 二十	**20** 谷雨	**21** 廿二	**22** 廿三
23 廿四	**24** 廿五	**25** 廿六	**26** 廿七	**27** 廿八	**28** 廿九	**29** 三十	**30** 四月小						

公元 1995 年 4 月　　农历乙亥年【猪】

1 日 江西省实施《国家赔偿法》和《仲裁法》工作会议在南昌召开。副省长舒圣佑、省人大常委会副主任王国本、省政协副主席黄立圻、国务院法制局局长杨景宇出席会议，省高级法院和检察院的负责同志也参加了会议，舒圣佑讲了话，杨景宇就建立社会主义市场经济体系，加强法制建设问题讲了话。会议于2日结束。

2 日 省政府在南昌举行大会，表彰各条战线的劳动模范和先进工作者，有劳动模范603名，先进工作者97名。大会期间还评出78名全国劳模和全国先进工作者。

2 日 在全国数学奥林匹克竞赛中，新干县大洋洲中学初三（2）班的陈建群，以满分140分，夺得全国数学奥林匹克竞赛一等奖。

3 日 省委组织部和省委农村建设办公室召集部分出席全省劳模大会的先进（模范）村党支部书记进行座谈，畅谈各自在加强农村基层组织建设，大力发展农村经济，带领群众走共同富裕道路的经验。

3 日 省地市广播电视局长会议召开。会议提出"坚持正确舆论导向，努力提高节目质量，加强行业系统管理，推进事业协调发展"。

3 日 《南昌昌北机场工程可行性研究报告》获国家计委正式批复。

3 日 原中央政治局常委宋平分别在省委书记吴官正、省人大常委会主任毛致用和省政协主席朱治宏陪同下即日起至16日先后考察了南昌、九江、景德镇、鹰潭、抚州、宜春、新余七个地市，并听取了省委、省政府的工作汇

毛致用等省领导会见省劳模和先进工作者

报。他肯定了江西持续稳定和完善家庭联产承包责任制，同时在有条件的地方发展适度规模经营的做法。

4日 省政府在南昌召开反腐败工作会议。副省长舒圣佑在会上强调，省政府召开这次反腐败工作会议，是要认真学习贯彻落实中共中央总书记江泽民、国务院总理李鹏在中纪委第五次全会和国务院反腐败工作会议上的讲话精神，按照中纪委第五次全会和省纪委第十次全会的要求，部署政府系统的反腐败工作，把全省反腐败斗争进一步推向深入。省政府各部门、中央在省部门和单位负责人参加了会议，并邀请省委、省人大、省政协有关部门、各民主党派以及中央驻赣部分新闻单位负责人参加会议。

4日 江西省地市供销主任工作会议召开，强调认真学习和贯彻落实中共中央、国务院《关于深化供销合作社改革的决定》，统一思想，抓住机遇，深化改革，坚定不移地把供销合作社办成农民自己的经济组织，在新形势下，走出一条富民兴社的新路子，进一步促进农村经济的发展。

4日 金溪县蚕桑局在全县10个乡镇、12105户养蚕户中推广小蚕片叶立体育技术获国家农业部颁发的小蚕片叶立体育技术推广二级奖。

4日 省财政厅、林业厅转发世行贷款"森林资源发展和保护项目"的有关文件：《项目实施规定》、《资金管理办法》、《会计核算实施办法》和《提款报账办法》。

4日 江西省乡镇企业系统举行党建暨思想工作座谈会。围绕经济建设抓好党的建设，加强政治思想工作，进行了认真研究，认为加强乡镇企业党的建设刻不容缓。

5日 副省长周慈平会见国务院港澳办公室香港事务顾问简福饴先生。简福饴是香港著名的房地产专家，第一任香港测量师学会会长，此次来赣考察京九沿线房地产开发情况，投资兴建江西京九房地产咨询评估有限公司。

5日 临川县湖南乡竹溪小学教师喻浩华入选《中国当代集藏家辞典》。

6日 省政府召开第三产业普查工作总结表彰电话会议。通过这次普查汇总，到1992年底，江西第三产业单位共60.63万户，从业人数共293.76万人。会上表彰了赣州地区三产办等11个地市及省金融、邮电三产办共49个先进单位，同时授予522人"先进工作者"荣誉称号。

6日 省交通厅公路局首次对一线养路老职工进行表彰，763名工龄在30年以上的养路工获荣誉证书。

6日 赣州地区粮油公司职工朱祥泰发明的"多电机多速度自动跟踪同步回路装置"，获国家发明专利。

6日 九江市庐山区虞家河乡鲁板村发现早期新闻学者徐宝璜先生的墓。此墓位于旅游胜地庐山北麓，与其夫人合葬。墓碑上刻着"徐公宝璜，母蔡尚文大人之墓"及生卒时间、后嗣等。

6日 省绿委（扩大）会议召开，提出要加强领导，再接再厉，推动全民义务植树深入发展。会议表彰了首获"江西省造林绿化最佳城市、最佳县（市）、最佳乡镇、最佳村"的81个单位，发出了《关于在江西省广泛深入开展争创造林绿化"四佳"活动倡议书》。

7日 省人大常委会、省高院、省检察院联合召开会议。省人大常委会副主任王昭荣主持会议并讲话，省人大常委会副主任陈癸尊传达第八届全国人大三次会议精神。省人大常委会副主任郑良玉、王国本，省高院院长李修源、省人大常委会秘书长罗光启和省高院、省检察院的机关干部200多人出席了会议。

7日 第二届全国"韬奋新苗奖"评选在北京揭晓。南昌大学新闻系有5人获奖，其中一等奖1名，二等奖3名，三等奖1名。

7日 省委、省政府批转省农工委、省委政研室、省林业厅、省老建办关于"在山上再造一个江西"实施意见的报告。

7日 江西师范类院校第一家律师事务所——江西司达律师事务所在江西师范大学成立。

7日 省博物馆副研究员方国兴被编入我国第一部《国际名人录（艺术卷）》，并获二级艺术大师名人称号。

7日 地处赣东南、闽西南和粤东地区的3省10地（市）代表聚首广东汕头地区，共商开放、开发、协作、发展大计，并达成共识：加强赣东南、闽西南和粤东地区的经济协作与交流，形成和发挥区域经济联合的整体优势，携手谋求发展，共创繁荣。会议决定建立十地市经济协作联席会议制度，促进区域经济协作的发展。会议于10日结束。

8日 庐山风景名胜区通过《风景名胜安全管理》达标验收。国务院、全国人大、建设部、公安部等单位派人参加验收。

8日 八七〇四八部队警卫班副班长、赣州籍战士刘淼在营门执勤时与歹徒搏斗英勇牺牲，被追记二等功。

9日 江西莲花汽运分公司司机晏军生驾驶客车路经高埠岭时，歹徒点燃炸药包，他临危不惧，抱起炸药包冲出车外，为保护28位旅客而英勇牺牲。交通部授予他"人民的好司机"荣誉称号，省政府追认他为革命烈士。省交通厅拨款在高埠岭建立晏军生烈士纪念碑。

10日 在河北省石家庄市举行的全国游泳冠军赛上，江西游泳健儿获3金2银；省泳坛名将罗萍在女子200米、400米、800米自由泳比赛中连夺3枚金牌；新秀张婵莺夺女子400米和800米自由泳两枚银牌。

10日 经过江西省水电工程局安装处的艰苦努力，江西新余市电厂干煤棚顺利吊装成功。这是全省电力系统内当前最大、最高的干煤棚，跨度为73.8米，全长75米，顶高30.564米。

11日 国家计划委员会正式批准丰城电厂列入1995年度国家重点建设项目。该电厂是江西第一个装机120万千瓦大型电力建设项目。

11日 信丰县以科技为动力，调动千家万户建造脐橙、毛竹、种子园和山苍子等"特种"长防林，通过国家长防林验收组的验收。信丰林业技术推广站被评为"全国农业技术推广先进集体"。

11日 省直机关离休干部、统战理论研究会理事韩溥所著的《江西佛教史》，由光明日报出版社出版发行。

11日 省农村文化工作会议在南昌举行。会议提出"抓住两线，突出重点，加大改革力度，开创江西省农村文化工作新局面"。会议于13日结束。

12日 省轻工业工作会议在南昌召开，提出1995年江西轻工业发展重点是依靠科技进步，实施名牌战略，努力提高轻工业经济增长的质量和效益。

12日 浙赣复线上的咽喉工程——樟树赣江铁路大桥架通，比原计划提前了176天。该桥全长3068.87米。

樟树市赣江铁路特大桥。它是浙赣铁路最长的一座大桥，全长3068.87米，造价2.4亿元

13日 省委九届十一次全会在南昌举行。会议听取和审议了吴官正代表省委常委所作的《关于召开中国共产党江西省第十次代表大会有关事项的报告》；通过《关于召开中国共产党江西省第十次代表大会的建议》；大会决定中共江西省委第十次代表大会于1995年8月下旬在南昌召开。会议号召全省各级党组织和全体共产党员，紧密团结在以江泽民为核心的党中央周围，

中共江西省委九届十一次全体会议会场

深入学习邓小平建设有中国特色社会主义理论，坚持党的基本路线，带领人民群众，振奋精神，同心同德，艰苦奋斗，开拓前进，以实际行动迎接中共江西省第十次代表大会的召开。出席这次会议的有省委委员36人，列席会议的有省纪委委员和不是省委委员的省人大常委、省政协党组副书记、省政府党组成员、各地市委书记以及省委各部门、省直有关单位的党员主要负责人。

14日 由中国农学会、中国优质农产品开发服务协会、国务院发展研究中心农村发展研究部、中国特产报社、经济日报社农村部联合举办的"首届中国特产之乡命名暨宣传活动大会"在人民大会堂举行。经评选，南丰县为"蜜橘之乡"，广昌县为"通心白莲之乡"，赣县为"板鸭之乡"，婺源县为"绿茶之乡"，武宁为"猕猴桃之乡"，南康为"甜柚之乡"。

14日 省委组织部、宣传部联合发出通知，要求全省党员、干部中广泛开展学习宣传孔繁森同志活动。

14日 省委在南昌召开领导干部会议，中组部副部长李铁林宣读了中共中央关于省委、省政府主要领导职务变动的通知，党中央决定：吴官正任省委书记，毛致用不再担任省委书记、常委职务，舒圣佑、舒惠国任省委副书记。毛致用主持会议，李铁林宣读中共中央通知后讲话。吴官正在会上讲话。

14日 国际微笑行动医疗队的40多名队员陆续到达南昌。这些队员均是"国际微笑行动"的自愿参与者，来自香港、英国和美国。此次活动是一个非盈利的慈善性活动。

14日 吉安市决定在市郊青原山筹建全国首座牌坊林，"缩微"展现我国自古以来有代表性的牌坊。

15日 经省政府同意，省劳动厅就做好国有企业职工和离退休人员基本生活保障工作提出六条具体措施。

15日 凌晨3时53分，瑞昌市、德安、九江县界区发生4.9级地震，九江市区有强烈震感。

16日 世界银行贷款项目主管官员希尔女

士一行3人在南昌与省审计厅外资处就江西省第四笔农村信贷项目审计工作进行座谈，对省审计厅的项目审计表示赞赏和感谢。

18日 省委常委集中学习领导干部的楷模孔繁森的先进事迹，讨论在新的历史条件下，如何不辜负党的期望，做人民的好公仆。

18日 省委副书记、常务副省长舒圣佑，副省长周慧平会见以罗泰来先生为团长的美国纽约江西协进会文教商务考察访问团。

18日 省口岸工作会议召开。提出强化口岸综合管理，加大口岸改革力度，加快口岸基础设施建设，保证口岸安全、畅通、高效、文明，为发展社会主义经济提供服务。

18日 省纪检监察案件审理工作会议在新余市召开。会议议题是：贯彻落实中纪委五次全会、省纪委十次全会及全国纪检监察案件审查工作会议精神，总结交流纪检监察机关合署办公以来，案件审理工作情况和经验，研究探索在新形势下进一步做好案件审理工作。会议于20日结束。

19日 文化部授予临川市文昌桥图书馆"全国文化先进集体"称号。

19日 经省政府、省林业厅批准，莲花县玉壶风景名胜区被列为省级风景名胜区和省级森林公园。

19日 景德镇华意压缩机厂承担试制的AE137Or型R134a，经制冷专家实地考察和工艺文件论证，通过国家鉴定。

19日 省精神文明建设活动委员会在南昌召开工作会议。会议认为，改革开放和社会主义现代化建设的飞速发展，为精神文明建设提供了大有作为的广阔天地，要乘势而上，进一步增强政治意识、大局意识和责任意识，服务大局，突出重点，深化创建，不断地提高群众性精神文明建设活动的水平，以实际行动为迎接江西省第十次党代表大会的召开作出贡献。会议于20日结束。

19日 省国税工作会议结束。会议提出为保证新税制的正常运行及各项税收任务的顺利完成，江西省国税系统将全面推进税收征管改革，加快建立严密、科学的税收征管体系。

19日 省委在南昌召开民主协商会，就省委、省政府的人事问题，邀请省各民主党派、工商联、群众团体的负责人，无党派知名人士进行民主协商。省委书记吴官正主持会议，省委副书记舒惠国就人事问题作了说明。

19日 省工商联六届三次执委会召开，会期两天。中心议题是：组织和动员全省工商联会员，以邓小平建设有中国特色社会主义理论和中共十四大，十四届三中、四中全会精神为指针，紧紧围绕改革开放和经济建设这个中心，更好地开展各项会务活动和商务活动。会议听取了省工商联副主委梅俊文作的工作报告，并对1995年的工作进行了部署。会议决定增选毕必胜、韦文为省工商联、省总商会副会长。

20日 南昌市庆祝"五一"国际劳动节暨中国工会成立70周年大会在南昌市工人文化宫举行，省市各条战线的劳动模范及工人代表共1000余人，共庆"五一"。省委副书记舒惠国代表省委、省政府讲话，省总工会主席刘金标讲了话。受全国总工会的委托，省总工会为江西获全国总工会表彰的全国优秀工会干部和全国优秀工会积极分子颁了奖。

20日 在全国检察机关先进集体、先进个人表彰大会上，江西省检察机关有七个集体、6名检察干警受到表彰，丰城市检察院被授予"模范检察院"称号。受到集体表彰的还有南昌市东湖区、乐平市、泰和县、上饶市、南昌市检察院法纪检察处、新余市检察院驻新钢检察室等单位记立集体一等功。寻乌县检察长严能礼、萍乡市安源区检察长彭雪凡被授予"模范检察干部"称号。鹰潭市检察长林升泰、瑞昌市反贪局局长黄治安、南昌市副检察长罗庆华等记立个人一等功。

20日 临川市委、市政府正式挂牌。省委副书记、省人大常委会副主任卢秀珍为"中共临川市委员会"、"临川市人民政府"揭牌。

20日 江西作家邱恒聪创作的长篇小说《苏区赤子》由江西人民广播电台在京录制成30集长篇连播节目，参加全国长篇作品连播交流。

20日 省人大常委会主任毛致用、副主任张逢雨自即日起至22日深入抚州地区东乡、南城、临川三县市的农村考察。陪同考察的还有省委组织部长刘德旺、抚州地委书记陈梅芳、抚州行署专员徐俊如等。毛致用强调切实落实党的农村政策，确保农业增产、农民增收。

21日 省委书记吴官正带领省委办公厅、组织部、宣传部和省农办的人员到高安农村考察。他强调要从各方面努力，扎实工作，把省委、省政府提出的"一年一个变化，三年上个台阶"的要求落到实处。

21日 省机关、社会团体、企业事业单位及其他组织自5月1日起，全部执行职工每日工作8小时，每周工作40小时的工作制度；省各大专院校、中小学校自9月1日起执行；有困难的企业、事业单位可适当延期，事业单位最迟自1996年1月1日起执行，企业最迟自1997年5月1日起执行。

21日 省档案局筹办编辑《江西档案事业发展成就概览》大型画册，各级档案部门筹办各种活动，迎接1996年第十三届国际档案大会在北京召开。

21日 国家教委在上海同济大学举行的邵逸夫先生第五批赠款项目颁奖仪式上，江西婺源天佑中学逸夫楼工程项目获二等奖。

23日 省委组织部、宣传部联合发出通知，部署在全省党员、干部中开展"入党为了什么？在任干了什么？"学习孔繁森开展的"五学五看"大讨论。"五学五看"的内容是：学习孔繁森无私奉献的坚强党性，看自己的人生观、价值观是否符合党和人民的要求；学习孔繁森关心群众疾苦的公仆胸怀，看自己为群众排忧解难，办了哪些实事；学习孔繁森清正廉洁的高尚品德，看自己抵制不正之风做得如何；学习孔繁森艰苦奋斗的创业精神，看自己为脱贫致富，振兴江西做了哪些努力；学习孔繁森求真务实的优良作风，看自己讲实话、办实事、求实效的工作态度和工作成效怎样。

23日 江西省青少年发展基金会获全国第二届"希望工程建设奖"。

23 日 省政府、省军区联合作出决定，授予南昌航空工业学院人武部部长匡壁民"模范专职人民武装干部"荣誉称号。他在自己的工作岗位上，勇于探索、大胆实践，闯出了一条依靠院校人武部自身力量组织大学生开展军训的新路子，先后被省教委、国家教委评为"教书育人先进个人"，被总参谋部评为"优秀四会教练员"。

23 日 萍乡市赣西防水材料厂生产的"一次灵"防水剂，获第二届全国建材博览会金奖。

23 日 南昌铁路公安处南昌乘警大队获"1994 年全国打击伪造、贩卖、盗窃发票犯罪活动先进集体"，同时获最高人民检察院、最高人民法院、公安部、国家税务总局联合颁发的嘉奖证书。

24 日 省直机关 1000 名干部在省委礼堂参加由中国科技研究所研究员孙学琛主讲的"国际高科技动向和国内科技发展现状与对策"报告会。省委常委、宣传部长钟起煌，副省长黄懋衡，省政协副主席罗明及省直机关有关方面负责人出席报告会。

24 日 省政府批转省地税局、省财政厅、省教委制定《江西省教育费附加征收管理使用若干规定》，明确了教育费附加征收办法和管理使用办法。

24 日 在庐山石门涧景区灌木丛中，发现一处清代嘉庆二十年九江知府方体题写的摩崖石刻。石刻为一首八言写景诗，计 61 字，面积为 2.9 平方米。

24 日 省八届人大常委会第十五次会议举行。会议共 12 项议程，通过《江西省建设项目环境保护条例》、《江西省城市房地产开发管理条例》、《江西省城市国有土地使用权出让和划拨管理条例》。会议作出关于批准《南昌市蔬菜基地保护条例》、《南昌市职工社会保险暂行条例》的决定。会议通过关于接受吴官正同志辞去省政府省长职务的决定；通过关于舒圣佑代理省政府省长职务的决定；通过关于接受张云川辞去省政府副省长职务请求的决定；通过了任免名单。

25 日 1994 年，江西省有 196 名专家、学者、技术人员分别获国务院和省政府特殊津贴，6 人获"国家有突出贡献的中青年专家"称号，颁发证书大会在八一宾馆举行，省领导钟起煌、陈癸尊、吴永乐出席会议。副省长黄懋衡向获殊荣的专家、学者、技术人员致贺。

26 日 美国加州圣峪中华文化协会健华社投资 4000 美元，在修水县渣津区举行签字仪式，兴建江西省第一个农民图书馆。

26 日 《华南虎及其栖息地调查》课题研究成果在南昌市通过省级鉴定。该项目系林业部下达，经过江西省科技人员历时两冬一夏的外业调查，写出调查报告。省内外专家一致认为，本项研究填补了江西省华南虎研究的空白，达到了同类研究的国内先进水平。

27 日 省计委、省财政厅、省林业厅在南昌市召开江西省世行贷款"森林资源发展和保护项目"启动会议。省委常委张逢雨出席会议并讲话。该项目规划建设集约经营人工林 5.2 万公顷，其中新造林 4.6 万公顷、毛竹垦复 6000 公顷；天然林管理 800 公顷。总投资 19803.81 万元（其中世行贷款 11882.29 万元、国内配套资金 7921.52 万元），建设期 6 年（包括造林后两年抚育），安排在赣州等 7 个地（市）的 27 个县（区、场）。

27 日 南昌商场挂上"全国执行物价计量政策法规最佳单位"牌匾，南昌百货大楼获"全国执行物价计量政策法规最佳单位"。黄庆仁栈药店、南昌第一百货商场、上饶市信江百货商场、萍乡市供销大厦四家获"优秀单位"称号。

南昌市黄庆仁栈药店

27日　省委书记吴官正在宣传部长钟起煌陪同下来到文联，与文艺工作者谈心，就贯彻党的文艺方针，繁荣江西社会主义文艺展开了广泛的交流和探讨。吴官正强调，文艺创作一定要坚持"二为"方向，贯彻"双百"方针，要大力弘扬主旋律，提倡多元化，文联要调动广大文艺工作者的积极性，出精品，出人才。

27日　省社科院曹国庆撰写的《严嵩年谱》一书，由中国人事出版社出版发行。该书为大32开本，435千字，书中汇集了大量史料，从传统文化的大背景、大格局的视角出发，对严嵩进行了客观、公正的评价。

27日　全国民航公安法制预审工作会议在南昌召开。会议的主要议题是深入学习贯彻《人民警察法》和《国家赔偿法》，讨论研究民航公安机关贯彻好这两部法律等问题。

27日　江西省维护妇女合法权益表彰会暨全省妇女工作会在南昌召开。会议交流了江西妇女维权工作先进经验，表彰了维护妇女合法权益的先进集体和个人；讨论通过了《九十年代江西儿童发展纲要》指标体系和评估方案，讨论修改了《江西妇女发展规划纲要（1995～2000）》，研究部署了1995年江西省妇女儿童工委工作。会议于28日结束。

27日　省地市国家安全机关负责人会议在南昌召开。各地市代表汇报筹建工作情况，交流了经验，并参加了江西第一个成立的地市级国家安全局——九江市国家安全局的成立大会。会议于29日结束。

28日　省政府召开省乡镇煤矿清理整顿领导小组扩大会议，部署乡镇煤矿的整顿及汛期煤矿的安全生产。

28日　检阅1994年度报纸宣传成果的"第二届江西报纸新闻奖"揭晓。共收到参评作品342件，评出好稿件211件，一等奖20篇，二等奖40篇，三等奖88篇，好版面24块，好标题39条。

28日　在我国著名物理学家、教育家吴有训诞辰98周年之际，吴有训纪念馆在其家乡高安市筠西公园奠基。纪念馆占地面积20余亩，投资500万元，中共中央政治局常委、中央军委副主席刘华清题写了馆名。

29日　省政府下发了认真贯彻落实《中华人民共和国劳动法》的实施方案，确定境内的所有企业、个体经济组织和与之形成劳动关系的劳动者，国家机关、事业单位、社会团体和与之建立劳动合同关系的劳动者，均要在1996年年底以前全面实行劳动合同制，1995年年底以前应达到80%。

29日　全国总工会对在"学先进、比贡献、为实现'八五'计划建功立业"活动中涌现出来的先进女职工、先进女职工集体及重视女职工工作的领导进行了表彰。抚州棉纺织厂女工张晓慧等14人获"先进女职工奖"，九江市总工会主席、女职工委员会主任赵登荣等8人获"先进女职工工作者"奖，萍乡钢铁厂中心幼儿园获"先进女职工集体"奖，南昌市总工会女职工委员会等5个女职工委员会获"先进女职工委员会"奖。景德镇市委副书记周庭祥等4人获"女职工之友"奖。

29日　团中央会同国内贸易部、公安部等八大部委共同组织的"跨世纪青年文明工程"首批全国"青年文明号"在北京正式命名授牌。樟树市粮油分公司专储部受授命名牌。

29日　省地市人大主任座谈会在南昌举行。省人大常委会副主任王昭荣传达了3月19日在北京召开的各省区、市人大常委会主任座谈会精神。省人大常委会主任毛致用讲话强调：做好人大工作，最根本的就是要坚持和依靠党的领导；重大事项要及时向党委请示报告，取得党委的重视和支持，要正确领会、贯彻党委的意图，善于把党对国家事务的重大决策，通过法律程序变为国家意志。

29日　国家经贸委组织的技术改造"双加"（加大投资力度，加快改革步伐）工程，开始进入全面实施阶段。江西省17项重大技改项目入选国家经贸委下达的《"双加"工程导向性项目计划》，它们是：江西水泥厂的日产2000吨新型干法水泥生产线改造、赣江制药厂7000吨维生素C扩产、东风制药厂新增720吨普鲁卡因素霉素原料药及配套 1.5 亿支粉针改造工程、省邮电局干线光缆改造工程。总投产 26.1 亿元，专项贷款 11 亿元。据初步预测，如建成投产后，可年新增销售收入 36.1 亿元，利税 8.8 亿元，创汇 7350 万美元。

29 日 遂川"狗牯脑"茶在北京 1995 年国际食品及加工技术博览会上获金奖。

30 日 省政府发布《江西省最低工资规定》，共 6 章 24 条。规定月工资一类区域 190 元，二类区域 170 元，三类区域 150 元，四类区域 140 元。

30 日 在第七十七届广交会上，江西省成交 1.52 亿美元。

30 日 北京时间零时起，鹰潭市（含贵溪、余江两县）长途电话区号"7032"改为"0701"，拨号方法是：0701 加电话号码。

本月 井冈山市被国家教委评为"全国首批普及九年义务教育和基本扫除青壮年文盲市"。

本月 国家建设部会同国务院办公厅和法制局、全国人大法工委、公安部治安管理局和省建设厅的有关领导、专家组成的庐山风景名胜区安全达标验收委员会，深入该景区现场进行调查研究和实地考察，一致通过庐山为国家级安全山的达标验收。

本月 新余钢铁厂获"全国专利工作先进企业"称号。

本月 临川市东馆 35 千伏输变电站工程竣工，并一次性试送电成功。容量为 2×3150 千伏安的东馆变电站，总投资概算为 438.4 万元。

本月 江西气门芯厂建成一条具有 20 世纪 90 年代初世界先进水平的气门芯和无内胎气门嘴全自动生产线，正式投产。

本月 江西省首条磁卡制作生产线在南昌市投产。这条生产线是江西省金太阳磁卡有限公司投资 100 多万元从国外引进的。该公司还开发就餐卡、自动查询卡、电话查询卡等 8 个品种。

1995
5月
May

公元 1995 年 5 月							农历乙亥年【猪】					
日	一	二	三	四	五	六	日	一	二	三	四	五	六
1 劳动节	**2** 初三	**3** 初四	**4** 青年节	**5** 初六	**6** 立夏		**7** 初八	**8** 初九	**9** 初十	**10** 十一	**11** 十二	**12** 十三	**13** 十四
14 十五	**15** 十六	**16** 十七	**17** 十八	**18** 十九	**19** 二十	**20** 廿一	**21** 小满	**22** 廿三	**23** 廿四	**24** 廿五	**25** 廿六	**26** 廿七	**27** 廿八
28 廿九	**29** 五月大	**30** 初二	**31** 初三										

1日　省委书记吴官正在都昌县进行为期3天的考察时强调要把好财政总开关，促进县城经济发展。省委副书记、代省长舒圣佑到新余市重点考察了新余钢铁责任有限公司，研究确定搞活企业的对策。他强调把抓重点、抓薄弱环节落到实处。

2日　"1995环保赣江行"组织委员会在南昌成立，胡东太任组织委员会主任。活动的主题是：向环境污染宣战，维护生态平衡，珍惜自然资源。

3日　首届"中国机械十大杰出企业家和十大杰出企业"评选揭晓。江铃汽车集团公司总经理、党委书记孙敏获"中国机械十大杰出企业家"称号。

3日　以全国人大环境与资源保护委员会副主任委员、原水利部部长杨振怀为团长，国家煤炭部副部长张宝明、国家环保局副局长张坤民为副团长的全国环保执法检查团一行18人抵达南昌，对江西省进行为期16天的环保执法检查。

3日　省政府办公厅发出紧急通知，要求各地各有关部门在1995年一段时间内，对化肥农药和生猪运输车辆免收贷款路桥通行费。

3日　省政府召开治理公路"三乱"电话会议，贯彻落实全国治理公路"三乱"电话会议精神。部署江西省治理公路"三乱"工作，要求统一思想，坚定信心，真抓实干，取得成效。副省长黄智权到会讲话，省公安厅、交通厅、林业厅的负责人分别就本系统治理公路"三乱"工作发言。

3日　江西师范大学与匈牙利佩奇大学、德布勒森科技大学结为姊妹学校。双方正式签订协议书。

4日　省政府批准，遂川县泉江——白水仙风景名胜区被列为省级重点风景名胜区。该风景区面积15平方公里，有"双源合涌"、"两市分河"等8景和苏东坡遗墨、岳飞"点将台"、江西省第一个县工农兵政府旧址、毛泽东旧居等人文景观10余处。

4日　省委、省政府召集有关部门负责人，共商京九铁路沿线展开生产力布局的良策，要求各地各部门抓住机遇、珍惜机遇，加快京九铁路沿线开放开发建设步伐，构建江西经济发展的脊梁。

4日　省委宣传部、省教委、省教育工会、团省委联合表彰江西省"十佳"青年教师。他们分别是：江西师范大学刘三秋、江西财经学院秦荣生、江西省商业学校赵恒伯、南昌师范学校安云、南昌市三中谢弘、玉山县一中万家春、萍乡市三中廖春兰、赣州市二中王女微、九江师专附中蒋丽菊、抚州市第十小学杨青。

5日　在刚刚结束的全国文化工作经验交流暨表彰大会上，宜丰县、南昌县被授予"全国文化系统模范地区"称号，赣南采茶剧团、抚州市图书馆、萍乡市电影发行公司、江西省文物商店、江西画报社、省文艺学校吉安分校被授予"全国文化系统先进集体"称号。蔡超、徐嘉琪、姜朝皋、廖生根、上官树、梁山定、严光炎、黄先根8人被授予"全国文化系统先进工作者"称号，享受省级劳模待遇。

5日　中国马克思主义哲学史学会、中央编译局马列著作编译部、中央党校哲学教研部、国防大学科研部、江西省社会科学院、省社联等10个单位联合主办的"纪念恩格斯逝世100周年暨恩格斯与当代马克思主义"学术研讨会在南昌召开。全国各地约80位知名专家学者参加会议。

5日　中央统战部副部长刘延东召集江西各民主党派和省工商联负责人，就进一步坚持和完善共产党领导的多党合作和政治协商制度举行座谈。出席会议的有民革省委主委张华康、民盟省委副主委姚公骞、民建省委副主委喻长林、民进省委主委刘运来、农工党省委主委沃祖全、九三学社省委主委廖延雄、省工商联合会会长厉志成、省委统战部长梅亦龙等。

6日　全国第一台大跨度悬索吊桥主缆缠丝机在大桥局九江船舶工程总公司问世，经专家评定，达到世界先进水平。

6日　省委宣传部、省乡镇企业局组织的"东方杯"乡镇企业宣传活动结束。《江西日报》的《"老乡"带来了富裕和文明》等4篇稿件分获一、二、三等奖。省广播电台、省电视台、《江西日报》与赣州地区被评为优秀组织单位。在获奖的27篇好新闻中，《江西日报》获一等奖1篇、二等奖2篇、三等奖1篇。

6日　全国报纸理论宣传研究会第二届年会自即日起至9日在广州召开，评选出1994年度优秀理论文章。《江西日报》两篇文章、一个专栏获奖。

7日　经《管理世界》杂志社、中国企业评价中心、建设部建筑公司综合评定，南铁工程总公司1994年度列"中国500家最大经营规模建筑企业"第一百五十三位，"中国500家最佳经济效益建筑业企业资质一级"第三十五位。

7日　省委、省政府召开电话会议，对当前农村工作，特别是农业和生猪生产进行部署，会议要求各地紧急行动起来，采取有效措施，克服困难，下大力气抓好以防灾抗灾为中心的农业生产，夺取1995年农业丰收，实现农民增收目标。会议还要求各地要按照统一部署，把夏季计划生产活动组织好，开展好，完成预定的目标任务。出席电话会议的还有省直农工各部门和新闻单位的负责人，各地市县区主要领导和分管农业的领导以及农业和涉农部门的负责人。

8日　江西铜业公司经理致函省政府代省长舒圣佑，就上饶地区遭受水灾，决定捐助100万元支援灾区，省政府办公厅当即复函铜业公司，表示诚挚的谢意。

8日　省委书记吴官正写信给省委、省政府办公厅负责人，提出对领导人的秘书及身边的工作人员，一定要严格要求，加强教育管理，强调纪律。

8日　微喷灌溉工程在江西于都、宁都两个橘园建成，并通过验收。该工程运用世界橘园灌溉的最新技术，是全国规模最大的节水微喷灌工程。

8日　南昌市自来水公司被国家建设部授予"全国公用系统规范化服务先进单位"荣誉称号。

9日　江西省新一届武装委会全体委员会议在南昌召开。会议学习了国务院、中央军委关于成立国家国防动员委员会的通知，听取并审议了《去年民兵预备役工作总结及一九九五年民兵预备役工作安排》的工作报告，研究了1995年国防后备力量建设的有关问题。省武装委会主任舒圣佑，副主任舒惠国、黄智权、冯金茂、郑仕超等出席会议。

9日　喀麦隆青年体育部代表团一行4人对江西进行访问，代表团参观游览了南昌、共青城、庐山等地并到省体育工作大队参观体育设施及训练。副省长黄懋衡在南昌会见并宴请喀麦隆客人。访问于12日结束。

9日　江西省利用外资工作座谈会在南昌举行，提出认清形势，克服困难，求实创新。会议听取各地市利用外资情况汇报，总结利用外资的经验，制定确保完成1995年利用外资任务的措施。各地市分管外资工作的秘书长、外资办主任、省直各单位分管外资工作的负责人参加会议。会议于10日结束。

9日　江西省大中专毕业生就业工作会议暨信息交流会召开。就1995年毕业生就业的总体规划提出，继续贯彻统筹安排、合理使用、加强重点、兼顾一般和面向基层、充实生产、科研、教学第一线以及学以致用、人尽其才的方针和原则。国家任务招收的毕业生原则上仍由国家负责一定范围内安排就业，通过"供需见面"和在一定范围内"双向选择"的办法落实毕业生就业方案。委培和定向培养的毕业生按合同就业；国家计划内自费生在规定的期限内自主择业；毕业研究生在服务范围内就业。交流会于10日结束。

9日　农工党江西省第七届委员会第四次会议在南昌召开。会议认真学习中共中央总书记江泽民视察江西的重要讲话，听取和审议农工党省委会主委沃祖全代表七届常委会所作的常委会工作报告，在总结1994年工作的基础上，对1995年的工作进行了部署。会议于11日结束。

11日　省政府召开江西省创建卫生城市电话会议。要求以迎接第三次全国城市卫生检查为契机，加大创建力度，真抓实干，务求实效，提高江西省城市整体卫生水平。

12日　省建设厅坚持"两手抓，两手都要硬"的方针，贯彻抓机关、带基层、促行风的指导思想，采取把精神文明建设纳入业务目标管理一道抓，突出行业特点，实行条块结合、点面结合的工作方法，使厅机关和整个系统的精神面貌发生了较大的变化，建设部两次授予该厅"全国

建设系统精神文明建设先进单位"的称号。

12日　省政府办公厅发出通知，要求各地严格控制小棉纺厂建设。省计委等部门还发出《关于整顿调整小造纸企业的意见》。

12日　省政府召开常务会议，分析1月至4月经济形势，研究部署5月、6月的经济工作。代省长舒圣佑主持会议并讲话，会议认为，5月、6月是完成上半年国民经济各项任务的关键时刻，必须着力抓好物价、抗灾、工业生产、商业流通和财税、招商引资、科技兴赣、教育立省等工作。

13日　全国成人高校中专进行统一考试。全省11个地市设有69个考点、2013个考场，共有6.04万多名考生参加考试。另外，成人大专免试生1723人，成人中考免试生12459人，江西省成人计划招生43441人，成绩将于6月6日后由各县、市（区）招办通知考生本人，录取工作将于6月下旬进行。

14日　奉新县生产的纯猕猴桃果汁饮料获1995年北京国际食品博览会金奖。

14日　在全国公安保卫战线先进表彰大会上，江西七二一矿公安局获"全国保卫系统先进集体"称号。

14日　以世界银行高级项目官员希尔女士为团长的世界银行监测团一行3人，自即日起至18日来江西省监测农村信贷项目。先后监测了九江市、共青城、奉新等地的甲鱼养殖、猕猴桃种植及加工等7个项目，对监测的结果表示基本满意。

15日　省审计师事务所被评为"全国百强审计师事务所"之一。

15日　省委书记吴官正在新余市进行为期3天的考察。他强调：加强农村基层组织建设，关键要有一个好的领导班子。要挑选有理想、有抱负、有奉献精神、有才干的共产党员担任村支部书记，团结带领农民加快奔小康的步伐，促进农村经济快速发展。

16日　南昌铁路分局鹰潭站"熊云清售票窗口"被团中央、铁道部命名为"全国青年文明号"窗口。这是全国铁路系统唯一以烈士名字命

名的青年班组。

16日 由国家体委主办的首届全国舞龙比赛在北京颐和园降下帷幕。江西樟树四特酒厂舞龙队夺得第五名，获铜奖。

17日 1995年全国田径锦标赛在山西省太原市举行。江西运动健将、亚洲链球纪录创造者毕忠以70米94的成绩获链球赛第一名，吴永青以68米48的成绩获链球赛第二名；许滨以8米12的成绩获男子跳远第二名；金丽琴以3米20的成绩获女子撑杆跳第五名；闵春凤以59米14的成绩获女子铁饼第六名。

17日 全国城运会羽毛球单项赛结束，南昌市选手孙健、刘露芳获女子双打铜牌。

17日 全国环境与资源保护执法检查结束，检查团与江西省领导举行了座谈，交流了他们对江西进行检查的情况和意见，在肯定江西环境与资源保护执法工作成绩的同时，指出目前存在的问题，主要是全民的环境与资源保护意识和法律意识需要进一步提高，局部地区环境污染和资源破坏比较严重，应引起各级政府的重视。

17日 《鹰潭编组站信息管理系统》成果，通过省科委组织的专家鉴定。

18日 历时10天的第二届全国部分省市党报版面研讨会在湖北日报社举行。会议收到各报业务交流论文24篇，评选出一批好版面。《江西日报》1995年4月20日一版版面（作者祝芸生、王晖）获一等奖；1994年11月9日二版版面（作者彭京）获二等奖；1994年12月18日一版版面（作者王少君、刘德灿）和1995年3月22日一版版面（作者唐晓俊、王晖）分获三等奖。

19日 省政法委员会召开江西省电话会议。会议传达贯彻省委书记吴官正、代省长舒圣佑的重要批示，并就进一步维护社会稳定和加强政法队伍建设作出部署。

20日 江西省儿童医院举行建院40周年庆典。国家卫生部部长陈敏章为该院题词。

21日 省政府召开畜牧工作会议，会议强调，要奋发努力，克服困难，乘势而进，出色地完成1995年全省畜牧业发展任务，坚持不懈地实施好"九五"发展规划，努力把全省畜牧业建设成为农村经济的强大支柱。会议于22日结束。

21日 九江长江大桥是我国当前最长的双层式铁路、公路两用桥，创造了数十项全国第一。铁道部、九江长江大桥指挥部对大桥进行了动静载重试验，结果表明，全桥设计合理，施工工艺精湛，大桥性能全部达到设计标准。

23日 全省70名有突出贡献的工人技师和首批133名高级技师受到表彰。他们联名向全省各行业的技术工人发出倡议：积极行动起来，掀起一个学技术、比贡献的热潮，为企业、为国家作出更多的贡献。

23日 文化部"重走长征路"系列文化活动及首场慰问演出在江西艺术剧院举行。省党政军领导及各界群众1600余人观看演出。慰问团团长、文化部副部长徐文伯在开幕式上讲话时说，慰问团带着党中央、国务院对老区人民的亲切问候，来江西演出，希望老区人民有美好的明天（24日，慰问团奔赴瑞金、于都、兴国、井冈山等地进行慰问演出活动）。

23日 全国人大常委、全国人大华侨委员会副主任委员林丽韫率全国人大侨务检查组一行7人抵达南昌，对江西进行执法检查，检查组听取了省人大常委会和省政府有关侨务工作的情况汇报。省人大常委会副主任胡东太、副省长周慜平和省人大、省政府有关方面负责人出席汇报会。执法检查于6月1日结束。

24日 省委组织部召开1995年省直单位青年处级干部下派挂职锻炼迎送会。有37名省直单位青年处级干部下派基层。

24日 在"第二届全国中药行业优秀企业"评比揭晓会上，余江制药厂获优秀企业称号。

24日 1995年江西省普通高、中等专业学校招生统考报名工作结束。江西省报考人数为103841人，考生报名总数比1994年减少2807人。按考生报考类别分：理工类62886人；文史类35870人；体育类2369人；艺术类2716人。

24日 安福县浒坑镇瓦楼村44岁的农民陈和平发明的"卡式钳具"，获国家专利。

24日 全国人大常委会副委员长李锡铭自

即日起至 6 月 12 日在江西省考察，他指出，近几年来，江西省在邓小平同志建设有中国特色社会主义理论指引下，坚持党的基本路线，正确处理改革、发展和稳定的关系，取得了显著的成绩，江西形势大好，前程似锦。

25 日　省政府召开全省大检查总结表彰暨清查"小金库"工作会议。会议总结了 1994 年江西省税收财务物价大检查工作，表彰了一批获全国、全省荣誉称号的先进集体和个人，布置了 1995 年清查"小金库"工作。

25 日　第三届全国省、自治区、党报新闻奖评奖揭晓，共有 188 篇（件）作品获奖。《江西日报》获一等奖作者为：周全广、吴梓祥；获二等奖 2 篇，作者是：杨西磷、莫正朝；获三等奖 3 篇，作者是：吴梓祥、彭京、杨惠珍、赖荣栋、徐金海；获好版面奖 1 块，作者是：王少君、刘德灿。

25 日　经建设部批准，南昌县向塘镇、修水县渣津等 20 个镇被列为国家建设试点镇。

25 日　江西省企业文学艺术联合会在南昌成立，选举产生了首届理事、常务理事及主席，省委常委、宣传部长钟起煌到会讲话。

26 日　曾荣获"巴拿马博览会金奖"的漆器之乡波阳著名漆艺师丁国坤制作的一对高 2.18 米，最大直径 1.02 米的脱胎漆器花瓶，被中国漆协鉴定为全国最大的布坯脱胎花瓶，由广东珠海市三灶镇博物馆购入收藏。

26 日　省委书记吴官正和省委副书记卢秀珍、钟起煌到江西日报社看望全体职工，吴官正指出，新闻报道要在坚持正确的舆论导向的前提下，进一步提高思想性，增强可读性、知识性和趣味性，增加信息量。今后，对省内各种会议和领导人讲话、活动的报道要尽量减少，非报道不可的，也要尽可能压缩篇幅。

26 日　省委宣传部、省教委在南昌大学举行首场"'情系中华，报效祖国'——江西省优秀留学归国人员事迹报告会"。

26 日　省委组织部、省委统战部和省妇联，在南昌联合召开培养选拔年轻干部、妇女干部、党外干部工作座谈会，贯彻中央有关会议精神，结合江西的实际情况，研究部署年轻干部、妇女干部和党外干部的培养选拔工作，努力改善各级领导干部的整体结构。

26 日　省农村社会治安集中整治工作会议在南昌举行。会议总结了全省首批农村治安集中整治工作和 1995 年头五个月的政法工作。部署了第二批农村治安集中整治任务和今后七个月的政法工作。副省长黄智权、省政法委书记彭宏松、省政法委副书记全文甫、省公安厅厅长丁鑫发、省高级人民法院院长李修源、省人民检察院检察长阙贵善及省综治委员会委员，省有关部门的负责人、各地市委和部分县区政法委、综治办负责人出席会议。会议于 30 日结束。

27 日　共青团中央命名共青垦殖场为"全国青少年教育基地"。

27 日　中国企业报协会授予共青城共青报社女记者陆建珠"全国企业报优秀新闻工作者"称号。她是全国仅四家农垦企业报获奖者之一。

27 日　省委书记吴官正会见以驻日大使徐敦信为团长的驻外使节考察团一行 30 人。

27 日　修水县宁红集团公司与北京中德联合研究院共同研制的宁红饮料茶投入生产。

28 日　由中国商业文化研究会和江西金龙购物中心联合举办的"1995 中国商业文化与企业运行经验交流会"在南昌举行。国务院特区办主任、中国商业文化研究会会长胡平主持会议并作专题报告。省长助理蒋仲平、省政协副主席吴永乐等到会祝贺。

29 日　江西省 1995 年春运期间，组织民工有秩序流动工作受到劳动部表彰，省劳动厅获"先进集体"称号。

30 日　江西省军转干部安置工作会议在南昌召开。会议传达了全国军转安置工作会议精神，总结交流了 1994 年军转安置工作情况，研究部署了 1995 年江西省军转安置工作。省军转安置工作小组组长黄智权到会讲话。会议强调，任何地方和部门都要坚决完成军转安置部门下达的安置计划。

30 日　省政府决策咨询委员会、省委宣传部、省委党校、省社联联合在南昌召开邓小平经济战略思想研讨会。研讨会以邓小平经济战略思想为重点，理论联系实际进行讨论。

31日　省综合治理委员会在南昌召开维护社会治安见义勇为先进分子表彰大会。副省长、省综治委主任黄智权讲话时指出，见义勇为、除暴安良、扶正驱邪是中华民族的优良传统，也是我们这个伟大的时代必须高扬的主旋律；今天受到表彰的25名就是其中的突出代表。出席表彰的全体代表，向全省社会各界发出倡议书，要为维护稳定，保障改革发展的顺利进行作出不懈努力。

31日　副省长周慈平会见埃塞俄比亚驻华大使木拉图·泰寿麦，双方就进一步加强农田灌溉水利工程方面的合作进行了友好交谈。

本月　井冈山市科委把巴西政府赠送给李鹏的1公斤早稻种子转送到下七乡洪坪村试种。禾苗长势喜人。

本月　宜黄县潭坊乡和城南乡两户群众保存的许氏宗谱中分别发现：宋代王安石在熙宁乙卯年（1075）秋八月甲辰望日，为宗谱撰写的《许氏得姓源流序》和明代汤显祖在万历四十一年（1613）癸丑十一月下浣，为宗谱撰写的《志昇公墓志》。

本月　省劳动模范、有"种子大王"之称的朱新华设立的1.3万元良种推广奖，通过"绿农使者"，兑现给全国各地的106个获奖农户。获省"科技贡献奖"的朱新华，要把奖励良种推广活动形成制度，一年接一年地开展下去，让良种撒遍祖国农村大地。

本月　1988年6月成立机构编修，1994年定稿的《江西省测绘志》由方志出版社出版。

本月　江西省首次建立NPA监测统计，开展儿童生存环境监测及评估工作。

本月　江西中医学院针骨系副教授彭太平等主编的《现代老年骨科全书》第五册《老年骨科用药指南》一书，获第二届国际传统医学会颁发的"国际优秀成果（著作）奖"，以及1995年全国医学著作成果一等奖。

本月　江西民星企业集团投资生产的"BB肥"投入批量生产。

1995

6月
June

日	一	二	三	四	五	六	日	一	二	三	四	五	六
				1 儿童节	**2** 端午节	**3** 初六	**4** 初七	**5** 初八	**6** 芒种	**7** 初十	**8** 十一	**9** 十二	**10** 十三
11 十四	**12** 十五	**13** 十六	**14** 十七	**15** 十八	**16** 十九	**17** 二十	**18** 廿一	**19** 廿二	**20** 廿三	**21** 廿四	**22** 夏至	**23** 廿六	**24** 廿七
25 廿八	**26** 廿九	**27** 三十	**28** 六月小	**29** 初二	**30** 初三								

1日　以全国总工会副主席方嘉德为团长的全国劳模报告团一行 7 人抵达南昌，在江西艺术剧院举行报告会。首场报告会由深圳建设（集团）公司经理等 5 位劳模报告各自的先进事迹。

1日　赣东北地区连降大暴雨，昌江、乐安江、信江水位猛涨。省委书记吴官正指示有关部门支援赣东北地区的防洪问题。省防汛抗旱总指挥部召开成员会议，研究部署阶段防汛工作，要求各地进一步做好防大汛、抗大灾准备，努力把洪涝灾害损失减到最低程度。

1日　南昌银三角立交桥建成通车，省、市各界在南昌举行隆重的通车典礼。省领导吴官正等出席，副省长黄智权讲话。该立交桥总长 1679 米，路线长 13.2 公里，四层四路交叉全互通立交（15 日，江西省银三角立交桥建设领导小组举行表彰大会，参加工程建设的 14 个先进单位（集体）和 105 名模范（先进）个人受到表彰）。

3日　中国农民体协举办的全国第六届农民象棋赛在武汉市举行。黎川县农民郭彦华夺冠。

4日　江西宾馆客房七楼小组获首批全国"青年文明号"称号。该小组 7 名服务员，历年被评为"全国旅游行业先进集体"称号。

5日　万安县涧田乡发现两张 1936 年中华苏维埃政府发行的经济建设债券。债券每张面额为银洋伍元，债券正面上印有"中华苏维埃政府经济建设债券"字样，中间印有工农兵图像，下面分别盖有毛泽东、邓子恢、林伯渠 3 人正楷字体私章。

6日　江西省利用外资发展妇幼

南昌银三角立交桥

事业到当前为止，累计吸收外资1441.1万美元，其中利用国际组织无偿援助254.1万美元，世界银行贷款1187万美元，受益单位和受益县分别达到95个和75个。

6日 江西15位出席第三次全国少代会代表载誉归来。赣州团地委等四个单位获"全国少先队工作先进集体"，鹰潭市银鹰少年军校获"全国雏鹰行动达标基地"，铅山县永平小学等50个少先队大队获"全国雏鹰大队"，5位少先队辅导员获"全国优秀少先队辅导员"，30名少先队员获"全国一级雏鹰奖章"。

7日 省政府召开第三次工业普查会议，就搞好这次工业普查工作进行总动员和具体部署。

7日 江西省台胞接待工作会议召开。提出各地要创造条件，加强领导，进一步做好台胞接待工作。会议于8日结束。

8日 江西省实施蚕桑工程1995年春蚕鲜茧一季度总产量达到113157担，比1994年增长6.77%，春茧张种单产由1994年的32.5公斤提高到1995年的35公斤。

8日 省委书记吴官正对南昌的工业经济进行考察并强调，南昌市是一个工业城市，必须紧紧抓住国有企业、乡镇企业、"三资"企业、个体私营企业和高新技术产业这个经济增长点，在提高素质和效益的同时加快工业的发展速度。

8日 中国电视奖"1994电视社教节目评奖"在庐山举行。江西电视台送评的《人才流动浅析》和12集《庐山》系列片（与中央电视台合作）获一等奖。《龚君红和她的绒线装饰》获二等奖，《首届全国少年脑力奥林匹克电视大赛——"瑞金杯"音乐能力比赛侧记》获三等奖。

9日 《江西日报》发表特别报道，刊登江西维护社会治安见义勇为群英谱，介绍了26位英雄的事迹：（一）李成龙，原南昌市巡警队警员；（二）晏军生，原莲花县汽运公司司机；（三）阮建红，原建行新余储蓄代办员；（四）查有根，原省第三劳改支队供电所所长；（五）何火生，原樟树市双金园艺场派出所所长；（六）郭乃溪，原广丰县毛村乡青年农民；（七）孙建

辉，原萍乡市城关区郊区治安联防队员；（八）饶清泉，武警宜春地区支队丰城市中队排长；（九）何建国，省长途汽车运输公司客车队司机；（十）薛进，原南昌市人民警察学校教师；（十一）贺目坤，空军庐山疗养院勤务连副连长；（十二）柯春香，瑞昌市洪一乡双港村女村民；（十三）张松华，乐平市南港乡人武部副部长；（十四）洪国珍，乐平公路段路政股股长；（十五）胡银凤，贵溪县供销社再生资源公司营业员；（十六）钟振南，兴国县城冈乡农民；（十七）邹洁，信丰县大河镇中学代课教师；（十八）黄国贵，赣州地区汽运公司司机；（十九）郑义强，宜春地区汽运公司客运站治安办主任；（二十）唐德林，泰和县人民法院执行庭审判员；（二十一）王建辉，泰和县灌溪工商所所长；（二十二）盛志刚，井冈山市检察院助理检察员；（二十三）裴国平，乐安县公溪镇农民；（二十四）郑水荣，原临川一中93届高三（2）班学生；（二十五）徐杰，新建县司法局司机；（二十六）刘益冬，上饶县湖村乡农民见义勇为群众代表。

9日 江西省农科院水稻研究所引进美国杨氏集团生产的无毒、无污染、可改良土壤的水溶性肥料——"垦易"活性生物有机肥，一期试验取得成功。

9日 江西游泳选手罗萍在第十六届巴塞罗那游泳大奖赛中获女子800米自由泳银牌。

9日 以朝鲜社会主义劳动青年同盟中央委员会副委员长崔辉为团长的代表团一行6人，来江西考察农村、企业、院校的共青团工作。考察于12日结束。

10日 福（杭）贵成光缆工程江西段全长1000公里，是全程各省最长的一段，驻闽某部、江西省军区某炮兵旅、驻浙某师分别承担了江西省境内的东线、西线、南线段工程。光缆工程经江西省25个地、市（县），各地政府把支持施工部队作为进一步增强拥军支前意识，关心部队建设的实际行动。

11日 在刚结束的"1995全国健美、健美操锦标赛"上，南昌职业技术师范学院代表队，获健美操赛团体第四名、混合双人第三名及男子

个人第三名。

11日 在靖安县城东郊的寨下山发现一处距今5000年左右的新石器时代到商周时期的遗址，经省博物馆、省考古研究所专家鉴定，这一遗址是赣江流域一处珍贵的史前遗址。

12日 外交部老干部赴赣参观考察团一行抵达江西。副省长周慈平在南昌会见考察团成员。

12日 江西省拖拉机制造厂所属的南昌华光机电设备厂自行设计、生产的我国第一台"昌久"牌LG-30K空气等离子切割机，在成都顺利通过国家电焊机质量监督检验测试中心的检测。

12日 江西农业大学学生黄路生，23岁时被国际动物遗传学会接纳为第二位中国会员，27岁被破格晋升为副教授。近又获"独联体生物学"博士学位，他是中国畜牧兽医学界第一位获此学位的人。

12日 《中华人民共和国检察官法》将于7月1日正式实施。江西省检察院和南昌市及其所属区县检察机关的180名检察官，在南昌市人民广场举行向国旗宣誓仪式。

12日 省政府召开全省工业扭亏增盈表彰动员大会，认真总结交流工业扭亏增盈的情况和经验，进一步动员工交战线广大干部职工积极行动起来，发扬成绩，再接再厉，鼓实劲、干实事、求实效，坚决打好扭亏增盈攻坚战，确保1995年工业各项目标和任务的全面完成。代省长舒圣佑到会讲话。会议于13日结束。

12日 世界卫生组织官员麦克·里南一行4人在赣南考察脊髓灰质炎强化免疫和急性弛缓性麻痹（AFP）监测情况。他对赣南实施儿童计划免疫十多年来所取得的成果，特别是该市实现脊髓灰质炎14年无病例报告表示赞赏。

13日 江西柴油机厂开发的75-80系列柴油机获机电部科学技术进步二等奖。

13日 省委宣传部举办为期3天的《邓小平同志建设有中国特色社会主义理论学习纲要》读书班。各地市委宣传部长、省直宣教系统各单位、五个邓小平建设有中国特色社会主义理论研究中心的主要负责人，以及各地市委讲师团团长参加学习。

14日 一支由17名日本"研陶"学者和专家组成的"陶渊明之旅"访华团专程来到九江，考察陶渊明纪念馆、陶渊明墓和陶渊明生活过的遗址，与当地专家进行学术交流。这是近几年来九江接待的第二十七批国外"研陶"团组。

14日 副省长黄智权会见日本客人高松市友好代表团原高松市市长胁信男。胁信男在担任高松市市长期间，致力于中日友好事业，并在1990年促成了南昌市与高松市结为友好城市。

14日 九江化纤厂年产2万吨黏胶短纤维项目，通过国家验收。

14日 省政协七届十二次常委会举行，省政协主席朱治宏主持会议。省农业厅厅长刘初浔作《关于加强农业科技服务体系建设情况的通报》；吴永乐作《关于加强农业科技服务体系建设情况的调查报告》。江西农大农机系教研室主任乔振先等围绕着加强农业科技体系建设，进一步促进江西省农业更好更快地发展作专题性发言。会议传达了全国政协八届十三次常委会议精神，通过人事任免名单。会议于16日结束。

14日 以全国人大代表、澳门工会联合总会会长唐星樵先生为团长的澳门救灾捐赠考察团一行29人，在民政部副部长范宝俊、副省长周慈平陪同下，对赣州地区进行为期3天的1994年灾民新村的建设情况考察。

省领导亲切会见澳门救灾捐赠代表考察团

15日 国务委员彭珮云在九江考察该市职工医疗保障制度试点工作的进展情况后指出：由

39

于江西省委、省政府和九江市委、市政府的高度重视，积极开展职工医疗保障制度改革的试点工作，一个全新的基本覆盖该市行政事业单位和企业单位的职工医疗保障制度进行正常，初见成效。要求加强医改宣传力度，研究解决一些深层次的矛盾和问题。积极探索进一步深化改革，为在全国推行职工医疗保障制度改革创造新鲜经验。

15日 江西轻机厂制造的激光罐身焊接机，在广东顺德凤阳制罐厂一次批量焊接喷雾咀8000个，不合格率小于3%，达到国际焊接质量控制标准，首开世界激光批量焊接马口铁罐身的先河。江西轻机厂总工程师戴梦周主持此项技术工作。

15日 江西省自然保护区已建立各种类型的保护区59处，总面积20万公顷。其中森林和野生动物类型的自然保护区34处，面积16.5万公顷，占江西省总面积的1%。

15日 江西省已发现地热水116处，温度分别在23℃~90℃之间，水质以重碳酸钠型为主，可用于医疗、农业温室、养鱼和地热发电，当前有50%以上的地热水资源未被利用。

15日 一台反映赣南老区人民情感、展现赣南民俗风情和传统文化特色的客家歌舞在香港新光剧院演出，被观众誉为"古朴风情，独具风韵"。

15日 经考古工作者考证认定，靖安县城西郊尚存的4座花岗石梁式石桥坐落在同一条早已干涸的溪流河道上，分别是南港桥、登高桥、清湖桥、役婆桥，最长的达62.5米，最短的为14米。

16日 全国万名摩托车手评价调查国产摩托车活动，在北京揭晓。18家企业产品获奖，南昌飞机制造公司生产的长江750型和洪都牌系列摩托车获"1995年中国消费者信得过产品"称号。

17日 省政府办公厅发出《关于印发江西省档案局机构编制方案的通知》，规定省档案局是省委、省政府主管江西省档案工作的直属事业单位（正厅级），内设机构为：办公室、业务监督指导处、科教法规处。参照执行公务员制度。

17日 经省政府批准，省人大常委会八届十次会议通过，保留省轻工业厅。省政府办公厅批准省轻工业厅《三定方案》，明确规定省轻工业厅是省政府主管全省轻工行业的职能部门。

17日 省政府办公厅印发省林业厅职能配置、内设机构和人员编制方案。批准设立办公室（挂政策法规处牌子）、林政资源管理处、造林经营处（挂国有林场管理处牌子）、林业产业处（挂江西省森林工业局牌子）、计划财务基建处、科技教育处、人事处（挂老干部处牌子）、省绿化委员会办公室、省政府森林防火总指挥部办公室和直属机关党委。另设审计处、纪检组（监察室），分别为省审计厅、省纪委（省监察厅）的派驻机构。机关行政编制为111人，为老干部服务的司机单列编制两名。省林业公安局仍为省林业厅下属处级行政机构，原定29名事业编制不变。

17日 宜黄县新丰乡南渡村发现大型古寨群落。古寨大多处在离村落较远的山顶上，占地约10亩，四周是用石头垒成的2米多高的围墙，分东南西北四个圆门，每扇门旁边有一个深陷到地下的大坑，形似古炮台遗址，其中有两个瞭望孔朝外。

18日 江西红星企业集团总部近千名干部群众集会，举行王震将军雕塑揭幕仪式。1969年至1971年，王震全家在红星垦殖场生活三年，王震称此场是"第二故乡"。

18日 全国政协副主席杨汝岱在江西考察，他指出：近几年来，江西人民进一步发扬老区光荣革命传统，并赋予了它新的时代内容，突出表现在生产和建设取得了显著成绩，各项社会事业迅速发展，服从大局，对国家的贡献很大，党群关系密切，工作作风扎实，发展前景广阔。考察活动于7月1日结束。

19日 赣南养蛇基地在宁都县固村乡竣工使用，该基地由养蛇专业户刘长青投资兴建，总投资43万元，占地面积4500平方米。从闽粤等省引进蛇8种，计1.2万余条，预计年产值200万元。

19日 省政府召开物价调控措施落实情况检查组成员会议，决定对各地物价调控措施的落实情况进行检查，并邀请省人大代表、省政协委员参加，由省政府组织五个工作组，分赴全省11个地市进行检查。

19日 省检察院向社会各界公布举报违法违纪检察干警的专用电话：8331178—3422，这是省检察院为《中华人民共和国检察官法》实施所采取的系列措施之一。

19日 自6月中旬以来，武警江西总队调集精兵强将投入抗洪抢险战斗，共护堤1500米，解救被围困群众1100余人，抢救物资43吨。

20日 江西省利用外资效益不断提高，从1986年以来，已完成各类农业项目856个，总投资73.29亿元，其中利用外资5.9亿美元，建立了一批农林牧副渔骨干项目。

20日 省人大组织的《科技进步法》执法情况检查在全省展开。

20日 省直机关工委召开省直机关"百优十杰"青年表彰大会。省委副书记舒惠国等参加会议并讲话。

20日 省妇联在南昌召开宣传动员大会，号召各级妇联组织、女领导、妇女工作者、女职工和广大群众，为推动"春蕾计划"的实施迅速掀起"爱心献春蕾"1995年行动高潮，为失学儿童献上一片情和爱。

20日 据国家统计局资料表明，1994年江西粮食、棉花亩产量高于全国平均水平。

20日 江西省社团发展促进会在南昌成立。

20日 受省委书记吴官正委托，省纪委书记马世昌到新建县联圩乡、昌邑乡了解救灾工作，马世昌要求要把党和政府对灾区人民的关怀化作巨大动力，发扬自力更生、艰苦奋斗的精神，坚定不移、千方百计地取得抗灾救灾的最后胜利。

21日 省委发出通知，要求各级党组织，切实把中央宣传部组织编写的《邓小平同志建设有中国特色社会主义理论学习纲要》作为学习《邓小平文选》和建设有中国特色社会主义理论的重要辅导材料，认真深入地研读邓小平原著。

21日 省委在南昌召开民主协商会，省委书记吴官正主持，就增补副省长人选问题，征求省各民主党派、工商联、群众团体负责人的意见。

21日 1995年江西招商引资新闻发布会在深圳举行。共精选推出530个招商项目，其中重点项目166个。共签订利用外资合同项目161个，并签订了2.18亿美元的协议项目。

22日 省人大常委会主任毛致用、副主任张逢雨到进贤县七里、前坊等乡考察旱地套种玉米生长情况。希望该县在抓好下一步玉米田间管理、收购、加工工作的同时，认真总结经验，筛选出符合本县实际的品种和群众易于接受的种植方法，争取1996年有更好的发展。

22日 宜春地区遭受特大暴雨袭击。代省长舒圣佑打电话了解灾情，要求尽最大的努力保护人民生命财产安全，把洪灾造成的损失减到最低程度。

22日 省政府发布第41号令：《江西省屠宰税征收办法》已经1995年6月19日省政府第三十五次常委会议通过，现予公布，1995年7月1日起实行，共11条。

22日 中国民航总局向南昌飞机制造公司颁发农5A型飞机《生产许可证》。

22日 在鄱阳县城南的芝山南麓，数千名干部、群众集会，举行范仲淹塑像揭幕仪式。塑像高3米，范仲淹曾于1036年任饶州（今鄱阳）知府。

23日 国家经贸委和中国人民银行确定1000户国有大型优势企业作为重点联系监控点。江西有15户国有大中型优势企业列此范围，他们是：九江石油化工总厂、萍乡矿务局、昌河飞机工业公司、南昌飞机制造公司、赣江制药有限责任公司、新余钢铁有限责任公司、景德镇市华意电器总公司、江西铜业公司、江西纸业有限责任公司、江西五十铃集团、江西民星企业有限责任公司、江西水泥厂、南昌柴油机有限责任公司、九江化学纤维厂、江西涤纶厂。

23日 拥有食品开发技术优势的江西南方食品发展有限公司，多年来无偿向乡镇食品企业提供技术服务。到 1995 年 6 月中旬，这个公司已经先后为 2000 多家乡镇企业解决了技术难题，帮助 400 多乡镇企业走出经营的困境。

24 日 国际红壤地区综合开发与农业持续发展学术研讨会在南昌举行。美国、英国、比利时、澳大利亚等 8 个国家和地区的 80 余位农业专家、土壤专家，对红壤开发利用进行学术研讨及经验交流。

25 日 省政府召开防洪抢险紧急电话会议，号召全省广大干部群众紧急行动起来，投入抗洪救灾斗争。23 日，省委书记吴官正、代省长舒圣佑来到省防总办公室，了解汛情，共商防汛对策。吴官正强调抗洪抢险要领导到位，责任落实。要求确保万亩以上圩堤不溃决，小（二）型以上水库不垮坝。23 日下午，代省长舒圣佑赶赴永修察看汛情。省水利厅派出两个工作组分赴九江、上饶两地市，指导防汛工作。舒圣佑要求严格执行防洪抢险的责任制，确保防洪工程设施安全。

乐平市整修一新的防洪工程

25 日 省八届人大常委会第十六次会议召开。省人大常委会主任毛致用主持会议。这次会议共有 15 项议程。会议通过《江西省实施〈中华人民共和国消费者权益保护法〉办法》；通过《江西省计划生育条例》；通过《江西省文物管理办法》；通过《江西省人大常委会关于将省人大常委会地区联络处改为地区工作委员会的决

定》；通过江西省人大常委会关于进一步贯彻实施《中华人民共和国药品管理法》加强药品监督管理的决定；通过省人大常委会主任毛致用、代省长舒圣佑、省高级人民法院院长李修源、省人民检察院检察长阚贵善分别提请会议通过的人事任命名单。会议还通过了其他事项。会议于 6 月 30 日闭幕。

26 日 赣州地区花木盆景园艺场在龙南县东江乡建成。该园艺场由农民王斯民投资兴建，是一个集花卉、盆景、园林为一体的大型园艺场，占地面积 6000 多平方米。现有花卉、盆景近万盆，品种 100 多个。

27 日 省卫生厅向各地市发出明传电报，紧急部署抗洪救灾医疗防疫工作。

27 日 5 月下旬至 6 月 27 日止，江西连续三次遭到特大暴雨袭击，林区山洪暴发，损失严重，共冲走木材 1.34 万立方米、毛竹 66.1 万根，毁坏林区公路 2279 公里、水库 24 座、水坝 271 座、桥梁 282 座、输变电线路 261 公里，冲毁林地苗圃 2333 公顷，倒塌房屋 3241 间，死亡人员 4 人、重伤 62 人，造成直接经济损失 2.3 亿多元。

28 日 南昌金源国际商贸中心开工及附属的桃苑大厦竣工落成典礼举行。

28 日 省农工委召开成员单位负责人会议，进一步动员农业及涉农部门紧急行动，积极投入抗洪救灾，确保实现 1995 年农业和农村工作"三稳三增三保"目标。

28 日 省委召开省直党群负责人会议，通报江西省当前的抗洪救灾情况，传达省委、省政府关于全力做好抗洪救灾工作的指示，动员和组织机关干部紧急行动，积极投身抗洪救灾斗争，和全省人民一道夺取抗洪救灾的胜利。省委组织部并于当日发出紧急通知，要求各级党组织和全体党员，在抗洪抢险中发挥堡垒和先锋作用。

29 日 以执行副总裁薄克为首的美国福特汽车公司代表团抵达南昌，考察江铃汽车股份有

限公司，副省长黄智权会见薄克一行。薄克代表福特公司捐赠了25万元人民币，扶助江西"希望工程"。

29日 省政府发布第42号令：《江西省公路养路费征收管理办法》已经1995年6月19日省政府第三十五次常务会议通过，现予发布，1995年7月1日起施行。共6章42条。

30日 兴国县委书记邝小平、分宜县委书记熊巍被评为"全国优秀县委书记"，受到中组部表彰。

30日 省委办公厅、省政府办公厅联合发出通知，要求各级单位必须做到：（一）要深入抗洪抢险救灾第一线，身先士卒，恪尽职守；（二）各级领导干部要切实改善作风，关心群众疾苦，尽力帮助灾区群众克服困难，渡过难关；（三）各地要精心安排好各项工作，抓紧工作生产，抓紧财政收入，挖掘潜力，增产增收；（四）从现在起各级党政机关1995年一律不准再购买小汽车，更不得用公款大吃大喝；（五）各级纪检、组织监察部门要按照各自的职责，切实督促本通知的贯彻执行。

30日 省委召开座谈会，纪念中国共产党成立74周年。座谈会由省委组织部长刘德旺主持。省委表彰了赣州市水东镇党委等100个先进基层党组织、100名优秀共产党员和100名优秀党务工作者。

30日 江西省"八五"计划重点工程项目——宜春造纸厂制浆选纸连动试产成功。它是一座用百分之百竹浆抄造胶印书刊纸的开发性大型造纸企业。通过引进国外先进技术和关键设备，其生产工艺和污水处理的效果在国内外均属先进。

30日 国务院防汛抗旱总指挥部副总指挥、水利部部长钮茂生等代表国务院来江西察看洪水灾害情况，慰问灾区干部群众和抢险部队成员，指导防洪抢险救灾。钮茂生一行于7月1日离开南昌。

本月 江西5座最大的水库全部实现水情测报自动化，为江西1995年的防汛抗洪工作打下了基础。

本月 主要从事金融、咨询、保险代理事业的新加坡卓诚投资（有限）公司理事长郑豪应邀到江西金溪实地考察，决定投资以种植业、养殖业及农副产品加工为主体的农业开发，并与该县签订投资协议。

本月 1995年全国残疾人田径、游泳锦标赛在郑州举行。江西选手夺得3金3银1铜。

本月 根据《中共江西省委、江西省人民政府关于实施省直党政机构改革方案的通知》，并经省第八届人大常委会第十次会议通过，省统计局机关行政编制为152名。领导职数包括：局长1名，副局长3名，纪检组长1名，处级职数38名（正处14名）。

本月 依据国家制定的《小康生活标准统计监测体系》，对江西省1833个乡镇进行小康乡（镇）综合评定论证。

本月 华东6省1市墙面材料革新工作研讨会在庐山召开。国家建材局副局长黄书谋、省建材局局长丁友陶及6省1市的墙革办主任出席会议，会议就贯彻落实国务院66号文件及墙材革新工作的发展进行研讨。

本月 崇义县华森集团有限公司中密度纤维板试产成功并投入生产。该厂历时一年零六个月的基建安装，总投资4500万元，整套设备由上海人造板机械厂提供。设计能力年产中密度纤维板1.5万立方米，年产值3750万元，税利1400万元。

1995

7月 July

公元 1995 年 7 月							农历乙亥年【猪】						
日	一	二	三	四	五	六	日	一	二	三	四	五	六
						1 建党节	**2** 初五	**3** 初六	**4** 初七	**5** 初八	**6** 初九	**7** 小暑	**8** 十一
9 十二	**10** 十三	**11** 十四	**12** 十五	**13** 十六	**14** 十七	**15** 十八	**16** 十九	**17** 二十	**18** 廿一	**19** 廿二	**20** 廿三	**21** 廿四	**22** 廿五
23 大暑	**24** 廿七	**25** 廿八	**26** 廿九	**27** 七月大	**28** 初二	**29** 初三	**30** 初四	**31** 初五					

2 日 中共中央总书记江泽民、国务院总理李鹏打电话给省委书记吴官正、代省长舒圣佑,详细询问江西抗洪救灾的情况,对灾区群众表示亲切慰问,高度赞扬广大军民团结抗洪救灾的精神,向战斗在抗灾斗争第一线的广大干部、群众、人民解放军指战员、武警官兵和公安干警表示亲切的慰问和崇高的敬意。6月下旬以来,长江中下游及其以南部分地区出现大暴雨,江西局部地区遭受严重的洪涝灾害,党中央、国务院对此十分关心和重视。

2 日 省政府和国家科委在北京联合主持召开"江西省京九沿线农业区域开发规划"论证会。专家们认为该课题选题准确,内容丰富,资料齐全,数据真实,有较强的操作性和指导价值,体现了该课题的科学价值。

3 日 江西省国际经济技术合作公司开辟新方式,与赞比亚、博茨瓦纳合作建设两座中国商品中心大楼,与赞比亚合资利用其本国资源加工制作项目正在探讨之中。

3 日 中共中央政治局委员、国务委员李铁映打电话给江西省主要负责同志,对江西遭受严重洪涝灾害表示慰问。

3 日 武警总部给江西省武警总队发来慰问电,对广大官兵舍生忘死同当地群众一起投入抗洪抢险战斗表示亲切慰问。

3 日 在九江市庐山区境内的江矶古寺,发现两棵生长千年以上的特大古银杏树,两树相距约1米,一雌一雄,两树冠犹如巨大伞盖,遮阳面积达1亩。

3 日 江西各级红十字会和卫生部门组派的797支红十字医疗防疫队共3345人,深入灾区第一线,为灾民免费诊病217463人次。

4 日 南京军区就江西一些地区发生洪涝灾害造成损失一事,向省委、省政府发来慰问电。

4 日 万安县馆藏的两件明代青铜器被国家专家组鉴定为国家一级文物。一件为长方形兽面温酒器,器侧饰兽面纹,兽面为通风口,兽口周围有眼、耳、鼻等纹样;另一件为青铜俑一对,单身立像,高22厘米。

5 日 长江鄱阳湖水位超过历史最高水位,长江九江站水位达22.12米,长江湖口站水位达21.76米,长江彭泽站达20.65米,鄱阳湖都昌站达 21.58 米，鄱阳湖星子站达 21.91 米。上述水位在历史上最高水位分别为：22.12 米，21.71 米，20.61 米，21.58 米，21.85 米。面对水灾，南昌市组织 50 万大军日夜奋战，固守千里大堤，确保省城安全。

5 日 副省长朱英培会见马来西亚驻广州总领事方卓雄一行。

6 日 中共中央政治局委员、国务院副总理姜春云，受中共中央总书记、国家主席江泽民和国务院总理李鹏的委托，到波阳县察看灾情，慰问灾民。随同姜春云前来的有：国务院副秘书长刘济民、国家计委副主任陈耀邦、民政部副部长李宝库、财政部副部长李延龄、水利部副部长周文智、农业部副部长吴亦侠、卫生部副部长殷大奎、国家经贸委副秘书长张志刚、粮储局副局长赵凌云、国家防汛办副主任陈德坤、解放军总参谋长助理吴铨叙中将、总参作战部军区分局局长尚恒春、国务院办公厅秘书局局长侯健民等。姜春云一行于 8 日离开南昌。

姜春云在波阳县饶埠乡汪家村询问受灾群众

6 日 由铁科院设计，南昌铁路总公司贵溪桥梁厂试制的 TK–Ⅲ 型轨枕通过鉴定，被铁道部指定为换代产品。

6 日 第三届中国乡镇企业出口商品展览会在北京农展馆举办。国务院总理李鹏等来到江西展览馆参观。江西展团被大会组委评为"最佳组织奖"和"最佳布展奖"。

7 日 南昌铁路中心医院内镜室应用钛镍形状记忆合金扩张支架，为一位失去手术机会的晚期食道癌患者再造一段食管，使其完全梗阻的食道立即打通并支架起一条持久性道路。此举不仅填补了江西省的一项空白，还使该院跻身于全国几家能成功再造记忆合金食管医院的行列。

8 日 江西连降暴雨，导致江河湖库水位猛涨，省领导吴官正、舒圣佑、张逢雨、孙用和、钟家明精心指挥江西省抗洪斗争，及时部署，科学决策。舒惠国、钟起煌、叶学龄在九江实地指挥，部署抗洪，坚定信心抗御特大洪水。卢秀珍、马世昌、刘德旺深入抗洪第一线，振奋精神，战胜灾害。毛致用、彭崑生深入南昌重点堤段指导抗洪，确保省会万无一失。朱治宏等在恒湖一带实地指挥抢险，落实责任，保护大堤安全。冯金茂等指挥部队和民兵投入抗洪战斗，人民子弟兵冲锋在前。王昭荣、彭宏松在鄱阳湖区农场指挥，千方百计抢险护堤。

8 日 23 时 50 分，新建县二十四联圩猴子脑电灌站以北 100 米处因发生泡泉而溃决，圩内 6 万多人及重要物资及时安全转移，无人员伤亡。

10 日 百年未遇的特大洪水使长江两岸人民的心紧紧地连在一起，连日来，在鄂、皖、赣三省交界的九江市，6 万名鄂、皖两省的群众跨过滔滔的长江入赣避灾，受到九江人民的热情接待。

11 日 德兴市发现北宋著名炼铜家张潜墓碑，该墓碑 144 厘米。张潜总结出一套比较完整的胆铜提炼术（即海绵铜），该技术是我国古代炼铜科技的一项重要发明，也是世界上最早的胆铜冶炼技术。

12 日 省委农工委召开抗洪抢险救灾紧急会议，要求农业各部门想灾区之所想，急灾区之所急，积极做好服务工作，为支援江西省抗灾作贡献。

13 日 副省长周慗平会见日本纤维研修访华团一行四人。

13 日 省林业厅、农业厅公布《江西省省级重点保护野生动物名录》、《江西省非重点保护野生动物名录》。

14日 中国工程院公布216名优秀工程技术专家新当选为中国工程院院士。南昌飞机制造公司总设计师陆孝彭当选机械与运载工程学部院士。

15日 省委九届十二次全会在南昌召开。省委委员出席会议，省纪委委员和省有关负责人列席会议。全会讨论通过有关省委换届人事安排事项。省委书记吴官正就有关事项作报告。

15日 资溪县天鹤花岗石厂干部邹松华在整理新收藏的钱币时，发现一枚1991年发行的"全民义务植树运动十周年"面值壹元的纪念硬币，正、反两面图案移位达90度。

16日 省委、省政府召开电话会议。进一步动员和部署抗灾救灾工作，千方百计夺取1995年农业丰收。

16日 林业部副部长祝光耀，在省林业厅副厅长张廷杰等陪同下，即日起至18日先后视察婺源县文公山自然保护区、世界银行贷款造林项目中方工区1.3万亩速生丰产造林基地、德兴市银山林场潭埠分场部、省联营拨贷造林项目和弋阳圭峰林果业工程示范区。

17日 省政府召开全体会议总结上半年的经济工作，分析当前的经济形势。会议要求统一认识，振奋精神，坚定必胜信心，克服百年未遇的洪涝灾害带来的困难，部署下半年的工作，全面完成1995年的国民经济计划，进一步推动各项社会事业的发展。

17日 省电力局领导及所属万安、柘林、江口、洪门、上犹、东津六大水库顾全大局，调蓄得当，在防洪救灾中发挥了重要作用。

18日 省爱国卫生运动委员会命名上海游7/8次列车、鹰潭至上海360/359次列车为"江西省卫生列车"，命名鹰潭站为江西省卫生车站，并授予命名牌。

20日 江西各级政府治理公路"三乱"显成效，撤除非法站卡50余个，清理不符合国务院、省政府治理公路"三乱"的文件12件，收缴停车示意牌16块，非正式票据25本。

20日 有关部门已经研究确定，江西省省级机关从应届高校毕业生中招考国家公务员，推荐面试人员的最低笔试分数为122分。在这个分数线上，根据用人单位的录用计划和岗位要求以及考生报考专业（岗位）的情况，按照每个岗位（专业）录用计划数1:2的比例，从高分到低分依次推荐参加面试人员。

22日 省工商银行决定，全面推出自主经营、自担风险、自负盈亏、自我约束的经营机制，把全行工作重点转移到加强经营管理和提高资金使用效益上来。

24日 省政府发出通知，要求各地、各部门进一步贯彻落实中共中央、国务院、中央军委关于加强军政军民团结的指示精神，广泛扎实地做好"八一"期间的拥军优属工作。省军区政治部也发出了拥政爱民活动的通知。

24日 美国国际合作委员会主席陈香梅女士在吉安设立"陈香梅教育奖"和"陈香梅新闻奖"。从1995年起，陈香梅每年捐资20万元人民币，用于发放这两项奖金。其中15万元为教育奖金，奖励有突出贡献的优秀教师和品学兼优的学生，5万元作为新闻奖金，奖励为该地区作出突出贡献的新闻记者和通讯员，并用于一年一度的"吉安十大新闻"评选。

24日 国家级星火计划项目——全南县万亩蚕桑基地建设及加工配套技术开发，通过国家验收。

25日 省政府在南昌召开地市委书记专员市长会议。总结上半年经济工作，集中研究如何克服特大洪涝灾害带来的困难，妥善安排下半年的工作。努力实现1995年经济和社会发展的各项任务。吴官正、舒圣佑讲话，强调坚定信心，振奋精神，大灾之年，再迈大步。会议于26日结束。

26日 省政府通报1994年度目标管理考评结束，获地市目标管理前3名的地市是：第一名赣州行署；第二名抚州行署；第三名新余市政府、上饶行署。获省政府部门目标管理考评先进单位的是：省政府办公厅、省计委、省财政厅、省统计局、省体改委、省经贸委、省国防科工办、省交通厅、省医药总公司、省纺织工业总公司、省乡镇企业局、省林业厅、省粮食局、省政府驻京办事处、省体委、省教委、省国际信托投资公司、省外办、省民政厅、省公安厅。

26日 国家经贸委组织专家评估鉴定江西省有36项新产品列入试产计划：高配比毛竹浆纸、HPC－134A制冷压缩机、BYG型消防及生活两用供水设备、噪声采集器、紧凑型高速纺丝机、内燃铲运机等。

26日 省委统战部组织的各民主党派、无党派知名人士考察京九线吉赣段活动正式开始。考察团由省政协副主席梅亦龙等13人组成。

26日 新干县黎山林场与江西农业大学联合在33.33公顷人工杉木林中套种草珊瑚获得成功，首创在人工杉木林中大面积套种草珊瑚的成功经验。他们从1992年初开始，在该场的桂川、漂源、连坑三个分场的杉木林中套种草珊瑚33.33公顷。

26日 宜春地区林科所科技人员、高级工程师郑庆衍于1988年在明月山深山老林调查森林资源时发现两株奇特的乔木，树高15米，胸径45厘米，树皮黑灰白色，与四季常青的木莲树不同之处是秋天落叶。后经7年多的研究观察，现经中国科学院植物研究所的专家到现场考证，确认为新树种，并正式命名为"落叶木莲"。此发现为研究木莲属提供了珍贵的资料，具有观赏和实用价值。

27日 省邮电管理局决定投资1.17亿元人民币，引进加拿大北方电信公司生产的DDN－100分组交换设备和美国DSC公司生产的CP4000数字数据传输设备，两项设备订货合同在南昌举行签字仪式。

27日 省委九届十三次会议在南昌举行。出席会议36人，列席会议26人。全会决定8月21日在南昌召开中共江西省第十次代表会议，通过九届省委向第十次党代表大会的报告，决定提请省第十次代表大会审议。

27日 省纪检委第十一次全会在南昌举行。出席会议的有省纪检委委员28人。省纪委书记马世昌主持。全会认真讨论了省第十次党代表大会报告，原则通过《中共江西省纪委向省第十次党代表大会的工作报告》，提请省第十次党代表大会审议。

27日 铁道部山海关桥梁工厂承担研究的九江长江大桥钢结构制造技术，通过铁道部技术鉴定。九江长江大桥制造技术居国际先进水平。

27日 省政府召开全省县县通油路和105国道、320国道改造工程会议，传达贯彻江西省地市委书记、专员市长会议精神，要求坚定信心，真抓实干，排难而进，确保县县通油路和105国道、320国道改造按工程期竣工。

27日 南昌县广福乡永木黎村发现明末清初的古建筑34幢，风格为勒马式八字门头，两进四厢或一进两厢，整个古建筑群占地面积2.2万多平方米。

27日 红十字会和红新月会国际联合会派出的救灾代表威尔玛·德海杰女士和让·库班先生，在中国红十字会总会领导的陪同下，到江西重灾区进行灾情考察和评估，并慰问灾民。副省长黄懋衡会见代表团，并商讨对重大灾区的救助计划。

28日 江西省首家鳗鱼养殖场在铅山创办。养鳗45万余尾，今年年底可投放市场。

28日 省林业科技中心大楼竣工验收交付使用。该工程于1993年5月1日破土动工，历时二年零四个月完工。总建筑面积为6904平方米，总投资为922.10万元。省人大常委会主任毛致用题写楼名。

29日 省政府发出通知，要求各地认真做好1995年早稻收割工作，保证早稻收购任务顺利完成。要认真贯彻国家粮食政策，多掌握粮源；要加强粮食市场管理，搞活粮食流通；要实行价外补贴，保护农民利益。

29日 工业部、劳动部、全国总工会、共青团中央和中国残疾人联合会共同举办的全国首届家用电子产品维修技术大赛，在北京举行。奉新县五交化公司龙余克夺得本次大赛第十名，并由五部委授予"1995年全国家电电子产品维修技术能手"称号。

29日 江西1995年高校中专招生各类各层次最低录取控制分数线确定。统招录取分数线为：重点及第一批院校：文史类536分，理工类556分；一般本科院校：文史类526分，理工类536分；省属专科学校：文史类521分，理工类531分。各地市的录取分数线由各地市另行公布。江西省统一的自费、委培最低录取分数线：文史类：本科506分，专科472分，中专469分；理工类：本科516分，专科484分，中专458分。

30 日 7月底，全国青少年九一"中国精神"读书教育活动在西安结束，吉安县教育局获"全国先进单位"称号。

31 日 通过江西省医院评审委员会评审，经省卫生厅审核批准，江西医学院第一、第二附属医院获得"三级甲等医院"的称号，成为江西省首批获此称号的医院。

31 日 省军区举行纪念抗日战争胜利50周年暨建军68周年歌舞晚会。省军区领导冯金茂、郑仕超等与部队官兵、离退休老干部同台高歌，共庆"八一"建军节。

31 日 会昌县周田乡半岗村有棵巨型罗汉松，树高约5米，树干粗壮笔直，胸径约60厘米。树冠很小，左右上各有一树枝，至今有600多年。

31 日 省政府批准江西纸业有限责任公司、鹰潭市三川有限公司、江西中大（集团）股份有限公司、景德镇宇宙瓷业有限责任公司、萍乡市塑料七厂、江西合成洗涤剂股份有限公司、吉安啤酒厂为第一批建立现代企业制度试点企业。

31 日 省政府召开体育工作会议。会议的中心议题是：组织实施国务院颁布的《全民健身计划纲要》，继续深化体育改革，促进江西体育事业发展。省领导舒圣佑、舒惠国、陈癸尊、黄懋衡、罗明、卢匡衡出席会议。参加会议的有各地市及部分市、县政府分管体育的领导及江西省各级体委的主任等。会议于8月2日结束。

31 日 代省长舒圣佑在抚州考察，强调要进一步解放思想，扩大开放，立足当地优势，加快发展步伐，提高经济效益。

本月 省气象局计划布点的最后一批县级计算机气象服务终端在赣南15个县投入主汛期业务服务使用，以省气象局域网为中心，上联国家、区域气象中心，下联十个地市级局域网，78个县级服务终端在12个重点用户服务终端的气象计算机广域网已经基本建成。

本月 省农业综合开发新项目顺利通过国际农发基金会的评估，并引进国际农发基金实施农业联合开发。该项目实施期限为1996年至2000年，分别在兴国、于都、赣县、上犹、龙南等五县实施。国际农发基金会将提供为期50年的低息贷款2430万美元，国内筹集资金2430万美元，用于改造低产田、发展畜牧业、种植果树、建设沼气等。项目区受益农户占总农户的79%。

本月 江西省农业普查领导小组成立，常务副省长黄智权任组长，下设农业普查办公室，农业普查进入普查阶段。

本月 江西省地勘局赣西非金属矿开发应用研究中心完成的国家科委"八五"非金属矿深加工重点科技攻关项目"粉石英提纯改性研究"在南昌通过鉴定验收。

1995

8月

August

公元 1995 年 8 月							农历乙亥年【猪】						
日	一	二	三	四	五	六	日	一	二	三	四	五	六
		1 建军节	**2** 初七	**3** 初八	**4** 初九	**5** 初十	**6** 十一	**7** 十二	**8** 立秋	**9** 十四	**10** 十五	**11** 十六	**12** 十七
13 十八	**14** 十九	**15** 二十	**16** 廿一	**17** 廿二	**18** 廿三	**19** 廿四	**20** 廿五	**21** 廿六	**22** 廿七	**23** 处暑	**24** 廿九	**25** 三十	**26** 八月大
27 初二	**28** 初三	**29** 初四	**30** 初五	**31** 初六									

1 日　玉山县主持完成的"原料甘蔗储藏技术"科研成果，经国家科委审查，被列入国家科委重点宣传和推广项目，进入全国科技成果信息网。

1 日　中国共产党的优秀党员、久经考验的忠诚的共产主义战士、政协江西省第四届委员会副主席胡德兰在南昌病逝，享年 91 岁。胡德兰系江西星子县人，1925 年参加革命，同年加入中国共产党。

1 日　省八届人大常委会通过的《江西省实施〈中华人民共和国消费者权益保护法〉办法》，从当日起施行。

1 日　上饶市资产评估公司经省国资局审核批准，获国家国有资产管理局颁发的《全国资产评估资格证书》。

2 日　省委宣传部、省军区政治部、省文明委在南昌联合召开军民共建精神文明表彰大会，南昌陆军学院一大队五队与南昌市盲童学校等 45 家先进单位、28 名先进个人受到表彰。

2 日　省纪检监察机关人民监察员和特邀监察员座谈会在南昌举行。会议听取了江西开展反腐败斗争和加强廉政建设的情况报告，并就进一步做好人民监察员和特邀监察员工作进行座谈。

3 日　省政府专门召开办公会议，为积极扶持江光公司发挥技术优势，开发新产品，上规模、上档次、上水平，创名牌效应，与有关部门共同研究确定了在资金方面给江光公司优惠的倾斜政策。

3 日　伟大的无产阶级革命家、坚定的共产主义战士、杰出将领方志敏烈士殉难 60 周年纪念日。为学习、缅怀方志敏烈士的光辉业绩和革命风范，追思他对中国革命事业的杰出贡献，省委党史委举行座谈会。

3 日　余江制药厂研制的独创产品"复方夏天无片"，被列为"1995 年国家科技'星火'计划"。

4 日　代省长舒圣佑会见深圳市委书记厉有为一行，对他们带来的深圳人民的深情厚意表示衷心感谢，希望在双方互惠互利的原则下，进一步扩大合作与交流。

5 日　江西省运动健将付豫玲在花样游泳奥运资格赛上，以 95.616 分的成绩取得第六名。

6日 贵溪电厂被国家电力部命名为"双达标"企业，跨入"全国电力系统安全文明生产先进"行列。

6日 江西各民主党派、工商联、省黄埔军校同学会、省政府参事室的负责人聚会，纪念抗日战争胜利50周年。

6日 南昌三九企业集团成功研制出SJM1400、SJJ1000汽油发电机组。该汽油发电机组各项技术指标均达国内先进水平，部分指标达国际先进水平。

7日 在中国电影1994年度华表奖颁奖大会上，《被告山杠爷》获本届华表奖最佳故事片奖，该片的编剧之一、九江市编剧毕必成获最佳故事片编剧奖。

7日 经省委、省政府同意，省文化市场管理委员会在南昌召开电话会议，部署开展查禁取缔卖淫嫖娼、色情活动，加强公共娱乐服务场所管理专项治理行动。

7日 副省长周慂平会见日本冈山县日中恳谈会访问团和日本冈山县农林部次长今井伸治率领的农业友好访问团。省农业厅与冈山县农林部于1995年3月签订了1996年至1998年两地开展农业交流协议书，议定在水稻栽培、经济、林果、蔬菜、家禽、家畜等方面进行交流，互派考察团、研究员、研修生。日本冈山县农业友好访问团此次来赣进一步落实协议书中与省农科院签订的3年合作协定。

8日 公安部部长陶驷驹发布命令，授予李成龙全国公安系统二级英雄模范称号。

8日 省委书记吴官正在上饶地委书记王兴豹等陪同下，到波阳、余干两县视察。吴官正对两县的生产自救作了明确指示：要求地县干部努力创造出大灾之年迈大步的奇迹。视察于9日结束。

9日 根据国务院《强制戒毒办法》和《医疗机构管理条例》，经省卫生厅批准，江西省戒毒中心成立。该中心挂靠在省精神病院内，主要功能是戒毒及戒毒引起并发症的治疗。

9日 省消防工作会议圆满结束，50名热心消防的企业家受表彰，常务副省长黄智权到会讲话，省公安厅厅长丁鑫发受省政府委托作报告。同日，江西省消防委员会联合省委宣传部、省公安厅等10余个单位举办了江西省首次"热心消防优秀企业家"评选活动。评选出50名"热心消防优秀企业家"。

10日 江西利群机械厂承担开发的重点新产品PK6MF紧凑型高速纺丝机、CDW136型牵伸卷绕机，通过鉴定。

10日 铁道部部长韩杼滨等到江西京九线南段现场办公。

10日 省政府召开各地分管农业的书记、专员、市长会议，研究部署今后几个月的农业和农村工作。会议提出，大灾之年更要坚定信心，振奋精神，坚持实现1995年农业增产的目标不动摇，农民增收的目标不动摇，农业和农村工作"三稳三增三保"的目标不动摇。会议于11日结束。

10日 江西绒线手编工艺家龚君红完成1995年世界妇女大会会徽巨型壁挂。该绒线壁挂宽3.8米、长2.6米，使用了各色绒线10.25公斤。

11日 江西、福建地质勘探局共同研究的一项地质成果表明，江西东北部和福建西北部地区锡矿资源十分丰富，总面积达9000平方公里。已发现岩背、松岭、曾家坪等大中型锡矿。该成果通过赣闽两省地勘局评审。

11日 省政府表彰一批发展乡镇企业先进单位。有21个单位获"高速高效发展奖"：萍乡市获地市甲组一等奖，景德镇市、南昌市获二等奖；获地市乙组一等奖的是赣州地区，二等奖的是上饶地区、宜春地区。获县市区一等奖的是信丰县、南昌市郊区、德兴市、萍乡市安源区；获二等奖的是新余市渝水区、萍乡市上粟区、高安市、靖安县、浮梁县；三等奖获得的有德安县、宁都县、南昌县、鄱阳县、南城县、永丰县。有23个单位获单项特别奖：九江市、石城县获"改革创新奖"；抚州地区、九江市庐山区、宜丰县获"科技进步奖"；新余市、萍乡市湘东区、丰城市获"经济效益奖"；鹰潭市、赣州市、新建县获"外向经济奖"；九江市、吉安市、贵溪县获"增投入上规模奖";抚州市、兴国县、余干县、金溪县、广昌县、上犹县、横峰县获"超速进位奖";吉安地区、泰和县获"工业小区建设奖";新余市、鹰潭市获主管部门"自身建设奖";吉安地区、彭泽县、进贤县获"安全环保奖";获得"经济效益最佳企业奖"的是上高县瓷厂;获得"新增规模经济奖"的有赣州地区、丰城市、水南乡、长巷村、江西凯利染织有限公司等367个单位。

金溪县街景

12 日 江西省商业工作会议召开。副省长黄智权讲话,要求认清形势,坚定信心,不断深化商业改革,狠抓扭亏增盈,加快网点建设,保持市场稳定。会议对江西省1995年下半年的物价、粮食、供销、工商行政管理、物资、石油成品油的工作提出了新要求。

12 日 省政府召开老区建设扶贫工作会议,提出要抓住扶贫重点,加大攻坚力度,力争提前一年完成扶贫攻坚任务,决不把绝对贫困带进21世纪。会议于13日结束。

13 日 江西省召开江西省工交生产电话会议,代省长舒圣佑讲话指出:进一步在思想认识、领导精力、具体措施、工作作风等方面加强、加大主攻工业力度,精心安排和组织好1995年后五个月的工交生产,坚定信心,齐心协力,把"以工补农、以丰补歉"的各项任务抓细抓实抓好,确保全年工作目标的实施。

14 日 应日本冈山县知事中野四郎邀请,江西省少儿艺术团一行20人前往日本冈山县参加国际艺术节的演出活动。

14 日 1995年度全国男子柔道冠军赛在庐山举行。江西队石承洪夺得78公斤级亚军。

15 日 省政府召开企业改革暨现代企业制度试点工作会议,认真学习贯彻中共中央总书记江泽民在上海、长春召开的改革座谈会上的讲话精神,研究部署下一步企业改革特别是现代企业制度试点,要求各地各部门一定要突出重点,不怕困难,从本地、本部门实际情况出发,积极推进企业改革。会议于16日结束。

16 日 第五届全国中子计会议在上饶市召开。与会的30多位科学家就中子计的研究成果进行交流。中科院高能物理研究所研究员何泽慧和南京大学物理系中子研究室主任、全国中子计联络组主席刘圣康等出席会议。

17 日 省综合治理委员会同省公安厅、省劳动厅召开全省流动人口管理工作会议。副省长黄智权到会讲话,提出公安等部门要总揽全局,把加强劳动力人口管理作为保障改革发展和稳定大事来抓。

17 日 在江西省红十字会三届四次理事(扩大)会议上,代省长舒圣佑受聘担任省红十字会名誉会长,省人大常委会副主任陈癸尊和省政协副主席罗明受聘担任名誉副会长。

18 日 以画梅著称,被誉为"江南一枝梅"的九江市著名国画家、中国美术家协会会员、香港东方文化中心书画研究部委员傅梅影的《国画集》,由中国画报出版社出版。

21 日 中国共产党江西省第十次代表大会在南昌举行。出席大会代表589人。中央组织部特派地方干部局副局长江岩和组织局王礼平前来参加会议。吴官正作题为《抓住机遇,开拓进取,为加快建设繁荣昌盛的江西而奋斗》的报告。大会总结了省第九次党代会以来的5年工作和主要经验,确定江西省未来5年至15年的基

中共江西省第十次代表大会开幕式会场

本任务和战略构思：坚持把江西经济建立在现代农业基础之上，抓住京九铁路贯通和沿长江开放开发的机遇，以京九沿线为主干、浙赣沿线为两翼，开创大开放格局，拓展生产力布局，加强农业，主攻工业，繁荣第三产业，推进基础设施建设，加快县域经济发展，加速工业化、城镇化进程。大会选出中共江西省十届委员会委员47人，候补委员9人，省纪检委委员31人。会议通过关于省委报告的决议，关于省纪检委工作报告的决议。会议于25日结束。

22日 江铃汽车股份有限公司和福特汽车公司在南昌举行签字仪式，正式签署江铃B股/ADS_S认购及联合开发等协议。

江铃汽车集团与美国福特公司在南昌举行长期合作签字仪式

22日 在乐平市鸬鹚大塘许村发现一口万历十二年（1584）巨钟，钟上镌刻1083个字，其中21个字是现在通用的简化字。钟高1.55米，直径1.25米，重860公斤，系铁、铜、金等金属铸成，钟身刻有集资建赤铭文和捐献银两

者姓名。

24日 南昌市第八医院内设立中国医科大学血栓病院南昌分院。

25日 省政府召开计划生育工作座谈会。舒惠国主持会议。会议强调：（一）要认清形势，保持清醒头脑，克服松懈和畏难情绪；（二）切实加强领导，把计划生育实行党政一把手抓、负总责的要求进一步落到实处；（三）要大力加强基层基础工作；（四）要实事求是，分类指导；（五）要树立全局观点。

25日 江西省贯彻实施《劳动法》座谈会在南昌举行。1995年以来，江西加快"再就业工程"建设步伐，各级劳动部门运用各种就业手段，为失业人员提供服务，全省劳务输出112万人，通过各种渠道，上半年江西省安置79244人，占年计划的56.6%。

26日 省委十届委员会举行第一次全体会议，选举吴官正、舒圣佑、舒惠国、黄智权、钟起煌、马世昌、彭崑生、冯金茂、钟家铭、彭宏松、刘德旺为常委；选举吴官正为省委书记，舒圣佑、舒惠国、黄智权、钟起煌为副书记。

26日 经省委选举产生的省纪检委举行第一次会议。到会委员30人。会议选举产生了省纪检委常委会委员：马世昌、黄名鑫、贾意安、许苏卉、肖传兴、王德洪、肖震宇、刘爱才、汪毓华。马世昌当选为省纪检委书记，黄名鑫、贾意安、许苏卉当选为副书记。

26日 省纪检委召开地、市纪委书记会议，部署年底反腐倡廉工作。省纪委书记马世昌在会上讲话。要求今年后4个月的反腐败工作要全面安排，突出重点，狠抓落实，抓出成效。

26日 省八届人大常委会第十七次会议召开。会议应到61人，实到49人。省人大常委会主任毛致用主持。会议通过《江西省乡镇人民代表大会工作条例》、《江西省各级人民代表大会代表选举实施细则》、《江西省实施〈中华人民共和国台湾同胞投资保护法〉办法》、《江西省农业机械管理条例》、《江西省人民代表大会常务委员会地区工作委员会工作条例》、《江西省行政执法监督条例》；关于批准《南昌市城市规划管理规定》的决定，《江西省人民代表大会常务委员会关于乡级人民代表大会换届选举时间的决定》，关于批准1994年财政决算的决议。会议于30日结束。

28日　副省长周慇平会见日本冈山县商工劳动部长吉田茂二率领的经济代表团一行19人。他们来赣了解江西情况并与省工商部门商讨具体的合作事项，促进两地经济交流进一步发展。

29日　省政协七届十三次常委会举行。省政协主席朱治宏主持会议。省委副书记舒惠国作关于江西省第十次党代会精神的报告。会议通过《将省政协地区联络处改为地区工作委员会的决定》和相关人事事项。会议于31日结束。

30日　省委、省政府发出关于今冬明春大搞水利建设的指示：（一）进一步加大今冬明春水利建设工作的力度；（二）合理确定和抓住今冬明春水利工作的重点；（三）周密部署今冬明春水利建设的三大战役；（四）努力增加水利建设的投入；（五）切实加强今冬明春水利建设的组织领导。

30日　江西省蔬菜遮荫网推广暨冬季生产工作会在南昌召开。会议强调搞好"菜篮子"建设，确保市场供应。

30日　省政府在南昌市召开江西省林业工作会议，省领导黄智权、钟家明、孙用和等出席会议并讲话。会议提出"在山上再造一个江西"的林业建设新目标，即到2000年，江西山地产值达到同年粮食产值的水平；到2005年，江西山地的产值达到同年耕地产值的水平。会议于31日结束。

31日　省政府调整确定24处景点为省级重点风景名胜区。至此，江西已有4个国家级风景名胜区：庐山、井冈山、龙虎山、三清山；24个省级风景名胜区：武功山、麻姑山、云居山、柘林湖、青原山、汉仙岩、梅岭、梅关—丫山、翠微峰、通天岩、罗汉岩、洪岩、灵岩洞、杨岐山、仙女湖、小武当、三百山、秦山、南崖—清水岩、玉笥山、陡水湖、聂都、白水仙—泉江、玉壶山。

31日　巴拿马籍"雾通号"运载危险性散装液体化工品专用船舶由韩国昂山港直达九江港，九江口岸开始正式扩大向外籍特种船舶开放。

31日　省财政工作会和县乡财源建设暨表彰会在南昌召开。会议强调1995年后几个月的财政工作要加强县乡财源建设，努力实现1995年财政总收入105亿元目标。会议表彰了一批文明财政所和优秀乡镇财政干部。会议于9月3日结束。

31日　江西省清查"小金库"工作历时4个月基本结束，共清理检查出"小金库"金额1.7亿元，上缴财政3516万元。

31日　省八届人大三次会议期间，收到代表建议193件，已全部办理完毕，并答复代表。

本月　江西省第十次党代会确定今后一段时间江西城乡建设总体目标为：进一步加快市政公用设施建设，增强城市综合功能；要适应基础设施建设和房地产业的发展，进一步抓好建筑业；要继续推进住房制度改革。

本月　自3月开始，江西省、地两级审计机关对5个地（市）和36个县（市、区）1994年财政决算实施就地审计，共查出违纪金额11277万元。

1995

9月

September

公元 1995 年 9 月							农历乙亥年【猪】					
日	一	二	三	四	五	六	日	一	二	三	四	五	六
					1 初七	**2** 初八	**3** 初九	**4** 初十	**5** 十一	**6** 十二	**7** 十三	**8** 白露	**9** 中秋节
10 十六	**11** 十七	**12** 十八	**13** 十九	**14** 二十	**15** 廿一	**16** 廿二	**17** 廿三	**18** 廿四	**19** 廿五	**20** 廿六	**21** 廿七	**22** 廿八	**23** 秋分
24 三十	**25** 闰八月	**26** 初二	**27** 初三	**28** 初四	**29** 初五	**30** 初六							

1 日　江西各界代表 1000 余人在南昌举行座谈会。隆重纪念抗日战争和世界反法西斯战争胜利 50 周年。省委领导强调要发扬抗日救国的爱国热情，加快建设繁荣昌盛的江西。

1 日　江西画报社出版的《江西妇女风采》画册举行首发式。薄一波等老同志为画册题词，省委书记吴官正作序，省委副书记、宣传部长钟起煌任主编。

1 日　洪城大市场开业。该市场运用股份制方式构造的全方位、多功能的综合商品批发市场。

1 日　崇义县农民邱远亲向崇义中学捐款 10 万元，设立奖学基金，用于奖励该校品学兼优学生。

1 日　井冈山长坪乡希望学校——中烟学校正式落成。它是台湾爱国民间团体"中国统一联盟"和台湾地区政治受难人员互助会捐资 4 万美元兴建的。

4 日　为期 6 年的 GEF（全球环保基金）鄱阳湖国家级自然保护区、省武夷山自然保护区管理项目将于 1995 年第四季度开始试点，1996 年全面实施。这两个项目着重于提高自然保护区的管理技能、人员素质和改进野外保护水平以及提高管理的有效性，是江西生物多样性保护方面首次获国际赠款资助的。

5 日　在第二届中国科技精品博览会上乐平市电子设备厂生产的 TS－10 集团电话获国家金奖。

5 日　在第四次世界妇女大会上，景德镇的《瓷都巾帼陶艺》获"世界妇女大会"标志的宣传画册。

5 日　江西省对各地贯彻执行《科技进步法》的情况进行执法检查，对南昌、九江、上饶、赣州四地市重点抽查。执法检查于 7 日结束。

5 日　以中共中央委员、全国人大常委崔乃夫为组长的全国人大内务司法委员会《婚姻法》执法检查组深入南昌市、九江市和吉安地区的广大城乡，进行检查。全国人大内务司法委员会委员张云南代表检查组在会上谈了检查的情况。检查于 16 日结束。

6 日　省政协在南昌召开第五届"宣传中国

共产党领导的多党合作和政治协商制度好新闻"颁奖会。省政协领导给24位获奖作者颁发证书和奖金。

6日 省纪委、省军区纪委、省监察厅、省征兵办公室联合发出通知：（一）下大力狠抓教育整顿；（二）强化五级领导责任制；（三）严把政治质量关；（四）完善管理机制；（五）加强全程征兵监督；（六）坚决查处违法乱纪行为。

7日 贵溪县加速红壤治理改造步伐，通过山、水、园、林、路、宅的综合规划，初步形成了以家庭经营为主体的农业开发商品基地，其开发速度和建设质量获"江西省红壤项目建设评比第一名"。被省外资办及世界银行专家誉为我国南方地区红壤开发的典范。

7日 安福县功山林区发现省二级保护动物鹰嘴龟。龟体重195克，身长28厘米，尾长13厘米，分26节环状鳞片；四足五趾，趾间长有角质蹼；体色为褐色，背部有三排六角形色斑；后足根和尾根部长有凸起的角质鳞；头部上颚下弯，下颚上翘，酷似鹰嘴。

7日 省科委主持的两系杂交稻制种现场测产，在泰和县苏溪乡27亩两系亚种间杂交稻（培矮64S×JR1068）育种田里进行。经专家组测试表明，亩产达到250公斤，创造了两系杂交稻制种试验示范单产的最高纪录，进入全国先进行列。

8日 农工党华东地区首届宣传思想工作会议在南昌召开。

8日 共青团中央、国家工商局、中国个体协会授予个体私营企业南昌市滕王阁市场升华副食品经营部、赣南市场开发实业总公司"全国青年文明号"称号。

8日 大余县职业中等专业学校校长吴光蓓赴北京参加庆祝第十一届教师节暨全国教育工作表彰大会。吴光蓓从事27年的中学（中专）职业教育，兢兢业业，成绩突出，1995年被评为"全国十佳校长"。

8日 一所由香港银信公司吴伟捐款兴建的新型农村完全小学——"蛟桥吴伟小学"，在南昌市郊区落成。省市政府在这所学校隆重举行开学典礼。省领导吴官正等及吴伟先生一行香港客人参加庆典活动。全国工商联副主席刘敏学到会祝贺。

8日 省政府召开电话会议，要求京九铁路沿线广大干部进一步动员起来，协同作战，完成京九铁路省内沿线城镇建设的各项任务。

8日 1995年全国田径冠军赛在长春市降下帷幕，江西运动健将闵春凤以57米82的成绩获女子铁饼第二名；吴永清以64米46的成绩获链球第三名；高连峰以6642分获男子10项全能第三名；沈艳以58秒01和2分06秒成绩分获400米栏和800米两个第三名。

8日 1995年全国女子举重冠军赛在宜春市举行，江西省选手破9项（次）省纪录。江宝玉在50公斤级比赛中获总成绩第五名，打破该级别的3项省纪录；徐雪芳、熊美英分别获59公斤总成绩的第二名和第五名，均打破这一级别三项省纪录；周美红获70公斤级决赛第三名。

9日 在北京举办的第五届中国根艺美术作品展上，赣州根艺《一代天骄》获"刘开渠根艺奖"金奖。同时，获银奖1枚，铜奖2枚，特别荣誉奖1项，全部参展的29件作品获团体二等奖。

10日 江西省党校系统百名优秀教师和先进工作者在南昌接受表彰。省委副书记舒惠国等领导为他们颁发荣誉证书。

10日 在第四次世界妇女大会召开和第十一个教师节来临之际，兴国县希望小学校长邱桂英等56名乡村女教师获团中央、中国青少年发展基金会颁发的第三届"全国希望工程园丁奖"。

10日 省委根据中央纪委、监察部关于对领导干部乘坐小汽车和利用公款"吃喝玩乐"情况进行专项检查的部署，组成14个检查组分赴各地、市和省直各单位进行为期两天的专项检查。

11日 在全国进行的粮、棉、油、猪牛羊肉四项各自百名生产大县排序中，江西有15个县（市、区）入榜。粮食大县为南昌、丰城；棉花大县为彭泽、九江、渝水、高安、永修、都昌；油料大县为鄱阳；猪牛羊大县为丰城、临川、南昌、宜春、樟树、高安。

11 日 南昌市刑侦支队政委倪宝蓉当选"中国警界女十杰",同时被授予"全国二级英模"和"全国三八红旗手"称号。

11 日 中共中央组织部组织的中国科学院、中国工程院两院 12 位院士偕夫人到江西度假。省领导吴官正等分别会见院士并听取学术报告会。

11 日 以全国政协常委王郁昭为团长的视察团一行 14 人抵达南昌,对江西进行为期 12 天的视察。省政府、省政协分别举行汇报会。副省长黄智权作汇报。

12 日 《江西省城镇企业职工养老保险制度实施方案》将在 10 月 1 日正式实施。该方案将养老保险扩大到个体、私营企业和"三资"企业的中方职工。省政府召开动员大会,部署这项改革的贯彻落实工作。

12 日 1995 年江西省要基本完成机构改革任务,做好推行公务员制度工作。省、地(市)机关要在 1995 年底以前完成职位设置和人员过渡,县(市、区)、乡(镇)机关在 1996 年上半年完成相应工作,到 1996 年底,各级行政机关要建立起公务员制度的基本运行机制并入轨运行。

12 日 全省地、市、县(区)司法局长会议召开。全省司法机关恢复重建 15 年来,始终坚持自身改革和建设,健全了机构,建立了制度,充分发挥职能作用,积极参加社会综合治理,司法行政工作正成为政治、经济、社会生活中不可缺少的重要组成部分。会议于 14 日结束。

13 日 1994 年度中国最大的 500 家外商投资工业企业排序揭晓,江西被列入其中的四家企业是:江西五十铃汽车有限公司、赣新电视有限公司、南昌家电有限公司、新华金属制品有限公司。分别各列第二十五位、第一百一十七位、第四百四十九位和第四百六十七位。

13 日 省政府农办、省人事厅、省财政厅共同主办的"江西省农业科教人员突出贡献"奖,1995 年获奖项目 93 项,共计 708 人。其中一等奖 6 项,有 55 人;二等奖 8 项,有 71 人;

三等奖 79 项,有 580 人。

13 日 华东地区第八次保密工作协作会、第十一次机要工作协作会、第五次接待工作座谈会在南昌召开。省委书记吴官正看望了与会代表,省委副书记舒惠国等出席会议。与会代表交流了工作情况和经验,探讨了在新形势下进一步做好保密、机要、接待工作的问题。会议于 18 日结束。

14 日 晚 7 时 28 分,中共中央总书记江泽民在建设部部长侯捷等陪同下,参观在北京举行的"中国居住环境建设成就展览会"江西展区。江西用 5 年时间兴建住宅面积 1.23 亿平方米,城市人均居住面积由 1990 年的 6.5 平方米增加到 1994 年底的 7.8 平方米,高于全国平均水平,对此江泽民连声称赞:"好,不错"。

14 日 我国最大的天然龙脑商品生产基地在吉安市青原山建成,天然龙脑完全依靠进口的历史结束。天然龙脑是一种名贵药材,也是香料、香精、化妆品及食品工业的上等原料。

14 日 省政府召开学习贯彻江泽民同志关于国有企业改革重要讲话座谈会。会议结合实际总结了国有企业改革的体会和经验,进一步明确了方向和任务,坚定了信心,决心把江西省国有企业改革继续推向前进。

14 日 以全国政协常委王郁昭为团长,全国政协常委程连昌、梅向明和全国政协委员赵炜为副团长的全国政协委员视察团一行 44 人抵达南昌,对江西进行为期 13 天的视察。省委、省政府、省政协在南昌举行汇报会,会议由省政协主席朱治宏主持,省委副书记、副省长黄智权作汇报。

15 日 南昌百货大楼有限公司等 25 家商业服务企业,被国内贸易部授予"全国商业信誉企业"称号,并被批准首批参加由国内贸易部等部门联合开展的"质量与信誉承诺"活动。

16 日 国家教委会同全国人大教科文卫委、全国政协科教文卫体委联合组织的教育检查组到江西检查教育工作。检查组听取了省政府关于江西省基础教育"五项内容"和《教育法》的宣传贯彻情况汇报。

16 日 团省委常委扩大会议召开。省委副书记舒惠国出席会议并讲话。会议主要学习贯彻省第十次党代会精神,进一步发展共青团事业。团省委两次被评为"省直目标考评先进单位"。"青年文明工程"、"青年人才工程"、"希望工程"等多项工作在全国受到表彰。

16 日 安福县发现清代康熙年间篆刻的《狮林山志》原始雕版模板,距今有 300 多年的历史。这部山志由老樟板雕刻而成,共 39 块,每块长 27 厘米、宽 16 厘米,上有刻字 500 余个,字大如蝇,为宋体,刀法整,漆亮如新。

17 日 江西新余钢铁有限责任公司生产的预应力混凝土用消除应力钢丝,获"国家建筑钢材质量监督检验测试中心"颁发的为期 5 年的产品质量认证书,该公司的预应力钢丝生产达到先进水平。

17 日 江西第三化肥厂投资 1124 万元,创建建筑面积为 1190 平方米、年产 3 万吨的甲醛装置试车投产。该甲醛生产线,可以满足江西市场对甲醛的需求。

18 日 中外合作南昌安新油脂集团开业,省市领导舒圣佑、毛致用、彭崑生等出席开业仪式。

19 日 江西省"首届优秀社科期刊评选"揭晓。《江西党建》、《涉世之初》、《职教论坛》、《南昌大学学报》、《江西画报》、《金融与经济》、《知识窗》、《微型小说选刊》八种期刊获江西省优秀社会科学期刊奖。

19 日 清华大学教授江作昭向婺源一中和婺源紫阳镇第一小学捐资 3 万元设立奖学金,以资助成绩优秀而家庭困难的中小学生。江作昭教授系婺源人。

19 日 省委、省政府领导舒圣佑、舒惠国、钟家铭等到省农科院现场办公,推广两系杂交水稻,推进江西粮食生产上新台阶。确定投入 500 万元,两系杂交稻制种 50 万亩,推广大田面积 500 万亩,增产粮食 2.5 亿公斤。

19 日 南康举行撤县设市庆典,省政府致贺电。庆典期间,该市举行了新闻发布会和招商引资洽谈会,举办了"服装节"、"柚子节"。

19 日 江西省监狱管理局挂牌仪式在新建县举行,省领导朱治宏等出席。

19 日 南昌钢铁有限责任公司焦化厂创建的一级焦炉,通过全国专家的审查验收。这座 80 型焦炉达到国家一级焦炉标准,为提高南昌市民生活煤气质量提供可靠的技术保证。

19 日 省地质科学研究所和信丰县政府联合完成的《全县矿产资源调查与开发战略研究报告》,在信丰县通过专家评审验收。专家们一致认为该项研究是全国首份县域矿产研究报告。

19 日 万安县发现民族英雄、宋代丞相文天祥于宋淳祐八年戊申秋八月间写的《五云夏造许氏初修谱序》,这篇序言刊于清光绪三十年万安上洛《许氏六修族谱》。

20 日 省精神文明活动建设委员会、省委宣传部决定,从 1995 年第四季度起在全省范围内开展评选、推荐省级文明单位、省级文明单位标兵和文明单位建设先进系统活动。

20 日 拥有"朋娜"、"纽贺尔"、"华盛顿"等 12 个脐橙优秀品种的脐橙品种园在信丰县建成,面积为 3000 亩。

20 日 第四届残疾人国际展能节暨国际残疾人职业技能比赛在澳大利亚珀思市举行。江西省残疾人选手余江果喜集团胡跃刚和赣州市房地产公司周建祥,双获木雕及标准板广告制作银牌。

20 日 按照国家档案局的统一部署,省档案局精心制作了表现井冈山革命斗争史、景德镇陶瓷艺术史、历代名人风采录为主要内容的版画参展,在北京召开 1996 年国际档案大会。

20 日 经江西省社团管理部门批准,决定将原"江西省企业职工思想政治工作研究会"更名为"江西省职工思想政治工作研究会"。在江西省企业思想政治工作研究会会员代表大会暨省思想政治工作协会成立大会上,省委副书记钟起煌当选为省职工思想政治工作研究会会长,省委宣传部副部长钟健华当选为省思想政治工作协会会长。

21 日 美国国际合作委员会主席陈香梅女士自 1993 年以来,与南昌市建立了密切的友好关系，为南昌市的经济建设和扩大开放作出了突出贡献，为表彰她热爱家乡、造福中华的精神和爱国热情，南昌市人民政府授予陈香梅女士"南昌市荣誉市民"称号。

21日 第三届"中国残疾人事业好新闻评选"在北京揭晓。江西选出的9件作品中有5件获奖。其中，《女人、盲人、凡人——李晶印象》获二等奖，《身残志坚—矢志不渝》、《三九没有寒天》、《超越自我》和《同在蓝天下》获优秀作品奖。

21日 副省长周慜平会见了以山下英夫为团长的日本铜铝访问团一行。日商岩井（株）轻金属部副部长山下英夫与江西开展经贸往来时间较早，发展较快。该团来赣旨在考察江西铜业公司贵溪冶炼厂。

贵溪冶炼厂通过技术改造已成为世界第三家对铜冶炼进行计算机在线控制的冶炼厂

21日 国务院发展研究中心和铁道部联合举办的京九铁路及沿线经济开发状况推介会在香港华润公司展览大厅开幕。江西省组织京九铁路沿线的九江、南昌、樟树、吉安、赣州5个地市和电力、交通、旅游等部门参加。展位26个，占推介会展位的34%。

21日 昌河飞机工业公司作为美国S－92直升机斜梁、水平安定面研制生产的主要实施厂家之一，同世界上最大的直升机设计、制造厂家——美国西科斯基直升飞机公司在北京正式签约。这是中美两国在民用直升机领域的第一个合作项目。

21日 省委宣传部、省委组织部、省经贸委、省总工会在南昌召开江西省企业政治思想工作经验交流暨表彰大会。总结、交流企业政治思想工作的经验，表彰先进，研究、探讨新形势下企业政治思想工作的新思路和新方法。会议于22日结束。

22日 在北京举行的首届中国少年儿童歌曲卡拉OK电视大赛上，江西选手周倩、潘婷、丁蓓分别获儿童组和少儿组三等奖。

22日 应德国黑森州的邀请，以副省长黄懋衡为团长的一行6人，离赣赴京，将于9月24日至30日对德国黑森州进行友好工作访问。

22日 江西省工交企业工作会议在南昌闭幕。会议以国有企业改革为主题：围绕江西省财源建设，深化企业改革，以财务管理为中心，带动企业科学管理，促进和提高国民经济增长质量和效益。

22日 江西省农村基层组织建设工作现场会在新余渝水区召开。会议中心议题是：贯彻落实全国、江西省农村基层组织建设工作会议精神，总结交流组织机关干部"四定包干创五好"、抓后进村建设的经验和做法，并对下一步贯彻落实省第十次党代会精神，抓好村建工作进行部署，努力把村建工作提高到一个新水平。

23日 赣县小坪乡大坪村发现百万石燕群居在一岩洞内的奇异景观。

24日 美国国际合作委员会主席陈香梅女士为发展吉安地区的教育、新闻事业捐赠20万元港币作为奖励基金，陈香梅女士专程前来参加吉安地区"首届陈香梅教育、新闻奖颁奖"大会，为116名教育工作者、大中小学优秀学生和11名优秀新闻工作者颁奖。

25日 江西省普法工作领导小组第二十二次会议在南昌召开。省普法领导小组副组长钟起煌等领导出席会议，会议听取了省普法办关于近三年来江西省"二五"普法工作进展情况及1995年下半年工作安排的意见的汇报。审议省普法工作领导小组关于在江西省开展"二五"普法工作情况抽查方案，听取了出席第四次全国法制宣传教育工作会议准备工作的汇报及关于召开江西省第九次法制宣传教育工作会议的建议。讨论通过了有关事项。

26 日 江西省少儿艺术团圆满结束在日本冈山县国际艺术节的 15 天友好访问，返回南昌。

26 日 团省委在井冈山烈士陵园举行江西省首届成人仪式。井冈山 1000 名 18 岁青年代表全省近 10 万同龄人，表达对党、对祖国和人民无限热爱的心声。

26 日 江西省农民负担监督管理工作会议在南昌召开。会议传达贯彻全国农民负担监督管理会议精神，着重研究如何坚持不懈地减轻农民负担，防止农民负担减而复增，加快减轻农民负担监督管理工作规范化、法制化进程。会议于 27 日结束。

26 日 省政法委召开政法队伍建设和农村社会治安工作座谈会。会议主要传达全国政法队伍建设工作座谈会精神，贯彻省委领导关于抓好冬季农村治安工作的重要批示，研究部署进一步加强政法队伍建设，搞好农村冬季治安工作。会议于 27 日结束。

27 日 中国少年儿童报刊工作者协会在安徽黄山举行的"好作品"评选中，江西省《摇篮报》推荐的诗报告《归来吧，丢失航标的小船》获一等奖。

28 日 崇义县公安局看守所在 1994 年被公安部授予集体一等功的基础上，最近被公安部命名为"模范看守所"称号。

29 日 江西省棉花工作会议结束，要求各地继续坚持棉花不放开市场、不放开经营、不放开价格的政策，扎扎实实地做好 1995 年度棉花购销工作。

30 日 九江县赛城湖地段发现两只大凹甲陆龟，一雌一雄，全身呈网状紫黑色，大的重量达 9.5 公斤，小的为 8.5 公斤，经有关部门专家鉴定，这两只特大陆龟年龄均在 1000 年以上，属国家二类保护动物。

30 日 江西九江石化总厂年产 10 万吨芳烃抽提装置建成并投入生产。

30 日 省政府在江西宾馆表彰并宴请在赣工作的外国专家。表彰大会向比尔·王、西冈良一、棋尔格、艾伦·贝克赫斯特、格朗塞特、威廉姆·福斯特 6 位专家颁发 1995 年的"江西友谊奖"。江西省寄生虫病研究所的日籍专家村上秀典成为江西省 1995 年唯一获得"国家友谊奖"的外国专家。

30 日 原全国人大常委会委员长万里在九江考察九江长江大桥和九江新火车站，询问九江发展总体规划，强调：一座城市要建设好，必须分总体规划、分区规划、详细规划三个层次进行，有计划、有步骤、有目的地加以实施。考察活动于 10 月 1 日结束。

万里视察建设中的九江新火车站

本月 统计师资格考试开始，统计中级专业技术职称评审制度开始改为"以考代评"。

本月 经国家中医药管理局组织专家评审团对全国示范中医院建设单位鹰潭市中医院进行审核验收，该院以 97 分的好成绩跻身于全国百家中医院行列，并获"全国示范中医院"的奖匾。

1995
10月
October

日	一	二	三	四	五	六	日	一	二	三	四	五	六
1 国庆节	2 初八	3 初九	4 初十	5 十一	6 十二	7 十三	8 十四	9 寒露	10 十六	11 十七	12 十八	13 十九	14 二十
15 廿一	16 廿二	17 廿三	18 廿四	19 廿五	20 廿六	21 廿七	22 廿八	23 廿九	24 霜降	25 初二	26 初三	27 初四	28 初五
29 初六	30 初七	31 初八											

公元 1995 年 10 月　　农历乙亥年【猪】

1 日　南昌市政府作出决定，10 月 1 日起，禁止在影剧院、歌舞厅、体育馆（场）观众厅、图书阅览室、商场经营场和公共交通工具内及其等候室等公共场所吸烟。

1 日　据省统计局 1995 年江西省 1% 人口抽样调查结果，到 1995 年本日零时止，江西省人口总数为 4046.69 万人。

1 日　由司机评价国产汽车质量的活动在天津揭晓，江西"江铃"汽车名列榜首。

1 日　总投资 4400 万元的水利工程——江西宁都三门滩水利枢纽工程竣工，正式并网发电。

1 日　省重点工程樟树赣江大桥胜利竣工通车。整座桥长 1989.06 米，引道长 3049 米，宽 13 米，总投资 9000 万元。

1 日　206 国道余江县境内的石港公路大桥建成通车。大桥全长 452 米，宽 12 米。

2 日　第十二届全国中学生物理竞赛江西赛区成绩揭晓，临川一中傅星球、汪雪峰两位同学分别获一、二等奖。

5 日　产于信丰县金盆山乡的赣南麦饭石通过国家储量委员会认定，成为全国唯一被认定储

量的大型麦饭石英矿，该矿总储量达 254.3 万吨。

5 日　公安部为江西遂川县公安局预审科记集体一等功一次，并颁发奖状和奖金。

5 日　省委组织部和省妇联联合在省委党校举办两期县处级女领导干部培训班，有 95 人参加培训。

5 日　省委召开乡镇换届工作会议。中心议题是加强党对换届工作的领导，确保换届任务的顺利完成。省委副书记舒惠国和省人大副主任卢秀珍到会分别讲话。

6 日　省经贸委召开企业法制工作座谈会暨企业法制法律工作协会成立大会。该协会的宗旨是：加强和推进企业法制建设，依法规范企业的组织和行为，促进企业建立完善的自我约束机制，保护企业的合法权益，改善企业经营环境，搞活大中型企业，促进企业经济效益的增长。

7 日　江西省科技大会召开。大会的主要任务是：传达贯彻全国科技大会精神，落实中共中央、国务院《关于加速科学技术进步的决定》，部署实施科教兴赣战略，进一步推动江西省经济

持续、快速、健康发展和社会事业的全面进步。吴官正到会讲话，要求：（一）牢牢树立"科学技术是第一生产力"的思想；（二）紧紧抓住科学成果转化这个关键；（三）坚持"尊重知识、尊重人才"的方针；（四）加强党对科技工作的领导。

7日 省委组织部召开省参照公务员制度管理工作座谈会。贯彻落实全国省（区、市）参照公务员制度管理工作座谈会和省第十次党代会精神，研究部署管理工作任务，推动参照管理工作的深入开展。省委副书记舒惠国讲话，要求各地各部门把参照管理工作作为加强机关建设的大事来抓。要严格按《条例》的各项规定去办，防止突击提职、擅自增设领导职数和非领导职数等现象的发生。

7日 江西地矿调研大队对第三十届国际地质大会地质旅行路线进行野外调查研究，在庐山东麓的金锭山首次发现保存完好的压坑石，为庐山第四纪冰川研究提供了新的证据。

7日 铜鼓县石桥乡金星村发现一处新石器时代遗址，据考古人员分析，该处遗址是西周时期一个部落的聚居地，距今至少3000年，现已发现石刀、石斧、石箭、石锄等文物50余件。

7日 信丰县新发现300年以上树龄老银杏15株，600年以上树龄的5株，占全国500年树龄以上银杏树的6.2%多；同时发现一株大叶片雄性银杏树，填补了江西省大叶片雄性银杏的空白。

8日 被国务院批准列为全国第二批农村水电初级电气化试点推广的广昌县，顺利通过省政府组织的达标验收，各项指标达到或超过部级标准。

9日 省人大常委会、省政府联合召开电话会议，通报《土地管理法》执法检查情况，并就下一步土地执法管理执法检查作具体部署。会议要求：（一）要提高认识，进一步增强法制观念；（二）加强领导，精心部署；（三）广泛宣传，大造声势；（四）狠抓落实；（五）通过检查，发现并解决问题，总结经验，进一步健全土地管理制度。

10日 被称为20世纪90年代初期我国十大考古重要发现之一的江西瑞昌铜岭商周矿冶遗址，经过五次科学发掘后，根据对出土陶器的分析和检测结果，确定年代从商代延续至战国，是我国最早开采的一处矿山遗址。

10日 江西省表彰高校优秀留学归国人员颁奖仪式在南昌举行。省领导吴官正等出席会议，并向25名高校优秀留学归国人员颁奖。

10日 江西省药物研究所和江西东方力可生制药有限公司共同研制的国家级"星火"项目力可生颗粒剂验收合格。

10日 中国民主促进会华东地区七省、市第四次工作交流研讨会在南昌召开，共有110人出席会议。省委副书记舒惠国在讲话中说，中国民主促进会是中国共产党领导下的一个参政党，长期以来，参加国家大事的管理，在国家的政治生活中发挥着积极作用。民进中央常务副主席陈舜礼到会祝贺。

10日 全国城市卫生检查团第七分团一行18人抵达南昌，对南昌市创建卫生城市工作进行为期4天的检查指导，省领导舒圣佑等向检查团介绍了有关情况。从11日起，检查团分组对南昌市进行卫生检查。

10日 江西省第六次高校党建工作会议在南昌举行。省委书记吴官正出席会议并讲话，强调：在新形势下，加强高校党的建设，必须坚持以邓小平同志建设有中国特色社会主义理论和党的基本路线为指导，认真贯彻党的十四届四中、五中全会精神，以抓领导班子建设为龙头，推动整个高校党建和其他各项工作的开展。结合江西省高校战线的实际，着重研究和部署了新形势下如何进一步加强高校领导班子建设的工作。会议于11日结束。

11日 世界著名的跨国集团公司法国罗纳普朗克公司与全国最大有机硅生产企业——江西星火化工厂合资建设的罗纳普朗克星火密封胶有限公司正式投产。代省长舒圣佑、化工部副部长贺国强、罗纳普朗克公司驻中国总代表沙尔瓦先生为投产典礼剪彩。

11日 以全国政协委员、上海市政协副主席赵定玉为团长的在沪全国政协委员赴江西考察团一行21人抵达南昌，开始对江西省作为期10天的视察活动。省委、省政府、省政协联合举行汇报会，汇报会由省政协主席朱治宏主持。

11日 江西省国税系统思想政治工作会议在南昌召开。会议提出：思想政治工作要坚持面向基层、面向征管、保证税收工作重心转移和各项税收工作任务的圆满完成。

11日 江西美术出版社出版的《小猕猴》智力画刊，获全国连环画报刊第九届"金杯奖"。

11日 江西省召开电煤铁路运输座谈会。铁道部将对江西铁路运输在货源、资金落实情况下，实行"三保"（保总量、保重点、保急需）政策。特别是电煤运输，将采取倾斜政策，要求郑州铁路局按计划保证每天发运江西电煤货车3.5列，以解决江西省电煤运输中省外电煤货车少的难题。

11日 总投资400万元，引进先进主机设备，日产50吨小包装高档免淘洗米生产线，在江西樟树粮食分公司投入生产。

11日 鹰潭市蛇伤研究所研制的浓缩青龙蛇药片，通过国家航空产品定型委员会批准，被选入空军飞行员丛林救生行动物品，装备航空兵部队。

11日 南昌大学王福如主持研究的"发电机相间故障新型保护装置的研制"被选入《中国八五科学技术成果选》。

11日 日本尼康公司考察团抵达江西，并考察访问了江西光学仪器厂，同时就尼康公司与江光开展合作的有关事宜进行探讨与研究。考察活动为期2天，副省长周慧平会见了日本三菱商社尼康公司相机事业部部长佐藤先生一行考察团成员。

11日 江西省名特优蔬菜开发工作会议召开。会议强调，要在确保粮棉稳定增长的基础上，把蔬菜生产作为发挥"三高"农业突破口来实施，努力把名特优蔬菜建设成为农业的支柱产业。会议于12日结束。

12日 万安县坚持"自建、自管、自用"为动力，抓网点、改低压、建电站，电力事业大发展。该县通过国家农村初级电气化验收工作组

验收，成为全国第二批农村电气化达标县。

12日 上犹县举行仙人陂电站、水南大桥、犹江大道、步行桥及两所学校的恩美楼、逸夫楼六大重点工程竣工庆典，省委副书记钟起煌前往祝贺。

12日 江西省召开外经贸电话会议。要求振奋精神，转变观念，把握机遇迎难而上，夺取1995年外经贸工作的全胜。

12日 民建江西省四届五次会议在南昌举行。省委副书记舒惠国、民建中央副主席路明到会并分别讲话，会议学习贯彻了中共十四届五中全会和省第十次党代会精神；听取和审议了民建省委会常务副主委喻长林作的民建江西省第四届常委会工作报告。

13日 省司法厅和省监狱管理局召开大会，表彰江西省监狱系统在1995年抗洪抢险中有突出表现的50个先进集体、390名先进个人。

13日 驻鹰潭某部战士张应有、魏重成9月6日因抢救落水群众光荣献身，南京军区后勤部政治部批准他们为革命烈士。鹰潭市举行命名大会，授予张应有、魏重成两烈士"爱民模范"荣誉称号，号召全市人民、驻鹰官兵向烈士学习。

13日 京九铁路及沿线经济状况推介会在香港闭幕。江西代表团签约项目118个，总金额40673万美元，外资29999万美元；其中合同项目91个，投资总额28338万美元，外资21217万美元，外资比例达74.87%。

14日 江西水泥厂加强企业内部管理，节能降耗取得成效。1991年至1994年连续四年被省经贸委评为"江西省节能降耗先进单位"，1995年又获国家经贸委授予"节能降耗先进企业"称号。

14日 第三届全国城运会举重赛83公斤级决赛在扬州市举行。江西选手秦广以347.5公斤的总成绩夺得83公斤级的金牌。

15日 在中央电视台等单位举办的评奖活动中，江西电视台两部外宣片获奖：《潇洒桐庐——钓台》获一等奖；《故事大王吴文昶》获二等奖。

15日 在安福县洋溪镇新居村发现一幅清代康熙年间的雕版地形图，地图全长81厘米、宽16厘米，由3块版图拼成，该图分图板、文字解说和历史记载3部分。

15日 江西省第一条易拉罐、啤酒灌装线在九江市赤湖啤酒厂竣工投产。

15日 在1994年度精神文明建设"五个一工程"入选作品揭晓中，江西省选送的电视剧《京九情》、图书《中国母亲》、文章《中国共产党的伟大理论旗帜》共3项作品入选。

16日 在中国台北开幕的"中国翰园碑林书画碑拓展"上，江西书法家方国兴作品被收入《曹州碑林作品选》。

16日 中国工商银行确定，向江铃股份有限公司等国有大中型企业一次性集中发放贷款1.5亿元，其中，分别向江铃、江纸、南飞、江氨、江西国药厂和江中制药厂等发放贷款1000万元以上。

16日 第二届东方天文学史国际会议自即日起至18日在鹰潭召开。美国、日本、韩国、印度等国家和国内的50余位天文学者、专家，对天象记录在现代天文学发展中的作用，东方各国古代天文学的传播与交流，中国古代天文学成就及其在世界上的传播等问题进行了探讨。

16日 应日本冈山县的邀请，以省人大常委会副主任王昭荣为团长的江西省友好访问团，对日本冈山县进行为期8天的友好访问。

17日 省委副书记舒惠国等领导会见前来参加1995年赣台经贸洽谈会暨台资企业产品展销会的部分台、港、澳及外国客商。舒惠国向他们介绍了江西经济建设、改革开放的形势。

17日 以省政协常委、香港华赣企业有限公司董事长江山为团长的香港地区省政协委员及部分知名人士一行18人，回赣开始为期11天的视察。

17日 江西妇幼保健院廖彩森主任医师在美国召开的第二届世界传统医学优秀成果（论文）颁奖和学术交流大会上作"三品一条枪锥切治疗早期宫颈癌临床和基础的系列研究"的专题发言，其论文获国际优秀成果（论文）金杯三等奖。

17日 横峰县青板乡发现闽浙赣省苏维埃时期银行股票一枚，该股票发行时间是1933年10月，呈长条形，长19厘米，宽7.4厘米，票面颜色微微泛黄，无缺损，面额为壹元。

17日 中共江西省委十届二次全体会议在南昌召开。会议进一步学习了中共十四届五中全会精神，审议并通过《中共江西省委关于制定江西省国民经济和社会发展"九五"计划和二〇一〇年远景目标的建议》。

18日 江西省肺科医院设立"送温暖基金"，江西25万肺结核病人中有60%因经济困难中断治疗，该基金会专门为经济特别困难的肺结核病人设立的。医院拿出了5万元，全院职工募捐1万多元。

18日 省邮电局投资800万元，从芬兰NOKIA公司引进的GSM数字移动通信系统设备在南昌举行签字仪式。

18日 江西省振兴京剧艺术友好协会成立，"江西省青年京剧团"并举行建团首场演出。

18日 经国家计委、农业部批准，江西宜春市成为全国13个油菜示范基地之一。

18日 中共江西省第十届委员会第二次全体会议通过《关于制定江西省国民经济和社会发展"九五"计划和二〇一〇年远景目标的建议》。建议包括：（一）正确估量未来15年经济社会发展面临的形势，进一步增强江西省人民的机遇意识，努力保持经济发展的好势头；（二）经济社会发展的主要目标和指导方针；（三）经济建设的战略构思和战略布局，改革开放的总体部署和主要任务；（四）促进社会事业的全面发展；（五）加强党的领导，坚持两手抓，两手都要硬，团结江西省人民，为建设繁荣昌盛的江西而奋斗。

19日 中国质量管理协会、中华全国总工会等在长沙联合召开全国第十七次质量管理小组代表会议，南昌机务段机电途中故障控制QC攻关小组被命名为1995年全国优秀质量管理小组。

19日 省委、省政府召开地市委书记、专员、市长会议。研究和部署如何抓住京九铁路贯通给江西省带来的发展机遇，加快江西省特别是沿线地区开放开发的步伐。会议要求各地充分认识京九铁路对江西经济发展的战略意义，在当前和今后一段时期，以京九铁路沿线为重点拓展生产力布局，尽快形成支撑江西省21世纪经济发展的脊梁。会议于20日结束。

20日 "中国的脊梁"国有企业500强评选结果揭晓，江西铜业公司列第175位，排于全国有色金属行业和省大型企业之首。

20日 中科院动物所鸟类专家在婺源县进行科学考察时，发现一种世界濒危珍稀鸟类——黄腹噪鹛。

20日 江西省著名书画家陶博吾书画展在上海刘海粟美术馆展出，同时召开陶博吾诗书画艺术研讨会。中外人士参观者络绎不绝。省委书记吴官正致电该馆并转96岁高龄的陶老，对陶博吾书画展在沪展出表示祝贺。

21日 江西省推出了一整套发展赣、台农业科技合作的新举措：在江西农大建立台湾农业专家实验室，同台湾大学、台中大学等农业专家建立联系，建立起稳固、长期的赣台农业科技交流机制。同时，在农大和农科院建立台湾水稻、果树、蔬菜、禽畜、水产等优良品种试验基地，并列入省"星火计划"。不定期邀请台湾农业专家来江西省讲学，从事科学研究与培养研究生的工作。

21日 在为期4天的"1995赣台经贸洽谈会暨台资企业产品展销会"中，共签订合同与协议项目204个，总投资额43520万美元。其中合同项目161项，总投资额35378万美元，台资、外资额占78%，达到27963万美元。

21日 国防大学300多名学员来到永新三湾开展现场教学活动。他们还将在井冈山等其他革命旧址接受革命传统教育。

21日 受国家体委选派，江西省水上运动学校6名选手组成的中国"江铃"赛艇队，在香港举行的第十七届香港赛艇暨国际赛艇邀请赛中，江西选手获得四枚金牌。这次赛事有日本、菲律宾、缅甸、中国香港等国家和地区共18支水上队伍参加。

21日 市场急需的大规格直径10.5毫米高速硬线，在江西省独家高速线材生产厂家新钢公司第三型钢厂问世。这是该厂继开发直径6.55毫米、直径8毫米高速硬线后的又一新产品，填补了江西省高速硬线一项空白。

21日 江西省第四届玉茗花戏剧节在南昌举行。本届戏剧节从170个剧本中精选出28个剧目在各地展演，再选出18个剧目参加戏剧节演出，至11月5日结束。获一等奖的剧目有《榨油坊风情》、《大山情仇》、《长剑魂》、《木乡长》、《走向清波》。

23日 兴国县种子公司加入中华种子集团，该县杂交水稻制种工作跨入全国先进行列。

23日 江西省看守工作会议在南昌结束。会议的主要任务是：立足于江西看守工作的长远建设，从提高思想认识入手，着重研究建设一支与任务基本相适应的看守队伍，进一步推行规范化看守管理，规划"三所"建设。

24日 江西省税收财务物价大检查工作会议召开。要求提高认识，加强领导，确保质量，注重整改，认真扎实地搞好1995年的大检查。

24日 中华全国总工会书记处书记肖振邦率领的全国总工会赴江西送温暖小组一行三人，在省总工会领导的陪同下，深入新余、宜春两地市，对部分亏损企业和部分特困职工、劳模进行慰问，并将20万元慰问金送到江西部分亏损企业和特困职工手中。

24日 江联公司锅炉厂顺利通过美国ASME授权机构——北京（美国）平安技术检验公司的联检，获美国机构工程学会（ASME）证及S、V、PP三项钢印。

24日 省委组织部在宜春市召开国有企业党建工作现场会。宜春地委组织部、宜春市委分别介绍加强国有企业党建工作的做法；江西特种电机股份有限公司介绍他们在股份制条件下抓党建、促发展的经验；九江市一棉纺织有限责任公司等7个国有企业党委作介绍加强企业党建工作的经验。现场会于25日结束。

24日 全国电子工业"九五"规划会即日起至26日在南昌召开。电子工业部副部长张今强讲话。副省长朱英培等出席会议。会议通过部、省对话的方式，确定一批"九五"前期启动项目。江西省压电陶瓷器件生产线改造、薄膜可变电容器出口生产线改造和摩托车仪表生产线改造等三个项目入选为国家"双加"项目。

25 日 江西省首次有各地、市参加的、规模最大的档案沙龙展览和档案书画、摄影作品展览在南昌开展。

25 日 萍乡钢铁厂职工彭锦奇利用业余时间设计发明的袖珍电器测试仪表，在国家专利局和国内贸易部主办的第三届专利技术博览会上获金奖。

25 日 都昌县的多点、多类型、多密度试验棉花"矮密早"获得成功。这一试验的成功为丘陵红壤地区旱地棉花稳产高产闯出了一条新路子。

25 日 江西省第八届人大常委会举行十八次会议。省人大常委会主任毛致用主持了会议。会议应到61人，实到54人。会议通过《江西省人大常委会主任会议议事规则》、《江西省人民代表大会常务委员会组成人员守则》、《江西省股份合作企业条例》；通过关于批准《南昌市赣江饮用水源保护条例》的决定；通过省人大常委会主任毛致用和省政府代省长舒圣佑分别提请的人事任免名单。会议于30日结束。

26 日 在全国城运会决赛中，南昌选手罗萍获女子400米自由泳银牌，陈晴获男子200米仰泳铜牌，南昌田径选手周伟获男子200米跑铜牌，赛艇选手冯华、吴荣华获男子赛艇轻量级双人双桨第三名。

26 日 江西省法院队伍建设座谈会在南昌召开。省政法委书记彭宏松、省高级法院院长李修源出席并讲话。要求高标准建设好法院队伍，一是要把思想建设放在首位，二是要切实搞好廉政建设，三是要抓业务培训，四是各级党委政府要加强法院队伍建设的领导。座谈会于27日结束。

28 日 江西省首家青年志愿者扶贫助学服务站在省高级职业学校举行成立仪式。省政协副主席厉志成等为服务站揭牌，并为服务站六支青年志愿者服务队授旗。

28 日 江西省劳模、个体私营企业主吴建平，在临川一中40周年校庆之际，捐资20万元，作为该校奖励基金，奖励那些在德智体方面成绩突出的学生，同时扶助那些因家庭贫困难以完成学业的品学兼优者。

28 日 书法"宋四家"之一米芾手书《昼锦堂记》简体字碑刻在江西吉安市兴桥镇钓源村发现。

28 日 省委办公厅、省军区政治部联合发出通报，表彰景德镇市、新余市为"党管武装工作先进单位"。

28 日 全国首次执业药师资格考试举行。考试分两个专业，即药化药剂和生药药剂专业。

28 日 在城运会上，南昌泳坛名将罗萍以8分46秒49的成绩夺得女子800米自由泳项目的金牌；体操小将刁红琴以9.65分的成绩，获女子高低杠的铜牌；在男子体操团体决赛中，小将彭勃、梁海亮以239分的总分名列团体第三名。截至28日晚，南昌代表团已获2金3银6铜共11枚奖牌，团体总分达149分。

29 日 省委组织部、省委老干部局等有关部门联合组织的江西省老干部工作检查组，由省委组织部部长刘德旺同志任检查小组组长，历时14天。对宜春、新余等6个地市和农业厅、轻工厅等20个省直单位的老干部工作进行了抽查。从检查情况看，江西省各级党委政府领导坚持把老干部工作列入重要议事日程，老干部政治、生活待遇基本得到落实。

30 日 省人大常委会办公厅和省记协共同组织评审的江西省第四届"宣传人民代表大会制度好新闻"揭晓，共评出42篇佳作，其中一等奖6篇，二等奖12篇，三等奖24篇。

30 日 经过五年的紧张筹建，国家矿产资源综合利用示范项目——江西宁都硫磺矿磁黄铁矿采选工程正式投产。第一批试产品铜精矿和硫精矿，品位分别达到18%和35%，回收率分别达到55%和90%，均达到国家标准。

30 日 在当天结束的第七十八届广交会上，江西省交易团共成交14569.75万美元。

30 日 省委宣传部、省文化厅、省广播电视厅联合举办的中宣部 1994 年度"五个一工程"获奖影片展映月活动,在南昌市工人文化宫电影院拉开帷幕。参展的 10 部获奖片是:《弹道无痕》、《警魂》、《被告山杠爷》、《步入辉煌》、《留村察看》、《绝境逢生》、《花木兰传奇》、《天网》、《魔鬼发卡》、《最长的彩虹》。

30 日 省纪检监察机关执法监察工作会议在南昌召开。会议传达贯彻全国纪检监察机关执法监察工作会议精神,总结交流纪检监察机关开展执法监察工作的经验,研究部署当前和今后一个时期的执法监察工作。会议于 31 日结束。

30 日 江西省档案工作暨双先表彰会在南昌召开。会议总结了"八五"期间江西档案事业的发展经验,讨论修改"九五"时期江西省档案事业的发展规划,表彰在"八五"期间为江西省档案事业发展作出贡献的 44 个先进集体和 79 名先进工作者。并受国家档案局的委托,向江西省 87 名从事档案工作满 30 年的人员颁发荣誉证书。会议于 31 日结束。

31 日 根据国家统计局最近综合评价各省市区社会发展水平的总结,1994 年江西社会发展水平名列全国第十九位。比 1993 年上升了五个位次,增长速度全国第一。

31 日 《江西日报》、《解放日报》、《文汇报》、《新民晚报》、《新华日报》、《大众日报》、《浙江日报》、《福建日报》、《安徽日报》联合召开的华东九报第四届组织人事工作会议在南昌召开。会议主题是:以人为本,做好人事工作,培养一支政治强、作风正、业务精的新闻队伍。会议于 11 月 6 日结束。

本月 1984 年 7 月成立机构开始编修、1995 年 3 月定稿的《江西省水利志》,由江西科学技术出版社出版。

本月 经国务院同意,建设部批复龙虎山风景名胜区总体规划。至此,江西省四个国家级风景名胜区的总体规划获批准实施。

风景名胜旅游地——鹰潭龙虎山

本月 建设部在济南公布 1995 年度全国建筑施工企业优秀项目经理的评选结果。江西省 3 名获优秀项目经理的是:省地质工程总公司基础工程公司廖光华、省第二建筑工程公司叶清富、南昌市第一建筑工程公司熊吉梯。

本月 武宁县中医院通过二级甲等医院评审验收。

1995

11月
November

公元 1995 年 11 月							农历乙亥年【猪】					
日	一	二	三	四	五	六	日	一	二	三	四	五	六
			1 重阳节	**2** 初十	**3** 十一	**4** 十二	**5** 十三	**6** 十四	**7** 十五	**8** 立冬	**9** 十七	**10** 十八	**11** 十九
12 二十	**13** 廿一	**14** 廿二	**15** 廿三	**16** 廿四	**17** 廿五	**18** 廿六	**19** 廿七	**20** 廿八	**21** 廿九	**22** 十月大	**23** 小雪	**24** 初三	**25** 初四
26 初五	**27** 初六	**28** 初七	**29** 初八	**30** 初九									

1日 全国第五届少数民族传统体育运动会11月5日至12日在昆明举行。江西参赛的有畲、回、满、侗、羌、壮、瑶、苗、朝鲜、锡伯10个少数民族40余人，启程赴滇参赛。副省长黄懋衡为运动员送行。

1日 《三清山》特种邮票，首发式在三清山举行向全国发行。该特种邮票是江西首次选题，由上饶书画家黄永勇、温祖望设计。

2日 江西省承担"八五"全国百县农村能源综合建设的宁都、临川、修水、南城等县（市），通过国家验收。

2日 江西九连山自然保护区已进入国家"人与生物圈"网络。其总面积为6.1万多亩，其中核心区2.2万余亩，区内蕨类植物有250种，裸子植物16种，被子植物2000多种，脊椎动物150多种，昆虫800种以上。

3日 彭泽县棉船镇再登"百强乡镇五星宝座"。

3日 赣州地区广播电视台制作的戏曲专题《茶乡古韵》节目，在全国戏曲广播节目评比中获一等奖。

4日 省政府与湖南省赴赣考察团在南昌举行座谈会。代省长舒圣佑主持会议，省委书记吴官正、湖南省省长杨正午等出席座谈会。双方认为赣湘两省山水相连，阡陌毗邻，人民来往密切，各方面的关系密不可分，进一步加强两省间的交流与合作，有利于各自的经济与社会发展。

4日 南昌铁路公安处南昌乘警大队昌杭一组警长邹健近日获中华全国铁路总工会授予的"火车头奖章"荣誉称号。

4日 省文联民间文艺家协会推荐的著名民间工艺家王城、胡绍宇、吴夏农、赖施虹、戴孟班等11人，被中国民间文艺家协会、联合国科教文组织命名为"中国民间工艺美术家"。

5日 南昌新八一大桥正式开工建设工地上

南昌新八一大桥盛大开工典礼

彩色气球凌空高悬，数百面彩旗迎风招展。省市有关单位在大桥工地举行开工典礼。省市领导吴官正等出席，代省长舒圣佑讲话。

6日　省人大常委会在南昌召开江西省开展《土地管理法》执法检查会议，进一步研究和部署重点检查工作。检查团由省人大各专门委员会和各工作机构、省政府有关部门和省法院、省检察院的负责人及各新闻单位记者共96人组成。团长张逢雨，副团长王仲发、孙用和。检查团分12个小组分赴11个地市及省直机关检查。在检查结束时检查团分别向当地人大、政府及有关单位反馈情况，提出改进土地管理和执法工作的意见和建议。检查活动至月底结束。

6日　汤显祖纪念馆在临川市建成开馆。该馆于1992年12月动工兴建，总投资为2000万元。

6日　省合理化建议委员会召开新闻发布会，宣布1994年以来江西省合理化建议技术改造活动成果。1994年至1995年7月共提合理化建议548147条。决定授予省交通设计院等98个单位为"省合理化建议活动先进集体"称号；授予刘宏才等94名职工为"省合理化建议活动先进个人"称号。副省长、省合理化建议委员会主任朱英培讲话。

6日　江洲造船厂为葛洲坝工程局国际旅游总公司建造的"新世界帝王号"豪华旅游船下水。船长90.50米，型宽14.80米，型深3.70米，吃水2.65米，可载客186人。

6日　全国武术表演大会在扬州市降下帷幕。江西选手以精湛的技艺夺得3金5银2铜。其中，吉安地区武校选手谢黎武获刀术金牌、乐平市江南武校运动员戴三军获拳术冠军、吉水训练中心女将高党花获地趟拳冠军。

6日　江西省重点技改项目之一的景德镇发电厂铁路专用线改造工程全部竣工并投入使用。该工程总投资额近8亿元，线路总长4.4公里，年煤吞吐量80余万吨。

6日　省委组织部、宣传部、省经贸委等单位联合召开为期两天的"企业家队伍建设研讨会"。代省长舒圣佑在讲话中强调建立社会主义市场经济体制，造就职业化的企业家队伍。

7日　首届民俗文化与民俗旅游国际学术研讨会在上饶举行。海峡两岸及美、日、韩等国的100多位专家、学者参加会议，就21世纪的民俗文化、民俗旅游的研究与开发和区域民俗文化与周边文化进行研讨。研讨会于10日结束。

8日　宁都出产的"大沽白毫"茶在北京举行的第二届全国农业博览会上获金奖。

8日　南昌大学校办企业江西第三机床厂与靖安县人造板集团公司通过校县挂钩实现合作，确定在靖安县经济开发区兴办"江西靖昌中纤板有限责任公司"共同开发中纤项目，在南昌大学举行签字仪式。

8日　江西省老年体协工作会在南昌召开，省委副书记舒惠国到会讲话。他强调要进一步重视和支持老年体育工作，把为老年人服务的"长寿工程"办好。会议于9日结束。

8日　省政府召开农田水利基本建设工作会议，传达贯彻国务院召开的全国农田水利基本建设工作会议精神，总结全省"八五"期间水利建设的基本经验，进一步落实省委、省政府《关于今冬明春江西省大搞水利建设的指示》，研究与部署"九五"水利建设和水利岁修主攻战。会议于9日结束。

9日　永新县老红军李真投资铸造的毛泽东铜像，矗立在"三湾改编"旧址枫树坪。老红军李真拍卖自己的作品，将50万元捐给禾川中学兴建高中教学楼。省委书记吴官正将这座主体五层、建筑面积2016平方米的建筑，定名为"李真楼"。

9日　由中外合资江西金冠眼镜有限公司生产的"金丝兰"眼镜，参加在北京举行的"1995中国国际眼镜业展览会"。

9日　省政府召开振兴中医大会，要求继续开创中医工作新局面。国家中医药管理局副局长诸国本出席大会。省政府决定从1995年起在原来100万元的基础上适当增拨中医专款，地（市）区也应安排相应专款。省里重点扶持10个临床中医专科专病基地、10个急诊病室、10个制剂室。大会还为先进单位、个人和30年以上医龄者颁发荣誉证书。会议于 10 日结束。

10 日 省、市工商行与南昌市政府、江西纸业有限公司等 6 户企业联合签订技改贷款项目目标管理责任制协议书。这次技改项目突破传统管理模式。

10 日 铜鼓县林业科技人员在花山乡黄沙村五百窝发现一片国家一级珍贵天然树种南方红豆杉。该树群面积 20 亩左右，约有 3000 多株，其中母树 30 多株，大的胸径达 40 多厘米。另外还发现大约 1000 株国家二级珍贵树种篦子三尖杉。

10 日 全国高教管理体制改革座谈会在南昌召开。会议传达了国务院副总理李岚清致国家教委领导的信和国家教委主任朱开轩在高教体制改革试点地区（部门）负责人会议上的讲话要点，总结交流高教管理体制改革的成功经验，并围绕当前高校改革实践中存在的问题进行了探讨。会议于 12 日结束。

10 日 国防部、南京军区征兵工作组即日起至 14 日到江西检查指导征兵工作。

11 日 1995 年景德镇陶瓷订货会暨"华联"景德镇购物节在江西华联商厦开幕。这次订货会融陶瓷文化与商业文化于一体，开辟展示与销售有机结合，跨行业、跨地区联袂的陶瓷销售新路。

11 日 江西省第一家年产 300 万只高能可充镍镉电池厂在永新县建成投产。

11 日 九江市庐山区五里乡南湖村二组村民张成龙在挖房基时发现一具明代女干尸，距今 380 年。据碑文记载，女干尸系皇封武德将军夫人，殁于明朝万历 43 年，其棺高 1.2 米，长 2.2 米，宽 0.8 米。

13 日 中国联合国教科文组织全国委员会和国家建设部考察筛选并经国务院批准，庐山风景名胜区最近被正式确定为 1995 年至 1996 年度申报世界自然与文化遗产单位。省政府成立庐山申报世界遗产工作领导小组，副省长周慇平任组长（14 日，江西省庐山申报世界遗产领导小组召开有庐山管理局及周边县区参加的扩大会议。决定对庐山风景名胜区环境面貌进行整治。省政府分别与庐山管理局、庐山区、星子、湖口、彭泽、九江四县以及省林业厅、省农业厅、九江市、九江市农垦局等单位负责人签订《庐山风景名胜区申报世界遗产环境整治工作责任状》，确定按《庐山风景名胜区申报世界遗产公约》的价值标准和保护标准对庐山进行整治）。

14 日 省团省委、省青联等单位主办的"1995 年江西十大杰出青年"揭晓。他们是：万剑平（南昌市城建房屋开发公司副经理）、邓小洪（万载县株潭镇枣木村党支部书记）、朱新华（宜黄县兴华特优稻米开发公司总经理）、刘新才（南昌航空工业学院稀土永磁材料研究室主任、副教授）、吴志文（新余市百货大楼总经理）、余茂仁（九江市良实经济开发公司经理）、林列（国营第四三二一厂厂长）、席殊（江西新文化事业传动中心董事长）、唐英（南昌大学 94 级研究生）、曾志明（万安县水电公司经理）。

14 日 省政府召开全省村民委员会换届选举工作会议。省政府秘书长王飚主持，副省长黄智权、省人大常委会副主任郑良玉到会并讲话。强调依法搞好选举，加强村委会建设。

14 日 全省农村社会养老保险工作会在南昌召开。会议传达全国农村社会养老保险工作会议精神，分析面临的形势，明确今后工作的指导思想和任务，强调切实保证养老保险基金增值。

15 日 在天津结束的 1995 年中国体育用品博览会上，南飞公司生产的洪都牌三站位九功能健身器、电动液压篮球架获"金凤凰"奖。

15 日 中央办公厅毛主席纪念堂管理局向江西 12 位书画家发出作品珍藏证书。江西书画家吴齐、杨石朗、蔡超、杨豹、李杏、程新坤等12 人的作品入选《东方红——毛主席纪念堂珍藏书画集》珍藏。白栋材等出席颁证仪式及座谈会。

15 日 武警江西总队党委决定，武警大余县中队记一次集体三等功，给班长卢斌报请记一等功，给副中队长杨忠平、指导员谢富源分别荣记一次二等功，奖励他们在围捕暴力中，舍身救人质的功绩。

16 日 国务院京九铁路建设领导小组在九江举行庆祝全长 2636 公里的京九铁路全线提前铺通大会。国务院总理李鹏、副总理邹家华以及

京九铁路全线铺通庆典大会在九江火车站举行,李鹏、邹家华亲临大会祝贺

在九江举行的京九铁路全线铺通庆祝大会会场

铁道部等部委领导和沿线9省市代表5000人出席。国务院总理李鹏讲话。大会由国家计委副主任叶青主持,国务院副总理邹家华宣布京九铁路全线胜利铺通。铁道部副部长孙永福宣布表彰决定,为在京九铁路建设中作出杰出贡献的64个先进单位、612名先进个人授奖,颁发奖牌、奖章和荣誉证书,并向京九铁路沿线9省市赠匾。

16日 江西省举行"技能月"活动总结表彰大会,省人大副主任陈癸尊等领导到会为获奖者颁奖。吴太白等5人获"全国技术能手",薛国华等7人获"省最佳能手",江晖等19人获"省技术能手",邓云龙等6人获"江西省五一劳动奖章",舒翔等5人获"省新长征突击手"。

16日 高安被国家技术监督局列为全国消灭无标生产试点(县)市。

17日 省委发出通知,在全省开展向李润五同志学习的活动。北京市副市长李润五于1995年11月2日在市政府研究工作时因心脏病复发,

与世长辞。他是深受群众赞扬和拥护的优秀共产党员、优秀领导干部。

17日 江西师范大学商学院举行建院典礼,省委书记吴官正致函院长眭依凡表示祝贺。

17日 《解放军报》、《中国国防报》、《中国民兵》杂志社和萍乡市委、市政府、萍乡市军分区联合举办的全国"安源杯"党管武装先进典型征文揭晓颁奖仪式暨市场经济条件下党管武装工作座谈会在江西萍乡召开。有10篇征文获一等奖,省军区政治部等6个单位获组织奖。

18日 国家教委、共青团中央决定,对在争当"三好学生"、创"先进班集体"活动中成绩优秀、事迹突出的先进个人和集体进行表彰。南昌大学应用数学专业九四级硕士研究生唐英被授予"全国三好学生标兵"荣誉称号。

20日 修水县政府与九江师范专科学校联合举办的"纪念黄庭坚诞辰950周年学术研讨会"等省内外20多位专家学者,参加纪念活动。

20日 省市军民在八一纪念塔前举行仪式。欢送首批进藏新兵踏上征程。省政府副省长黄智权、省军区司令员冯金茂等出席欢送仪式。

省、市军民在南昌八一广场热烈欢送江西省首批进藏新兵

21日 省政府举行新闻发布会,宣布江西省工业实施名牌战略,首批推出36项名牌产品,力争5年培植100个名牌。

21日 省直单位"青年文明号"命名表彰大会召开。江西银行学校志愿者服务队等70个单位获首批省直"青年文明号"荣誉称号。

21日 靖安县高湖乡亘田村后山坡发现一处成片楠木林,面积约20亩,村中两棵古楠木,树径约60厘米,高约30米。

21日 宜丰县同安乡洞山村前，发现一座始建于元代至正年间的大型砖雕花鸟影壁。壁长8.2米，高5.8米，分上下两幅画面，系施彩砖雕花鸟影壁。上层由110块31.5厘米见方的雕花砖镶成，下层由66块砖镶成。据史记载，这座影壁距今已有700多年历史。

21日 江西省记者协会、省新闻学会组织的省地市报社社长、总编协作会在吉安举行。会议就新形势下发挥党报优势进行探讨，一致认为党报应办得更加贴近群众，贴近生活，反映群众呼声，激发人民的爱国热情。

22日 代省长舒圣佑会见并宴请中国投资顾问国际有限公司董事长林奇一行4人。

22日 省林业厅、省财政厅、省物价局印发《江西省野生植物资源保护管理费收费办法及收费标准》。

22日 在杭州揭晓的全国首届"中茶杯"优质茶叶包装评比中，宁都小布岩茶包装获银奖。

23日 在1995年抗洪救灾中英勇牺牲的安义县水电局水政股股长高衍豫，被追认为革命烈士。

23日 省委、省政府在南昌召开农村组织建设工作会议。进一步落实中共十四届四中全会关于加强党的建设几个重大问题的决定和十四届五中全会、省第十次党代会精神，重点研究加强培养选拔村党支部书记，部署1996年特别是1995年冬1996年春的工作，加快推进农村基层组织建设，全面"创五好"。会议于24日结束。

24日 津巴布韦国防部长莫文·马哈奇偕夫人一行5人访问江西。省军区参谋长李彩銮等到机场迎接。马哈奇等参观了南昌飞机制造公司初装、总装车间和试飞站。

25日 中国农业科学院农业微生物菌保中心与信丰县联合创办的"中国农业微生物高新技术产业基地"在信丰县嘉定镇建成。

25日 景德镇瓷都大桥主体工程钢管拱顺利合龙，创造国内单跨过江第一和半跨起吊重量第一。

25日 在北京揭晓的1995年度全国用户满意产品评选会上，江铃汽车股份有限公司制造的江铃N系列双排座轻型汽车上榜。

26日 国家"八五"重点通讯建设工程——福杭贵成光缆干线江西段全线正式开通。

27日 省气象科研所从1993年开始的微型无人探空飞机研究获得成功。此项研究的主要支撑技术是卫星定位导航技术。在此基础上研制的新型的控制系统可应用于探测大气压、温、湿、风向和风速等多种气象要素，跻身于将GPS技术应用于气象探测的前列。

27日 景德镇市电子技术研究所承担的1993年度省、部级重点攻关计划项目——JPS1471合成信号发生器研制成功，通过技术鉴定。

27日 国家档案局、人事部颁发关于表彰全国档案系统先进集体和先进工作者的决定，授予宜春地区档案局、兴国县档案局"全国档案系统先进集体"称号；授予进贤县档案局许国茂"全国档案系统劳动模范"称号。国家档案局、中央档案馆授予省工商银行档案科、省铜业公司贵溪冶炼厂档案馆"全国档案系统先进集体"称号；授予景德镇市瓷用原料化工厂档案科周冬兰、省公安厅档案馆黄远华、新余钢铁有限责任公司总经理办公室曾孔碧"全国档案系统先进工作者"称号。

27日 全国民政厅局办公室主任座谈会在南昌举行。副省长黄智权代表省委、省政府热烈欢迎代表们的到来。会议表彰了先进，交流了搞好办公室工作的经验。

27日 省委、省政府在赣州召开发展特色农业暨计划生育工作"三结合"现场会，研究部署优化农业产业结构、大力发展特色农业和推广计划生育"三结合"的工作。与会代表考察了信丰、南康、赣州、赣县、于都等县市发展特色农业和推行计划生育"三结合"的工作。现场会于30日结束。

28日 江西省首家城市消费合作社在南昌市育新路开业。这家以省供销社和有关单位职工为主体的合作经济组织，根据自愿、互助、互利、平等的原则，实行入股自愿、退股自由，经营活动为入股社员服务，对社员不以盈利为目的。

28日 江西省第一个二类口岸——南昌李

家庄陆运口岸开放运作三年，口岸进出口货物累计达7.8万吨，经济效益进入全国二类口岸前6名。"九五"期间，将在赣南、赣中、赣北和赣东北增设五个二类口岸。

28日 瓷都景德镇被国家旅游局列为向全世界推出的旅游王牌景点之一。

景德镇市明青园

景德镇市东埠清代古街

28日 江西省"八五"重点技改项目昌河飞机工业公司年产4万辆微型车生产线通过国家

验收。该微型生产线，增加了微型车的品种、产量和质量，带动全国19个省市、140多家配套联合企业，为这些企业年增产值4亿多元，年创税1.5亿元。

28日 省政府批准建设的第一个省级高新技术开发区——景德镇高新技术产业开发区科技一条街工程开工，面积约5平方公里。

28日 省民政厅等单位联合召开先进社会团体、先进社团工作者、先进社团管理干部表彰大会，江西省青少年发展基金会等59个社团被评为"先进社会团体"；48位同志被评为"先进社团工作者"；17名同志被评为"先进社团管理干部"。民政部副部长杨衍银，省政府秘书长王飚到会颁奖。

28日 省委宣传部、省教委在南昌联合召开中小学爱国主义教育经验交流会。要求坚持以邓小平建设有中国特色社会主义理论和党的基本路线为指导，坚持重在建设的方针，以对民族和未来高度负责的精神，把爱国主义作为社会主义精神文明建设的基础性工程和学校教育的重要组成部分切实抓紧抓好，全面贯彻教育方针，全面提高学生素质，培养和造就跨世纪的社会主义事业建设者和接班人。交流会于29日结束。

29日 共青城集会纪念创业40周年。中共中央宣传部常务副部长郑必坚、团中央书记处书记赵实、全国工商联副主席胡德平、省委副书记钟起煌等前往祝贺。1955年，上海98名青年志愿者垦荒队员来到鄱阳湖畔创建共青社。经过从共青社到共青垦殖场到共青城，40年风风雨雨的历程。该城240平方公里，人口10万，固定资产10亿元，年产值8亿元，成为以农业为基础、工业为重点、农工商综合经营的特大型企业和全面发展的新兴城市。

29日 赣州市再次获得"全国城市规划管理先进单位"光荣称号。

30日 九江机场工程经由民航华东管理局等单位组成的验收委员会验收合格，交付使用。

30日 南飞公司生产的P7100型片梭织机获国家科委、中国工商银行、劳动部、国家外国专家局和国家技术监督局五个单位联合颁发的

1995 年度国家级新产品证书。

30 日 省离退休干部"老有所为"现场会在吉安举行。旨在通过宣传，推广离退休干部工作向新领域拓展，把对老干部的敬重化为更高层次的关心，进一步保护好、发挥好老干部的生产力作用。

本月 修水县大抓能源综合建设，投资近亿元，完成 17 个节能与开发能源项目，通过国家级鉴定验收，跨进"八五"全国百县农村能源综合建设先进行列。

本月 江西省京剧团的新编历史剧《长剑魂》参加在天津举办的首届中国京剧艺术节，获"程长庚演出奖"。

本月 在国家科委和农行系统的大力支持下，以市场为导向，以科技为依托的山江湖开发治理"111"专项计划实施完毕。国家科委顾问谢绍明率国家科委检查组一行 7 人来江西省进行实地验收。认为计划实施顺利，并产生显著的生态效益、经济效益和社会效益。

本月 经有关部门审批，南昌市西湖区人民法院被评为"省特级先进单位"。

本月 1987 年 10 月成立机构开始编修，1994 年 8 月定稿的《江西省司法行政志》由江西人民出版社出版。

本月 在"转变职能、理顺关系、精兵简政、提高效率"的机构改革方针指导下，省统计局 51% 的处级领导干部实现岗位交流任职，10% 的科以下干部实现换岗交流。

1995
12月
December

日	一	二	三	四	五	六	日	一	二	三	四	五	六
					1 初十	**2** 十一	**3** 十二	**4** 十三	**5** 十四	**6** 十五	**7** 大雪	**8** 十七	**9** 十八
10 十九	**11** 二十	**12** 廿一	**13** 廿二	**14** 廿三	**15** 廿四	**16** 廿五	**17** 廿六	**18** 廿七	**19** 廿八	**20** 廿九	**21** 三十	**22** 冬至	**23** 初二
24 初三	**25** 初四	**26** 初五	**27** 初六	**28** 初七	**29** 初八	**30** 初九	**31** 初十						

1日　省政府批准，南昌市公安局巡警支队三大队三中队巡警李成龙为革命烈士。李成龙在执勤巡逻时，追捕歹徒搏斗中英勇献身。

1日　在民政部召开的全国基层先进集体和先进个人表彰大会上，彭泽县棉船镇等三个乡镇、南昌市东湖区公园街道等两个街道办事处、浮梁县瑶里镇白石塔村等 5 个村民委员会、南昌市西湖区康王庙等两个居委会及罗玉英等五名村委会主任、魏道员等两名居委会主任受到表彰，并被授予"中国乡镇之星"、"中国街道之星"、"全国模范村民委员会"、"全国模范居委会"、"全国优秀村民委员会主任"、"全国优秀居民委员会主任"光荣称号。

1日　国家"八五"重点技改项目江铃－4J 系列发动机工程竣工投产。江铃汽车集团公司成为具备 6 大部件全部生产能力，年产 6 万辆汽车和 12 万台发动机，初具规模经济实力的现代化轻型汽车制造企业。

1日　经省政府批准，九江石化总厂举行大会，追认抢救遇险职工而光荣牺牲的吴元超为烈士。

1日　庐山云雾茶场精制生产的庐山"云雾"、"云针"茶，在中国第二届农业博览会上双双获金奖。

1日　万载县博物馆馆藏的"西周甬钟"经国家历史文物专家组鉴定，被定为国家一级历史文物。

1日　南昌市十届人大常委会第二十六次会议决定，刘伟平为南昌市政府代理市长。

2日　万载县白水乡永新村妇女王华连，代表该村妇女互助储金会，应邀出席 21 世纪全国农业计划交流会。该会团结组织妇女发展生产、兴办文化教育事业的成功做法，引起了国际的关注。

2日　安福县林科所承担的"精制马尾松花粉"项目，通过科技成果鉴定。专家们认为该科研产品达到国内先进水平并填补了省内空白。其中精制纯原粉、花粉片剂、浓缩口服液、营养饮料、代糖品等已列入省"九五"期间开发项目。

2日　应中华全国总工会邀请，以苏丹工人工会总联合会主席塔吉·西尔·阿比杜为团长的苏丹工联代表团一行，到江西进行为期 3 天的友好访问。

4日 省八届全国人大代表和省八届人大代表视察活动拉开序幕，省人大常委会在南昌召开会议，听取省政府的汇报，并对视察工作进行部署。省人大副主任王昭荣主持，常务副省长黄智权代表省政府作《关于我省一九九五年国民经济和社会发展情况的汇报》。省领导卢秀珍、陈癸尊、胡东太、黄懋衡、戴执中、黄立忻、罗明、罗光启等共60人出席会议。

4日 "孔繁森事迹展览"在江西省博物馆开幕。省委宣传部长钟起煌等出席开幕式并参观展览。

5日 省委宣传部等单位举行"警民同心万里情英雄报告会"。齐齐哈尔铁路公安处的反扒神探李永江等报告英雄事迹。

5日 中国工业经济协会等单位举办的全国名牌产品评选揭晓。江西皓玉牌面粉系列产品，以质量、效益及市场占有率等项目指标取胜，被评为全国名牌产品。

5日 省林业厅、省财政厅、省物价局联合发出通知，从1996年1月1日起调整林价、维简费征收范围和林业专项资金分成比例。林价调整为：不分材种、等级，一律在销售环节按收购后第一次成交价（含林业专项资金）的20%计提。对6公分以下（含6公分）的间伐材实行减半计提。林价收入归林木所有者所有。维简费（原更改资金）征收范围调整为：毛竹、篙竹、小山竹及其制品提取维简费，按收购后第一次成交的8%向用户征收。育林基金、维简费的分成比例改为：集体（个体）、育林基金、维简费为二、二、六比例分成，国营林场、采育林场、垦殖场和其他国营林业企、事业单位的国有育林基金、维简费为二、一、一、六比例分成。

5日 《刘寅文集》首发式在江西安义县举行。刘寅安义县人，是军事通信事业和电子工业的奠基人之一，国家电子工业部副部长曲维枝、总参通信部原部长崔仑、副省长周懋平、省政协副主席廖延雄等出席首发仪式。

5日 经国家农业部批准，泰和县被列为"全国农民技术职称评定试点、示范县"。全县已有200多名农民分别被评定为高、中级技术职称。

5日 经国务院宗教局和中国道教协会批准，中断100年的道教正一派授箓活动在鹰潭龙虎山上清祠汉天师府举行。对全国15个省市道协推荐的200名道徒进行了授箓。于7日结束。

5日 江西省举办"京九铁路与江西发展"研讨会。江西各学会的专家、学者代表60多人围绕科学地展开生产力布局进行探讨，并就此形成共识，向省委、省政府提出许多操作性很强的建议。研讨会于9日结束。

6日 国家和江西"七五"重点项目——贵溪化肥厂年产12万吨磷酸及24万吨磷铵工程竣工，通过国家验收。

6日 省委宣传部、省经贸委召开贯彻《关于加强和改进企业思想政治工作的若干意见》座谈会。会议认为，做好新时期企业政治思想工作要坚持方针，把握方向，改进方法，讲求实效，开创江西省思想政治工作新局面，促进企业稳定健康向前发展。

6日 省防震减灾工作会议召开。省政府提出全省防震减灾10年目标，用10年左右的时间，使江西省11个地市所在城市和所属重点县城及大的厂矿达到抗御6级左右地震的能力。副省长黄懋衡、国家地震局副局长葛治洲等领导出席会议。会议于7日结束。

6日 国际农业发展基金第三十六届执行局会议自即日起至7日在罗马召开。国际农业发展基金执行局批准江西赣州地区农业综合发展项目贷款及技术援助项目。项目贷款总额为1595万元特别提款权（约合2380万美元），40年还清，为长期优惠贷款，收取0.75%的服务费。

6日 全省地市人大财经工作座谈会在南昌召开。传达贯彻全国人大财经工作座谈会精神，回顾近两年来江西省开展人大财经工作的情况，总结和交流经验，共同探讨在新形势下加强人大财经工作，以适应建立和发展社会主义市场经济的需要，开拓人大财经工作新局面。会议于8日结束。

7日 "江西省1995年科技进步奖"在景

德镇市揭晓。在这次科技进步奖项目中，达到国际先进水平的有 15 项，国内先进水平的有 95 项，省内先进水平的有 10 项。有 5 个项目被推荐参加国家级科技进步奖评选。

7 日 省政府办公厅发出关于撤销公路综合检查站改设木材检查站的通知。

8 日 全国第五届"群星奖"在江西艺术剧院落下帷幕。本届"群星奖"共产生合唱、器乐合奏、少儿独唱、独唱等 8 个项目的金、银、铜奖 92 个。江西获得金奖 1 枚、银奖 4 枚、铜奖 4 枚。

8 日 省司法厅召开查有根命名、表彰大会。司法部决定授予查有根为一级英模，省委追认查有根为中共党员，省政府批准查有根为革命烈士。查有根同志是江西省第三劳改支队供电所长、一级警司。1994 年 5 月 26 日，查有根同歹徒搏斗时英勇牺牲。

8 日 江西光学仪器总厂第四次获全国畅销国产商品"金桥奖"。

8 日 经国务院批准，江西省"九五"期间年森林采伐限额为：限额总量 1420 万立方米，其中国营林场限额 239 万立方米。按采伐类型分项限额：主伐 670 万立方米；抚育采伐面积 365.6 万公顷，蓄积 280 万立方米；其他采伐 470 万立方米。按消耗结构分项限额：商品材采伐量 610 万立方米，出材量 409.2 万立方米，出材率 67%；农民自用材 250 万立方米；培植业用材 70 万立方米；烧材 490 万立方米。毛竹年采伐限额为 1 亿万根。

8 日 江西省证券业协会在南昌成立。省领导黄智权、郑良玉到会祝贺。

8 日 江西省国家安全工作会议在南昌举行。会议传达全国国家安全工作会议精神和省委、省政府《关于加强江西省国家安全工作的决定》，总结江西省十几年来国家安全工作的经验，分析当前隐蔽战线斗争的形势，部署江西省国家安全工作任务。国家安全部部长贾春旺、省委书记吴官正等出席会议并讲话。会议于 10 日结束。

9 日 省政府令第 43 号《江西省地质勘查管理办法》已经 1995 年 11 月 24 日省政府第四十一次常务会议通过，共 7 章 52 条。第 44 号《江西省维护社会治安见义勇为奖励保障办法》已经 1995 年 11 月 24 日省人民政府第四十一次常务会议讨论通过，共 14 条。

9 日 在中科院公布的新当选 59 位院士中，萍乡籍简水生教授当选为技术科学部院士。他早年毕业于萍乡中学，曾获"北京市劳模"称号，现任北方交通大学博士生导师，是国家光波技术研究领域的开拓者和学术带头人。

9 日 新余四中刘文英（女）、九江市二中吴学华、兴国县潋江初中吕守金、南昌市三中盛文英（女）、宜春地区教研室王荷生被评为"全国百名优秀思想政治课教师"。

10 日 江西联星无形资产评估事务所挂牌成立。这是由江西知识产权研究所、江西地产总公司、江西资产评估公司联合成立的。

12 日 江西省于 1995 年结束的妇幼卫生合作项目，经国家检查组终审，江西有 13 个贫困县妇幼死亡率大幅度下降。分别由 1989 年的 186.2/10 万、74.87‰ 降至 45.8/10 万、39.2‰。

12 日 广播电影电视部和中国残疾人联合会共同主办的全国"首届奋发文明进步电视奖"评选结果在北京揭晓。江西电视台和赣州电视台共同摄制的电视剧《谢谢你的爱》获铜奖。

12 日 全国少先队工作会议暨少年工作学会年会在南昌召开。江西已创建 10 个"创五星雏鹰行动"教育基地和创办《江西少年报》。

12 日 省委、省政府召开党员领导干部会议，传达学习中央经济工作会议精神，研究部署贯彻落实措施，统一思想，提高认识，齐心协力，奋发图强，讲求实效，把 1996 年的经济工作做得更好。

12 日 省政协第十四次常委会在南昌举行。会议应到 109 人，实到 82 人。会议通过了秘书长缪兵所作的关于《政协江西省委员会关于政治协商、民主监督、参政议政的实施办法》、《政协江西省委员会地区工作委员会工作条例》；通过《关于召开省政协七届四次会议的决定》和人事任免事项。

13 日 红十字国际联合会赈济江西省水灾

灾民，捐赠 11600 条棉被。首批 5000 条棉被已运抵南昌。

13 日 省委宣传部召开 1994 年度精神文明建设"五个一工程"表彰会。江西选送的《中国母亲》、电视剧《京九情》、论文《中国共产党的伟大理论旗帜》荣获中宣部 1994 年度精神文明建设"五个一工程"入选作品奖，省社科院等五家单位获组织工作奖。会议强调，江西省宣传思想文化战线在抓"五个一工程"建设中要进一步提高认识，抓住重点，确保投入，务求实效。

13 日 代省长舒圣佑会见了美国 USAI 美国国际股份有限公司总经理范如炎先生一行。

13 日 《中国食品质量报》江西记者站在南昌成立。

14 日 第二届中国农业博览会江西组委会召开总结表彰会，宣读江西省获奖牌的单位及产品。江西省参展的名、特、优、新农产品 156 项。其中宝丰 871 猪用浓缩饲料、德宇牌景德板鸡、福寿茶等 19 个农产品获金奖；牛头牌皮衣、莲蒂牌莲子汁、华绿牌高锌神童蛋等 15 个农产品获银奖；维冠牌猕猴桃汁、全脂甜牛奶粉等 10 种农产品获铜奖。

14 日 乐平市（山历）崛山酿造厂开发生产的"乐平贡酒"获"第二届中国国际饮品及技术博览会金奖"。

14 日 信丰县新田镇海拔 514 米的罗峰头山腰一处神险的石燕洞群，群洞中有石钟乳、石笋等，洞中蝙蝠云集，又名"石燕"，故称其为石燕洞。据有关人士考察，认为该洞群有数千年历史，并探明外洞高 3 米，宽 2 米至 4 米，长约 700 米。

15 日 赣东北地区蛇绿混杂岩带中发现古生代放射化石。这一发现把该地区的地质年代推前 6 亿年，为地质找矿提供了新的理论依据。

15 日 江西省重点圩堤现场会在丰城市召开。提出要抓住水利工作"重中之重"，在今明两年实现重点圩堤土方工程全面达标，确保汛期 10 万亩以上圩堤绝对安全，5 万亩以上圩堤不出问题。

15 日 省八届人大常委会举行第十九次会议，会议应到 61 人，实到 47 人。会议通过《江西省实施〈中华人民共和国全国人民代表大会和地方各级人民代表大会代表法〉办法》、《江西省人民代表大会常务委员会议事规则》、《江西省集体矿山企业、私营矿山企业和个体采矿管理条例》、《军人抚恤优待办法》、《江西省实施〈中华人民共和国红十字法〉办法》、《江西省消防条例》、《关于批准〈南昌滕王阁名胜区保护条例〉》的决定；通过《关于召开江西省第八届人民代表大会第四次会议的决定》、《关于设立江西省环卫工人节的决定》、《关于进一步贯彻实施〈中华人民共和国土地管理法〉的决定》、《关于增加乡人大代表名额的决定》；通过省人大常委会主任毛致用、省高级人民法院院长李修源和省人民检察院检察长阙贵善分别提请的人事任免名单。会议于 20 日结束。

16 日 省人事厅、江西电视台组织拍摄的电视系列片《赣江人杰》举行首播式。片中反映有著名的焊接专家、南昌大学校长潘际銮，全国饲料行业的排头兵、民星企业集团董事长孟枋，国家有突出贡献的中青年专家、省林科所所长曾志光等人的先进事迹。

16 日 全国森林资源林政管理工作会议在吉安市召开。林业部副部长刘于鹤、省委常委钟家明等出席会议并讲话。会议于 20 日结束。

17 日 应日本国冈山县教育委员会教育长森崎岩之助先生的邀请，以省人大常委、省人大教科文卫委员会副主任委员吴吉祥为团长的江西省文化代表团一行 9 人，赴日进行友好访问。

18 日 赣粤高速公路南昌至樟树段正式开工建设（20 日，赣粤高速公路连接线全南段工程动工兴建）。

赣粤高速公路南昌至樟树段奠基

18 日　由国家科委主办，在四川成都举行的全国"新技术、新产品"博览会上，"金盆山"牌麦饭石矿泉水荣获金奖。

20 日　在中国质量管理协会和邮电部联合召开的 1995 年电话装机服务质量用户评价工作总结电视电话会上，南昌电信局获"用户满意企业"称号。

20 日　江西省博物馆开工建设。省政府在南昌市潮阳洲建设工地举行奠基仪式。

20 日　省政协七届三次会议以来，立案的 446 件提案已全部办复，复案率 100%，征询提案人对提案办复结果的意见，均表示满意或比较满意。

20 日　经国家计委批准，成套引进瑞桑斯公司具有 20 世纪 90 年代初世界先进水平的年产 5 万立方米中密度纤维板生产线工程，在宜春破土动工。该工程投资 2.5 亿元，建设周期 2 年，产品用于高中档家具、家用电器壳体、车船制造、建筑装修等行业，年创利税 7800 万元。

20 日　全国第二次国产钢筋、混凝土、筑养路、桩木机械产品质量用户评价结果新闻发布会上，江西省建筑机械厂生产的 JZC350、JZY350 搅拌机产品质量和企业售后服务被评为"用户满意产品、满意服务单位"双满意称号。

20 日　省政府在南昌召开江西省地市工业专员市长会议，传达全国经贸工作会议和江西省党员领导干部会议精神，分析总结 1995 年工业生产，制定 1996 年奋斗目标及措施。会议要求坚定信心，振奋精神，克服困难，扎实工作，为实现"九五"计划和 1996 年工作生产目标开好头、起好步。会议于 21 日结束。

21 日　江西九江船舶工程总公司制造的大桥钢梁出口缅甸，这是江西首次出口大桥钢梁。

22 日　1995 年全国首届社会科学期刊评奖活动在北京揭晓，江西省《涉世之初》、《江西画报》分别获优秀综合文化生活期刊、优秀时事政治期刊提名奖。

22 日　全国 102 名先进个人和 30 个先进集体被授予"全国巾帼扫盲奖"。南昌县三江镇教师黄炳池等被评为"巾帼扫盲奖"先进个人，赣州地区教育局获"巾帼扫盲奖"先进集体称号。

23 日　上饶市人民法院在最高人民法院召开的全国法院系统集体一等功和全国法院模范命名大会上受到表彰，记集体一等功。该院从 1991 年起连续四年获全区、江西省法院先进集体称号，1993 年、1994 年连续两年被省法院记集体二等功。

23 日　建材地勘江西总队在余江县境内找到一个大型浮法玻璃硅质原料矿床。据初步预算，矿石储量可达 1500 万吨以上，可供年产 240 万重箱的大型浮法玻璃厂开采 50 年以上。

24 日　1995 年全国大学生数学建模竞赛揭晓，江西农业大学代表队和景德镇陶瓷学院代表队获二等奖。

24 日　《江西测绘志》出版发行。

25 日　国家"八五"重点工程——浙赣复线全线贯通。浙赣复线总投资为 14.3 亿元，建成线路 944 公里，特大桥梁两座，大中型桥 91 座，正线铺轨 901.4 公里，改造车站 71 个。

26 日　中共南昌市第七次代表大会在南昌市召开。会议选举产生新一届市委、市纪委成员。彭崑生当选为市委书记，周启球当选为市纪委书记。

27 日　江西省国防动员委员会第一次全体会议在南昌召开。会议传达学习上级有关文件、会议精神，宣读成立省国防动员委员会的通知，明确省国防委员会工作制度和任务等有关事项。会议强调适应国防建设需要，加强后备力量建设。省委书记吴官正任省国防动员委员会第一主任。

27 日　全国 2100 多家企业报的优秀代表，受到了新闻出版署报纸管理司、中国记协国内部、中国企业报协会的表彰。江西省共青垦殖场党委机关报《共青报》获"百优企业报"奖。

28 日　江西省国有资产管理局发布《关于办理行政事业单位国有资产产权登记的通告》。

29 日　省退伍军人和军队离休退休干部安置领导小组、省民政厅联合表彰农村"十佳退伍军人乡村干部"和"十佳退伍军人致富能手"。十佳乡村干部是陈排金、邹亮祥、胡细根、杨祖建、王智来、林顺民、杨日晃、周庆焰、何贤亮、汪学寿。十佳致富能手是肖小平、毛细元、艾荣华、邓正荣、刘情文、符开先、罗友连、张金禄、罗瑞华、刘世昌。

29 日 省委常委会公告第 32 号《江西省军人抚恤优待办法》，已由江西省八届人大常委会第十九次会议于 1995 年 12 月 20 日通过，自当日起实行。

29 日 省委统战部、省政府办公厅联合召开省政府部门与民主党派、工商联对口联系工作经验交流会。各民主党派和工商联负责人 80 余人出席会议。常务副省长黄智权出席会议并讲话指出，对口关系制度，贵在落实；对口联系工作要为江西的经济和社会发展服务。

30 日 省委、省政府联合召开会议，要求各地关心群众冷暖，采取切实措施，千方百计解决部分群众生活困难的问题，为从根本上解决部分群众生活困难问题，各地要继续深化改革，发展生产，搞活企业，提高效益，立足于自力更生，积极开展生产自救。

30 日 铜鼓县天然色素厂青年工人孙乐伟，利用业余时间，潜心研制出 SW－Ⅰ 型、SW－Ⅱ 型输液自动恒温仪，批准为国家专利产品。

31 日 省委书记吴官正在省委办公厅、省交通局负责同志陪同下，视察了南昌新八一大桥和昌九公路，看望了正在紧张施工的建设者们，勉励他们再接再厉，高质量、高标准、高效益地加快工程建设。

31 日 吉安市白鹭洲中学在 1995 年全国高中数学联赛中，获省团体、个人最高分的"双第一"，这是该校自 1994 年起第二次蝉联团体和个人"双第一"。

本月 《江西省检察志》由中共中央党校出版社出版。

本月 江西基本实现省、地统计数据的计算机联网传输。

本月 《江西统计年鉴——1995》在全国地方统计年鉴评比活动中，获甲组一等奖。

本月 1995 年度全国农村科普工作先进集体和先进个人表彰活动在北京举行。南昌市、樟树市、兴国县、遂川县、宜黄县、鄱阳县、德安县、德兴市𫗦大乡八个市县乡的科协和武宁县新宁镇蔬菜研究会、东乡县生猪专业技术研究会、新余市渝州电子工业学院、省农函大被授予"全国农村科普工作先进集体"称号。进贤县架桥乡科协张顺水等 34 人，被授予"全国农村科普工作先进个人"称号。临川县云山红壤开发协会、寻乌县柑橘研究会、吉安县敦厚镇养猪专业研究会、丰城市白土乡农民水稻专业研究会获"全国先进农村专业技术协会"称号。

本月 在林业部的统一安排下，江西省在资溪、武宁、靖安、安福四县进行木片出口试生产，1 月至 12 月，通过南京港出口硬杂木片 100 多万吨。

本 年

本年 《安福县志》、《上饶市志》、《全南县志》、《江西省测绘志》、《峡江县志》、《宁冈县志》、《贵溪县志》、《江西省水利志》、《江西省司法行政志》、《江西省检察志》已定稿，大部分县志已出版。

本年 德兴市委党办征集到一张 1937 年摄于延安的部分在闽浙赣工作过的抗日将领合影照片，照片上有邵式平、周建屏、刘鼎、吴克华、昌振球、习宗良、洪涛、乐少华等，照片完整无损，交由德兴市档案馆保存。

本年 修水县档案馆收集到一批珍贵的历史照片档案，主要有黄庭坚南山崖题"佛"石刻，黄庭坚手书"黄龙山"（正楷阴刻）、"灵源"（行书阴刻、摩崖石刻）、《七律》碑刻等照片；还有中国工农革命军第一军第一师副师长余贲民在秋收起义时使用的望远镜等实物照片。

本年 国家经贸委、煤炭工业部批准江西萍乡矿务局建设萍乡浮法玻璃厂，规模为年产浮法玻璃212万重量箱，总投资1.5亿元。

本年 省林业厅组织检查验收，1995年江西省世界银行贷款林业项目（包括"国家造林项目"和"森林资源发展和保护项目"）共营造速生丰产林16338.43公顷，完成集约经营毛竹低产林垦复1320.99公顷，实行天然次生林改造试点460.2公顷，数量、质量均达到规定的标准。新造林面积核实率达101%，平均成活率96.5%，株数达标率95.3%，平均达标率184.9%，个数与面积达标率均为95.2%，综合达标率114.45%；吉安地区继续稳居榜首，综合达标率达123.9%，原来居后的抚州地区1995年跃居江西省第二位。

本年 全省完成造林25.01万公顷，其中人工造林22.71万公顷，飞机播种造林2.30万公顷；迹地更新3.02万公顷；完成封山育林264.98万公顷，幼林抚育102.66万公顷，成林抚育面积22.93万公顷，低产林改造18.70万公顷，四旁植树6662万株。江西省木材生产完成269.11万立方米，竹材1068.50万根，锯材131.14万立方米，胶合板20.56万立方米，纤维板5.34万立方米，刨花板6.99万立方米，松香24055吨，烤胶155吨。

本年 江西铜业公司贵溪冶炼厂转炉生产实现两大突破，吹炼冰铜品位突破55%，且稳定在56%以上，日均作业炉次突破四炉次。贵溪冶炼厂中西合璧的转炉操作技术达到国际先进水平。

本年 江西省有54名专家学者、技术人员获国务院特殊津贴。自国务院特殊津贴颁发6年来，江西省先后已有1135人获得此津贴。

本年 1995年全国"五个一工程"优秀作品评选中，江西省选送的戏剧《榨油坊风情》、图书《画说〈资本论〉》、理论文章《要自觉维护中央权威》、《筑成我们的新长城》获"五个一工程"优秀作品奖。另外，电影《两个孩子和狗》、歌曲《映山红》、广播剧《过年》获提名奖。

本年 中国最大的500家外商投资企业排序结果揭晓，江西五十铃汽车有限公司、赣新电视有限公司、江西华茂服装有限公司分列第三十一位、第二百五十八位、第四百八十四位。

本年 江西拖拉机制造厂坚持"团结、稳定、鼓劲、务实"的企业精神，坚持"围着市场转，盯着市场干，随着市场变"的经营方针，坚持"以市场为导向，以产品求发展，以质量求效益，以技术求规模"的发展战略，动员全厂职工，励精图治，艰苦创业，奋发进取，取得产销超过3亿元的优异成绩。

本年 赣州创业工业集团公司抓住机遇，抢占"黄金码头"，力辟国际市场，本年实现出口创汇额4547万元，比1994年增长47倍，居江西省出口企业之冠。

1996 年

概　要

省八届人大四次会议总结了"八五"计划的执行情况，接受并通过了省第十次党代会提出的发展思路和基本构想，审议批准了《江西省国民经济和社会发展"九五"计划和二○一○年远景目标纲要》和《江西省人民代表大会议事规则》。1996 年的目标是，国民生产总值比上年增长 10%，力争 12%；财政收入增长 10%，力争 15%；社会商品零售物价总指数上涨幅度控制在 11% 以内；人口自然增长率控制在 12.5‰以内。

1996 年起，"走廊建设"热情逐步消退，"基本上处于停滞状态"，主要经济指标和外商投资增长缓慢，均达不到规划预定的 90 年代目标。其原因，有国家宏观经济政策调整和东南亚发生经济危机等大气候的影响，有京九铁路通车后全省产业布局扩展、关注点增多，而客观经济发展规律的制约和战线太长、设点过多、开发重点不突出、资金不足、政策措施不能完全到位，大区域建设的经验、综合统领能力和人才的不足亦是重要的因素。

发展特色农业　进入"九五"时期，省委、省政府在"八五"时期农业开发总体战和发展高质量、高产量、高效益的"三高"农业的基础上，将"加强农业"的思路和措施，重点放在转变农业增长方式上，相继提出实施了农业产业化经营、特色农业、生态农业、科技兴农等举措，以促进农业的新发展。2 月，省政府强调把发展特色农业作为全面发展"三高"农业的突破口来抓，在全省组织实施特色农业发展规划。使特色农业成为"兴农富民"的重要途径，巩固发展了一批产粮大县、产棉大县及一乡一业、一村一品等特色产品区。涌现了一大批"脐橙之乡"、"灰鹅生产基地"、"猕猴桃之乡"、南丰蜜橘以及泰和乌鸡、景德板鸡、南安板鸭等产业规模、地方特色、品牌效应和营销市场的名优特产品。特色农业政策对农村经济的结构调整和农民的增收起了积极作用。

京九沿线的发展　按照省第十次党代会以京九沿线为主干、浙赣沿线为两翼，沿江沿路纵横交叉拓展生产力布局的总体思路，省政府专门制定了《江西省京九铁路沿线"九五"和二○一○年区域发展总体规划》。其内容和目标是："九五"期间以优化农业、主攻工业、繁荣商贸、打牢基础为重点，21 世纪前 10 年着眼于在更高层次和更大范围内拓展生产力布局，逐步在京九沿线形成以南昌、九江为中心的北部产业带和分别以吉安、赣州为中心的中部、南部产业带，建成六大产业基地（高质、高产、高效的农副产品生产和系列加工基地，综合优势明显、竞争力较强的部分原材料工业基地，以轻型卡车和家用轿车为主的汽车工业和产业基地，面向国际市场并与沿海地区互补的轻纺、机电等加工工业基地，以大型火电厂和水电站为骨干的电力工业基地，以庐山、井冈山等风景名胜为特色的旅游基地），使之逐步成为支撑江西 21 世纪经济发展的脊梁。

浙赣线和 320 国道沿线的发展　关于浙赣沿线的发展，省政府着重改造浙赣沿线的中心城市和现有企业，在机械、钢铁、有色金属、建材等行业培植一批拳头产品，逐步形成新宜萍（新余、宜春、萍乡）、东鹰贵（东乡、鹰潭、贵溪）、饶广玉（上饶、广丰、玉山）三个产业层次较高和经济实力较强的城市群；关于 320 国道沿线重点加快"三高"农业开发和二、三产业发展，在沿线逐步形成若干浙赣沿线城市群呼应、互补的中心城市和小城镇，成为全省小城镇建设的样板和县域经济实力最强的示范区，从而使浙赣线和 320 国道沿线地区进一步成为支撑全省东西走向的生产力布局的主体。

第三产业的发展　"繁荣第三产业"是 20 世纪 90 年代中后期江西经济和社会建设的一个重要的着力点。从 1996 年起，全省第三产业的发展大体可分为三部分：一是继续发展商业饮食、交通运输、邮电通讯、物资供销等传统行业；二是积极发展旅游、信息、咨询、技术服务等新兴产业；三是规范和发展金融、保险、证券业，引导房地产业健康发展。

"双百双十"工程　"主攻工业"主要集中在两大重点上。4 月，江西铜业公司生产的"贵冶"牌电解铜在英国伦敦金属交易所注册成功，正式挂牌上市，产生了很大的影响。6 月，经国务院批准，国家经贸委确定国家第二批"双百工程"项目，江西入选 69 项，总投资 53.9 亿元。8 月，省政府下发的《关于主攻工业若干问题的意见》，被定为主攻工业的重点举措。具体内容是：培育 100 个江西名牌产品，形成 10 个全国名牌产品；培育 100 个年销售收入过亿元、利税超千万元的企业，在此基础上形成 10 个年销售收入 30 亿元以上、利税 35 亿元的"排头兵"企业集团，进入工业"国家队"行列。这是一个以名牌和大集团发展战略为中心的重点推进策略。

其他重要事件　9 月 1 日，京九铁路旅客列车正式开通运营，国务院为全线开通运营致电祝贺，省委、省政府在九江举行隆重庆祝仪式，并将九江直达深圳列车命名为"庐山号"。中共中央总书记江泽民"沿京九看扶贫"，到当年中央苏区的首府瑞金、模范县兴国和赣县、信丰、南康 5 县市考察，给老区人民以巨大的鼓舞。省政府批转《关于江西省地方高校招生及毕业生就业制度改革的意见》，下发《关于在江西省实施再就业工程的通知》。省政府批转《江西省扶贫攻坚 7 年规划纲要（1994~2000）》，批转《江西省爱国卫生工作"九五"规划》，发出《关于加快小城镇建设的通知》。庐山风景名胜区作为文化遗产，被联合国教科文组织世界遗产委员会列入《世界遗产名录》。江西高质量地建设一批骨干工程，如国家"七五"重点工程——万安水电站通过国家验收，江西省"八五"重点建设项目——罗边水利枢纽工程电站首台发电机组正式发电。

全省本年主要经济指标情况　国民生产总值 1533.41 亿元，比上年增长 13.2%，其中第一产业增加值 440 亿元，增长 8.5%；第二产业增加值 588.82 亿元，增长 17.1%；第三产业增加值 488.44 亿元，增长 13.2%。零售物价涨幅 6.6%，比上年降低 9.3 个百分点。全省财政收入 123.58 亿元，增长 17.4%（其中地方财政收入 77.1 亿元，增长 20.3%）。农业总产值 733.49 亿元，增长 8.4%；粮食总产量 353.26 亿斤，增长 9.9%，单产、总产均创历史最高纪录。工业总产值 1375.52 亿元，增长 20.8%。实际利用外资 4.71 亿美元，增长 3.9%；进出口贸易总额 17.21 亿美元（其中出口 14.53 亿美元，增长 1.6%）。人口自然增长率 10.51‰，年末全省总人口 4105.46 万人。

1996

1月

January

日	一	二	三	四	五	六	日	一	二	三	四	五	六
	1 元旦	**2** 十二	**3** 十三	**4** 十四	**5** 十五	**6** 小寒	**7** 十七	**8** 十八	**9** 十九	**10** 二十	**11** 廿一	**12** 廿二	**13** 廿三
14 廿四	**15** 廿五	**16** 廿六	**17** 廿七	**18** 廿八	**19** 廿九	**20** 十二月大	**21** 大寒	**22** 初三	**23** 初四	**24** 初五	**25** 初六	**26** 初七	**27** 腊八节
28 初九	**29** 初十	**30** 十一	**31** 十二										

1日　京九线阜九段分流 5 对货列；醴陵东口增加 4 对；东龙口增加 2 对；醴陵东至向塘西各区段增加 4 对；向塘至鹰潭区段增加 9 对；向九线增加 5 对。增设茅山头站为阜九、合九线分界站；新开沙河北区段站，京九线阜九、合九线分流的列车均在沙北站进行技术作业。

1日　江西国际经济技术合作公司投资 40 多万美元，在赞比亚首都卢萨卡兴建一个占地面积 700 多平方米的中国商品中心。

3日　《国际收支统计申报办法》经国务院批准 1996 年 1 月 1 日起开始实行。江西省外汇管理部门积极做好各项工作，确保这一改革措施顺利实施。

3日　兴国县连续十年未出售一粒不合格种子。该县种子被批准为江西省杂交水稻唯一免检种子，并加入中华种子集团，跨入全国制种先进行列。

3日　中国小型猪开发中心批准奉新县建立全国小型猪繁育基地，繁育香猪种猪（3 月 9 日，繁育基地在奉新挂牌，并在香猪信息发布会上宣布：这是中国农学会扶持创办的唯一的香猪良种繁育基地。实行科学化保种、育种管理，逐步发展成为江西乃至全国香猪产业化的龙头）。

3日　鹰潭市土地资源详查全面结束，其成果在土地管理中得到广泛运用，并为经济建设提供了数千个科学依据。该项成果获国家科技进步三等奖、省科技进步一等奖，并列为国家样板。

4日　深圳市金鸟实业有限公司粮油制品厂与宜黄县新丰乡"种子大王"朱新华签订了 1996 年至 1998 年联合开发五彩特优稻系列协议书。随后，"金鸟"又派专人到宜黄实地考察，共商扩展特优水稻种植基地，创国产特优稻米一流品种，开发推广高档香米等事宜。

4日　江西省第一部新编村志《台上村志》正式出版。

4日　江西铜业公司 1995 年全面超额完成任务，各项经济技术指标创历史新纪录；国家正式批准该公司贵溪冶炼厂二期工程和城门山铜矿建设工程开工。

4日　省委宣传部、省委组织部在丰城市联合召开地厅级党委（党组）中心组理论学习经验交流会。会议传达全国省部党委（党组）中心组学习理论经验交流会精神。交流地厅党委（党组）中心组学习理论的情况和经验，研究进一步改进和加强地厅党委（党组）中心组学习。会议于5日结束。

5日　国家"七五"重点工程——万安水电站通过国家验收。万安水电站工程总投资21.8亿元，装有四台10万千瓦发电机组，总容量40万千瓦，年发电量11.5亿千瓦时，至1995年底，万安水电站累计发电43.56亿千瓦时，创产值5.6亿元，实现安全航运2181天。

万安水电站是1978年正式开工、1992年竣工的江西最大的水力发电厂

5日　第三届全国青少年生物百项活动评选在长沙揭晓。泰和中学初三生物兴趣小组的研究成果"酸雨对种子萌发的影响"获二等奖；江西还有16所中小学的研究分别获五个三等奖、四个探索奖和七个优秀活动奖。

6日　江西省规模最大、投资最多的农业建设项目——第三期赣中南农业综合开发全面启动。总投资8.475亿元。开发范围为鄱阳湖平原、吉泰盆地及赣江、抚河中上游集中连片的38个县（市）和开发区域内的九个省属国营农场。

6日　副省长朱英培主持召开贵溪化肥厂与东乡化肥厂合并专题协调会议，会后省政府发出通知，决定两厂合并，为省石化厅直属企业。

6日　国家教委和团中央联合表彰一批大中专院校的三好学生、优秀学生干部和先进班集体。江西有9人和6个先进集体获奖。刘青、邹源、郑闻亭、梅加良、洛桑旺姆、陈静6位同学获"全国三好学生"称号；胡晔高、王碧辉被评为"全国优秀学生干部"；获先进集体的是：南

昌冶金学院采矿九一一班，江西医学院九〇级七班，宜春师专外语系九三级二班，奉新县冶城职业学院九三级农艺三班，南昌铁路机械学校九三级工民建一班，南昌师范九三级大专班。南昌大学的唐英被评为"全国三好学生标兵"。

7日　赣南稀土集团研制的稀土生产新工艺，经国家和省科委、省计委联合召开的鉴定验收会鉴定，认为既可充分利用资源，又能保护环境，居国际领先水平。

7日　美国资深律师纪爽来赣讲学，受到副省长周慜平的接见。省外贸厅、省律师协会负责人会见时在座。

8日　由南昌铁路分局科委研制的"京九铁路江西段经营体制和运价研究"课题成果，通过上海局、华东交大、南昌分局等单位专家、教授组成的鉴定组鉴定。

8日　1996年第一期记账式国库券在江西发行，省财政厅国债服务部人头攒动，各方人士纷纷前往询问、购买。

8日　全国政府系统办公自动化协作网络工作会议在南昌召开，会期3天。会议总结和交流国务院办公厅1992年《关于建设全国行政首脑机关办公厅决策服务系统的通知》下发三年来，办公自动化工作所取得的成绩和经验，研究部署1996年和1997年的系统建设工作。国务院副秘书长李树文、常务副省长黄智权等出席会议并讲话。

9日　南昌铁路分局召开表彰大会，勇抓盗窃逃犯的治安员王南平、徐曙东被授予"优秀治安员"称号，并获奖金。

9日　美国得克萨斯州麦卡伦市长奥塞尔·布兰德率友好访问团抵达赣州访问。两市缔结友好城市以来，友好关系不断加强。

9日　"中华武林百杰"表彰会在山东莱州举行。江西陈春茗获首届"百杰"称号。

9日　公安部追授胡俊生为全国公安系统一级英雄模范称号。这是全国林业公安系统涌现的第二个一级英模，也是建国以来江西省公安系统

涌现出来的第二个一级英模（1995年8月27日，胡俊生在处理一起紧急治安事件中，不幸被歹徒开枪击中，壮烈牺牲。2月，省政府批准他为革命烈士。3月6日，英模表彰大会在上饶举行）。

10日 江西利群机械厂承担开发的省重点新产品PK6MF紧凑型高速纺织机，CDW136型牵伸卷绕机通过国家鉴定，中国化纤纺织成套设备的制造水平已进入20世纪90年代国际先进行列。

10日 九江石化总厂被国家环保局授予"全国环保先进企业"称号。

九江石化总厂生产区夜景

10日 省政府举行全体会议，讨论即将提请省八届四次会议审议的《政府工作报告》，部署今后一段时期工作。会议由代省长舒圣佑主持，副省长黄智权、周埶平、黄懋衡、孙用和、朱英培，省长助理蒋仲平和政府组成人员，省直各部门负责人出席会议。应邀参加会议的有省人大、省政协、省法院、省检察院、民主党派以及工青妇的负责人。

10日 省委书记吴官正在省广播电视厅视察时指出：广播电视宣传要在继续坚持以经济建设为中心的同时，大力搞好社会主义精神文明建设，尤其要宣传广大人民群众和共产党员的好人好事，要坚持以正确的舆论引导人，用先进的典型教育人。

10日 江西第一个大型硅灰石矿勘探项目"上高县月光山硅灰石矿区32－52线区段111号矿体勘探地质报告"通过评审，被评定为一大型矿床。

11日 江西省发展新材料高新技术产业汇报会召开。省委书记吴官正在讲话中要求，要在江西形成更浓厚的科学氛围，上上下下，各行各业都学科学、讲科学、用科学，下大力气发展全省的科学技术事业，促进国民经济在"九五"期间持续、快速、健康发展。在汇报会上发言的专家有王牲、李邦俊、杨富文、邱威杨、刘新才、范广涵。省计委、省科委、省经贸委、省教委、省地质局、省稀土办等部门的负责人也发了言。

11日 江西考古工作者在靖安县烟竹乡境内的郑家坳发掘出一处距今约5000余年的新石器时代文化遗址，清理墓葬24座，整理和采集陶器、石器、玉器等文物105件，均为国家一级珍贵文物。

11日 省政协七届十五次常委会召开。常务副省长黄智权在会上作《政府工作报告》（征求意见稿）有关情况的说明，在赣全国政协委员、未担任省政协常委的副秘书长、各省辖市政协、省政协各地区工作委员会、省政协办公厅负责人列席了会议。会议原则通过省政协七届常委会工作报告、省政协第七届委员会第三次会议以来提案工作情况的报告，通过省政协第七届委员会第四次会议议程（草案）和日程（草案）、省政协第七次届委员会第四次会议各组召集人名单。会议于14日结束。

11日 江西省生猪定点屠宰工作会议召开。会议指出，将采取有力措施，强化生猪等畜禽屠宰检疫管理工作。大力推行"定点屠宰、集中检疫、统一纳税、分散经营"的办法，以防止生猪疫病传播，制止病死猪上市，确保群众吃上"放心肉"。

12日 景德镇陶瓷学院、中国轻工业总会陶瓷研究所、江西省陶瓷公司原料总厂共同申报立项的国家"八五"重点科技攻关项目——"陶瓷原料精选、胚料精制技术的研究"成果，通过国家验收。其中由景德镇陶瓷学院胡张福、欧克英教授等承担的"尾砂综合利用研究"成果，经专家鉴定达到国际水平。

12 日 全国交通系统1993年至1995年度双文明建设先进单位和个人评选揭晓。宜春地区汽车运输公司二〇五车队获"全国文明车队"称号，高安汽车站被授予"全国文明车站"称号。

12 日 江西医学院第二附属医院率先开展微囊气导法食管测压的临床研究及应用，达到国内同类研究的先进水平。

12 日 全国中学生化学竞赛（江西赛区）颁奖仪式在南昌市举行。宁都中学、南昌十九中并列获团体总分第一名；临川二中、乐平中学并列团体总分第二名；临川一中、吉安一中并列团体总分第三名。宁都中学有2名同学获得个人一等奖，5名同学获二等奖，1名同学获三等奖。

12 日 江西东风制药有限责任公司抗生素原料药厂的一只60吨罐，丝状菌株发酵单位达62756个单位，创全国青霉素单罐发酵最高纪录。

12 日 团省委十一届五次全委（扩大）会议在南昌举行。会议审议通过《关于团结带领江西省团员青年为实现江西跨世纪奋斗目标艰苦创业的决定》，动员和组织广大团员青年为实现江西"九五"计划和2010年远景目标艰苦创业。省委副书记舒惠国出席会议并讲话。会议表彰了1995年度江西省共青团工作先进单位、江西省十大杰出青年（万剑平、邓小洪、朱新华、刘新才、吴志文、余茂仁、林列、唐英、席殊、曾志明）和江西十大杰出少年以及江西省明星青年乡镇企业家等。会议于13日结束。

13 日 景德镇市景光电工厂引进吸收技术，自行研制开发的4CX15000A产品被国家科委列为1995年度国家级重点新产品。

13 日 国家教委和中国工业与应用数学学会共同举办的1995年全国大学生数学建模竞赛结束，南昌大学由基础课部陈涛老师指导，彭小华、薛峰、肖隆3名学生组成的参赛代表队，在全国240所高校1234个队的角逐中，夺得全国一等奖。

13 日 国家教委将南昌大学列为地方院校进入全国重点大学的第一所预审学校，组成"211"工程预审专家组对南昌大学进行预审。省领导吴官正、舒圣佑、舒惠国、黄智权、钟起煌、黄懋衡看望了国家教委"211工程"办公室领导和预审组各位专家。

13 日 1995年全国高中数学联赛（江西赛区）在南昌颁奖，南昌二中获团体总分第一名、个人第一名（与吉安白鹭洲中学并列）。

13 日 省妇联八届二次执委（扩大）会议在南昌召开。会议增选5位省妇联八届执委，增选胡春如为省妇联副主席，听取和审议八届常委会的工作报告。会议于14日结束。

14 日 向塘至九江线84km+256m处，3456次货物列车在通过杨家岭站站内二道时，因南端路基下沉，造成机后第20-30位车辆脱轨，构成"列车脱轨"险性事故。

15 日 由世界银行贷款，江西江新造船厂为广东省水产厅建造的6艘160GT混合式新型渔轮通过检验交船。这批渔轮长32.52米，型宽6.68米，型深3.05米，载重160吨，船速11节，装备有多种先进的捕捞加工设备，广泛适用于远、近海生产作业。

15 日 省人民检察院公布，1995年江西省检察机关共立案侦查贪污贿赂等各类经济犯罪案件1568件，其中贪污贿赂案件1098件，查处了原劳动厅副厅长张年胜等一批大要案，挽回经济损失1.44亿元。

15 日 国家测绘主管部门向首批获全国甲级测绘资格的248个测绘单位颁发《测绘资格证书》。他们是：江西省测绘局制印大队、省地矿局测绘大队、省测绘局航测内业大队、南昌市城市规划设计院测绘队、省测绘局航测外业大队5家测绘单位。

15 日 省委、省政府召开全省经济工作会议，代省长舒圣佑对1996年江西省经济工作进行部署，常务副省长黄智权主持会议。省委书记吴官正讲话，强调五个中心问题：（一）进一步统一思想和行动；（二）坚定不移地把农业放在首位；（三）在加快国有企业改革和提高工业竞争能力方面取得更大进展；（四）以大开放促大开发、大发展；（五）切实加强党对经济工作的领导。参加会议的有：各地（市）委书记、专员、市长，各地市计划、体改、经贸委、财政、税务等部门的负责人和省直各部门的负责人，以及出席江西省计划、经济体改、财政地税、国税会议的代表等。会议于18日结束。

15日　全省经济体制改革工作会议召开。会议确定1996年江西省经济体制改革工作的总体思路是：进一步解放思想，坚定信心，紧紧围绕建立现代企业制度，从整体上搞活国有经济这个中心环节，抓点带面，抓大放小，抓配套改革，推动经济增长方式转变。会议于18日结束。

16日　省财政、地税工作会议召开。会议传达贯彻全国财政工作会议精神，按照江西省经济工作会议的要求，总结1995年全省财税改革和财税工作，安排1996年财政收支计划，部署1996年财政工作。会议于18日结束。

16日　省直机关党建工作会议召开。总结1995年贯彻落实党的十四届四中全会《决定》，加强机关党建工作的情况和经验，研究部署1996年的工作。省委副书记舒惠国出席会议，就进一步贯彻中共十四届四中、五中全会精神，搞好机关党建工作等讲话。

16日　江西省贯彻落实《深入开展农村社会主义精神文明建设活动若干意见》座谈会在南昌市郊区湖坊乡进顺村召开。会议中心议题是进一步把中央文件的精神学习宣传好，贯彻落实好。省委宣传部长钟起煌在讲话中要求：（一）要认真学习深入宣传；（二）要提高认识，摆上日程；（三）要联系实际，抓好实施；（四）要大处着眼，小处入手；（五）各级宣传文化部门要把贯彻好文件精神作为自己的重要职责。

16日　全省计划会议在南昌召开。会议围绕加速经济体制和经济增长方式两个转变，做好1996年的计划工作，促进全省经济持续、快速、健康发展和社会全面进步进行研究与部署。会议于18日结束。

17日　全省经贸工作会议召开。总结交流了1995年的经贸工作的经验，分析了当前经济形势。要求全省经贸战线的广大干部职工进一步动员起

来，推进两个转变，实现企业改革、扭亏增盈两个突破，全面完成1996年经贸工作各项任务。

18日　江西农业大学农科化工有限公司使用微生物催化法生产丙烯酰胺（AM）、聚丙烯酰胺（PAM）技术投产。

18日　全省检察长会议在南昌召开。会议强调1996年各级检察机关要加大力度查办大案要案，依法从重从快打击严重刑事犯罪，加大执法监管的力度。

18日　省水文局编纂《江西省水文事业志》。全志13章73节，34万字。

19日　参加国际农发基金会第十九届管理大会的中国政府代表团团长、农业部副部长洪绂曾和该基金会总裁法乌兹·哈马德·阿尔苏丹分别代表中国政府和农发基金会在协定上签字。按照协定，农发基金会向赣州地区农业综合开发项目提供2380万美元的优惠贷款，用于中低产田改造、粮食生产、畜牧业和乡镇企业开发、人员培训等项目。

19日　全省国有小型企业改革工作会议在南昌召开。会议确定1996年国有小型企业改革总的思路是：按照建立社会主义市场经济体制的要求，促进企业转换机制和制度创新，引导企业真正成为自主经营、自负盈亏、自我约束、自我发展的市场竞争主体。

19日　省委、省政府在南昌召开全省农村工作会议，传达贯彻中央农村工作会议精神，研究部署江西省1996年和"九五"期间的农业和农村工作。省委、省政府决定抓紧今后五年时间，打一场农业上台阶、农民奔小康的攻坚战，进一步确定江西农业在全国大格局中的应有地位，并为21世纪农业和农村经济的更大发展奠定基础，积蓄后劲。主要目标是：（一）农业生产总量明显增大；（二）农村产业结构显著优化；（三）主要农产品的净调出不断增多；（四）农民实际收入大幅增加；（五）农村社会面貌有一个大的改变。

19日　全省地市县农业局长会议在南昌召开。会议就打好"九五"农业上台阶、农民奔小康攻坚战，实现1996年省委、省政府提出的

"两超一稳"目标共商良策（两超一稳：实现1996年粮食生产超历史、农民人均纯收入增加超历史，确保农村社会稳定）。会议于22日结束。

20日 侨居美国洛杉矶的江西籍侨民36人，在该市正式成立"美国洛杉矶江西同乡联谊会"和"美国洛杉矶江西商会"。

20日 省军区党委第六届十一次会议召开，会议传达中央军委扩大会议精神和中央军委主席江泽民在军委扩大会议上的重要讲话以及南京军区党委扩大会议精神，研究部署加强国防后备力量建设的措施。会议认为要进一步强化政治观念，提高工作标准，适应新的形势和任务，全面加强部队和民兵预备役质量建设。省委书记、省军区党委第一书记吴官正和军区领导郑仕超、冯金茂、仲清、卢匡衡、李彩銮、陆殿义、陈溪能以及各军分区、预备役师和所属部队的领导参加会议。会议于24日结束。

20日 信丰县投资350万元建成占地面积50亩，饲养20万余条种蛇，开发三大系列八个蛇产品的蛇类养殖基地。被国务院发展中心市场研究所授予"中华之最"称号。

20日 文化部全国现代戏曲交流演出评选揭晓：萍乡市采茶戏《榨油坊风情》和宜春市采茶戏《木乡长》分别获优秀剧目奖和优秀演出奖。《榨油坊风情》还获优秀编剧奖、优秀导演奖、优秀舞美奖及音乐奖、灯光奖，雍开泉、赵一青、胡爱萍获优秀表演奖，黄建玲获表演奖。《木乡长》获优秀导演奖、编剧奖、音乐奖，刘如南、熊光平获优秀表演奖，黄根泉、肖建新获表演奖。

采茶戏《榨油坊风情》剧照

20日 新余钢铁有限责任公司生产的预应力钢丝获全国冶金产品实物质量"金杯奖"。

20日 江西省民星集团的10年发展总体规划获国家计委批复同意。

20日 全国爱卫会召开第三次全国城市卫生检查评比总结表彰大会，表彰155个卫生城市。赣州市、井冈山市、新余市被评为"全国卫生城市"。南昌市获城市卫生进步奖。

20日 省委、省政府领导吴官正、舒圣佑、黄智权、马世昌在南昌市会见江西出席全国纪检监察系统表彰会的先进集体和先进个人。先进集体是：萍乡市纪委、监察局，高安市纪委、监察局，鄱阳县纪委、监察局。先进个人是：赣州市纪委书记李汉玫、安福县纪委书记王继初、贵溪县纪委副书记翁恒河、都昌县粮食局纪检组长沈友声、省劳改局纪委书记胡友兴、省纪委纪检监察四室副主任赵锦成。

21日 江西两系杂交稻制种基地县会议在南昌召开。主要研究落实1996年两系杂交稻制种计划和部署制种工作。

22日 全省组织工作会议在南昌召开。会议提出，1996年的组织工作要以加强各级领导班子思想政治建设为重点，全面提高领导干部素质，抓紧培养选拔年轻干部，大力加强党的基层组织建设，特别是农村、企业党的建设，继续推进党的建设，为实现第二步战略目标，全面完成江西省第十次党代会提出的各项任务，提供坚强的组织保证。

23日 江西电线电缆总厂引进美国先进技术生产的"625兆物理高发泡射频同轴CATV电缆"获美国电子工业界权威的"UL"认证。

23日 省委召开国有大中型企业党建工作座谈会。会议研究进一步落实中共中央和省委的要求，大力加强国有企业领导班子思想政治建设，全面推进企业的改革和发展。

23日 省政府在高安市召开长防林和平原绿化会议，对植树造林进行部署。要求各地积极加强领导，搞好春季造林，确保长防林工程和平原绿化工作"双达标"。

23日 1996年林业部把江西省林业信息网络建设列为全国唯一的一家试点单位。

23 日　全省劳动工作会议在南昌召开。会议部署1996年劳动部门的工作任务：以继续贯彻《劳动法》为统领，紧紧围绕经济体制和经济增长方式的转变，加快建立新型劳动体制的步伐，进一步完善与社会主义市场经济体制相适应的劳动用工、工资分配、社会保险、职业培训、安全管理制度和执法监督体系，保持就业局势和劳动关系的稳定，为实现江西省劳动事业"九五"计划目标打下基础。

23 日　1996年度江西省综合治理委员会第一次会议审议通过《江西省一九九六年社会治安综合治理工作要点》：（一）大力推进社会治安综合治理领导责任制的规范化、制度化建设；（二）竭尽全力维护江西省大局的稳定；（三）深入开展"严打"整治斗争，巩固集中整治成果；（四）健全基层组织，加强基础建设；（五）进一步加强治安管理，加大防范力度；（六）切实抓好法制教育；（七）加强社会治安综合治理的宣传理论研究工作；（八）广泛开展综合治理达标创先活动；（九）进一步加强各级综治机构的自身建设。

24 日　全省"打假"工作电话会议召开。会议提出，一定要以对人民高度负责，对国家高度负责的精神，把打假工作提高到事关改革、稳定和发展大局的高度来认识，树立长期作战的思想和除恶务尽的决心，采取行之有效的措施，进一步加大打击力度。副省长兼省"打假"领导小组组长朱英培出席会议并讲话。

25 日　全省技改工作会议在南昌召开。会议要求各部门紧密结合经济增长方式的根本转变，创造性地开展工作，把全省企业技改工作提高到新水平。

25 日　全省煤炭工作会议在南昌召开，会期3天。会议要求江西省煤炭职工进一步解放思想，以扭亏增盈为目标，做好安全生产，为江西省煤炭工业步入良性循环而努力奋斗。煤炭部副部长朱登山出席会议并讲话。

25 日　全省人事局处长会议在南昌召开。会议提出1996年江西人事工作要紧紧围绕经济建设这个中心，适应经济体制和经济增长方式两

江西行政学院第一期副县（处）级国家公务员任职培训班开学典礼

个具有全局意义的根本性转变。实施"两个调整"，即把适应计划经济的人事管理体制调整到与市场经济相配套的人事管理体制，把传统的人事管理调整到对人才资源的整体性开发上来。建设好公务员、专业技术人员和管理人员三支队伍，为江西省国民经济和社会发展提供强有力的人事人才保证。

26 日　省委召开民主协商会，就补选人大常委会组成人员的建议名单进行民主协商。省委书记吴官正主持会议并讲话，省委副书记舒惠国就有关情况作说明。

26 日　浙赣复线全线建成通车，各有关部门参加在金华举行的浙赣铁路复线开通庆典。

26 日　江西富奇汽车厂整车继出口越南、南非和印度尼西亚之后，又有26辆经省进出口商品检验局检测合格，首次出口俄罗斯。

26 日　全省政法工作会议在南昌召开。主要任务是传达贯彻全国政法工作会议精神，与江西省国民经济和社会发展"九五"计划和2010年远景目标配套，规划"九五"时期和未来15年的政法工作，部署1996年政法工作。省社会治安综合治理委员会决定：授予新余市、宜春地区、南昌市、吉安地区、鹰潭市和省交通厅、江西省铜业公司、省邮电局、省烟草专卖局、省人

民银行、省农业银行、南昌铁路局、省煤炭厅为1995年度江西省社会治安综合治理目标管理先进单位；授予赣州地区、上饶地区、抚州地区、九江市、景德镇市、萍乡市和省冶金工业总公司、省地矿厅、中国有色南昌公司、省民航局、省保险公司、省工商银行、省建设银行、省中国银行为1995年度江西省社会治安综合治理目标管理达标单位。会议于28日结束。

27日 全省科教兴林大会在南昌召开，会期3天。会议强调林业建设必须尽快转移到依靠科技进步和提高劳动者素质的轨道，转移到发展商品林业的轨道。会议传达了全国林业科技大会和江西省科技大会精神，表彰了林业先进集体和个人。

28日 江西省首条全标准、全封闭、全立交四车道高速公路赣江南昌大桥至九江长江大桥昌九高速公路全线通车。省市各界在九江泊水湖工地举行通车典礼。这条总长138公里的公路总投资18亿元。开通后大大方便了省会与江西北大门的交通。

全长138公里的江西第一条全封闭昌九高速公路

四车道昌九公路的一段

28日 全省金融工作会议在南昌召开。会议总结1995年的金融工作，部署1996年的金融工作，舒圣佑到会讲话。会议强调"控制总量、盘活存量、优化结构、提高效益"。会议于31日结束。

29日 省审计工作暨先进表彰会议在南昌召开。会议总结1995年的审计工作，研究和部署1996年的任务，表彰1993年至1995年审计工作先进单位和先进工作者。会议于31日结束。

29日 全省中级法院院长会议在南昌召开，会议就1996年贯彻第十七次全国法院工作会议精神作了部署。会议于30日结束。

29日 全省电力工作会议在南昌召开。会议要求电力职工立足改革，面向市场，致力发展，紧紧抓住京九铁路通车和三峡工程建设的机遇，推进电力工业经济体制和经济增长方式的转变，促进国民经济和社会发展。会议于2月1日结束。

30日 全省地市文化局长会议在南昌召开。会议总结了1995年江西省文化工作情况，部署1996年的工作任务。省委宣传部长钟起煌传达全国宣传部长会议中有关文化工作的精神，要求以"五个一工程"为龙头，推动江西整个艺术生产的提高和发展。

30日 省人大常委会、省政府联合召开立法工作会议。主要任务是：传达全国人大立法工作会议精神，总结交流江西省地方立法工作的经验；明确新形势下地方立法工作的指导思想和主要任务，研究落实江西五年立法规划和年度立法计划，为江西省改革开放和经济建设创造良好的法制环境。

30日 省文化市场管理委员会协同省公安、文化、工商、"扫黄"办等部门统一行动，查封南昌市民德路所谓的"台湾夜总会"，吊销其营业执照。"台湾夜总会"公然播放《中华民国颂》等反动歌曲的影碟，这家注册资金200万元的夜总会被责令停止一切经营活动。

31日 国家"八五"重点科技攻关专题"特种陶瓷产品的开发研究"，在景德镇通过由省计委、省科委组织的鉴定、验收。该开发系列产品已达到国内领先和先进水平，其中一项属国内首创。

31日 全省物价工作会议召开。会议提出，继续把抑制通货膨胀作为全年物价工作的首要任务，确保全省价格涨幅回落，坚定不移地实现1996年全省物价控制目标。国家计委物价特派员李培初出席会议并讲话。

31日 全省外经贸工作会议在南昌召开。提出全省对外经贸工作的总体要求：坚持效益第一，加强推行对外贸易体制和外贸出口增长方式的两个转变，深化改革，强化管理；进一步扩大利用外资，拓展对外经济技术合作，不断提高对外开放的质量和水平，努力完成1996年各项外经贸工作任务。

31日 全省医药工作会议在南昌召开。会议总结"八五"期间和1995年的医药工作经验，部署实施"九五"计划及2010年长远规划，安排和布置1996年的医药工作，提出大力开拓市场，实施科技兴药。国家医药管理局局长郑筱萸到会讲话。

31日 省八届人大常委会举行第二十次会议。会议通过省八届人大四次会议议程（草案），决定提请八届人大四次会议预备会议通过；通过省八届人大四次会议主席团和秘书长名单（草案），决定提请省八届人大四次会议预备会议选举；通过省人大常委会工作报告（讨论稿），决定提请省八届人大四次会议审议；通过省人大常委会副主任、代表资格审查委员会主任委员王昭荣作的省人大常委会代表资格审查委员会关于选举、补选省八届人大代表资格的审查报告；通过列席省八届人大四次会议人员和邀请在主席团就座人员名单。

31日 截至月底，江西省红十字会接受1995年度境内外红十字会组织赈济水灾灾民的大米、方便食品、棉大衣、棉被、绒衣和防治药品总计人民币1100多万元和物资先后到位，受益灾民50万人。

本月 江西省第一例管道液化气输配工程在南昌市桃苑住宅小区新区一村铺设完成，并进入输试通气阶段。

本月 江西荣和制药有限公司建成羟氨苄青霉素生产线在进贤投产。

1996

2月
February

公元 1996 年 2 月							农历丙子年【鼠】						
日	一	二	三	四	五	六	日	一	二	三	四	五	六
				1 十三	**2** 十四	**3** 十五	**4** 立春	**5** 十七	**6** 十八	**7** 十九	**8** 二十	**9** 廿一	**10** 廿二
11 廿三	**12** 廿四	**13** 廿五	**14** 廿六	**15** 廿七	**16** 廿八	**17** 廿九	**18** 三十	**19** 雨水 春节	**20** 初二	**21** 初三	**22** 初四	**23** 初五	**24** 初六
25 初七	**26** 初八	**27** 初九	**28** 初十	**29** 十一									

1 日　全省统战部长会议在南昌结束。会议传达贯彻全国统战部长会议精神，总结和交流 1995 年的工作经验，研究和部署 1996 年的工作任务，表彰先进集体和个人。

1 日　全省消防工作总结表彰会召开，赣州地区消防支队等 85 个先进单位和曾宪森等 45 名先进个人受到表彰。

3 日　经国家旅游局批准，江西宾馆由三星级晋升为四星级旅游涉外宾馆。

3 日　省政协七届四次会议在南昌召开。652 人出席会议。通过省政协七届四次会议决议和本次会议提案情况和审查意见的报告。大会于

9 日闭幕。

4 日　武警江西总队召开表彰大会，表彰一批先进集体和个人。

5 日　省八届人大四次会议在南昌召开。大会应到代表 637 人，实到 591 人。会议补选舒圣佑为江西省省长；补选黄名鑫、华桐、钱梓弘、周述荣为省八届人大常委会副主任。会议通过关于省政府工作报告的决议，关于《江西省国民经济和社会发展"九五"计划和二〇一〇年远景目标纲要》的决议，关于江西省 1995 年国民经济和社会发展计划执行情况与 1996 年计划的决议；关于江西省 1996 年本年预算和 1995 年本年预算

省政协七届四次会议开幕

江西省八届人大四次会议开幕

执行情况报告的决议；关于江西省人大常委会工作报告的决议；关于江西省高级人民法院工作报告的决议；关于江西省人民检察院工作报告的决议；《江西省人民代表大会议事细则》。大会于11日闭幕。

6日 全省计划生育工作座谈会召开。会议认为，对计划生育工作中存在的困难和问题，必须引起高度警觉。1996年要在村级计划生育基层建设工作、计划生育"三结合"工作、落实避孕节育措施的及时率工作等方面取得突破性进展。

7日 根据《中华人民共和国仲裁法》的规定，南昌市政府组织有关部门和商会组建南昌仲裁委员会，经省司法行政部门登记设立并启动运转。

7日 国家教委、人事部在北京举行"优秀留学回国人员代表成果汇报暨慰问活动"。江西华东交大土木工程系主任、教授雷晓燕博士，江西农业大学教授黄路生博士出席这次盛会。

8日 省政府邀请出席省"两会"的非公有制经济界代表和委员，以及在南昌的非公有制企业人士召开座谈会。通报省委、省政府关于大力引进非公有制企业资金，开辟招商引资第二战场的指示精神和工作部署。恳请非公有制经济界人士在热情投资家乡、建设家乡的同时，广泛宣传江西省的这一重大举措，积极联络介绍省外非公有制经济界人士来江西省考察洽谈。

8日 铁道部希望工程基金管理会、铁路局、铁路分局共同出资兴建的分宜铁路希望学校破土动工。

9日 江西医学院第一附属医院1995年"运用中医学中指中节同身寸确立食道心房调搏导管深度的最佳位置"获国家发明三等奖。

9日 继连续两年华意无氟冰箱获"中国消费者协会推荐商品"后，华意无氟冰箱再次获"1996年中国消费者协会推荐商品"。

9日 国家经贸委在南昌召开全国部分省市健全经济运行机制座谈会，有10个省市代表参加座谈会。与会代表就健全新的经济运行机制，修改《关于健全新的经济运行机制的若干意见》展开讨论。

10日 省纪委二次全会在南昌举行。会议传达中央纪委六次全体会议精神和江泽民在会上的重要讲话。回顾1995年江西省反腐败斗争的情况，部署1996年反腐败和党风廉政工作。省纪委书记马世昌作工作报告。

10日 铁道部副部长蔡庆华在上海铁路局副局长王麟书及分局领导杨建兴、吴建中陪同下，在江西境内进行为期一周的检查活动。首先检查向塘新客站，并乘轨道车检查京九铁路跨越浙赣线的向塘特大桥和王家特大桥及向塘西编组场（11日，在南昌会见省委副书记、常务副省长黄智权。蔡庆华向省委、省政府领导通报京九铁路和浙赣复线工程配套建设情况。黄智权介绍江西经济发展情况以及2010年江西发展纲要。12日至13日，蔡庆华一行从八都乘专车至赣州，沿途检查京九南段（江西段）站区、线路及行车设备等情况）。

11日 全国建设工作会议结束，在1995年全国城市环境综合整治工作评比中，新余市、赣州市分别获地级城市和县级城市"优秀城市"，九江市和井冈山市、抚州市、上饶市分别获地级城市和县级城市"先进城市"，省建设厅获全国"优秀省建设厅"称号。

12日 省长舒圣佑来到省科委、省教委、省经贸委、省计生委、省石化厅、省工行、省医药总公司、省电子局以及南昌大学听取有关专家对江西省高新技术产业发展的意见。舒圣佑指出要尽快实现江西经济增长方式的转变，必须以发展高新技术为契机，全面推进科技进步。

12日 省政府召开流通口负责人会议，总结1995年的工作，研究部署1996年的工作。会议要求通过流通口广大干部职工继续解放思想，抓住机遇，开拓进取，排难而进，夺取流通工作的新胜利。

12日 省长舒圣佑到江西省拖拉机厂进行考察，指出，"九五"期间要加大主攻力度，着力进行组织结构、技术结构的调整，实施名牌战略和大集团战略，促进江西工业经济上新水平。

12日 南昌至合肥西旅游列车首列开行。

12日 全国人大代表、政协委员一行6人在南昌铁路分局视察工作，听取分局领导宋玉祥、刘远清的工作汇报，并到青云谱站实地察看货场作业、管理等情况。

13日 江西省新闻出版局工作会议在南昌召开。会议表彰获得"五个一工程"、"一本好书"奖、国家图书奖、中国图书奖的单位和个人。并制定了江西新闻出版事业发展"九五"计划和2010年远景目标规划。

13日 国家经贸委在南昌举办"优化资本结构"扩大试点城市工作研讨班，贯彻国务院从1996年起将18个城市"优化资本结构"试点扩大到50个大中城市的指示精神，使32个扩大试点城市进一步了解当前企业改革形势，掌握城市试点的有关政策做法和经验，部署1996年试点工作，推动扩大试点城市尽快起步。

13日 铁道部长韩杼滨在上海铁路局党委书记王汝宽、南昌分局领导杨建兴、吴建中、沈长生陪同下，进行实地检查上饶、鹰潭站春运和建线情况，并看望和慰问熊云清烈士的父亲熊世荣及有关特困户。

14日 省政府召开反腐败工作会议。传达国务院总理李鹏在国务院第四次反腐败工作会议上的讲话，总结过去一年反腐败工作经验，部署1996年反腐败工作的任务。省长舒圣佑讲话，强调1996年反腐败工作的主要任务是：狠抓落实，使领导干部廉洁自律取得成效。重点抓好三项工作：一是制止用公款"吃喝玩乐"；二是纠正违反规定乘坐小汽车；三是解决领导干部在住房、建房、购房、装修住房等方面以权谋私问题。

14日 省武警总队千余名官兵和驻南昌干部家属集会，表彰关心国防事业，支持丈夫在部队建功立业的"模范军人妻子"，35名胸佩大红花的"好军嫂"登上主席台，接受总队颁奖。

15日 江西省军工企业领导干部会报告，江西省国防工业"八五"期间产值年均增长23.5%，速度高于全省国有企业平均水平；地方军工的速度、经济效益和扭亏力度均为全国同行业第一。

16日 江西1995年十大新闻揭晓：（一）中共中央总书记江泽民来赣考察农业；（二）京

九铁路全线提前胜利铺通；（三）江西省抗洪救灾取得全面胜利；（四）省第十次党代会隆重举行；（五）国务院总理李鹏、副总理邹家华来赣考察；（六）江西省制定"九五"计划和2010年远景规划；（七）"五个一工程"再创佳绩；（八）江西省反腐斗争继续开展；（九）提前一年基本消灭荒山；（十）江南最大的市场——洪城大市场开业。

16日 江西已兴建灾民新村84个，有3647户全倒户搬入新居，同时，其余2.2万多个分散倒房户的住房也绝大部分得到修复，损房户的房屋也基本修复。

16日 九江石化总厂工会被全国总工会授予"全国模范职工之家"称号。

九江石化员工举行升国旗仪式

17日 省政府办公厅向各行政公署、市政府、各县（市）区政府、省政府各部门发出紧急通知，要求切实做好当前防寒防冻工作。

18日 省委书记吴官正等前往南昌十七中与西藏班学生共庆藏历新年。西藏班学生给吴官正等领导献上雪白的哈达。吴官正代表省委、省政府向西藏班学生祝贺新年。

19日 在省科委召开的"水稻早育稀植技术推广"奖励表彰大会上,为该项推广作出贡献的23个先进集体、64名先进个人受到表彰。

19日 在万安县横塘村张信诗村民家发现南宋民族英雄文天祥题写宝匾。该匾底质为木质,长3米,宽0.16米,厚0.05米,上面刻有"大雄宝殿"四个镀金大字,匾的左下方刻有"宝祐四年,文山印"等字样。

20日 在国家科技奖励大会上,江西六项科技成果获国家的奖励。三项国家科技进步奖是:(一)江西省山江湖区域开发整治试验研究(二等奖);(二)SLON立环脉动高梯度磁选机的推广应用(三等奖);(三)锻锤与压力机隔振技术(三等奖)。三项国家技术发明奖是:(一)运用中医学中指中节同身寸确立食道心房调搏导管深度的最佳位置(三等奖);(二)单双层绕组间最佳匝数配合(四等奖);(三)出口优质米新品种"赣晚籼23号"(四等奖)。

20日 省工行办公室被中央办公厅、国务院办公厅授予1995年"全国信访工作优秀集体"称号,并被授予"全国档案管理先进单位"称号。

20日 赣州市涌金门仿宋城已建成并通过验收,为"宋城"赣州增添一大景观。

20日 中国著名雕刻家、中央工艺美术学院雕刻系教授王吉庄精心雕刻的白居易花岗石塑像安放在庐山花径白居易草堂前。

21日 江西果喜实业集团有限公司总经理、全国优秀企业家张果喜获"全国关心下一代先进个人"称号。

21日 省长舒圣佑先后考察上犹、大余、南康、赣州、吉水、樟树等县市,考察了一批工业企业和三高农业项目。舒圣佑在考察中反复强调,要坚持把农业放在经济工作首位。加大主攻工业力度,繁荣市场,活跃流通,在新的一年以新的姿态、新的思路、新的举措,夺取新的成就,促进县域经济跃上新台阶。

23日 江西中医学院陈奇教授主编的《中药药理研究方法学》一书,获新闻出版总署主办的国家级图书最高奖——第二届国家图书奖。

23日 在国家经贸委、国家计委等六大部门确认的全国大型企业名单中,江西合成洗涤剂厂被定为大型二档企业,是当前洗涤剂行业最高类型。

25日 国家文物局授权中国文物报社,邀请著名考古学家及古建筑学家,在京评选出1995年暨"八五"期间十大考古新发现。江西万年仙人洞和吊桶环遗址被列入1995年全国十大考古新发现和"八五"期间全国十大考古新发现。

27日 景德镇珠山明代官窑出土的160件明初官窑瓷器在台北鸿禧美术馆展出。

27日 全省血吸虫病地方病防治工作会议强调,当前血吸虫病地方防治工作仍然艰巨繁重,需要各部门密切配合,视为己任,继续努力抓紧抓好。

27日 全省"社会先进文化县"暨"百强文化站"命名表彰大会在南昌举行。省人大常委会副主任陈癸尊、副省长黄懋衡出席会议。经省文化厅党组审定,新余市良山镇文化中心、弋阳县花亭文化中心等82个乡镇文化站为百强文化站;经省政府创评社会文化先进县领导小组审选,评出南昌县、宜丰县等九个县(市、区)为社会文化先进县。

27日 省轻工系统召开会议,总结交流经验,制定奋斗目标,部署1996年工作,决心在新的一年里,推进"两个转变",抓好"六个加"(加大小型企业改革的分量;加快城镇集体工业发展的步伐;加强对大中型企业的综合协调;加大对优势行业的扶持力量;加强对名牌产品的跟踪促导;加强以降低成本为中心的企业管理)。

28日 全省宣传部长会议在南昌召开。主要任务是:以党的基本理论、基本路线、基本方针为指导,传达学习、贯彻全国宣传部长会议精神,传达中共中央的重要指示和全国宣传工作会议精神,总结中共十四大以来江西宣传思想战线的工作,研究讨论今后五年宣传思想工作规划,部署1996年的宣传思想工作以及对外宣传思想工作和讲师团工作。会议强调要把宣传思想工作提高到新水平,为全面实现"九五"计划提供精神力量,推动全省宣传思想工作更好地为全党全国工作大局服务，为改革开放和经济建设服务。会议于3月1日结束。

28日 江西省对外宣传工作会议在南昌召开。省对外宣传领导小组组长钟起煌强调，搞好对外宣传工作，关系到改革开放的大局，改革开放越深入，对外宣传工作就显得越重要，对于扩大招商引资，促进经济发展，有着难以估量的积极作用。

28日 全省部分重点乡镇企业厂长（经理）座谈会在南昌举行。总结交流经验，探讨新形势下面临的新问题，提出新对策、新思路。省委书记吴官正等出席会议并讲话，强调必须继续大力发展乡镇企业，经营者要努力提高自身的素质。

28日 代表中国队参赛的江西名将秦广在伊朗德黑兰举行的国际举重比赛场上，在男子83公斤级中以抓举160公斤、挺举200公斤和总成绩300公斤的成绩，获三枚金牌。

28日 全省地市司法局长会议先进表彰会在南昌召开，会议传达贯彻全国司法厅（局）长会议和江西省政法工作会议精神。总结1995年省司法行政工作，研究部署1996年工作任务。制定今后5年至15年江西司法行政工作改革与发展的目标和任务，表彰了10位司法局长，10位律师，10位公证员，10个律师事务所以及获1995年度目标管理先进单位。

28日 民建江西省四届六次会议在南昌召开。会议传达民建中央六届四次全会精神，听取了民建江西省委主委喻长林所作的民建省四届常委会工作报告。省委副书记舒惠国、副省长朱英培出席会议并讲话。会议于29日结束。

28日 全省交通工作会议召开。会议主要总结工作，交流经验，制定目标，落实措施，决心以新的姿态，再接再厉，团结奋进，推进交通发展。江西在此前五年间交通建设总投资50亿元，高级、次高级路面每年以超过500公里的规模延伸，公路密度高于全国平均水平。1996年要全标准完成昌九高速公路工程和320国道二级路改建，完成昌抚公路、信江界牌枢纽工程、新八一大桥、昌樟公路等。会议于3月1日结束。

29日 省委、省政府决定，授予乐安县人武部"热爱武装 艰苦创业模范人武部"荣誉称号。

29日 赣州钨钼材料厂青工刘鸿龙发明的"自行车传动装置"，被载入英国《World Patents Index》（世界发明动向）科技发明杂志，向世界各国推广。

29日 省委、省政府、省军区在新余市召开加强县（市、区）人武部建设现场会。与会人员参观了分宜县人武部营院设施、民兵军事训练基地、副食品生产基地等。省委副书记舒惠国到会讲话。

29日 1996年春节前夕，江西省航空学会被省科协授予省级先进学会称号，连续5次获全国"学会星"称号。

29日 景德镇华意电冰箱厂50万台无氟冰箱扩建工程正式开工。

本月 南昌罐头啤酒厂与菲律宾财团合资创建的南昌亚洲啤酒有限公司灌装生产线正式投入生产。该生产线每小时可灌装3.6万瓶。

本月 在首届全国科普工作会议中，江西省两个集体和6名个人获国家科委和中国科协联合授予全国先进科普工作集体和个人。

1996

3月
March

公元 1996 年 3 月							农历丙子年【鼠】						
日	一	二	三	四	五	六	日	一	二	三	四	五	六
					1 十二	**2** 十三	**3** 十四	**4** 元宵节	**5** 惊蛰	**6** 十七	**7** 十八	**8** 妇女节	**9** 二十
10 廿一	**11** 廿二	**12** 廿三	**13** 廿四	**14** 廿五	**15** 廿六	**16** 廿七	**17** 廿八	**18** 廿九	**19** 二月大	**20** 春分	**21** 初三	**22** 初四	**23** 初五
24 初六	**25** 初七	**26** 初八	**27** 初九	**28** 初十	**29** 十一	**30** 十二	**31** 十三						

1 日　省农村基层组织建设办公室在南昌召开农村基层组织建设电话会议。省委副书记舒惠国在会上提出：（一）地县领导要做表率，带头履行职责抓村建；（二）各级机关包村单位领导，特别是省直包村单位的领导要带好头，把村建工作真正当作本单位工作中的一项重要内容来抓；（三）要采取有力措施，加强乡镇党委建设，使乡镇党委真正担负"直接责任人"的责任。

1 日　全省商业局长会议在南昌结束。要求各级商业部门巩固成绩，放眼未来，继续深化改革，开拓进取，在"九五"计划头一年，开好头，起好步，以更加扎实的工作，夺取 1996 年全省商业工作的新胜利，为实现国有商业全面振兴，再创辉煌打下坚实的基础。

1 日　全省粮食工作会议召开。要求进一步深化认识，通过深化改革，强化管理，搞活流通，发展实业，做好粮食工作，保证江西省粮食供应总量平衡，确保市场供应和粮食稳定，为促进全省经济和社会发展作出更大贡献。

1 日　全省信访工作会议在南昌召开。会议要求全面贯彻落实中共十四届五中全会精神，发扬民主，体察民情，认真处理人民来信来访，及时化解人民内部矛盾，密切党和政府与人民群众的联系，促进社会稳定和经济发展。会议于 2 日结束。

2 日　在江西省总工会女职工委二届三次全委（扩大）会上，对 63 名先进女职工、30 名先进女职工工作者、31 个先进集体及 27 名重视女职工工作的党政工领导进行了表彰。

5 日　国家体委、国家教委联合发文，授予景德镇市第十二小学、高安市筠阳镇第一小学等全国 100 所体育传统项目学校为 1995 年度全国先进体育传统项目学校荣誉称号，并获国家体委的奖励。

6 日　江西省、市纪念"三八"国际劳动妇女节 36 周年暨实施《中国妇女发展纲要》动员大会在省科技活动中心举行。

6 日　新华金属制品有限公司取得中国商检质量认证中心颁发的 ISO9000 国际质量体系注册证书的企业，省商检局负责人受国家商检局的委托，向该公司颁发了证书。省政府派人出席颁奖仪式。

6日 江西省1996年第一批33项基建重点项目正式确定，这些项目包括11项建成投产，12项新列，8项续建和2项收尾项目，其建设总规模360亿元，年计划投资95亿元。

6日 全省地市民政局长会议在南昌举行。会议要求，积极建立救灾管理新体制，切实做好救灾救济工作；在部分城市建立和实施城乡最低生活保障线制度，进一步完善城市社会保障体制；积极建立优抚基金，狠抓各项优抚安置政策的落实；着力推进社会养老保险，加快建立农村养老保险制度的步伐；着力推进基层组织建设，努力发展基层民主；着力推进社会行政管理法制化进程，强化依法行政，提高管理水平；着力推进民政经济，办好实业，增强实力；着力推进民政部门自身建设，加强基层民政组织，加大民政宣传力度。会议表彰了农村"十佳退伍军人乡村干部"、"十佳退伍军人致富能手"等。

6日 全省地市国家安全局长会议在南昌召开。会议传达全国国家安全厅、局长会议精神，总结江西1995年国家安全工作，部署1996年的工作任务。省委政法委书记彭宏松在会上讲话，强调：团结奋斗，开拓进取，维护社会政治稳定。会议于8日结束。

7日 省政府、省军区作出决定，给1995年6月27日在抗洪抢险中不顾个人安危，为保护好河堤安全英勇献身的余干县金山嘴乡土洪村原村民小组长兼民兵排长吴长春追记一等功，并批准为革命烈士。

7日 上饶市人民法院荣立全国法院集体一等功。省高院在上饶召开庆功会，最高人民法院发来贺电，省委常委、省委政法委书记彭宏松向上饶市人民法院颁发了最高人民法院授予的奖杯。

7日 江西省商检工作会议结束。会议提出，1995年江西省出口商品质量检验批次不合格率为34.7%，出证索赔金额高达7310万元，为历史最高年份。1996年要加大商检执法力度，促进江西对外经贸实现两个根本性转变，促使对外经贸出口尽快实现向集约型、效益型转变。

8日 省政府在北京香格里拉大饭店召开江西加强横向经济联合暨引进非公有制企业恳谈会，常务副省长黄智权主持会议，省长舒圣佑和省长助理蒋仲平分别在会上讲话。省长舒圣佑表示，我们将为各种所有制经济平等参与市场竞争创造良好的环境和条件，非公有制企业投资江西的天地非常广阔，可以大有作为。

8日 中共中央政治局常委、国务院副总理朱镕基当天到江西代表团，与出席八届人大四次会议的代表们一起审议国务院总理李鹏的报告，他强调，要坚决、迅速地解决农民负担过重的问题。

8日 江西省电子工作会议结束，依照中共十四届五中全会对电子工业提出的发展重点，明确提出"九五"期间，江西电子工业产业结构调整的"十大工程"：（一）通信与电子信息系统产品工程；（二）光电缆件与芯片工程；（三）光纤光缆工程；（四）电视机工程；（五）家电工程；（六）新型电子元器件工程；（七）电子陶瓷工程；（八）汽车摩托车电子工程；（九）电力电子工程；（十）电子材料工程。

江西摩托车装配生产线

8日 中国人民银行追授在1994年11月16日与歹徒英勇搏斗而壮烈牺牲的龙南县农业银行马牯塘新区储蓄所副主任李群和、出纳员叶升为"全国金融卫士"称号。

8日 铁十一局二处向吉指挥部施工的京九铁路向（塘）吉（安）段吉水河大桥，被铁道部京九办评为京九铁路优质样板工程。该桥共九墩两台，全长346.95米。

9日 南昌陆军学院被评为全国百家"绿化先进单位"和"全国四百家植树造林先进单位"。

9日 全省公路工作会议结束，强调深化公路改革，实行建养分开，加强和完善各项管理工作，提高效益和建管养质量，全面完成1996年各项工作任务。

10 日　全省国税工作会议在南昌召开。会议提出今后一段时期江西国税系统基层组织的目标和任务是：抓好基层机构、组织、思想等"八大建设"，促进治税思想观念和税收管理方式的转变，全面落实《税务系统基层建设纲要》。

10 日　波阳县科协被评为"全国农村科普工作先进集体"。

10 日　中国、马来西亚、澳门等国家和地区举办的第四届"小星星东方少年儿童美术书法国际比赛"在陕西揭晓，吉安市教委系统24名参赛学生全部获奖。该市教育局获优秀集体奖。

10 日　全省旅游工作会议在鹰潭举行。会议传达全国旅游工作会议精神，分析、研究以更新的思路、更高的招术、更有力的措施，开辟江西省旅游工作的新局面。

11 日　宜春县10岁的潘登发明的"可利用铅笔头的笔杆"，获中国专利局颁发的专利证书。

11 日　1996年"乡企杯"全国女子举重锦标赛在临川市结束。在54公斤级比赛中，江西选手韩丽婧以抓举95公斤的成绩获金牌，并以205公斤的总成绩超202.5公斤的世界纪录，获54公斤级总成绩铜牌；另一选手徐雪芬在59公斤级比赛中，以抓举102.5公斤的成绩获银牌。

11 日　上海铁路局副局长王麟书在京九南浔线检查基建，察看沙河北区段站施工现场，检查机务折返段、运转信号楼工地等。并在南昌召集有关工程、建设单位负责人会议，就樟树老大桥拆除和新余新站场建设等施工问题进行部署。

12 日　南昌铁路分局在南昌召开京九线向吉段"4·1"分流工作会议，分局领导杨建兴、蔡大鹏对新线开通、运营、有关站段筹建及设备、人员到位等进行检查、部署和落实。

12 日　国家机械工业部汽车工业司公布1995年全国汽车产品质量统检结果，江铃汽车股份有限公司生产的JX1030DS五十铃轻型载货车被评为一等品。

12 日　乐安二中一级物理教师董德珍制作的"多功能静电演示箱"，在第四届全国自制教具评选会上获国家教委颁发的一等奖。

12 日　副省长周慹平会见并宴请"大韩"贸易投资振兴公社香港代表处首席代表李钟一为团长的韩国贸易与投资考察团一行6人。

12 日　全省高校厅直单位医教科技工作座谈会召开。"八五"期间，江西省有84项医药卫生成果获省部级以上奖励。有1项获国家自然科学四等奖，3项获国家发明三等奖，三项先后被卫生部列入"十年百项成果"推广项目。这些项目中，96%以上属于实用性的科技成果。

13 日　省文明委、省妇联联合主办的"安乐·安而乐杯"江西省十佳文明家庭、十佳文明楼院、十佳文明社区和家庭文化建设活动先进市县评选在南昌揭晓。龙庆明等10户家庭被评为十佳文明家庭，德兴市农行宿舍楼等十多个楼院被评为十佳文明楼院，永修县板厂街等10个社区被评为十佳文明社区，井冈山等14个县市被评为家庭文化建设活动先进市县。

15 日　全省教育外事工作会议召开。根据国家教委规定，江西从1996年起，对国家公费出国留学人员的选派和管理实行"个人申请、专家评审、平等竞争、择优录取、签约派出、违约赔偿"的办法。

15 日　九江市庐山区桃花中学物理教师刘金龙，被全国中学物理研究会、北京师范大学物理研究中心聘为国家级特约物理研究员。

15 日　崇仁县房地产管理局被国家建设部授予"全国房地产行业精神文明先进单位"。

16 日　省委副书记舒惠国在南昌会见日本专家原正市先生。70岁的原正市先生是日本著名水稻专家。他将考察吉安、抚州等地，并为基层技术员授课及进行现场指导。

16 日　副省长周慹平会见美国犹他州生多素公司总裁史蒂夫·博格曼一行6人。在赣期间，他们将与省农业部门进行农业科技合作洽谈。

16 日　全省统计工作会议在南昌召开。会议要求，坚持实事求是的原则，加大统计立法力度，提高统计数据质量，深入开发统计资源，继续做好决策咨询服务工作，进一步扩大统计工作的社会影响。

18 日　应省引进国外智力办公室的邀请，

德国变压器专家奥托逊博士来江西变电设备总厂指导新型变压器的投产。省领导接见了奥托逊博士，并向他颁发优秀外国专家"友谊奖"。

18日 全省企业思想道德文化建设座谈会在洪都钢厂举行。省委宣传部长钟起煌出席并讲话强调：（一）既要坚持以经济建设为中心，又要加强企业思想道德教育和文化建设；（二）既要看到企业这些年思想政治工作的主流是好的，同时也要看到在推进社会主义市场经济的过程中，企业在思想道德教育和文化建设方面不可避免地出现了一些新情况、新问题，有的问题还比较突出；（三）一定要按照中央的要求，切实搞好爱国主义、集体主义和社会主义教育；（四）要不断丰富思想政治工作手段和方法。

18日 全省党史工作会议在南昌召开，会期两天。会议总结1995年的工作，对1996年的工作作出规划和安排。会议强调，党史工作要服从和服务于全党大局。一要坚持以邓小平建设有中国特色社会主义理论为指导，坚持正确的政治方向；二要总结历史经验；三要拓宽党史工作领域。

19日 全省政研工作会议在南昌召开，会期两天。省委书记吴官正强调，各级领导干部必须高度重视调查研究。调查研究是我们党的优良传统，现在进入了跨世纪发展的关键时期，加强调查研究，对各级领导干部来说，更显得紧迫、重要。

20日 由南昌开往上饶的82/81次列车首发式在上饶举行。上饶地委书记王兴豹及上饶市6套班子领导到会庆贺并接车。南昌铁路局领导刘远清全程添乘该趟列车。

20日 全省建设工作会议召开。会议确定"九五"期间江西建筑业发展的指导思想和奋斗目标是：加快建筑业的振兴与发展，提高产业素质，促进工程质量和经济效益达到新水平，推进城镇化进程，全面完成各市、县总体规划的调整修编及全省城镇体系规划，加快城乡住宅建设、房地产综合开发和房屋商品化进程，推进城乡住房制度改革，改善居住环境。会议于22日结束。

21日 副省长周慰平会见美国洛杉矶江西同乡联谊会会长彼得·陈力。这次陈力还将就互设代表处、合办经济实体等事宜与省海外交流协会签署有关协议。

21日 省社科院、省社联召开1996年度工作会议，省委副书记钟起煌到会讲话，要求社会科学理论研究要"上位次、出精品、出人才，为实现江西省'九五'计划和跨世纪宏伟蓝图作出更大贡献"。

21日 江西省建设系统体育协会正式成立。该协会旨在推动指导和组织江西建设系统职工参加各种体育活动、竞赛与技术交流活动，组织系统的体育队伍参加全国、全省性或行业间的体育竞赛活动。

21日 全省第二十三次公安会议召开，会议传达学习第十九次全国公安会议精神，总结回顾江西"八五"期间的公安工作，全面分析面临的斗争形势，提出"九五"时期公安工作的指导方针、任务、目标和主要措施，研究部署1996年的公安工作。提出要高度重视维护稳定工作，创造良好社会治安环境。

21日 日本岐阜县林业专家、清丽工业株式会社顾问松井茂一应邀到省林业厅传授先进林业技术，并考察江西从日本引进的优良经济林品种生长情况。考察于24日结束。

22日 省政府召开经贸电话会议，针对当前江西省外贸出口和利用外资出现滑坡的严峻形势，进一步动员各级政府、各有关部门，特别是外经贸企业，在提高经济效益的基础上，加快外贸出口和利用外资步伐，坚定信心，克服困难，采取有力措施，尽快扭转滑坡局面，确保1996年各项外经贸任务的完成或超额完成。

22日 江西省首家物资拍卖中心由省物资集团公司主办并正式开业。

22日 1996年全国男子举重锦标赛在上海降下帷幕，江西举重名将秦广夺得3枚金牌。

22日 全省建材工作会议结束，确定"九五"指导思想和战略目标，要求全行业干部职工开拓进取，排难而进，将建材工业建成江西的支柱产业。

23日 江西医学院二附院桂炳东副主任技师主持完成的《耐甲氧西林葡萄球菌的分离鉴定及药敏监控研究》项目，通过省医学会组织的新技术引进项目的验收。该技术达到国内同类研究的先进水平。

23 日 在 1995 年全国优秀星级饭店表彰会上，江西宾馆被评为"百优星级饭店"后再获"全国优秀星级饭店 50 佳"称号。

23 日 1996 年国家计委将投资 1 亿元用于大茅山金山金矿三期扩建，达到日处理 1000 吨矿石量，年产 1 吨金属量的生产能力。

23 日 全省物资工作会议在南昌召开。会议强调振奋精神，转变观念，深化改革，加强管理，以扭亏增盈，提高经济效益为中心，紧紧围绕经济体制和经济增长方式的"两个根本性转变"，努力做好 1996 年的物资流通工作，促进江西省经济建设的快速发展。会议于 25 日结束。

24 日 在上犹县平富乡信地村发现一株奇特的"四季梧桐"，长在海拔 1000 多米的杂山林中，树干直径 16 厘米，树高约 11 米。

24 日 南昌洪城大厦进入全国商业百强企业的第九十五位。该大厦，1987 年开业实现销售额 1900 万元，创税利 142 万元。1995 年，销售额为 3.11 亿元，创税利 1600 万元。现拥有固定资产 1.2 亿元，为集商业、餐饮业、宾馆业于一体的综合型集团企业。

南昌洪城大厦夜景

25 日 全省供销社工作会议暨供销社主任会议在南昌召开。会议强调要把供销社真正办成农民的合作经济组织，积极推进经济体制和经济增长方式转变，深化改革，强化服务，为实现"九五"计划和"农业上台阶，农民奔小康"战略目标作出新贡献。会议于 27 日结束。

26 日 省人大常委会环资委和省环保局联合在南昌召开会议，传达贯彻全国人大 1995 年环境与资源保护工作座谈会精神，研究进一步加强环境与资源保护工作。会议强调：要把环保工作推向新阶段。会议于 27 日结束。

26 日 省农委（办）主任会议在南昌召开，会期 3 天。会议强调要发挥农委（办）的综合协调作用，当好党委、政府参谋，促进"农业上台阶，农民奔小康"攻坚战的顺利开展。

27 日 经国家环境保护局自然保护局批准，江西共青城成为全国 69 个生态示范区建设试点地区之一。

27 日 《江西省道路运输管理办法》经省政府第五十次常务会议通过，现予发布施行。

27 日 全省高教工作会议在南昌召开。会议要求，抓住机遇，深化改革，优化结构，提高效益，进一步开创江西高教新局面。省委副书记钟起煌对抓好高校工作提出四点要求。副省长黄懋衡强调：要做好高校招生"并轨"改革及其各项配套工作；抓好教师"安居工程"；调整好高校专业结构；加强教师队伍建设。会上宣布了省委宣传部和省教委《关于表彰江西省高校校风建设十年总结大检查先进学校的决定》。

28 日 江西九江石化总厂被全国妇联授予"全国先进女职工集体"。

28 日 全省烟草工作会议在南昌召开，会期两天。会议提出：以提高经济增长的质量和效益为中心，大抓工业主导环节，大抓烟叶生产基础，大抓两个网络建设，大抓名优卷烟推销，完善和强化目标管理机制，突出思想作风建设这条红线，促使江西烟草整体水平再上新台阶。

29 日 拥有 16.5 万亩内湖水面的都昌县把大力发展珍珠养殖和加工作为"特色农业"的重要一环，珍珠养殖面积已达 8000 余亩，跃入全国珍珠大县行列。

本月 阳春三月，南昌市有 400 多对相恋情侣、新婚夫妻和青年夫妇，摒弃旧婚俗观念，树立新风气，先后来到梅岭国家森林公园，栽种爱情纪念树，营造精神文明建设绿洲。

1996

4月
April

公元1996年4月							农历丙子年【鼠】						
日	一	二	三	四	五	六	日	一	二	三	四	五	六
	1 十四	**2** 十五	**3** 十六	**4** 清明	**5** 十八	**6** 十九	**7** 二十	**8** 廿一	**9** 廿二	**10** 廿三	**11** 廿四	**12** 廿五	**13** 廿六
14 廿七	**15** 廿八	**16** 廿九	**17** 三十	**18** 三月小	**19** 初二	**20** 谷雨	**21** 初四	**22** 初五	**23** 初六	**24** 初七	**25** 初八	**26** 初九	**27** 初十
28 十一	**29** 十二	**30** 十三											

1日 南昌向塘火车站举行京九铁路全线分流仪式。10时30分跨越赣粤的货列驶出京九线上的大型枢纽站——向塘火车站，大京九铁路实现全线分流（8月10日，京九铁路线上的重点工程——向塘枢纽工程通过验收，9月1日京九铁路全面分流）。

京九线1807次货物列车从向塘车站开出

2日 江西确定组织实施"百户扶优增效工程"，政府和银行携手实行资金效益责任制，运用金融杠杆对工业结构进行调整，促进经济效益上台阶。

2日 省人大常委会、省高级人民法院、省人民检察院联合在南昌召开大会，传达贯彻八届全国人大四次会议精神。张逢雨作传达报告，为三部分，即大会盛况、大会的主要精神和传达贯彻意见。主要内容有：着力推进经济体制和经济增长方式转变，各级领导要深刻理解两个根本性转变的主要内涵、基本要求和相互关系；进一步完善人民代表大会制度。

3日 为期两天的民革省委八届五次全委会结束。会议传达学习八届全国人大四次会议和全国政协八届四次会议精神，听取和审议民革江西省委主委张华康所作的工作报告。省委书记吴官正到会讲话，指出，一要坚定不移地贯彻党的"一个中心、两个基本点"的基本路线；二是要切实履行参政议政、民主监督职责；三要大兴调查研究之风；四要充分发挥民革与海外联合广泛的优势，促进祖国统一大业。

3日 宜丰县、崇义县分别被林业部命名为十大"中国竹子之乡"。

4日 省精神文明建设委员会、省委宣传部召开省直有关部门负责人座谈会，讨论制定江西省社会主义精神文明建设"九五"规划问题。省教委、文化厅、广播电视厅、团省委、武警江西总队、新闻出版局、环保局、社科院等部门负责人就《规划》初稿发表意见。

4日 在全国"1996照相机械精品推荐活动"中，江西光学仪器总厂生产的凤凰相机获全国推荐精品称号。

4日 中国最大的锰铁高炉——新余钢铁有限责任公司铁合金厂一号锰铁高炉，顺利冶炼出第一炉锰铁。它的投产，使新钢公司锰铁总产量、质量均居全国同行业第一。

4日 宁都县退休老干部火石被联合国科教文组织授予"民间工艺美术家"称号。在这之前，他还被国家授予"民间工艺美术家"称号。

4日 第十六届华东区射击锦标赛（手枪项目）在江西省射击运动学校举行。江西女将蔡烨清夺得女子运动手枪60发、女子气手枪40发两个项目的个人金牌。华东区11个地区的114名运动员参加了六个项目的比赛。

5日 省爱国卫生运动委员会召开全体委员会议，讨论《江西省爱国卫生工作"九五"规划》送审稿。会议要求再接再厉，扎实工作，以良好的精神风貌，努力开创爱国卫生工作新局面。

5日 省政府印发《关于在江西省实施再就业工程的通知》。要求各级政府和有关部门帮助国有企业、县以上城镇集体企业的富余人员及失业职工再就业，帮助企业安置富余人员，以保持社会稳定和保障企业改革措施的顺利实施。

5日 省人大常委会、省政府、省政协联合在南昌召开省人大代表建议、政协委员提案交办会。省政府副秘书长胡咏汇报1995年人大代表建议、政协委员提案工作情况。会议对办理1996年的建议、提案工作进行部署。

5日 在国际航海模型锦标赛上，代表中国参赛的南昌市海模队，获3金2银和2铜。

6日 省委常委专门听取省委组织部关于省直单位领导班子情况的分析汇报。指出：能否顺利实现宏伟的"九五"计划和2010年远景目标，关键在于把各级领导班子建设好。同时决定，听取领导班子建设情况要形成制度，坚持下去。

6日 在南昌召开的江西省中招计划会议上规定：1996年省、地、市属中专计划招收初中毕业生3.67万名，外省及部属中专计划尚未确定。

6日 1996年全国跳水冠军赛（甲级队）在武汉市结束。江西选手唐古、鲍畅两人在女子双人十米跳台上，以232.56分获得第二名。梁海亮、万俊在男子十米跳台和三米板跳水赛中，分别以265.86分和232.74分获得第五名和第七名。以上选手年龄都不满15岁。

7日 国务院三峡建设委员会副主任魏廷铮一行在中国科学院副院长陈宜瑜的陪同下，考察坐落在江西省余江县刘垦地区的中科院红壤生态实验站。

7日 22时30分，一种被气象界称为飑线的灾害袭击瑞金。这是瑞金气象局自1957年有观测记录以来首次出现的罕见天气，风速超过10米，一小时之内降雨超过76毫米，全市21个乡镇全部受灾。

8日 省委、省政府批转《关于在江西省实施特色农业"241"发展规划的意见》。实施特色农业"241"发展规划，即力争特色农业产值年递增率达到20%以上，占农业总产值的比重到2000年达到40%以上，农民从中获得纯收入人均100元以上。

9日 "纪念红军长征胜利60周年·特区与老区人民心连心"演出团抵达赣州。李谷一、彭丽媛、董文华、阎维文、吴雁泽、沙呷阿依、郭达等著名演员为老区人民表演精彩节目。

10日 省委常委理论学习中心组集中两天学习中共中央总书记江泽民关于领导干部一定要讲政治的几次重要讲话，并联系实际，着重围绕把讲政治的要求进一步落到实处展开讨论。省委书记吴官正就领导干部如何做到讲政治，从理论与实际的结合上作了深刻阐述，提出六点要求：第一，必须坚持不懈地学习；第二，必须处理好政治与经济的关系；第三，必须坚定政治方向；第四，必须加强与人民群众的联系，切实改进工作之风；第五，必须坚持精神文明与物质文明两手抓、两手都要硬的思想；第六，必须坚持民主集中制原则，搞好班子廉政工作。

10 日 南昌铁路分局六届二次职代会在南昌召开。分局长杨建兴作题为《转变观念，迎接挑战，为全面完成 1996 年各项任务而奋斗》的工作报告，提出分局运输生产、安全生产、路风建设、多元经济发展四项奋斗目标及十一项重点工作。会议于 12 日结束。

11 日 江西铜业公司生产的"贵冶"牌电解铜在伦敦金属交易所一次注册成功，正式挂牌上市。"贵冶"牌电解铜已跻身国际名牌行列。

江西铜业公司生产的主要产品"贵冶"牌阴极铜

11 日 省委宣传部、省农办在赣州对江西省农村精神文明创建活动"1133"工程进行全面部署。"1133"工程即创建 1000 户文明家庭、100 个文明乡镇企业、300 个文明村、30 个文明集镇，要求从 1996 年开始实施，到 1999 年完成。

12 日 在江西省农业综合开发会议上，增加了 10 个农业开发县市，即：永新县、遂川县、宜丰县、上饶县、德兴县、赣县、寻乌县、广昌县、德安县、乐平市。10 个县市农业综合开发总投资为 6000 万元，其中中央财政投资 1500 万元；省地县配套资金每县 150 万元；农贷 150 万元；集体和群众集资 150 万元。当前，省开发办和新立项的县市正在部署计划编制，并做好项目实施前的准备。至此，江西被列为农业综合开发县市已达 51 个。

12 日 省政府发出深入开展学习邯钢活动的通知。通知要求联系实际，把握实质，有针对性地开展学邯钢活动。突出重点，抓好示范，迅速掀起学邯钢活动新高潮。

12 日 文化部在瑞金举行希望工程捐赠仪式。文化部将其组织在深圳演出活动收入的 30 万元捐赠给瑞金市解放小学建科技楼。

12 日 省武委会在南昌市举行全体会议，研究 1996 年国防后备力量建设等有关问题。会议强调，全省各级党委、政府和军事机关要更加重视发挥民兵预备役部队在两个精神文明建设中的骨干带头作用。各级领导尽可能地给予财力、物力支持。

12 日 省委书记吴官正深入万安、赣县、兴国、于都四县，就库区、老区打好农业上台阶、农民奔小康攻坚战问题进行调查研究。吴官正指出，实现江西省农业"九五"攻坚战的目标，库区、老区和湖区是难点。各级干部要进一步解放思想，从本地实际出发，扬优避劣，打好农业上台阶、农民奔小康的攻坚战。

13 日 南昌铁路分局召开会议，就加快分局房改步伐和住宅建设等问题进行专题研究。

14 日 当天是中国工农红军二万五千里长征胜利 60 周年，受省委宣传部、省新闻出版局委托，江西美术出版社向北京武警部队天安门国旗护卫队赠送《中华正气歌》图书仪式在北京举行。

15 日 省政府召开全体会议，分析第一季度经济形势，部署第二季度工作。会议要求各级领导以昂扬的姿态，充沛的热情，主动的精神，带领广大群众团结奋斗，克服困难，开创新局面。

15 日 省八届人大常委会第二十一次会议在南昌举行。会议通过《江西省外商投资企业劳动管理条例》、《江西省市场调节价格监督管理条例》、《江西省劳动力市场管理条例》和关于批准《南昌市城市房屋租赁管理条例》的决定。会议决定任命雍忠诚为省财政厅厅长、省地税局局长；袁耀辉为省经济贸易委员会主任；刘政民为省水利厅厅长。决定免去华桐的省财政厅厅长、省地税局局长职务；免去钱梓弘的省经贸委主任职务；免去钟积贤的省水利厅厅长职务。

15 日 沈阳市与南昌、九江、景德镇三市举行经贸洽谈会。双方共达成各类经济技术项目 171 项，其中经济联合项目 31 项；技术协作项目 51 项；商贸项目 88 项。签订合同项目 11 个。

16 日 南昌铁路分局客运工作会议在上饶

召开。会期两天。会议研究部署客运安全上载体以及"一年上水平，两年大变样"和塑形象、整路风工作，并对1995年度站车评比优胜单位进行表扬和奖励。

18日 江西铜业公司在抓铜产品的同时，1996年一季度黄金产量完成全年计划的27.47%。

18日 省长舒圣佑会见来南昌对江铃汽车集团进行考察的美国福特汽车公司董事长兼总裁乔汜曼一行。

18日 国际医学中国互联网络江西省中心站建成并开始运转。该中心站是为适应现代高科技医疗发展的需要，充分发挥该院在江西省医疗、教学、科研的优势而筹建的，是一条医疗信息"高速公路"，是继沈阳、长春、河北之后在全国建立的第四个中心站。

18日 省政府召开工业经济形势分析会议，总结第一季度工业生产，部署第二季度工业生产任务。要求工业战线广大干部职工振奋精神，坚定信心，排难而进，扎实工作，坚决完成第二季度工业生产任务。

18日 1996年中国井冈山旅游杜鹃节暨湘赣边界贸易洽谈会在茨坪召开。洽谈会共签约23个，资金总额达3.395亿元。

18日 省委、省政府在赣州召开全省乡镇企业工作会议。总结"八五"期间乡镇企业发展的成就和经验，部署1996年和"九五"期间乡镇企业发展的各项任务。会议要求统一认识，坚持乡镇企业的重要战略地位不动摇，保持乡镇企业开拓进取的锐气不减弱，坚持乡镇企业大发展大提高的方针不摇摆。在当前和今后一段时间，乡镇企业的发展要努力实现"两个高于"：即发展速度要高于全国平均水平；增长质量要高于"八五"时期。

19日 省政府举行清理涉及外商投资企业税外收费新闻发布会。会议指出，省政府决定对涉及外商企业税外收费进行清理。未经有权机关批准，各级政府、各部门自立涉及外商投资企业的税外收费项目一律停止收取。

21日 江西代表团参加第三届全国工人运动会欢送大会在江西棉纺织印染厂举行。江西省决定派出11支代表队，分赴各赛区参加十个项目的比赛。

21日 正兵团职离休干部、原江西省军区政委张闯初在南昌病逝，终年85岁。张闯初是湖南平江人，1929年参加革命，1930年参加红军，1931年转为中共党员。

22日 全国妇联副主席赵地一行来赣考察江西省城市妇女工作。赵地一行将对九江、景德镇、南昌、新余四地市进行考察。

22日 "赣江"牌农用车两次开进中南海，分别接受江泽民总书记和李鹏总理等党和国家领导人的检阅。

李鹏总理检阅"赣江"牌农用车

22日 省政府召开电话会议，贯彻落实全国治理公路"三乱"电话会议精神，动员各地、各部门加强领导，狠抓落实，实现党中央、国务院提出的1996年国道、省道基本无"三乱"的目标。

22日 省新闻工作者协会和省新闻学会在鹰潭召开第三届江西新闻奖评审会。共评出获奖作品142篇（件），其中一等奖20篇、二等奖41篇、三等奖81篇。

23日 省委、省政府在南昌召开江西省"严打"工作会议，贯彻落实中共中央关于维护社会治安、社会稳定工作的指示，研究布置在江西省开展"严打"斗争。会议提出，依法从重从快惩处严重危害社会治安的犯罪分子，切实维护社会治安和政治稳定。

23日 全省体育工作会议在南昌召开。会议制定了"九五"计划和2010年远景目标，研究进一步深化体育改革，全面发展江西省体育事业。副省长黄懋衡代表省政府与各地市签订了

"体育工作责任状"。会议于 25 日下午结束。

23 日　为期 4 天的全国计委外资工作座谈会在南昌召开。国家计委常务副主任甘子玉就利用外资特别是借用国外贷款问题向大会作报告。副省长周慼平介绍江西利用外资工作情况，"八五"期间，江西省累计利用外资 15.5 亿美元，比"七五"时期增长 7 倍。

23 日　全国机电设备招标系统招标工作会在南昌召开。会议总结"八五"期间的基本经验，研究确定"九五"发展思路，对 1996 年的工作作了具体安排。

24 日　1996 年江西省新技术成果、新产品交易会在省展览中心开幕。近千家单位展出项目 2000 多项。

25 日　江西省庆祝"五一"暨表彰大会在南昌举行。省领导为全国"五一"劳动奖状和奖章获得者，为省"五一"劳动奖章获得者和江西省"学先进、比贡献、创一流、增效益"劳动竞赛优胜企业的代表颁奖。

25 日　南昌铁路分局团委获共青团中央授予的创建"青年文明号"优秀组织奖。

25 日　省委、省政府召开全省计划生育工作会议，传达全国计划生育工作会议精神，分析江西省计生工作面临的形势，要求进一步加大工作力度，切实把 1996 年和 1997 年人口出生率在计划指标的基础上每年再降低一个千分点。会议于 26 日结束。

25 日　全省乡镇人大换届选举工作总结会在吉安召开。省人大常委会副主任周述荣作《关于一九九六年江西省乡镇人民代表大会换届选举工作总结报告》。报告指出，江西省乡镇参加投票选举的有 20682009 人，参选率达 94.27%；新选出代表 95377 名。新当选的乡镇领导年龄结构、文化结构、专业结构得到优化，整体素质有所提高。

25 日　全省教育工作会议在南昌召开。会议提出 1996 年教育工作的目标和要求：抓住机遇，突出改革，重在内功，依法治教。推进"两基"工作，促进"两全"、"两重"，抓好教育综合改革，加强教师队伍建设，进一步开创江西省教育工作的新局面。

26 日　1996 年江西高新技术试点工程国营第七四六厂的磷化镓红色、绿色发光二极管芯片和江西景华电子有限公司的电力用真空陶瓷管项目签约仪式在南昌举行。

27 日　江西省首次计划生育科学技术大会召开。会议表彰 16 个"六好"服务站和 19 名省计划生育科技先进工作者。

28 日　江西省首项百亩果园滴灌工程在德安县园艺场建成并投入运行。

29 日　中共中央政治局常委、国务院副总理朱镕基在江西进行为期一周的考察。朱镕基深入九江、景德镇、南昌三市的工厂、农村，与工人、农民广泛交谈，并先后召开两次企业负责人座谈会，听取省委、省政府和三市市委、市政府的工作汇报。

朱镕基在德安县园艺场听取负责人工作汇报

30 日　南昌新八一大桥南引桥 D-3 标段高架工程正式动工开钻。南昌新八一大桥南引桥 D-3 标段位于桥头高架三层互通式立交，向市内阳明路延伸，桥面总长 740 米，桥面宽 15.88 米，总面积 8000 平方米，主桥最高点为 12.5 米，总造价 1330 万元。

30 日　在广州落下帷幕的第七十九届广交会上，江西省 42 个参展单位组成的交易团，精选近千种商品赴会，共成交 12787.64 万美元，超额完成计划任务。

1996

5月
May

公元 1996 年 5 月　　农历丙子年【鼠】

日	一	二	三	四	五	六	日	一	二	三	四	五	六
			1 劳动节	**2** 十五	**3** 十六	**4** 青年节	**5** 立夏	**6** 十九	**7** 二十	**8** 廿一	**9** 廿二	**10** 廿三	**11** 廿四
12 廿五	**13** 廿六	**14** 廿七	**15** 廿八	**16** 廿九	**17** 四月大	**18** 初二	**19** 初三	**20** 初四	**21** 小满	**22** 初六	**23** 初七	**24** 初八	**25** 初九
26 初十	**27** 十一	**28** 十二	**29** 十三	**30** 十四	**31** 十五								

1 日　江西省第一座根艺美术馆在赣州市开馆。

1 日　江西 1996 年第一批重点组织实施的 30 项技术改造项目，经省政府批准正式下达。计划总投资 16.4 亿元，项目完成可新增产值 48 亿元，利润 4.4 亿元，税金 3.2 亿元，创汇 4410 万美元。

1 日　铁道部副部长蔡庆华率建设司、工务局、京九办、部工程总公司有关负责人在上海路局、铁四院、铁路局，蚌埠、南昌分局有关领导陪同下，对京九线阜阳枢纽、九江长江大桥、九江新客站、沙北区段站建设工地进行重点检查，并乘轨道车检查阜阳至九江段沿线工程。

2 日　铁道部副部长孙永福在南昌分局检查工作。添乘列车先后检查浙赣线和皖赣线的建线情况。深入京九南浔线共青城站及南昌站施工现场，检查两站的施工进度和施工质量，察看施工过程中旅客乘降组织工作。并在南昌主持召开分局领导班子和分局劳资、财务、收入部门负责人会议，听取分局领导对运输生产、任务效益等情

况的汇报，详细了解分局生产运输收入、客货发送量、劳动生产率、资金周转、成本控制等情况。

3 日　省委宣传部在江西师范大学召开思想道德建设研讨会，就加强思想道德建设展开讨论。

3 日　世界银行专家卡特莱特一行对利用世行贷款的中国 27 个省级环境信息系统建设项目来江西进行为期 3 天的现场检查。

4 日　国务院副总理朱镕基视察江铃汽车集团发动机分厂发动机总装生产线。

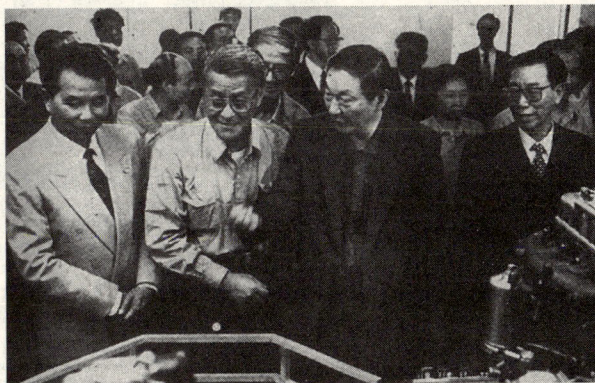

朱镕基（左三）视察江铃汽车集团发动机分厂发动机总装生产线

4日　江西省森林资源清查第四次复查暨联合国援助我国《建立国家森林资源监测体系》项目试点技术培训班在德兴市举办。江西省森林资源清查第四次复查领导小组、省林业厅、林业部资源和林政管理司的领导等出席培训班并讲话。

4日　新干县金川镇蓝田坑农民张继生研制的实用新型组合厨具和自动墨汁瓶获国家专利。

6日　联合国专家桑塞尔博士和德度尔瓦教授对我国政府提名列入联合国《世界遗产名录》的庐山风景名胜区进行评估考察。省委书记吴官正、省委副书记、常务副省长黄智权会见了桑塞尔和德度尔瓦。

吴官正（右二）、黄智权（右一）等领导在江西宾馆会见联合国专家

6日　省政府颁发《关于大力发展民营科技型企业的决定》。

6日　全国新闻出版系统跨世纪人才培养工作会议在南昌召开。国家新闻出版署署长于友先、副署长桂晓风出席会议。于友先署长作题为《为推进新闻出版工作阶段性转移和完成跨世纪的发展规划提供人才保证》的工作报告。

7日　国家教委和财政部在北京同江西等12个省主管教育的副省长签订了"国家贫困地区义务教育工程"项目责任书，改变贫困地区教育落后面貌的宏大的教育扶贫工程进入正式实施阶段。

7日　地处京九、浙赣铁路枢纽的向塘、王家特大高架桥正式开通。桥全长1898米，总投资1000万元，是京九铁路的一项重要工程。

7日　由50名工商界知名人士组成的香港中华商会1996年江西京九线商务考察团对京九沿线九江、南昌、吉安等地区投资环境、投资政策、投资项目进行了为期一周的实地考察。考察团由香港中华总商会副会长、香港特别行政区筹委会委员王敏刚先生任团长。行前，省委书记吴官正会见了考察团全体成员。省长舒圣佑等领导与考察团进行座谈。

吴官正（左一）、黄智权（左二）、周慈平（左三）等在滨江宾馆会见香港中华总商会组织的1996年江西京九线商务考察团人员并与他们亲切交谈

省政府领导与到江西考察的香港中华总商会代表团举行座谈会

8日　江西红星乳品厂被国际乳制品联合会吸收为会员，有利于该厂加强与国际乳制品组织的技术、经济合作。

8日　为期两天的江西省勘界工作会议在南昌召开。会议指出，江西周边与浙、闽、粤、湘、鄂、皖六省接壤，省级行政区域界线六条，约3418公里，省内县级行政区域界线257条，约10029公里。要求从1996年起，力争用五年左右时间基本完成全省省、县两级行政区区域界线的勘定任务。

9日　《中国少年报》、《江西少年》驻南昌小记者站暨南昌市小记者团在少年宫正式成立。

9日　南昌市第一职业中学、弋阳县职业高级中学、奉新县冶城职业中学、泰和县职业技术高级中学、大余县职业技术教育中心5所职业高中，被国家教委批准为国家级重点职高。

9 日 共青城公跨铁立交桥正式开通。该桥总投资 600 多万元，长 70 米，宽 30 米。它采用南北双架结构，当前建成通车的是北半跨，占总工程量的 67.4%，南半跨区在紧张施工之中。

10 日 中共中央政治局常委、中央军委副主席刘华清到江西进行为期 6 天的考察。先后深入景德镇、南昌的国防工业企业、设计研究所、部队及地方企业，与专家、工人、技术人员和部队官兵交谈，召集有关军工企业负责人及地方党政领导座谈，进行广泛的调查研究，听取了省委、省政府、省军区的工作汇报。

刘华清视察江西省军区

刘华清在景德镇市华意电器总公司考察

10 日 省高级人民法院、省人民检察院、省公安厅、省司法厅发出《关于敦促犯罪分子投案自首的联合通知》。

10 日 《江西核电厂初步可行性研究报告》通过电力部与中国核工业总公司的审查。认为江西建设核电厂在技术上、安全上、经济上都是可行的，并首推彭泽县帽子山为该厂厂址。

10 日 省政府召开工业专员、市长会议，分析当前工业生产产销形势，研究有效措施，着力开拓市场，把产销率搞上去，把产成品资金降下来，努力提高经济效益。

11 日 江西中华民族文化促进会在南昌成立。杨佩瑾当选为会长，王华湘任荣誉会长。

12 日 在第四届全国残疾人运动会上，江西选手王国泉在聋哑男子 100 米仰泳和聋人男子 200 米个人混合泳的比赛中获两金。

12 日 为期两天的团省委常委（扩大）会议在南昌召开。会议总结交流各地开展"服务万村行动"经验，讨论研究下一阶段推进"服务万村脱贫致富奔小康行动"的思路。

13 日 江西新余钢铁公司火车司机皮秋生获全国"双优青工"称号。皮秋生进厂七年来爱岗敬业，驾驶的 1160 号火车每年超额完成铁路运输任务，还节约煤炭 100 余吨。

13 日 江西省预备役军官军衔工作领导小组会议在南昌召开。会议审定江西省《关于做好预备役军官评授军衔工作的实施意见》。

14 日 南昌大学信息网络中心宣告成立。该中心是校重点建设的科学实验中心之一，拥有当时最先进的 ATM 网。首批投入 320 万元。

14 日 中央电视台心连心艺术团 20 多位著名艺术家在遂川进行首场慰问演出，数万群众一起参加观看。次日赶赴吉安市走访干休所、军干所的老红军，并为吉安老干部和群众进行专场演出。

14 日 上海铁路局党委书记王汝宽在南昌检查工作，实地察看新客站站房、贵宾室、售票厅、高架候车室及广场等施工现场，了解工程建设进度、设备购置、工程投标、旅客乘降情况，询问车站的安全、收入、营销工作，并提出意见和建议。

14 日 为期 3 天的全国煤炭企业扶贫解困工作现场会在萍乡矿务局召开。煤炭系统 260 多名代表参加。国务院副总理邹家华对萍乡煤矿的扶贫解困经验作了批示，要求全国煤炭系统认真学习萍乡煤矿和其他单位的先进经验，努力做好煤炭企业的扶贫解困工作。

14日 全省就业工作会议召开,部署"九五"和1996年江西省就业工作任务的目标。"九五"期间,城镇要为70万人就业提供帮助,农村劳动力就地转移和劳务输出530万人。1996年城镇要帮助14万~16万人就业,将失业率控制在3%以内,失业职工再就业率达到50%。

15日 九江市赤湖啤酒厂研制的易拉罐珍珠啤酒,获1995年度首届中国国际食品博览会金奖。

15日 公用分组交换网和公用数字数据网正式开通使用,江西省数据通信网的主体和骨干结构已经形成。分组交换网由11个地市及80个县分组交换中心构成,覆盖所有县级以上城市。总投资1.2亿元。

17日 九江海关共青城监管组正式成立。国家海关第一次进入江西省农垦系统。

17日 副省长周慈平会见并宴请芬兰驻上海领事馆总领事墨基·哈尼卡南一行3人。哈尼卡南一行此次来赣参加江西"全球通"数字移动电话开通仪式。

17日 全国人大常委会副委员长布赫在吉安、井冈山、赣州、瑞金、九江、南昌等地考察贯彻实施《教育法》的情况。

18日 省委办公厅、省政府办公厅发出《切实把减轻农民负担的要求落到实处》的通知。重申10项具体规定,要求各地认真开展"五查",对农民负担反映强烈的突出问题进行专项治理。

18日 江西海外联谊会在南昌举行第三届理事会。会议通过了《江西海外联谊会章程》,梅亦龙当选为会长。

18日 省委书记吴官正考察二十四联圩时强调,修复加固圩堤是关系堤内群众生活的大事,不能有丝毫松懈,要坚定信心,克服困难,广开门路,发展生产,进一步改善群众生活。

18日 以中国道教圣地——鹰潭龙虎山为内容的一枚邮票小型张在非洲的加纳共和国发行。该邮票图案为我国道教创始人、第一代天师张陵像,邮票面值1000加纳币,美国承印,国内发行18万枚。这是江西省第一枚由国外发行的邮票,这枚邮票还参加了在北京举办的"1996年第九届亚洲国际邮展"。

18日 省委组织部、省委宣传部、省纪委在萍乡召开全省党员学理论学党章现场会。会议要求各级党组织加强领导,坚持不懈地抓好党员"双学"活动。

19日 江西省参加全国第四届残疾人运动会的27名运动员凯旋归来,共获10金5银6铜。

19日 江西省森林工业技工学校更名为江西省林业技工学校。

19日 江西化纤化工厂职工医院中医叶建华的论文《中药归芪地黄饮抗衰益寿疗效浅析》被美国国际中药研究院评为"1996首届国际中医药杰出成果交流会"杰出论文奖,并被授予"国际名医"证书和奖杯。

19日 铁道部副部长傅志寰在南昌分局进行两天的检查工作,乘"游7"次客车到南昌。途中,逐车厢检查了解列车的服务质量、环境卫生、茶水供应及严打情况,在南昌召开座谈会,听取南昌铁路分局的汇报,详细了解分局运输生产、设备、现状、客货收入、多种经营发展等情况。

20日 省领导吴官正、舒圣佑、黄智权等在省科技活动中心会见即将赴京参加中国科协"五大"的江西代表团全体代表。该团由21人组成,舒惠国任团长,金祖光、倪国熙任副团长。

20日 为期两天的全省畜牧业工作会议在丰城市召开。会议提出,要使畜牧业成为农业中产值增长最快的产业,成为农业中人均收入增长最快的产业。到2000年,全省生猪出栏3000万头,牛出栏100万头,家禽出笼205亿羽,肉类总产300万吨,禽蛋产量45万吨,畜牧业产值185亿元。

21日 各民主党派中央、全国工商联领导人和无党派人士考察团在革命老区井冈山进行两天的考察。考察团就京九铁路建成通车后江西经济的发展提出很好的意见和建议;举行了助建井冈山小学和支援老区建设项目落实仪式。考察团参观革命旧址,向革命烈士敬献花篮。前来考察

吴官正（右三）、舒圣佑（右一）等在井冈山火车站迎接各民主党派中央、全国工商联领导人和无党派人士考察团

的领导有全国人大副委员长费孝通、雷洁琼、王光英、程思远、吴阶平，全国政协副主席王兆国、钱伟长、万国权等。

22 日 省委宣传部、省文联组织的江西文艺家采风团一行 30 人举行出发仪式。他们将分三个队，深入到上饶、宜春、赣州等地进行为期 10 天左右的采风活动。

22 日 井冈山被国家建设部授予"全国城市环境综合整治先进城市"称号。

22 日 在第四次全国文化先进县经验交流会上，赣州市、弋阳县等 54 个县、市获"全国文化先进县"称号。

22 日 江西省加强横向经济联合暨利用非公有制企业资金洽谈会在南昌举行。中共中央委员、全国工商联党组书记、第一副主席蒋民宽，省委副书记、副省长黄智权出席开幕典礼。共签订正式合同项目 223 个，引进资金 15.93 亿元。其中签订境外、国外正式合同 17 份，引进资金 2.64 亿元。洽谈会于 23 日结束。

23 日 铁道部浙赣复线自动闭塞变更设计和浙赣线长途通讯光缆工程设计审查会在南昌召开。

24 日 省委副书记、省长舒圣佑到丰城发电厂建设工地、丰城市 23 万吨水泥扩建工程、丰城市凤凰禽有限责任公司、丰城市新区和孙渡乡水禽养殖基地考察工作，强调要从实际出发，抓住机遇，加快发展，要在京九线上做文章，按照"两头先行、中间崛起、东西联动、点面结

合、重点突破"的原则分步推进。

24 日 萍乡市采茶剧团创作演出的采茶剧《榨油坊风情》获全国舞台艺术最高奖——文华大奖，同时囊括剧作、导演、舞美、音乐、表演等全部单项奖。该剧已被省委宣传部列为"五个一工程"奖申报项目。

24 日 "六一"前夕，万安县罗塘中心小学五年级学生肖瑞珍获全国妇联、中国儿童少年基金会联合主办的"全国十佳春蕾女童"称号。

25 日 省政府批转《江西省扶贫攻坚七年规划纲要（1994～2000）》。纲要指出，"七五"以来江西贫困人口从 1985 年的 620 万人减少到 1994 年的 300 万人；要求在 20 世纪末胜利完成"八七"扶贫攻坚计划，江西省提前 1 年（1999）、部分地区力争提前两年（1998）基本解决农村绝对贫困和贫困人口的温饱问题。

26 日 国家科委考察组先后到瑞昌、庐山、德安、赣县、南康和崇义等地，考察山江湖开发治理试验示范基地（6 月 2 日，甘师俊教授在南昌大学作题为《可持续发展与中国 21 世纪议程》的学术报告）。

27 日 省直机关举行"三讲"（讲学习、讲政治、讲正气）动员大会。省委书记吴官正作动员报告强调，要把"三讲"活动富有成效地开展起来，不断地坚持下去，关键是要联系实际，把"三讲"的要求真正落到实处。

28 日 国家烟草专卖局致电江西省烟草专卖局和南昌卷烟厂，祝贺金圣牌保健卷烟继获第九届全国发明金奖后，又获第二十四届日内瓦国际发明和新技术博览会金奖。

28 日 省政协七届十七次常委会在南昌举行。省政协主席朱治宏主持会议。

29 日 省政府举行学习推广邯钢经验报告会。邯钢集团有限责任公司副经理李华甫介绍邯钢深化改革，探索以"模拟市场核算、实行成本否决"为核心的管理机制的成功经验。

29 日 省公安厅召开电话会议，向各行署、市、县（区）公安处、局发布《禁酒令》。规定

自6月1日起，严禁公安干警在工作时间和工作日中午饮酒。

29日 江西省召开工业企业学邯钢、抓管理、扭亏增盈动员大会。大会提出，以学邯钢为重点，全面推进"三改一加强"，千方百计地把物耗、能耗和资金成本降下来，这是扭亏增盈的有效方法，也是实现工业经济长足发展的有效途径。

29日 省文艺创作座谈会召开。会议强调，文艺创作要抓住中心，突出重点，加大精品生产的力度。会议要求从1996年起，各地市至少要推出一项精品参加全省"五个一工程"的评选；要以"五个一工程"为龙头，进一步推进文艺创作上新台阶。

本月 在首届中国饲料工业博览会上，江西茂昌实业有限公司生产的"茂昌"牌系列饲料被评为首届中国饲料工业博览会认定产品。"茂昌"牌系列饮料包括仔猪前期配合饲料肥育猪配合饲料和猪用浓缩料。

本月 广丰县工行被工商银行总行评为"全国会计结算先进单位"。

1996
6月
June

公元1996年6月 农历丙子年【鼠】

日	一	二	三	四	五	六	日	一	二	三	四	五	六
						1 儿童节	**2** 十七	**3** 十八	**4** 十九	**5** 芒种	**6** 廿一	**7** 廿二	**8** 廿三
9 廿四	**10** 廿五	**11** 廿六	**12** 廿七	**13** 廿八	**14** 廿九	**15** 三十	**16** 五月小	**17** 初二	**18** 初三	**19** 初四	**20** 端午节	**21** 夏至	**22** 初七
23 初八	**24** 初九	**25** 初十	**26** 十一	**27** 十二	**28** 十三	**29** 十四	**30** 十五						

1日　南昌火车站结束60年来使用蒸汽机车的历史，取而代之的是3台从罗马尼亚进口的ND3型中功率内燃机车。新机型噪音小，工作环境好，调车效率高。

2日　鹰潭市中医院在国家中医药管理局"八五"规划中的100家示范中医院"杏林计划"评审验收中，以97分的最高分被正式批准为"全国示范中医院"。

2日　在北京结束的1996年国际食品及加工技术博览会上，安福县的"蒙岭"牌火腿、火腿心、火腿片、熟制品四项产品获金奖。安福火腿曾获1915年巴拿马万国博览会金奖。

2日　江西省"八五"重点建设项目——罗边水利枢纽工程电站首台发电机组正式发电。

3日　徐虎先进事迹报告会在省军区礼堂举行。徐虎是上海市普陀区房管局西部企业集团中山物业公司水电维修工。10年来，他坚持夜间义务挂箱服务，为群众排忧解难。曾于1989年和1995年两次被评为全国劳动模范。

3日　省委常委、政法委书记彭宏松在南昌铁路分局领导刘远清陪同下，乘69次列车先后到萍乡、新余、宜春等地检查浙赣西线严打工作情况。视察货盗问题严重的自源镇、萍乡老站货场，看望在严打斗争中与犯罪分子搏斗光荣负伤的两位保安队员。并主持召开新余、宜春、萍乡地市政法委书记和公安局长会议，研究维护浙赣西线治安工作。

4日　省市几套班子的领导共商南昌市一江两岸和昌北机场建设的大计。省委书记吴官正主持会议并讲话。要求创全国一流沿江景观，在京九线上树立南昌现代都市的新形象。

4日　日本岐阜县卫生环境部长小田清一率领的卫生环境友好访问团来江西访问。先后参观南昌、庐山等地的医疗卫生设施，考察中医中药和疗养保健工作。

5日　全国政协主席李瑞环在人民大会堂会见美国肯塔基州州长保罗·佩顿率领的州政府官员访华团。副省长周慈平等参加会见。肯塔基州与江西省是友好省州。

5日　江西儿童文学作家郑允钦创作的中篇童话集《树怪巴克夏》由少年儿童出版社出版并获全国优秀儿童文学奖。

6日　江西省党校校长会议在南昌召开。会议回顾总结近两年全省党校工作，研究深入贯彻落实中共十四届五中全会精神，贯彻实施《中国共产党党校工作暂行条例》，大力推进江西省党校的改革和建设。

6日　农业部副部长张延喜在省、市及南昌铁路分局领导陪同下，来到铁路二村农贸市场，调查了解市场卫生、管理、物价等情况。

6日　我国第一条年产100吨喹禾灵（原药）生产线由省科力农化实业有限公司建成投产，填补了全国内吸传导型芽后茎叶处理除草剂生产的空白。

7日　应加拿大诺瓦·斯科塔艺术设计学院邀请，景德镇陶瓷学院院长秦锡麟等对该院进行友好访问，并与该院正式签订校际友好关系协议，使该院成为陶瓷学院第六个海外建立校际关系的学院。根据协议，两院互派访问学者，互派学生进修，定期举办学术交流活动。

7日　省委常委会理论学习中心组就"加强党的思想政治建设，着力划清重大原则问题上的基本界限"集中学习。

7日　中共中央理论刊物《求是》杂志1996年联络员会议分别在南昌和井冈山市举行。省委书记吴官正会见《求是》杂志总编邢贲思。

8日　14时左右，一股特大龙卷风袭击了宁都县长胜镇，造成13人受伤和房屋倒塌及庄稼毁坏，直接经济损失587万多元。

8日　双金制药厂采用国际先进的双酶法生产工艺，投资570余万元的新葡萄糖生产线竣工投产。该厂葡萄糖生产能力达到5000吨。

9日　省委书记吴官正就进一步搞好工业特别是国有工业在新余深入企业考察。先后走访江西第二化肥厂、新余发电厂、新余钢铁有限责任公司、长林机械厂、新余纺织厂等十多个企业，并召集部分地市县委书记座谈。吴官正强调，要进一步解放思想，实事求是，勇于探索，内抓管理，外拓市场，大胆试，大胆闯，加快国有企业改革、改组、改造步伐，提高企业竞争能力，积极推进两个根本性转变。

10日　全省各级法院统一行动，在11个地、市，79个县、市召开公判大会，集中宣判1000余名严重危害社会治安的刑事犯罪分子，南昌市有21名罪大恶极的犯罪分子被执行死刑。

10日　省政府办公厅发出《关于切实做好夏荒救济工作的紧急通知》，要求各地切实做好夏荒救济工作，维护灾区、贫困地区社会稳定，确保灾区和贫困地区群众顺利度过夏荒。

11日　省政府召开防汛抗旱夺丰收电话会议，要求坚持防汛抗旱两手抓，有汛防汛，有旱抗旱，顽强拼搏夺取1996年的农业丰收。

11日　全省农业普查工作会在南昌召开。11个地市分管领导和省直有关部门负责人向省长舒圣佑立下"军令状"，保证第一次全国农业大普查成功。这次普查数据统一时间为1996年12月31日。

11日　傍晚，石城县的小松、小别、丰山和高田4个乡镇的7个村39个村民小组，遭受龙卷风和冰雹的袭击，直接经济损失156.4万元。

11日　南昌铁路分局开出首列南昌至北京的全列空调、全程对号入座优质优价特快列车。该列车由分局东方客车有限责任公司投资6000万元购进，全部采用25G型全新空调车体。

11日　泰和县国税局文田分局和萍乡地税局下埠税务所获全国"青年文明号"称号。

12日　在上旬的中国特产之乡命名大会上，

信丰县百里脐橙丰收

信丰县被命名为"中国脐橙之乡"。信丰脐橙多次在全国橙类评比中获国优、部优称号,是全国唯一的脐橙标准化示范区。

12 日 在安远县长沙乡三叶村发现 3 件新石器时代晚期的石器,据专家实地考察认为这三件石器均为随葬品。此次发现的磨制石器,为研究人类祖先活动提供珍贵的实物资料。

12 日 "江西铜业"正式在香港、伦敦股市上挂牌交易。这是国内第一家矿业股票在香港、伦敦同时发行。

13 日 省委转发中共中央通知,张克迅任省委委员、常委。

14 日 江西省高校校园及周边治安秩序的集中整治行动开始进行。采取统一行动,集中整治高校周边的文化娱乐场所和商业摊点、餐馆。

16 日 省国家安全厅在南昌召开了第一次侦察工作会议。会议回顾总结省国家安全机关组建以来的侦察保卫工作情况,分析研究当前侦察保卫工作中面临的新情况和新问题,部署当前和今后一个时期的侦察保卫工作。省委副书记、省长舒圣佑出席并讲话。

16 日 省政府召开综合部门和工业主管部门负责人会议,学习中共中央总书记江泽民 5 月上旬在上海主持召开的企业改革和发展座谈会上的重要讲话,传达省委书记吴官正赴新余考察工业时的讲话。要求振奋精神,坚定信心,解放思想,扎实工作,努力实现 1996 年工业改革和发展的奋斗目标。

16 日 省委副书记、宣传部长钟起煌会见并宴请来访的朝鲜《劳动新闻》代表团一行 6 人。代表团在南昌期间,参观了南昌八一起义纪念馆等革命遗址,并访问了一些企业和学校。

16 日 景德镇机场经过"麦道-82"民航客机试飞检验,一切空地保障基本符合 4C 级机场要求,可起降波音 747 等民航客机。

17 日 兴国城岗乡回龙村出土大量唐宋时期钱币,总重量达 1500 多公斤。据有关部门介绍,可供研究赣南乃至江西当时经济发展状况,考证该年代钱币衍变过程和书法艺术等。

17 日 省八届人大常委会第二十二次会议在南昌举行。会议通过《江西省经纪人条例》、《关于贯彻实施〈中华人民共和国行政处罚法、中华人民共和国刑事诉讼法〉的决定》、《关于继续深入开展法制宣传教育的决定》。通过决定任命李海泉为江西省审计厅厅长;决定免去池宝库的江西省审计厅厅长职务。

18 日 省委书记吴官正会见美国国际合作委员会主席陈香梅女士一行。在南昌期间,陈香梅女士一行出席中外合资昌梅建筑设备有限公司成立挂牌仪式和启动工程奠基仪式。

18 日 15 时,江西九江民航机场首航成功,厦门—九江、九江—深圳民航航线正式开航。

18 日 新余电厂 2 号机组正式移交生产,扩建工程两台 20 万千瓦机组全部竣工。

18 日 1996 年江西招商引资新闻发布会在深圳举行。500 余位客商与江西数百家企业和金融、实业、科技界代表开展交流与合作,签订合同 178 项,合同外资额 4.38 亿美元。

19 日 江西第二家上市公司的股票"华意压缩"A 股在深圳上市。省委副书记、常务副省长黄智权以及省体改委、景德镇市的领导出席上市仪式。

19 日 省长舒圣佑和副省长朱英培在南昌市考察。先后到南昌齐洛瓦电冰箱有限公司、南昌灯泡厂、南昌柴油机厂、南昌三波电机厂、南昌第五机床厂和中外合资安特电缆公司考察。强调,当前主攻工业要集中精力抓效益,奋力拼搏占市场,千方百计降成本。

20 日 上海铁路局副局长王麟书在南昌铁路分局检查工作。先后到向塘编组场、工程材料厂、机务折返段、车辆段等地,检查房建、给水等工程进度、质量及设施配套情况,并与分局等有关单位领导一起,到京九办南昌指挥部,就京九"9·1"全线正式运营的有关站前初验、工程配套收尾及京九线的验收、接管等工作交换意见,研究讨论有关验交、接管的具体方案和计划安排。

21 日 省政府批转《江西省爱国卫生工作"九五"计划》。计划提出"九五"期间的目标为:城乡人民进一步树立大卫生观念,共同承担除四害、防病、保健、治理环境等各项任务，最大限度地建设和合理利用卫生设施，基本挖掘和逐步消灭各种有害健康因素，提高城乡居民的整体健康水平。

21 日 樟树市昌傅乡孟塘村发现大型古钱币窖藏。经市博物馆有关人员初步清理，窖藏钱币有数千枚，重 20 余公斤，有"开元"、"崇宁"、"政和"、"建炎"等年号，属唐、宋时期文物。它的发现对研究樟树市乃至周边县（市）唐、宋时期货币流通及经济发展状况有重要参考价值。

21 日 遂川县草林镇芳溪村寨下组林屋背，发现一株特大杉木，树高 30 米，胸径 1.2 米，胸围 3.77 米，树皮厚 00.5 米，无空心，材积 16 立方米，树龄 400 年以上。

21 日 中华医学会全国肠病学术研讨会在共青城召开。

22 日 经国务院学位委员会第十四次会议批准，江西省高校新增博士学位授权学科、专业点一个，即南昌大学中德联合研究院的食品工程；新增硕士学位授权学科、专业点 27 个。江西高校共有博士学位授权学科、专业点两个，硕士学位授权学科、专业点 128 个。

22 日 江西省党建研究会第三届理事会第一次会议在南昌召开。会议选举产生了省党建研究会第三届理事会领导机构。省领导舒惠国、毛致用、马世昌、卢秀珍当选为顾问，刘德旺当选为会长。

22 日 江西农业大学副教授贺浩华和江西有色地勘局副总工程师韦星林在北京获中国优秀青年科技创业奖。

23 日 江西省第一个利用内能资源发电项目——江西老爷庙第一期内电场技术改造可行性研究报告通过论证，并被国家列入技术改造"双加工程"计划。

23 日 江西省地勘局赣西北地质大队在九江县城门山铜矿区外围的金鸡窝，找到一座储量达数百吨的中型银矿。该矿的探明，对分析九江地区特种矿产蕴藏分布规律有重要指导作用。

23 日 经国家教委正式批准，江西财经大学成立（10 月 9 日，江西财经大学举行成立庆典。江西财经大学是由江西财经学院和江南财经管理干部学院合并而成，设有 12 个系、3 个教学部、49 个本专科专业、8 个硕士点、6 个研究所。在籍各类学生 1.17 万多名。是一所以经济类学科为主体，法、工、文等学科兼有的综合性大学）。

江西财经大学校门

江西财经大学外景

24 日 在北京召开的全国自营进出口生产企业工作会上，赣州创业工业集团、共青垦殖场、万平电容量进出口公司获"全国自营出口先进企业"称号。这三家企业自营出口额均超过 1000 万美元。

25 日 在会昌县清溪乡天门山东角山一带的林区，今春以来陆续发现一批国家一级保护动物。当地农民和护林员曾目睹云豹、6 只金猪、2 只黄斑虎和 7 头野牛。

25 日 电影《孔繁森》首映式在南昌八一

礼堂举行。吴官正、舒圣佑、舒惠国、钟起煌、朱治宏等领导以及省直机关领导干部、离休干部代表、省直机关干部代表、省军区、省武警总队官兵共2400余人出席首映式。

25日 《中国出版成就展》江西分馆预展在南昌举行。这次集中展示江西"八五"期间出版成果和"九五"重点出版规划。《中国出版成就展》7月13日将在北京展出。

25日 经国务院批准，由国家经贸委确定的国家第二批"双加工程"（加大技术改造力度，加快技术改造步伐）项目，江西入选69项，总投入达53.9亿元。

25日 江西省首次出口德国的4800吨多用途船在江州造船厂下水。该船总长约100.62米，在吃水5.7米情况下航速为14.75节。

25日 为期两天的全省地市乡镇企业局长会议在南昌召开。会议提出，发展乡镇企业要把着力点放在提高经济效益上，坚持大发展、突出大提高不动摇；坚持实事求是，不搞任何虚假的东西不动摇；坚持以经济效益为中心不动摇。

25日 为期两天的江西省党委组织部门知识分子工作会议在南昌召开。会议传达贯彻全国党委组织部门知识分子工作会议精神，总结近几年知识分子工作，研究部署下一步知识分子工作。会议提出，要紧紧围绕科技人才队伍建设这个重点，全面做好各项知识分子工作，为江西省经济建设发展提供人才保证。省委副书记舒惠国到会讲话。

26日 在两年一度的全国对台湾宣传品评比中，江西的大型画册《庐山》获一等奖。该画册由120幅彩色艺术图片组成，辅以中英对照的文字说明，有欣赏与收藏价值。

27日 江西省优秀村党支部书记暨培养选拔村党支部书记工作先进县（市、区）、乡（镇）党委书记表彰会在南昌召开。

27日 中、韩两国第三届都市交通国际学术会议在庐山召开。55位参加学术交流的两国专家、学者发表10篇学术论文。

27日 中国平安保险公司南昌办事处总经理一行5人，来到南昌市铁路二村居民陈某家中，将6万元现金亲手交给受益人陈某的父亲，这是江西首例巨额个人寿险理赔兑付。

27日 南京军区在南昌陆军学院召开为期4天的部队、院校共育人才会议，南京军区司令员陈炳德中将出席并讲话。会议指出，人才是建军之本，要扎扎实实做好共育人才工作。

28日 国家教委发出表彰全国百名幼儿教育先进县（市）、区的决定，赣州市、黎川县、南昌县被授予全国幼儿教育先进县（市）称号。

30日 在全国先进基层党组织和优秀党务工作者表彰会上，江西有13个先进党组织和14名优秀党务工作者受到表彰。

本月 省人大教科文卫委员会组织开展对《江西省文化市场管理条例》执行情况的重点检查。检查组由省人大常委会副主任兼教科文卫委员会主任陈癸尊任组长。检查组在4月份开始的普遍自行自责的基础上，先后听取省文化厅、省广播电视厅、省新闻出版局的汇报。然后，分3个小组对赣州地区、九江市、南昌市及所属的一些县（市）、区的文化市场执行情况进行检查。检查工作于7月结束。

本月 南昌钢铁有限责任公司焦化厂引进国家专利技术开发的升宇牌SEP有胎复合防水卷材系列产品，获"1996郑州国际新型建筑装饰材料暨工艺品博览会金奖"。

本月 省外贸厅直属专业公司出口创汇突破42111万美元，完成年计划的50.61%，同比增长0.98%。当年经营盈亏相抵略有盈利，扭转了上半年前几个月的亏损局面。

1996

7月
July

公元 1996 年 7 月							农历丙子年【鼠】						
日	一	二	三	四	五	六	日	一	二	三	四	五	六
1 建党节	**2** 十七	**3** 十八	**4** 十九	**5** 二十	**6** 廿一		**7** 小暑	**8** 廿三	**9** 廿四	**10** 廿五	**11** 廿六	**12** 廿七	**13** 廿八
14 廿九	**15** 六月大	**16** 初二	**17** 初三	**18** 初四	**19** 初五	**20** 初六	**21** 初七	**22** 大暑	**23** 初九	**24** 初十	**25** 十一	**26** 十二	**27** 十三
28 十四	**29** 十五	**30** 十六	**31** 十七										

1 日 省委在南昌召开纪念中国共产党成立75周年座谈会。会议强调，要建设一支能坚决贯彻执行党的理论和路线的高素质干部队伍，全面完成"九五"计划，实现跨世纪的宏伟目标。晚上，纪念中国共产党成立75周年文艺晚会在省艺术剧院举行。

省委领导与部分老干部、优秀基层党组代表、优秀党员代表聚集一堂纪念党的生日

1 日 4时42分，昌江潭口站洪峰水位达62.94米，超警界线7.94米，比历史最高水位（1959年）高1.65米；8时，乐安河三都站洪峰水位比历史最高水位（1988年）高0.33米。这次洪水造成上饶、景德镇两地市及部分县严重受灾。景德镇市城区六条街道进水受淹，206国道、九景公路和皖赣铁路中断，近百万军民全力奋起抗洪抢险。

1 日 万安博物馆落成开馆。该馆位于井冈山下，投资80万元，占地面积3200平方米，建筑面积1320平方米。

2 日 省人大常委会环境与资源保护工作委员会、省政府法制局、省林业厅、省公安厅、省工商行政管理局联合发出关于在江西省范围内开展一场为期100天的严厉打击破坏森林资源违法犯罪活动专项斗争的通知。决定从1996年7月20日起至10月31日止进行为期100天的专项打击，并专门成立由上述五部门组成的领导小组，研究制定实施方案。

2 日 省委常委集中学习江泽民在纪念中国共产党成立75周年座谈会上的讲话。省委书记吴官正主持学习会，并就贯彻落实江泽民的重要讲话精神谈了四点意见：一是建设高素质的干部队伍，最重要的是各级领导干部要讲政治，努力提高自身的政治素质；二是要坚持党要管党的原则，切实加强各级领导班子建设；三是要切实加强对各级干部的严格要求，严格管理，严格监督；四是要坚持正确的选人用人标准，加紧培养优秀年轻干部。

2日 10时30分，民航九江机场正式通航。九江市委、市政府举行了机场首航仪式，副省长周慈平出席仪式并剪彩。

2日 省委下发《关于加强干部队伍作风建设的若干意见》。

2日 江西6月下旬以来连续发生风、雹、暴雨和洪涝灾害，国家民政部给省政府及省民政厅发来慰问电，向灾区人民致以亲切慰问，向战斗在抢救第一线的广大干部、群众、医护人员及人民解放军武警部队官兵表示衷心的感谢和慰问。

2日 省纪检监察机关办案工作经验交流会在南昌召开。会议提出今后一个时期查办案件工作总的要求是：要继续坚持重点查办党政领导机关、行政执法机关、司法机关、经济管理部门和县（处）级以上领导干部的违法违纪案件，集中力量查处贪污、贿赂、挪用公款、骗税、套汇、走私、贪赃枉法以及失职渎职和虚报浮夸的案件。交流会于4日结束。

3日 全省肉牛生产工作会议在吉安市召开。会议提出，要把肉牛生产作为农村经济的一个重要增长点来抓。确定到2000年，江西省力争实现牛存栏700万头，出栏150万头。

3日 省绿委、省林业厅在南昌市召开江西省防沙治沙暨省林学会防沙治沙专业委员会会议，省绿委副主任、省林业厅厅长吴志清出席并讲话。

3日 全省精神文明建设工作暨1994年至1995年省级文明单位、文明单位标兵和文明单位创建先进系统命名表彰大会在南昌举行。会议提出今后5年精神文明建设的总体要求是：坚持以邓小平建设有中国特色社会主义理论和党的基本路线为指导，把物质文明和精神文明作为统一奋斗目标，始终不渝地坚持"两手抓、两手都要硬"，以重在建设为出发点和落脚点，注重抓基层、打基础、树样板、上档次，为改革开放和现代化建设提供有力的精神动力、智力支持和思想保证。在工作思路和具体部署上，要求进行三大教育（邓小平建设有中国特色社会主义理论教育，爱国主义、集体主义和社会主义思想教育，社会公德、职业道德和家庭伦理道德教育）；搞好三大建设（精神文明领域的法规制度建设，工作队伍建设，阵地设施建设）；加强三大管理（文明单位管理，文明卫生城市管理，文明市场管理）；抓好三大工程（精神文明建设的典型示范工程，繁荣理论文艺出版事业的"五个一工程"，群众精神文明活动的系列创建工程）。

4日 经省委、省政府同意，省体改委、省建设厅等11个部门共同决定，在全省选择20个城镇进行综合改革试点，以加快发展县域经济，加速工业化、城镇化进程。

5日 省委、省政府转发《关于进一步加强新形势下宗教工作的意见》。

5日 江西省举行第三届名优产品推介新闻发布会。推介赣新彩电、凤凰照相机、金圣卷烟、月月红加酶洗衣粉、鸭鸭羽绒制品、红叶高档日用细瓷；1个著名商标产品：金虎电池；3个优质产品：赣泉酒、白凤乌鸡酒、乔家栅系列食品等十种名优产品。

6日 全国政协副主席马万祺致电省委，对江西省部分地区遭受洪涝灾害表示慰问。

6日 省政府召开动员大会，动员省直机关和中央驻昌单位迅速行动起来，积极投入综合整治市容环境，支持和配合南昌市塑造"文明省会城市"形象。通过集中整治，年内要达到"垃圾袋装、楼道整洁、占道清理、摊点入店、集贸进市（棚）、净菜进城、施工文明、各行其道、停放规范、绿地增加"10项具体目标。

6日 景德镇市召开全市万众一心抓救灾，全力以赴抓生产动员大会。提出坚持农业"两超一稳"、工业增效、财政增收、完成全年各项任务目标四个不动摇，实现大灾之年大发展。

6日 省人民医院成功地施行主动脉根部人造血管及主动脉瓣替换术，江西省心血管外科技术达到国内先进水平。

7日 赣州市建成江西首家全球卫星定位系统（GPS）并投入运行。

7日 省委副书记舒惠国深入赣西北贫困县修水，考察县域经济和农村基层组织建设情况。舒惠国指出，要通过加强组织建设、经济建设、思想建设，促进农村社会稳定，加快农村脱贫致富奔小康步伐。

8日 江西电脑市场在南昌成立。该市场建筑面积达 1300 平方米，共有 84 间标准营业室。当前江西省电脑及相关产品的交易额在 8 亿元以上，而且每年以 40% 的速度递增，已注册的电脑行业公司有近 500 家。

8日 1996 年江西省大中学生志愿者扫盲与科技文化服务行动在南昌举行出征仪式。10 万余名青年志愿者深入农村，深入改革和建设第一线实施扫盲与科技文化服务。

9日 副省长黄智权、朱英培及省政府有关部门负责人，与南昌铁路分局长杨建兴共同研究讨论铁路急需省政府协调解决的南昌铁路九村购地，实现铁路电话与地方程控电话联网，无人看守道口监护、南昌铁路第二配电所接电问题。

9日 鹰潭电子陶瓷厂研制开发的电子陶瓷介质材料经评选，获国家科委、国家技术监督局等部门联合颁发的国家级新产品证书。该产品的研制成功，不仅填补了我国电子陶瓷材料品种的一项空白，也为江西丰富的稀土资源开辟了一个新的应用领域。

10日 经国务院批准，民政部批复同意，撤销贵溪县，设立贵溪市。以原贵溪县的行政区域为贵溪市的行政区位。

10日 为期两天的全省农村经济形势分析会在南昌召开。会议要求坚定信心，振奋精神，加倍努力，围绕确保实现"两超一稳"（粮食总产超历史、农民人均纯收入增加超历史，确保农村社会稳定）目标，着力抓好以下几项工作：（一）切实抓好晚稻生产，确保粮食总产超历史；（二）广开增收门路，确保农民纯收入增加额超历史；（三）坚决果断地解决好农民负担问题。

10日 省委书记吴官正深入靖安县农村，

先后考察了靖安县部分企业和农业生产基地。14日，召集高安、奉新、靖安和安义等县市委书记、县市长，着重就当前经济发展情况和减轻农民负担工作进行调研。吴官正强调，造福于民关键要靠素质强作风硬的干部队伍。考察于 14 日结束。

11日 崇义县被国家林业部命名为"中国竹子之乡"后，又被国家林业部确定为全国森林分类经营，定向培育示范县。

11日 国家科委授予宜春市 1995 年度全国科技工作先进市称号。

11日 江西医学院第二附属医院给一位危险性心律失常患者施行体内安装"埋藏式自动心律转复除颤器"获得成功。

12日 江西省赣文化研究会在南昌召开成立大会。会议选举产生研究会领导机构并讨论通过研究会章程，钟起煌为名誉会长，张克迅、陈癸尊、黄懋衡、叶学龄等为顾问，李国强为会长。大会同时举行《江西名山志丛书》首发式，由江西人民出版社与江西省古籍整理规划办公室共同策划的《江西名山志丛书》共收图书 13 种，总字数约 400 万字。

13日 零时，赣州、吉安、抚州、上饶、宜春地区和鹰潭、新余、萍乡、景德镇市（含所属县市）电话扩网升位割接成功并顺利开通。全省城、乡电话号码全部实现升七位。

13日 日本富士电视台氾长川岛哲率电视拍摄组一行 7 人，到景德镇拍摄陶瓷专题片。拍摄组在景德镇期间，赴雕塑瓷厂拍摄明清国全景、清代宫廷用瓷，还拍摄了体现瓷都特色的街景。

13日 为期两天的全国首次中西医结合医院建设座谈会在南昌召开。会议就"九五"期间建设几所重点中西医结合医院的选点、评审标准问题展开讨论。

14日 由国务院直接指导、新华社主办的全国性大报——《经济参考报》在丰城市召开全国宣传、发行表彰会。

14日 经省委、省政府批准，江西省深入开展"严打"工作会议在南昌召开。会议提出，当前当务之急是要打好第三战役，进一步扩大严打的战果。第三战役总的指导思想是更加广泛地发动和依靠人民群众，在深入上狠下功夫，加大宣传发动力度、加大打击犯罪的力度、加大消化处理的力度、加大重点整治的力度、加大治安防范的力度。

14日 省委副书记舒惠国深入丰城市拖船、孙渡等乡调查，了解农村经济发展和基层党组织建设情况。他指出，农村经济要发展，农民要致富，关键是要有个好支部，党支部要成为农民致富奔小康的"领头雁"。

15日 应江西省太平洋经济咨询中心邀请，美国电报电话公司首次在赣召开"营造信息高速公路的结点平台，推进综合布线系统的技术应用"研讨会。

16日 江西省防汛抗旱总指挥部召开紧急会议并发布抗洪紧急命令，要求全省上下紧急行动起来，全力以赴投入抗洪抢险（17日凌晨，省委召开常委紧急会议，专题研究当前的抗洪抢险形势，布置防洪抢险工作）。

16日 江西省国防动员委员会扩大会议在南昌召开。会议传达贯彻南京军区国防动员委员会第一次会议精神，明确今后一个时期国防动员工作的指导思想和工作目标。

17日 省委十届三次全体会议在南昌举行。会议着重研究适应新形势、新任务的要求，进一步加强干部队伍作风建设问题，讨论《中共江西省委关于加强干部队伍作风建设的若干意见》；

中共江西省委十届三次全会会场

听取省委常委会向全委会作的工作报告。会议于18日结束。

17日 省委下发《关于认真学习贯彻江泽民同志〈努力建设高素质干部队伍〉重要讲话的通知》。

17日 省文化市场管理委员会召开江西省音像市场集中治理工作电话会议。对江西省音像市场的集中治理工作作出部署，要求下大力整顿音像市场经营秩序，推动音像市场健康发展。

17日 南昌铁路分局安全工作会议在宜春召开。宜春车务段等7个单位作建线交流发言，会议组织现场观摩浙赣线西村站建线工作，并对56个单位、部门以及50个单位、6个办事处的安全室进行了表彰奖励。

18日 首届江西省"希望工程"手拉手夏令营开营，省领导陈癸尊向营员代表授营旗。

19日 副省长周慈平率江西经济技术合作考察团一行4人离开南昌，将于7月20日至8月8日访问赞比亚、津巴布韦和埃塞俄比亚。

21日 南昌铁路局分局领导率领有关部门和站段负责人即日至24日，对京九北段现场办公，重点检查麻城、蕲春和九江新客站等区的生产、生活设施；对新线各单位提出的问题和要求进行认真的研究和答复，并形成纪要。

22日 全国党（干）校《资本论》研究会第七届年会暨学术讨论会在井冈山召开。会议就《资本论》与我国当前经济体制改革的热点和难点问题进行认真的研讨。研讨会于26日结束。

23日 省委副书记、副省长黄智权即日至25日，检查南昌新八一大桥、昌樟高速公路和南昌火车站等省重点工程，要求要咬住原定竣工目标不放松，确保南昌新八一桥和昌樟高速公路1997年底建成通车。在南昌站施工现场，黄智权实地察看施工情况并在分局机关大楼主持召开省、市地方和铁路施工、设计、监理等单位负责人会议，进一步协调南昌新客站建设的有关问

建成后的南昌火车站

题，并要求南昌火车站在1996年9月1日京九铁路开通首列旅客列车时以崭新的形象展现在人们面前。

24日 省政府发出《关于严禁乱集资、乱担保、擅自发行债券及证券、期货交易的紧急通知》。要求各地立即布置，主要领导亲自负责，严厉查处各种违法违纪行为。

25日 省政府、省军区分别发出通知，要求认真做好拥军优属工作和广泛开展拥政爱民活动。

26日 宜春新钢铁有限责任公司研究所女职工沈卫丹在浙江温州举行的电视吉尼斯17期水上漂浮挑战赛中勇挫4位男选手，连续漂浮36小时，刷新由男选手创造的连续漂浮26小时的电视吉尼斯世界纪录。

26日 铁道部京九线"百日冲刺夺杯竞赛"检查组在南昌铁路分局检查工作，分局领导吴新华、沈长生及有关部门负责人汇报开展活动情况，并实地察看南昌新客站施工质量和进度。

28日 副省长黄智权在南昌会见了以卡宏先生为团长的亚洲开发银行评估团一行5人。评估团7月22日来江西省对九景公路项目亚行贷款进行正式评估。

28日 在兴国县鼎龙乡杨村欧阳氏祖祠里发现宋神宗和苏轼的题书真迹。

29日 经专家的严格检查验收，民航华东管理局向赣州黄金机场颁发4C级证书，赣州黄金机场开始按4C级正式开放。

30日 南昌陆军预备役师在南昌举行预备役军官授衔仪式。该师炮兵团60余名少校以上预备役军官在八一南昌起义纪念塔下向革命先烈敬献花篮，并向八一军旗敬礼。

30日 省长舒圣佑会见泰国中华总商会主席郑明如及其一行。郑明如是泰国著名华人企业家、社团负责人，在泰国华人社会中享有较高威望。此次访华，旨在进一步考察与推动"华商国际皮革工业城"项目的建设。

30日 省林业厅、省财政厅、中国农业银行江西省分行、中国农业发展银行江西省分行联合在井冈山市召开江西省林业项目、治沙贴息贷款工作会议，会议于8月1日结束。

30日 省委、省政府、省军区联合在南昌召开江西省双拥模范城（县）暨双拥先进单位个人命名表彰大会。授予南昌市等31个城（县）为"双拥模范城（县）"和"拥军优属模范县"；凌智等2人为"爱国拥军模范"；表彰66个双拥先进单位和55名先进个人。

省领导为双拥模范单位和先进个人颁奖

31日 省委、省政府办公厅转发关于制止农民负担反弹进行专项治理的10个文件，就农民反映强烈的部分地方对完不成农作物种植计划和农产品交售任务的进行罚款，加码和摊派生猪税、农业特户税，违背农民自愿摊派社会养老保险金，农村教育方面的乱收费以及其他各种搭车收费等问题，提出了治理要求和措施。

31日 省林业厅林业产业处（挂省森林工业局牌子）与省林业工业公司合并，统称"江西省森林工业局"。原赋予省林业工业公司的森工行业管理职能改由省森林工业局行使。

31日 江西省重点工程——萍乡浮法玻璃厂举行点火仪式。该厂经煤炭部、国家经贸委批准，由煤炭部三产贷款兴建的全国煤炭系统最大的转产项目，也是江西省第一条浮法玻璃生产线。

萍乡浮法玻璃厂生产线

31日 1996年第八号强台风袭击江西省，全省范围内出现一次大风和强降雨。鄱阳湖地区广大军民作出极大努力和付出巨大代价，保住圩堤。省委、省政府决定从省政府财政中拿出350万元奖励九江市、南昌市、上饶行署、省监狱管理局、省农垦总公司、省水文局、省气象局和省防总办公室。

本月 团中央、人民银行总行联合开展的创建"青年文明号"活动，评出首批199家先进单位。江西省人民银行万年县支行、南昌县工行莲塘储蓄所、九江市农行八里湖支行、赣州市中行文清路储蓄所、南昌市建设银行永叔路口储蓄所获"全国青年文明号"称号。

本月 江西省重点技术开发项目、南昌柴油机有限责任公司自行设计制造的D6110ZQ柴油汽车发动机投入批量生产，首批与山西汽车制造厂配制的100台发动机供货合同正式签字。

本月 省人大常委会在江西省范围开展《中华人民共和国农业法》和《中华人民共和国农业技术推广法》及江西省实施办法执行情况的检查。在4月份自查的基础上，7月中旬组成执法检查团，下分8个检查组，由省人大常委会副主任和省政府分管副省长带队，赴各地和省直有关单位进行重点检查。抽查22个县（市）、46个乡镇和15个省直单位，并向省政府及有关部门反馈意见。检查于9月底结束。

1996
8月
August

公元 1996 年 8 月							农历丙子年【鼠】					
日	一	二	三	四	五	六	日	一	二	三	四	五	六
				1 建军节	2 十九	3 二十	4 廿一	5 廿二	6 廿三	7 立秋	8 廿五	9 廿六	10 廿七
11 廿八	12 廿九	13 三十	14 七月小	15 初二	16 初三	17 初四	18 初五	19 初六	20 初七	21 初八	22 初九	23 处暑	24 十一
25 十二	26 十三	27 十四	28 十五	29 十六	30 十七	31 十八							

1 日 正在埃塞俄比亚访问的副省长周慈平和埃塞俄比亚总理府地区州事务部长比尔哈努签署一项经济技术合作意向书。执政的埃塞俄比亚人民革命民主阵线政治局委员阿贝耶在总理府举行签字仪式。根据意向书，江西省将向埃塞俄比亚 5 个地区州提供农业水利和农艺方面的技术援助和技术转让，并探讨江西在埃塞俄比亚兴办合资企业和开展互利贸易的可能性。

1 日 省财政地税工作会议召开。确定下半年财税工作要点：抓收入，抓征管，完成财政收入奋斗目标；从严从紧控制支出；加大个人所得税征管力度，加强预算外资金管理和整顿会计工作秩序。

2 日 在会昌县湘江镇林光村的林冈坝发现一处古陶瓷窑址。古窑址长 260 米，宽 60 米，总面积为 1.64 万平方米，窑址年代为唐代中晚期。

3 日 《全国百家大中型企业调查·南昌飞机制造公司》卷由当代中国出版社正式发行。该书以翔实的史料反映南飞公司的发展历程和取得的辉煌业绩。

5 日 玉山县冰溪镇瑾山小学 8 名师生前往南京大学参加为期 10 天的"全国数学奥林匹克夏令营"活动。在应用题、计算题和团体接力 3 个项目的角逐中，该校获一、二、三等奖和团体接力 A 组第二名共 7 枚奖牌。

6 日 省政府发出《切实抓好当前生猪生产》的通知，并在万安县召开生猪生产会议，认真贯彻落实省政府通知精神，迅速制止生猪生产滑坡现象。

7 日 江西省"二五"普法成果在南昌市人民广场展示。"二五"普法活动期间，江西 3250 多万普法对象中，近 3000 万人不同程度地接受了以宪法为核心、专业法为重点的法律常识教育。

7 日 在团中央、中青社、农业部、财政部、林业部、水利部 6 部委联合举办的首届中国杰出青年农民评选中，高安市筠阳镇郊区村农民熊凌入选。

7 日 省政府召开全省个人所得税征管工作电话会议，动员社会各界配合支持税务机关开展个人所得税专项治理。

7日 省军区党委六届十二次全体（扩大）会议在南昌召开。会议提出，下半年工作总的原则和要求是，认真贯彻江泽民"七一"座谈会重要讲话和上级有关会议精神，落实讲政治，突出抓好党委班子、干部队伍建设和"一线指挥部"建设，加强和改进工作指导，狠抓各项工作任务的完成。会议于9日结束。

8日 中英妇幼保健合作项目（新生儿急救中心、产房、手术室，以及该县的3个合作乡镇中心卫生院）1995年在湖口县实施，近日通过中英双方专家的评估验收。各项指标均达到技术要求。

8日 中国社会科学院13位专家，在中共中央候补委员、国务院学位委员会副主任、该院常务副院长汝信带领下，先后到南昌、井冈山、庐山等地参观。

8日 经国务院批准，铁道部决定成立南昌铁路局，管辖范围除原分局管界外，京九铁路全长2536公里，其中由河南淮滨经江西定南进入广东的1100公里营业里程由南昌铁路局管辖，总营业里程增至2400多公里，共计车站200余个，职工8万人。

8日 全省农村水电暨第三批初级电气化县建设工作会议召开，会期两天。会议认为"九五"期间，由省水电及电气化县建设主要任务是完成国务院下达的第三批20个县的电气化建设任务，新增装机19.4万千瓦，新建110千伏变电站9座、35千伏变电站44座等，投资14.26亿元，继续完成以防洪排涝为重点的12项重点工程和地方电力新增发电装机35万千瓦的建设任务。

9日 省委常委理论学习中心组集中三天，学习《邓小平文选》和中共中央总书记江泽民关于加强干部思想作风建设的重要论述，联系江西实际，就进一步加强干部思想作风建设进行讨论。

省委书记吴官正主持学习并讲话，指出，当前和今后一段时期要着力抓好三方面的重点：（一）国有企业改革；（二）减轻农民负担；（三）加强干部思想作风建设。

10日 省委、省政府在南昌召开的第九次法制宣传教育工作会议结束。会议传达全国第四次法制宣传教育工作会议精神，总结江西省"二五"普法工作，部署"三五"法制宣传教育工作任务。会议表彰了永新县等200个先进集体和200名先进个人。

11日 国家建设部和中国风景名胜区协会联合主办中国风景名胜区展览，有110个国家级和近30个省级风景名胜区参展，庐山获展览金奖。

11日 赣州地区人民医院急诊科被共青团中央命名为1995年度全国"青年文明号"，是全国卫生系统3个国家级"青年文明号"之一。

12日 省委常委扩大会议在南昌举行，会期3天。会议认真学习中共中央总书记江泽民关于加快国有企业改革和发展步伐的重要讲话，提出加大主攻工业力度，加快工业发展的要求和措施。吴官正、舒圣佑讲话，提出江西发展的差距主要在工业，必须以更大的决心，下更大的力气主攻工业。主攻工业的关键在于进一步解放思想。当前和今后一个时期，主攻工业要努力实现"四个提高"（提高工业经济效益、整体素质、竞争能力、外向型经济水平）。

省委常委扩大会议会场

13日 江西九江大化肥工程投料试车（9月23日，生产出合格氨产品后，10月4日生产出合格尿素产品。年产30万吨合成氨、52万吨尿素的九江大化肥工程，是国家"八五"重点建设项目，工程总投资30.2亿元）。

14日 九江石化总厂党委被中共中央组织部授予"全国先进基层党组织"称号。

15日 省政府在南昌召开"山上再造"第二次工作会议，总结回顾"山上再造"工程实施情况，研究布置下一步"山上再造"任务。会议认为，江西省有林地面积1.57亿亩，农业人口人均占有近5亩，是人均耕地面积的4.45倍，如果年产出增加10元，江西省就是15.7亿元，确实是希望和潜力之所在。会议提出，要调整部署，突出重点，把"山上再造"工程各项任务落到实处，确保"在山上再造一个江西"战略目标的实现。总的目标为：第一阶段到2000年，全省山地产值达到当年粮食作物的产值；第二阶段到2005年，山地产值达到当年耕地的产值。

16日 省政府印发《关于主攻工业若干问题的意见》。意见分10个方面提出主攻工业若干问题的25条意见。明确规定"九五"期间主攻工业的奋斗目标：实现工业持续快速增长，工业增加值年均增长15%以上，第二产业在国内生产总值中的比重上升到50%以上；大力推进产品、产业结构和工业组织结构的优化升级，实施"双百双十"工程，即培植100个名牌产品，形成10个在全国有影响的龙头产品；抓好100家年销售收入超亿元的优势企业，形成10个年销售收入30亿元以上，在全国同行业居前列的企业集团。

16日 省八届人大常委会第二十三次会议在南昌举行。会议通过《江西省生猪屠宰管理条例》、《江西省人民代表大会常务委员会关于修改〈江西省食品卫生监督行政处罚办法〉的决定》、《江西省测绘管理条例》、《江西省人民代表大会常务委员会关于批准一九九五年省本级决算的决议》、《江西省人民代表大会常务委员会关于南昌、萍乡、景德镇市第十一届人民代表大会代表名额和常务委员会组成人员名额的决定》等有关条例，决定有关人事任免名单。会议于21日结束。

16日 副省长朱英培一行，应美国福特汽车公司邀请，访问美国汽车城底特律市以及肯塔基州的路易斯维尔市，考察和洽谈双方在汽车制造业方面的合作事宜。于23日结束。

18日 省人大常委会在南昌召开会议，部署对《中华人民共和国教育法》和《江西省义务教育经费筹措和使用管理办法》进行执法检查。自8月至10月底，为执法检查的自查和地市重点抽查阶段，11月为重点检查阶段。

18日 在龙南县杨树镇蔡屋村发现一棵古榕树，距今约有近千年历史。该树枝繁叶茂，枝干错综盘杂，树形奇特，树高约25米，主干直径达3.6米，需12个成人才能环抱一圈。

18日 在吉安城区的青吉里发现三幅土地革命时期江西省苏维埃政府署名的标语。

20日 江西省"三讲"活动先进典型报告团在省直单位作首场报告。省委领导和省直各部门600多人听取首场报告会。"三讲"先进典型报告团将应邀到南昌、萍乡、上饶、抚州等地作巡回报告。

20日 南昌、九江、萍乡、赣州四个城市的城区同时启动"推行青年文明号服务卡优质服务"活动。该项活动在29个国家级、397个省级以及3000个地市级"青年文明号"中分期分批推开。

20日 省委书记吴官正在南昌中日友好会馆会见了参加"江西省山区可持续发展项目"计划会议的法国技术合作署总部东亚处高级官员科莱恩、德国国际农业咨询公司亚洲地区主任库斯特和德援项目常驻江西专家组组长沃格特等一行9人。

20日 国家教委主任朱开轩考察南昌大学，指出，南昌大学作为全国第一所通过国家教委"211工程"部门预审的地方院校，正在迈进全国重点建设大学行列。他勉励全校师生继续努力，力争在20世纪末最后四年多的时间里再上一个新台阶。

20日 香港电视有限公司董事长、邵氏影业公司董事长邵逸夫及夫人，全国政协副主席、香港特别行政区筹委会副主任安子介一行36人，由国家教委主任朱开轩等陪同，在江西进行为期两天的参观访问。邵逸夫十分重视教育，捐款助学遍及全国30个省市区，1989年以来，他先后五次向江西35所学校赠款共2310万港币。

20日 江西省社会治安综合治理基层基础工作会在新余召开。会议明确提出当前和今后一个时期加强综合治理基层基础建设的总体思路。中央综治办常务副主任徐伟华到会指导。会议于22日结束。

21日 江西省1996年早稻获得大丰收。种植面积2045.1万亩，总产达66.94亿公斤，比1995年增长12.43亿公斤，增长22.8%，平均单产达327.3公斤。

21日 省政府在吉安召开江西省京九铁路沿线城镇建设现场会。要求沿线抓住机遇，按照"大交通、大流通、大市场、大产业、工业化"的产业布局思路，坚持以"三高一快"，即城镇规划高起点、城镇基础设施配套高水平、生态环境高质量和城镇建设快速度为基本思路，大力加快沿线城镇建设步伐，推进城市化进程。

21日 为期3天的第一次全国基本单位普查工作会议在庐山召开。会议确定第一次全国单位普查的对象、内容和工作进度。

22日 英国标准渣打银行董事托宁·威斯特博士一行3人应邀访问江西铜业公司。双方就铜购销预付款业务达成共识，签订合作意向书。近日，荷兰威亚洲有限公司董事顾福身一行6人也访问了江铜，双方就江铜股票上市计划交换看法，达成一致意见。

22日 1996年全国体育运动学校举重比赛在宜春落下帷幕，16个省、市、自治区的117名运动员参加比赛。江苏、山东、吉林代表队获团体总分前3名，共有8人21次打破12项全国少年举重纪录。江西、辽宁代表队及13名运动员、2名裁判员分获体育道德风尚奖。

23日 南昌铁路局与江西省联合组织的京九铁路治安工作会议在南昌召开。会议就加强京九线江西段治安工作提出要求并发出通知。省委政法委书记彭宏松、省政府副秘书长胡咏、省公安厅厅长丁鑫发、省武警总队参谋长吴大德，南昌铁路局领导杨建兴、吴建中以及江西省京九沿线5个专署、25个地市县的政法委书记、公安局长，铁路政法委、公安处领导和京九线公安派出所所长参加会议。会上宣布成立江西省京九铁路治安综合治理领导小组，有关地市签订了京九铁路治安综合治理目标管理责任状。

23日 日本和歌山县日中友好教育会第二十二次访华团一行18人访赣。和歌山县日中友好教育会志贺羲雄会长也专程来赣。

23日 国内贸易部部长陈邦柱一行，在九江、共青城、景德镇和南昌市进行为期6天的考察，指导内贸工作。对江西商业、粮食、物质部门提出的抓住京九机遇、增设商业网点设想表示支持，并希望按照发展大流通、建设大市场、促进大贸易的思路，突出重点，搞好一批重点基础设施建设。

25日 由北京林业大学和九江船舶工业公司联合研制开发的"爆破法制浆技术与设备"通过省内外专家鉴定，质量指标达到国家C级标准。

27日 上饶县卫生协会获"全国先进卫生协会"称号。1996年该县防疫保健达到国家检验标准，全县已基本消灭血吸虫病、丝虫病，基本控制地甲病。

28日 铁道部副部长孙永福、总工程师华茂昆率部有关司、局负责人对路局调度所、南昌通信大楼、向塘枢纽编组站京九设备配套工程初级验收，并在向塘召开初验碰头会。南昌铁路局局长杨建兴、副局长杜厚智分别汇报做好京九线"9·1"开通准备情况及工程遗留问题，铁道部有关司、局负责人就京九线工程问题作了发言，华茂昆总工程师针对京九线工程问题提出要求，孙永福副部长就确保京九"9·1"开通作重要指示。

28日 省委外事工作领导小组召开会议，学习贯彻中共中央、国务院有关文件精神，讨论修改并通过《江西省关于外事工作的若干规定》。

28日 江西省大型商业经济联合会在南昌成立。该会以"繁荣江西市场、密切厂商关系，凝聚各自优势、促进商业发展"为宗旨。

28日 南昌市中西医结合医院被确定为三级甲等医院，是全国第十二所"三甲"中西医结合医院。

28日 徐孺子研究会在南昌市成立，并举办"徐孺子研究"报告会。

28日 江西被列入全国山区综合开发试点县的铜鼓县举办竹木建材展销暨招商引资洽谈会（到29日止，共签订销售合同47份，总金额8825.4万元；签订合同项目八个，总金额5010万元，其中引进外资3075万元）。

29日 《江西稀土产业发展思路研究》课题通过专家评审。课题提出，到2000年，稀土工业总产值占江西工业总产值的2%，2010年提高到3%~4%，其中应用加工业占70%以上。

29日 江西乔家栅食品厂生产的凤梨月饼（滕王阁牌）被评为中国名牌月饼。

30日 江西在深圳市举行"1997中国旅游年——京九江西行"活动新闻发布会，向海内外推出"大余梅关古驿道赏梅节"、"三百山——东江源之旅"、"井冈之秋"等具有江西旅游特色的9项大型国际旅游活动，并推出13条与黄山、三峡等全国著名旅游线路相连的旅游专线。

30日 全省第三次地方志工作会议在南昌召开。会议指出，"九五"期间是江西地方志工作的重要时期，各级政府要切实加强领导，坚持"五到位"，即领导到位、机构到位、经费到位、队伍到位、条件到位，层层负责，层层落实，确保江西地方志工作"九五"规划各级任务的全面完成。

30日 南昌铁路局首次举行中国铁路史上第一次纯金车票拍卖会。这次拍卖会是京九线上首趟237次（九江—深圳）旅客列车的部分具有特殊意义票号制成纯金车票公开拍卖，42张纯金车票当场全部拍卖成交。

31日 中外合资江西华隆化工有限公司非法进口倒卖"洋垃圾"案结案。自1993年3月至1995年5月，该公司先后私自从德国IRK公司进口未经加工消毒处理的生活废塑料4.5万余吨，销售扩散到河南、浙江、广东、江西等7省。

31日 京九铁路定南火车站全面建成并举行站名揭幕仪式，站名由全国人大常委会副委员长王光英题写。

本月 省政府下发《关于主攻工业若干问题的意见》。

1996

9月

September

公元 1996 年 9 月							农历丙子年【鼠】						
日	一	二	三	四	五	六	日	一	二	三	四	五	六
1 十九	**2** 二十	**3** 廿一	**4** 廿二	**5** 廿三	**6** 廿四	**7** 白露	**8** 廿六	**9** 廿七	**10** 廿八	**11** 廿九	**12** 八月大	**13** 初二	**14** 初三
15 初四	**16** 初五	**17** 初六	**18** 初七	**19** 初八	**20** 初九	**21** 初十	**22** 十一	**23** 秋分	**24** 十三	**25** 十四	**26** 中秋节	**27** 十六	**28** 十七
29 十八	**30** 十九												

1日　京九铁路旅客列车正式开通运营。北京—深圳、九江—深圳、汕头—武昌三对列车穿行江西南北。国务院为全线开通运营致电祝贺。同时，省委、省政府在九江举行庆祝仪式。18时19分，九江—深圳客列（237次）开行典礼在九江举行。省政府将九江—深圳客列命名为"庐山号"，省领导向南昌客运段授予"庐山号"铜牌。

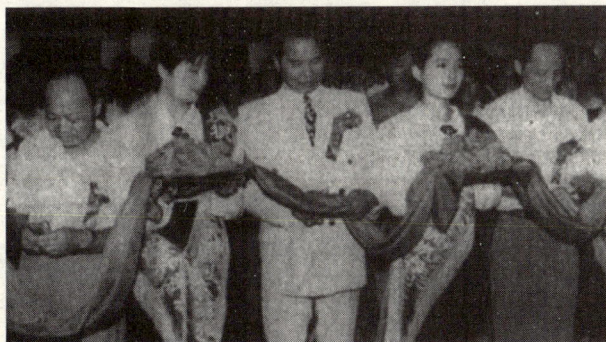

吴官正（左三）等为"庐山号"列车开行剪彩

1日　被评为省市重点工程的南昌市一江两岸外环路工程拉开建设帷幕。整个工程预计到1997年10月完工。建成后的外环路宽20米，并拥有15米左右的绿化带。

1日　京九铁路正式交南昌铁路局，北京、郑州、济南、上海、广州铁路（集团）公司管理。

承担首趟九江至深圳旅客列车牵引任务的南昌铁路局南昌机务段 ND2－0271 机车已安全行驶了157 万公里

2日　省政府在吉安召开冬种工作会议。确定1996年江西冬种面积为3150万亩，其中油菜1200万亩、大小麦250万麦、蚕豌豆150万亩、绿肥1000万亩、冬季蔬菜500万亩、青饲料作物50万亩。

3日　省政府残疾人工作协调委员会召开全体委员会议。会议审议了工作报告和《江西省残疾人事业"九五"计划纲要》。

3 日 巴西淡水白鲳（热带名贵鱼种）在分宜县安居，其鱼成活率和单位面积的经济效益均居江西首位。分宜县成为江西省淡水白鲳良种的繁殖地。

4 日 江西凤凰光学仪器集团公司生产的生物显微镜 ATM、EPS 生物显微镜被评为全国优秀新产品，XSP－30 系列生物显微镜获省科技进步三等奖。

4 日 全省地市委组织部长会议在南昌召开。会议深入学习领会江泽民关于努力建设高素质干部队伍的重要讲话精神，研究加强领导班子建设和干部队伍建设的措施。会议于 6 日结束。

5 日 周慹平、梅亦龙等省领导会见以香港市政局评论员、香港华兴集团董事周洁冰为团长的香港女企业家访赣团一行 8 人。

5 日 省中行正式开通 SWIFT 系统。运用卫星通讯线路实现银行各种票据、单证传送到世界各地，办理客户汇款、贸易结算、资金调拨、外汇交易、股票交易、账务处理等业务。

5 日 共青城江益区的下阳塘李家组村口有一棵百年古树，其与樟树、红檀树、刺槐树、柏树、木莲树共生一体，树高约 6 米，遮荫面积 20 平方米，树龄超过百年。

6 日 江西省中共党史人物研究会在南昌成立。会议通过研究会章程和理事名单，推选舒惠国、钟起煌为名誉会长，苏多寿为会长。

6 日 丰城市卫校附属医院院长胡发荣，在美国洛杉矶召开的"1996 首届国际中医药杰出成果交流展示会"上，获国际名医杯奖和国际中医药现代研究杰出论文奖。

8 日 省委发出关于印发《江西省一九九六年至二〇〇〇年干部教育培训规划》的通知。该规划包括：（一）指导思想和基本原则；（二）主要内容和任务；（三）培训对象、基本要求及主要途径；（四）培训体制及分工；（五）主要措施。

8 日 为加速发展江西省高等教育的需要，全省 34 个学科被省政府研究确定为江西高校重点学科，33 个学科被确定为"九五"期间重点建设学科。

8 日 省党政军领导深入南昌市察看"四湖治理"工程。充分肯定"四湖治理"是"民心工程"，要求南昌市力争三年内物质文明建设和精神文明建设有个大变化，以现代化的文明省会城市新形象迈入新世纪。

8 日 由省委宣传部、省对外经贸厅以及新华社江西分社联合举办的《迎接香港回归大型图片展》在江西革命烈士纪念堂举行。展览还将在江西省各地及部分大中型企业和大中专院校巡回展出。

8 日 鹰潭站被全国爱卫会和国家卫生部授予"爱国卫生先进单位"称号。

9 日 省烟草专卖局（公司）在南昌宣布，向省希望工程捐款 100 万元。同时设立"江西省烟草行业希望工程奖励基金"，资助江西省品学兼优、家庭经济困难的 2000 名优秀大、中、小学生和奖励、培训希望小学的优秀教师。

9 日 石城县博物馆从民间收集到一枚苏区印章。该印章刻有"中华苏维埃共和国江西省石城县古樟区新庙乡苏维埃政府"的繁体字样。

9 日 宜春钽铌矿与中南工业大学合作研制的 ZGSJ 振动给矿筛分机及给矿筛洗新工艺，节省投资 220 万元，获部级科技进步奖。

9 日 由林业部和江西省共同投资建设的信丰县杉木良种基地建成，是全国十大杉木良种基地之一。基地有初级种子园 48 公顷、一代种子园 70 公顷、子代测定林 20 公顷、采穗圃 13.33 公顷。种子品质优良，发芽率达 46.2%，千粒重平均 7.54 克，单产为全国最高，其他各项指标也超过了国家一级种子标准。

10 日 经省政府批准，江西省消费者权益保护委员会成立，省长助理蒋仲平任主任。

10 日 海军党委《关于开展向老红军段德彰同志学习的决定》新闻发布会在上海市举行。段德彰是于都县人，1931 年投身革命，曾任海军政治部主任、东海舰队第二政委、南海舰队政委、海军顾问等职，1955 年被授予少将军衔。

10日 景德镇罗家机场正式通航。景德镇罗家机场是江西"八五"重点技改工程，总投资2.26亿元。景德镇市委、市政府举行首航仪式，省政协副主席江国镇、省长助理凌成兴、华东民航局副局长刘观昌等出席。

10日 新余国家粮食储备库24座粮仓、2000万公斤储粮实现无虫、无霉变、无鼠雀、无事故，跨入全国保粮先列，获全国科技保粮先进单位称号。

10日 南昌铁路局、省经贸委等领导，就解决京九线路湖北省境内用电有关问题，与湖北省政府秘书长张维先进行协商。湖北省政府领导表示，全力支持铁路工作，尽快解决京九线湖北境内供电问题，并作重要批示，指派专人赴黄冈地区处理。

10日 首批南昌齿轮厂的100台联合收割机变速箱出口伊朗（1996年6月，南昌齿轮厂与伊朗康拜因公司达成年生产600台变速箱的长期合同）。

10日 波阳县青山湖水产冷冻加工厂10.5吨熟煮淡水龙虾仁成功地进入日本市场。

10日 南昌飞机制造公司片梭织机CIMS详细设计通过评审，同意进入实施阶段，全面开展实施工作。片梭织机是当今世界上技术水平高、制造难度大的无梭织机。南飞公司于1993年独家引进瑞士苏尔寿·鲁蒂公司P_T100片梭织机先进技术，是全国唯一生产片梭织机的定点厂家。

11日 全国十二城区计生工作研讨会在南昌召开。会议围绕"为经济建设和改革开放创造一个良好的人口环境"进行交流和探讨。

11日 靖安县北河沿岸古樟树群被誉为保护得最好、全国罕见的连片古樟树群。樟树属国家二级珍贵保护树种。

12日 省委组织部、省人事厅发出《关于1996年省级机关考试录用国家公务员（工作人员）公告》。首次面向社会考试录用主任科员以下非领导职务国家公务员。

12日 国家劳动部正式下文确定宜春地区为"中国农村就业促进试点项目"的试点地区。

该项目从1997年元月开始实施。

12日 南昌昌北机场飞行区土石方工程投标预备会（标前会）在南昌召开。工程投标按照公开、公平、公正的原则，择优选择施工队伍。

12日 1996年北京国际发明展览会举行，13个国家和地区的50多个展团推出近千项发明参展。江西53项发明成果送展，获3金7银13铜奖牌（展览会于19日结束）。

13日 省政府召开全省企业扭亏增盈暨"九五"双争（争创一流业绩、争当"九五"英模）立功竞赛电话会议，总结前阶段工业生产情况，部署今后几个月扭亏增盈工作，推动双争立功竞赛活动的深入开展。

13日 于都县钎头厂开发的"箭锋牌"Y138－772凿岩用硬质合金钎头，通过国家有色冶金机械质量监督检验中心和省产品质量监督检验所的检验，所检10个项目全部合格。

13日 中外合资江西竹辉竹业有限公司生产的竹材地面装饰板通过省科委组织的省级产品鉴定和星火项目验收。该产品的特点是用材新颖，纹理通直，美观耐磨，先后出口日本、韩国、英国等10多个国家和地区。1995年曾获全国林业名优特新产品银牌、江西新产品展览会金奖。

14日 江西乔家栅食品厂获"1996中国名牌月饼"荣誉证书，为全国获奖10家之一。

15日 婺源县大鄣山云雾茶经国家绿色食品发展中心鉴定，获全国茶叶类AA级绿色食品证书，年产量达5万公斤。

15日 "1996年中日陶瓷艺术展"在景德镇市开展，展出精品200件，中方获一、二等奖的作品将赴日本参加该国的陶艺展。

16日 （澳门）欧洲—中国企业家俱乐部在南昌举行欧共体投资伙伴计划推广介绍会。南昌、九江、吉安、赣州等地市的60余家企业的代表和省有关厅局的负责人参加推介会。

16日 江西省第一期"书记学习贯彻《党政领导干部选拔任用工作暂行条例》研讨班"在省委党校开班，46名地、市、县委书记和厅局党委（党组）书记参加学习。

16 日　宜春地区连续 20 年保持"一符四无"粮仓地区，获 1995 年度内贸部、国家储备局授予的全国"一符四无"活动先进单位称号。

16 日　在北京举行的中国首届保护臭氧层大会上，联合国环保组织向中国率先推出无氟压缩机和无氟电冰箱的华意电器总公司赠款 97 万美元。这是联合国继第一次捐款 136 万美元之后，又一次褒奖华意公司保护臭氧层的成果。

17 日　叶挺纪念馆在上饶市落成。纪念馆建筑面积 150 平方米，馆内展有叶挺的珍贵照片和有关文物、文献 60 多件。展品资料分七个部分介绍叶挺光辉的一生。

17 日　为期两天的第一次基本单位普查工作会议召开。会议提出，重点抓好认识、组织、人员、征费、支持、宣传六个到位，确保第一次基本单位普查数据质量。这次普查标准时间是 1996 年 12 月 31 日。

17 日　省政协七届十八次常委会议在南昌召开。会议就进一步减轻工业企业不合理负担，改善企业外部环境进行协商讨论。会议于 19 日结束。

17 日　国家农业开发办公室组成的验收组到江西省进行第二期（1993～1995）油茶低改项目建设竣工验收。该项目总任务 1.6 万公顷，其中常规综合改造 0.86 万公顷，嫁接换冠综合改造 0.74 万公顷，更新综合改造 0.4 万公顷，实际完成 1.66 万公顷，安排在兴国等 15 个县（市、区）实施。该项目油茶林，产量达 441.97 万斤，亩平均产茶油 18.4 斤，平均产量比低改前增加 4 倍；项目县农民增收 3486 万元。

18 日　中国工程院院士、著名兽医病毒学家殷震教授在省科技活动中心作《生物技术及其在动物疫病防治上的运用》、《"疯牛病"及其病原》学术报告。

18 日　中共中央总书记江泽民、书记处书记温家宝、中央办公厅主任曾庆红及中央党政军领导，在铁道部领导韩杼滨、孙永福，南昌铁路局领导杨建兴等陪同下，视察湖北麻城车站候车室、信号楼，询问开通运营以来的客流、货源情况和行车设备情况，并慰问车站一线职工。随

后，江泽民一行乘专列视察南昌铁路局管内京九线南段。

18 日　崇义县开发建设的阳岭森林公园对外开放。阳岭有木本植物 87 科 371 种，动物 115 种。其中国家一、二类保护树种有楠木沙、水杉等 12 种；国家一、二类保护动物有金钱豹、灵猫、娃娃鱼等 17 种。

18 日　江西中医学院邵兰忠教授主编的《矿物本草》获 1995 年度华东地区科技出版社优秀科技图书一等奖。

18 日　省政府召开农村金融体制改革工作会议。会议要求各级部门精心组织，把农村金融体制改革落到实处。

18 日　为期 3 天的全省纠风工作会议在南昌召开。会议提出，要继续下大力气认真抓好 1996 年的纠风专项治理工作，实行标本兼治，综合治理，取得阶段性成效，更好地为改革、发展、稳定服务。

19 日　全国教育系统第二次邓小平建设有中国特色社会主义理论研讨会在南昌大学召开。全国 24 个省、市、自治区的 46 所大学、四个教育科研所和两所中学的 80 多位专家学者参加会议。与会人员分别从政治、经济、思想文化、教育等方面对邓小平理论展开深入研讨，国家教委党组成员朱新均到会讲话。南昌大学校长潘际銮介绍南大近几年改革发展的情况。研讨会到 23 日结束。

19 日　被国家农业部批准为"全国乡镇企业东西合作示范区"的南昌长塝乡镇企业城拉开开发建设帷幕。整个工程由四大项目组成，12 月底完工。

19 日　中共中央总书记江泽民考察京九沿线贫困地区和革命老区，在江西先后察看了兴国、赣县、信丰、南康和瑞金 5 县市。在察看信丰县马路坑村的脐橙种植园时，指出走开发式扶贫的路子，是十多年扶贫工作中创造的一条最基本的经验，这个方针应当继续坚持；打好扶贫攻坚战，关键在路子、班子，各地的经验证明，只要思路对头，干部得力，脱贫致富就大有希望（20 日，在瑞金叶坪、沙洲坝参观中华苏维埃共

和国临时中央政府旧址和毛泽东、周恩来、朱德等旧居，会见当地党政负责人和老红军时说，在革命战争年代，老区人民跟着党，艰苦卓绝，前仆后继，为中国革命的胜利，付出了巨大牺牲，作出了重大贡献，形成了光荣传统。我们任何时候都不能忘了老区人民。我们要把老区的精神和传统世世代代传下去，永远发扬光大！当晚，江泽民在赣州听取省委汇报后指出，江西是开展扶贫工作较早的省份，我特别重视老区的脱贫致富问题。你们总结的搞好扶贫工作的几句话：最重要的是领导对群众要有浓厚的感情，最可贵的是干部群众要有一种不等不靠、苦干实干的精神，最关键的是要有一个能够带领群众脱贫致富的班子，最根本的是从实际出发走出一条脱贫致富的路子。我看这抓住了规律性的东西，很有普遍意义。希望你们继续发扬团结一致、埋头苦干的作风，把江西的各项工作提高到一个新的水平）。

江泽民在信丰县视察

江泽民在南康市视察

20日 省委召开农村基层组织建设电话会议。总结前一阶段农村基层组织建设进展情况，部署下一阶段的工作。省委副书记舒惠国讲话强调，要力戒自满，严防松劲，抓住重点，攻克难点，扎扎实实把后进村党支部整顿好。

20日 省人大常委会组织部分省人大代表并邀请部分在赣全国人大代表，对省交通厅的工作进行评议。评议的内容是：近两年执行宪法和有关法律、法规情况；执行人大及其常委会的决议、决定情况；办理人大代表建议、决定情况；办理人大代表建议、批评和意见情况；勤政廉政情况。参加评议交通厅工作的人大代表分成14个观察、调查小组，深入11个地市和交通厅直机关视察调查交通工作。

22日 江西德宇集团总经理、高级畜牧兽医师刘浩元的"绿茶生物保鲜技术"被确认为国家发明专利。

23日 国家环保局调研督查组到江西检查，江西省召开专题会议，向调研督查组汇报江西省贯彻落实国务院《关于环境保护若干问题的决定》所采取的措施和今后的工作思路。

23日 民建中央参政议政工作座谈会（南方片）在南昌召开，会期3天。会议总结、交流组织开展调查研究和反映社情民意工作的经验，研究、探讨在新形势下建立和完善参政议政运行机制，更好地发挥参政议政、民主监督职能的新思路和新途径。

24日 省政府召开全省综合整治市容环境工作第二次电话会议。要求整治要坚决，管理要到位，使城市管理逐步纳入法制化、规范化轨道，确保"1996年市容环境有明显好转"阶段性目标和"三年面貌大变"奋斗目标的实现。

24日 国务院副总理邹家华、姜春云，全国人大常委会副委员长王丙乾、布赫，中央军委副主席、国务委员迟浩田，国务委员宋健和全国政协副主席朱光亚等先后来到在北京举办的《星火计划实施十周年暨"八五"农业科技攻关成果博览会》江西展位，参观"京九沿线江西段星火产业带"成果展，江西选送110多个项目参加展览。博览会于26日结束。

25日 省委、省政府在江西艺术剧院召开省直和中直单位厅级离退休干部参加的经济形势报告会。

25日 在北京中国美术馆举办的农民摄影作品展中，被誉为上高"农民摄影之乡"的锦江乡，成为全国首次举办乡级"农民摄影作品展"的乡。

27日 省政府召开棉花工作会议。会议明确1996年的棉花收购将继续实行经营、市场、价格"三不放开"，要求进一步加强棉花质量管理，并切实加强资金管理和调度，防止打"白条"。

28日 靖安县蛇类养殖场建成开业，正式向游人开放。该场占地5.1亩，由该县红岗林场投资兴建，现有蟒蛇、眼镜王蛇、五步蛇等有毒、无毒蛇18种，共一万余条。

28日 副省长周慰平会见并宴请专程前来江西省出席南昌、吉安等地陈香梅奖颁奖仪式的美国国际合作委员会主席陈香梅女士一行3人。

28日 省军区在南昌召开民兵参加"两个文明"建设座谈会。省军区政治部主任陆殿义代表省军区作题为《围绕大局，立足省情，发挥优势，组织民兵带头为建设文明富强的江西而奋斗》的工作报告。

28日 省政府发出通知，决定对江西230家污染严重和土法生产企业实行取缔、关闭和停产。通知要求，各级政府切实于9月30日前取缔和关闭所属企业，并认真做好善后工作。

28日 "井冈牌"井冈山翠绿茶、"绿凉牌"苦瓜酒、"玉珠牌"大米、"华绿牌"神蛋等17个品牌产品获中国绿色食品证书。

28日 江西凤凰光学仪器公司推出的新产品RET45R及RET47R系列大口径反射式天文望远镜的功能和结构达到国内先进水平。

28日 赣州市郊沙河乡境内发现一窝恐龙蛋化石和一只巨型龟化石。1996年初该地区曾发现此类化石。

28日 我国最大的古代水战场旅游项目——鄱阳湖口战场一期工程竣工并正式对外开放。

29日 1996年江西音乐舞蹈艺术节在江西艺术剧院举行。此届音乐舞蹈艺术节共演出9台近百个剧、节目，观众达2万余人次。共评出演出一等奖六个、二等奖七个、优秀剧目奖两个，特别组织奖两个、优秀组织奖五个。

女生独唱《让希望之星升起来》

舞蹈《滕王阁别恋》

演员与江泽民的合影

29日 省委召开常委会议，传达学习中共中央总书记江泽民视察江西省扶贫开发工作的重要讲话和中央扶贫开发工作会议精神，研究部署贯彻意见。省委书记吴官正主持会议并讲话。要求加大扶贫工作力度，确保完成扶贫攻坚任务。

29日 江西师大数量与信息科学学院应明

生申报的"情景变化的逻辑研究"课题，被列入1996年至1997年度国家"863"智能计算机系统研究计划。这是他第二次承担国家"863"高科技项目。

29 日 三清山旅游索道正式竣工开通。其支架间跨度、线路长度、建设工期均位居当前国内同类型索道之首。

29 日 为纪念红军长征胜利60周年，赣粤边三年游击战争纪念馆在信丰县正式开馆。

30 日 江西省唯一进入国家"人与生物圈"网络的九连山保护区以其特有的中亚热带常绿阔叶林景观成为海内外专家学者研究森林生态的考察基地。

本月 第二届世界和平书画展国际青少年儿童书画展揭晓，南昌市少年宫12位同学获金奖，11位同学获银奖，20位同学获铜奖。

本月 上饶河口镇柳木蒸笼4500层首批出口运抵香港并转口销往意大利米兰。河口柳木蒸笼是江西省唯一生产柳木制品的产地。20世纪50年代曾出口东南亚、日本、加拿大。

1996

10月
October

公元 1996 年 10 月							农历丙子年【鼠】						
日	一	二	三	四	五	六	日	一	二	三	四	五	六
		1 国庆节	**2** 廿一	**3** 廿二	**4** 廿三	**5** 廿四	**6** 廿五	**7** 廿六	**8** 寒露	**9** 廿八	**10** 廿九	**11** 三十	**12** 九月大
13 初二	**14** 初三	**15** 初四	**16** 初五	**17** 初六	**18** 初七	**19** 初八	**20** 重阳节	**21** 初十	**22** 十一	**23** 霜降	**24** 十三	**25** 十四	**26** 十五
27 十六	**28** 十七	**29** 十八	**30** 十九	**31** 二十									

1 日 分宜县获"全国'三优工程'试点工作先进县"金色奖牌，并被定为全国"三优工程"示范县。作为全国"优生、优育、优教"试点的分宜县，28 项试点项目均已达到或超过全国规定的三类地区指标要求。

1 日 南昌新八一大桥主桥 A、B 标主塔顺利封顶。大桥建设第二阶段工期目标完成。

2 日 日本冈山县鹅方町友好代表团来江西作友好访问。与江西省文化、外事部门进行友好洽谈。

2 日 根据联合国开发计划署援助的"江西省山江湖区域可持续发展"项目的安排，以黄懋衡为团长的江西省山江湖代表团一行 3 人在加拿大西部哥伦比亚和阿尔伯塔两省对地理信息系统（GIS）在土地利用规划和区域可持续发展中的应用情况进行为期 10 天的考察访问。

3 日 江西省党校系统"邓小平建设有中国特色社会主义理论"暨"纪念红军长征胜利 60 周年"研讨会在南昌召开。

4 日 第三届全国工人运动会闭幕。江西代表团获 4 金 5 银 4 铜和优秀组织奖。

4 日 江西省被国家级妇幼卫生合作项目领导小组评为先进省。近年来，江西省共培训乡、村妇幼卫生人员 30704 人次，每个行政村配有 2 名村级妇幼卫生人员。

4 日 江西省选送的戏剧《榨油坊风情》等 4 件作品获全国"五个一工程"优秀作品奖。5 年来，江西省共有 16 件作品入选全国"五个一工程"奖。

4 日 国庆期间，江西省首座乡村百米"光彩报廊"在于都新陂乡新坡圩落成。新陂乡"光彩报廊"总投资 2 万余元，长达 80 余米，贴有《人民日报》、《江西日报》、《赣南日报》等 67 种党报和中央报纸，深受农民欢迎。

4 日 由上海医科大学中山医院和宁冈县人民医院共同创建的"上海中山—江西宁冈希望医院"揭牌仪式在宁冈举行。

4 日 在中华医学会江西分会第十三次会员代表大会上，江西省医学会连续四年被中国科协学会部和《学会》杂志社评为全国"学会之星"，连续五年被省科协评为"省级先进学会"，1995 年又被省民政厅、省人事厅、省社团发展促进会联合评为"先进社团"。

5日 《一九九六环保赣江行》检查采访活动拉开帷幕,主题是"保护生命之水"(活动于11月13日结束)。

5日 东乡县农业畜牧科学研究所研究和培育的华绿神蛋被授予国家"绿色食品"标志。这是全国彩色畜牧业保健食品中唯一获此殊荣的产品。该蛋1996年五次获国家级奖,在1996年首届中国国际食品博览会上获金奖;3月获中国国际农业科技年会精品金奖;5月经国务院批准被列为江西农业开发跨世纪工程7个龙头项目之一;8月被国家专利局正式批准为国家发明专利。

5日 省人大常委会副主任张逢雨会见并宴请以加拿大前议长洛德·弗朗西斯先生为团长的加拿大前议员协会代表团一行7人。

6日 1996年中国庐山国际旅游节暨招商洽谈会在九江市举行。此次洽谈会共有国内外宾客1600多人出席,两天的洽谈会签订项目145个,总投资6.3亿美元,其中外资项目72个,合同外资1.94亿美元。

1996年中国庐山国际旅游节暨招商洽谈会开幕式

6日 1996年海内外京剧票友"瓷都杯"联谊汇演在景德镇举行。加拿大、澳大利亚等国家和台湾、香港地区及21个省市的京剧票友200余人参加演出。汇演活动进行了4天。

7日 省政府召开电话会议,通报"山上再造"第二次工作会议以来各地工作进展情况,针对前一段工作中存在的问题采取针对性的措施。

会议要求注重认识到位,狠抓计划、项目、资金、苗木等方面的落实,推动"山上再造"工作的扎实开展。

7日 华东6省、市审计厅(局)长座谈会在井冈山市召开。参加会议的有华东6省、市审计厅(局)长和人事处长及青岛、南京、宁波、厦门4个计划单列市审计局长。

8日 林业部委托省林业厅组织专家学者对《绞股蓝丰产及综合利用技术推广》课题进行鉴定(省林科所等单位承担研究)。与会专家一致认为,此项目的丰产栽培技术成熟,系统完整,达到国内同类研究的先进水平。

8日 江西绿色工业(集团)公司研制的茶色素9月被列入国家"1035工程",并通过初审和复审,成为国家级10个创新药物之一。省科委、南昌市郊区政府就此联合召开新闻发布会。

8日 经农业部、国家体委、中国农民体协批准,第三批"全国亿万农民健身活动"先进乡镇评选揭晓,宜丰县石花尖垦殖场获"全国体育先进乡镇"称号。

8日 国家星火计划项目"五彩特优稻米推广与系列开发",通过省科委组织的项目验收。

8日 全军首次邓小平军事改革思想研讨会在南昌陆军学院召开。全军的领导机关、陆海空和武警部队、院校、科研机构的将军、专家和学者共40多人参加会议。

9日 省直各界在南昌举行国际减灾日纪念大会,成立江西省综合减灾组织——省减灾协会,省委副书记、副省长黄智权为会长。新成立的减灾协会,致力于综合性防灾减灾的研究谋划,当好省政府防灾减灾的参谋和助手;大力组织开展多学科的综合减灾科学研究,积极开展全民减灾意识的宣传教育活动,努力搞好协会组织建设。

9日 高安市出土6件北宋早中期瓷器,经专家鉴定分别为国家二、三级文物。其中四件是北宋早中期的荷叶形梭口碗,两件是影青斗笠碗。

10 日 省委、省政府、省军区在瑞金举行红军长征胜利60周年纪念活动（15日，江西参加长征的老红军危秀英、李德友、曾广发、温盛禄、李力代表江西300多位老红军赴京参加中组部举办的活动。18日，省委、省政府、省军区在南昌举行纪念红军长征胜利60周年座谈会。晚上，在江西艺术剧院举行文艺晚会。19日，瑞金市委、市政府在北京举行座谈会，全国人大副委员长王光英和部分老红军、老同志等200多人出席）。

11 日 井冈山市在北京通过评审，成为江西省第一个国家社会发展综合实验区。

11 日 全国女篮甲级联赛决赛在吉安举行。八一队获冠军，辽宁队获第二名。

12 日 中外合资贵溪电光源有限公司生产的节能灯，其五大系列24个品种的稀土节能灯多次获国家和省科技进步奖。当前生产已成规模，是我国节能灯出口基地之一。

12 日 1996年全国游泳锦标赛在广东东莞市举行。江西运动员张军在长距离男子1500米自由泳比赛中，以16分4秒66的成绩夺得第二名。又在男子400米自由泳比赛中，以4分5秒84的成绩获第六名。

13 日 由江西农大与俄罗斯农业科学院全俄畜牧科研所协作开展的"遗传标记在猪育种中的应用"研究，取得重大成果。该项研究成果填补了国内一项空白，达到国际同类研究的先进水平。

13 日 南昌市第十六中学学生黄江涛舍己救人的事迹在南昌市中小学产生强烈反响，一个学习黄江涛同学的高贵品质，开创学校精神文明建设新局面的活动在各校广泛开展（11月1日，南昌市教委召开表彰大会予以嘉奖，授予黄江涛同学"舍己救人好少年"光荣称号）。

13 日 在建清宜公路水面段过程中，新余市发掘一批北宋古墓葬，出土20余件文物，经鉴定为北宋元祐年间的墓葬。

13 日 在第三届全国农民运动会上，江西女将王芹在女子剑术比赛中获金牌，邓红岭获男子枪术银牌，王国华以30发子弹280环的成绩获射击铜牌。

14 日 省委召开常委会议，传达学习党的十四届六中全会精神，研究江西省的贯彻落实意见。省委书记吴官正主持会议并讲话，要求把思想统一到六中全会精神上来，加强对精神文明建设的宣传报道，努力营造加强精神文明建设的氛围。

15 日 瑞金市在中国集邮总公司的大力支持下，印制发行了"红军长征第一山——云石山"、"红军长征第一桥——武阳桥"纪念封一套两枚。

15 日 副省长朱英培会见并宴请马其顿共和国斯科普里市副市长佐朗·佩特内斯基一行。

15 日 省八届人大常委会第二十四次会议在南昌召开。会议通过《江西省人大常委会关于政府规章设定罚款限额的规定》、《江西省法制宣传教育工作条例》、《江西省实施〈中华人民共和国教师法〉办法》、《关于修改〈江西省保护和发展邮电通信条例〉的决定》、《关于批准〈南昌市城市房地产抵押管理条例〉的决定》、《关于批准〈南昌市城市管道燃气管理条例〉的决定》、《关于批准〈南昌市液化石油气管理条例〉的决定》、《关于批准南昌市第十届人民代表大会换届的决定》等，通过有关人事任免名单。会议于19日结束。

15 日 江西省举办为期20天的"五个一工程"第五届优秀影片展映月活动。分别上映《孔繁森》、《红樱桃》、《九香》、《冼星海》、《士兵的荣誉》、《七七事变》六部获奖影片。

16 日 贵溪举行撤县设市庆典，中共贵溪市委、市人民政府正式挂牌。

16 日 江西省科协四届二次全委（扩大）会议在南昌召开。省科协主席金光祖作题为《学习贯彻中国科协"五大"精神，为实施科教兴赣战略而努力奋斗》的工作报告。

17 日 纪念红军长征胜利60周年图片展首展式在省博物馆举行。省委副书记舒惠国出席并剪彩。

17 日 中国科学院专家在考察江西上犹旅游资源时发现：该县油石乡花园村有棵"千年樟树王"，树干直径约3.5米，树冠直径为30米，高21米。

17 日 应中联部的邀请，印度共产党中央

吴官正会见契塔兰简率领的印共代表团一行

书记处书记、全国执行委员会主席契塔兰简率领的印共代表团一行 5 人抵南昌。省委书记吴官正会见了印共代表。代表团重点考察了井冈山。契塔兰简说，很高兴来到中国，来到具有光荣历史的江西，理解和感受到贵党正在进行的改革开放和社会主义建设事业，成就巨大。访问于 19 日结束。

17 日 江西省第四次归侨、侨眷代表大会在南昌召开，会期两天，257 名代表出席。会议通过工作报告和《江西省侨联执行〈中国侨联章程〉的决议》，选举李佛铨为第四届省侨联主席。

18 日 南昌"一江两岸"南岸道路工程开工。省领导吴官正、舒圣佑、舒惠国、黄智权、毛致用、朱治宏等出席奠基仪式。

18 日 江西农业大学 1996 年获准 7 项国家自然科学基金，资助经费 54.5 万元。其中生命科学部 6 项，地球科学部 1 项。

18 日 1996 中国龙虎山道教文化节在鹰潭龙虎山举行。近 3 万名国内外来宾参加龙虎山民间艺术展示会、吴桥杂技、南丰傩舞表演、道教弟子联谊会和经贸洽谈活动。

20 日 江西省直机关第一届运动会在省体育馆开幕。共有 93 个代表队 4000 多人参赛。

20 日 国家重点工程江西南昌昌

北机场开工典礼在昌北机场工地举行。省领导吴官正、舒圣佑、舒惠国、黄智权、朱治宏等出席开工典礼。昌北机场是经国务院、中央军委批准的重点项目，列为 1996 年全国 43 项重点新开工项目之一。机场地址与市区直线距离 20 公里，公路距离 26 公里。机场建设分两期进行，本期工程建设占地面积 6200 亩。飞行区等级指标为 4D。跑道长 2800 米，宽 45 米，两侧道肩宽各 7.5 米。航区站按满足年旅客量 200 万人设计。候机室面积 2.5 万平方米。站坪面积 9 万平方米，机位 10 个。本期总投资 8.96 亿元，建设工期两年。二期工程按飞行等级指标 4E 设计，增修一条 3600 米的跑道，候机楼面积 15 万平方米，满足波音 747－400 全重起飞，开辟国际航线。

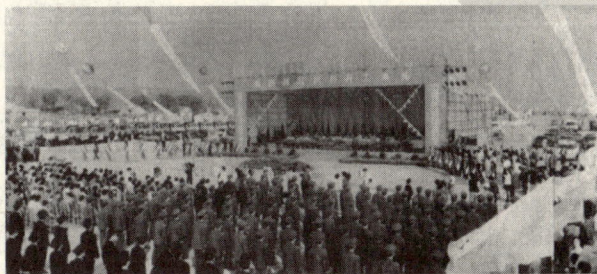

南昌昌北民用机场工程开工典礼

21 日 纳米比亚共和国总统萨姆·努乔马一行 26 人抵达南昌。对江西省开始进行为期 3 天的友好访问，并参观企业、农村、学校和名胜古迹。中国政府陪同团团长、农业部副部长刘成果，中国驻纳米比亚大使廉正保一同抵赣。省委

吴官正（右二）在江西宾馆会见纳米比亚客人，双方进行了友好交谈

书记吴官正、省长舒圣佑等分别会见和宴请了努乔马总统一行。努乔马总统游览滕王阁时题词："纳中人民友谊地久天长。"

22 日 鹰潭市银鹰少年军校被全国少工委、国家教委、解放军总政治部授予"全国先进少年军校"称号。

22 日 江西麦饭石酒业有限公司生产的麦饭石金醇酒，在国家科委、全国总工会、国家专利局、中国发明协会等单位联合举办的"北京国际发明展览会"上获金奖。

22 日 埃塞俄比亚水利考察学习团在南昌开始对江西省水利进行为期 34 天的学习与考察。

22 日 应中华全国总工会邀请，南斯拉夫自治工会联合会主席德拉甘·拉杜洛维奇一行，将对江西省进行为期 3 天的友好访问。

23 日 全国"青年文明号"事迹报告团巡回报告会在江西省军区礼堂举行。省市各行各业的千余名听众出席报告会（21 日，省委副书记舒惠国接见全国"青年文明号"事迹报告团一行 8 人）。

23 日 "1996 全国航海模型锦标赛"在北京结束。代表江西出征的南昌市二体校海模队获 2 金 3 银，名列这次仿真航海模型比赛的榜首。

24 日 林业部、国家计委、财政部、中国民用航空总局、中国人民解放军空军联合作出表彰全国飞播造林先进单位和先进个人的决定，赣州地区林业局等 7 个单位为全国飞播造林先进单位，陈金生、王璋珊、高承汉、李东生、陈芳连、唐肇基、李国旗、杨文涵、万娜娜（女）、颜修武、杨发生、王永康、杨群宝、赵秀玲 14 人为全国飞播造林先进个人。

24 日 江西省首次关心下一代工作先进集体、先进个人、先进工作者表彰大会在南昌召开。江西各级关心下一代工作组织已发展到 5700 多个，从事此项工作的老同志已达 12 万余人。会议决定授予景德镇市关工委等 55 个单位、140 名老同志、57 名同志分别为先进集体、先进个人、先进工作者称号。

24 日 在纪念中国工农红军长征胜利 60 周年之际，由老红军的后代、现役军人张春生个人捐助的希望小学——兴国景山希望小学在当年苏区模范县兴国县奠基。

24 日 余江县张公桥农民杨水朝发明的新型轮胎漏气报警装置获国家专利。

24 日 江西铜业公司德兴铜矿与北京有色冶金设计研究总院、北京矿冶研究总院、中南工业大学合作完成的 8 项科技成果通过中国有色金属工业总公司的科技鉴定。其中《大型露天矿的高效运输系统研究应用》、《碎磨节能新工艺的应用》被鉴定为达到国际领先水平。8 项成果解决了制约德铜生产工艺、技术流程等难题，为国内大型露天矿的开采闯出新路。

25 日 省政府在南昌召开实施国家"安居工程"工作会议，强调严肃纪律，做到领导、资金、政策三到位，确保安居工程顺利实施。

25 日 省委下发《关于印发〈江泽民同志考察京九铁路贫困地区在江西的讲话〉的通知》。

25 日 上海市长宁区新华路街道办事处和上海离合器总厂与江西于都县车溪乡党委、政府签订协议，决定联合在车溪乡捐建一所新长征希望小学。

25 日 以副省长周慤平为团长的江西省代表团，参加在郑州举行的中西部对外经济技术洽谈会。美国、日本、新加坡、香港等国家和地区的 305 位客商与江西的 69 个项目进行接洽，签订协议和意向项目总金额 2.96 亿美元。

26 日 江西省市举行仪式庆祝首届"江西省环卫工人节"，该日成为江西省 1.5 万名环卫工人的节日。江西是全国第三个为环卫工人设立节日的省份。

26 日 萍乡市湘东区水电局被评为"全国取水许可管理工作先进单位"。

26 日 深圳市南山区、深圳市能源总公司、深圳经济特区发展（集团）公司和深圳市国际企业股份公司共同捐资 105 万元共建的井冈山小学希望工程教学楼竣工。

26 日 中国 21 世纪议程第二次高级圆桌会议召开。会议推出《中国 21 世纪议程》优先项目计划（调整、补充版）。江西省山江湖开发治理工程作为《中国议程》优先项目计划项目之一，受到与会者广泛重视。该工程于 1992 年入选巴西世界环发大会博览会，作为我国重大生态建设工程，向国际推介，1994 年纳入《中国 21 世纪议程》首批优先项目计划。同时，联合国、法国、瑞士、丹麦、新西兰、日本及欧盟表示愿与江西合作进行山江湖工程。会议于 31 日结束。

27 日 国内第一条普通熔块釉面砖辊道窑，在上饶振大陶瓷有限公司一次试产成功，出窑成品合格率达 98% 以上。

27 日 东航江西分公司新开辟南昌至成都、温州经南昌至香港新航线。

27 日 景德镇市林科所在浮梁县瑶里镇汪胡村发现十几棵生长茂盛的国家一级保护树种红豆杉，最粗的直径为 1 米，高达 10 米以上，最细的直径也有 20 厘米以上。

28 日 省政府批转《关于加快国有小型企业改革的若干意见》。意见提出了转机建制，扶持壮大；联合互补，兼并转让；股份合作，多元持股；改建为有限责任公司或股份有限公司；租赁承包，托管经营；分块经营，分块搞活；嫁接改造，合资经营；资产拍卖，竞价出售；土地置换，易地改造；破产重组，分散转移十种改革形式。

28 日 江西省召开地矿工作会议。会议指出，必须正确认识江西地矿工作面临的形势，增强做好地矿工作的紧迫感和责任感，要加强矿产资源的合理开发利用和保护，促进经济与社会的可持续发展。

29 日 南昌市开展以道路为框架，以农田林网、村庄植树为重点的大环境绿化以及以"双九"绿化带建设为中心的"两线三道"绿化建设工作。获国家林业部"全国平原绿化先进地区"称号。

29 日 南昌市被评为全国先进节水城市。

29 日 国家卫生部、国家中医药管理局、解放军总后卫生部联合举办的"第二届全国中青年医学科技之星"评选揭晓，江西医学院青年教师刘志刚被评为"全国中青年医学科技之星"。

29 日 省委第十届四次全体会议在南昌举行，省委书记吴官正讲话。会议传达贯彻党的十四届六中全会精神、江泽民重要讲话和《中共中央关于加强社会主义精神文明建设若干重要问题的决议》、讨论审议《中共江西省委关于贯彻〈中共中央关于加强社会主义精神文明建设若干重要问题的决议〉的意见》。会议指出，当前江西省各级党组织和领导干部面临的一项重要而紧迫的任务，就是要认真学习和领会六中全会精神，统一思想，提高认识，以更加自觉的行动、更加振奋的精神和更加务实的作风，开创江西社会主义精神文明建设的新局面。

省委十届四次全体会议

30 日 江西龙南"方屋围"，每年吸引上万名中外游客、专家、学者前来观光、游览、考察。"方屋围"是古近代的客家民居，龙南有 216 座。是全国数量最多、规模最大、风格多样、保存完好的一个地方。这些"方屋围"多数占地 10 亩，内部结构 2 层至 4 层。它们和北京四合院、陕北窑洞、闽西土圆楼一样，成为我国民居风光的旅游观光热点。

30 日 中国出口商品交易会在广州结束。江西出口成交 1.6 亿美元，比上届秋交会增长 10.44%。陶瓷出口成交占首位，总额接近 1000 万美元。

30 日 为期 4 天的第四届中国体育用品博览会在南昌举行，国内外 500 家企业参加交流和经贸活动。国家体委主任伍绍祖和省党政领导出席开幕式。

31 日 武汉经南昌至福州 SHP 数字微波工程（江西段）通过验收，SHP 数字微波电路投入试运行。该电路总长 796.66 公里，共计 19 个微波站，其中江西境内长 347 公里，有 8 个微波站，南昌、九江为上下话路站；电路引进加拿大 NT 公司生产的 SDH 数字微波设备，它的连成和开通，缓解了武汉、南昌、福州之间长途通信紧张的局面。

本月 第三次全国口岸系统共建精神文明表彰大会召开。南昌航空口岸被授予"文明口岸"称号，九江港口被授予"先进口岸"称号。

本月 在一年一度的樟树全国药材交流会上，成交额突破 10 亿元。

盛况空前的樟树全国药材交流会

1996
11月
November

公元 1996 年 11 月							农历丙子年【鼠】						
日	一	二	三	四	五	六	日	一	二	三	四	五	六
					1 廿一	**2** 廿二	**3** 廿三	**4** 廿四	**5** 廿五	**6** 廿六	**7** 立冬	**8** 廿八	**9** 廿九
10 三十	**11** 十月大	**12** 初二	**13** 初三	**14** 初四	**15** 初五	**16** 初六	**17** 初七	**18** 初八	**19** 初九	**20** 初十	**21** 十一	**22** 小雪	**23** 十三
24 十四	**25** 十五	**26** 十六	**27** 十七	**28** 十八	**29** 十九	**30** 二十							

1日　国家教委、民政部、文化部、国家文物局、共青团中央、解放军总政治部在人民大会堂召开"百个全国中小学爱国主义教育基地"命名大会。南昌八一起义纪念馆为100个爱国主义教育基地之一。

1日　省纪委召开第三次全会，马世昌作题为《加强党风廉政建设，加大反腐败力度，推动社会主义精神文明建设健康发展》的报告。

1日　在龙南县"玉石仙岩"的石壁上发现古代石刻43方。这些石刻系明都御史王阳明等历代名人所刻。其中王阳明题刻的七言律诗及"平浰碑"描绘了玉石仙岩的自然景观。

1日　江西会昌西江镇锻脑村一位农民在建房打地基时发现一座砖室古墓，出土一批随葬物品。据考证，此墓系晚唐五代墓，迄今已1000余年，该墓出土陶皈依瓶2件、古瓷钵1件，白瓷器10件，铁镰斗1件，铁刀1件。有关考古专家认为，西江古墓葬10件白瓷碗碟的发现，在江西晚唐五代墓的发掘中，实属罕见，为研究晚唐五代墓葬情况和长江以南的白瓷生产提供了新的实物资料。

1日　中外合作的清宜公路新余段改建工程竣工通车。该工程全长73公里，总投资1.2亿元，设计行车时速80公里，由省公路开发公司、新余市政府、马来西亚房地产开发公司共同投资并经营。

1日　为期3天的全省扶贫开发工作会议在南昌举行。会议指出，扶贫工作取得显著成绩，从1985年到1995年，全省未解决温饱的贫困人口从620万人减少到246万人。贫困户的人均收入以不足150元提高到827.4元，老区和贫困地区的生产生活条件得到明显改善；强调要坚持开发式扶贫，实行全党动员，全社会扶贫济困，突出重点，因地制宜，怎么脱贫快、富得快就怎么搞，集中力量解决农村贫困人口的温饱问题；会议表彰兴国长冈乡等97个脱贫先进乡镇，要求1996年有102个乡、1997年有105个乡、1998年有104个乡脱贫，确保全省493个特困乡在1999年全部脱贫。

2日　第四届中国体育用品博览会在南昌闭幕。博览会总交易额达18亿元。

3日　全国审计专业技术资格考试江西考区

首次改在南昌市统一举行，江西 1000 余人参加助理审计师和审计师专业技术资格考试。省审计厅厅长李海泉、副厅长余先仕亲临实验中学和市电大考点，视察考试情况并看望广大考生。

3 日　日本著名书法家本田耕堂题写的"国际友谊碑廊"在麻姑山仙都观落成。碑廊已集有美国、新加坡、日本等十多个国家和地区的书法珍品。

南城县麻姑山仙都观

3 日　江西首家农民邮电服务所——石城县横江镇秋溪圩挂牌开业。解决了横江镇秋溪圩以往邻近 40 个村民组的农民邮寄包裹信件，要到 10 公里以外的集镇邮电所去的困难。

3 日　信丰县首次试种 360 亩美国超甜玉米获成功，亩产鲜玉米 900 公斤以上，年纯收入超过 3000 元。该玉米营养价值高，是制作罐头、饮料及其他食品的上等原料。

3 日　1996 年全国武术锦标赛（太极拳、剑、推手赛）在吉安市举行，赛期 3 天。25 支代表队的 129 名太极高手，将争夺 42 式、陈式、杨式、孙式、吴式太极拳，太极剑和太极推手十个级别及太极全能等 17 项太极竞技的桂冠。

4 日　江西省 1996 年度科学技术进步奖评审在九江揭晓，共有 124 项优秀成果、630 多位科技人员获奖。

4 日　香港广播电视有限公司董

事长、香港邵氏基金会主席邵逸夫先生捐资 80 万港元，兴建赣南师院附中教学楼。该楼建筑面积 3500 平方米，内设语音室、微机室、电化室、美术室等 30 个功能教室。

4 日　中日合资口腔医疗机构——江西友志口腔研究中心开业。该中心由日本国医疗法人友志会与江西医学院附属口腔医院合资创建。

4 日　省人大常委会在听取省政府及计委、财政厅、教委、建设厅、地税局五个部门关于贯彻执行"教育两法"情况的汇报后，组成七个检查组，由常委会领导带队，对省政府计划、财政、教育、地税、建设五个部门和 11 个地市及所辖的 21 个县（市、区）、31 个乡（镇）进行重点检查。11 月底，检查团向省政府及有关部门进行情况反馈。

4 日　省政府在南昌召开水利工作会议。会议总结近来水利工程工作特别是防汛抗旱的经验教训，研究和部署 1997 年和"九五"期间的水利工作，副省长孙用和传达国务院召开的全国水利工作会议精神。会议表彰 1996 年江西抗洪抢险先进集体和个人。

5 日　南昌市委提出企业党建工作"四个一"目标，以此贯彻落实中共十四届六中全会精神，加强和改进企业党建工作，推动企业物质文明和精神文明建设的协调发展。

5 日　津巴布韦共和国国民议会议长西里尔·恩德贝莱率代表团一行 10 人在江西访问。省人大常委会副主席卢秀珍代表毛致用在江西宾馆会见津巴布韦客人，双方进行了友好交谈。

卢秀珍（右二）会见津巴布韦客人

5日　在全国建设工程质量表彰会上，南昌市第一建筑工程公司获"全国先进建筑施工企业"、"全国工程质量管理先进单位"双项大奖。

5日　福建日报社承办的第四届全国省（区）党报新闻奖评选会、第十六届华东九报协作会暨"短重活"新闻竞赛评选会以及华东九报组织人事工作研讨会在福建省福州市举行。《江西日报》共有13件作品分获一、二、三等奖和优秀版面奖。

6日　第三届世界中西医结合国际会议在美国洛杉矶召开，省人民医院中西医结合科主任、主任工程师李敬国撰写的《活血合剂治疗冠心病114例疗效考察》等4篇学术论文被选中作大会报告，李敬国当选为世界中西医结合学会常务理事，并获世界中西医结合学会授予的国际金奖。

6日　赣县开展"百村报廊"活动，投入资金180多万元，建起各类报廊286个，其中"夜光报廊"36个。要求年纯收入2万元以上的村订阅《农民日报》、《江西日报》、《赣南日报》、《科技日报》、《江西科技日报》；2万元以下的村订阅《农民日报》、《江西日报》、《赣南日报》，保证报廊张贴需求，推动农村精神文明建设。

6日　省委宣传部召开的全省精神文明建设"五个一工程"工作暨表彰会在南昌举行。会议传达并学习省委书记吴官正关于江西省文化工作的意见。省委常委、宣传部长张克迅及江西省宣传、思想文化部门的负责人，获中宣部第五届"五个一工程"入选作品奖、入选提名作品奖的创作者和获江西省1995年度"五个一工程"组织工作奖的单位代表100多人参加会议。受表彰的获中宣部精神文明建设"五个一工程"第五届入选作品有：戏剧《榨油坊风情》，图书《画说〈资本论〉》、《筑成我们新的长城》，理论文章《论自觉维护中央权威》；获中宣部"五个一工程"提名奖的作品有：电影《两个孩子与狗》，广播剧《过年》，歌曲《映山红》；获组织工作奖的单位是：江西省新闻出版局、萍乡市委宣传部。

6日　省委、省政府在新余市召开全省计划生育"三结合"工作经验交流会。各地市主管计生工作的领导和计生委主任、省直有关部门负责人共100余人参加会议。受国务委员彭珮云的委托，国家计生委副主任李宏规莅会并讲话。会议要求各地党委、政府要将"三结合"与扶贫开发结合起来，重点抓贫困计生户的帮扶工作。

7日　新华社在瑞金举行座谈会，纪念新华社建社65周年。

7日　江西省首届林业科技成果展示会在南昌举行。共展出林业科技新成果、新技术、新产品200余项，参加观展人数达5000余人。

8日　中央红军长征第一渡纪念碑在于都县于都河畔东门渡口竣工。该碑碑高10.18米，寓中央领导于1934年10月18日渡河之意；碑身为双帆船造型，寓中央红军由此扬帆出征之意。

8日　南昌路局在南昌铁路中心医院宣布：向塘铁路医院整建制划入南昌铁路中心医院管理。铁路局副局长杜厚智宣读决定和有关任命的通知，路局工会主席沈长生就合并的意义作说明。

8日　第一届亚洲及太平洋地区特殊奥林匹克运动会在上海举行，运动会进行了4天。江西15名运动员参赛，获3金4银9铜。

10日　一本保存完好的、美国著名记者埃德加·斯诺所著的《毛泽东自传》中译首版本在吉安市被发现。该书共分四章，附有《贺子珍小传》及朱德、周恩来、彭德怀、刘伯承、张闻天等17位中共著名人士的剪影小记，以及译者张宗汉所写《译后记——毛泽东到底是个怎样的人》，该书共计70页。

10日　在"赣南之巅"上犹县五指峰发现一个由22个大小瀑布组成、总落差为500余米的特大瀑布群。

11日　湖口县发现一处新石器时代原始农业遗址，覆盖面积4万多平方米，文化堆积层4米多厚。该遗址地处长江南岸2公里处的史家桥，遗址断面处发现大量红烧土块、稻壳痕迹、原始日用陶器、稻谷加工使用的石磨及石斧、石锛、石镰等原始农业耕作工具。

12日　以宁夏回族自治区政府主席白立忱、副主席周生贤为正、副团长的宁夏回族自治区代表团抵达赣州，先后考察赣州、吉安、南昌等地市（15日，省委副书记、常务副省长黄智权、副省长周惉平同代表团举行座谈会，就联合进行资源开发、科技开发与转让；联合建立辐射西北的贸易市场和分市场；联合在宁夏建立高能耗的有色金属工业园区和建材、化工等产品的供应基地等进行对口会谈。16日至19日，代表团考察九江、景德镇等地）。

12日 "中国质量万里行五年回顾展"在北京落下帷幕。江西馆被展览会组委会授予最佳组织奖和最佳设计奖。

12日 湖南郴州，福建龙岩，广东河源、韶关、梅州、惠州及江西赣州四省七地（市）公安交警部门100多名代表齐集赣州，共商道路交通安全联防协作大计。七地（市）加强交通联防协作，对于进一步维护各相连国道、省道的交通安全和畅通，促进沿边地区的经济繁荣和社会稳定，将产生积极而深远的影响。

12日 省委宣传部、省委讲师团在南昌举办学习中共十四届六中全会精神理论辅导员培训班。培训班举行了4天，参加培训班的有省直工委、各地市委宣传部分管理论研究工作的副部长、讲师团长，大专院校、中央和省属大中型企业党委宣传部长，省直厅局党组（党委）中心组的辅导员共150余人。

12日 国防部征兵工作组在姜诗坤少将率领下，来江西检查指导今冬征兵工作，工作组先后到南昌、吉安、赣州等地（市）检查兵役登记、体检政审、征兵宣传等情况。省委副书记、常务副省长、省征兵领导小组组长黄智权，省委常委、省军区司令员冯金茂向工作组介绍全省今冬征兵情况。

13日 国家环保局公布1995年37个重点城市环境综合整治定量考核结果。按城市环境质量、工业污染控制和城市基础设施建设三方面的综合得分，南昌为排在后10名的城市之一。

14日 遂川县新江乡石坑村发现一片湘楠（楠木）古树群落，面积约5亩，共64株，树龄在百年以上。这片古楠木林，平均树高20米，胸径60厘米，其中最大一株高24米，胸径152厘米，树龄600年以上。

14日 经地质专家探明，湖口县硅砂总储量超过5亿吨，含硅量高达9%，硅砂蕴藏量为全国最大，品位最好。

14日 萍乡发电厂被国家电力工业部授予"全国电力工业环境保护先进单位"称号。

14日 全省公安机关学习济南交警总结表彰大会在南昌召开。会议要求，总结学习济南交警经验，切实加强精神文明建设。省党政军领导出席会议并为先进集体和先进个人颁奖。

14日 省政府颁布实施11月5日第五十九次省政府常务会议讨论通过的《江西省鄱阳湖自然保护区候鸟保护规定》。该规定共18条。

15日 在中国红十字会总会批准的全国115个先进集体和1150名先进个人的光荣榜上，九江市红十字会、赣州地区红十字会、丰城市红十字会、抚北镇红十字会、吉安市阳明路小学红十字会获先进集体称号，刘礼坤等24人获先进个人称号。

15日 省政府设立的"江西省消费者权益保护委员会"正式挂牌成立，省长助理蒋仲平任主任。

15日 南昌商场被中国消费者协会评为全国商业企业维护消费者合法权益先进单位，并被选定进京参加经验交流会。

16日 1996年赣州地产食品博览会暨经贸洽谈会在赣州举行，国内外客商800多人出席。这次洽谈会共举行3天，签订外资项目65个，合同资金1.02亿美元；引进内联项目82个，合同资金5.39亿元人民币；签订地产食品销售合同94个，合同额达4.77亿元。

16日 江西投资4.7亿元在九江市建设农副产品批发市场。该市场占地面积563亩，建成后将成为继北京、上海、成都、海南四大国家级批发市场之后又一个独具特色、水准一流的国家级物流中心。

17日 省长舒圣佑在南昌会见并宴请日本岐阜县原议长、江西荣誉省民古田好先生一行。

18日 省委副书记、常务副省长黄智权会见并宴请应公安部邀请来赣访问的以朝鲜社会安全部政治局副局长金宝景中将为团长的朝鲜社会安全部友好参观团。

18 日　经国务院学位委员会审定批准，江西财经大学与美国协和大学正式合作培养工商管理硕士（简称 MBA），1996 年 9 月在江西财大开办第一期，学制两年，招生 30 名，成绩合格者将授予 MBA 学位证书。

18 日　江铃 ISO9002 质量体系达标认证已一次性正式通过国家认证，获中国进出口商品质量认证中心颁发的"ISO9002—1994 国际质量体系注册证书"。

19 日　江西省领导在江西宾馆会见参加 1996 年江西省对外贸易暨招商引资洽谈会的客商。

江铃汽车集团公司与世界最大的法国汽车内饰厂合作成立的江铃—李尔汽车内饰有限公司合同签字

省领导与参加洽谈会的客商会谈

江西省对外贸易招商引资洽谈会盛况

20 日　赣州南方冶院采取多项措施，制定系列政策，加快科学技术向生产力转化的步伐。继"八五"期间攻克两个国家重点攻关项目后，1996 年又跻身国家"九五"重点科技攻关行列。

20 日　国家计委、中国节能投资公司立项，中国建设银行总行投资的江西特种水泥厂 10 万吨高标号水泥节能扩建工程竣工投产。

20 日　1996 年江西对外贸易暨招商引资洽谈会在南昌举行，洽谈会进行了 4 天。国内外客商 1100 多人出席，签订利用外资项目 210 个，金额 4.61 亿美元；省外经济合同项目 285 个，金额 26.9 亿元；出口贸易总成交额 1.685 亿美元，涉及 43 个国家和地区。

21 日　景德镇光明瓷厂生产的 3490 套餐具出口俄罗斯。

21 日　206 国道寻乌石排至南桥二期改造主体路面工程竣工。总投资 1681 万元，路基宽 12 米，水泥路面宽 9 米，长 7.62 公里。

21 日　应泰王国南邦府的邀请，江西省人民政府代表团访问泰国清迈、南邦等地，就进一步加强与南邦府在农业、农产品加工、陶瓷工业和旅游业等方面的合作事宜进行洽谈，并实地考察一些相关项目，促进双方经济的发展。

22 日　素有"水中白金"之称的太湖银鱼在丰城市紫云山水库试捕入网。太湖银鱼的养成，填补了江西省

江西省对外贸易暨招商引资洽谈会剪彩仪式

养殖业的一项空白。

22 日 万载县仙源乡仙源村简家坪村民小组的荒坡上，长有一株约 200 多年的银杏树，树高 36 米，冠幅 625 平方米，被列为国家二级保护植物。1996 年此树挂果约 2000 公斤，价值 2.3 万多元。

22 日 江西省首台 30 万千瓦机组——丰城电厂 1 号机组锅炉点火冲管成功。并于年内整机启动并网发电。

22 日 景德镇陶瓷股份有限公司成立。该公司主要生产和销售各种规格的高档日用瓷、礼品瓷和窑具，将成为国家陶瓷产品出口基地。

22 日 湖口县化工厂新建的黄丹生产线竣工投产。该厂生产的 50 多吨黄丹均达到了国家优等品标准。该项目属 1996 年省一级科研计划项目。

23 日 在乐平市科山乡月山村东门发现一株千年古柏。

24 日 团省委常委扩大会议在南昌举行，研究制定《共青团江西省委关于认真学习贯彻党的十四届六中全会精神，切实加强青少年思想道德文化建设的意见》。会议强调：各级党政组织要从讲政治、讲大局的高度，充分重视共青团组织在社会主义精神文明建设中不可替代的作用。

24 日 国家计委批准投资 3.86 亿元，历时 4 年建设的信江航运工程界牌枢纽竣工，计划年内可通航发电。

24 日 在成都召开的全国城建监察工作会议上，崇仁县城管监察大队获“全国城建监察工作先进集体”称号。

25 日 武宁县林业局国营林场提供 1.3 万亩水域面积、70 个岛屿的使用权，香港兴武集团投资 3 亿港元及经营项目所需技术的赣港合作九江柘林湖开发项目，是江西省当前最大的由赣港合作开发的旅游项目。赣港合作双方合作举办九江柘林湖娱乐有限责任公司的期限为 49 年。该项目自公司成立之日起，3 年内将全部完成 3 亿港元的整个设计投资工程。

25 日 江西中医学院与北京中医药大学在南昌举行签字仪式，达成联合办学的协议。这是

全国中医药高等院校中率先实行的办学新模式。

26 日 劳动部在人民大会堂召开表彰大会，江西新余钢铁有限责任公司高级技师吴太白被评为十名“中华技能大奖”获得者之一。

26 日 320 国道高坊岭至温家圳段拓宽改造工程完工。

26 日 省统计局公布，1996 年全省粮食总产达 176.63 亿公斤，比 1995 年增产 15.89 亿公斤，比最高年的 1990 年增产 10.81 亿公斤；单产 329.8 公斤，比 1995 年提高 24.9 公斤，比最高年的 1994 年增产 18.2 公斤。

28 日 我国科研人员与日本野鸟协会专家及日本《读卖新闻》记者联合实地观测，发现首批从西伯利亚飞来鄱阳湖越冬的环志信号白鹤。此时抵达鄱阳湖的白鹤总数已达 1500 余只，比 1995 年同期多 300 余只。

28 日 大余县已成为全国最大的金边瑞香产销基地。预计年产达 300 万盆，产值 1 亿多元。金边瑞香又名蓬莱花、风流树，素以姿、色、香、韵俱佳而蜚声花界，在近代园艺史上被称为“园艺三宝”，该花在国内和东南亚及英国备受青睐。

28 日 为期两天的江西省第六次社会科学工作者代表大会举行，省委副书记舒惠国讲话，社联主席傅伯言作题为《服务兴赣富民，繁荣社会科学》的工作报告。吴官正、朱治宏、张克迅、华桐等省领导出席并向江西省第七次社会科学优秀成果、兴赣“隆中对”征文奖获得者颁奖。会议选举产生省社联第六届理事会，选举傅伯言为主席。

江西省第六次社会科学工作者代表大会

28日 高安市京城生物化肥有限责任公司生产的稀土催酶尿素1996年又获中国专利新产品及制造方法金奖。

28日 第四次江西省环境保护会议召开。舒圣佑作题为《实施可持续发展战略,落实环境保护基本国策,大力推进江西省环境与经济协调发展和社会全面进步》的报告。自1989年江西省第三次环保会议以来,在经济持续快速增长的同时,环境保护事业得到较大发展,基本避免了环境质量急剧恶化的局面。提出今后15年的工作目标是:到2000年,减缓环境污染和生态破坏的发展趋势,南昌、九江的城市环境质量基本稳定,景德镇、萍乡等省辖市环境质量有所改善,赣南水土流失、德兴矿区等地区生态环境有所好转,逐步使环境、社会发展相协调;到2010年,江西省环境污染和生态破坏基本得到控制,南昌、九江市环境质量和敏感地区生态环境得到一定改善,建成几个清洁、优美的城市和生态良性循环的可持续发展示范区。

29日 鄱阳湖自然保护区获准实施世界GEF项目,即建设世界湿地生态多样性保护与科研示范区,严格按生态保护国际标准建设湿地自然保护区。

29日 泰和县畜牧兽医技术服务推广中心副主任、女助理畜牧兽医师胡桂莲,被团中央、国家科委授予"全国青年星火带头人"称号。

29日 会昌县兴昌保健营养品厂厂长刘运新开发成功多味鲜辣椒、特酿辣酱、保春酿等十几种市场畅销新产品,被评为"八五"全国乡镇企业科技进步先进工作者。其产品销往广东、福建、湖南等省,形成产值500万元的生产规模。

29日 省政府决定,从1996年起每年11月至春节前后,在全省城乡掀起一个以卫生宣传教育、整治城乡环境、积极造肥、搞好农村改水改厕、创建卫生城市和卫生村镇为重点的冬季爱国卫生活动高潮,使讲文明、爱卫生形成良好的社会风气。

29日 在横峰县葛源镇发现一张1933年2月3日中华苏维埃共和国中央执行委员会印发的土地证。

29日 江西省获"中华技能大奖"和"全国技术能手"称号的优秀技术工人从北京归来。他们是:获"中华技能大奖"的江西省新余钢铁有限公司吴太白和获"全国技术能手"的景德镇市宇宙瓷业有限公司黄镇宗、抚州玉茗宾馆黄正晖。

30日 省委宣传部与南昌铁路局联合召开新闻宣传座谈会。中央驻赣以及江西省主要新闻单位工作者参加会议。南昌铁路局发布建局以来第一个实现百日行车安全以及开展站车文明服务活动的情况,推出乐永红、范家林、列车公司的先进事迹和经验。

本月 国家科技成果重点项目——"松树增脂剂"在江西通过典型试验示范成功后,从1996年起在江西省普遍推广应用。至11月底,推广试验面积已达600公顷,占计划推广面积的90%。经测试平均增脂15%左右;流脂时间可增加3小时左右(2天开1刀),增加流脂时间13%左右;年采脂天数为200天左右。

1996

12月

December

公元 1996 年 12 月							农历丙子年【鼠】					
日	一	二	三	四	五	六	日	一	二	三	四	五	六
1 廿一	**2** 廿二	**3** 廿三	**4** 廿四	**5** 廿五	**6** 廿六	**7** 大雪	**8** 廿八	**9** 廿九	**10** 三十	**11** 十一月小	**12** 初二	**13** 初三	**14** 初四
15 初五	**16** 初六	**17** 初七	**18** 初八	**19** 初九	**20** 初十	**21** 冬至	**22** 十二	**23** 十三	**24** 十四	**25** 十五	**26** 十六	**27** 十七	**28** 十八
29 十九	**30** 二十	**31** 廿一											

1日 被冠为"鸟中之王"的鸵鸟，从非洲津巴布韦至南康市森林苗圃落户。有种鸟 25 只。

1日 以教育干部廉洁奉公、勤政为民，教育农民爱国守法、勤劳致富为主要内容的农村"双教"活动现场会在高安市召开。会议研究和部署下一阶段全省农村的"双教"活动。

2日 上犹县组建一家由 218 个玉兰片（竹笋）加工经营企业组成的股份合作制企业公司，该县玉兰片由分散经营转入集约化管理的轨道。从事玉兰片加工人员达 2000 多人，年产玉兰片100 万公斤以上，产品畅销海内外。

2日 九江长江大桥被评为 1996 年度中国建筑工程鲁班奖（国家优质工程）。

2日 靖安县科技人员引进香菇反季节栽培技术，利用常规木屑室外袋装香菇生产经验栽培反季节香菇获得成功，通过省科委组织的技术鉴定。

2日 铁道部公布的全路进京、进沪、进穗直通旅客列车快车评比结果：南昌铁路局游 7/8次、69/70 次、265/266 次列车分别获得特快一组、特快三组、直快二组第三名。

2日 赣州—南昌"创业集团号"列车首发式和赣州新客站主楼启用庆典仪式在赣州站举行。赣州行署、市党政领导、社会各界人士参加庆典仪式。

3日 江西省摄影家协会、南昌市摄影家协会和日本佳能公司联合主办的《美丽的江西》摄影比赛获奖作品展在省摄影家协会展厅开幕。

5日 联合国教科文组织世界遗产委员会决定，庐山风景名胜区作为文化遗产，列入《世界遗产名录》。

庐山申报世界遗产取得圆满成功

5日 横贯江西东西方向的 320 国道二级公路改建工程全线通车。

6日　江中制药厂被中宣部、中组部和国家经贸委、全国总工会评为"全国思想政治工作优秀企业"。

6日　上犹县林业工程技术人员在五指峰乡观菇山海拔1000米以上山场，发现国家一类保护植物南方红豆杉群落。这一群落生长着107株南方红豆杉，其中大的高达16米，胸径1米以上。经北京药物研究所检测，该树所含天然抗癌成分超过开发标准，具有极高的开发价值。

6日　省委宣传部、长春电影制片厂和九江长江影视制作有限公司在南昌举行故事片《撼天雷》首映式。《撼天雷》是建国以来第一部在银幕上反映检察系统反贪工作的警世之作，是江西省和长春电影制片厂积极参与"九五五○"（"九五"期间，每年拍摄10部精品故事片，5年拍摄50部）电影精品工程和"五个一工程"的实施，努力推进社会主义精神文明建设而拍摄的一部电影。该片经电影局审查通过并获好评，确定为广电部1996年第一批国产重点影片，并被推荐到中共十四届六中全会上放映。

6日　铁道部部长韩杼滨视察南昌站，肯定南昌局成立以来，各项工作做到平稳过渡，确保京九线的顺利开通运营，要求南昌局在加大改革力度，确保运输安全和经济效益等方面取得更大进步。

6日　全国人大常委、中华慈善总会会长崔乃夫在省人大常委会副主任周述荣等陪同下，自即日起至12日考察余干、婺源、波阳、景德镇、永修等地，慰问灾民，检查指导救灾救济工作。12日，崔乃夫专门听取省民政厅《关于一九九六年江西省的主要灾情和灾民生活安排情况的汇报》，并与省人大常委会主任毛致用，副主任张逢雨、周述荣及省政府有关部门负责人进行座谈，交换意见。

7日　广丰县获国家卫生部、民政部、医药管理局、计生委、财政部和中国残联等6个部门联合授予的"全国特需人群补用碘油工作先进县"称号。

8日　安远县档案馆从民间征集到清乾隆五十六年的"契尾"一件。该"契尾"是乾隆五十六年布政司颁发给赣州府安远县甲业户唐桂林的收执。此件的发现，对研究我国清代的土地管理和赋税政策提供实物依据。

8日　宜春地区人民医院骨科傅云根等主持完成的"双层钢丝成三角形内固定治疗髌骨骨折"和急诊科刘小红主持完成的"置管置换脑脊液治疗蛛网膜下腔出血"两项科研成果通过技术鉴定。

8日　我国鱼类种质资源人工生态库在兴国县建成投产，每年可向全国提供纯种亲鱼2100组，鱼种180万尾至260万尾，形成原种提纯、繁殖、防疫、运输一条龙的生产能力。被称为"兴国一绝"的兴国红鲤鱼有1300年的养殖史，已向全国29个省市提供后备亲鱼1.82万尾，鱼种1.98万尾。

8日　昌河飞机工业公司7万车辆微型车生产线技术改造工程正式开工。总投资为1.95亿元，投产后，每年可新增产值15亿元。

景德镇昌河飞机工业（集团）有限责任公司昌河微型车总装线

8日　省委副书记钟起煌率省政府办公厅、省轻工厅、省经贸委、省体改委等部门负责人，对景德镇陶瓷工业进行了为期半个月的专题调查研究，并强调：搞好景德镇陶瓷工业一定要加强党的领导，依靠工人阶级渡难关，依靠深化改革找出路，依靠加强管理要效益，依靠提高质量上水平，振奋精神，齐心协力，克服困难，坚定搞好陶瓷工业的决心和信心。

9日　龙南县实施农业部"水稻丰收计划"

项目——杂交稻、常规稻、再生稻优良品种（新组合）及高产栽培技术取得丰硕成果。1992年到1996年，水稻总产平均每年以5%的幅度递增，获农业部三等奖。

9日 万载县株潭镇领导应国家建设部邀请前往广东佛山参加全国小城镇建设经验交流研讨会，株潭镇系全国45个小城镇建设示范镇之一，在全国排名第二十七位。

10日 省政协七届十九次会议在南昌召开。会议由朱治宏主持，省政协副主席叶学龄、梅亦龙、廖延雄、戴执中、黄立圻、罗明、江国镇、厉志成和秘书长缪兵以及常委共82人出席会议。会议通过议程和日程，会议议程有三项：（一）学习中共十四届六中全会和省委十届四次会议精神，协商讨论加强江西省文化建设，一手抓繁荣、一手抓管理问题；（二）审议通过关于召开省政协七届五次会议的决定；（三）有关人事事项。

11日 南昌向塘西编组站正式启用。铁道部致电祝贺和慰问。

12日 全国卫生工作会议结束，江西医学院第一附院护理部主任刘炎玲等6位优秀医务工作者获"白求恩奖章"并受到表彰。

13日 铁道部运输、机务、工务、车辆、电务等专业建线验收检查组，对南昌局管内浙赣线进行为期一周的建线验收。

14日 首例肾移植手术在九江市中医院喜获成功，开全国中医院此类手术先列。

15日 井冈山市政协联系引进并转赠该市内燃机配件厂试制的两项专利样品：推块式快换攻丝套和安全工夹具、可调定心自动进刀钻孔工夹具，在比利时召开的1996年第四十五届布鲁塞尔尤里卡世界发明博览会上，获得尤里卡国际发明金奖。

15日 被国家民政部、中募委列入全国110个重点福利项目的赣南慈善儿童福利院在赣州市水东镇动工兴建。这是一所以解决孤儿生活和教育为宗旨的社会慈善机构，占地30亩，总投资720万元，预计第一期工程1997年6月底竣工。福利院的兴建有效地解决4000名孤儿的生活和教育问题。

15日 南昌铁路公安局成立大会在南昌召开。南昌铁路局、铁道部公安局、省公安厅、安全厅、武警总队，上海铁路公安局、河南、湖北省公安厅领导应邀出席，管内京九沿线各地市公安处、局，南昌铁路公安局领导参加大会。

15日 南非非洲人国民大会代表团抵达南昌，了解江西当前的经济建设和改革开放情况。省委副书记黄智权会见并宴请南非非国大全国执行委员会成员易卜拉欣·伊斯梅尔·易卜拉欣一行。

16日 省委宣传部发出通知：要求全省各地利用今冬明春的一段时间，集中对广大农村干部进行廉洁奉公、勤政为民的教育，对广大农民进行爱国守法、勤劳致富的教育。通知要求"双教"活动要务求实效，要坚持思想教育为主、正面教育为主、自我教育为主的原则。

16日 "中国大学生跨世纪发展基金建昊奖学金"评选在北京揭晓。南昌大学新闻系余颖、江西农业大学林学系陈伏生、井冈山医专中医系曾英坚三名学生获该奖学金。该奖学金是由共青团中央、全国学联设立的对在校大学生的最高级别的奖励。

16日 江西共青羽绒厂的鸭鸭牌羽绒制品获第一批悬挂"中国羽绒制品名牌"标志资格。

16日 省经贸委召开全省重点工业企业厂长（经理）座谈会。会议要求：大力培植和发展工业"省级队"，促进工业持续快速健康发展。

16日 全国农业工作会议在南昌举行。农业部部长刘江作《积极推进两个根本性转变，促进农业和农村经济持续稳定发展》的工作报告。省长舒圣佑介绍江西加快农业和农村经济发展的基本经验：一是提高认识，理清思路，牢固树立以农业为基础的指导思想；二是制定措施，真抓实干，切实把以农业为基础的方针落实到行动上。舒圣佑指出，当前围绕实现农业"两个根本转变"，着重抓三个方面工作：积极推进农业产业化，进一步调整优化农村产业结构，加快小城镇建设以促进农村经济的全面发展。

16日 省八届人大常委会第二十五次会议

在省人大常会会议厅举行。会议通过《江西省爱国卫生条例》、《江西省商品交易市场管理条例》，通过《关于批准省人大常会法制工作委员会关于地方性法规清理意见的报告的决定》，关于修改《江西省行政执法监督条例》的决定，关于修改《江西省实施〈中华人民共和国水法〉办法》的决定，关于修改《江西省森林防火条例》的决定，关于修改《江西省血吸虫病防治条例》的决定，关于批准《南昌市机关团体企业单位治安保卫工作条例修正案》的决定，关于批准《南昌市道路交通管理若干规定修正案》的决定，《关于召开江西省第八届人民代表大会第五次会议》的决定，关于进一步贯彻实施《中华人民共和国农业法》和《中华人民共和国农业技术推广法》的决定，关于进一步贯彻实施《中华人民共和国教育法》和《江西省义务教育经费筹措和使用管理办法》依法保证教育经费投入的决定和有关人事任免名单。会议于 20 日结束。

16 日 应日本岐阜县知事梶原拓的邀请，以省委副书记、省人民对外友好协会名誉会长舒惠国为团长的江西省友好访问团一行 6 人，对日本岐阜县进行为期一周的友好访问。

17 日 南昌市委授予邱娥国"优秀共产党员"称号，并召开表彰大会。大会号召全市广大党员、干部和群众以邱娥国为榜样，扎实工作，负重前进，努力推进南昌的两个文明建设。省委常委、南昌市委书记钟家明为邱娥国颁发荣誉证书。

17 日 国家劳动部部长李伯勇率全国解困工作联席会议工作组对江西部分困难企业和特困职工进行考察、慰问。

18 日 在南京市举办的全国首届中小学美术教师基本功比赛上，全国 102 名选手参加比赛。中学组选手、新余钢铁有限责任公司第一中学美术教师胡军获一等奖。

18 日 省工商局通过考试和考核的 75 名机关工作人员接受国家公务员任命书。

18 日 农业部副部长白志健，农业部党组成员、农业司司长崔世安和科技与质量标准司司长程序，就江西农业和今后发展问题接受记者采访。

18 日 中国银行宜春分行、宜春地区中纤板工程筹建处与省投资公司三方关于宜春中密度纤维板工程项目外汇（转）贷款（其中德国买方信贷 2161 万马克、现汇贷款 256 万美元）协议签字仪式在宜春举行。建成后，可年产 16 毫米中密度纤维板 6.7 万立方米，省长助理凌成兴、宜春地委书记邓布仁、宜春地区行署专员伍自尧、省林业厅副厅长陈金生等出席签字仪式。

19 日 在吉水县英桥乡涴塘保存着 1486 块南宋著名爱国诗人杨万里的文集刻板，有诗、文和论等 60 多万字，保存完好率达 99%。

21 日 省纺织品进出口公司与赣东苎麻纺织厂联合创办江西银箭苎麻纺织有限责任公司，是江西一家贸工合资企业。该公司有苎麻长纺 5000 锭，年产纯麻及混纺纱 2200 吨，产品有纯麻、涤麻、绢麻三类近 20 余个品种，产品销往日本、韩国、意大利和港、台地区。

21 日 应南昌市政府邀请，外交部新闻发言人、新闻司司长沈国放在南昌作《国际形势与我国外交政策》的专题报告。江西省、市有关领导，省直、市直各单位，南昌市各县区主要负责人和市属 33 家重点企业负责人共 1000 余人参加报告会。

22 日 省社科院、省社联承担的国家"八五"哲学社会科学重点课题"中国国情丛书——百县市经济社会调查"《兴国卷》、《寻乌卷》，由中国大百科全书出版社正式出版。省委书记吴官正为这两本书作序。

22 日 由卫生部组织的世行贷款"综合性妇幼卫生"项目（简称卫 VI 项目）第二批教材预试验暨卫 VI 项目监督检查活动在婺源县展开，该县卫 VI 项目的实施情况顺利通过鉴定、验收。

22 日 我国最大的脐橙采后处理生产线在信丰县投入生产。

25 日 赣州、崇义两县市的 102 名计生专职女干部获得为期 10 年的女性健康保险。该保险是赣州地区保健品公司和深圳泰隆堂保健品公司合资捐助办理的，保险金额 102 万元。

25 日 省委、省政府召开经济工作会议，传达中央经济工作会议精神，确定1997年经济社会发展的指导思想、总体要求和主要任务。省长舒圣佑作题为《推进两个转变，优化经济结构，实现江西省经济持续、快速、健康发展》的报告。报告指出，1997年的总体要求和主要目标是：把握大局，稳中求进，继续加强农业，主攻工业，繁荣第三产业，切实推进两个根本性转变，加快改革特别是国有企业改革步伐，加大调整经济结构力度，大力开拓国内外市场，千方百计提高经济效益，努力保持物价稳定，提高对外开放水平，加速培育新的经济增长点，促进江西省国民经济持续、快速、健康发展和社会全面进步。

26日 省妇联八届三次执委会在南昌召开。会议要求，各级妇联组织要站在全局高度，结合实施《中国妇女发展纲要》，把提高广大妇女素质作为一项紧迫而又长期的战略任务和基础性工作来抓。

26日 我国自行研制的直Ⅱ型轻型直升机在景德镇通过技术鉴定，这是直升机行业从引进专利制造改装研制走向全部自行研制的第一个型号。该机的研制成功，为直升机研制提供了有益的经验和技术基础。

26日 省委、省政府、省军区联合召开党管武装座谈会，省党政军领导出席会议。会议要求各级党委和政府把精神文明建设作为党管武装工作的一项重要内容来抓，关心和支持人武部建设，各级党政领导要自觉增强国防观念，认真履行第一书记和国防动员委员会主任的职责。

26日 江西省首家利用china online中国全网，覆盖全国、联通国际的多媒体信息增值服务公司——江西中讯多媒体发展有限公司正式营运。该公司由抚州地区粮食集团公司和深圳讯业集团联合创办，它的营运为江西省架起通向全国、全世界的信息高速公路起推动作用。

26日 省电力设计院顺利通过中国长城（天津）质量保证中心的质量体系认证，成为江西省勘察设计行业和江西省电力系统首家取得质量体系认证证书的单位。

26日 贵溪至上饶220千伏输变电工程竣工投运。该工程的建成投运，使上饶老区告别了没有220千伏输变电工程的历史，跨入了江西电网高压等级供电行列。

27日 江西第一艘高速豪华客运快艇在万安港起锚，为万安水电站的库区群众和八方游客开辟水上航线。该艇造价、座数、附设先进豪华程度及航行速度均居江西省客运快艇之首。

27日 民政部副部长杨衍银向南昌市殡仪馆颁发国家一级殡仪馆匾牌。该馆占地1200亩，建筑面积1.6万平方米，整个建筑群采用仿古园林式建筑。

28日 安福县国营谷源山林场兼并枫田林场交接仪式举行。

28日 温家圳至厚田高速公路正式开工。该公路是国道主干线上海至瑞丽公路和北京至福州公路在江西境内的重合路段，是交通部正式批准建设的江西省第一条全标准高速公路。整个工程计划投资12.57亿元，主线采用沥青混凝土路面，双向四车通，设计时速120公里，预计1999年建成通车。

29日 《红岩魂——白公馆、渣滓洞革命先烈斗争史实展览》在江西省博物馆展出，展期30天。由重庆歌乐山革命纪念馆制作的这个展览由"梦锢的世界、两口活棺材"、"失败膏黄土、成功济苍生"、"烈火中永生"等8部分内容组成，展出图片600余幅，实物157件。此次展览由省委宣传部、省委组织部、省直机关工委、省文化厅、省教委、省总工会、团省委、省妇联及南昌市委宣传部九家单位联合举办。

29日 江西有色地质机械厂与中国地质大学联合研制成功的GW-40型自行式全液压大口径钻机通过省级技术鉴定。该钻机适用于高层建筑、桥梁、港口码头基桩孔和矿用竖井等大型工程施工，最大成孔口径达到4米，是当前我国自行设计研制的最大口径工程钻机。

29日 江西省首家县级政策性银行——中国农业发展银行广昌县支行挂牌成立。

30日 宁都县沼气综合利用的沼液喷施柑叶面防冻技术为国内首创。1996年该县被评为全国农村能源综合建设先进县。

30 日 省委、省政府发出《关于在江西省开展向邱娥国同志学习活动的决定》，并授予邱娥国为"人民的好警察"光荣称号。邱娥国是南昌市的一名户籍民警，17 年来把人民群众视作亲人，任劳任怨，兢兢业业，勤勤恳恳，和辖区人民建立了水乳交融的关系，用青春和热血树立了一个民警公仆的形象。1997 年 1 月起，中央各大新闻单位和全国各省市区主要报刊均在头版显著位置或黄金时间刊登、播放了他的模范事迹，邱娥国事迹报告团相继在全国各地举办报告会，中华大地出现了学习邱娥国的热潮。他先后荣获"人民的好警察"、"全国公安系统一级英雄模范"、"全国优秀共产党员"等称号。

邱娥国与群众亲切交谈

31 日 省公安厅发布命令，授予南昌市公安局西湖分局筷子巷派出所户籍民警邱娥国一等功。

本月 共青团中央、全国青少年宫协会授予南昌市少年宫为全国先进青少年宫。

南昌市少年宫大门

南昌市少年宫荣誉榜

本 年

本年 铜鼓县江欧集团从意大利引进技术设备，建成二条具有世界先进水平的竹林地板加工生产线。

江欧集团涂装车间

本年 《寻乌县志》、《万安县志》、《江西省公安志》、《遂川县志》、《景德镇市志（第四卷）》、《萍乡市志》、《江西省法院志》、《江西省教育志》都已定稿，部分县志已出版。

本年 全省完成人工造林 17.15 万公顷，飞机播种造林 1.99 万公顷，迹地更新 3.36 万公顷；封山育林 239.49 万公顷，幼林抚育 89.14 万公顷，低产林改造 16.84 万公顷；四旁植树 7088 万株。全年完成木材生产 276.48 万立方米，竹材 3613.84 万根；生产锯材 3.16 万立方米，木片 0.15 万立方米，胶合板 10.88 万立方米，纤维板 6.10 万立方米（其中中密度纤维板 2.34 万立方米），刨花板 7.50 万立方米；生产松香 2.4 万吨，松节油 2081 吨，樟脑 41 吨，活性炭 4198 吨。

本年 江西农业大学涂国全、高勇生教授等历经 19 年艰苦攻关，成功研制和筛选出能产生杀虫抗生素的新菌种——南昌霉素 A 试成功。由人工有意识、有目标筛选、能产生杀虫抗生素的新菌种，在我国还是第一个。

本年 全省城市居民人均全年可支配收入 3874.1 元，比上年增长 11.9%；人均全年生活费收入 3516.0 元，比上年增加 389.7 元，增幅 12.5%，扣除物价上涨指数，实际增长 4.1%。

本年 江西省人民医院眼科继成功引进视眼放射状角膜切开术后，在省内率先从美国引进白内障超声乳化联合玻璃体切割仪，开展了小切口白内障超声乳化联合折叠式人工晶体植入手术，被省科委立为科研攻关项目。

概 要

省委十届七次全会（扩大）会议要求按照既定思路，发展创新，打好江西经济翻身仗，在 20 世纪末实现经济和社会发展再上新台阶，全面实现小康的第二步战略目标。同时强调，提倡密切联系群众、深入实际调查研究、务实创新真抓实干和严以律己清正廉洁四种作风。围绕着制度创新的目标，其他方面的改革也逐步走向深入。科技体制改革、教育体制改革、外贸体制改革和党政机构改革等均是 90 年代深化改革的重要内容，均分别取得了重要成果。2 月，省人大八届五次会议提出 1997 年全省工作的总体思路是：把握大局，稳中求进，加强农业，主攻工业，繁荣第三产业，加速培育新的经济增长点，努力保持物价稳定；切实推行两个根本性转变，加快改革步伐，加大经济结构调整力度，提高对外开放水平，大力开拓国内外市场，千方百计提高经济效益；进一步落实科教兴赣和可持续发展战略，加强精神文明建设，促进江西省经济持续、快速、健康发展和社会全面进步。经济和社会发展的主要目标是：国内生产总值增长 10%，力争 13%；财政收入增长 10%，其中地方财政收入增长 11%；零售物价总水平涨幅控制在 6.5% 以内；人口自然率增长控制在 11.5‰以内。

乡镇企业的发展 全省农村工作会议要求努力实现农业和农村工作"一增两稳三提高"的目标。4 月，全省乡镇企业工作会议指出，全省已建成 266 个乡镇工业小区，强调要把发展乡企作为现代化建设的战略重点之一，在全省掀起新一轮乡企大发展、大提高的热潮。6 月，舒惠国指出乡镇党委要从转变工作职能入手，把主要工作精力转向为群众服务。8 月，舒惠国在全省减轻农民负担工作电话会议上强调，要坚决贯彻党中央、国务院《关于切实做好减轻农民负担工作的决定》，抓好减轻农民负担工作。全省要加强土地管理，切实保护耕地。

个私经济的发展 中共十五大提出公有制实现形式可以而且应当多样化后，江西省进一步加快了国有企业股份制、公司制改革的步伐。1 月，舒圣佑在全省第二次个体私营经济工作暨工商行政管理系统表彰会上作《大力发展个体私营经济，努力培育新的经济增长点》的讲话，指出在促进个体、私营经济健康发展上，思想要更解放，步子要更快，措施要更加有力，环境要更好。省委、省政府将发展个私经济作为改革开放和增强经济发展实力的重要举措，相继推出了多项鼓励性政策规定，全省个私经济进入快速发展时期。从 1992 年至 1997 年，个私经济以年均超过 50% 的速度递增，对财政的贡献也以 25% 的速度增长。个体、私营以及"三资"经济的发展，使所有制结构得到大幅度调整，呈现多种经济成份混合生长的态势。到 6 月，有近 2000 户私营企业介入了对国有和集体企业的改组、改制兼并。

名牌战略和大集团战略 "九五"期间江西主攻工业的"双百双十工程"开始启动,全省工业的名牌战略和大集团战略进入实施阶段。4月,"双百双十"工程正式启动,省政府确定了分层次重点扶植的 10 个工业"国家队"、30 个"省级队"和 100 个优强企业名单,并分批对重点扶植的大企业集团投入 91.5 亿元资金进行技术改造。这些大集团和优强企业集团,涵盖了既定扶植、培育的各主导产业和优势产业。"双百双十工程"的实施,促进了一批原已较有实力的企业和市县的发展。

赣南模式 6月,国务院委托国家科委、国家计委在江西召开"江西山江湖工程现场交流会",向全国推广山江湖工程的经验。国务委员兼国家科委主任宋健,在会上高度评价说,"这是一项利在当代、功在千秋的系统工程,完全符合科教兴国战略和可持续发展战略的要求","为全国特别是中西部地区做出了一个好示范"。宋健实地考察赣南生态农业后也给予高度评价,指出"这是农村走可持续发展的一条好路子"。农业部亦将其称之为"赣南模式"。"赣南模式"在全省、全国得到了推广。

科技成果的转化 7月,在完成科技"八五"计划任务基础上,省政府印发了《江西省科技发展"九五"计划和 2010 年规划纲要》,详细提出了今后 5 年和 15 年间江西省科技发展的指导思想、奋斗目标、发展重点和政策措施。确定了以高新技术开发及其产业化为主线,以科技成果转化为重点,提高科技对经济增长的贡献率和全省综合实力的发展思路。按照《决定》和前后两个《纲要》的部署,全省科技事业快速发展,取得了长足的进步。一是建立和健全各类科学技术研究、开发、推广、应用、培训和管理体系,科技实力不断增强。随着农业科技推广力度的日益加大,大批科技成果向农业生产转化,农民的科技意识增强,农业综合生产力明显提高。江西农业科技贡献率已从 90 年代初的 30%左右提高到 1997 年的 41%。11月,属国家"863"高科技攻关项目的二晚两系杂交稻试制成功。到本年,全省已建立普通高等学校 34 所,跨世纪学术和技术带头人培养计划正式启动,省政府决定在 5年内拿出 1000 万元专款培养 3050 名科技带头人。

食品工业建设 省委、省政府下决心进一步推进食品工业建设,提出了建设食品工业大省的设想,指出:"发展食品工业,是发展农副产品加工业首先可以突破的方面。当前,纺织、服装行业市场相对过剩,食品工业市场前景看好。江西要以发展食品工业为突破口带动全省经济发展。""江西作为食品工业大省的条件已具备,只要我们坚持不懈地抓下去,积极支持和引导,一定会成为实力雄厚的食品工业大省。"建设食品工业大省决策的主要依据是:1. 江西是农业大省,具有丰富的食品加工原料,具备发展食品工业得天独厚的优势条件;2. 全省食品工业已形成一定规模,有乡及乡以上食品企业 3350 多家,专业技术人才 5000 多人及一些名牌产品,还有培养食品工业人才和技术攻关的重要基地,具有加快食品工业的基础;3. 有利于解决农产品卖难的问题,推进产业化进程,提高经济效益;4. 适应产业结构调整、经济走势和江西未来发展的需要。省政府决定发展的目标是:先用 3 年至 5 年时间,使全省食品工业总产值主要指标在全国的位次前移 2 至 3 位;再用 5 年至 8 年基本建成食品工业大省,即主要指标进入全国前 10 位;食品工业与农业产值之比达到 1∶1,深加工产值占食品工业总产值 50% 以上。

招商引资 省政协七届二十二次常委会协商讨论了关于江西省进一步解放思想、改善投资环境,加快招商引资步伐问题。省政府与清华大学签订全面合作协议。6月,1997 江西省横向经济联合协作(浙江)项目洽谈会共签订 359 个合同项目,27.13 亿元资金额;9月,1997 年中国投资贸易洽谈会江西省投资说明会共签订投资项目 193 项,总投资 5.28 亿美元,利用境外、省外资金 3.94 亿美元;10月,在美国纽约举行的中国江西招商引资项目推介会共签订合同项目 8 个,吸引投资 7250 万美元。

流通体制改革的深化 市场经济要有效地配置资源,必须有一个完整的市场体系。省委九届九次全会要求,以商品市场为基础,生产要素市场为重点,与国内统一市场、国际市场相衔接,加快市场体系建设。1997年后开始出现商品滞销和物价下降，形成买方市场。在这个过程中，生产资料计划管理的品种和份额逐年减少并完成了由"双轨制"向完全的市场经济体制并轨，绝大部分商品进入市场自由流通，价格由市场供求关系决定。当年，全省有劳动力中介服务机构1982个，初步形成了覆盖城乡、辐射沿海地区的职业介绍网络。此外，会计师事务所、资产评估所等各类市场中介服务机构也得到较快发展。流通领域经过近20年的努力，已经成为改革开放触及最深、变化最大和效果最明显的经济领域之一。11月，省委常委扩大会议传达了全国金融工作会议精神，部署全省金融改革。

社会保障体系的配套改革 全省社会保障体系的改革体现在以下四个方面：一、城镇企业职工基本养老保险制度改革：到本年底，城镇在职职工参保人数有196万人、离退休人员有48万人；二、失业保险和最低生活保障制度的建立：全省参加失业保障的职工有136.55万人，累计征缴失业保险基金3.47亿元；三、医疗保险制度改革：当年，新余市、鹰潭市和宜春地区作为全国扩大医疗保险制度改革试点地区，相继推开改革。萍乡、抚州等非试点地市也参照九江的办法进行改革；四、住房制度改革：据当年统计，全省已筹集住房公积金4亿元，集资合作建房、经济适用房建筑面积有1800万平方米，城市人均住房面积达到8.27平方米。

卫生改革与发展 5月，省政府发布施行《江西省婚前医学检查管理办法》。7月，省委、省政府作出《关于贯彻〈中共中央、国务院关于卫生改革与发展的决定〉的实施意见》，确定新时期全省卫生工作的方针是：以农村为主、预防为主，中西医并重，依靠科技与教育，动员全社会参与，为人民健康服务，为社会主义现代化建设服务。同时提出了全省卫生工作的短、中期目标。要求到2000年，初步建立起适应全省国民经济与社会发展、满足人民基本医疗卫生保健需求的卫生服务、医疗保障、卫生执法监督的卫生体系，基本实现人人享有初级卫生保健，人民健康水平进一步提高；到2010年，在全省建立起适应社会主义市场经济体制和人民健康需求的、比较完善的卫生体系，江西省人民健康的主要指标达到全国平均水平。

广播电视走向繁荣 1月，江西卫星电视的开播，标志着江西广电事业跃上新台阶。全省逐渐形成了省地市相结合，运用中、短波、有线和调频广播、有线和无线电视等多种媒介，普及城乡的多层次广播电视网，实现了广播电视村村通。

精神文明建设 当年，全省举办各种活动纪念八一南昌起义70周年。全省各地隆重纪念湘赣边界秋收起义70周年。全省"讲文明、树新风"活动暨创建文明城市工作现场会召开。省委、省政府印发《关于贯彻〈中共中央、国务院关于党政机关厉行节约制止奢侈浪费行为的若干规定〉的实施意见》。全省禁毒工作会议召开，省委部署禁毒专项斗争，批转《江西省禁毒工作领导小组关于贯彻中发〔1997〕5号文件，进一步加强禁毒工作的意见》。

一系列重要文件的出台 省八届人大常委会第二十七次会议通过《江西省农作物种子管理条例》，通过关于修改《江西省食盐加碘消除碘缺乏危害管理条例》、《江西省渡口管理条例》、《江西省城市房地产开发管理条例》、《江西省会计管理条例》、《江西省消防条例》、《江西省实施〈中华人民共和国集会游行示威法〉办法》、《江西省特种行业治安管理条例》、《江西省实施〈中华人民共和国矿山安全法〉办法》的决定。省八届人大常委会第二十八次会议通过关于修改《江西省实施〈中华人民共和国未成年人保护法〉办法》、《江西省广播电视管理条例》、《江西省河道管理条例》、《江西省产品监督管理条例》、《江西省实施〈中华人民共和国土地管理法〉办法》、《江西省城市国有土地使用权出让和划拨管理条例》、《江西省文物保护管理办法》、《江西省文化市场管理条例》、《江西省个体工商户与私营企业条例》、《江西省实施〈中华人民共和国消费者权益保护法〉办法》、《江西省计划生育条例》的决定。省八届人大常委会第二十九次会议通过《江西征兵工作条例》、《江西省司法机关错案责任追究条例》、《江西省公民义务植树条例》，批准 3 个地方性法规修正案，批准修改《江西省统计管理条例》、《江西省社会治安综合治理条例》、《江西省建设项目环境保护条例》、《江西省标准化管理条例》等 7 个地方性法规。省政府下发《关于公布调整后的江西省最低工资标准及其适应区域的通知》。

其他重要事件 各民主党派相继举行代表大会，省民进四大、省民建五大、省九三学社四大、省农工党八大、省民革九大、省民盟十大、省工商联七大召开。全省红壤项目会议召开，全省红壤第二期综合治理开发工程取得成功。世界银行东亚及太平洋地区副行长塞韦里诺一行来赣考察红壤改造等项目。庐山申报世界遗产成功。九江新火车站落成。南昌新八一大桥正式建成通车。赣州大桥竣工。九江至景德镇高速公路全线开工。赣粤高速公路南昌至樟树段建成通车。

全省本年主要经济指标情况 国民生产总值 1732.94 亿元，比上年增长 11.3%。国内生产总值 1715.18 亿元，比上年增长 11.5%，其中第一、二、三产业增加值分别为 475.18 亿元、658.25 亿元、581.75 亿元，分别增长 6.8%、12.8%、14%。农业总产值 785.51 亿元，比上年增长 7%；工业总产值 1573.13 亿元，增长 19.3%。财政收入 134.92 亿元，其中地方财政收入 90.59 亿元，增长 17.5%。粮食总产量 353.54 亿斤，创历史最高水平。进出口贸易总额 18.56 亿美元，其中出口 16.308 亿美元，增长 12.2%；实际利用外资 6.53 亿美元，比上年增长 38.6%；签约外资 9.2677 亿美元，增长 92.9%；年末实有"三资"企业 2654 家。商品零售价格总水平回落 7 个百分点，居民消费价格上涨 2%。人口自然增长率 10.87‰，年末全省总人口 4150.33 万人。

1997

1月

January

公元 1997 年 1 月							农历丁丑年【牛】						
日	一	二	三	四	五	六	日	一	二	三	四	五	六
			1 元旦	**2** 廿三	**3** 廿四	**4** 廿五	**5** 小寒	**6** 廿七	**7** 廿八	**8** 廿九	**9** 十二月小	**10** 初二	**11** 初三
12 初四	**13** 初五	**14** 初六	**15** 初七	**16** 腊八节	**17** 初九	**18** 初十	**19** 十一	**20** 大寒	**21** 十三	**22** 十四	**23** 十五	**24** 十六	**25** 十七
26 十八	**27** 十九	**28** 二十	**29** 廿一	**30** 廿二	**31** 廿三								

1 日　江西广播电视节目正式通过"亚洲二号"卫星，向全省、全国以及亚太地区和欧洲、非洲的部分地区播送节目，传送范围达 50 多个国家和地区，覆盖全球 72% 的人口。

江西电视台广播电视节目实现通过卫星传送的天线装置

1 日　《南昌晚报》扩版，即每周星期二、星期四扩至 8 版。

1 日　南昌市人防欣欣工程竣工暨欣欣商城开业典礼举行。舒惠国、冯金茂、钟家明、周慜平及南京军区副参谋长苏京等 1000 余人参加庆典，并参观商场。南昌市人防欣欣商城是经国家人防办立项批准，与京九铁路南昌火车站建设配套的大型平战结合工程。位于南昌火车站西广场西南角地下，面积近 7000 平方米。

1 日　南昌市重点建设工程——青云水厂二期工程试车通水。

江西电视台记者到达南极中国长城站

南昌市青云水厂取水头

1日 南昌铁路局团委被团中央和全国少工委授予"少先队工作先进单位"称号，并被共青团江西省委授予"一九九六年度共青团工作先进单位"称号。

3日 京九铁路接轨点纪念公园于1996年底在定南县建成并正式开放。公园内有党和国家领导人题词碑林、京九铁路接轨点纪念钢塔等九个景点。

3日 省委书记吴官正对"千年古村"——乐安县牛田镇流坑村的保护工作作出批示，要求将流坑村古文化、古建筑分层次抢救、保护好。流坑村始建于五代开平初，全村董姓，尊西汉大儒董仲舒为先祖，现有820户，4290人。该村出过44名进士，19名特奏名进士，2名文武状元，200多名举人。该村依山傍水，有明清建筑309栋，其中明代建筑94栋。

3日 省政府庐山申报世界遗产工作领导小组在南昌召开新闻发布会，宣布庐山申报世界遗产工作取得圆满成功，以"世界文化景观"列入联合国教科文组织的《世界遗产名录》。庐山成功地走向世界，成为世界名山；省委、省政府提出"打好庐山牌"战略决策取得重大成果。

3日 香炉峰牌庐山云雾茶，达到全国食品行业优秀产品水平，全国食品工业协会为之颁发《产品质量证书》。

4日 祖籍新余市渝水区下村镇的美籍华裔科学家何大一教授，在控制治疗艾滋病研究方面获得成功，并以最高票数被美国《时代周刊》杂志评为"1996年世界风云人物"。

5日 经国家文化部审报，庐山会议旧址及442号、124号、359号、176号、180号等别墅群被国务院批准为国家级重点文物保护单位。这批名人别墅历史悠久，建筑风格各异。新中国成立后，毛泽东、周恩来、刘少奇、朱德、彭德怀等曾分别在上述别墅下榻过，是中共中央在庐山召开三次会议的旧址。

5日 南昌铁路局在京九线南浔段进行两天的客车提速牵引试验获得成功，最高时速达111公里。

5日 全省计划工作会议在南昌召开。会议提出1997年江西计划的主要任务和目标：计划要求实现国内生产总值1710亿元，比1996年增长10%，力争13%。其中第一产业增长4%，第二产业增长15%，第三产业增长10%。商品零售价格总指数上涨幅度按照低于1996年水平的要求控制在6.5%以内，居民消费价格总指数上涨幅度控制在8.5%以内。城镇登记失业率控制在3%左右。舒圣佑、黄智权出席会议并讲话。会议于7日结束。

6日 省政府批转省林业厅、省环保局关于建立九岭山等省级自然保护区的意见，同意把九岭山、水浆、鸳鸯湖、南矶山、阳岭、青岚湖和云居山7个保护区列为省级自然保护区，实行"省级地方管理"。

6日 南昌县第二建筑公司被国家建设部、中国集体建筑企业协会评为"1996年度全面质量管理优秀企业"。

6日 江西第一条红霉素生产线在赣州市投入批量生产。经专家鉴定，试产产品的各项指标达到国家规定标准。

6日 全省财政、地税工作会议在南昌召开。会议要求1997年财税工作继续实行适度从紧的财政政策，积极支持经济发展和深化财税改革。会议于8日结束。

6日 国务委员彭珮云一行在省委副书记、常务副省长黄智权等陪同下，对九江市职工医疗制度改革试点工作进行考察和调研。考察和调研于9日结束。

7日 邱娥国先进事迹报告会在南昌举行，省领导与1600余名干部群众一起聆听报告。

7日 南昌大学科研处和江西农业大学科研处被国家教委授予"全国高等学校科技管理先进单位"称号，并颁发奖牌。

8日 兴国县发现一批红军时期的革命文物。其中最为珍贵的是《中国地理常识》和《革命与战争》两本教材。

9日 省委宣传部与省委组织部在鹰潭召开全省地、厅级领导干部学理论用理论经验体会交流会。这次会议是对地、厅级领导干部学理论用理论的一次检阅，同时就推动全省各级领导干部特别是地、厅级领导干部进一步深入学习和运用邓小平理论进行研究和部署。会议于10日结束。

9日 全省第十四次检察工作会议暨表彰大会在南昌举行。会议的主要任务是：认真贯彻第十次全国检察工作会议精神，总结江西省第十三次检察工作会议以来的工作，分析面临的形势与任务，研究确定当前和今后一段时期的工作目标和措施。省检察院检察长阙贵善作工作报告。会上，通过省检察机关《关于实施最高人民检察院〈检察工作"九五"计划和二○一○年远景目标纲要〉的意见》，宣布江西省检察官协会成立，表彰一批先进单位和个人。会议于13日结束。

10日 邮电部电信总局在全国发行"景德镇古制瓷图"电话磁卡。这套磁卡由景德镇陶瓷学院中国陶瓷美术大师参与研究设计，画面取材于景德镇古代瓷器制作工艺，具有浓郁的民族风格和瓷都文化特色，一套共四枚。

11日 九江县发现珍稀野生植物15种。有属于国家二级保护植物永瓣藤，国家三级保护植物青檀、明党参、野大豆、八角莲等；省二级保护植物刺楸、花桐木、八角莲、永瓣藤等。

12日 首次"北煤南运"四趟列车，由河南平顶山矿务局经京九铁路顺利抵达九江港。九江港成为全国第十三个陆水中转煤炭的重要运输港口。

13日 国务院核定公布第四批全国重点文物保护单位250处，同时发出通知要求各地认真做好本地区内重点文物的保护和管理工作。江西有6处：樟树市的吴城遗址（商）；丰城市的洪州窑遗址（东晋~唐）；赣州市的赣州城墙（宋、明）；九江市的庐山会议旧址及庐山别墅建筑群（1902~1937）；永新县的湘赣省委机关旧址（1931~1934）；横峰县的闽浙赣省委机关旧址（1932~1934）。至此，江西共有17处名胜古迹被列为全国重点文物保护单位。

13日 江西省杂交水稻技术工程研究中心正式成立，副省长孙用和为工程中心揭牌。该中心利用省农业大学作物遗传育种硕士点，为全省培养储备高级农业研究人才。

13日 南昌铁路局青云谱站和鹰潭南站分别被铁道部评为"1996年度优质货场"、"二星级优质货场"并授牌。

14日 江西省第一条正规的树脂砂生产线在江西纺织机械厂正式投产。

14日 省委组织部、省经贸委和省总工会在南昌联合召开国有企业党建工作会议，分析国有企业党建工作形势，着重研究如何走出一条企业党建工作的新路子，保证和推动国有企业改革深入健康发展的问题。会议于16日结束。

14日 全国技术改造工作会议先后在南昌市和赣州市召开。这次会议的主要任务是贯彻中央经济工作会议精神，落实全国经贸工作会议提出的任务，研究提出大力调整结构，加快企业技术改造步伐，推进"两个根本性转变"的工作思路和措施。国家经贸委主任王忠禹到会并讲话，国家经贸委副主任李荣融、中纪委委员、原国家经贸委副主任杨昌基，副省长朱英培，以及国务院各有关部门、各省市区经贸委分管技术改造的负责人参加会议。会议还对"八五"期间取得突出经济效益的优秀项目及业绩突出的先进个人予以表彰，110个项目获国家"八五"技术改造优秀项目奖，105人获技改先进工作者称号。会议于17日结束。

15日 南昌钢铁有限责任公司主导产品20Mnsi热轧带肋钢筋获全国冶金产品实物质量"金杯奖"。

15日 省政协七届二十次常委会在南昌举行。省政协主席朱治宏主持会议，副省长黄智权作关于《政府工作报告》（征求意见稿）有关内容和情况的讲话。会议的议程共有6项：协商讨论《政府工作报告》（征求意见稿）；审议通过政协江西省第七届委员会常务委员会工作报告；第四次会议以来提案工作情况的报告；第五次会议议程和日程（草案）；第五次会议各组召集人名单；人事等事项。

15日 全省物价工作会议结束。会议要求各地加强物价调控监管，进一步降低价格上涨幅度，充分发挥价格杠杆的调节作用，推进经济结构调整和两个根本性转变。

15日 全国双拥工作领导小组作出决定，以民政部、总政治部名义，授予197个市（区）、县全国双拥模范城（县）称号。南昌市、景德镇市、萍乡市、新余市、横峰县榜上有名。

15日 江铃汽车集团公司历时四年自行设计、制造和安装调试的汽车主要总成台架试验系统，通过省科委组织的技术鉴定。

15日 江西省行政管理学会第二次代表大会在南昌举行。会议对学会成立5年来的工作进行总结和回顾，对新一届学会的工作作出部署和安排。省委副书记、常务副省长黄智权到会讲话，大会选举黄智权为学会名誉会长，省政府秘书长王飚为会长。会议于16日结束。

15日 九江新火车站落成典礼举行。该站是京九铁路的主要车站，位于京九、武九、合九铁路的汇集点。站内设有五个站台11股道。站房按远期年发送旅客400万人设计，站房总建筑面积16280平方米，共设七个候车室。中共中央总书记江泽民题写站名。

国务院总理李鹏亲切接见邱娥国

九江新火车站

16日 南昌市与上海市长宁区缔结友好市区举行签约仪式。

16日 为深入贯彻落实省委、省政府《关于在江西省开展向邱娥国同志学习活动的决定》

精神，在江西省范围内迅速掀起学习邱娥国、宣传邱娥国的高潮。省委宣传部发出通知，要求各地宣传部门广泛深入持久地开展学习宣传邱娥国同志的活动。

17日 省长舒圣佑在全省第二次个体私营经济工作暨工商行政管理系统先进表彰会上作题为《大力发展个体私营经济，努力培育新的经济增长点》的讲话，指出近几年来江西个体、私营经济有长足的发展，从业人员超过240万人，1996年向国家缴纳税金16亿元，成为江西重要的经济增长点；但与沿海地区相比差距甚大，发展势头也明显减缓，当前私营企业注册资金在500万元以上的只有120家；1997年是实现省政府提出发展个体、私营经济三年规划的最后一年，各级政府要继续加强领导，加大力度，认真落实各项政策措施，"在促进个体、私营经济健康发展上，思想要更解放一点，步子要更快一点，措施更加有力，环境要更好"。

17日 林业部世行项目管理中心在遂川县开展"林业扶贫项目"试点工作。该项目要求在符合实施条件的贫困乡镇实施五个子项目：营造666.67公顷速生丰产林，改造666.67公顷天然残次林，改造666.67公顷毛竹低产林，建设533.33公顷金橘林基地，建设133.33公顷茶叶基地。项目总投资2400万元。项目投产后，每年可新增产值3495万元，新增净收入1418万元。

17 日 美国赛贝斯公司向南昌大学赠送一套价值100万元的最新赛贝斯软件，用于大型数据库及信息处理的教学与科研。省人大常委会副主任陈癸尊、副省长黄懋衡、南昌大学校长潘际銮和赛贝斯公司中国区总经理江永清先生出席赠送仪式。

17 日 省政协第七届委员会常务委员会第二十次会议通过龚运连任省政协赣州地区工作委员会副主任；郑良健任省政协抚州地区工作委员会副主任；免去王治国的省政协赣州地区工作委员会副主任职务的决定。

17 日 全省地、市委组织部长会议在南昌举行。会议传达贯彻全国省、区、市党委组织部长会议精神，回顾总结1996年的组织工作，研究部署1997年的任务。会议要求看清形势，把握大局，抓住关键，切实加强党的组织建设，以实际行动迎接中共十五大胜利召开。会议于18日结束。

18 日 南昌至九江的"庐山号"旅游列车恢复运行。

18 日 南昌长途汽车站改造竣工，昌九高速客运正式营运。

18 日 瓷都大桥建成通车。该桥由上海铁道大学设计，桥型为中承式钢管混凝土拱桥，全长432.5米，宽21米；大桥东西连通道路全长2120米，路幅宽40米。

18 日 省级重点科技攻关项目"EBG系列自行式架桥机"，由江西日月明实业有限公司研制成功，通过专家鉴定。

18 日 全省统战部长会议在南昌举行。会议传达全国统战部长会议精神，总结1996年的工作，表彰先进，部署1997年的任务。会议要求把握大局，再接再厉，同心同德，开拓前进，把统战工作提高到一个新水平。会议于19日结束。

19 日 南昌铁路局全局领导干部会议结束。会议传达全路领导干部会议精神和铁道部部长韩杼滨的重要讲话。会议要求全体职工解放思想，转变观念，推进集约经营，拓展市场营销工作。

20 日 由国家立项并批准建设的江铃4J系列发动机工程正式通过国家验收。

20 日 在"严打"斗争中为追捕逃犯而英勇献身的新建县公安局义渡派出所副所长宋立江，被公安部授予"二级英雄模范"称号。

20 日 在全国绿茶生产厂家中，中国外贸出口加工绿茶的重点专业企业——江西婺源茶厂率先获准进出口经营权。

20 日 由赣州地区科委和赣州有色冶金研究所合办的赣州星光新电源有限公司经过两年多技术攻关，向市场推出了被列为江西省高新技术试点工程项目之一的镍氢电池（电池块）和镍氢电池阴极粉，产品开始批量投产。

20 日 全省政法工作会议在南昌召开。会议的主要议题是传达贯彻全国政法工作会议精神，总结江西省1996年政法工作，研究部署1997年政法战线的任务。会议强调，要牢牢把握大局，从讲政治、讲大局的高度，切实抓好维护稳定的工作，并表彰一批社会治安综合治理和"严打"斗争的先进单位和个人。会议于21日结束。

20 日 应外交部新闻司和省外办的邀请，日本、德国、美国、韩国、马来西亚等国的九家新闻单位组成的驻京外国记者采访团在江西采访。他们沿着京九线，在九江、南昌、吉安、赣州等地了解当地的经济和社会发展情况，以及京九铁路给江西带来的优势和发展前景。采访于26日结束。

21 日 江西中医学院附属医院通过专家评审验收，列入"三级甲等"中医院。

21 日 由司法部、中华全国新闻工作者协会、中华全国法制新闻协会共同举办的"德敏杯"全国百名优秀法制新闻工作者评选活动在北京揭晓。江西人民广播电台专题部副主任周国荣获表彰。

21 日 省文联工作会议在南昌举行。会议传达第六次全国文联代表大会、第五次全国作协代表大会精神和中共中央总书记江泽民的重要讲话，总结回顾1996年江西文联工作，部署1997年的工作。会议要求各级文联和有关协会，明确使命，认清责任，进一步深入生活，深入群众，紧紧围绕召开中共"十五大"和香港回归这两件大事，积极组织文艺创作和文艺活动，出精品，出人才，促进江西省文艺事业的繁荣和发展。会议于22日结束。

22日 省委、省政府邀请部分专家和农村基层干部召开座谈会，商讨加快依靠科技兴农问题。舒圣佑讲话指出，省委、省政府十分注重农业科技的研究、开发、推广工作，1990年江西实施科技兴农"1296"工程，1992年提出发展"三高"农业并开展"良种年"、科技兴农等活动，1996年提出了发展特色农业，重点推广杂交稻、旱床育秧、耕作改制等"六大轻型"农业技术；随着农业科技推广力度的日益加大，大批科技成果向农业生产转化，农民的科技意识增强，农业综合生产力水平明显提高。江西农业科技贡献率已从90年代初的30%左右提高到41%。

22日 全省经济体制改革工作会议在南昌召开。会议确定江西省1997年经济体制改革的主要任务是：着眼于搞好搞活整个国有经济，打破部门和行政区划的限制，实施大公司大集团发展战略，进一步放开搞活小企业，加大结构调整力度，推进存量资产的流动重组，推进企业制度创新。围绕国有企业改革这一中心环节加快国有资产营运体系、市场体系、社会保障体系的建设，切实促进两个根本性转变。会议于23日结束。

22日 景德镇市华意电器总公司的无氟制冷压缩机生产线获国家"八五"技术改造优秀项目奖。

无氟制冷压缩机生产线

22日 全省劳动工作会议在南昌结束。会议要求，紧紧围绕两个根本性转变和深化企业改革，从讲政治的高度，切实做好解困工作，努力促进就业，搞好工资分配宏观调控，全面加快社会保险制度改革，加强劳动行政监察，保持劳动关系和谐稳定，强化安全卫生监察，力争各项劳动工作稳中求进，再创劳动工作新局面。

22日 团省委十一届六次全委（扩大）会议在南昌召开。会议通过团省委的工作报告；通过关于召开第十二次团代会的决议；表彰1996年度共青团工作先进单位和江西省少先队工作先进集体。提出要把握大局，抓住关键，教育和引导江西省团员青年在促进两个文明协调发展中建功成才。会议于23日结束。

23日 江西铜业公司贵溪冶炼厂建设的两台阳极炉和一台阳极铜浇铸机，获1996年度"中国建设工程鲁班奖"。

23日 南昌钢铁有限责任公司劳动服务公司被评为全国冶金劳动就业服务企业先进集体。

24日 省人大常委会、省政府联合召开立法工作会议，指出在本届人大常委会制定的五年立法规划中，确定122个立法项目。至1996年底，省八届人大常委会共制定和批准地方性法规90件，出台的法规已接近前三届的总和；要求加快步伐，在本届任期的最后一年完成五年立法规划的全部目标。

24日 第二届江西省文学艺术优秀成果奖颁奖大会在南昌举行，1991年以来江西文艺13个门类的111件优秀成果受到表彰。

24日 在武汉召开的第二届中国国际食品博览会暨交易会上，江西赣东王爷蝎王酒厂生产的王爷牌蝎王酒获"国际名牌酿造品"金奖。

24日 国家"八五"重点科技攻关项目——200吨/年窑法磷酸扩试在南昌通过国家鉴定。

24日 宁都县在县城陈屋祠堂进门左侧第一根柱头，离地面约1.7米高处，发现一个巴掌大的纸包。纸包里有一张朱德、毛泽东于1929年2月

13日以红军第四军军长、党代表名义联名写给宁都县招待处某执事先生，请代筹军需款项的公函；另一张是红军第四军军需处处长范树德同年2月14日写给宁都县招待处的收据。这两件文物经省有关专家评为一级革命文物。

25日 在1996年中国乡镇企业十大新闻人物评选中，江西绿色工业（集团）公司总经理孙刘根榜上有名。他是目前江西省唯一获此殊荣的乡镇企业家。

25日 江西省分析测试研究所研制成功新型高速拉丝润滑剂。

26日 省委党史资料征集委员会、省政府血吸虫病地方病防治领导小组编辑的《江西血吸虫病防治》一书由中央文献出版社出版，省委书记吴官正为该书作序。

26日 兴国县被文化部命名为中国民间艺术山歌之乡。该县搜集整理并出版43万余字的《兴国山歌选》两集，摄制了《兴国山歌》电视专题片，以兴国山歌为基调的大型山歌剧《山歌情》获中宣部"五个一工程"文华大奖。

27日 全省农村工作会议在南昌举行。省委书记吴官正、省长舒圣佑要求全省干部群众要清醒认识农业形势，坚定实现农业增长、农民增收目标的信心，努力提高农业和农村经济的增长质量，继续下大力气抓好农村基层和基础工作，以加快发展特色农业和农业产业化进程为主要内容，打好农业上台阶，农民奔小康攻坚战第二战役，努力实现省委、省人民政府提出的农业和农村工作"一增两稳三提高"的目标。会议于28日结束。

28日 据省财政厅1月快报，江西省1996年财政收入过亿元的县（市）区比上年增加了七个，达到28个。财政收入过2亿元的有赣州市、贵溪市、临川市、宜春市、丰城市和上饶市。

28日 武警部队授予武警井冈山市中队"井冈山模范中队"称号命名表彰大会在南昌举行，1000余人出席会议。

28日 国家重点工程——信江界牌枢纽工程1号机组并网发电，船闸蓄水通航仪式同时举行。该工程投资3.86亿元，1号机组发电能力为2万千瓦，船闸通航能力为千吨级船只。

29日 南昌市第十一届人民代表大会第一次会议结束。会议选举刘伟平继续担任南昌市政府市长。

29日 全省烟草工作会议在南昌举行。会议提出1997年的目标是，以市场为导向，以省产烟为重点，以效益为中心，进一步深化行业改革，强化专卖管理，推进技术进步，实施名牌战略，优化产销结构，促进经济效益再上新台阶。会议于31日结束。

30日 南昌市与芬兰瓦·托地区经济合作意向签约仪式在中日友好会馆举行。

30日 全省台办主任会议在南昌举行。会议要求对台工作者要坚持"和平统一，一国两制"基本方针，继续深入学习、宣传贯彻江泽民重要讲话精神，坚决与分裂祖国的"台独"势力作斗争。要继续做好对台经济工作，促进赣、台经济交流与合作的进一步发展，要加大宣传力度，改善、优化投资环境，吸引台湾大财团、大企业和更多的中小企业主来赣投资、经商；要切实加强对台工作的领导，建设一支高素质的对台干部队伍。在香港将回归祖国、中共"十五大"即将召开的1997年，要把握机遇和有利条件，树立信心，以高度的政治责任感和使命感，通过扎实、有效的工作，推动对台工作向前发展。会议于31日结束。

31日 赣州市红旗二校被全国少工委授予"全国红领巾示范学校"称号。

31日 全省宣传部长会议在南昌举行。会上传达中共中央总书记江泽民在接见全国宣传部长会议代表时的重要讲话。会议确定1997年江西省宣传思想工作总的指导思想是：坚持以邓小平建设有中国特色社会主义理论为指导，坚持党的基本路线和基本方针，紧紧围绕两件举世瞩目的大事，认真贯彻中共十四届五中、六中全会和省委十届四次会议精神，遵照中央提出的"把握大局、再接再厉、同心同德、开拓前进"的总体要求，团结进取，扎实工作，更好地为全党全国工作大局服务，为促进江西省改革、发展、稳定提供有力的思想保证和良好的舆论环境。会议于

2月3日结束。

本月 在铁道部第五届青年职业技能大赛上，南昌火车站值班站长谌祖安获车站值班员竞赛全能第四名，被铁道部授予"全路青年技术能手"称号。

本月 江西省工业产品销售率达到97.34%，比1996年同期提高1.46个百分点，高于全国平均水平4.98个百分点。1月份工业总产值完成78.13亿元，比1996年同月增长12.2%，高于全国平均数0.8个百分点。

1997

2月

February

公元 1997 年 2 月							农历丁丑年【牛】					
日	一	二	三	四	五	六	日	一	二	三	四	五	六
						1 廿四	**2** 廿五	**3** 廿六	**4** 立春	**5** 廿八	**6** 廿九	**7** 春节	**8** 初二
9 初三	**10** 初四	**11** 初五	**12** 初六	**13** 初七	**14** 初八	**15** 初九	**16** 初十	**17** 十一	**18** 雨水	**19** 十三	**20** 十四	**21** 元宵节	**22** 十六
23 十七	**24** 十八	**25** 十九	**26** 二十	**27** 廿一	**28** 廿二								

1 日 江西省在温家圳举行 320 国道和昌抚公路改（扩）建工程通车典礼。320 国道横贯江西东西，穿越六个地市，全长 610 公里。改建后的 320 国道全部达到二级公路标准。昌抚公路全长 60.1 公里，为超二级公路，双幅四车道，双层沥青路面。

2 日 省委宣传部、省广播电视厅、省新闻出版局、省记者协会、省出版协会联合召开电视电话会议。会议要求全省新闻、出版系统认真贯彻中共十四届六中全会精神和全国宣传部长会议精神，落实全国新闻出版系统加强职业道德建设电视电话会议精神，动员新闻、出版系统以加强职业道德建设为主要内容，以禁止有偿新闻，禁止买卖书号、刊号、版号为突破口，积极开展创建文明单位，树行业新风活动，推动新闻出版界自身的精神文明建设取得新进展。

3 日 横峰县葛源镇发现一部中央苏区法律大全。该书约 200 页，有 10 万字，封面印有"中华苏维埃第一次全国代表大会通过"、"中华苏维埃共和国中央执行委员会红八军政治部翻印"、"1933 年 2 月 3 日印"等字样。

4 日 由临川市建筑安装总公司三○一队施工的上海市平价房发展中心长江西路基地首期工程被评为上海市 1996 年度"白玉兰群体奖"。

5 日 通过专家年审，经省卫生厅批准，江西省儿童医院获"三级甲等"医院称号。

6 日 据最新统计，1996 年江西省农民人均纯收入达到 1869.63 元，比 1995 年增加 332.27 元，增长 21.6%，扣除价格因素，实际人均纯收入为 1718.84 元，比上年增加 181.48 元，实际增长 11.8%。

7 日 国务院总理李鹏视察京九线，在兴国站接见南昌铁路局领导干部。

9 日 吉安市发现由中华苏维埃临时中央政府内务部于 1932 年 5 月 1 日颁布，并于同日生效的《中华苏维埃共和国邮政暂行章程》。

9 日 赣南科明生物工程有限公司从蚯蚓体中提取 SOD 及系列产品开发项目，在赣州通过省科委组织的专家鉴定。

13 日 在万载县白水乡罗桥村柑子冲村民小组发现一株特大偏禾枫树，树高 26 米，树径 8 米，树龄 500 多年，为国家一级保护树种。

13日 省纪委举行第四次全会，传达贯彻中纪委第八次全会精神和江泽民重要讲话，研究部署反腐败和党风廉政工作。马世昌作题为《服务大局，开拓进取，把反腐败斗争继续引向深入》的报告。会议指出，1996年全省纪检监察机关受理信访举报45033件，比上年增加5940件次；立案6477件，其中涉及县处级以上干部140人，受到党纪政纪处分的党员、干部6610人，比上年增加1611人；查处原广丰县委书记郑元盛受贿卖官案、省劳动厅副厅长张年胜受贿案、省粮食局副局长顾三富受贿案、吉安地区周昌平招摇撞骗案、安义县"11·21"政治谋杀案等一些大案要案。会议强调，腐败现象仍然严重，有些方面还在滋长蔓延，有的领导干部甚至顶风违纪；大案要案不断增加，法人作案、团体性违法违纪案件和窝案、串案增多，反腐败斗争形势严峻，任务艰巨；各级党委要坚持中共中央确定的反腐败斗争指导思想、基本原则和三项工作格局，加大力度，狠抓落实，务求实效，坚定不移地推进反腐败斗争。会议于15日结束。

13日 省委常委理论学习中心组集中三天学习邓小平和江泽民关于国有企业改革和发展的重要论述，并联系实际，就加快国有企业的改革和发展进行讨论，认为当前特别注意把握好以下几点：（一）搞好国有企业，必须进一步解放思想；（二）要在"抓大放小"上取得实质性进展；（三）"三改一加强"（改革、改组、改造和加强管理）是搞好国有企业的根本途径；（四）要把国有企业领导班子建设好；（五）要切实抓好扭亏增盈和解困工作；（六）要始终坚持企业改革的社会主义方向和党对国有企业的政治领导。学习于15日结束。

14日 江西萍新橡胶有限公司混炼胶工程在萍乡竣工投产，该项目总投资5332万元，建设规模年产混炼胶2万吨，是萍乡市"八五"重点项目之一，是全国第一家橡胶混炼胶中心。

14日 在遂川县左安乡马溪村发现一座保存完整的古代护林禁碑。该碑高1.4米，宽1.45米，由翠绿石和条状花岗岩石组成，建于清嘉庆十一年（1806）。

15日 省八届人大常委会第二十六次会议在南昌召开。省人大常委会主任毛致用主持会议。会议的议程有10项，审议省第八届人民代表大会第五次会议议程（草案），决定提请省第八届人民代表大会第五次会议预备会议通过；审议列席省第八届人民代表大会第五次会议人员和邀请在主席台就座人员名单（草案）等其他事项及任免名单。

16日 省八届人大常委会第二十六次会议批准任命吴延林为南昌市人民检察院检察长。

16日 省政协七届五次会议在南昌举行，到会委员616人。会议听取并审议通过叶学龄所作常委会工作报告、刘峰所作提案工作情况报告。朱治宏在闭幕会上讲话。会议于21日结束。

省政协七届五次会议开幕

省委书记吴官正和省政协领导与民革的省政协委员一起讨论政府工作报告

17日 江西省八届人大五次会议主席团在南昌举行第一次会议。省人大常委会主任毛致用主持会议，会议推选主席团常务主席；通过会议日程，执行主席分组名单，决定大会副秘书长人选，省八届人大五次会议表决议案办法。

18日　江西省人大八届五次会议在南昌举行，到会代表582人。省政府工作报告从八个方面总结1996年的工作，提出1997年全省工作的总体思路是：把握大局，稳中求进，加强农业，主攻工业，繁荣第三产业，加速培育新的经济增长点，努力保持物价稳定；切实推进两个根本性转变，快速改革步伐，加大经济结构调整力度，提高对外开放水平，大力开拓国内外市场，千方百计提高经济效益；进一步落实科教兴赣和可持续发展战略，加强精神文明建设，促进江西省经济持续、快速、健康发展和社会全面进步。会议提出，经济和社会发展的主要目标是：国内生产总值增长10%，力争13%；财政收入增长10%，其中地方财政收入增长11%；零售物价总水平涨幅控制在6.5%以内；人口自然增长率控制在11.5‰以内。会议审议并通过政府、计划、财政、人大常委会、法院、检察院等六个工作报告，决定1998年1月召开省人大九届一次会议。大会共收到议案29件，建议、批评和意见70件。大会于22日结束。

省八届人大五次会议开幕

19日　中国改革开放的总设计师邓小平逝世，江西各地以各种形式举行悼念活动。

19日　江西橡胶厂与台资江西泰丰轮胎有限公司合作签字仪式在南昌市举行。

23日　省政府在南昌召开反腐败工作会议。会议强调，把握大局，突出重点，狠抓落实，务必使反腐败斗争取得新成效。会议的主要任务是传达贯彻中央纪委八次全会、国务院第五次反腐败工作会议和省纪委四次全会精神，总结1996年的反腐败工作，对1997年的反腐败工作进行部署，进一步推动政府系统的反腐败斗争和廉政建设。省政府各部门的主要负责人，省委有关部门、省各民主党派、工商联负责人参加会议。

24日　南昌赣中金属波纹管厂与中国科技大学联合开发的新型汽车尾气排放净化器在南昌研制成功，经环保部门检测，达到国家标准。

24日　全省外经贸工作会议在南昌召开。会议强调，要坚定不移地推进"大经贸"战略，加快培育和促进外经贸新的增长点。会议指出，外经贸战线应当紧扣全省经济大局，在新的目标、新的形势、新的困难和机遇面前，进一步解放思想，齐心协力，推动大经贸向更高层次、更宽领域、更高水平迈进。会议提出，1997年全省外贸出口总值力争完成16.5亿美元，利用国外、境外资金实际投资7亿美元，要比1996年增长40%。会议于25日结束。

24日～26日　全省国税工作会议在南昌召开。省委书记吴官正要求注意培植税源加强征管，省委副书记、常务副省长黄智权到会讲话。会议提出要扎实工作，开创精神文明建设新局面。

25日　全省粮食工作会议在南昌结束。会议认为，1997年江西粮食部门要按照国务院关于进一步深化粮食流通体制改革的要求，强化"米袋子"省长负责制，改善和完善省对地、市的粮食管理包干办法，明确划分省、地、县各级的粮食事权和管理责任制，努力探索一条既符合中央改革精神，又适合江西省实际的粮食流通管理新体制。会议强调指出，各级粮食部门要加强管理，搞活经营，巩固扭亏增盈成效，力争1997年盈利1亿元。

25日　南昌市蔬菜工作会议召开。宣布200公顷蔬菜大棚工程全面启动。

25日　江西富家坞铜业有限公司在德兴市成立。该公司集采、选、冶为一体，拥有固定资产5亿元，注册资金1.5亿元。

25 日 省文化厅组织专家从当日起至 3 月 2 日对"千年古村"——乐安县流坑村文物进行全面鉴定,确认现有各类传统建筑及遗址 260 处,其中明代建筑及遗址 19 处,家藏文物 318 件。专家指出,该村现有明清民俗建筑类型齐全,数量众多,规模宏大,特色明显,在全国自然村中首屈一指,可视为赣民居的典型;一村族谱之多,也属罕见。8 月 22 日,省政府将该村列为省级历史文化保护区,核定现存的 21 处古建筑为省级文物保护单位。

26 日 全省石油工作会议在南昌结束。会议提出 1997 年石油工作的目标和任务是进一步解放思想,转变观念,把握大局,稳中求进,过好市场关,大胆开拓经营,搞好成品油总量供求平衡,确保市场稳定。

26 日 全省国防科技工业大会在南昌召开。会议要求国防科技工业围绕转变建制,进一步深化企业改革,加强结构调整,培植新的经济增长点;同时强化企业管理,开拓市场,千方百计提高企业经济效益,实现江西省国防科技工业稳定、协调、健康发展。会议提出 1997 年主要奋斗目标是,全行业发展速度不低于 15%,产销率超过 96%;盈亏相抵实现利润比上年增长 10%;确保军品生产科研任务按时按质按量完成。会议于 28 日结束。

27 日 省新闻出版工作会议在南昌召开。会议确定江西省 1997 年的新闻出版工作重点是,树立精品意识,实施精品战略,以精品形成江西省出版物的导向和主旋律。

27 日 全省质量工作会议召开。会议提出,宏观微观配套联动,政府企业齐心协力,推动全省质量振兴事业蓬勃发展,以进一步提高企业经济效益,增强发展后劲。会议确立 1997 年江西省质量工作的主要目标,即主要工业产品质量稳定提高率达 85% 以上;主要产品国家监督抽查合格率提高 2~3 个百分点;力争有 15~20 项产品达到省名牌产品要求;60 项产品达到省优质产品要求;10 项竣工交付使用的建设工程达到省优质工程要求;力争实现 30~40 家企业贯彻 ISO9000 标准;争取有 3~5 家企业通过 ISO9000 质量体系认证;力争有 3~5 家企业达到江西省质量管理奖要求;8~10 家企业达到省优质服务奖要求;列入"省级队"和"双百双十"工程企业的主导产品 60% 以上按国际标准或国外先进标准组织生产。

27 日 全省关心下一代工作会议在新余市举行。会议传达全国农村关心下一代工作经验交流会精神,研究部署省关心下一代工作委员会("关工委")1997 年度的工作。会议指出,关心下一代工作是关系到中国共产党的事业成败和国家前途命运的战略问题,是利在当代、功在千秋的崇高事业,是精神文明建设的重要组成部分。会议要求各级("关工委")要不断加强自身建设,研究新情况,总结新经验,解决新问题,使关心下一代工作落到实处。会议于 3 月 1 日结束。

28 日 南昌市首次拍卖一块国有住宅基地——八一大道 93 号。

1997

3月
March

公元 1997 年 3 月			农历丁丑年【牛】							
日	一	二	三	四	五	六	日	一	二	三	四	五	六
						1 廿三	**2** 廿四	**3** 廿五	**4** 廿六	**5** 惊蛰	**6** 廿八	**7** 廿九	**8** 妇女节
9 二月小	**10** 初二	**11** 初三	**12** 初四	**13** 初五	**14** 初六	**15** 初七	**16** 初八	**17** 初九	**18** 初十	**19** 十一	**20** 春分	**21** 十三	**22** 十四
23 十五	**24** 十六	**25** 十七	**26** 十八	**27** 十九	**28** 二十	**29** 廿一	**30** 廿二	**31** 廿三					

1 日 全省电力工作会议结束。会议确定1997 年电力工作的基本思路是，加快电力改革发展，组建发电有限责任公司，构筑新的管理格局，在公司化改造方面迈出大步子，推进电力企业实现现代化企业制度，同时大力发展多种经营，努力寻求新的经济增长点。会议确定 1997 年电力工作的目标是，电网统调电厂发电量 165 亿千瓦时，比 1996 年增长 9%；新增发电装机容量 30 万千瓦，220 千伏输电线路 472 公里，变电容量 39 万千伏安；电网建设重点促成鄂赣联网 500 千伏线路的建成投运，抓好三峡送电江西 500 千伏配套工程的建设前期工作；电源建设主要抓紧抓好柘林、贵溪电厂的扩建和洪屏抽水蓄能电站的建设等。

1 日 江西省电子工业工作会议结束。会议提出，要切实推进两个根本转变，加大结构调整力度，大力开拓国内外市场和招商引资，培植新的经济增长点，促进电子工业持续、稳定、健康发展。会议确定 1997 年工作目标是：完成工业总产值 34 亿元，实现销售收入 16 亿元，利税 7500 万元，出口创汇 4400 万美元，产成品资金

和发出商品资金额下降 10%，产品质量稳定提高率 91%，新成品产值率达 30% 以上。

1 日 江西第一条全标准高速公路——温厚（温家圳至厚田）高速公路新村互通立交正式开钻。

2 日 经省政府批准，江西省电子集团公司成立。该公司由江西省电子工业局改制而成，受省政府委托经营国有资产和直接从事生产经营的省直经济组织，负责经营集团部分成员企业和事业单位的国有资产，代管部分事业单位及其经营性国有资产。

3 日 高桥宪一、长滨正信等日本 JICA 专家抵达南昌，了解当前江西省铁路的发展和经营状况。南昌铁路局领导向日本客人介绍京九铁路建设、运营等情况和南昌铁路局的发展优势、发展前景。

3 日 省社科院、省社联召开 1997 年度工作会议。会议强调，在新的一年里，社会科学工作者要认清形势，珍惜机遇，树立起强烈的时代责任感、社会责任感，抓住理论工作发展的极好机遇，把握大局，服务大局，为两个文明建设服

务。会议于4日结束。

4日 江西省国有资产管理暨清产核资工作会议在南昌结束。会议要求，1997年的国有资产管理要紧紧把握国有企业改革这个中心，通过深化基础管理和清产核资工作，加快建立权责明确的国有资产管理、监督和营运体系。

4日 省检察院副检察长杜宝国及政治部负责人等向南昌铁路局通报最高人民检察院关于同意改变南铁检察院原业务隶属关系，设立江西省人民检察院南昌铁路运输检察分院的决定。

5日 江西长运集团有限公司暨江西长运集团成立。

5日 《人民的好警察邱娥国》一书由二十一世纪出版社出版发行。

5日 全省地、市、乡镇企业局长会议在新余市召开。会议传达贯彻全国乡镇企业工作会议精神，研究1997年江西乡镇企业工作。会议提出，要进一步解放思想，提高认识，创造性地开展工作，加快两个根本性转变；要围绕农业产业化，大力发展农副产品加工的龙头企业，促进乡镇企业产业结构调整；要积极推行多种形式的企业转机建制，尤其是股份合作制，进一步发挥乡镇企业机制的优势；要加大招商引资力度，大力发展外向型经济，要积极推进科技兴企，切实提高乡镇企业的科技含量、经济效益和整体素质，走出一条符合江西省情的乡镇企业发展之路。会议于6日结束。

5日 全省国有林场脱贫工作现场经验交流会在新干县召开。会议通报，江西现有人均年收入低于当地农民人均年收入的贫困国有林场88个，人均年收入约1500元，低的仅600多元。会议于6日结束。

7日 省委宣传部、省经贸委、省总工会、团省委联合发出通知，在江西省企业职工中开展以"爱国奉献、爱厂如家、爱岗敬业，学理论、学文化、学技术"为主题的"三爱三学"活动。通知强调，要坚持"重在建设"的方针，以职工为对象，青年职工为重点，以提高职工思想道德和文化技术素质为目标，通过开展多形式、多渠道、多层次的宣传教育和培训活动，振奋职工精神，激发职工的爱国爱厂爱岗热情和学理论、学文化、学技术的积极性，搞好企业特别是国有大中型企业，保证"九五"计划和2010年远景目标的顺利实现。

7日 林业专家在乐安县金竹乡流沙、竹园两村的森林里，发现20余棵国家一类保护树种——红豆杉。

7日 第十四届中国戏剧梅花奖评选在京揭晓，萍乡采茶剧团青年演员赵一青获梅花大奖。赵一青是江西获得这一全国戏剧表演最高奖的第五个优秀青年演员。

8日 国家劳动部授予南昌劳动力市场"全国示范职业介绍服务中心"称号。

9日 江西丰城电厂一号30万千瓦机组移交投产。丰城电厂是经国家批准列为1994年基建开工的大型项目，是国家重点建设工程，也是江西历史上投资规模最大的一个项目，总投资46亿元。一期工程安装4台30万千瓦机组，是江西单机容量最大、总发电能力最大的电力建设项目。

9日 江西省地质专家鉴定，在安远县境内的三百山发现继新疆天山之后的全国第二个晚侏罗纪火山岩。

11日 南昌铁路局有关部门负责人向省政府提出道口管理方案。省政府领导对路局道口管理及非法道口拆、并、改方案给予充分肯定，对加强道口管理，确保"4·1"列车提速安全提出了要求。

12日 全省地（市）、县电视台台长和通讯员会议在南昌召开。会议传达、学习全省宣传部长会议和地（市）广播电视局长会议精神，总结部署工作，并为先进集体和优秀通讯员发奖。会议提出，江西省电视工作者要加强协作，再接再厉，为宣传江西多作贡献。

12日 新干县新华书店被国家新闻出版署授予"全国新华书店精神文明示范单位"称号。

12日 1997年南昌万名下岗职工招聘暨京九、浙赣两铁路线城市协作会在南昌市召开。劳动部副部长林用三，市委、市政府领导出席会议并讲话。

14日 南昌市洪城大市场经营户与 16 家市二轻企业签订合作协议，拉开工贸合作、开拓市场的序幕。洪城大市场是江西省第一家运用股份制形式建设的国家级大型综合商品批发市场，1995 年 9 月 1 日开业，经过多年的运作，已逐步走向成熟和繁荣（1997 年市场商品交易额达 40 亿元，创利税 4000 多万元）。

南昌洪城大市场

14日 景德镇陶瓷工业研究院设计的《四三六九工程》（即中国景德镇瓷厂）获全国第七届优秀工程设计银质奖。

14日 省林业厅印发《江西省林业厅选拔任用党政领导干部工作程序》等 6 个工作制度。这 6 个制度是：《江西省林业厅选拔任用党政领导干部工作程序》、《江西省林业厅人事调配交流管理制度》、《江西省林业厅毕业生就业管理制度》、《江西省林业厅退休审批制度》、《江西省林业厅机构编制工作管理办法》和《关于厅直单位党、纪、工、团组织换届选举及干部考核、审批工作有关问题的规定》。

15日 省政府在九江召开部分县市区委书记、县市区长座谈会，研究加快发展县域经济问题。会议强调，江西要上去，最重要的是把县域经济进一步搞上去，要进一步解放思想，知难而进；思想是否真正解放了，关键是看各级干部的思想状态怎样，是否有创造性的工作，是否取得了解放和发展生产力的新成效等几个方面。会议于 16 日结束。

17日 南昌铁路局宣布撤销南昌材料总厂和上饶材料厂，成立南昌材料供应段和南昌材料

供应段上饶分段的决定，同时宣布有关的人事任命，并对该段今后的工作提出要求。

17日 首届中国青年志愿者行动评选表彰活动结束。江西省高级职业学校东南进修学院董事长兼校长于果获"杰出青年志愿者"称号。

18日 南昌市首家股份合作制企业——南昌服装一厂正式成立。

18日 由中宣部、公安部和省委联合主办的"邱娥国同志事迹报告会"在北京人民大会堂举行。报告会由中宣部常务副部长刘云山主持。公安部部长陶驷驹，省委副书记钟起煌，公安部党组成员、政治部主任祝林春出席报告会。近千名首都各界群众和全国公安战线英模代表、先进集体代表聆听邱娥国的事迹报告。公安部作出决定，在全国公安机关和广大民警中开展向邱娥国学习的活动。报告会后，中宣部、公安部联合在北京举行学习邱娥国先进事迹座谈会，并授予邱娥国"一级英模"称号。

邱娥国先进事迹报告会在北京人民大会堂举行

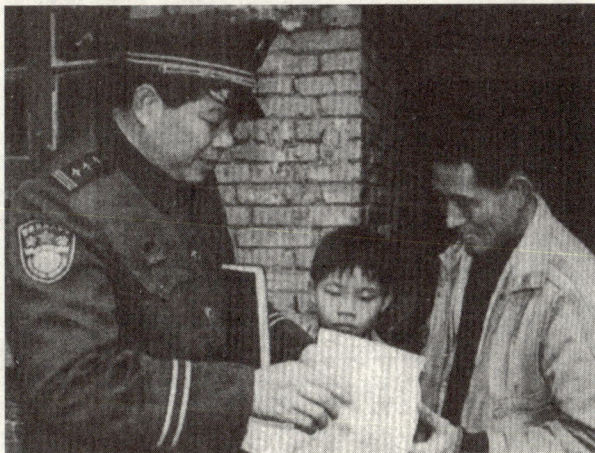

邱娥国所管地段有 5 个居委会，2100 多户、6000 多人口，他对每户户主的姓名、家庭住址、居民居住的楼层、面积、结构都了如指掌，群众称他是一台"活电脑"

18日 全省技术改造工作会议在南昌举行。会议对技术改造工作取得的成绩予以充分肯定，并对今后工作提出希望和要求。会议提出，进一步解放思想是搞好技术改造工作的迫切需要，在新形势下，要针对技术改造工作的新情况和新问题，创造出更多的新思路和新办法，加快实现工业适应性和结构性调整。会议于20日结束。

19日 景德镇市瓷用化工厂依靠电脑拼图设计、电子分色制版和陶瓷颜料四色印刷获成功，是国内同行业中第一个应用这项新技术的厂家。这项技术的应用，提高了制版质量，能胜任各种有特殊要求的花面制版任务。

19日 省公安厅发布命令，给邱娥国式的好民警，积劳成疾、不幸以身殉职的萍乡市公安局上栗公安局金山派出所副指导员秦文许追记一等功，并号召全省公安民警向秦文许学习。

19日 对外宣传工作会议在南昌举行。会议确定1997年对外宣传工作的指导思想是：按照省委、省政府提出的要进一步增强对外宣传工作的主动性、针对性、时效性的指示精神，主动、全面、准确地对外宣传好江西，为江西省的工作大局服务。会议提出1997年对外宣传要完成宣传好江西省1997年经济工作的奋斗目标和"九五"发展规划、"绿色"农业、老区扶贫、国有企业改革与发展、"京九江西行"旅游年、香港回归、迎接中共"十五大"、精神文明建设等任务。会议于20日结束。

19日 应国家监察部的邀请，以埃及行政监察署国务秘书穆罕默德·阿卜杜阿尔先生为团长的埃及行政监察署代表团一行10人，于当日至24日，对南昌、九江、景德镇等地的行政监察机关进行考察。

20日 中国第一个可选型高品位独立钴矿床在宜春地区被发现。经江西地勘局赣西地调大队两年野外普查，当前控制储量钴金属达中型规模。矿石平均品位为钴工业品位的5倍以上，属富矿型，且矿体埋藏浅，矿石易选易开采，开发前景广阔。

21日 美国温州工商会经贸考察团一行7人抵达南昌，该团是由我国驻纽约总领事馆推荐，前来就江西组织产品到纽约参展、寻找房地产开发合作伙伴等，与江西省进行洽谈。

21日 省委、省政府在新余市召开部分地（市）、县（市、区）负责人座谈会。吉安、宜春、新余、萍乡四地市和30个县（市、区）的党政负责人参加座谈。会议围绕抓住当前宏观经济比较有利的时机，进一步解放思想，知难而进，扎实苦干，以新的思路和举措开创经济工作的新局面这一主题，进行了座谈。会议提出，要把思想调动起来，加快兴赣富民；要抓住机遇求发展，力争更快更好。座谈会于23日结束。

22日 清华高科技工业园进入南昌国家高新区在南昌举行签字仪式。江西清华科技集团公司是清华大学企业集团成员企业，是清华同方股份有限公司（上市）的发起人之一。清华科技集团在南昌高新区具体实施清华高科技工业园计划，充分利用自身优势，加强南昌市与清华大学的联系与合作，推动江西科技产业发展。

23日 由中国九江外轮代理公司组织的俄罗斯油轮"杰努瓦卡"抵达九江，这是1997年以来进港的第一艘外籍轮。

24日 经国家计委、经贸委、财政部、统计局、劳动部、人事部6部委共同审定批准，江西贵溪化肥厂被正式批准为国家大型一档企业。

24日 九江县马回岭镇西北侧葛家山上发现刻有埋葬2000多名红军烈士的合葬墓碑。

25日 省委十届五次全会举行。省委委员圈选确定了江西出席中共"十五大"代表候选人名单；会议决定1997年5月召开中国共产党江西省代表会议，选举江西出席"十五大"的代表。

中共江西省委十届五次全体会议

25日　江西省红壤项目会议结束。从1992年开始的江西红壤第二期综合治理开发工程取得成功，总投资近5亿元，新开梯地6200多公顷，建设饲料地2400多公顷，新建改建公路400多公里、水库34座，治理小流域43条，水土流失得到控制。

25日　铁十一局二处管区11.5公里全线顺利通过考评验收，获"国优工程样板段"殊荣。

25日　建行赣州地区分行营业部文清路分理处储蓄专柜被中国建设银行授予全国"十佳储蓄所"称号。

26日　南昌铁路局召开"4·1"新图实施新闻发布会。中央驻赣和省、市各新闻单位，南昌铁路局电视台、报社新闻记者参加发布会。南昌铁路局领导就铁路实施"4·1"新图的重大意义和路局实施新图的有关工作情况，回答了记者的提问。

27日　省政府召开省直工业厅局（总公司）负责人会议，听取有关情况汇报，研究部署进一步解放思想，排难前进，以新的思路、新的举措加快国有企业的改革和发展。

27日　江西省首家乡镇数字大哥大基站在安义县万埠镇建成开通。

27日　全国卫生系统纪检监察工作会议在南昌召开。各省、自治区、直辖市卫生厅（局）以及中纪委、国务院纠风办、国家中医药管理局和卫生部京外直属单位等有关方面的负责人出席大会。会议于29日结束。

28日　国家建设部、国家文物局、中国联合国教科文组织全国委员会在北京人民大会堂举行峨眉山—乐山大佛和庐山风景名胜区列入《世界遗产名录》证书颁发仪式。全国人大常委会副委员长铁木尔·达瓦买提向庐山管理局负责人颁发了世界遗产的英文证书牌。全国政协副主席钱伟长、建设部副部长赵宝江、江西省副省长周慗平、四川省副省长王金祥、联合国教科文组织驻华代表野口升先生等到会讲话。国务院总理李鹏、国务院副总理邹家华分别为庐山题词。

28日　1996年"江西十大杰出青年"表彰暨事迹报告会在南昌举行。会上宣读了团省委、省青联及《江西日报》社等8家新闻单位授予于果、方霞云、邓兴明、汤建人、胡新华、胡勇辉、黄日升、黄美红、曾广辉、夏侯利10名同志为1996年"江西十大杰出青年"的表彰决定。

28日　南昌高新技术开发区昌新微机控制塑料大棚投产。该项目是南昌昌新农业发展有限公司引进以色列U.D.I公司的高新技术成果。

28日　经邮电部批准，江西省邮电管理局发行、庐山邮电局专营的江西省第一枚纯金"庐山"邮票，在庐山发行。

29日　经过两年零三个月建设，投资385.9万元供应南昌市最大蔬菜生产基地电力的变电站——扬子洲变电站正式通电。

30日　《中国名山——庐山》电话磁卡首发式在庐山成功举行。

31日　林业部安排江西省1996年进行森林资源连续清查第四次复查工作。该项任务从1996年6月开始至1997年3月结束。复查结果：江西省林业用地面积共104532百公顷，其中有林地面积88978百公顷，林分面积69070百公顷，森林总蓄积2769569百立方米，林分蓄积2230838百立方米，森林总覆盖率55.24%，林木年均生长量252461百立方米，林木年均消耗量198097百立方米。

1997

4月
April

公元 1997 年 4 月							农历丁丑年【牛】						
日	一	二	三	四	五	六	日	一	二	三	四	五	六
		1 廿四	2 廿五	3 廿六	4 廿七	5 清明	6 廿九	7 三月大	8 初二	9 初三	10 初四	11 初五	12 初六
13 初七	14 初八	15 初九	16 初十	17 十一	18 十二	19 十三	20 谷雨	21 十五	22 十六	23 十七	24 十八	25 十九	26 二十
27 廿一	28 廿二	29 廿三	30 廿四										

1日 全省保密工作会议在南昌召开。会议传达贯彻中共中央总书记江泽民重要讲话和全国保密工作会议精神，总结近几年来江西保密工作的主要成绩和基本经验，分析当前保密工作面临的形势和存在的主要问题，研究新形势下加强保密工作的措施。会议强调，要从政治和战略的高度充分认识保密工作的重要性；要切实加强领导，认真落实保密工作领导责任制；要建立和完善保密法律法规，坚持依法治密；要加强和支持保密机构建设，加快发展保密技术，不断增强保密防范能力，努力开创保密工作新局面。

1日 江西省南昌铁路局全路实行 1997 年新的列车运行图和货物列车编组计划。在"4·1"新图中，南昌铁路局共编客车 59 对，货车 442 对。《南昌铁路局行车组织规则》实行。同日，鹰潭机务段成立。

1日 南昌市首家破产后改制重组的股份合作制企业——南昌金瓯防水材料实业公司成立。

1日 吉安县曲濑乡社坪村发现红军标语数十条。

1日 在南康市金鸡镇峰村的山溪小石潭旁的大青石上发现宋代苏东坡题写的"龙湫"二字。字大 1 米见方，笔力遒劲。

2日 在赣县阴掌山林场林区内发现两株乐东拟单性木兰，一株胸径 1.15 米，树高 31 米；另一株胸径 0.86 米，树高 26 米。这两株单性木兰位于赣县阴掌山林场内的小坪乡黄沙小学东南 150 米处。

2日 修水神茶集团公司近日收到三本美国 FDA 证书，首批出口美国的降糖、降压、美丽三个品种的梅山牌神茶，获得美国 FDA 质量认可。

3日 定南县国家二类陆运口岸，批准设立。这是一个集海关、动检、植检、卫检、商检于一体的国家二类口岸。预计 1997 年 7 月 1 日后将正式投入运作。

3日 在北戴河召开的东北亚湿地与水禽保护国际研讨会上，中国、日本、蒙古、韩国和俄罗斯联邦指定 16 个重要鹤类湿地成立东北亚鹤类网络。中国政府指定鄱阳湖等 4 个国家级自然保护区加入这一国际组织。这是鄱阳湖国家级自然保护区继 1992 年 7 月加入拉姆萨公约后，又加入的国际保护组织之一。

3日 江西纸业股份有限公司在上海证券所上网定价发行普通股4500万股。

3日 吉水县发现一幅清朝康熙御书楹联木放慢板，木刻板各长200厘米，宽50厘米，楠木制成，字上镶金。

4日 瑞士安德利集团有限公司董事会主席安德林夫妇及其集团高级官员一行7人抵达南昌。

4日 省经贸委、省林业厅发出《关于景德镇市木材厂刨花板生产线技改项目竣工验收的批复》。该项目完成土建面积4717.18平方米，完成投资306.82万元；消化吸收引进芬兰桑斯公司的先进生产工艺，购置设备170台，完成投资4180.5万元，加上银行利息，共完成总投资5557.6万元。1995年10月竣工后进行了一年半的试生产考核，基本达到年产1.8万立方米的设计能力。

5日 刘伯坚烈士铜像揭幕仪式在大余县金莲山革命烈士陵园举行。国务院总理李鹏为铜像题词——"刘伯坚烈士永垂不朽"。原兰州军分区副司令员、中共湖南省委书记、现中华民族团结友好协会副会长黎原，中国人民解放军总政治部宣传部副部长徐天亮及刘伯坚烈士的家属等1000余人参加揭幕仪式。省委常委、省委宣传部长张克迅代表省委、省人民政府讲话。刘伯坚烈士是中国人民解放军早期重要领导人之一，无产阶级革命家、军事家。1935年3月21日英勇就义于大余金莲山。

5日 安福县博物馆工作人员在离县城2.5公里处，发现南朝齐"永明九年"的铭文纪年墓砖。同时出土的还有鱼纹、法轮纹、双钱纹、卷草纹、曲折纹、莲瓣纹、双圈乳突纹等纹饰的墓砖，距今已有1500年。

6日 全国第一部向广大青少年宣传邓小平建设有中国特色社会主义理论的绘画本读物《光辉的旗帜》出版座谈会在北京人民大会堂召开。全国人大常委会副委员长雷洁琼、王光英，国家新闻出版署署长于友先、中共中央党校副校长杨春贵、全国妇联副主席赵地、团中央书记处书记姜大明等首都各界领导、专家、学者共70余人出席座谈会。绘画本《光辉的旗帜》是由江西二十一世纪出版社编绘出版的，这部书以政治抒情诗般的语言和具有浓郁民族风格的绘画形式，讴歌邓小平理论，题材重大，形式生动。

6日 世界银行新任东亚及太平洋地区副行长塞韦里诺、中国与蒙古局局长霍普、世行驻中国首席代表鲍泰利一行抵达江西，实地考察吉湖项目、林业项目、昌九公路等，以及在九江考察医疗保险体制改革情况。

7日 省委召开领导干部会议，中组部副部长王旭东宣读中共中央决定：吴官正任中共山东省委委员、常委、书记，舒惠国任中共江西省委书记。王旭东、舒惠国、舒圣佑先后讲话，吴官正作《寄语父老乡亲》的告别讲话，各位领导分别表示坚决服从和拥护中央的决定。

7日 副省长周慈平、南昌市市长刘伟平会见以色列U.D.I公司和美国维希公司代表团。

7日 信丰县被国家煤炭部正式列为全国重点产煤县，这是赣南第一个国家重点产煤县。

7日 新余百货大楼企管科QC小组列入"1996年度全国商业、粮食系统优秀质量管理小组"光荣榜。

7日 新余市新德工业泵制造厂经过中国机械工业质量体系认证中心审核验收，一次性通过ISO9001质量体系认证，成为江西省冶金行业中通过此项认证的唯一一家企业。

7日 全国人大常委会副委员长王丙乾率领的全国人大《森林法》执法检查团江西组抵达南昌，对江西贯彻实施《森林法》情况进行检查。省领导舒圣佑等出席汇报会。副省长孙用和、南昌市市长刘伟平分别向检查团汇报省、市贯彻实施《森林法》的有关情况。此后由省市领导卢秀珍、孙用和、田新芳陪同视察南昌县岗上镇邹家村湿地松防沙林带，检查组还视察了九江、吉安、赣州等地市。至18日结束返京。

8日 江西丰城电厂、江西铜业公司贵溪冶炼厂化工项目（4项）被国家计委列入1997年国家重点建设项目。1997年国家重点建设项目有

129 项、煤炭项目有 19 项。

8 日 台湾文教工商访问团一行访问江西。

9 日 世界银行聘请的专家卡特莱特、伯莱洛克和国内专家组成的环境信息系统联合评估团抵达南昌，对江西省进行为期两天的考察评估。

9 日 经农业部批准，南康市"金鸡工业区"被列为"全国乡镇企业东西合作示范区"。

9 日 全省教育工作会议召开，会议提出要进一步落实教育优先发展的战略地位，积极推进依法治教，加快教育改革与发展步伐。会议于 12 日结束。

10 日 全省禁毒工作会议在南昌召开。会议传达贯彻全国禁毒工作会议精神，研究部署 1997 年禁毒专项斗争。会议指出，这次部署开展的禁毒专项斗争，是"九五"期间解决毒品问题的一场硬仗。会议要求，全社会动员起来，采取更有力的措施，大打禁毒人民战争，果断彻底地解决毒品问题，实现"九五"期间江西省禁毒工作的主要目标。省公安厅对全省禁毒专项斗争进行具体部署。

10 日 在 1997 年全国运动会女子举重预赛暨全国锦标赛上，江西选手江宝玉在 50 公斤级的比赛中获总成绩金牌。

10 日 民建中央副主席冯克煦率民建中央"京九铁路与地区经济发展问题"调研组在南昌铁路局进行两天调研，并就提高铁路与地方的经济拟合度，促进铁路和地方经济的共同发展与南昌铁路局进行探讨和交流。

10 日~20 日 1997 年全国青年男子篮球联赛第一阶段比赛在吉安举行。

11 日 美国福特汽车公司副董事长温·布克一行对江铃汽车股份有限公司进行工作访问。省市领导舒圣佑、朱英培、刘伟平等在南昌会见了温·布克一行。访问于 12 日结束。

12 日 首届厦门对台出口商品交易会暨

1997 年台胞回乡旅游购物节闭幕，由 70 多家企业组成的江西代表团参加交易会，出口成交 138 万美元。

12 日 江西纸业股份有限公司正式成立。

12 日 京九线上最大的家电市场——洪城家电市场在南昌建成。该市场总面积达 1.5 万平方米，汇集国内外 3000 多种名优家电品牌。

12 日 经南昌市政府研究并报省政府批准，人民广场正式更名为八一广场。使广场名称与广场内的八一南昌起义纪念塔名称相一致突出弘扬"八一"南昌起义的革命精神。

南昌市八一广场

12 日 全国艺术创作工作会在南昌召开。会议贯彻《文化部一九九七年工作要点》中关于繁荣创作的精神，落实 1997 年艺术创作规划，交流各地组织创作的经验，推动全国艺术创作的繁荣发展。文化部副部长潘震宙，省领导张克迅、黄懋衡与全国各省、市、自治区的 120 余位代表出席会议。会议于 15 日结束。

12 日 江西省稀土考察团一行 7 人应邀于当日至 22 日赴美国芝加哥参加 1997 年的世界稀土磁性材料会议，并参观在美知名稀土企业，与美国 TMI 公司签订进一步开发利用江西省稀土资源的合资、合作协议。

13 日 万安县弹前乡上洛村发现一座明代三眼拱桥，桥长 24 米，宽 4 米，桥孔 3 个，每孔跨径 4.65 米。据县志记载：上洛三眼拱桥建于明代初年，桥体全由青红麻条石构成，条石间用桐油石灰糯米混合物胶接。

13日 靖安县文化馆工作人员在雷公尖乡一农民家中发现一枚苏区铜币。该币红铜质，古铜色，圆形，直径2.5厘米，正面图案正中央是一幅中国地形图，图中是代表苏维埃政权的斧头镰刀。据有关资料介绍，此币是1932年至1933年，红军在苏区瑞金铸造的。

14日 省委发出《关于开展向吴成生同志学习活动的决定》。吴成生是吉安行署副专员，忠实履行领导干部职责，把爱民为民作为人生的最高追求，为人民群众办了大量好事实事，长期超负荷工作，积劳成疾因病逝世，终年59岁。

吴成生工作时的照片

15日 由中国残联和江西省残联联合牵线，澳大利亚霍洛基金会派出由林斯基、李·马秀雷夫博士等人组成的医疗考察队抵达宁冈县考察。宁冈是白内障发病率偏高地区。此次考察队就提供治疗白内障的现代化设备、帮助进行专业人才培训、提供人工晶体、派出医疗队等方面问题，与宁冈方面洽谈。

15日 在江西省建筑工业新技术应用示范工程现场会上，江信国际大厦获"科技示范"工程奖。

15日 江西省火电建设公司丰城分公司丰城电厂一号机组锅炉吊装青年突击队，被团中央、国家计委、电力部联合授予"全国青年文明号"称号。

15日 江西省"纺粘法聚酯非织布"技改项目通过验收，其产品填补了国内一项空白。

15日 省八届人大常委会第二十七次会议举行。会议通过《江西省农作物种子管理条例》和省人大常委会关于修改《江西省食盐加碘消除碘缺乏危害管理条例》的决定，关于修改《江西省渡口管理条例》的决定，关于修改《江西省城市房地产开发管理条例》的决定，关于修改《江西省会计管理条例》的决定，关于修改《江西省消防条例》的决定，关于修改《江西省实施〈中华人民共和国集会游行示威法〉办法》的决定，关于修改《江西省特种行业治安管理条例》的决定，关于修改《江西省实施〈中华人民共和国矿山安全法〉办法》的决定，关于批准《南昌市蔬菜基地保护条例修正案》的决定，关于批准《南昌市城乡集市贸易市场管理条例修正案》的决定，通过有关人事任免名单。会议于18日结束。

16日 赣鄂联网500千伏输电线路江西段工程在永修县虬津镇正式破土动工，这是一条超高压输电线路建设，起自湖北省大冶市，止于永修县的永丰农场，全长180公里，途经武宁、瑞昌、德安和永修等县市，列入省重点工程，总投资3.2亿元，年底建成投产。这条输电线路工程，由电力部批准立项，属丰城电厂的配套工程，是江西电网和华中电网第二条重要联络线，也是配合三峡向江西送电的首条线路。

16日 江西首次工业企业销售工作会议召开。会议的中心议题是：进一步动员全省工业企业下更大功夫、用更大气力、花更大精力、想更多办法去开拓市场，搞活营销。会议要求各工业企业提高营销水平，认真实施"企业营销市场化工程"，从企业营销力量、销售渠道和方法、产销水平、市场投入、名牌效应和售后服务六个方面着手，推动营销水平上新台阶，使产品产销率达到98%以上，较大幅度提高市场占有率。

16日 全国公安信访控申办案暨创建信访文明窗口工作会议在井冈山召开。会议总结交流实施《公安机关受理控告申诉暂行规定》，办理信访控申案件的情况和经验，部署1997年公安信访工作以及创建信访文明窗口活动，要求把公安信访工作推上新的台阶。会议于21日结束。

17日　省武委会在南昌召开全体委员会议，总结1996年全省武装工作情况，部署1997年武装工作任务，研究解决当前江西省国防后备力量建设中的有关问题。会议强调，党管武装，是中国共产党在长期革命斗争实践中形成的优良传统和根本原则。在新的历史时期，党管武装工作只能加强，不能削弱。

17日　康克清家乡中共万安县委、县政府负责人近日在北京接受朱德女儿朱敏捐赠的康克清同志部分遗物，转交到万安县博物馆。这为该县进行革命传统教育，学习和发扬老一辈无产阶级革命家的优良作风提供了宝贵的实物教材。

18日　由文化部、铁道部组织的京九文化列车艺术团在吉安、井冈山、信丰进行慰问演出，艺术团由50多名优秀艺术家和演员组成（23日，由中组部、中国文联组织的"孔繁森之歌"艺术团也在井冈山进行演出）。

18日　在上海举行的"第四届中国花卉博览"会上，江西省送展的花木获23个奖项。其中"赤楠盆景"长3.2米，高1.1米，获一等奖。

19日　江西捷德智能卡系统有限公司合资建立签字仪式在南昌市举行。该公司是江西省邮电局和德国G&D有限公司共同投资240万美元成立的国内第四家智能卡公司，初期年产量为1000万张智能卡。

19日　香港沙田扶轮社社长陈耀宗，五湖实业有限公司董事长、扶轮社前社长朱子仁，香港立法局议员蔡根培及扶轮社社友一行抵达南昌进行考察。

19日　省政府发布第51号令，公布施行《江西省森林病虫害防治办法》。

20日　全国政协副主席孙孚凌在江西考察工作。考察为期9天，于28日结束。

21日　南昌铁路局《职工代表安全巡视办法》付诸实施。职工代表安全巡视团分为京九南线、北线两组，对管内京九线车务、工务、电务等各单位进行安全巡视。职工代表安全巡视团圆满结束对京九线的安全生产重点巡视。巡视团共检查15个站段、184个中间站、工区和线路所，

26座桥梁隧道；召开职工家属座谈会65次，与职工谈心160人次，抽考、抽问岗位职工100余人次，发现各类问题130个。

21日　南昌市代表团一行300余人参加"1997年江西深圳新闻发布会暨深圳国际投资洽谈会"。签订内外资合同项目53个，合同资金12293.405万美元。

22日　靖安县双溪镇河北村王家组村民在村后凤凰山挖掘出一石棺墓，属单室土坑墓，墓内有一花岗岩质石棺，长132厘米，宽62厘米，高49厘米。墓中清理出圆形铜镜一面，铁剪刀一把和铁钉等。据有关资料记载，此次出土的石棺为南北朝时期墓葬。

22日　乐安县鳌溪镇西坑山头发现两座古墓，经文博专业人员鉴定为汉代墓葬，距今约2000年历史。这两座古墓，均为坐北朝南，墓长9.1米，宽2.1米，高2.4米，墓内出土一批青瓷器随葬品。

22日　南昌柴油机有限责任公司收到中国船级社质量认证公司和中国船级社实业公司分别颁发的质量体系认证证书。这是江西省机械行业首家按ISO9001-1994模式通过认证的国有大型二类企业。

22日　宁都县民间艺术家火石获"世界书画艺术名人"称号。

23日　萍乡市中外合资伊佳丽精细化工有限公司生产的"娇肤因子再生凝露"系列美容品最近获"中国第五届（1996）消费者杯"最高奖。

23日　省政府在深圳举行1997年招商引资新闻发布会，共签订外资合同项目163项，金额42880万美元；内资合同项目69项，金额70852万元人民币。发布会历时两天，于24日结束。

23日　根据审计署部署，省审计厅组织力量于当日至6月30日，对江西省烟草行业进行审计，共审计烟草生产企业2户、烟草公司6户，查出违纪金额3.25亿元，应上缴财政112.56万元。审计结束后，向省政府和审计署提交了审计报告，省长舒圣佑作了批示。

24日 省审计厅组织省、地两级审计机关对省工商行政管理系统576个单位1996年工商管理费、罚没收入及其他各项财务收支情况开展全面审计,同年10月审计结束。共查出违纪金额11165万元。

25日 江西省庆祝"五一"国际劳动节暨表彰大会在南昌举行。会上宣读了表彰1996年度"九五双争立功竞赛"先进集体和先进个人的决定。省领导为全国"五一"劳动奖状和奖章获得者、省"五一"劳动奖状和奖章获得者、职工信赖的好厂长(经理)获得者、1996年度江西省工会工作目标管理优胜单位颁奖。

25日 国家基本药物临床应用学术研讨会在南昌举行。

27日 我国杰出的科学家、教育家吴有训先生百年诞辰纪念报告会在南昌举行。省政协副主席廖延雄作主题报告。吴有训家乡高安市的代表、原省立二中校友和南昌一中师生300余人参加纪念报告会。与报告会同时进行的还有吴有训生平事迹图片展览和座谈会等系列纪念活动。

27日 国务院副总理邹家华为南昌铁路局电视台摄制的电视专题片《通往新世纪的地平线》题写片名,该片在中央二台《祖国各地》栏目播出。

28日 在全国铁道团委召开的"纪念'五四'暨青年文明号推进大会"上,南昌客运段昌京青年一、二组被共青团中央、铁道部联合命名为"全国青年文明号",成为南昌铁路局第三个国家级"青年文明号"。

28日 一支森林考察队在宁都国家森林公园翠微峰西狮形崖一带,发现明朝悬棺崖葬群。这些悬棺崖葬群分布在11个崖洞中,均有石墙栏隔;尸体有入棺的,有的裸露在洞中,保存最完好的尸体有男女各一具,眉发齐全,穿明朝服饰。

28日 省委、省政府在抚州召开全省乡镇企业工作会议,舒惠国、舒圣佑出席并讲话。会议认为1996年乡企在推进两个根本性转变中取得了新进展,实现了"两个同步":经济总量与社会贡献同步增长,全年完成总产值808.2亿元,实现税金29.35亿元,分别比1995年增长27.8%和29.8%;乡企"五个一批"与"转机建制"同步加快,已建成266个乡镇工业小区(其中1/5的小区产值超亿元),组建企业集团116个,有亿元企业14家,累计有52个产品获省级乡镇企业名牌产品称号。会议指出,与全国平均发展水平特别是沿海地区相比,江西乡企还处于较低的发展阶段,差距很大,突出表现为"两小四低":总量小,规模小;工业中的比重低,经济效益比较低,产品科技含量低,产品档次低。会议强调必须坚定不移地把发展乡企作为现代化建设的战略重点之一,江西省上下要进一步增强危机感、紧迫感,解放思想,对发展乡企进行再认识、再动员、再鼓励,深入动员各方面的力量,在江西省掀起新一轮乡企大发展、大提高的热潮。会议于30日结束。

鹰潭眼镜市场

29日 省委宣传部、省总工会、省邮电管理局举行江西省"十佳"、"百优"投递员电视电话表彰会议,萍乡市曹罗生、南昌市周明桂、进贤县胡索保、万年县曹钟玉、鹰潭市刘燕飚、资溪县熊国华、泰和县郭尚泰、于都县易仁寿、宜丰县吴能丰、九江县盛玉荣被评为"十佳"投递员;新余市梁小云、景德镇市徐仲华等79人获"百优"称号。

29日 在原江西抚州中医学院门诊部基础

上成立抚州地区中医院,在临川市正式成立。

本月 "九五"期间江西主攻工业的"双百双十工程"开始启动,江西省工业的名牌战略和大集团战略进入实施阶段。该工程旨在培育100个江西名牌产品的基础上,形成10个全国名牌产品;相应抓100个年销售收入过亿元、利税超千万元企业的基础上,形成10个年销售收入30亿元以上、利税35亿元的"排头兵"企业(集团)进入工业"国家队"行列。省政府确定分层次重点扶植10个工业"国家队"、30个"省级队"和100个优强企业,"九五"期间对

重点扶植的大集团投入91.5亿元资金进行改造。

本月~7月 省人大常委会外事华侨民族宗教工作委员会会同省台办组成执法检查组,对江西省执行《中华人民共和国台湾同胞投资保护法》和《江西省实施中华人民共和国台湾同胞投资保护法办法》情况进行重点检查。

本月 国务院妇儿工委将崇仁县列入全国实施《儿童纲要》100个示范县之一。"六一"前夕,该县政府负责人赴京参加"全国儿童工作先进单位和优秀儿童工作先进单位与优秀儿童工作者代表座谈会"。

1997
5月
May

公元 1997 年 5 月　　农历丁丑年【牛】

日	一	二	三	四	五	六	日	一	二	三	四	五	六
				1 劳动节	**2** 廿六	**3** 廿七	**4** 青年节	**5** 立夏	**6** 三十	**7** 四月小	**8** 初二	**9** 初三	**10** 初四
11 初五	**12** 初六	**13** 初七	**14** 初八	**15** 初九	**16** 初十	**17** 十一	**18** 十二	**19** 十三	**20** 十四	**21** 小满	**22** 十六	**23** 十七	**24** 十八
25 十九	**26** 二十	**27** 廿一	**28** 廿二	**29** 廿三	**30** 廿四	**31** 廿五							

1 日　于都长征大桥正式建成通车。中共中央总书记江泽民为该桥题写桥名。于都是中央红军长征的主要集结地和出发地。新建成的于都长征大桥总投资 2512 万元，全长 607.14 米。

1 日　南昌市施行《劳动预备制度实施办法》，规定对新生劳动力追加一年至三年的职业培训，使其掌握一定的职业技能后再进入就业岗位。南昌市是江西省 35 个实施该制度的试点城市之一。

1 日～4 日　赣县、乐安县先后遭受百年罕见的龙卷风、暴雨、冰雹等自然灾害性天气袭击。

1 日　南昌铁路局党政工领导分别率安全建线平推检查组于当日至 6 日，对管内各站区进行大规模平推检查。杨建兴率队乘轨道车由西向东对管内浙赣线的线路质量、信号显示、道口管理、接发列车作业及行车设备整治等情况进行检查。

3 日　南昌市 1000 名新团员在"八一"南昌起义纪念塔下举行集体宣誓活动，纪念"五四"运动 78 周年暨建团 75 周年。

4 日　中国人民武装警察部队政委徐永清中将到江西武警部队视察，省领导舒惠国、舒圣佑、黄智权会见并接待。

4 日　省林业科学研究所更名为"江西省林业科学院"。

5 日　全国公费医疗管理办公室主任座谈会在南昌市召开。会议就贯彻《中共中央、国务院关于卫生改革与发展的决定》精神，积极推进全国公费医疗管理与改革，明确认识，交流经验，深入探讨改革中的有关政策问题。卫生部副部长孙隆椿到会讲话。

5 日　全省煤炭安全生产管理工作会在丰城市召开。会议强调，要进一步增强做好煤炭安全生产管理工作的政治责任感，落实煤炭安全生产的责任和措施，加大煤炭安全生产的执法监督和管理力度。会议于 6 日结束。

6 日　中国科学院有关专家在崇义县考察时，发现一幢结构独特、具有建筑艺术史料价值的古戏台。据考证，该戏台建于清光绪年间，为砖木结构，台下两边有厢房，屏风花鸟，浮雕精细，形象逼真。

6日 全国优秀教师、全国残疾人三项康复工作先进个人吴荣兰先进事迹报告会在南昌及各地、市陆续举行。吴荣兰是宜黄县人，22年来在山区坚持从事普通教育和聋哑儿童特殊教育，1996年获"曾宪梓教学基金会"一等奖。

6日 根据《中华人民共和国母婴保健法》的有关规定，结合江西省实际，省政府发布施行《江西省婚前医学检查管理办法》。

6日 中国剧协1997年百优小品大赛在鹰潭市开幕。中国文联副主席、著名表演艺术家李默然，中国戏剧家协会副主席胡可，省文化厅厅长叶春，省文联主席杨佩瑾，鹰潭市领导刘视三、倪贤伍等出席开幕式，并观看演出。大赛组委会共收到全国各地报送的参赛作品402件，共有24支专业、业余代表队参赛。5月9日，大赛闭幕。中国文联党组副书记、副主席高运甲，中国文联副主席李默然等为优秀作品创作者及演员颁奖。

7日 应全国青联邀请，以日本总务厅青少年对策本部次长中川良一为团长的访华团，对江西进行了友好访问。访问于9日结束。

8日 南昌县尤口乡光明村发现一座南朝双室墓，出土一批距今1400多年的洪洲瓷器等随葬品。其中有莲花瓣纹托杯、双系盘口壶、漱口钵等11件套瓷器。墓室中有南朝墓中少见的渗水井。

8日 省信息化工作领导小组会议在南昌召开，传达全国信息化工作会议精神，部署编制《信息化规划》，决定建设全省性的公用信息网络平台。省委副书记、常务副省长黄智权任省信息化领导小组组长，副省长朱英培任常务副组长。

9日 景德镇市京剧团在邱娥国英雄事迹激

励下，把《好人邱娥国》搬上京剧舞台，已正式公演。

9日 江西首座斜拉桥——南昌新八一大桥主体于凌晨4时顺利合龙，比原计划提前52天。

飞架在赣江之上的八一大桥

新八一大桥引桥全景

10日 团中央、全国少工委确定的少先队"手拉手文明行动日"，江西共有万余名少先队员，宣传文明公约、守则、绿化美化家园、服务社会，投身社会主义精神文明的创建活动。以此引导少先队员"树文明新风、做文明新人",丰富广大少年儿童的课外生活。

13 日 以副书记科菲·阿托尔为团长的加纳全国民主大会代表团抵南昌访问。

13 日 全国京九铁路护路工作会议在南昌召开。会议主要部署加强京九铁路沿线治安综合治理工作,准备集中一段时间,组织各方面的力量对京九铁路治安环境进行一次全面的治理整顿。中央政法委副秘书长、中央综治委委员兼办公室主任陈冀平,铁道部副部长刘志军,公安部副部长牟新生,总参动员部副部长姜诗坤到会并讲话。江西省、市有关领导和部门负责人和开展铁路护路联防工作的省、自治区的有关部门负责人出席会议。会议于 14 日结束。

13 日 在万安县棉津乡双坑村天龙山发现两座唐代舍利塔。这两座舍利塔一前一后,麻石料砌成。前塔五层加圆顶,高 3.6 米,底层为正方形。塔前有 3 个石刻人像和一个石佛。后塔为 7 层加圆顶,高 8.3 米,六面形。两塔均呈莲花形。

13 日 江西南昌铁路工程总公司鹰潭二公司职工郁必成经反复研究试验,近日成功地制成了实用新型水泥枕硫磺铆固架。经使用,优良率达 99%,工效比原提高近 80%。

13 日 应日本国知事会邀请,副省长朱英培参加第五次中国省长代表团出访日本。历时 10 天,于 22 日结束。

14 日~15 日 江西省矿山安全生产工作会议在南昌召开。会议要求各地矿山和各有关部门切实贯彻落实好《矿山安全法》和《煤炭法》等法律,认真执行"安全第一,预防为主"的方针,遏制事故的发生,千方百计使矿山安全生产形势在 1997 年有明显好转。会议于 15 日结束。

15 日 江西省纪检监察系统电视电话会议召开。各地、市党委、政府(行署)分管纪检、监察工作的负责人出席了会议。会议强调各级党委、政府和纪检监察机关深入学习江泽民在中纪委八次全会上的重要讲话,结合中纪委八次全会和国务院第五次反腐败工作会议的部署,以落实江泽民重要讲话中的各项要求为重点,采取措施,加大力度,推动 1997 年反腐败和党风廉政建设各项工作的深入开展。

15 日 安远县境内三百山区发现娃娃鱼群。

15 日 新余市考古工作者在抢救清理渝水区北镇胡家山两座明代中期墓葬过程中,出土完整女尸一具,丝、棉、麻织品的衣裤、鞋帽、裙袜、被、草席等各类服饰 118 件。

15 日 武汉长江三桥动工,江西地质工程总公司武汉分公司已签下承建该大桥主桥墩的施工合同。这是江西建筑施工队伍第一次进入长江承建长江大桥工程。

15 日 省林业厅在奉新县召开林业系统百喜草推广现场会。江西省从 1993 年起推广种植百喜草,种植面积达 2323.27 公顷,其中宜春地区占 47%。助理巡视员吴少华出席会议并讲话。会议于 16 日结束。

16 日 省军转安置工作小组会议召开。省委副书记、常务副省长、省军转安置工作小组组长黄智权主持会议。会议总结 1996 年军转安置工作,并对 1997 年军转安置工作进行布置。会议提出 1997 年的军转安置政策原则,一是所有党政群机关和企事业单位都有接收安置转业干部的责任和义务,任何单位都不能以任何理由拒接转业干部;二是采取指令性计划分配和指令性派遣办法安置,对分配到行政机关及其他各单位(含中央驻赣单位)的转业干部仍不采取考试的办法接收。

16 日 江西省计划生育重点管理县座谈会在丰城市召开。会议强调,要切实抓好重点管理县的后进转化,努力提高人口大县的整体工作水平,不断强化计划生育经常性工作,扎扎实实地把计划生育工作提高到一个新水平。会议于 17 日结束。

17 日 江西省出席第二次全国自强模范暨扶残助残先进集体和个人表彰大会代表返回南昌,省委副书记、常务副省长黄智权,省委副书记钟起煌,省政协主席朱治宏会见代表并进行座谈。座谈由省政府秘书长王飚主持。这次江西受表彰的先进典型有全国扶残助残先进集体:南昌陆军学院门诊部,九江石化总厂;全国扶残先进个人:新余市熊世俊,崇仁县邱建国,宜黄县吴荣兰;残疾人之家:南康市残疾人联合会、萍乡市荷尧福利厂;全国自强模范:于果(肢残)、唐英（聋哑）、黄慧平（肢残）、宜丰县戴欣华（肢残）；全国先进残人工作者：崇仁县残联理事长邹明民（肢残）。

17日 南昌铁路局公开招聘检察院、法院工作人员笔试在南昌市进行，该局属各单位221名职工参加笔试。笔试于18日结束。

18日 舒圣佑在南昌会见美国著名华裔艾滋病专家何大一博士，称赞他作出了具有世界意义的贡献，为中国、为江西争了光。周慈平代表省政府"江西海外交流学会"聘请他为名誉会长。何大一祖籍新余市，是世界上最早研究和治疗艾滋病的医学权威。

18日 南昌铁路局增开南昌市至景德镇的687/688次旅客列车。

18日 共青团中央、国家经贸委、劳动部联合命名表彰"1996年度全国青年岗位能手"，江西九江石化总厂化肥公司合成氨装置一班班长刘杰平获"全国青年岗位能手"称号。

19日 继1996年通过预审后，南昌大学"211工程"建设通过国家专家组的立项审核，正式进入国家"211工程"。

19日 德国驻华大使赛康德一行结束对江西的访问。赛康德大使一行是5月16日抵达南昌，先后访问景德镇、庐山、九江、南昌等地。

19日 省政府召开江西省流通工作电话会议。会议要求各级政府及有关部门特别是流通企业的广大职工迅速行动起来，采取有力措施，打一场扭亏增盈攻坚战，坚决遏制流通企业经济效益下滑、亏损增加的势头。

19日 国家环保局和监察部联合组成的环保监督检查团抵达南昌，对江西省贯彻执行《国务院关于环境保护若干问题的决定》的情况进行检查。省长助理凌成兴代表省政府向检查团汇报江西贯彻执行该项决定的情况。

19日 江西省供销合作社第二次代表大会在南昌召开。会议认真总结江西省供销合作事业的历史经验，确定省供销合作社改革发展的奋斗目标和工作任务。会议审议通过工作报告、财务情况报告和章程修改草案的说明报告及新的章程，并根据章程选举产生新一届江西省供销合作

社社务委员会，委员共25名。根据省委提名，21日，新一届江西省供销合作社社务委员会举行第一次全体会议，选举江西省供销合作社主任和副主任。会议于21日结束。

19日 省军区第七次代表大会在南昌举行，268名代表出席。大会由冯金茂主持。会议听取并审查省军区第六届党的委员会工作报告；听取并审查省军区党的纪律检查委员会工作报告；选举省军区第七届党的委员会、纪律检查委员会。郑仁超代表省军区第六届委员会向大会作题为《振奋精神，开拓进取，全面提高我区部队和民兵预备役建设水平》的工作报告。卢匡衡作题为《适应形势发展、认真履行职责、不断推进我区党政廉政建设》的工作报告，会议于21日结束，冯金茂司令员致闭幕词。

20日 江西领王服装集团暨江西领王服装集团公司成立。

20日 以张学良为名誉校长的东北大学江西校友会在南昌市成立。东北大学校领导专程来南昌参加成立大会。

20日 省政协七届二十二次常委会议在南昌举行。省政协主席朱治宏主持会议。会议共有两项议程：（一）协商讨论关于江西省进一步解放思想、改善投资环境、加快招商引资步伐问题；（二）审议通过《政协江西省委员会提案工作条例（修改稿）》。听取副省长周慈平作《关于江西省利用外资情况的通报》、省政协经济科技委员会副主任陈金箱作《关于江西省进一步解放思想，改善投资环境，加快招商引资步伐情况》的调查汇报。会议于22日闭幕。

20日 第二次江西省农村广播电视工作会议在抚州召开。会议指出，广播电视工作的重点向农村转移，是具有战略意义和现实意义的举措。在农村的精神文明建设中，广播电视应当发挥主阵地作用。会议强调，推进农村广播电视建设，根本的就是要发展和完善农村广播电视网，让广大农民群众都能看上电视、听到广播。会议于22日结束。

22日 江西省山江湖工程作为实施《中国21世纪工程》首批优先项目中行动快、效果好

的典型，已纳入《中华人民共和国可持续发展国家报告》，经国务院第五十六次常务会议审议通过后提交特别联大。联合国决定在世界环境与发展大会5周年之际，即1997年6月23日在纽约召开联合国环境与发展事务特别联大会议，全面审议和评估1992年联合国环发大会以来各国执行会议通过的《21世纪议程》的进展情况。

22日 江西省房改工作会议召开。会议强调，提高认识，增强信心，坚定不移、积极稳妥地推进住房制度改革；要认真贯彻国务院有关房改内容的决定，抓好房改方案的实施。会议要求各地突出重点，普遍建立住房公积金制度，确保资金到位。公积金要坚持取之于民用之于民、取之于房用之于房的原则，专款专用，严禁挪作他用。各地要精心组织，加快安居工程建设。各地要制定严格的制度和纪律，建立完善的监督机制和约束机制，确保房改工作健康推进。

23日 1996年中国电影华表奖颁奖典礼在北京举行。江西电影制片厂与南昌影视创作研究所摄制，江西省著名喜剧导演张刚编导的《夫唱妻和》获优秀故事片奖。《夫唱妻和》是江西省"五个一工程"重点剧目，是根据宜春采茶戏《木乡长》改编而成，1996年10月21日被广电部列为首批重点国产影片，11月22日又被选为在香港举办的"1997年中国电影展"参展影片。1997年4月初，该片又被中宣部推荐为四部优秀国产影片之一。

23日 江西共青羽绒厂由中国服装协会、中国服装总公司列入"1996年度全国服装行业百强企业"名单。

23日 三清山东北部景区发现一群长尾猴，达百余只。其猴毛呈金黄色，猴尾长约50公分。

23日 在韩国釜山市举行的第二届东亚运动会男子举重比赛中，江西举重运动健将秦广在男子91公斤级比赛中，以抓举165公斤，挺举200公斤，总成绩365公斤的成绩，获第一名。

24日 省委十届六次全体会议在南昌举行，省委副书记舒圣佑主持。受省委常委会委托，省委常委、组织部长刘德旺作《关于江西省出席党的十五大代表候选人预备人选和省党代表会议代表人数变动情况》的说明；省委书记舒惠国就开好省党代表会议有关事项讲话。会议确认江西省出席中共十五大代表候选人预备人选和省党代表会议代表人数。

省委十届六次全体会议

24日 省委宣传部、省教委联合召开高校党委书记、校长工作会议，研究部署高校改革、发展和稳定工作。会议指出，加强思想道德建设，提高思想政治教育和管理工作水平，帮助学生树立正确的世界观、人生观、价值观和坚定的理想信念，推进高教事业的改革、发展和稳定是高教工作一项重大任务。会议要求各高校坚持教育和管理两手抓、两手都要硬。要加强对师生的正面教育，引导师生全面正确地认识形势，为高教改革发展、为江西经济发展作贡献。

24日 以歌颂邱娥国为主题的音乐电视片《小巷深情》开机仪式在南昌举行。

25日 中共江西省代表会议召开，会议应到代表426人，实到代表403名。会议选举产生江西省出席中共十五大的39名代表。代表会议于26日结束。

26日 国家教委中师达标评估联检团对鹰潭师范进行检查验收，该校顺利通过国检，成为国家级达标师范之一。

27日 全国武警部队人口与计划生育工作会议在南昌市召开。国家计划生育委员会副主任李宏规，中国人口文化促进会常务副会长王夫棠，武警部队副政委张钰钟，江西省委常委、政法委书记彭宏松，武警部队后勤部政委张铭，江西有关部门负责人和全国武警部队各大单位和部门有关领导及特邀代表60余人出席。会议紧密结合武警部队计划生育工作实际，围绕"军队的计划生育工作要走在全社会前列"的总目标，认真探讨在市场经济条件下，部队计划生育工作出现的新情况、新特点，总结交流贯彻实施军委提出的计划生育工作思路。

27 日 南康市麻双乡黄坑村麻双村发现数十条红军标语。这些标语的内容为："打土豪分田地"、"红军是钢铁铸成的队伍"、"红军是劳苦群众自己的队伍"等。落款是："中国工农红军独立九师四十三团一连"等。

27 日 江西省第二建筑工程公司获"全国施工企业设备管理优秀单位"称号。

27 日 《人民日报》第二版刊登照片并配发短文，称赞吉水县世行贷款林业项目实施成效。世界银行专家组到吉水县考察该县的林木种苗繁育及造林基地。外国专家们对该县精心培育、科学管理的 0.87 万公顷林木给予高度评价。

28 日 经省政府批准，江西省 1997 年新增九岭山、阳岭、水浆、鸳鸯湖、南矶山、青岚湖、云居山 7 个省级自然保护区。江西省级自然保护区已增至 14 个，面积 24 万公顷。

28 日 南昌市十一届人大常委会举行第二次会议。审议通过了《南昌市城市供水用水管理条例》、《南昌市城市出租汽车管理条例》、《南昌市城市规划管理规定修正案》、《南昌市绿化管理规定修正案》、《南昌滕王阁名胜区保护条例修正案》、《南昌市赣江饮用水水源程序保护条例修正案》、《南昌市城镇国有土地使用权出让和转让办法修正案》、《南昌市市政工程设施管理条例修正案》；确定授予日本高松市山田彻郎、诹访博文、川畔幸利、水野高司、冈优为南昌市"荣誉市民"称号。

29 日 中国监察学会反腐败专题理论研讨会在南昌举行。会议由监察部副部长、中国监察学会副会长左连璧主持，省委副书记、常务副省长黄智权和监察部副部长、中国监察学会副会长冯梯云分别讲话。中纪委副秘书长、中国监察学会副会长彭吉龙，省委常委、省纪委书记马世昌，省纪委副书记、省监察厅厅长贾意安出席会议。会议提出，要以邓小平建设有中国特色社会主义理论为指导，在以江泽民为核心的党中央领导下，不断加大反腐败的力度，加强理论研究，促进反腐败斗争的深入开展。

29 日 应巴基斯坦伊斯兰共和国国民议会邀请，省人大常委会副主任黄名鑫率省人大代表团赴巴基斯坦进行友好访问。

29 日 投资 142 万元兴建的立体工具库和物料库在南昌飞机纺机公司投入使用，这是江西省第一座自动化、全封闭的立体仓库，通过计算机实行自动化检索、统计和查询。

30 日 江西省第一座少年军校——昌河少年军校首届学员毕业典礼在景德镇市举行。中共中央政治局常委、中央军委副主席刘华清致信祝贺。该校由景德镇市于 1995 年 12 月创办，1996 年 5 月 13 日，刘华清为该校题写校名。

30 日 南昌橡胶制品厂与上海胶带股份有限公司组建上海胶带江西中南橡胶有限公司。

30 日 江西省第一家乡镇企业集团有限公司——江西鑫城企业集团有限公司正式成立。

31 日 在日前召开的全国供港鲜活商品先进表彰大会上，省外经贸厅储运处、省粮油食品进出口公司、南昌出口中转站、省粮油食品进出口公司 753 向西服务站和省粮油食品进出口公司深圳分公司受到表彰。

本月~6 月 江西省人大常委会组成对《中华人民共和国环境保护法》和《中华人民共和国矿产资源法》进行执行检查的检查团。检查团下分 11 个分团，省人大常委会各副主任、秘书长、副省长和省长助理为分团长，省人大常委会部分委员、省地有关部门和各地市人大、政府负责人，以及环保、地矿、审计、新闻单位的工作人员共 138 人参加。在 4 月初各地、市自查的基础上，深入 11 个地市，重点检查 72 个县（市、区）的 280 个工矿企业和 12 个省直有关单位。通过听取汇报、查阅资料、组织座谈、实地抽查、接待信访群众等多种方式，深入了解"环矿两法"实施的实际情况。

本月~8 月 省审计局组织全省审计部门对 11 个地市 159 个林业单位 1995 年至 1996 年林业育林基金、维简费、护林防火费、林业保护建设费（一金三费）征收、管理、使用情况进行专项审计，查出违纪金额 1.8 亿万元，省长舒圣佑、副省长黄智权对审计报告作出批示。

1997

6月

June

公元 1997 年 6 月							农历丁丑年【牛】						
日	一	二	三	四	五	六	日	一	二	三	四	五	六
1 儿童节	**2** 廿七	**3** 廿八	**4** 廿九	**5** 五月大	**6** 芒种	**7** 初三	**8** 初四	**9** 端午节	**10** 初六	**11** 初七	**12** 初八	**13** 初九	**14** 初十
15 十一	**16** 十二	**17** 十三	**18** 十四	**19** 十五	**20** 十六	**21** 夏至	**22** 十八	**23** 十九	**24** 二十	**25** 廿一	**26** 廿二	**27** 廿三	**28** 廿四
29 廿五	**30** 廿六												

1 日　南昌市城市建设管理监察支队正式成立。该市城市规划、市政公用、园林绿化、市容环境、房产管理、人民防空、建筑管理等部门从此有一支统一的行政执法队伍。

南昌市青山路口

1 日　南昌铁路局召开党委扩大会议，传达贯彻中共中央、国务院《关于党政机关厉行节约制止奢侈浪费行为的若干规定》，学习中共中央政治局常委尉健行在全国纪检工作会议上的讲话和翟月卿书记在全路纪检电话会议上的讲话精神，对贯彻中央八项规定提出具体实施意见。

1 日　《安远县志》获江西省第二届地方志优秀成果评比一等奖。该志记事贯通古今，详近略远，采用述、记、志、传、图、表、录七种体裁，以志为主，图表穿插其中，互为印证。

1 日　《江西省道路快速客运管理暂行规定》颁布实施。该规定明确快速客运以国有交通专业运输企业为主的方针，并对运力的投放、经

南昌市八一大道

南昌市老福山立交桥

营者的资质、审批的权限以及优质服务等均提出明确要求。

1日 南昌市公交总公司在市内 5 路公交线路上首次开行学生专车，为中小学生上下课提供方便。

1日 新的城管监察体制正式启动，700 名城管人员身着全国统一的城管制服，带全国统一的城管臂章，持江西省行政执法证上岗。

2日 浙江省金华市金都企业集团有限公司举资 2 亿元在崇仁县创办的"浙江金都工业园"正式动工兴建。

2日 省委书记舒惠国在全省乡镇党委书记思想作风建设培训班讲话，指出乡镇党委担负着领导农民发展农村经济的重任，担负着促进农村经济和社会协调发展的重任；乡镇干部是农村基层群众最直接的服务员，任何时候都不能忘记"人民群众是我们的衣食父母"，要把全心全意为人民服务、为绝大多数人谋利益作为自己的最高追求，时刻把群众的冷暖和疾苦挂在心上，帮助群众解决农业生产和生活中的实际困难；改进乡镇党委思想工作作风，就是要从转变工作职能入手，把主要工作精力转向为群众服务上来。

2日 根据《江西省林业厅机关公务员轮岗交流工作意见》的规定，厅机关第一批 10 名科级以下（含正科）公务员实行轮岗交流。

2日 南京军区司令员陈炳德中将在省委常委、省军区司令员冯金茂陪同下，视察鹰潭市民兵预备役工作。

2日 中国民主建国会江西省第五次代表大会在南昌召开。民建中央副主席白大华，省领导彭宏松、厉志成分别代表民建中央、中共江西省委和省各民主党派、工商联向大会致贺词。民建江西省委会主委喻长林作题为《坚持中国共产党领导，认真履行参政党的职能，为实现跨世纪的宏伟目标作出新贡献》的工作报告。这次大会听取和审议了中国民主建国会江西省第四届委员会工作报告，审议通过《关于民建江西省第四届委员会工作报告的决议》；选举产生中国民主建国会江西省第五届委员会，选举出席中国民主建国会第七次全国代表大会的代表。民建第五届第一次会议选举喻长林当选为主任委员，肖山、吴瑛当选为副主任委员，肖山兼秘书长，推举沈翰卿为名誉主任委员。会议于 4 日结束。

2日 中国国民党革命委员会江西省第九次代表大会在南昌举行。会议听取和审议民革江西省第八届委员会工作报告；选举产生民革江西省第九届委员会；选举出席民革全国第九次代表大会代表。省委书记舒惠国、民革中央副主席李赣骝讲话，省农工民主党主委沃祖全代表省各民主党派和工商联致祝贺词，省民革主委张华康作题为《发扬优良传统，加强参政党建设，为江西繁荣昌盛作出新贡献》的工作报告。民革九届一次会议，选举张华康为主任委员，李友祥、黄天纵、王一民为副主任委员，王一民为秘书长（兼），还推举黄贤度为名誉主委，曹绍琼、山恒发为名誉副主委。会议于 4 日结束。

2日 中国民主同盟江西省第十次代表大会在南昌召开。省委副书记、省长舒圣佑到会祝贺并讲话，民盟中央副主席、全国政协常委江景波代表民盟中央致贺词，民进省委会主委刘运来代表省各民主党派、工商联致贺词。会议听取和审议省民盟第九届委员会工作报告，选举新一届民盟省委领导机构和出席民盟第八次全国代表大会的代表。省人大常委会副主任、民盟江西省委会主委陈癸尊作民盟江西省第九届委员会工作报告。民盟十届一次会议选举陈癸尊为主任委员，燕方万兼秘书长；还推举李柱、戴执中为名誉主委，陈言、万尚荫、雷世懋为名誉副主委。

2日　全国人大常委会副委员长、民进中央主席雷洁琼在江西考察。在赣期间，她出席省民进第四次代表大会开幕式，并先后考察南昌、共青城等地。考察于5日结束。

2日　九三学社江西省第四次代表大会在南昌举行。省委副书记、常务副省长黄智权，九三学社中央副主席、国家农业部副部长洪绂曾讲话。会议审议通过九三学社江西省第三届委员会的工作报告；选举产生了九三学社江西省第四届委员会和出席九三学社第七次全国代表大会的代表。九三学社省委会副主委薛士良作题为《团结奋进，扎实工作，开拓创新，为科教兴赣作出新贡献》的工作报告；民建省委会主委喻长林代表省各民主党派和工商联致贺词。九三学社四届一次全委会选举廖延雄为名誉主委，薛士良当选为名誉副主委，黄懋衡当选为主任委员，王贤才、陆龙文、蒋凤池当选为副主任委员。会议于5日结束。

2日　日本佐贺县知事井本勇一行11人应省政府邀请来江西进行友好访问。舒圣佑、周慭平与客人举行会谈，舒惠国会见客人，双方表示进一步加强交流与合作。访问于6日结束。

3日　江西省植物、花卉、林业工作者经过十多年艰苦考察、调查，新发现819种及变种野生花卉。主要品种有：七瓣含笑、长红继木、江西猕猴桃、二叶郁金香、斑叶鹤顶兰、金花猕猴桃、天女花、美丽秋海棠、姚金娘、红花锦鸡儿等。

3日　遂川县人民医院外科副主任医师梁路石研究的治疗四肢长骨骨折的"梅花形普通钢板"被确认为国内首创，并获得国家专利和省科技新产品、新成果金奖。

3日　全国政协学习工作座谈会在南昌举行。全国政协文史和学习委员会常务副主任徐惟诚主持会议，省委书记舒惠国、省政协主席朱治宏、全国政协文史和学习委员会副主任徐崇华、省政协副主席叶学龄等出席座谈会。28个省、市、区政协学习文史委的负责人参加会议。

3日　由国家计委举办的第十二期全国固定资产投资管理研讨班在南昌开学。国家计委副主任郭树言、陈同海主持研讨班，国务院有关部门、国家开发银行、中国国际工程咨询公司以及各省、市、自治区计委的代表120人参加研讨班。研讨班主要研究探讨深化投融资体制改革和加强对全社会投资资金的调控引导等问题。

3日~5日　中国农工民主党江西省第八次代表大会在南昌举行。省委副书记钟起煌、农工民主党中央副主席宋金升到会讲话。会议听取和审议农工党省七届委员会工作报告，选举产生农工党省八届委员会和出席农工党全国十二大代表。农工党省委主委沃祖全作题为《同心同德，埋头苦干，沿着有中国特色社会主义道路迈向新世纪》的工作报告，省民革主委张华康代表省各民主党派、工商联致贺词。省农工党八届一次全委会选举沃祖全当选为主任委员，蓝绪达、万学文、岳树棠、郑小燕当选为副主任委员，岳树棠兼秘书长。会议于5日结束。

3日~6日　中国民主促进会江西省第四次代表大会在南昌召开。全国人大常委会副委员长、民进中央主席雷洁琼代表民进中央致贺词，省委书记舒惠国到会祝贺并讲话。会议听取并审议省民进第三届委员会工作报告，选举产生了省民进第四届委员会和出席民进第八届全国代表大会代表。陈癸尊代表各民主党派省委会和省工商联致贺词，省民进主委刘运来作题为《高举爱国主义和社会主义旗帜，满怀信心迈向21世纪》的工作报告。民进四届一次会议选举刘运来为主任委员，王钟友、宫正、杜克强、王世兰为副主任委员，王钟友兼秘书长；推举金立强为名誉主委，伊纲为名誉副主委。

4日　全国第六届少年数学华罗庚金杯赛在广东省中山市揭晓，南昌市东湖区邮政路小学五年级学生黎侃夺得金牌。

4日　南康市浮石乡幸福村发现一批古钱币，总重1500公斤。据专家初步考证，这批古钱币大部分是宋元时期的流通货币，最早的已有1000多年的历史。

4日　江西省工商业联合会第七届会员代表大会在南昌召开。省委常委、南昌市委书记钟家明，中华全国工商联副主席王治国到会讲话。省政协副主席厉志成致开幕词，省工商联党组书记、副会长严平作题为《同心同德，开拓前进，满怀信心迈向 21 世纪》的工作报告。会议听取和审议省工商联六届执行委员会的工作报告，选举产生省工商联第七届执行委员会。省工商联第七届执委一次执行会选举，金异为省工商联会长，严平、吴成华、沈慧德、沃祖全、毕必胜、钱汝兴、卢耀群、欧阳效芳、晏广保、王翔当选为副会长，吴成华兼秘书长；推举李善元、厉志成为名誉会长，张修锡、梅俊文、杨上兴为名誉副会长。会议于 6 日结束。

5 日　省政府在南昌召开全省改善投资环境经验交流会。各地市、省直有关部门交流了经验。目的是认清形势，交流经验，研究对策，进一步强化开放意识，以更大的决心、更大的工作力度在改善投资环境上，特别是在改善投资软件环境上取得新的突破。交流会于 6 日结束。

南昌市青山湖

南昌市梅岭洗药湖避暑山庄

5 日　以内田恒二为团长的日本佳能公司代表团一行抵达南昌。佳能公司是江西凤凰光学仪器有限公司的合资经营伙伴，此次访赣，进一步了解江西的投资环境，推动江光与佳能向深层次合作。

5 日　应中国人民对外友好协会邀请，马达加斯加市长代表团一行 4 人，对江西进行考察和访问。副省长周慧平会见并宴请马达加斯加客人。

6 日　省人民医院举行建院 100 周年庆典。国家卫生部部长陈敏章、原省委书记吴官正、省长舒圣佑、省人大常委会主任毛致用为该院题词。省人民医院是在美国基督教卫理公会在南昌市设立的一个小诊所基础上发展建立起来的。经过一个世纪

江西省人民医院门诊大楼

的努力，如今成为一所科室齐全、设备先进、技术精湛，能承担江西省医疗、教学、科研和保健任务，拥有 900 张病床，服务范围遍及省内外乃至涉及境外 10 多个国家、地区的大型医院。

江西省人民医院住院大楼

6日 南昌建材大市场开工建设。一期工程占地 140 亩，总建筑面积 8 万平方米，设有建筑陶瓷、装饰材料、水暖五金、建筑涂料、木材地板等 5 个交易区，预计 1997 年 11 月底竣工。

7日 龙卷风袭击南昌市郊桃花乡观州村第六村民小组和京东乡高兴村，20 多家农户受灾。

7日 为促进各国高技艺人才的交流与合作，江西省新余钢铁公司高级技师吴太白，抚州玉茗宾馆高级技师黄正晖赴法国观摩并作技艺表演。

8日 都昌县杭桥乡农民潘庆祚、聂文家发明的新农药"689－4 植物太阳神"，获 1997 国际新发明、新技术及名优产品博览会暨荣誉评审会国际金奖。

8日 省委常委理论学习中心组于当日至 9 日，集中学习邓小平"一国两制"和平统一祖国理论和《中华人民共和国香港特别行政区基本法》。强调要抓住机遇，推进赣港经济合作，做好工作，迎接香港顺利回归。

9日 国务委员、国家科委主任宋健视察南昌高新技术产业开发区高科技农业项目。

9日 在赣期间参加了山江湖工程经验交流会议，考察了农技推广站、园艺场、猪沼果工程、中外合作小流域治理工程、绿色食品加工企业等，了解当地山江湖综合治理和科技开发的情况。他指出赣南山区林果禽鱼农牧副业全面发展的生态农业，"是农村走可持续发展的一条好路子"。考察于 13 日结束。

9日 全国政协科协界委员赴江西考察团在江西考察农村专业技术协会和农村科普工作情况。考察团先后深入到德安、峡江、吉安、井冈山等县市了解情况后，与省政府、省政协、省科协的负责人在南昌举行座谈。

10日 省纪检监察机关查办案件工作电话会议召开。会议要求全省各级党委、政府和纪检监察机关按照 5 月 15 日和 6 月 10 日全国、江西省纪检监察系统电视电话会议的部署，继续重点查办党政领导机关、行政执法机关、司法机关、经济管理部门和县处级以上领导干部违法违纪案件。着重查处发生在金融、证券、房地产、土地批租出租、建筑工程发包等领域的大案要案和国有企业领导干部以权谋私的案件。坚决查处发生在组织人事工作中的严重违法违纪案件。

10日 南昌铁路局装卸机械设备大检查全部结束。在 20 天的检查中，对 6 个直属站和 6 个车务段，共计 31 个装卸机械作业点，17 个维修组，31 个工索具间，186 台装卸机械进行检查，覆盖面为 86%，合格率为 100%，优良率为 95%。

10日 国家科委、国家计委在南昌、赣州两市召开江西山江湖工程经验交流会，将江西省实施山江湖工程的经验推荐给全国。国务委员兼国家科委主任宋健、国务院副秘书长刘济民、国家科委副主任邓楠、中科院副院长陈宜瑜和国务院九个部门、18 个省的负责人，江西省领导等 140 多人出席会议。江西介绍了实施山江湖工程的经验，与会代表到德安、鄱阳湖、井冈山、遂川、兴国、瑞金等 10 多个示范点进行实地考察。宋健讲话指出，山江湖工程是一项利在当代、功在千秋的系统工程，完全符合科教兴国和可持续发展战略的要求；工程之所以取得初步成功，主要原因在于领导重视、科学规划和常抓不懈；江西山江湖工程为全国特别是中西部地区和经济欠发达地区作出了一个好的示范，各地要针对当地具体情况，对照学习江西经验，认真贯彻落实党中央提出的可持续发展战略和科教兴国战略，促进我国的可持续发展。会议于 15 日结束。

10日 瑞金市黄栖乡日前出土一具奇特的"石棺"，内无尸骸。陪葬品是两尊陶制形态各异的印度释尼莲花灯塔，呈多菱六角形，高度达 40 厘米，9 层，塔壁、塔尖镶嵌着吉祥鸟和龙凤，第 8 层塔壁上镂刻着一供桌和一个放祭品的小碗碟。还有铸铁三足鼎，上盖一只洁白晶莹透亮的大瓷碗，以及十几枚"开元通宝"铜钱。

11日 江铃汽车集团公司与美国李尔公司合资经营的江铃——李尔内饰系统有限公司正式营运。

11日 长江水利委员会九江水文站被国家水利部授予全国 20 个文明服务示范窗口。

11日　省政府举行《紫归牡怀图》发送仪式。《紫归牡怀图》是江西人民赠送给香港特别行政区的大型瓷板画，长1.97米，宽0.97米。图案以牡丹、香港特别行政区区花紫荆为主体，辅之以江西省花杜鹃和景德镇市花山茶。画面绚丽多彩，花簇相环，姹紫嫣红。瓷板表面为裂纹釉。瓷板被镶在雕刻精湛的红木框架内。

省人民政府举行《紫归牡怀图》发送仪式

11日　省长舒圣佑在南昌会见日本长崎县知事高田勇一行。并就江西与日本之间的经济、社会、文化、教育等方面的交流与合作进行交谈。

12日　舒惠国、舒圣佑于当日至14日，分别到赣州、宜春地区察看灾情。6日以来江西省局部地区受暴雨、龙卷风袭击，有26个县市、129万人口受灾。

13日　江西裕丰金属工艺品厂铸造的"回归宝鼎"由南昌启运香港，该宝鼎是"香港各界庆祝香港回归祖国活动筹备委员会"创意和发起的。省委常委、南昌市委书记钟家明参加揭幕启运仪式。该宝鼎总高4.1米，总重5.3吨，价值53万元。宝鼎内铸有长达1100多字的《香港特别行政区基本法》铭文，底座铸刻着香港特别行政区第一任行政长官董建华手书的"香岛春暖"四个大字。

13日　省政府发出《关于严禁在鄱阳湖围湖堵河依法查处霸河霸港行为的紧急通知》。

13日　寻乌县农民严修华和刘步芳各自发明的家用柴草燃烧炉灶和自动供茶器，通过国家有关部门鉴定，双获国家专利。

13日　第二届"全国百佳新闻工作者"评

选活动在北京揭晓，《江西日报》编辑王晖、江西人民广播电台记者曾令斌获誉。

14日　安福县陈山林场的林业科技工作者在进行陈山红心古杉的普查过程中，发现凹云村仍幸存3株红心巨杉，其中一株树龄200年，胸径1.2米，树高40米，体积达13立方米。

14日　中共中央政研室在南昌召开全国农村改革与发展研讨会。中共中央政研室副主任肖万钧出席会议并讲话。中央政研室农村组负责人和全国沿海、沿江、沿边17个省市区党委政研室负责人及部分专家参加会议。共同探讨农业和农村经济发展的新情况、新趋势，推进"两个根本性转变"，实现农业和农村经济新跨越等问题。

15日　在北戴河结束的全国铁路运输企业第二届会计知识比赛上，南昌铁路局获团体总分第三名，并获得优秀组织奖，南昌铁路局选手沙北站、黄小新获单项个人综合第六名和实务第七名，南昌站邱卫兵获单项个人综合第十名。此次比赛有全路14个铁路局和部直属单位共15支代表队、75名选手参加。

15日　江西省地质勘测局九一六地质大队在德安县发现含锡品位高达50%的特富锡矿床。

15日　以驻地矿部纪检组原组长刘伯文为组长、中央纪委原副秘书长潘自浦等为成员的中纪委、监察部"厉行节约制止奢侈浪费"专项检查组，在江西省就执行《中共中央国务院关于党政机关厉行节约制止奢侈浪费行为的若干规定》的情况进行检查。检查于21日结束。

16日　省第八届人大常委会举行第二十八次会议。会议通过关于修改《江西省实施〈中华人民共和国未成年人保护法〉办法》、《江西省广播电视管理条例》、《江西省河道管理条例》、《江西省产品监督管理条例》、《江西省实施〈中华人民共和国土地管理法〉办法》、《江西省城市国有土地使用权出让和划拨管理条例》、《江西省文物保护管理办法》、《江西省文化市场管理条例》、《江西省个体工商户与私营企业条例》、《江西省实施〈中华人民共和国消费者权益保护

〈法〉办法》、《江西省计划生育条例》的决定，批准《南昌市城市规划管理规定》、《南昌市政工程设施管理条例》、《南昌市赣江饮用水水源保护条例》、《南昌市滕王阁名胜区保护条例》、《南昌市城镇国有土地使用出让和转让办法》等6件地方性法规修正案。通过接受洪大诚辞去省人大常委会委员职务的决定，通过有关人事任免名单。会议于20日结束。

17日 江西省在南昌举行大型签名活动，纪念"6·17"世界防治荒漠化和干旱日。省直机关和南昌市各界人士近千人参加。

18日 南昌昌北机场专用公路破土动工。该公路主线全长4.43公里，本期工程修建四车道，为全标准一级公路，路宽24.5米；远期建成标准六车道，全宽30.5米。工程投资约1.2亿元。

18日 省第八届人大常委会第二十八次会议举行第二次全体会议。省人大常委会副主任张逢雨主持会议，会议听取省财政厅厅长雍忠诚作《关于江西省一九九六年以来加强预算外资金管理工作情况》的汇报；听取省体委主任梅长林作《关于江西省参加第八届全国运动会准备情况》的汇报；听取省高级人民法院副院长郑臣镇作《关于江西省法院开展行政审判工作情况》的汇报；提请审议省人大教科文卫委《关于对省体委和宜春、萍乡等地市贯彻实施〈中华人民共和国体育法〉情况检查的报告》（书面）；提请审议省人大常委会环资工委《关于一九九六环保赣江行活动的情况汇报》（书面）。

18日 江西省第二届社会治安综合治理好新闻评选揭晓，共有35件新闻作品获奖。《江西日报》刊发的《十万农嫂倡议戒赌》（作者：刘之沛）、《南昌市：再查政法系统违章违纪用车》（作者：丁林）和图片《人民的好警察——邱娥国》（胡冠华摄影）获一等奖；《这里也是"严打"战场》、《身在红尘外胸中有正气》获二等奖。

18日 国务院妇女儿童工作委员会授予崇仁县"全国儿童工作先进县"称号。

19日 铁道部副部长蔡庆华、总工程师华

茂昆于当日至20日乘5701次轨道车检查南昌至定南560多公里京九铁路的线路质量、防洪工程、信号显示、道口监护、车机联控及接发列车作业等情况，途中深入吉安、兴国、定南、赣州等站检查手摇把和封连线施封加锁、《站细》修改和《行车工作日志》、《调度命令登记簿》填记等情况并抽考当班岗位职工。蔡庆华、华茂昆对路局全面抓好京九线防洪工程、安全管理，确保京九线的安全畅通提出要求。26日视察了向西编组场。

19日 为纪念毛泽东民兵工作"三落实"指示发表35周年和庆祝中国人民解放军建军70周年，南京军区在南昌召开民兵应急分队建设座谈会。南京军区副司令员何其宗，省委副书记、常务副省长黄智权，南京军区副参谋长苏京，南京军区政治部副主任张宝康讲话。南京军区后勤部副部长赵本胜，省军区司令员冯金茂、政委郑仁超以及上海警备区，江苏、浙江、安徽、福建省军区，总参、总政、南京军区有关部门负责人出席会议。会议于21日结束。

20日 京九铁路线上的共青城火车站站房工程竣工并交付使用。

20日 庐山区教委沈家保在周岭乡从退休教师徐杰处发现一份1938年由中国共产党地下党组织主编发行的《解放》报。

20日 首次由省政府统一部署的全省第三届村民委员会换届选举工作顺利完成。全省20347个村委会共登记选民19653909人，参加投票选举17371951人，参选率为92.3%，共选出

南城县梅溪村村委会选举大会

村委会成员 96668 人，其中主任 19811 人，副主任和委员 76857 人。各村新一届村委会班子产生后，分别成立了村委会下属人民调解、治安保卫、文教卫生、民政福利等工作委员会，完善了各项规章制度，制定了 3 年发展规划和任期目标。新班子平均年龄比上届下降 3.5 岁，初中以上文化程度的比上届增加了 8%；党员比上届增加 5.2%。

20 日 南昌海关领导代表中国海关向南昌飞机制造公司授"保税工厂"牌。南飞公司成为全国第一批 17 家保税工厂之一。

21 日 南昌市西湖分局筷子巷派出所户籍民警、一级警督邱娥国被中组部授予"全国优秀共产党员"称号。

22 日 南昌铁路经济技术开发总公司成立。此前，南昌铁路局撤销了江西铁路经济开发总公司和经贸实业总公司，并按照集约经营、规模经营的原则对其进行资产重组，与路局多经处进行机构重组，实行一套人马两块牌子。

22 日 大余县黄龙镇大龙山发现一个梯级大瀑布群落。这一瀑布群落位于峭壁高崖间，由大小不一的 16 处瀑布组成，瀑布最大落差 20 余米，拥有水帘洞口 11 个。

22 日 江西农业大学和宜春地区林科所的研究人员在宜春市明月山进行野外调查时，发现两株举世罕见的单株，一株青桐，胸径 131 厘米，树高 23 米；一株穗花杉，胸径 28.5 厘米，树高 7.23 米。

23 日 江西省电力系统首家利用外资建设的重点工程——九江发电厂三期工程主机设备合同签字仪式在北京人民大会堂举行。中国技术进出口总公司、江西九江三期发电有限责任公司、美国福斯惠勒能源公司、株式会社日立制作所、伊藤忠商事株式会社的代表分别在合同上签字。电力部副部长、国家电力公司副总经理查克明，外经贸部副部长陈新华，省长助理凌成兴出席签字仪式。九江发电厂三期工程规模为两台 350MW 亚临界燃煤发电机组。中国技术进出口总公司受江西九江三期发电有限责任公司委托，利用日本海外经济协力基金贷款，以国际竞争性

招标方式完成此项目主机设备的采购。

23 日 星子县蓼南乡农民崔小清在鄱阳湖边捕获一只 8.25 公斤重的铁线龟，龟壳长 42 厘米，宽 26 厘米，厚 16.5 厘米；头部光滑圆亮，四爪坚硬锋利；行"走"步态沉稳；头脚缩起时，如一块坚硬的大黑石。

23 日 南昌铁路局鹰潭车辆段青年工人乐永红被共青团中央、全国铁道团委授予"全国优秀共青团员"、"全路青年志愿者先进个人"称号。南昌铁路局萍乡机务段、鹰潭车站被全国铁道团委、铁路青年志愿者协会授予"优秀青年志愿者服务集体"称号。

24 日 江西医学院、江西农业大学与南昌大学签订联合办学协议书，决定联合成立生命科学研究院和农业科学与工程研究院。生命科学研究院，下设"微生物与病毒"、"生物化学与分子生物学"、"基因工程"、"基因诊断与治疗"、"分子医学"、"生物医学新药"六个研究所；农业科学与工程研究院，下设"作物科学"、"动物生物技术"、"食品科学与工程"三个研究所。两所研究院均由双方学校各派一名校级领导担任正、副院长，采取专家委员会及所长负责制的管理体制。

24 日 南昌县食品厂被上海三九经济技术合作发展（集团）公司兼并为子公司，更名为南昌三九食品酒业公司。

24 日 国家有关部门根据第三次全国工业普查统计的结果，对全国国有大中型企业进行重新定位，江西共青羽绒厂以各项经济指标均居同行业前列的绝对优势，跻身"中国重要工业企业"行列。

24 日 1997 年江西省横向经济联合协作（浙江）项目洽谈会在杭州举行，华东各省市的 500 多名客商出席，签订合同项目 359 个，资金总额 27.13 亿元。洽谈会于 25 日结束。

26 日 国内最高级的建设项目评估咨询机构——中国国际工程咨询公司专家评估组一行 24 人，圆满结束在江西省的"九五"技术改造调研论证和咨询评估工作，与省政府交换咨询评估意见。经初步筛选和优化，江西有 76 个项目通过专

家评估，占评估项目总数的 96.2%；其中建议国家重点支持的一类项目达 54 个，总投资 72.6 亿元，项目数和投资额分别占通过评估项目的 71% 和 64.2%；对这一类项目，国家予以重点支持。

26 日 江西省昌邑赣江大桥竣工通车。

26 日 南昌铁路局出版发行《货运汇编》。汇编分上、中、下三册，共计 28 类，是中央和地方政府及部、局在货运方面的各项政策、法规、法令、规章及办法的汇集。

26 日 1997 年麒麟杯全国龙狮邀请赛在天津闭幕。江西少儿武术队舞狮队获舞狮比赛最佳表演奖和 1997 年麒麟杯龙狮大赛金奖。

27 日 韩国青少年与指导者代表团访问江西。代表团由韩国各级青少年工作者及大学生组成。副省长黄懋衡在南昌会见代表团成员。在赣期间，他们将前往共青城、庐山等地参观。

27 日 江西铜业公司德兴铜矿 4#尾矿库采用国内首创的堆坝法新工艺，集屎矿处理、生产用水、防洪为一体的综合性大坝，成为亚洲有色行业之首。

27 日 临川市发现 11 件北宋文物素胎加彩立人俑。其中素胎加彩罗盘立人俑经江西省博物馆专家鉴定，系国家二级保护文物。

27 日 省政府召开全省土地管理工作会议，学习、贯彻中共中央、国务院的有关通知精神和省委、省政府的有关决定。会议要求各地深刻认识中共中央、国务院关于加强土地管理的重要意义，把思想和行动统一到中央的治本之策上来，切实加强领导，实现江西省耕地面积稳中有增。会议于 28 日结束。

30 日 江西省日前各地举行各种活动，喜迎香港回归。

1997

7月 July

公元1997年7月							农历丁丑年【牛】						
日	一	二	三	四	五	六	日	一	二	三	四	五	六
		1 建党节	**2** 廿八	**3** 廿九	**4** 三十	**5** 六月小	**6** 初二	**7** 小暑	**8** 初四	**9** 初五	**10** 初六	**11** 初七	**12** 初八
13 初九	**14** 初十	**15** 十一	**16** 十二	**17** 十三	**18** 十四	**19** 十五	**20** 十六	**21** 十七	**22** 十八	**23** 大暑	**24** 二十	**25** 廿一	**26** 廿二
27 廿三	**28** 廿四	**29** 廿五	**30** 廿六	**31** 廿七									

1日　铁道部总工程师华茂昆在南昌铁路局领导杜厚智、吴新华陪同下检查南昌市赣江大桥的安全保卫工作以及路局总调度室和向塘西编组场，分别察看无线列调、调度监督系统和驼峰自动化系统工作情况，并对路局确报工作提出要求。

1日　南昌铁路局党委书记郑明理率有关部门负责人实施"零点行动"，在定南至南昌间，检查关西站、龙回站、赣州东站及1862道口的安全工作，并对检查出的问题要求立即整改，对抓好稳定，确保"七一"安全提出具体要求。

1日　"中国上饶大市场"首期6万平方米工程建设竣工。"中国上饶大市场"由澳门和丰进出口公司与上饶市裕民实业有限公司合资兴建，占地18万平方米。市场配备完善的物业管理系统，设有大型停车场、快餐部等公用设施，保安、工商、税务"一条龙"服务，实行封闭式管理、开放式经营，预计年成交额10亿元。

3日~12日　江西省大部分地区普降大到暴雨，酿成大范围的特大洪涝灾害。江西11个地市都发生暴雨洪涝灾害，受灾面积达70多个县（市、区），造成重大经济损失。

3日　万安县窑头镇剡溪学堂村发现一座南宋祠堂——昭穆堂。该祠三栋连墙，形成两井三厅式。全祠为砖木结构，两侧风火墙绘龙画凤。厅内10根支柱特别大，石础图案精美。厅与厅相连的两侧有花楼。据有关史料记载，该祠由南宋王朝工部尚书兼左仆御史肖令瓆所建，有800多年的历史。

3日　南京军区政治部和省军区联合摄制的8集电视系列教育片《井冈星火》，在宁冈县拍成。该片以井冈山革命斗争为题材，为纪念建军70周年、纪念井冈山根据地创建70周年而拍摄，这是继《长征从这里开始》系列教育片之后的又一部优秀的爱国主义教育电视片。

4日　江西省质量管理协会在南昌铁路局对营销发展处提出的"组织指令性课题攻关，提高QC小组活动质量"的课题进行现场评审。评审组认定，运用指定课题来引导、促进群众性质量管理活动是南昌铁路局的一个创新。该课题被江西省推荐参加国家级QC评选。南昌铁路局副总经济师王益群到场并向省质协领导现场评审和指导表示感谢。

4日　在农业部、中国农学会、国务院发展研究中心农村发展研究部和中国特产报社联合举办的"中国特产之乡"推荐暨宣传活动中，崇仁县被评为"中国麻鸡之乡"。

4日　美国美中人民友好协会全国委员会正式函告临川市江西亚太振兴集团总经理吴建平，美国政府决定授予他华盛顿市"荣誉市民"称号。

4日　赣州地区继6月9日宁都、石城遭受特大洪涝灾害之后，崇义、上犹、南康、于都、兴国、宁都、赣县等县（市）又普降大雨，林业系统遭受洪涝灾害，损失较为严重；7日至10日，上饶地区出现大范围暴雨，部分县（市）出现特大暴雨，林业系统受灾严重。两地区共冲走木材2500立方米、毛竹10万多根，冲毁苗圃地43.33公顷，冲毁（坏）林区公路1100公里、水堤26座、桥梁涵洞43处，林地、山地滑坡540余处，毁坏高压输电、通讯线路30多公里，冲毁稻田180.67公顷、养殖水面1.23公顷，倒塌房屋15000平方米，造成直接经济损失7346万元，死亡3人、受伤155人。

4日　省委、省政府作出《关于贯彻〈中共中央、国务院关于卫生改革与发展的决定〉的实施意见》，确定新时期全省卫生工作的方针是：以农村为主，预防为主，中西医并重，依靠科技与教育，动员全社会参与，为人民健康服务，为社会主义现代化建设服务。奋斗目标是：到2000年，初步建立起适应全省国民经济与社会发展、满足人民基本医疗卫生保健需求的卫生服务、医疗保障、卫生执法监督的卫生体系，基本实现人人享有初级卫生保健，人民健康水平进一步提高；到2010年，在全省建立起适应社会主义市场经济体制和人民健康需求的、比较完善的卫生体系，全省人民健康的主要指标达到全国平均水平，部分卫生服务领域达到全国先进水平。该意见还提出了具体措施。

4日　吉安啤酒厂"吉安牌"瓶装啤酒和"井冈山牌"听装啤酒双双获中国食品工业协会"中国名牌啤酒"称号。全国性的啤酒质量评比每四年举行一次。这次评比，全国共推荐近200个省优品牌参评，吉安啤酒是江西省唯一的国家级名牌啤酒。

5日　瑞金市法院干警严帆在清理近万册藏书时，意外地发现两套清末版福建省《龙岩县志》、《建宁县志》，系中华苏维埃共和国中央图书馆的藏书，每册封面或扉页上都有苏区中央图书馆的印记。

5日　在安福县武功山脚下的大布乡柿木村及大岭村两村的山间发现一处总储量在1000万吨以上的含锂瓷矿。开采时间可在100年以上，据介绍，这种含锂瓷矿石含锂达8.58%以上，含铌0.02%，含镁2.47%。

5日　在吉安县曲濑乡卢家洲防洪堤内，有一座建于明代，呈六角5层，高20米，倾斜20度左右，至今有600多年历史的斜塔。

5日　瑞金市勘界技术人员在该市岗面乡下坝村下排屋背山窝里发现一片实心竹林。这片竹林的竹竿是实心的，只有顶部略有小空，竹高一般为3米，胸径约2厘米，接近地面二节间隆起，状如葫芦，竹竿坚硬。

6日　外经贸部批准九江市享有对外经济技术合作权，包括外资审批权、外经签约权和外贸进出口权，可直接开展境外工程承包和外派劳务人员等对外经济技术合作业务。

7日　首届全国CAD应用工程博览会在北京展览馆开展。省科委组织的江西CAD技术成果展引人注目，国务委员宋健参观后称赞道："江西CAD发展步伐很快。"在本届博览会中，南昌大学、华东交大、南方冶院、南昌航院、景德镇陶院、南昌有色冶金设计院、省机械工业设计院、江铃集团、昌河公司、南飞公司、科环集团的30余项成果涉及面广，内容丰富多彩。

7日　省科委邀请部分专家到宁都县竹笮乡对国家"863"计划重大成果转化项目——"籼型两系杂交早稻F131S/R402"的示范田进行实地考察评议。"籼型两系杂交早稻F131S/R402"是赣州地区农科所选育的早稻组合。专家认为，该品种的丰产性、抗病性、熟期，都比现在推广的三系早杂组合有明显优势。

8日　1997年中国庐山国际旅游节在庐山举行。旅游节于10日结束。

8日　应美国有关方面的邀请，省委副书记钟起煌率团对美国进行访问。在美期间，钟起煌一行参加江西与美国熊猫电视台联合举办的"中国江西电视周"活动，并在有关方面配合下开展经贸活动。活动于15日结束。

9日　应国防部邀请，由29国驻华武官组成的外国驻华武官参观团在南昌、井冈山、宁冈、永新等地参观访问。访问活动于12日结束。

9日　省军区资助八一南昌起义纪念馆维修赠款仪式在南昌市委举行。赠款10万元。

10日　江西首部反映农村基层计生协会活动的电视专题片《春色满目》在宁都县固村镇完成外景拍摄任务。该电视片由省计划生育委员会宣传教育中心赣州地区计划生育协会、赣州市电视台联合摄制。

10日　南京军区资助八一南昌起义纪念馆维修更新赠款仪式在中日友好会馆举行。赠款50万元。

10日　据统计，上半年江西省乡及乡以上工业企业完成现价工业总产值523亿元，按可比价计算，比1996年同期增长16.3%；非国有工业增速较快，上半年非国有工业完成产值203亿元，比1996年同期增长30.7%；国有工业企业完成产值320.5亿元，比1996年同期增长8.7%，增速比较平稳；大中型工业完成产值244.09亿元，增长7.3%，生产保持均衡发展。上半年江西省完成工业产品销售产值502.6亿元，比1996年同期增长12.4%，工业产品销售率为96.01%，比1996年同期下降0.17个百分点；上半年江西省工业产品出口交货值完成19.76亿元，比1996年同期增长51.8%。头5个月江西省乡及乡以上独立核算工业企业盈利企业的利润额为10.09亿元，比1996年同期增长18%，利税总额为19.09亿元，增长5.3%。

11日　江西省对外文化交流代表团在美国洛杉矶举行招待会，庆祝在洛杉矶举办中国江西电视周。中国驻洛杉矶副总领事吴钟华、洛杉矶侨界领袖、工商界和新闻界人士以及一些美国朋友共100人出席招待会。代表团团长、省委副书记、省对外文化交流协会会长钟起煌向来宾们介绍江西的情况。电视周播出《京九线上的江西》等19部有关江西的电视片。

11日　全省经济工作座谈会召开，各地市委书记、专员市长，省直各部门主要负责人，各县市区委书记、县市区长出席。舒圣佑作题为《进一步解放思想，开创经济工作新局面》的讲话，舒惠国在闭幕时讲话。会议要求进一步增强抓好经济工作的信心和主动性，集中力量突破重点和难点问题，特别是要在财政增长和农民、职工增收上，在主攻工业上，在国有企业改革上，在加快县域经济发展上要有新的突破。座谈会于13日结束。

12日　考古人员在宁都县翠微峰西南山坡的一块小平地上，发现数件印纹陶碎片。在该处边缘又采集到西周青釉瓷豆残片1件，残石矛、扁菱形石锛、石锛各1件，印纹陶器碎片数十块。据考证，出土的器皿年代为西周晚期至春秋。

12日　江西省铜业公司德兴铜矿三期工程环保设施通过国家环保局的竣工验收。

12日　中国企业管理协会、中国企业家协会在天津市召开全国会员代表会议，会议推选产生了新一届领导机构，江西著名企业家张果喜当选为中国企业管理协会、中国企业家协会第六届理事会副会长。

13日　全国人大常委会副委员长田纪云考察江西绿色工业（集团）公司。

13日　国家体改委批准泰和县列为江西省唯一的全国综合改革试点县。

13日　临川市第一社会福利院聋哑职工王国泉，被选入中国聋人体育代表团参加在丹麦举行的第十八届世界聋哑人运动会。王国泉参加过4届聋哑人运动会，获得过14枚金牌。

14日　由中国社会科学院倡议，被列为国家"八五"哲学社会科学重点科研项目的《中国国情丛书——百县市经济社会调查〈景德镇卷〉》已由中国大百科全书出版社出版，在景德镇市举行首发式。

14日 南昌铁路局青工业余学校在沙北站正式挂牌。南昌铁路局党委书记郑明理为该校题写校名。吴建中及路局团委、教委等有关方面负责人参加该校挂牌仪式。

14日 上栗区桐木镇出土一批古钱币，重达2吨多。该镇几位农民在挖掘屋基时发现的，大多是宋代钱币，另有少量唐代钱币。

15日 国家二期"双加"技改工程、化工部"九五"规划项目——赣北化工厂年产4万吨丙烯酸聚酯技术改造项目由国家经贸委批准立项。项目固定资产总投资9.54亿元，拟引进国外20世纪90年代的技术、基础设计和关键设备，建设一套生产聚合级丙烯酸、聚合级乙酯、聚合级丁酯产品共4万吨的生产装置。

15日 安福县武功山林场几名林业科技工作者取得《松根颈象甲的生物学特征及其防治方法的研究》成果，该森林害虫定为新种，取名：萧氏松颈象。该虫的发现和取名，填补了我国森防研究的一项空白。

15日 省国家安全厅举行新闻发布会，宣布国家安全部关于追授李天福"模范国家安全干部"称号的决定，并介绍了李天福的主要先进事迹。

16日 应省人民对外友好协会的邀请，日本岐阜县议会议员访问团一行8人，对江西省进行了为期4天的友好访问。

17日 国家安全部、省委、省政府在南昌召开大会，追授江西省安全厅副厅长李天福"模范国家安全干部"称号（《江西日报》19日报道了李天福的先进事迹）。

17日 江西省跨世纪学术和技术带头人培养计划正式启动，省科委向首批11名主要学科培养对象下发培养计划任务书。省政府决定在5年内拿出1000万元专款培养3050名带头人。

17日 中共中央纪委副书记、国务院纠风办主任徐青一行，在江西检查指导纠风工作。检查指导工作于23日结束（23日上午，省委、省政府，省纪委召开汇报会。会议指出，江西纠风工作取得成效的表现在：重点专项治理取得阶段性成果，一是行政性乱收费行为明显收敛；二是治理公路（三乱）工作成效显著；三是制止中小学乱收费工作效果较为明显；四是向农民乱收费、乱摊派的问题得到遏制；五是清理预算外资金和小金库工作取得了初步成效，重点部门和行业刹风整纪工作取得不同程度的成效）。

17日 南昌铁路局召开推进全局中小企业结构调整专题研究会议。会议就全局中小企业结构调整、政策研究的工作内容、任务分工等进行布置，龚道增对搞好专题调研工作作了讲话。

17日 赣州地区博物馆收藏一块恐龙化石。经有关部门鉴定，这是赣南首次发现恐龙椎骨化石，长19厘米，周长52厘米。

18日 由亚行贷款营建的江西省"九五"计划重点建设工程项目之一——九景一级公路工程全线开工。

19日 赣南首家万册农民图书馆在于都县新陂乡落成开馆，开始接待读者。图书馆总投资20万元，建筑面积达390平方米。人民出版社、农业出版社等23家出版社向该馆赠书1.2万册。

20日 崇仁县粮食局在全系统开展清收历年旧欠工作。当前已收回个人欠款88.9万元、单位欠货款403万元。该局在清欠工作中，实行责任到人，一抓到底。对所有借款（欠款），本着谁开口谁负责收回、谁担保谁还贷的原则，将具体清欠金额划分到责任人身上。凡个人欠款数额较大，在规定期限内没有还清，给予除名或开除公职，情节严重的移交司法机关处理。并对清收区外、省外历年旧欠的有功人员按比例给予奖励。

21日 江西省首例儿童28号双腔气管插管麻醉下行全肺切除术，在江西省肺科医院获得成功。这是一例先天性左全肺发育不全并发反复肺部感染及咯血患者。

22日 南昌市第十一届人大常委会举行第三次会议。审议通过《南昌市文化市场管理条例修正案》、《南昌市实施〈中华人民共和国集会游行示威法〉若干规定修正案》、《南昌市职工社会保险条例修正案》等。会议于23日结束。

22日 江西有线电视台、上海有线电视台等五家单位联合摄制的纪念中国人民解放军建军70周年献礼片《共和国之魂》在北京首映，并举行座谈会。《共和国之魂》大型专题片气势恢弘，意义重大，展出了井冈山精神的历史内涵和现实意义，是进行爱国主义教育、革命传统教育的好教材。

23日 南昌飞机制造公司工艺研究所采用高新技术研制生产的两台造纸压力筛，启运发往埃及。南飞公司于1986年研制成功ZSL内流式压力筛，并先后获轻工业部优秀新产品奖、国家科技进步三等奖，被轻工业部指定为替代进口产品。至今，南飞工艺研究所已开发ZSL内流式、外流式压力筛和高浓压力筛、自选式振框平筛、波纹压力筛等系列产品。

23日 吉安市水烟壶收藏家孙水根收集到一把硬陶水烟壶，经有关专家考证系唐末吉州窑烧制，距今已有千余年历史。这把硬陶水烟壶上部为攒尖八角型烟嘴，下接覆盘状止口；主体呈细直颈花瓶状，圆肩鼓腹，圆肩部一侧外连鼓腹状烟斗。

23日 崇仁县"家教示范学校"成立。

24日 九江市在市区发现明代正统六年（1441）英宗皇帝朱祁镇嘉奖明朝著名清官、苏州府知府况钟及其继室夫人万氏诰命诏书真迹。

25日 江西地勘局完成的"含铜、砷、硫、金矿选冶试验报告"在南昌通过专家评审和验收，一种分布广泛，却难于开采的高品位金矿的选冶难技术得以攻克。

25日 南康县发现8个恐龙化石蛋，蛋呈放射状排列。蛋呈长椭圆形，极径长17厘米~18厘米，赤道径10厘米~12厘米，蛋壳表面粗糙，有米粒状凸起。经考证该恐龙蛋产于白垩纪，迄今约1亿年。

25日 团省委领导将团中央授予的"青年文明号"铜牌，正式挂在南昌飞机制造公司76车间125发动机流水线上。

26日 经国家环保部门批准，宁都县被列为"全国生态示范区建设试点县"。

26日 全国农村宣传工作座谈会暨《农民日报》发行工作会议在南昌举行。农业部常务副部长刘成果、国务院研究室副主任杨雍哲、省有关领导等出席会议。会议主要交流各地农业和农村宣传工作的经验，部署加强农村宣传工作，研究进一步扩大《农民日报》发行的措施。中共中央政治局委员、国务院副总理姜春云及中宣部副部长徐光春为会议作了指示，要求认真总结近几年农村宣传工作的经验，采取农民群众喜闻乐见的宣传形式，进一步促进农村形势向好的方面发展。会议于28日结束。

26日 省委宣传部、省文化厅、省文联以及南昌市委宣传部、市文化局、市文联共同举办的庆祝中国人民解放军建军暨"八一"南昌起义70周年美术书法摄影展览，在南昌美术馆展出。展出的美术作品126件，书法作品45幅，摄影作品120幅，它们是从全国22个省市送选的千余件作品中精选出来的。

27日 在龙南县程龙镇杨梅村发现一群古苦椎树。据初步考证，这群古苦椎树距今约有近千年历史。约有50多棵，覆盖面积近百亩，树干圆周可达三四米，其中一棵最古老的苦椎树，推测约有1200年历史，树高约25米，需12个成人才能环抱一圈，主干2米处，分叉为两大枝干，当地村民称为"孪生姐妹"树。

27日 省长舒圣佑在进贤县文港镇、李渡镇、长山晏乡和南昌县莲塘镇、八一乡、小兰乡、莲西乡等乡镇，考察国有、集体、合资、独资、个体、私营企业，并听取进贤县和南昌县县委、县政府的工作汇报。舒圣佑强调，要进一步加快县域经济发展步伐，大力调整产业结构和完善所有制结构。考察于29日结束。

28日 省政府印发《江西省科技发展"九五"计划和二〇一〇年规划纲要》，对林业科技发展、生产配套技术研究与产业开发提出明确要求。该纲要详细提出今后5年和15年间江西省科技发展的指导思想、奋斗目标、发展重点和政策措施，要求按照江西省2010年基本实现工业化的目标，以高新技术开发及其产业化为主线，以科技成果转化为重点，围绕新材料与精细化工、生物技术及新药、机械电子及机电一体化、农业高新技术四个领域的新兴产业发展中的关键技术展开科技工作，促进科技对经济增长的贡献率和科技综合实力的提高及其在全国排位的前移。

28 日 应江西省对外友协的邀请，日本岐阜县养老町、安八町、海津町少年教育交流团来江西省进行交流访问。访问于 8 月 6 日结束。

28 日 红十字会与红新月会国际联合会新闻宣传部部长乔恩·瓦尔费尔斯先生及亚洲地区代表团宣传代表霍华德·阿尔凡先生，在中国红十字会总会赈济部负责人陪同下，考察江西洪水灾区。

29 日 全国公安系统表彰大会在北京召开。江西省获得"1996 年度全国优秀公安局"称号的单位是：新干县公安局、余干县公安局和新余市公安局渝水分局；获"全国特级优秀人民警察"称号的个人是：樟树市公安局局长项余粮、南昌市公安局东湖分局局长宋永尚和武宁县公安局官莲派出所所长余雄；获得"1996 年度全国优秀人民警察"称号的有 20 人。

30 日 纪念"八一"南昌起义、秋收起义、井冈山革命根据地创建 70 周年专题摄影展在南昌首展。参展的 100 幅作品，再现了革命故地的风采，也反映了改革开放后江西所发生的变化。

30 日 江西省首家商品检测机构南昌市消协指定商品检测中心成立。这个商品检测中心对黄金饰品进行质量检测，给消协受理的商品质量纠纷以技术鉴定，出示科学依据，并定期、不定期向社会公布商品质量信息，为消费者提供技术咨询和服务。

31 日 省委、省政府、省军区在南昌市联合举行老干部座谈会，纪念中国人民解放军建军暨"八一"南昌起义 70 周年。省军区党委第一书记舒惠国出席会议，省委副书记、常务副省长黄智权出席并讲话。

31 日 中国人民解放军建军暨"八一"南昌起义 70 周年纪念大会在南昌市举行。中共中央总书记、国家主席、中央军委主席江泽民为南昌八一起义纪念馆题词："军旗升起的地方"。中央军委副主席、国务委员兼国防部长迟浩田上将，中央办公厅副主任王刚，中宣部常务副部长刘云山，国务院副秘书长李树文，民政部副部长杨衍银，总政治部副主任唐天标中将，南京军区政委方祖岐中将、副政委董万瑞中将，军委办公厅副主任杨福坤少将，南京军区政治部副主任张宝康少将等来赣参加纪念活动。

1989 年 10 月 14 日，江泽民参观南昌八一起义纪念馆

1993 年 4 月 14 日，胡锦涛参观南昌八一起义纪念馆

1990 年 10 月 10 日，李鹏参观南昌八一起义纪念馆

1990 年 4 月 20 日，乔石参观南昌八一起义纪念馆

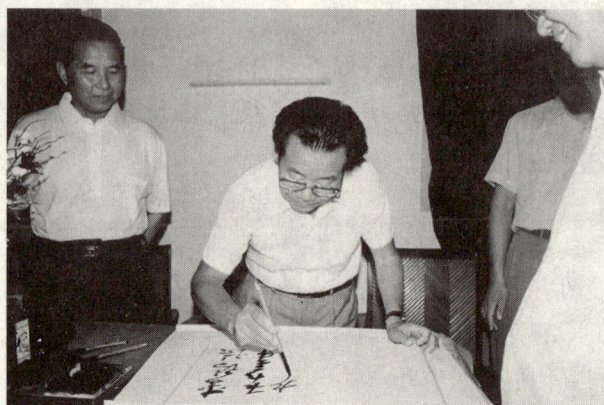

1993 年 9 月 18 日，李瑞环参观南昌八一起义纪念馆

1991 年 10 月 17 日，朱镕基参观南昌八一起义纪念馆

1996 年 5 月 14 日，刘华清参观南昌八一起义纪念馆

中国人民解放军暨八一起义 70 周年纪念大会

　　31 日　江西省纪念中国人民解放军建军 70 周年集邮展览在江西艺术剧院展出。展品设荣誉、竞赛和非竞赛三大类，共计 57 部邮集、161 框、2567 张标准贴片。分邮展日、建军日、青少年日、邮品交流日四大集邮活动。展出活动于 8 月 3 日结束。

1997
8月
August

公元 1997 年 8 月							农历丁丑年【牛】						
日	一	二	三	四	五	六	日	一	二	三	四	五	六
					1 建军节	2 廿九	3 七月大	4 初二	5 初三	6 初四	7 立秋	8 初六	9 初七
10 初八	11 初九	12 初十	13 十一	14 十二	15 十三	16 十四	17 十五	18 十六	19 十七	20 十八	21 十九	22 二十	23 处暑
24 廿二	25 廿三	26 廿四	27 廿五	28 廿六	29 廿七	30 廿八	31 廿九						

1 日　江西省党政军民及各界人士 1400 多人在南昌市举行纪念"八一"南昌起义 70 周年活动，中央军委副主席、国防部长迟浩田上将和省领导舒惠国、舒圣佑等出席纪念活动。迟浩田代表党中央、国务院、中央军委讲话。会后，迟浩田代表党中央、国务院、中央军委，在南昌八一广场向"八一"南昌起义纪念塔敬献花篮。此后，迟浩田等参观南昌八一起义纪念馆和基本竣工的南昌新八一大桥，观看文艺晚会，看望驻赣部队、院校和武警官兵。"团聚在军旗升起的地方"纪念活动经贸合作项目签约仪式举行。20 多位曾在部队工作、战斗过的企业家与南昌市一些企业签订 34 个合作协议，协议投资和贸易总额 3.6 亿元，引进资金 2.1 亿元。下午，迟浩田会见参加"团聚在军旗升起的地方"纪念活动的代表。

2 日　电影《庐山恋》自 1980 年 7 月 12 日在庐山东谷电影院首映以来，不间断地放映了 18 年，达 6300 多场（次），观众人数仅在该电影院就达 126 万人次，共用了 10 个拷贝。上海大世界吉尼斯总部正式把《庐山恋》列入吉尼斯纪录。

3 日　新余钢铁有限责任公司重点科技攻关项目——全锰烧结矿冶炼国家优质锰铁项目在该公司铁合金厂冶炼成功。

3 日　全国革命文物工作会议在南昌举行。这是我国第一次全面商讨革命文物工作大计的盛会。国务院总理李鹏专门发来贺信。会议于 8 日结束。

4 日　江西省公安厅警务督察总队成立。

4 日　经国家工商局登记注册、国家证券会颁发营业许可证，由国内最大的铜生产商江西铜业公司筹资举办的金瑞期货经纪有限公司正式挂牌营业。

4 日　省委书记舒惠国接受了来赣报道吴成生事迹的中央电视台《世纪风范》专题片记者的采访。就学习吴成生发表谈话，并为学习吴成生题词："勤政为民，无私奉献"。

4 日　第七次江西省高校党委书记、校长暑期研讨会在九江市召开。研究和探讨培养和造就一批具有坚定共产主义信念的青年马克思主义者和优秀建设人才。国家教委党组副书记、副主任张孝文，省委副书记钟起煌出席会议并讲话。会议于7日结束。

5日 省委书记舒惠国在南昌市东湖区、西湖区和青云谱区考察街道和居委会工作强调，街道和居委会要为两个文明建设服务，为改革开放服务，促使精神文明建设再上新台阶。

5日 万载县发现一张苏区政府米票，米票长13公分，宽9.5公分，印有"中华苏维埃共和国中央政府粮食人民委员部拾两米票"字样。

5日 江西省第五届少儿艺术节于当日至8日在江西艺术剧院举行。经过评选，产生出创作（包括作词、作曲、编舞、编剧）一等奖10个，二等奖42个；表演一等奖26个，二等奖26个。

6日 江西省召开关于减轻农民负担工作电话会议。省委书记舒惠国讲话强调，要坚决贯彻党中央、国务院《关于切实做好减轻农民负担工作的决定》，坚持不懈地把减轻农民负担工作抓紧抓好，防止农民负担反弹，保障农民增产增收。

7日 江西省精神文明建设指导委员会召开第一次全体会议。该委员会由省委书记舒惠国任主任，舒圣佑任第一副主任，钟起煌、张克迅、张逢雨、黄懋衡、罗明、卢匡衡任副主任，有关部门负责人51人担任委员。会议提出江西省精神文明建设总的要求是，高举邓小平理论的伟大旗帜，坚持党的基本路线，围绕党的十四届六中全会确定的目标和任务，广泛开展党的基本理论、基本路线教育和爱国主义教育，精心组织群众性精神文明创建活动和"讲文明、树新风"活动，更好地促进经济发展和社会全面进步。会议决定设立省精神文明建设指导委员会办公室，由省委宣传部副部长钟健华兼任办公室主任，张剑任专职副主任。

7日 国家文物局局长张文彬专程考察乐安县流坑村，称它为"千古第一村"。该村从五代开始延续至今，现存各类传统建筑及遗址260处，家藏文物318件，其中重要文物24件；村中历代出了进士40多名，文武状元各1名，举人200多名，著作达38种。

7日 省委、省政府召开江西省"为人民服务标兵"命名表彰大会，授予邱娥国、吴成生、吴荣兰、刘炎玲、曹罗生、梅美华、钟八莲、乐永红、徐有春、陈长明10人"为人民服务标兵"称号。并作出决定，号召江西省干部群众向他们学习。

邱娥国等10位同志被授予"为人民服务标兵"称号

8日 经过国际专家论证，景德镇市德宇集团景德板鸡公司的"景黄鸡"，获联合国教科文组织颁发的"优良品种证书"。

8日 省林业厅印发《江西省陆生野生动物或其产品运输证明核发管理试行办法》、《江西省陆生野生动物经营利用许可证核发管理试行办法》和《江西省陆生野生动物驯养繁殖许可证管理试行办法》。

8日 省委、省政府印发《关于贯彻〈中共中央、国务院关于党政机关厉行节约制止奢侈浪费行为的若干规定〉的实施意见》。

8日 南昌食品总厂与上海美天集团合作组建的南昌吉利食品分厂正式投产。

9日 中共十四大以来的五年间，江西省共发展党员217837名，全省党员总数已达156万名，党的基层组织增至97633个。

10日 国务院批准列入全国"优化资本结构"试点的南昌、九江、景德镇、新余4城市《企业兼并破产和职工再就业工作计划》。此次列入计划的有中央、省属、市属企业48户。

10日 在赣县田村镇境内有座建于唐朝天宝年间的宝华寺，寺前有两株唐植共根古银杏，据寺中住持介绍，这两株古银杏是共根分枝而长，为咸通甲午年所种，距今已有 1100 多年，两棵树围合抱有 6 米，树高均在 16 米以上。

10 日 安福县竹江乡柘湖村发现 4 棵伏地生长的怪樟，当地人称之为"滚龙樟"。4 棵"滚龙樟"胸围在 2.5 米至 3.8 米之间，伏地最长有 27 米，短的也有 20 米，均有四五百年历史。

10 日 省委、省政府农村经济工作座谈会在南昌召开。会议专题研究和部署加强农村流通特别是民间流通工作。会议强调大力发展农村多种形式的流通载体特别是民间流通组织，促进农业和农村经济发展。会议于 11 日结束。

11 日 中国语言学会在南昌大学举行第九届学术年会。中国语言学会会长侯精一、国家语言文字工作委员会主任许嘉璐及海内外 130 余名专家、学者参加会议。会议收到论文 115 篇，内容涉及语言、词汇、语法、语言学研究和语言与社会其他各部门、各学科的关系。

11 日 省政府召开"百城万店"促销活动电话会议。会议要求以"为民、便民、利民"为宗旨，力争 1997 年商业、供销、物资系统的销售额增幅在 10% 以上，粮食企业 1997 年销售贸易粮 14.5 亿公斤；商业、粮食系统要继续实现盈利目标，供销、物资系统亏损下降 10% 以上。

11 日 农行南昌县支行尤口营业所太子殿储蓄代办所发生凶手持枪抢劫案。储蓄员刘庭亮光荣牺牲，罪犯当日被捕。

11 日 旅港江西同乡会会长周起鸿先生所率的"亲子访赣团"一行抵南昌进行为期两天的访问。省委书记舒惠国、副省长周慹平分别会见并宴请访赣团成员。

11 日 江西省"山上再造"第三次工作会议召开。会议指出，要大胆解放思想，加快林业改革，积极开拓进取，大力推进林业产业化建设，确保"山上再造一个江西"工程的第一步目标如期实现。省委书记舒惠国到会作题为《劲头要更足，思路要更宽，工作要更实》的讲话。会议于 12 日结束。

11 日 全国世行贷款红壤二期开发项目审计工作座谈会在南昌召开。会议于 13 日结束。

11 日 省八届人大常委会举行第二十九次会议。会议通过《江西征兵工作条例》、《江西省司法机关错案责任追究条例》、《江西省公民义务植树条例》；关于批准《南昌市文化市场管理条例修正案》等三个地方性法规修正案的决定，关于修改《江西省统计管理条例》等 7 件地方性法规的规定，关于修改《江西省社会治安综合治理条例》的决定，关于修改《江西省建设项目环境保护条例》的决定，有关人大换届选举的 6 个决定，关于批准 1996 年省本级财政决算的决议，关于接受王忠宪辞去江西省人民代表大会常务委员会委员职务的请求的决定。会议决定任命凌成兴为省经贸委主任，危朝安为省农业厅厅长；决定免去袁耀辉的省经贸委主任职务，免去刘初浔的省农业厅厅长职务。会议还通过有关人事任免名单。会议于 15 日结束。

12 日 清晨 6 时 58 分，因连日暴雨造成京九线 1806K840 米至 900 米处塌方，中断行车 12 个小时，当日下午 18 时 23 分恢复通车。

12 日 省委组织部在南昌召开全省党员电化教育工作先进表彰会，表彰 50 个党员电化教育先进单位和 100 名优秀党员电教工作者，并向从事党员电教工作 10 周年的工作者颁发荣誉证书。表彰会于 13 日结束。

12 日 瑞金市沙洲坝镇群峰村境内发现当年中国工农红军第四军兵工厂旧址。该兵工厂旧址处在一个名叫双狮岩的大溶洞里，据当地老人回忆，1934 年红军长征后，该兵工厂遭到国民党的严重破坏。而在洞口各处和洞顶山上修筑的多处炮台遗址现还残存，石壁多处弹迹斑斑。如今，双狮岩已成了游客观光胜地。

13 日 全省农业综合开发成果丰硕。自 1995 年下半年实施"农业综合开发科技振兴计划"以来，两年推广 316 项科技成果，培训各类技术人员 31 万人次，投入资金 9400 万元，产生经济效益 6.3847 亿元，投入产出比达 1：6.8 以上。

13 日 江西省召开治理向企业乱收费、乱罚款和各种摊派电话会议。会议指出，要从讲政治、讲大局的高度，充分认识向企业乱收费、乱罚款和各种摊派的严重性和危害性，迅速开展专项治理工作，切实减轻企业负担。省纪委决定，下旬开始组织九个专项检查组，赴部分地市和省直单位进行检查。

13日 在安福县武功山脚下，大布乡境内的柿木树和南山村交界处的山间发现一处瀑布群。该瀑布群由十多个连成一片大小不一的瀑布组成，共有20多米高，总宽7米。瀑布水势汹涌，雾气迷漫。

13日 省地市委组织部长座谈会在南昌召开。会议讨论和学习省委《关于认真做好一九九八年县级领导班子换届工作的通知》，部署县级领导班子换届工作。

14日 信丰县供销社被评为全国供销合作系统先进集体。

14日 东乡县小璜镇西饶村发现大型叶蜡石矿。

15日 江西省民政系统"政务公开、服务社会"现场会在南昌召开。

15日 安远县蔡坊乡发现成片的突托腊梅。据林业部专家考证，安远县是当今全国唯一有突托腊梅生长的地方。总面积达18平方公里，最高的一株达3米。

15日 省妇幼保健院建立江西第一个肿瘤药敏实验室，形成一套实用药敏方法，提高了化疗效率。经省内外专家鉴定，该项成果已达国内先进水平。

16日 南昌市首批8名贫困孤儿被送往山西大同希望学校免费就读。

18日 江西首家大型化工集团——江西昌九化工集团有限公司挂牌成立。省长舒圣佑等领导出席揭牌仪式。

18日 中国人民武装警察部队江西省警备指挥部成立并挂牌。

18日 江西、台湾书法展在南昌美术馆开幕。共展出两地书法艺术作品128幅。两地书法家还举行座谈和笔会，交流书艺，增进友情。

18日 省高管局艾城管理所被交通部、团

中央联合授予"全国青年文明号"称号。

19日 中共中央政治局委员、国务院副总理吴邦国考察南昌、景德镇、九江等地的江铃、江西轻工机械总厂、南飞公司等10家国有大中型企业，并听取省委、省政府的工作汇报。吴邦国要求积极推进增长方式的转变，搞好"三改一加强"，扎实工作，落实措施，努力提高企业整体素质和经济效益。考察于25日结束。

吴邦国副总理在听取洪都航空工业集团领导汇报 **P7100** 型片梭织机研制开发情况

19日 瑞金市至今还保存着20多条（幅）当年中国工农红军第四军进驻瑞金期间绘制的宣传标语和壁画。仅叶坪乡洋溪村有十余条墨书、铅书标语，还有一幅宽3.1米、高2.2米、旁书"不斩倭寇誓不还"的壁画；万安县宝山乡（原黄塘乡）黄塘等村发现大批红军标语。其中在当年曾是杨殷县苏维埃政府所在地的招文堂内外就有20多条。在水南上屋发现红军宣传画。署名系红二十军、红二十二军和杨殷县文治区文化部。横峰县葛源镇在土地革命时期留下许多墙头标语，如"打倒帝国主义"、"打倒反动派"、"打土豪，分田地"、"造就红军铁军骨干，争取革命战争胜利"等。

19日 由鹰潭市生物化学制品厂承担的国家级火炬计划项目——"L-异亮氨酸"通过国家验收。采用国内先进的微生物发酵法生产的"L-异亮氨酸"，批量生产水平产酸率达1.82%，产品总收率为42%以上，达到国内领先水平。

19日~21日 1997年江西省香港对外贸易暨招商引资洽谈会代表团团长、副省长周慈平一行与香港知名人士和实业家进行广泛接触，共话友谊并探讨发展香港回归祖国后的赣港经贸合作途径。

20日 经最高人民法院、最高人民检察院批准，南昌铁路运输中级法院、检察分院挂牌成立。

20日 鑫日美食娱乐城、洪客隆商场发生特大火灾。共出动300多名消防人员、32台救火车辆、600余名警力维护现场治安。21日凌晨3时，大火被扑灭。大火烧毁建筑面积5513平方米，造成直接经济损失1748.34万元，无人员伤亡。

20日 省人大常委会发布第11号公告，公布省人大会常委会关于修改《江西省实施〈中华人民共和国野生动物保护法〉办法》的决定和关于修改《江西省山林权属争议调解处理办法》的决定。

21日 第二军医大学授予省二附医院院长盛茂鑫教授为博士生导师聘书，成为江西医学院第一个博士生导师。

22日 全省建设文明路活动电话会议在南昌召开。会议要求全省动员，依法治路，深入开展建设文明路活动。省委副书记、常务副省长黄智权出席并讲话，指出当前主要应解决三个问题：一是解决认识问题；二是解决责任到位问题；三是解决有的地方和部门抓而不力的问题。

23日 为期两天的江西省机构编制工作会议结束。到当前止，省直和11个地市的机构改革全面完成，县（市、区）、乡（镇）的机构改革，除少数地方外，也大都结束。与1993年相比，省级、地区、省辖市、县（市、区）党政机构分别精简19%、31%、14%、34%，机关行政编制分别精简24.5%、21%、11%、20%。

23日 1997年江西（香港）对外贸易暨招商引资洽谈会于当日至26日，在香港展览中心展厅举行。新加坡、马来西亚、泰国、日本、韩国、印度尼西亚、澳大利亚、加拿大、美国等国家和港澳台地区客商1700多人参加，签订引进外资项目143个，外资额11.7亿美元。其中合同项目124个，外资额4.54亿美元。进出口成交2亿多美元。

24日 南昌市连续发生几起食物中毒事件。引起中毒的原因是食用了含有残留有机磷农药的蔬菜超标所致。

24日 在陈奇涵上将诞辰100周年之际，由解放军总参谋部、总政治部组织编写的《陈奇涵传》在军事科学出版社出版。

26日 省纪委在南昌召开省专项检查组全体人员会议。省委书记舒惠国出席并讲话。会议要求按照检查提纲认真开展工作。

26日 全省城区基层组织建设工作现场会在南昌召开。会议总结交流中共十四大以来特别是四中全会以来江西城区基层组织建设工作经验，分析存在的问题，研究提出进一步加强和改进的意见。作出要全面推进城区基层党组织建设的决定。会议于27日结束。

26日 省政府在南昌召开全省民族工作座谈会。会议共商民族团结进步大计，着重研究江西省民族地区经济发展问题。会议于27日结束。

27日 赣州市煤气公司、武警赣州市消防大队等8家军地单位获"全国军民共建社会主义精神文明先进单位"称号。

27日 遂川县被国务院发展研究中心农村发展研究部、农业部中国农学会命名为"全国金桔之乡"。

28日 省政府下发《关于公布调整后的江西省最低工资标准及其适用区域的通知》，规定一类区域月最低工资为220元（南昌市五个区、九江市两个区和庐山管理局、赣州市）；二类区域为200元（瑞昌、高安等39个市、县、区）；三类区域为180元（南昌县、新建县等40个县）；四类区域为160元（都昌、余江等12个县）。

28日 高新技术产业开发区民营高科技企业生产基地——江西科环电子工厂投产。

29日 广东、江西、湖南、海南四省在广州组建华南农副产品中心批发市场。四省省、地

（市）、县领导及农副产品龙头企业负责人 200 余人参加新闻发布会及四省协议签字仪式。

29 日 应台湾《申报》周刊邀请，江西省京剧团演出团赴台参加《申报》创刊八周年纪念庆典活动，在台北市文化中心进行 7 场优秀传统京剧折子戏演出。

30 日 省政协主席朱治宏率领江西省友好访问团一行 6 人，前往日本冈山县进行为期一周的友好访问。

30 日 在全国地方志颁奖大会上，峡江县编纂的《峡江县志》获一等奖。

31 日 景德镇市陶瓷青年艺人罗冬根成功制作出大型瓷质涩胎龙凤船。

31 日 婺源县灵岩洞国家森林公园莲华洞右侧横龙岗上的 4 亩竹林中，发现六株群生一处的"人面竹"，从正面看，每竹节的节痕上呈八字形，下呈倒八字形，使每竹筒形成"目"字人脸形，故称为"人面竹"；从侧面看，竹筒酷似健美运动员的臂头肌，因之有人又称它为"健美竹"。

31 日 省领导舒惠国等冒着绵绵细雨，参加在八一南昌起义纪念塔前举行的青年文明号优质服务队出征仪式。

本月 江西省李氏唯美贸易公司研制的用于淋浴器上的一种多功能保健喷头技术，在加拿大国际营养技术博览会上，经加拿大科学院、爱迪生科学发明研究中心等单位专家评定，获国际技术金奖。

本月 安义县龙津镇青年农民熊贵伙发明的与手扶拖拉机配套使用的水田平整器获国家专利。

1997

9月

September

公元 1997 年 9 月							农历丁丑年【牛】					
日	一	二	三	四	五	六	日	一	二	三	四	五	六
	1 三十	**2** 八月大	**3** 初二	**4** 初三	**5** 初四	**6** 初五	**7** 白露	**8** 初七	**9** 初八	**10** 初九	**11** 初十	**12** 十一	**13** 十二
14 十三	**15** 十四	**16** 中秋节	**17** 十六	**18** 十七	**19** 十八	**20** 十九	**21** 二十	**22** 廿一	**23** 秋分	**24** 廿三	**25** 廿四	**26** 廿五	**27** 廿六
28 廿七	**29** 廿八	**30** 廿九											

1 日　经中华医学会组织国内有关权威医药专家论证，江绿集团开发的茶色素被列为中华医学会重点推广工程。

2 日　南京军区司令员陈炳德中将在省委常委、省军区司令员冯金茂陪同下，视察鹰潭市民兵预备役工作。

2 日　副省长周慭平等出席了"1997 年中国赣州宋城旅游月"开幕式，这次活动是"1997 年中国旅游年京九江西行活动"之一。

2 日　万年青水泥股份有限公司成功上市，是江西建材行业第一家上市公司。省长舒圣佑题词祝贺。

2 日　省政府召开全省工业系统负责人会议，贯彻中共中央政治局委员、国务院副总理吴邦国考察江西的重要讲话精神。省长舒圣佑要求全省工业战线的干部群众振奋精神，扎实工作，以实际行动迎接中共十五大的召开。

3 日　"勤政为民，无私奉献的好专员"吴成生先进事迹报告团抵达南昌。省领导舒惠国、舒圣佑、黄智权、钟起煌、刘德旺以及省委各部门负责人会见报告团全体成员，并分别讲话。指出："吴成生是吉安地区的光荣，也是江西人民的光荣，他用实践行动乃至宝贵的生命实践了自己的诺言，严肃认真地回答了'人活着为什么，当了官干什么，知道自己身体不行了想什么'这样的人生重大课题。江西省各级党组织和广大党员干部，尤其是领导干部，一定认认真真地向吴成生学习。要以吴成生为镜子，检查自己的思想、工作和作风，找出差距和不足。以实际行动当好人民的公仆，为兴赣富民作出更大贡献。"

3 日　江西省农业综合开发专家咨询委员会成立。省委常委彭崑生到会讲话，并为 12 位咨询委员颁发证书。

3 日　根据国家教委《关于各类成人高校评估工作的意见》，南飞工业学院获评估第一名。

4 日　省委组织部、省委宣传部和省直机关工委在南昌举行为期半个月的吴成生事迹报告会。省委副书记钟起煌讲话，指出：通过深入开展向吴成生学习的活动，进一步推动干部队伍的建设，促进各项工作，以崭新的精神风貌和优异的工作成绩迎接"十五大"的胜利召开。报告团在 11 个地市为 1.7 万名听众作报告 11 场。各地市结合学习贯彻"十五大"精神，开展"学习吴成生，做人民的好公仆"的讨论。

4日 万安水电厂1997年累计发电11.6529亿千瓦时，提前118天完成11.65千瓦时的全年发电任务，实现连续1006天无事故的安全纪录。

5日 中国交响乐团在江西艺术剧院举行首场音乐会。省领导黄智权、钟起煌等观看演出，并在演出结束后登台祝贺艺术家们取得圆满成功。

5日 国家计委下发井冈山电厂一期工程可行性研究报告。井冈山电厂项目由华能集团公司、华中电力集团和省电力公司等单位共同组建井冈山华能发电有限责任公司，负责电厂的建设、运行管理及债务偿还。电厂规划容量120万千瓦，一期工程建设规模60万千瓦，安装两台30万千瓦国产燃煤发电机组。

5日 省航空模型队9名运动员在全国航空模型锦标赛上取得4金、3银、2铜。分别获得FIA国际级牵引模型飞机的团体和个人第一名，FIB国际级橡盘动力模型飞机个人第一名，FIC自由飞模型飞机团体第一名。

7日 上海图书馆向安远县捐赠图书。总价值15万元的物品，包括1.2万多册图书、一台486型电脑和一台复印机。

8日 在厦门富山国际展览城举办的"1997年中国投资贸易洽谈会"开幕。以副省长周惠平为团长的江西代表团出席招商洽谈会。江西代表团带了400余个极具投资潜力的重点项目，开幕当天签约14个项目，合同金额达1.11亿美元。

8日 萍乡集会纪念湘赣边界秋收起义70周年。省委、省政府、省军区以及国家煤炭部、全国总工会等部门的领导和各界代表一起追忆秋收起义的革命历史，缅怀参加过秋收起义的老一辈无产阶级革命家和革命先烈。省委副书记钟起煌、省军区副政委卢匡衡出席。钟起煌代表省委、省政府讲话。

8日 江西第一所全日制、寄宿型现代化学校——南昌华联外语艺术实验学校举行开学典礼。

9日 最高人民法院在南昌召开表彰大会，授予永新县法院民事庭副庭长王跃全国法院模范、南昌市中级人民法院司法警察大队集体一等功。

9日 "秋收起义"和井冈山革命根据地创立70周年纪念卡，在井冈山旅游景区开始发售。这套纪念卡共两枚，一枚卡的正面是一幅"秋收起义"油画，另一枚卡的正面是一幅毛泽东带领的秋收起义部队与朱德、陈毅带领的南昌起义部队会师井冈山的油画。该卡绝版发行1997套。

9日 1997年中国投资贸易洽谈会江西省投资说明会在厦门举行，副省长周惠平向中外客商全方位介绍江西区位和资源优势、经济发展、人文景观等情况。菲律宾、新加坡、香港、台湾等地的客商、厦门市政府负责人及新闻界人士百余人出席说明会。会议签订投资项目193项，总投资5.28亿美元，利用境外、省外资金3.94亿美元；其中合同项目173项，总投资4.69亿美元，合同外资及省外资金3.39亿美元，成交进出口贸易额5526万美元。首届中国投资贸易洽谈会突出国际招商为主题，采取投资与贸易相结合、展示与洽谈相结合、项目推介与政策咨询相结合的方式，广泛开展投资贸易洽谈。

10日 北京展览馆举办"辉煌的五年成就展"。8点15分，中共中央总书记江泽民来到了江西展区。省委书记舒惠国、省长舒圣佑胸佩鲜艳的红花，站在"革命摇篮井冈山"、"军旗升起的地方"大幅照片前迎候，向江泽民汇报江西两个文明建设五年间所取得的成就。

11日 新余钢铁公司第一开坯厂为美国DEXTER公司定制的首批生产锻件用圆钢100吨120毫米方坯的开坯任务顺利完成，为新钢公司圆钢产品挺进美国市场开辟了广阔前景。据质检部门检验，首批生产的100吨产品质量完全符合CB702-68标准。

11日 九江船舶工程总工公司继1995年和1996年连续两年成功制造出缅甸伊诺瓦底江上卑谬大桥、茅滨大桥两批钢梁之后，又成功制造出缅甸密支那大桥吊索塔架，并开始航运到缅甸伊诺瓦底江。

12日 中国共产党第十五次全国代表大会在北京举行。舒惠国、舒圣佑当选为中央委员，黄智权、陈梅芳当选为候补中央委员。

12 日 赣南师院近代声学研究所正式成立。

13 日 出席党的十五大的代表们在北京展览馆参观《辉煌的五年成就展》江西展区。代表们盛赞革命老区在十四大以来两个文明建设所取得的成就。

14 日 省人大常委会召开为期两天的推行执法责任制工作座谈会。会议总结交流实行执法责任制的经验，研究进一步推行部门执法责任制，强调贯彻依法治国方针，落实省委依法治省的决策，立法是前提，普法是基础，执法是关键。

15 日 横峰县葛源镇发现闽浙赣省苏维埃时期银行股票一枚。该股票发行时间是 1933 年 10 月，票面面额为壹元。盖有"闽浙赣苏维埃银行"圆形大红印。股票编号为 080052。股票纸张采用三层优质道林纸，印刷讲究，图案精美，为研究闽浙赣省苏维埃特别是苏区财政、金融工作提供了宝贵的实物资料。

15 日 1997 年江西省外经贸效益稳中求进，中旬已累计出口 104768 万美元，同比增长 12.04%；实际利用外资 41592 万美元，同比增长 13.91%；外商投资企业出口 19528 万美元，同比增长 46.16%；对外承包工程及劳务合同额到 8 月底已完成年计划的 98%。

16 日 《江西日报》主管的《记者写天下》杂志入选"中国精品期刊资料库"，库藏编号为 J·K－1280。

16 日 林业部决定在江西、湖南两省实施跨世纪油茶先导工程，建设期限 3 年（1997～1999），总规模 0.27 万公顷，总投资 4000 万元，其中国家投资 2000 万元，地方配套 2000 万元。预计经过更新改造的油茶林 3 年至 4 年可有收益，第 6 年亩产茶油 30 公斤，8 年后亩产茶油 50 公斤，亩收入可达 1000 元。1997 年江西省的任务 200 公顷，由分宜、宜春、上栗 3 县（市、区）实施。

17 日 江西省第一所老年病医院挂牌。新成立的老年病医院，针对老年人的特点，门诊大厅设有导诊服务台、青年志愿者接待站和中医、西医、住院、门诊等八个服务窗口，批价、收费、发药只需到一个窗口就行。

18 日 副省长周慤平任组长的江西省对非洲经贸工作协调小组成立，并召开了首次会议。江西国际经济技术合作公司作为投资开发贸易中心承建及管理单位。10 月初，江西将派员赴赞比亚完成定点和选址工作。"中心"本部设在赞比亚首都卢萨卡，征地 2 万平方米。年内开始全面启动。

18 日 由中国福利会儿童艺术剧院排演的大型儿童话剧《少年邓小平的故事》在南昌剧场首场演出。

18 日 江铃汽车集团和美国福特汽车工业公司联合开发的全顺 1035JX、1035BS 等车型轻型商用车，通过根据国家产品质量标准要求进行的鉴定。

江铃汽车集团与美国福特公司合作生产的全顺汽车

18 日 省委副书记钟起煌在南昌会见以刘汉良为名誉团长，陈金烈、潘以和为团长的香港工商界人士赴赣联谊考察团的成员。

19 日 南昌铁路局和华东交通大学签订合作意向协议。其合作的主要内容为：开展多层次科技合作，包括科技攻关、经营开发、课题申报、学术交流等；开展多层次的人力资源开发工作，联合培养人才，加强局校间党的建设和精神文明建设合作，开展局校文体交流。

20 日 副省长周慤平会见并宴请以山田馨司为团长的日本青年代表团。日本青年代表团一行 19 人，是应中华全国青年联合会邀请来中国进行友好访问的。代表团在江西 5 天访问期间，游览了九江、庐山、共青城，参观了江铃汽车集团等企业。

21日 台湾佛教慈济慈基金一行25人来南昌市佑民寺参观访问。

21日 在北京召开的1997年国际质量管理小组大会暨全国第十九次质量管理小组代表会议上，南昌机务段182机车组获"全国质量信得过班组"称号。

21日 省委书记舒惠国来到省农业厅宣讲十五大会议精神，并与农业专家座谈，要求把农业建成江西的一大产业。省委常委、省委农工委书记彭崑生主持座谈会。

21日 省委书记舒惠国考察江铃汽车集团公司。

22日 为期4天的中国地市报群工研究会1997年会在上饶举行。全国87家地市报和特邀单位的180名代表出席会议。

23日 东乡县珀玕乡民办教师胡雪英、余新福一家获全国"五好文明家庭标兵户"。

24日 在团中央表彰的"服务万村行动百佳县"中，江西信丰县榜上有名。

24日 首批两万册党的十五大报告单行本在新华书店发行。

25日 纪念井冈山革命根据地创建及"三湾改编"70周年，永新县在三湾乡枫树坪建成"三湾改编"纪念馆，珍藏苏区时期留下的历史文物。

25日 修水县渣津镇坪上出土两枚西汉时期特大型厚重"半两"砝码钱重均为90克。"半两"二字形端正，笔法具篆隶气韵。

25日 省委十届七次全体（扩大）会议在南昌举行，省委副书记舒圣佑主持。会议传达学习和宣传贯彻中共十五大精神，动员广大共产党员和干部群众，坚决响应十五大号召，在以江泽民为核心的党中央领导下，高举邓小平理论伟大旗帜，把建设有中国特色社会主义伟大事业不断推向前进。省直在职和离退休副厅以上党员干部约2000人在江西艺术剧院听了传达报告。会议于26日结束。

25日 省农科院筹建的农业及肉制品质量监督检验测试中心通过农业部质检机构审查认可及国家计量认证评审，正式挂牌运行。

26日 江西华意压缩机股份有限公司华意压缩机厂在AE系列无氟制冷压缩机方面建立的质量体系，正式通过ISO9001-1994质量体系标准评审，获中国商检质量认证中心颁发的证书。

26日 "江西消防部队大井希望小学"捐款暨奠基仪式在井冈山市大井小学举行。这是省消防总队数千名官兵心系老区人民主动捐款20万元为井冈山革命根据地创建70周年献出的一份贺礼。

江西省消防官兵捐资20多万元，在井冈山大井兴建的希望小学

26日 省经贸委在南昌召开技术创新工作会议，发布《江西省技术创新工程实施方案》。副省长朱英培、省长助理凌成兴出席并讲话。

27日 会昌县城西北有一座纪念民族英雄文天祥的祭祀专祠"文信国公祠"。据《会昌县志》和《文氏族谱》载，为纪念文天祥出兵会昌首战告捷，明永乐年间，在该县择地西街建祭祀专祠。最近经文物部门专家鉴定，此祠确为文天祥纪念祠，系明、清年间建筑物。

27日 新钢公司线材厂青年工人李明武通过自学成才获燃油喷射预先混合供给方法及装置的国家专利。

27日 省纪委五次全会在南昌举行，认真学习宣传和贯彻落实"十五大"精神。会议由省纪委副书记贾意安主持。省委常委、省纪委书记马世昌作题为《高举邓小平理论伟大旗帜，将江西省党风廉政建设和反腐败斗争不断引向深入》的讲话。

27日 省委副书记、省长舒圣佑和副省长黄懋衡，前往省体委昌北训练基地，看望并慰问即将出征八运会的省体育健儿，勉励运动员赛出新水平、赛出新风貌。

28日 在国家教委美术教育委员会首次设立的优秀美术教师大奖中，吉安五中教师戴贞桂获"全国优秀中小学美术教师"称号。戴贞桂从教30多年，学生中有100多人在江西省、全国和国际美术大赛中获奖。

28日 在全国召开的"讲理想、比贡献"竞赛活动十周年经验交流会上，南昌飞机制造公司科学技术协会连续十年获奖。

28日 大余县梅关镇新珠村境内东坑发现一处长年不息的飞瀑。该飞瀑宽约8米，落差近20米，位于东坑山腹地，人迹罕至。

28日 省委宣传部、南昌市委、省文化厅、省广播电视厅联合在南昌滕王阁前主办"迈向新世纪"省、市军民国庆电视文艺晚会。舒惠国、舒圣佑、黄智权、钟起煌等领导人，社会各界人士共1200余人参加晚会。

28日 国内首套采用三维模型设计、全国同类型装置占地面积最小的年产100万吨重油催化裂解装置在江西九江石化总厂建成投产。

28日 八运会"奔向新世纪"火炬传递活动江西省起跑仪式在南昌八一广场举行。省领导舒惠国、钟家明、陈癸尊、黄懋衡、罗明、卢匡衡、贾意安等出席。南昌市市长刘伟平宣布火炬传递活动起跑仪式开始。副省长、八运会江西代表团团长黄懋衡致辞。8月28日，中共中央总书记江泽民用采自上海和香港的火种点燃中华人民共和国第八届运动会"奔向新世纪"主火炬，揭开了火炬传递活动序幕。省委书记舒惠国手持金色的火炬，从火种盒中点燃江西省火炬传递活动主火炬。一万余人参与火炬传递活动。

28日 丰城市23万吨水泥扩建工程竣工，丰城水泥有限责任公司高标号水泥年产量将达到38万吨。该公司原年产水泥15万吨，现在原厂区附近扩建一条年产水泥23万吨的生产线，项目总投资1.38亿元。

29日 在深圳—北京的106次列车停靠南昌站的短暂时刻，以香港青年法律工作协会会长、香港特别行政区临时立法会议员黄英豪为团长的香港各界青年国庆访京团，在月台上将3万元捐款交给江西青年联合会负责人，帮助江西省的希望工程完成几座希望书库的建设。

29日 南昌新八一大桥正式建成通车。中共中央总书记江泽民为新大桥题写桥名。舒惠国、舒圣佑、黄智权、钟起煌等出席通车典礼。新八一大桥为双独塔、双索面密索型预应力钢筋混凝土斜拉桥，历经省内外16家主要施工单位，数千名建设者的团结拼搏，用一年零十一个月时间建成通车。大桥主桥长1040米，主跨4×160米，南北两岸引桥总长3113米；主塔为H型，塔高103米，主塔桥面宽28米，有效宽度为26米；设计日车流量为2.36万车次。一江两岸南岸道路工程从沿江外环路塘子河立交桥至江边站段，全长3.06公里。

八一大桥路桥收费站

南昌新八一大桥正式通车

29日　省政府在鹰潭召开表彰会暨国庆招待会，表彰和招待在江西省工作的海外专家。10名外国专家获"江西友谊"奖。副省长周慤平到会向专家们颁奖。马来西亚专家林明仁代表获奖专家发言，感谢省政府给予他们的荣誉，表示愿为江西的建设尽心尽力。

29日　江西向塘站至株洲老关站顺利实行自动闭塞法行车。浙赣复线改造工程全部竣工。

30日　江西水电工程局、江西省清华科技集团签订联合投资高新区建设道路工程施工合同。"清华高科技工业园"建设正式启动。

30日　1997年的上海服装服饰用品展销会在江西展览中心开幕。展销会旨在两地优势互补，共拓市场促进服装文化交流。

30日　赣县江口镇被国家卫生部和中国初级卫生保健基金会确定为全国5个农村合作医疗试点乡镇之一。

30日　由钨矿山联营的中外合资企业赣州华兴钨制品有限公司成立。公司新建年产3000吨仲钨酸铵生产线投产。

30日　南昌公交10路21辆新车进线营运。省城公交已全面完成旧车更新改造。1997年，南昌公交自筹资金2100万元，新增车辆190余辆。当前，南昌公交车辆已达596辆，其中4年间更新改造车辆496辆。10路公交车原来车况破旧，线路为八一桥至蛟桥。为适应新八一大桥通车需要，南昌公交筹集364万元，对公交最后一批旧车给予更新，同时将10路公交线路向市区延伸至青山路段。

南昌公交公司更新的公交车

1997
10月
October

公元 1997 年10 月							农历丁丑年【牛】						
日	一	二	三	四	五	六	日	一	二	三	四	五	六
			1 国庆节	**2** 九月小	**3** 初二	**4** 初三	**5** 初四	**6** 初五	**7** 初六	**8** 寒露	**9** 初八	**10** 重阳节	**11** 初十
12 十一	**13** 十二	**14** 十三	**15** 十四	**16** 十五	**17** 十六	**18** 十七	**19** 十八	**20** 十九	**21** 二十	**22** 廿一	**23** 霜降	**24** 廿三	**25** 廿四
26 廿五	**27** 廿六	**28** 廿七	**29** 廿八	**30** 廿九	**31** 十月大								

1 日　省人大常委会副主任陈癸尊率省人大代表团离南昌赴罗马尼亚进行友好访问。

1 日　会昌县举行湘江大桥通车仪式。湘江大桥是国家交通部重点扶贫项目，大桥五墩六孔，主桥长 333.2 米，宽 13 米，工程总投资 1280 万元。

3 日　"1997 年中国曹禺戏剧文学奖"评选活动在北京揭晓。江西省剧作家胡桔根获奖。其创作的高安采茶戏《木乡长》获第六届全国"五个一工程奖"和第七届文化部文华奖。

4 日　印度共产党总书记巴尔丹率领的印共代表团访赣。省委书记舒惠国会见了代表团全体成员。

4 日　以常务副省长黄智权为团长，11 个地市及省直有关部门负责人 50 人组成的代表团离南昌赴美，参加 10 月 8 日在美国纽约市世界贸易中心举行的 1997 年中国江西（美国）招商引资项目推介会。推介会签订合同和意向项目 29个，总投资额 8.1 亿美元。代表团于 19 日回国。

5 日　国务委员李贵鲜、民政部部长多吉才让一行 9 人考察江西民政工作。

5 日　在"辉煌的五年"成就展闭幕式上，江西展区获"最佳组织奖"和"优秀设计装修奖"。

6 日　全国供应港澳鲜活冷冻商品工作会议在南昌举行。各省市及计划单列市外经贸部门负责人及港澳企业代表 170 余人参加会议。会议着重研究如何适应新形势，进一步做好香港回归后及澳门回归过渡时期内的供应工作。35 年来，江西运往香港、澳门的生猪总计近 600 万头，1997年 1 月至 9 月已超过 9 万头。外经贸部副部长陈新华、副省长周慜平到会并讲话。

6 日　赣粤边三年游击战争纪念馆在信丰县正式开馆。展馆内容包括：红军长征后重大战略转移；红军游击队反"清剿"斗争；艰苦卓绝的斗争生活；下乡谈判开赴前线；当日油山等。

7 日　江西省减灾协会召开座谈会，纪念 1997 年"世界减灾日"，并宣布江西省减灾协会专家组成立。

7 日　上饶市朝阳乡盘石村发现宋太祖赵匡胤的家谱——《赵氏宗谱》。该家谱记载宋朝每个皇帝、皇后以及大部分皇族成员的生卒年月，埋葬地点。

7日 在龙南境内的九连山林场墩头分场发现一棵罕见的南方红豆杉。这棵南方红豆杉，主干直径约1.5米，树高约25米，三个成人才能合抱成一圈，有千年历史。

7日~18日 由全国人大常委会委员何康、潘季，全国人大财经委委员费子文等13人组成的全国人大常委会《农业法》执法检查组抵达南昌。8日，省人大常委会、省人民政府和南昌市人大常委会、南昌市人民政府举行汇报会。检查组在省人大副主任华桐等的陪同下，赴南昌县、宜春地区、吉安地区、赣州地区进行检查。实地检查后，18日就检查情况与省领导交换意见，张逢雨、华桐、孙用和分别在会上讲话。

7日 以日本冈山县知事石井正弘为团长的友好访问团一行7人对江西进行为期3天的访问。省长舒圣佑、省政协主席朱治宏、省人大常委会副主任卢秀珍、省委书记舒惠国分别会见日本客人。

8日 省政府决定在南康市建设赣南高新技术产业开发区。该高新区归赣州地区行署领导，属省级高新区。

8日 投资250万元兴建的南昌王余家洁纪念学校竣工。

8日 全国人大常委会《农业法》检查组一行10人到南昌检查贯彻执行情况，并到南昌县蒋巷镇察看晚稻抛秧高产示范基地。

8日 江西省重点建设工程项目——赣州大桥全面竣工。该大桥主引桥全长528米，桥面宽26米，总投资为5378万元。

8日 吉安地委、吉安地区井冈山精神研究会和井冈山市委联合在井冈山市举行了井冈山精神理论研讨会。中央和江西省理论、党史界的有关专家出席了会议。会议收到论文23篇。会议于9日结束。

9日 安福县浒坑镇境内发现一处含锂瓷石矿带，并具有较高的开采利用价值。该矿带呈长条脉状分布在浒坑镇境内的武功山，矿脉带长5000米至8000米，储量200万吨。

9日 江西东风药业股份有限公司成为国家火炬计划重点高新技术企业。

9日 景德镇陶瓷学院院长兼党委书记、中国工艺美术大师秦锡麟教授等一行3人，应韩国京畿大学校长孙仲国博士邀请，赴韩进行考察访问，并与该校结为友好院校。

9日 崇仁县麻田果园场发现8只珍稀野生动物猴面鹰，经鉴定为国家一级保护动物。

9日 中国新四军革命纪念馆专业委员会第五次年会暨纪念新四军建军60周年学术研讨会在南昌召开。原南京军区参谋长、新四军历史研究会常务副会长金冶，中国新四军革命纪念馆专业委员会会长曹晋杰，以及河北、江苏、天津、上海、江西等12省市有关部门领导和代表参加会议。张震、叶飞、孙毅、张铚秀、叶正大、谭友林为纪念新四军建军60周年题词。省委副书记钟起煌出席会议并讲话。14日，江西省的150多名新四军老战士、参加年会及学术研讨会的人员以及驻南昌部队、武警官兵、机关干部、学生代表共600多人在南昌召开纪念新四军成立60周年大会。原全国人大常委会副委员长彭冲、叶飞专程前来参加纪念大会。纪念大会由中国新四军历史研究会第一副会长傅奎清主持，舒惠国、叶飞、雷鸣球、彭冲先后在大会上讲话。会议于16日结束。

纪念新四军成立60周年大会

10 日 财政部驻江西省财政监察专员办事处对南昌铁路局和南昌地区 46 个站、段、公司 1995 年和 1996 年两个年度的决算进行审查。

11 日 由中国人民解放军国防大学政委王茂润中将和副政委董宜胜中将率领的国防大学 400 多名高级指挥员、高级参谋学员、部分专家教授和机关人员抵达南昌，来江西进行现场教学，专程参加井冈山根据地创建 70 周年纪念活动。12 日，师生们离开南昌去井冈山。国防大学的前身是毛泽东于 1927 年 11 月在宁冈砻江书院创办的红军军官教导队。

11 日 由香港新闻界 13 家单位组成的访问团，以及国务院新闻办公室、新华社香港分社有关人员在南昌参观考察。考察于 12 日结束。

12 日 新华社香港分社副社长张浚生在江西作香港形势报告会。省直在职副厅以上干部 500 多人参加报告会，省委副书记钟起煌出席。

12 日 省领导会见并宴请香港新闻界访问团一行 21 人。国务院新闻办公室副主任李冰会见时在座。访问团 10 月 7 日至 15 日在赣期间，先后到吉安、南昌、九江等地了解改革开放及经济建设的新成就。

13 日 省人大常委会在南昌召开动员大会。部署 10 月至 12 月对江西省高级人民法院、省人民检察院工作进行评议。

13 日 江西省肺科医院胸外科成功地为一位患有右上肺结核瘤的女患者施行经腋下小切口的右上肺叶切除手术。

14 日 江西选手刘显斌、张炳贵、宋新友、赵能在全运会男子赛艇四人双桨比赛中，以 6 分 7 秒 19 的成绩为江西夺得首枚金牌。在射击比赛

在全运会上夺得首枚金牌的江西赛艇健儿

中，选手张开岩夺得男子飞碟双向 125 靶的铜牌；李勤和蔡烨清分别夺得女子小口径标准步枪 3×20 项目和 10 米女子气手枪 40 发项目的第四名。

14 日 以总书记达马·德拉马尼为团长的多哥人民联盟代表团一行 4 人访赣，省委书记舒惠国会见并宴请代表团。

14 日 崇义县文物管理部门上堡乡良和村发现一块清朝木匾，系道光皇帝于道光五年（1825）御赐给国学贡元吴光裕的。上书"味道分胰"四个浮刻大字，漆粉鲜亮，刀法苍道。该匾长 205 厘米，宽 70 厘米。

14 日 省政协香港地区委员回赣视察参观团抵达南昌。从 15 日起，视察参观团一行将分别前往贵溪冶炼厂、振达铜材集团、上饶客车厂、广丰卷烟厂等企业进行为期一周的视察。

14 日 8 时左右，狂猛的龙卷风夹杂着冰雹、暴雨袭击安福县江南等六个乡镇 15 个行政村和乐安县的湖坪等六个乡，各乡镇遭受严重的自然灾害。

14 日 1997 年中国江西（美国）招商引资项目推介会，在美国纽约世界贸易中心圆满结束。此次推介会向美国各界人士发出 2000 多份邀请函，签订合同和意向项目 29 个，总投资 8.1 亿美元。其中已签合同项目八个，总投资 7250 万美元，外资额 3150 万美元；签意向项目 21 个，总投资 74185 万美元，外资额 23490 万美元。已签合同项目主要有江铃集团与美国多纳公司合资生产汽车架项目；萍乡市化工厂与美国格特伯集团公司合资扩建年产 4 万吨混炼胶生产线；江西电线电缆总厂与美国罗依尔集团公司共同投资生产、销售光纤、光缆产品；丰城新渡镇盛达饲料有限公司与美国国际集团有限公司合资兴建鸭子食品加工厂等。

15 日 瑞士安德利集团董事局成员罗彻尔夫妇一行 5 人抵达南昌访问，副省长周慭平会见并宴请董事局成员。

15 日 在日内瓦联合国万国宫举行的"世界农村妇女日"仪式上，妇女世界最高基金会向世界各国的 30 余位农村妇女颁发农村生活妇

女创造奖，定南县恩荣村妇女会主任缪长莲获奖。

15日 省纪委召开常委会，学习全国和省纪检监察系统电视电话会议精神，决定立即印发尉健行、舒惠国同志的讲话，并向县级以上党政组织、纪检监察机关发出通知：（一）各类会议一律不准发纪念品和礼品；（二）一律暂停购置移动电话；（三）在保证办案质量的前提下，抓紧查处一批有影响的重大违纪违法案件，并公开报道一些典型案件；（四）禁止年终特别是元旦、春节期间突击花钱、滥发钱物和用公款吃喝玩乐。

15日 "三湾改编"纪念馆在永新县三湾村建成开放。纪念馆展厅分为"秋收暴动受挫与战略转移"、"三湾改编"、"向井冈山进军"、"军魂永驻"四部分。

16日 江西省纪念井冈山革命根据地创建70周年大会在井冈山市体育馆举行。国防大学政委王茂润，老同志李立、胡立教，全国人大常委会委员万绍芬，国防大学副政委董宜胜，国家旅游局局长何光暐，国家建设部副部长李振东等领导和来自四面八方的来宾及井冈山干部群众3000多人出席会议。舒惠国代表省委、省政府、省军区讲话。纪念大会结束后，举行井冈山革命烈士纪念碑揭牌仪式。纪念碑由邓小平亲笔题写碑名，主碑高27米，造型为火炬和枪杆，坐落在井冈山烈士陵园最高处，占地1200平方米。

在井冈山市体育馆隆重举行纪念井冈山革命根据地创建70周年大会

16日 九江市庐峰北路东门附近出土清末窖藏古钱96公斤。古钱盛装在陶缸内，上用青石板覆盖。

16日 江西纸业集团有限公司在南昌正式挂牌成立。

江西纸业集团有限公司年生产新闻纸能力为10.2万吨

16日 江西方大新型铝业有限公司竣工投产。

16日 赣县湖江乡夏府村戚氏宗祠聚顺堂发现孙中山先生亲自书写的对联手迹，上联为"蔚和平气象振国是风声发扬章贡英灵崆洞秀气"，下联为"恢家族规模建民治基石光大础丘宏业阀阅宗功"。

16日 在第二届全国儿童人像大赛上，弋阳县蛇纹石矿21岁的工人、中国民俗摄影协会会员陈建强的摄影作品《炎夏》获铜奖。

17日 江西省粮食工作会议结束。会议要求，坚决按国家政策收购晚稻。晚稻定购粮食仍按1996年确定的价格执行，议购保护价一律按50公斤66元执行。要按保护价敞开收购议购粮，不限收、不拒收、不停收。要坚持质量标准，依货论价，不得压级压价，不打"白条"。

17日 缅甸空军司令丁威中将一行8人，由中国空军何为荣少将陪同，从北京飞抵南昌，参观南昌飞机制造公司并游览滕王阁。

17日 宁都县在旧屋拆迁中发现两件保存完好的革命历史文物。这两件文物均为木质印章，一枚是"中华苏维埃赣县革命军事委员会"印，一枚是"江西省荣誉军人学校"印。

17日 中部五省地区及京九铁路沿线经济发展规划座谈会在赣州召开。会议指出，面向市场，优势互补，加强区域经济联合协作，共同振兴中部五省地区及京九铁路沿线经济。国务院副总理邹家华、国务院副秘书长石秀诗、国家计委副主任叶青、地矿部部长宋瑞祥、化工部部长顾秀莲、国家开发银行行长姚振贵及冀、豫、鲁、皖、鄂、湘、粤等省和18个国家部、委、行、公司的领导和代表出席会议。邹家华讲五点意见：（一）面向市场，以市场为导向制定区域规划；（二）发挥优势，发展特色经济和优势经济；（三）从实际出发，明确和突出发展重点；（四）加大结构调整力度，提高经济增长的质量和效益；（五）加强联合，共同振兴中部五省及京九铁路沿线地区经济。邹家华与与会代表考察了龙南稀土资源开发、加工情况。邹家华一行还到信丰县考察了赣南果业开发。座谈会于19日结束。

18日　在八运会田径赛场上，江西小将周伟在男子100米田径决赛中，以10秒22的成绩夺金牌；在链球决赛中，江西链球名将毕忠以71米26的成绩夺得金牌；在女子800米自由泳决赛中，江西泳将罗萍以8分36秒19的成绩夺铜牌。

链球冠军毕忠在赛场上

百米决赛冲刺的江西选手周伟（右一）

18日　江西锅炉化工石油机械联合有限责任公司、江西联合重工业集团同时挂牌成立。

18日　高安市大城中学被中国教育工会授

予"全国农村教师家庭扶贫工作先进单位"。

20日　大型民营企业——江西三鑫医疗器械有限责任公司开业。

20日　省八届人大常委会第三十次会议在南昌举行。会议通过《江西省公路规费征收管理条例》、《江西省标准化管理条例》、《江西省人民代表大会常务委员会关于分配江西省第九届人民代表大会代表名额的决定》、《江西省人民代表大会常务委员会关于召开江西省第九届人民代表大会第一次会议的决定》、《关于景德镇市第十届人民代表大会换届时间的决定》、《关于增补省八届人大常委会代表资格审查委员会主任、副主任委员名单》。会议于23日结束。

20日　在上海举行的八运会拳击比赛上，江西拳击老将潘峰和新秀芦宗伟分别夺得71公斤级和63.5公斤级的金牌。

21日　在江西省高新技术开发试点工程表彰会上，省科委分别给予江西东风药业股份有限公司、江西庆江化工厂和南昌华声通信有限公司50万元、40万元和30万元的奖励，以表彰这三家企业在实施试点工程时所作出的突出贡献。

21日　1997年华东六省一市动物园年会在南昌召开。会议于25日结束。

21日　3时41分，临川市个体经营的牡丹宾馆发生特大火灾。6时左右大火被扑灭，火灾中有22人死亡，12人受伤。

21日　文化部、广播电影电视部、民政部、国家教委、中国残联共同举办的"江洋杯"第四届全国残疾人艺术汇演在北京揭晓。南昌选手徐琳的独唱《香港一九九七》获二等奖，宜春选送的女声独唱《父老乡亲》、萍乡选送的盲人表演唱《报春》、南昌选送的盲人钢琴独奏《夕阳箫鼓》、景德镇选送的聋哑人舞蹈《瓷娃乐》等获三等奖。

22日　朱葵中国山水画展在其祖籍婺源县举行。朱葵曾多次远赴美、日、加拿大、新加坡及欧洲许多国家举办个人画展，被誉为"中国乡情诗画家"。此次画展共展出他近年来的新作品30幅。

22日　近日，南昌市湾里一中梦笔文学社

获"全国教育系统十佳文学社团"称号。

23 日 省政府发出《认真开展财税物价大检查的通知》。该通知指出,这次检查从 1997 年 10 月开始,到 1998 年春节前基本结束。要求重点检查面不得低于 40%,有条件的地(市)和部门可多安排一些检查单位。通过检查,有效整顿财经秩序,严肃财经纪律。

23 日 国家监察部、建设部和国家土地管理局联合组成的国务院非农建设用地检查小组结束对南昌市非农建设用地情况的检查。

23 日 中央综治委副秘书长、综治办主任陈冀平在北京主持召开关于九江大桥公路桥管权协调会。铁道部、公安部、江西省委、湖北省领导以及国家计委、铁道部和南昌铁路局有关司局领导参加会议。

23 日 南昌铁路局南昌站派出所民警王征被共青团中央、中央综治委、公安部等 12 个中央单位授予"首届中国优秀青年卫士"称号。

24 日 以执政党执委会成员阿贝·特叶·阿贝先生为团长的埃塞俄比亚农业代表团一行抵江西省访问,重点考察水土保持、畜牧业生产和农村综合发展情况。于 26 日离开南昌。

24 日 第二届农业考古国际学术讨论会在南昌开幕。美国、加拿大、罗马尼亚、韩国、日本及国内的专家学者 100 余人参加开幕式。

24 日 经省政府第七十五次常务会议讨论,正式批准南昌市长堎外商投资工业区为省级开发区。该区起步区占地 3.5 平方公里,规划面积 15 平方公里,是 1991 年 8 月创办的市级开发区。

24 日 江西省名、特、优、新产品展销会在南昌八一广场举行。参加展销会的企业 102 家,参展的产品有轻工、纺织、服装、食品、副食品、工艺美术品和电子、医药、烟草、日用杂品等 13 大类 148 项。展销会于 26 日结束。

25 日 1997 年度江西省科技进步奖在上饶市揭晓,有 120 项优秀科技项目获奖,一等奖 4 项,二等奖 20 项,三等奖 96 项,有 600 多名科技人员获奖。

26 日 南昌铁路局"火车头体育协会"和"火车头艺术协会"成立。

26 日 江西省参加第八届全运会的体育代表团全体成员从上海返回南昌。在此次全运会上,江西体育健儿参加项目有田径、游泳、跳水等 8 项,进入决赛人数 70 人,夺得 8 枚金牌(刘显斌、张炳贵、余新友、赵能获男子赛艇四人双桨金牌,杨志刚获自由式摔跤金牌,毕忠获男子链球金牌,周伟获男子 100 米和 200 米田径金牌,潘峰、芦宗伟分别获得 71 公斤级和 63.5 公斤级拳击金牌,杜小鹏获得男子十项全能金牌)、4 枚银牌、3 枚铜牌。3 人 7 项 7 次超世界纪录,1 人 1 项 1 次平全国纪录,13 人 22 项 26 次破省纪录。总分 319.5 分,金牌数列 46 个代表团的第 17 位,实现了金牌总数、总分全面超上届,在全国排名前移的目标(11 月 6 日,省政府在南昌举行参加第八届全运会总结表彰会,为江西省八运健儿庆功)。

芦宗伟手持金牌向群众致意

周伟在弯道处超越对手

比赛中奋力拼搏的杜小鹏

夺冠后的潘峰挥舞鲜花

27日　全国首家集林果科研、开发、病虫害防治检疫于一身的森防林场，在南康市成立。

27日　省政府宴请"1997年江西国际微笑行动"全体成员，答谢他们不辞辛苦，远涉重洋，用自己的爱心为江西省69名唇、腭裂患儿带来微笑。

28日　"1997年环保赣江行"工作会在南昌举行。主题是"保护资源，永续利用"。活动分宣传调查、采访报道、总结经验三个阶段。"1997年环保赣江行"组委会主任钱梓弘在会上讲话。

28日　我国第一部中外联合开发的汽车——江铃全顺系列轻型商用车首次亮相。6辆第一批试产下线的全顺汽车被赠送给江西省科教医疗单位。赠送仪式在江铃全顺汽车生产基地举行（1997年12月2日，全顺车正式批量生产并投放市场）。

出席全顺汽车全面投产庆典的领导和嘉宾祝贺全顺汽车正式下线

28日　南宋杰出的爱国词人辛弃疾遗址牌坊在上饶市落成。

29日　江西省农村基层组织建设电视电话会议在南昌召开。强调要坚持党在农村基本政策不动摇，加强农村基层组织建设不放松；要继续坚持执行机关单位四定包干扶助后进村的制度；要继续坚持省委关于每年筹集一定数量的启动资金，帮助扶助发展村级集体经济的做法；要继续坚持完善县以上党委领导干部抓农村基层组织建设的挂点、蹲村、调研三项制度。

29日　江西省农田水利基本建设会议在高安市召开。省长舒圣佑要求全省上下集中时间，集中力量，集中资金，打好水利冬修主攻战，迅速掀起冬修水利建设新高潮。会议强调要进一步完善并坚持"防汛、抗旱、冬修"三位一体的各项责任制，把水利冬修作为考核领导政绩的重要内容。

29日　赣州市民政局与赣州汇通实业发展有限公司合作开发建设江西省首家花园式塔林——慈云陵园。陵园位于赣州市沙河乡黄龙村，总投资约4600万元。

29日　省军区举行驻昌部队学习贯彻"十五大"精神座谈会。省军区领导冯金茂、郑仕超、卢匡衡、王峰等出席座谈会并讲话。

30日　江西省在农业部主办的第三届中国农业博览会上获最佳组织奖和优秀设计奖。江西精选33个产业化典型单位和115家龙头企业的320多种产品以及236幅图片参加博览会展出。江西省的民星871饲料、景德镇板鸡等13种产品被评为本次博览会名牌产品。

30日　江西省能源基础产业第一家股份制公司——江西赣能股份有限公司在南昌成立。省委副书记、常务副省长黄智权为公司揭牌。该公司是将萍乡发电厂经评估确认的经营性净资产折股投入，以募集方式设立的股份有限公司。

31日　全国首届欧阳修学术讨论会在吉安市闭幕。中国宋史研究会、北大、北师大及全国几十所高校的70余位专家学者出席。

31日　省政府召开冬季防火工作电话会议。省委副书记、常务副省长黄智权到会讲话，省长助理凌成兴主持会议，省防火安全委员会成员参加会议。黄智权发表坚决杜绝重特大火灾事故发生的讲话。

31日　江西省出席全国工商联第八届会员代表大会的代表离开南昌赴京。省委常委、省委组织部部长刘德旺，省政协副主席、省委统战部部长梅亦龙前往省工商联机关为20位代表送行。

本月　经过国际航空客货运输协会的严格审查和实地考察，江西省国际旅游航空服务公司正式加盟国际航协。

本月 富奇汽车总厂生产的 FQ2022S 金旋风轻型越野车已有五批 20 多辆出口美国，当前正在准备第六批、第七批整车出口，美国 CNN 电视台和《底特律汽车报》分别报道富奇车出口美国的消息。

江西富奇厂汽车总装车间生产线

本月 由南昌飞机制造公司研制生产的 K—8 飞机在埃及开罗进行飞机表演之后，本月又先后在津巴布韦、赞比亚、肯尼亚、埃塞俄比亚、厄立特里亚等国进行表演。

本月 "1997 年瓷都景德镇陶瓷文化旅游月"在瓷都景德镇举行。

本月~12 月 经省委批准同意，省人大常委会决定组织部分省人大代表于 10 月 14 日对省高级人民法院、省人民检察院的工作进行评议。会议由省人大常委会副主任张逢雨主持，省委书记舒惠国、省人大常委会副主任卢秀珍分别讲话。省人大常委会副主任周述荣宣读了经省委批准同意的"关于组织人大代表评议省高级人民法院、省人民检察院工作方案的实施意见"。省高级人民法院院长李修源、省人民检察院检察长阙贵善在会上发言。

1997

11月
November

公元 1997 年 11 月							农历丁丑年【牛】						
日	一	二	三	四	五	六	日	一	二	三	四	五	六
						1 初二	**2** 初三	**3** 初四	**4** 初五	**5** 初六	**6** 初七	**7** 立冬	**8** 初九
9 初十	**10** 十一	**11** 十二	**12** 十三	**13** 十四	**14** 十五	**15** 十六	**16** 十七	**17** 十八	**18** 十九	**19** 二十	**20** 廿一	**21** 廿二	**22** 小雪
23 廿四	**24** 廿五	**25** 廿六	**26** 廿七	**27** 廿八	**28** 廿九	**29** 三十	**30** 十一月大						

1日　水利部决定在信丰县建设我国首个水土保持产业化试验示范区——长江流域水土保持产业化试验示范区。示范区集中连片面积1万亩，首期工程500亩开始实施。

1日　南昌市麦园垃圾填埋场一期工程正式投入使用。该场占地面积120公顷，设计库容量为1792万立方米。

1日　在唐宋八大家之一的北宋著名文学家、史学家、政治家欧阳修诞辰990周年前夕，一尊欧阳修全身雕像在其故里永丰县永叔公园落成。雕像采用花岗岩材料，高5.18米，重18吨。

2日　以日本国际贸易促进协会理事长中田庆雄先生为团长的京九铁路沿线促进投资环境调查考察团一行抵达南昌。3日，省政府与日本国贸促会举行座谈会，并签署合作协议书。

2日　京九铁路国家验收会议在北京召开。国家验收委员会通过京九铁路《验收证书》并举行签字仪式。南昌铁路局副局长杜厚智代表京九铁路接管运营的6个铁路局（集团公司）就管好、用好京九线作了发言。会议于3日结束。

3日　省政府发出《江西省国有企业经营者年薪制试行办法》。该办法规定，经营者年薪收入由基本收入和效益收入组成。其基本收入以本企业上年职工平均工资为基础，并适当考虑当地社会平均工资水平，再按国家统一规定的企业类型确定年基本收入基数。

3日　农牧企业执行董事长卢岳胜和农牧企业总裁李绍庆率领的（泰国）正大集团高级代表团一行抵赣。省长舒圣佑会见并宴请代表团成员。

3日　建设银行江西省分行与江西万年青水泥股份有限公司就财务结算、资金融通等签订银企合作协议。副省长朱英培出席签字仪式。

3日　农业部的授予浮梁县为"中国红茶之乡"的牌匾，成为继浙江新昌被命名为后第二个在茶叶类中获此称号的县市。

4日　江西丰城电厂一号机组（30万千瓦）通过基建移交生产达标验收。

4日　全国财政决算工作会议在南昌召开。财政部副部长刘积斌到会并讲话。会议主要总结1996年度全国财政决算和布置1997年的财政决算工作，表彰1996年度全国财政决算工作先进单位。

4日 全国社科院系统"有中国特色社会主义建设研讨会"在南昌召开。与会者认为，有中国特色社会主义文化的指导思想是马克思主义，这是民族的、科学的、大众的、社会主义的灵魂和根本原则。

4日 由全国人大常委会副委员长费孝通，全国人大常委会委员、教科文卫委副主任委员李绪鄂，全国人大常委会委员、教科文卫委委员张序三，全国人大教科文卫委委员谢光等一行22人组成的《中华人民共和国科技进步法》执法检查团抵达南昌，将赴省直科研院所、南昌市、九江市和景德镇市，进行为期9天的执法大检查。

4日～5日 武警江西省总队后勤工作会议在南昌召开。武警部队副司令员高文远，省委副书记、常务副省长黄智权，省委常委、省委政法委书记彭宏松出席并分别讲话。会议于5日结束。

5日 江西省召开减轻企业负担工作会议。会议强调，要把自查自纠作为治理向企业乱收费、乱罚款和各种摊派的关键环节来抓。各地、各部门尤其是执收、执罚、执法单位，对本地区、本部门、本单位的问题，要勇于揭短，敢于碰硬，自觉进行自查自纠。

5日 赣州首趟进京列车"创业集团号"开行。

5日 江西省出席九三学社第七次全国代表大会的14名代表启程赴京。省委常委、省委组织部部长刘德旺代表省委为代表送行。

5日 由《中国林业报》主办的"中国林业十杰"评选活动揭晓，原上饶县林业公安分局局长、全国公安战线一级英模、革命烈士胡俊生为"十杰"之一。

5日 江西达康塑胶有限公司生产的"达富牌"UPVC管材管件通过国家级鉴定，获第二届全国建筑材料和装饰材料博览会金奖，并加入"中国名模商品库"，成为建设部的推荐产品。

5日 宁都县城北一顾姓农户在建房挖墙基时，挖出一块东汉铜镜，直径约16厘米，背面印有图案花纹。

5日 全国人大常委会副委员长费孝通率全国人大《中华人民共和国科技进步法》执法检查组在滨江宾馆听取省、市的情况汇报。

5日 中宣部、公安部、中华见义勇为基金会授予张华"全国见义勇为先进分子"称号，中国农业银行总行授予刘庭亮、张华"农金卫士"称号。

5日 全省工业座谈会在南昌召开。会议提出江西省"三年走出困境"总体标志、目标和有关措施。总的标志是：以市场为导向，以资产为纽带，组建一批大集团；兼并、联合、嫁接、改组调整一部分企业；淘汰一批长期资不抵债、扭亏无望的企业；分流一批富余人员；亏损降低到较低水平；冶金、陶瓷、纺织三个特困行业要改变面貌。

6日 武警部队副司令员高文远中将来昌视察建设中的江西装潢建材大市场。该市场是部队帮助国企摆脱困境而兴建的经济发展基地。

6日 国家"863"高科技攻关项目——二晚两系杂交稻中试在宜丰县获得成功。经省科委、省农科院、江西农大等单位组织专家测评，平均亩产达530公斤，最高单产680公斤。

6日 全省中医工作会议提出江西跨世纪中医工作新思路，确定并已实施"1115"工程。即：集资900万元，建设10个中西结合急诊医疗中心、10个中医专科专病医疗中心、10个中药制剂基地和5个全国示范中医院。

7日 樟树市义成乡农技站站长肖忠清获1997年度中华农业科教基金农技推广奖、奖金2万元。

7日 江西省新闻扶贫队出发仪式在洪都宾馆举行。江西日报社、省电视台、省广播电台、江西画报社的8名记者组成的新闻扶贫队，深入到黎川、于都两地采访半个月。

7日 全省加快生猪发展促进早稻转化座谈会在南昌召开。研究生猪生产持续、快速、健康发展，使其成为财政增长、农民增收的支柱产业这一重大课题。座谈会指出，加快早稻转化成饲料，推行低成本养猪，确保从1998年起到2000年全省每年的生猪出栏量递增500头。会议于8日结束。

7日 全国中学生政治课教师形势政策教育报告会在南昌召开。全国20多个省市的300多名中学生政治课教师听取与会专家所作的国际国内形势及高考政治课题方面的报告。报告会于8日结束。

8日　吴成生事迹报告团启程赴京。报告团在京期间将赴中共中央党校和清华大学等单位作报告，并和中央党校的学员座谈（吴成生生前任吉安地区行署副专员，1997年2月病逝。他在平凡的工作中作出了不平凡的业绩，是新时期党性修养和党风建设的一面旗帜）。

8日　南昌市百货友谊（集团）公司正式挂牌成立，该公司是一个以零售商业为主，集批发、连锁、超市、仓储、运输、餐旅业为一体的商业集团。

8日　江西良友集团有限公司挂牌成立。

8日　南昌有色冶金设计研究院设计的"金隆工程"正式投产。该院在消化吸收贵冶引进技术的基础上，自行设计的第一个大型铜冶炼厂，体现炼铜技术的设计达到同行业先进水平。

8日　省政府召开洪都钢厂经营管理情况及审计调查结果现场会，推广该厂坚持挖内潜练硬功，以价格、质量、品种和信誉开发市场的经验。

9日　1997年中国消防产品博览会在省展览中心开幕。本届博览会有北京、上海、天津、江西、辽宁、广东、浙江等20个省市的112家企业以及美国和日本厂商参展。有119家排位的展厅展出消防电子报警、灭火系统、消防装备、消防器材、防火材料、救生及破拆工具7大类、126个品种、351个规格的消防产品。博览会结束后，南昌市消防支队在八一广场举行了移动模拟化工装置扑救和综合救援表演。

9日　江西11位出席中国民主建国会第七次全国代表大会的代表离开南昌赴京。省委常委、省委政法委书记彭宏松代表省委为代表送行。

10日　九景（九江至景德镇）高速公路举行施工合同签字仪式。该工程是江西省利用亚行贷款1.5亿美元建设的项目，全长133.645公里。13日，九景高速公路全线开工。舒惠国、舒圣佑、黄智权出席开工典礼。

10日　美国南加州华人经贸考察团一行31人抵达南昌，自当日至13日对南昌、景德镇等地进行经贸考察和访问。

10日　近日，万载县锦源林场工人在竹林中发现一株自然变异的一年生毛竹，高约8米，直径30厘米，40个节斜生，形成规则的椭圆环，且节节通过椭圆端点相连，每相邻两个环组成一个菱形，犹如人的面部轮廓。当地人把这株变异竹称为"人面竹"。

11日　马其顿共和国驻华大使费拉迪米尔·佩特科夫斯基先生一行2人来江西进行公务访问。

11日　全国旅游财务工作会议在南昌举行。会议研究旅游财务工作贯彻落实党的十五大精神，积极推进旅游企业的深化改革。

11日　国家机械工业部部长包叙定对江铃汽车集团公司进行考察。要求江铃以产品质量稳定市场，逐步由联合开发过渡到自主开发，及早研究10年、20年后江铃在中国汽车工业的地位。

11日　南昌市十一届人大常委会举行第五次会议。审议通过南昌市与芬兰瓦尔济考斯基市和托亚拉市缔结友好城市的决议；审议市人大常委会《关于县、区人大换届选举工作的意见》（书面），通过《关于县、区人大换届选举时间的决定》；审议通过《关于召开市第十一届人民代表大会第二次会议的决定》等。

11日　江西省井冈山精神研究会和中共党的建设研究会在井冈山联合召开以"弘扬井冈山精神，建设高素质干部队伍"为主题的研讨会。全国各地的党建、党史、宣传、理论和纪检等部门的70余名代表出席会议。会议于13日结束。

11日　全国七大流域水土保持工程第十三次工作会议在赣州召开。水利部副部长朱登铨，省委常委、省委农工委书记彭崑生出席会议并讲话。会议于14日结束。

12日　江医二附院胸外科独自进行的首例冠状动脉搭桥术获得成功。

12日　全省各地300多位盟员在南昌纪念江西民盟组建50周年，费孝通、舒圣佑出席纪念大会并讲话。

12日　副省长周慧平会见并宴请以阿尔及

利亚总理府民族团结和家庭事务部部长拉贝阿·麦舍尔奈娜女士为团长的阿尔及利亚妇女代表团一行 6 人。

12 日 全国公共图书馆信息资源建设座谈会暨全国公共图书馆管理工作会在南昌召开。会议研究图书馆信息资源建设和部署 1998 年全国公共图书馆的评估工作。文化部副部长徐文伯出席会议。会议于 14 日结束。

13 日 第四届全国对外电视片"金桥奖"评选在北京揭晓，江西获得 10 项奖，获奖数居全国首位。

13 日 南昌国家级高新技术产业开发区清华大学高科技工业园产业基地奠基。这是清华大学企业集团和江西清华科技集团联合在江西建立的第一家高科技产业基地。

13 日 九江至景德镇高速公路全线开工奠基仪式在湖口大桥南引桥施工处举行。舒惠国、舒圣佑、黄智权出席典礼。

13 日 宜春市慈化镇文丰村草田组村民易会生在本村野外劳作时，挖掘出一个"凸"字形古钟形状的金属制品，内空，高约 40 厘米，重23.5 斤，表面呈菠萝表皮状，内壁有 B 字形和奇状花纹。经有关部门鉴定，此为西周时期的甬钟，距今 2600 多年。

13 日 赣县东山村一寺庙处发现一古塔。据寺中住持说，该塔系唐穆宗为大觉禅师所建，已有 1100 多年历史，整塔由红褐色的玉石雕琢而成，高 4.5米，分七层，底座两米见方。塔内正面有一尊小佛像，塔身有碑铭，塔四周雕刻有动物、花纹等图案。有关专家认定，其塔形及建筑方式在我国现存名塔中独一无二。

14 日 靖安县雷公尖乡发现一块唐代大书法家柳公权题写的匾额。该匾额长 2 米、宽 73公分，是为历史名寺双林寺题写的，上写"大中双林禅寺"六个大字，保存完好。

14 日 省政府与清华大学签订全面合作协议。副省长朱英培和清华大学常务副校长梁尤能分别在协议上签字。省长舒圣佑、清华大学校长助理冯冠平出席签字仪式。

14 日 省计委会同省林业厅、省建材工业公司在南昌举行林产、水泥工业产业政策信息发布会。会议强调，"九五"期间江西林产工业实现"三个转变"，水泥工业产业实施"优化结构，靠新出强"战略。

14 日 列入江西省星火计划的"镧基稀土镁球化剂"在湖口县合金厂通过省级鉴定验收。该球化剂属铸造添加剂，可改善铸铁的机械性能。

15 日 全国蛇伤防治与蛇资源应用学术交流大会在鹰潭市召开。全国 14 个省（市、区）的 72 名代表出席会议。大会由中国蛇协会会长舒普荣主持。大会于 20 日结束。

16 日 省委宣传部、江西日报社、省广播电视厅联合召开"勇创名牌、振兴江西"座谈会，交流大力实施名牌战略、争创名牌产品的经验，共商强化名牌意识，通过创名牌努力培植新的经济增长点，加快振兴江西经济。省委书记舒惠国出席并讲话，要求坚持高起点，依靠高科技，以市场为导向，发挥自身优势，努力创造更多更好的名牌产品。

16 日 中央民族学院民族室内乐团在江西艺术剧院演绎民族音乐。

江西艺术剧院演出大厅

17日 公安部决定拨款修复中华苏维埃共和国国家政治保卫局旧址。该局于1931年11月成立，是组成中央人民委员会的"九部一局"之一，旧址位于瑞金市叶坪乡庙背村，由一祠厅和左右九间横屋组成，两层土木结构。

17日 省政府转发省劳动厅、省体改委《关于企业改制中基本养老保险有关问题处理意见的通知》。

17日 中华全国总工会文工团一行51人，到井冈山进行慰问演出。该团并先后到德兴、景德镇及南昌等地厂矿企业共演出19场，观众逾3万人次。

18日 全省第六届精神文明建设"五个一工程"表彰暨工作会议在南昌举行。会议强调，推动文化事业进一步繁荣，要高举邓小平理论伟大旗帜不动摇；坚持"二为"方向和"双百"方针不动摇；坚持质量第一的原则不动摇。

18日 江西省首届"杰出（优秀）青年卫士"表彰会在南昌举行。决定授予王跃、曾广辉、孙亚非、叶升、甘振东、钟亚平、阮建红、戴志民、安玉爱、曾志强10人首届"江西杰出青年卫士"称号，授予魏建平等100人首届"江西优秀青年卫士"称号。

18日 由化工部组织的九江星火化工厂万吨有机硅技术改造项目通过部级验收。

18日 由铁道部第四勘测设计院、南铁新余工程段等单位共同承担的"京九铁路南浔复线路基基床土改良试验研究"科研项目，通过铁道部专家鉴定。

18日 南昌市政协举行纪念中华人杰徐孺子诞辰1900周年报告会暨学术研讨会。

18日 昌抚公路改造工程竣工。昌抚公路全线长60.154公里，属超二级公路，是316国道在江西省境内的一段，具有分离式立交桥三座，总投资1.86亿元。该项工程以民工建勤方式完成路基土石方、专业施工队伍招标完成路面层施工的高等级公路改造工程。

18日~20日 省政协七届二十四次常委会议在南昌举行。会议原则通过《政协江西省第七届委员会五年工作的基本总结》、《政协江西省第七届委员会提案委员会关于七届五次会议以来提案工作情况的报告》；通过《关于召开政协江西省第八届委员会第一次会议的决定》、《政协江西省第七届委员会常务委员会关于换届工作有关问题的决定》。会议于20日结束。

19日 省领导舒惠国、黄智权、钟起煌、张克迅、黄懋衡与在南昌的部分文艺工作者座谈。省委书记舒惠国在座谈时指出，希望文艺工作者以高度的责任感和紧迫感，深入生活，贴近时代，创作出更多群众喜闻乐见、反映时代风采、有江西特色的好作品。

19日 南昌大学与江西食品专用油脂厂共同研制开发的微胶囊粉末油脂在第三届国际食品博览会上，被联合国粮农组织授予科技之星金奖，在13日结束的全国食品工业科技工作会上，被授予科技进步优秀项目奖。

19日 省委宣传部、省邮电局、江西日报社联合召开1998年度江西省党报党刊发行座谈会，省委副书记钟起煌强调认清形势落实"四个到位"，加大力度确保稳中有升。

20日 上高县农村民间流通组织协会成立，在江西属首家。

20日 景德镇市第三医院在全国率先研制蛇伤的诊断与治疗计算机系统，该课题系国内首例。

20日 南昌市再就业服务中心长运分中心挂牌成立。该中心是依托企业主管部门组建的对企业结构调整中下岗职工进行托管的中介机构。

20日 高安市供电局石脑电管站被电力工业部列为全国"为人民服务、树行业新风"示范窗口。是全国23家之一。

21日 以省长舒圣佑为团长、副省长朱英培为副团长的江西省代表团应邀出席参加1997年湖北中国中西部投资开发研讨会和面向21世纪的中西部地区发展战略研讨会。大会以项目展示与洽谈为招商引资的主要形式。江西公路开发总公司与香港新世界基建有限公司签署一项总投资约2.2亿元人民币的合作经营公路项目协议。省长舒圣佑、副省长朱英培出席签约仪式。

21日　南昌职工消费合作社开业。该社以城市低收入职工为主要服务对象，由职工群众自我服务、民主管理、互助合作、自救解困为目的的群众性合作经济组织。

21日　中共中央政治局常委、国务院副总理李岚清参观1997年湖北中国西部国际项目展示洽谈会江西展区。

22日　江西1997年"五个一工程"推荐作品八集电视连续剧《远湖》在南昌举行开机仪式。省委常委、宣传部长张克迅出席祝贺。

22日　以副省长周恳平为团长的江西省经贸代表团一行7人，前往澳大利亚、新西兰进行考察洽谈访问。访问活动至12月4日结束。期间签订出口合同460多万美元，达成进口合同意向400多万美元。

24日　赣州地区充分利用区位优势，积极开展闽、粤、赣区域合作。到10月底，全区边际贸易成交额达19.2亿元，合作区内签订经济合作项目402个，实际引进资金7.6亿元。

24日　1997年全国大学生数学建模竞赛揭晓，江西夺得三个一等奖。其中南昌大学获两项，分别由张翔、吴筱媛、黄龙（指导教师马新生）和李浩来、李湖南、杨娥（指导教师陈涛）夺得。景德镇陶瓷学院获一项，由丁克亮（指导教师章义来）等夺得。

24日～27日　第十届全国老干部中国棋牌邀请赛在南昌举行。江西队获团体第一名。

25日　省委组织部在南昌举办首期领导干部"贤内助"读书班。部分地市的县（市、区）委书记、县（市、区）长的配偶近50人到班学习。省委书记舒惠国看望全体学员并讲话。

25日　全省加强农村基层组织建设、创办示范服务基地经验交流会在樟树和南昌召开。会议重点部署加强乡镇党委建设，搞好示范服务工作。会议强调坚持围绕经济抓党建，抓好党建促经济的指导思想。会议于26日结束。

25日～27日　首届舒同书法艺术节在东乡县举行。中共中央总书记江泽民为舒同书法题词。迟浩田、姜春云、吴官正、夏征农、舒惠国、舒圣佑等分别为舒同书法及艺术节题词。舒

同1905年出生于东乡县，1930年参加中国工农红军，军事科学院原副院长，著名书法大师。

25日　以省人大常委会主任毛致用为团长的江西省农业代表团一行8人，于当日至12月2日，前往泰国考察访问。重点考察泰国正大集团饲料生产、养殖业和农产品加工及销售情况。

26日　省政府在南昌举行全体会议，讨论即将提交省九届人大一次会议审议的《政府工作报告（讨论稿）》，并对当前的工作进行部署。省长舒圣佑主持并讲话，指出当前政府工作总的要求是，用"十五大"精神指导各项工作，认真贯彻十五大提出的各项任务，以经济建设为中心，努力全面完成和超额完成1997年政府工作各项任务，把两个文明建设搞好。

26日　省委召开常委扩大会议。会议传达全国金融工作会议精神，省委书记舒惠国作了关于全面领会和深刻理解中央的决策和部署，认真贯彻全国金融工作会议的讲话。会议表示，坚决拥护党中央、国务院的决策，坚决按照党中央和国务院的部署，推进江西的金融改革。省政府重申要做到"六不准"，即：（一）不准乱办金融业务；（一）不准乱设金融机构；（三）不准乱集资；（四）不准违法管理金融；（五）不准地方政府为融资活动担保；（六）不准搞假破产真逃债。

27日　由全国总工会、建设部、公安部联合组成的"保障环卫职工权益"检查团来南昌检查贯彻落实《关于严肃处理侮辱殴打环卫职工事件、保障环卫职工权益的通知》情况，并慰问被殴打致伤的全国"三八红旗手"、郊区京东环卫所工人王林英。

27日　全总文工团在南昌工人文化宫举行慰问演出。省领导钟起煌等和千余职工代表出席观看。

27日　省委常委理论学习中心组集中研读"十五大"报告中关于经济体制改革、经济发展战略的论述和《邓小平文选》的有关著作，联系江西实际，进行讨论。省委书记舒惠国在学习结束时讲话。他指出，学习贯彻党的十五大精神，就是要领会、把握、实践邓小平理论的伟大旗

帜，解放思想，推进改革，加快发展。会议于28日结束。

27日 国家审计署驻武昌特派员办事处首次对南昌铁路局主业、多功能的经营管理和财务工作进行检查和考评。检查和考评于30日结束。

27日 以全国政协常委、省政协副主席廖延雄为团长，全国政协委员、省政协副主席厉志成为副团长，全国政协委员、省政协副主席叶学龄为顾问的在赣全国政协委员视察团，自当日至12月2日对赣州地区的农业开发情况进行视察。

28日 永丰县举行纪念欧阳修诞辰990周年大会暨欧阳修雕像揭幕典礼。省内外欧阳氏后裔、来宾及永丰各界群众三千余人参加纪念活动。

28日 九江发电厂110报警服务中心正式启动开通。该中心由厂派出所的民警为骨干组成，是集打击、防范、服务等功能为一体的应急快速反应机构。

28日 中央有关部委、省有关部门的专家学者和领导80余人，在景德镇举行"景德板鸡"品牌战略研讨会，研讨和寻求"景德板鸡"及其系列产品、景德镇市经济跨世纪发展方略。研讨会于30日结束。

29日 中华蝴蝶艺术馆在世界级风景名胜区——湖口石钟山开馆。其展示的蝴蝶达12科千余种，大的蝴蝶展翅有30厘米，小的仅指甲一般。

30日 南昌铁路局团委被团中央少工委授予"少先队基础工作达标先进单位"称号。

30日 经文物部门鉴定，大余县南安大码头遗址的《奉巡宪示禁》石碑为清嘉庆年间所竖、国内罕见的古代航运管理碑刻。碑高2.1米，宽0.83米，楷书阴刻。碑文以航运税收、货运、客运价格、船只管理及违反航运规定的处理办法等为主要内容。

30日 在宁都县翠微峰金精洞口北侧的崖壁上，发现北宋皇祐四年（1052）题写的崖刻——"金精福地"四个直排字，阴刻，楷书，遒劲有力，字长0.7米，宽0.6米，在南侧另一块崖壁上，有四行隶书落款。

30日 在上铁线公路的修路工地上，挖出一对似花瓶样陶器，铜鼓县博物馆技术人员认定是宋代陶仓。陶仓是宋代富裕人家用来装谷子和茶叶放置于棺材中随葬。该对陶仓高40余厘米，两侧有活动吊环和空心雕花，花瓶状，有盖。

30日 全国税务系统第五次教育工作会议在南昌举行。国家税务总局副局长郝昭成就税务教育工作作了部署。省委副书记、常务副省长黄智权到会并讲话。

30日 经江西省级组织考核，江西省已有66个县（市、区）达到卫生部颁发的基本消灭麻风病标准。

1997

12月

December

公元 1997 年 12 月							农历丁丑年【牛】						
日	一	二	三	四	五	六	日	一	二	三	四	五	六
	1 初二	**2** 初三	**3** 初四	**4** 初五	**5** 初六	**6** 初七	**7** 大雪	**8** 初九	**9** 初十	**10** 十一	**11** 十二	**12** 十三	**13** 十四
14 十五	**15** 十六	**16** 十七	**17** 十八	**18** 十九	**19** 二十	**20** 廿一	**21** 廿二	**22** 冬至	**23** 廿四	**24** 廿五	**25** 廿六	**26** 廿七	**27** 廿八
28 廿九	**29** 三十	**30** 十二月小	**31** 初二										

1日 吉安地区首家由民营企业九鼎实业发展有限责任公司捐资 8 万元兴建的希望小学在吉水县落成。

1日 由赣丰公司投资 1000 多万元创办的全国第一家氨基酸营养酱油厂在信丰县建成投产。

2日 亚洲开发银行官员卡宏先生率公路代表团抵赣,考察部分由亚行贷款建设的九景公路工程进展情况。

2日 江西省首家水政监察支队——鹰潭市水政监察支队成立。

2日 江西首届中小学生、幼儿艺术节在南昌降下帷幕。晚上,省教委在省艺术剧院举行颁奖仪式暨优秀节目公演。省领导陈癸尊、黄懋衡、江国镇为获奖者颁奖。

3日 江西德宇集团刘浩元等研制的"得雨活茶"微生物保鲜技术通过鉴定。"得雨活茶"这项专利产品作为一项科技成果,填补了国内保鲜技术的空白。

3日 省政府召开治理公路"三乱"工作电话会议。会议提出,把治理公路"三乱"工作摆上重要议事日程,认清形势,加强领导,明确责

任,进一步巩固并扩大治理成果。

4日 江西省举行贫困大学生助学基金千万元捐赠仪式。从 1997 年 8 月 29 日以来,江西省贫困大学生助学基金共收到省建设厅等 40 多家单位的捐款 1390 多万元。捐赠仪式上,省委、省政府领导向部分受助大学生颁发资助证书。

省委、省政府领导向部分受助大学生颁发资助证书

4日 昌北开放开发区在国际互联网注册国际通用二级域名,建立自己独立的站点。

4日 以中华环保行执委会副主任杨时光为团长的赴赣记者团一行 15 人抵达南昌。5 日,省委书记舒惠国接受记者团采访时说,我们要立足

现在，面向未来，抓好山江湖工程，推进可持续发展，把一个经济发展、社会进步、人民富裕的江西带入21世纪。

4日 江西省召开高校科技成果转化工作座谈会，提出高校要发挥优势，加快科技成果转化步伐，促进江西经济和社会发展。省委书记舒惠国到会并讲话指出，做好新形势下科技成果转化工作，要做到：第一，要形成一个好的机制；第二，要抓好一支队伍；第三，要选准一批项目；第四，要有一个好班子。

5日 省政府常务副省长黄智权和浙江省政府副省长刘锡荣，分别在浙赣线勘界协议和协议书附图上签字。这条边界线涉及两省两个地（市）的7个县（市）。于1997年3月顺利完成了全长320公里的省界勘定任务。

5日 九江市庾亮南路岳王庙遗址东南侧约100米处和西侧约50米处出土两批宋朝窖藏古钱，绝大部分为北宋建隆至南宋绍兴（960~1162）年间的钱币，时间跨度200年，品种及版式达40余种。经古钱币工作者初步清理统计，共达13753版。

5日 中国学术期刊文献检索咨询站在南昌大学举行一级站揭幕仪式，该文献检索咨询站全面实行光盘网络检索。

6日 深圳江西大厦开工。省人大常委会主任毛致用、副省长周熬平等领导出席开工典礼并为江西大厦奠基培土。江西大厦位于深南中路，高32层，占地3313.2平方米，建筑面积3.035万平方米，总投资2亿元。

7日 上海服装集团与江西领王服装集团签订销售合作协议，推进两地服装行业经济合作交流。

7日 以省人大常委会主任毛致用为团长的江西农业代表团圆满结束对泰国的访问回到南昌。省委副书记钟起煌、省人大常委会副主任卢秀珍、副省长朱英培、省人大常委会秘书长罗光启及有关部门负责人前往迎接。

8日 1997年度全路进京、进沪、进穗直通旅客快车和主要客运站客运工作竞赛评比揭晓。南昌铁路局67/68次列车获列车组第一名并被授予"红旗列车"称号。

8日 湾里区在同源港景德镇区的云岩寺后山发现清朝佛教墓群，共有18座墓塔，占地约10公顷。

8日 万安县窑头镇横塘村发现南宋宝祐四年文天祥为该县固山古寺题写的"大雄宝殿"金匾。

9日 由九江市歌舞团创作演出的现代大型舞剧《路》，在江西艺术剧院作专场汇报审定演出。省领导钟起煌、陈癸尊、黄立圻、卢匡衡等观看演出。

9日 江西省继续教育协会在南昌成立。

9日~10日 省人大代表评议省高级人民法院、省人民检察院工作大会在南昌举行。省领导黄智权出席大会并讲话。大会于10日结束。

10日 南昌市西湖变电站动工兴建。该站为江西省第二座使用110千伏电缆进线、全电脑微机控制的综合自动化无人值守的变电站。

10日 庐山南大道拓宽、枫林大道扩建、临江大道绿化工程开建。

10日 香港柏宁顿（中国）教育基金会公布第三届"孺子牛金球奖"获奖名单，临川二中校长李盛光获最高奖励等级——"杰出奖"，奖金10万元，是"孺子牛金球奖"自1995年设立以来，江西第一个获奖的教育工作者。

10日 南昌市"3·15"消费者投诉中心成立。该中心已形成三级网络系统。

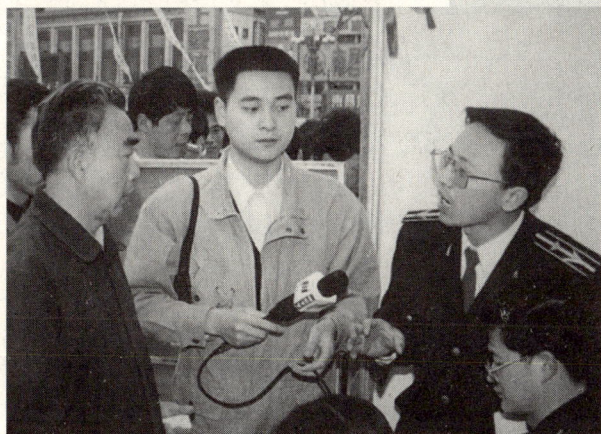
技术监督局工作人员在接受消费者关于质量的投诉

11日 原中共中央政治局常委宋平当日至18日在南昌、吉安、赣州等地市考察。连日深入农村、工厂和干部群众亲切交谈，调查研究。

11日 民营科技企业江西昌宸食品有限公司

获"全国食品工业科技进步优秀企业奖"称号。

12日 国家外经贸部及日本驻华大使馆组织的中日政府经济合作项目记者团访赣,双方就经济合作事宜交换意见。

12日 受省委委托,省委组织部、统战部在南昌联合召开民主协商会,与党外人士协商政协省第八届委员会委员人选。

12日 江西省评定第一批医学领先专业建设项目。这批领先专业建设项目是:江医一附院的烧伤外科学和消化内科学、江医二附院的心血管病学和血液病学、省儿童医院的小儿普通外科学、省妇幼保健院的产科学和妇科肿瘤学、省肿瘤医院的胸部肿瘤外科学、省人民医院的眼科学。

江西省妇幼保健院门诊大楼

13日 1997年中国乒乓球擂台赛第十五场比赛在江西省体育馆举行。刘国梁不敌挑战者郭瑾浩以2:3败北,杨影以2:0力克挑战者张瑞。

14日 由铁道部大桥局承建的九江长江大桥获铁道部1997年度科技进步奖,该桥1996年曾获鲁班奖九江长江大桥先后荣获八项优质工程奖。

14日~15日 经国务院批准,萍乡市的节溪上栗撤区设县。

15日 在南京市举办的1997年中国国际食品博览会上,鹰潭市上清天狮板栗酒厂生产的天狮牌板栗酒、宴宾酒被评为国际食品质量三星金奖。

15日 新村高架桥比预定工程提前三个多月的速度完工,成为温厚高速公路第一个竣工的工程。横跨105国道的新村高架桥全长400米,宽28米,总投资达2430万元,采用双柱双箱梁连续结构,是江西省最宽的互通式立交桥。

16日 江西省对外经贸工作座谈会议要求外经贸战线加紧最后"冲刺",确保超额完成全年外贸出口16.3亿美元、利用外资6.5亿美元的任务。副省长周慜平出席会议。

16日 据我国权威专家及科研工作者对长江江西(九江)段和鄱阳湖区同步监测情况显示:在上述水域首次发现种群数量巨大的江豚群体和部分国家一级保护动物白鳍豚。

16日 江西第一届足球锦标赛在省体育场结束,德兴铜矿代表队夺得冠军。

16日 团省委、省青年企业家协会联合召开表彰会,表彰第三届江西省"杰出(优秀)青年企业家"。彭志勇等10名"杰出青年企业家"和练新庭等34名"优秀青年企业家"受到表彰。华桐、黄立圻、凌成兴等出席表彰会。

17日 省政府召开常务会议,研究部署"三冬"和鄱阳湖区渔政管理工作。会议要求各地迅速行动起来,集中领导,集中人力、物力,全面完成1997年"三冬"工作的各项任务。渔政管理要从保护渔业资源,保护生态环境,改善湖区人民生活的高度出发,坚决清除围湖堵河等不良行为,严禁使用有害渔具。

17日 南城县麻源水库无动力引水供水工程,经省、地水利部门的实地考察验证通过验收。

17日 在广州举行的第五届中国戏剧节暨第十四届梅花奖颁奖会上,在《榨油坊风情》中饰演俏姑的萍乡市采茶剧团青年演员赵一青,继获第六届文华表演奖后,又获第十四届梅花奖。

18日 江西省领导学学会成立。学会旨在提高领导干部素质,促进领导工作科学化、规范化。

18日 安远县镇岗乡半天塘发现古窑群。据考证,系明代的青花瓷窑群。此窑址的发现,为江西安远的瓷业史及工艺史、贸易史的研究提供了可贵的实物资料。

18日 由南昌市三三四医院骨伤科医师徐江涛设计的实用型股骨颈及股骨骨折牵引调节器,获国家专利。

19日 由九江市歌舞团创作演出的大型现代舞剧《路》,在沈阳举行的全国第二届舞剧观摩演出中夺得组委会特别奖及剧目奖、优秀编导奖、优秀表演奖、优秀作曲奖、优秀灯光设计奖。

19日 全省"讲文明、树新风"活动暨创建文明城市工作现场会在赣州召开。会议就"讲文明、树新风"活动和创建文明城市等问题作了部署。要求根据"巩固、提高、延伸、辐射"的工作思路，加大工作力度，精心组织战役，围绕重点问题，集中优势兵力打歼灭战，一个问题一个问题地解决，一个层面一个层面去拓展。层层抓落实，件件有效果。会议于20日结束。

20日 江西特钢厂与南昌大学合作，成功试制出重4吨、长4.9米的特大型曲轴，为大型复杂异型体生产闯出了新路。

20日 江西省首家希望幼儿园在上饶县旭日镇动工。

20日 景德镇德宇集团一公斤极品"得雨活茶"以3.08万元的价格在上海拍卖成交。

20日 由深圳先科企业集团、深圳先科电子有限公司和南昌三健电气有限责任公司合作组建的大型电子企业——先科（南昌）电子有限公司正式成立。

21日 崇仁县文博所邀请专家对一件民间所藏明英宗"圣旨"进行鉴定，专家确认其为真品，系珍贵文物。

21日 奉新县干洲镇洪川岳家村小组发现清代康熙年间建筑群体，距今已有300余年。

22日 刘家站垦殖场总场集镇花生交易市场，成为华东最大的花生交易市场。

22日 交通部部长黄镇东一行先后到九江港、南昌客运站、九江外贸码头二期工程、九景高速公路湖口大桥施工点、昌九高速公路、昌樟高速公路了解情况，并深入昌九公路艾城管理所、樟树洋湖道班、泰和官坪道班、井冈山黄洋界道班调查。26日，省长舒圣佑、副省长朱英培向黄镇东一行汇报全省交通事业发展情况。

22日 全国"百强创辉煌"主题公益广告月活动、全国"争创广告行业精神文明先进单位"活动总结表彰大会在北京召开。《江西日报》广告部被中国广告协会命名为"全国广告行业文明单位"。《江西日报》广告部创意制作的《共擎》、《众人拾柴火焰高》两件平面广告作品被国家工商局评为公益广告获奖作品。

22日 全省经济工作会议在南昌召开。会议深入贯彻党的十五大精神，传达贯彻中央经济工作会议精神，总结1997年的经济工作，部署1998年的经济工作。会议提出1998年经济工作

总的要求是：继续推进经济体制和经济增长方式的根本转变，进一步加强农业，着力主攻工业，繁荣第三产业，加快国有企业改革步伐，加大经济结构调整力度，提高对外开放水平，安排好群众生活，实现国民经济持续快速健康发展和社会全面进步。主要经济目标是：省内生产总值增长9%，力争10%，商品零售物价涨幅控制在3%以内。会议于24日结束。

22日~24日 全省检察长工作会议在南昌召开。会议传达贯彻全国检察长工作会议精神，部署1998年及今后一个时期的工作。省委副书记钟起煌、省人大常委会副主任黄名鑫、省人民检察院检察长阙贵善出席会议并讲话。

23日 经省政府同意，江西省首次开通"绿色通道"。凡在江西省境内交通线上运行的整车装载活猪、活牛、活羊、活禽、鲜蛋、鲜鱼、水果、蔬菜的车辆，除法律有明文规定及明显妨碍交通安全者外，免受其他任何检查。各类收费站、检查站、渡口等站卡，都应开辟"绿色通道"，对整车装载运输鲜活农产品的车辆优先放行。并公布了江西省11个地市设立的举报投诉电话。

23日 日本铃木公司中国部部长松原邦久等一行抵南昌考察。日本铃木公司与昌河飞机工业公司进行了友好合作。

24日 国家重点工程、沟通赣闽两省的横南铁路在武夷山分水关隧道铺轨合龙，历时两年零八个月，投资24亿元的横南铁路全线251公里铺通。

24日 省委、省政府在南昌召开贯彻落实厉行节约制止奢侈浪费行为若干规定，加强党风廉政建设工作会议。会议强调，当前要着力抓好以下几项工作：继续抓紧清理通信工具的工作，建立和完善制度，规范用公款安装住宅电话及配置和使用移动电话；继续严格控制会议数量，切实落实党政机关召开的各类会议不准赠送礼品和纪念品的规定；严格控制用公款吃喝玩乐，挥霍浪费的各项规定，务使这项工作取得新的进展；严格控制各种庆典活动。

24日 由余江县中医院医生刘百生、王来富、于长贤等主持完成的科研课题"腱鞘囊肿火针疗法"通过专家鉴定。

25 日　全省计划会议在南昌召开。会议提出1998年江西省计划的主要任务和目标（草案）：江西省国内生产总值比上年增长9%，社会消费品零售总额增长15%，居民消费价格涨幅控制在5%左右，人口自然增长率控制在10.5‰以内。会议强调要全面推进农业产业化进程；实行优势互补，强强联合，提高工业整体实力，促进经济结构的优化升级，促进江西省经济持续、快速、健康发展和社会全面进步。会议于26日结束。

25 日　省八届人大常委会第三十一次会议在南昌举行。会议通过《江西省劳动保护条例》、《关于修改〈江西省技术市场管理条例〉的决定》、《江西省征用土地管理办法》、《关于废止〈江西省集体矿企业、私营矿山企业和个体采矿管理条例〉的决定》、《关于修改〈江西省实施中华人民共和国残疾人保障法办法〉的决定》。确定列席江西省第九届人民代表大会第一次会议人员范围，通过了有关人事任免名单。会议历时3天，于27日结束。

25 日　政协江西省七届二十五次常委会议在南昌举行。会议通过了政协江西省第八届委员会名单；通过了政协江西省第八届委员会第一次会议主席团和秘书长建议名单和主席团常务主席建议名单；通过了江西省政协第八届委员会第一次会议提案委员会建议名单。会议于27日结束。

25 日　全国"发展棉花生产专项资金"项目总结会在南昌召开。国家农业部、财政部有关方面的负责人以及15个产棉省、6个垦区、30个科研单位的负责人参加会议。会议确定，棉专项目今后三年的主要任务是努力实现第七次品种更新、更换；基本普及种植脱绒包衣棉种；棉铃虫统防统治再上新水平；项目区建成科技兴棉示范区；储备一批科研成果，并加快转化推广。会议于27日结束。

26 日　省政府召开工交生产电话会议，强调要精心组织，开拓市场，狠抓安全，保持稳定。会议确定：1998年江西省及乡以上工业总产值比上年增长13%，产销率97%以上，独立核算工业实现利润比上年增长20%以上。

26 日　省政府法制工作考评会议在南昌举行。会议总结、交流过去一年的政府法制工作，提出1998年、1999年的工作思路。省长助理凌成兴到会讲话，有关部门负责人出席会议。

26 日　中华人杰徐孺子墓重修竣工典礼在孺子亭公园举行。

27 日　国务院副总理朱镕基视察京九铁路，在南昌铁路局麻城站对职工作关于铁路改革的重要讲话。南昌铁路局召开局机关副处以上领导干部会议，传达、学习朱镕基的讲话。

27 日　铁道部总工程师华茂昆率领检查组对南昌铁路局TMIS系列工程建设进展进行检查，并对下一步工作提出具体要求。

27 日　南昌市政府发出《关于印发〈南昌市对70岁以上老年人实行优待的办法〉的通知》。

28 日　朱镕基副总理在省委书记舒惠国和省长舒圣佑陪同下，先后到赣县茅店镇洋塘村和江铃齿轮股份有限公司，走访农村和考察企业，看望下岗职工。朱镕基指出，老区扶贫工作要从实际出发，走开发性扶贫的路子，江西在这方面工

朱镕基在江西农村看望下岗职工

朱镕基在赣县了解农民脱贫致富情况

作扎实，步子较快；国有企业改革一定要下决心进行下岗分流、减员增效，妥善安置下岗职工，努力实现中央提出的国有企业改革和发展的目标。

28日　陈廷骅基金会捐资100万元在新建、进贤、安义县及湾里区援建5所希望小学。

28日　江西九江化肥工程通过国家竣工验收。16时，九江石化总厂厂长张文标从国家验收委员会主任委员、中国石化总公司副总经理王基铭手中接下了国家验收证书。该工程1992年12月23日动工，工程总投资28.8亿元人民币，年产30万吨合成氨、52万吨尿素。

28日　泰丰（江西）制药有限公司顺利通过《国家医药行业生产质量管理规范》（简称GMP）论证，获得认证证书及认证标志，接牌仪式12月18日在东乡大富岗工业开发区泰丰公司举行。

28日　南昌市洪燕服装厂厂长王敏被评为中国百优服装设计师。

29日　南昌市纺织行业最大的两家企业实现强强联合，成立江西天宝化纤纺织集团。江西天宝化纤纺织有限责任公司、江西江纺有限责任公司、江西化纤有限责任公司也同日挂牌。

29日　"189"中国公众多媒体通信网社会信息港建成开通。这是江西省当前正式开通的第一个通信信息港。当前，已在港中设置了经济贸易、公众信息、新闻媒体等10个信息栏目。

29日　56件著名商标在第三届江西省著名商标认定新闻发布会上公布。1993年和1995年，江西分别进行了两届著名商标的认定，共有80件商标被认定为著名商标。本届共认定34个生活资料类商标和22个生产资料类商标，认定的著名商标不搞终身制，三年之后将重新认定。

29日　江西省金属材料总公司被列入国家级代理制试点单位。

30日　1997年"江西十大杰出青年"评选揭晓。他们是：马跃进、王跃、刘志刚、江建明、李晓明、周伟、黄路生、彭玉华、曾志强和戴欣华。

30日　经省政府批准，崇仁县被命名"江西省村民自治模范县"。自1991年以来，该县按

《村民委员会组织法》的要求，推行全县农村的基层民主政治建设，促进了农村经济发展和社会各项事业的全面进步。

31日　赣粤高速公路南昌至樟树段建成并正式通车。该工程是交通部和江西省"九五"期间重点建设项目，是北京至福州、上海至云南瑞丽国家主干线公路中的一段，全长70公里，双向四车道，路基宽27米，沥青混凝土路面。整个工程总投资15.36亿元，共完成路基土石方741.5万立方米，互通式立交桥6处，大中小桥20座，122条通道，35座分离立交桥。其中横跨药湖、流湖沼泽地，长达9100米的高架桥，是当前全国高速公路上最长的高架桥。昌樟路是江西省第一条自己组织设计建设，一次性建成的全标准、全封闭、全立交高速公路。

省领导为筑路功臣颁奖

昌樟高速公路

本年

本年　全省完成人工造林6.86万公顷，飞机播种造林1.24万公顷，迹地更新3.98万公顷；新增封山育林面积19.80万公顷，完成幼林抚育65.05万公顷，成林抚育36.36万公顷，低产林改造24.60万公顷；"四旁"植树9929万株。完成木材产量268.65万立方米，竹材产量4103.37万根；生产锯材3.29万立方米，木片0.25万立方米，胶合板18.71万立方米，纤维板6.24万立方米，刨花板7.99万立方米；生产松香22547吨，松节油2612吨，合成樟脑88吨，活性炭4551吨。

近十年来，江西林业经历了"灭荒"和"山上再造"两个阶段，当前江西省正朝着立足于林业综合效益，大力开展封山植树、退耕还林的"跨世纪绿色工程"迈进

本年　定稿的志书有《江西省民用航空志》、《江西省电力工业志》、《江西省煤炭工业志》、《江西省气象志》、《江西省交通志》、《吉安市志》、《江西省军事志》、《南昌市志》、《井冈山志》、《江西省卫生志》、《江西省对外经济贸易志》。

本年　南昌铁路局鹰潭铁二小学生黄文君创作的4幅少儿书画参赛作品，分别获1997年首届《世纪星杯》全国少年儿童书画大赛优秀奖、第二届《希望工程杯》全国书画印艺术竞赛优秀奖、第十届《双龙杯》全国少年儿童书画大赛银杯奖和迎"1997年香港回归"全国少儿书画印艺术竞赛优秀奖。

本年　在全国烟叶订货会上，江西省烟叶购销公司与云南红塔集团正式签订5万担赣南烟叶的调拨合同。

本年　上半年，江西省企业下岗职工总数为37.36万人，占江西省企业职工总数9.1%，江西省分流安置下岗职工15.2万人，占下岗职工总数的40.68%，江西省国有企业分流安置下岗职工12.31万人，占分流安置总数的81.55%。

本年　自1992年以来，在"全国环保最佳实用技术"评选中，江西省的"水解氢氧焊割机"、"LDM型高压静电除尘器"、"微滤机回收造纸纸浆技术"等5项技术，先后被评为最佳实用技术，列入全国推广计划。

本年　昌河飞机工业公司制造的微型车产销量突破5万辆，微型客车产销量和产销率均居全国同行业第一名。

概 要

1998 年全省工作的总体要求是：继续推进经济体制和经济增长方式的根本改变，进一步加强农业，着力主攻工业，繁荣第三产业，加快国有企业改革步伐，加大经济调整力度，提高对外开放水平，安排好群众生活，实现国民经济持续健康发展和社会全面进步；要求当年国内生产总值增长 9%，力争 10%，商品零售物价涨幅控制在 3% 以内。1 月，省人大九届一次会议通过了关于政府工作报告、关于江西省 1997 年国民经济和社会发展执行情况与 1998 年计划等六项决议。提出 1998 年及今后五年要实现经济建设再上一个新台阶，争取改革开放实现新突破，加大实施科技兴赣的力度，推进社会事业全面进步，切实加强勤政廉政建设。省人大九届一次会议提出了今后五年经济发展的任务是：人民生活达到小康水平，为实现 21 世纪前 10 年的远景目标奠定坚实基础；国内生产总值平均每年增长 9%，平均每年人口自然增长率控制在 9.5‰ 以内，力争农民人均年纯收入实际递增 6% 以上，城镇居民人均生活费收入递增 7% 以上。"九五"基本实现第二步战略目标后，省政府于 12 月着手部署"十五"计划的研究编制。

法治建设与依法治省 1 月，省委作出《关于推进依法治省的决定》，2 月，省九届人大常委会一次会议通过了《江西省人民代表大会常务委员会关于开展依法治省的决定》。依法治省，是依法治国基本方略的具体实施，标志着江西省经济和社会事务管理方式的重大发展。从省九届人大开始，每年都选择 1 至 2 件与人民群众日常生活密切相关的法规草案，通过新闻媒体向社会公布，广泛征求社会各界意见；实行了委托起草法规草案制度，调动各方面专家学者共同参与地方立法的起草工作。各级人大及其常委会对人民政府、人民法院、人民检察院加强了法律监督。本年以后，全省政法机关与所办经营性企业彻底脱钩，实行"收支两条线"管理。与此同时，不断完善司法保障，加强司法监督，促进了严格执法、公正司法。当年，全省有律师事务所 238 个，执业律师 2317 名。公证处 112 个，专职公证人员 556 人，公证业务增加到 10 多项，涉及经济、财政、金融、文化、教育、卫生、科技等各个领域。乡镇法律服务机构 1333 个，基层法律工作者 3930 名。

农业产业化经营 1 月，省委、省政府作出《关于加快发展农业产业化经营的决定》，"把推进农业产业化经营作为兴赣富民的重大战略抉择"，强化政策措施，通过培育主导产业和建设骨干项目、龙头企业促进其快速发展。省财政将农业产业化经营专项资金重点扶持省级重点项目。有关部门加大资金安排和信贷规模，增强招商引资力度，并鼓励和扶持社会力量、科技人员、基层干部、广大农民以各种方式参加经营，农业产业化经营在全省快速发展。经过改革，形成了以公有制为主体、多种所有制结构互补、共同发展的农村经济格局。同时，调整和放开了农产品价格，逐步建立以市场形成价格为主的农产品价格运行机制，培育和发展以市场调节为主的农产品流通体制。1998 年全省非农业比重占农业总产值的 63%，农民对城镇居民零售额为 131.72 亿元。全省农村经济总收入中，乡村两级企业和集体统一经营的占 28%，家庭经营和联产经营的分别占 67% 和 5%。全省已基本形成粮油、生猪、水产、蔬菜、禽蛋五大省级主导产业和棉花、柑橘、甘蔗、茶叶、烟叶、蚕桑、白莲等区域性主导产业，建立各种商品生产基地 6200 余万亩，涌现初具规模和实力的龙头企业 860 个，辐射 1370 个乡镇，带动了 2500 个关联企业和 458 万农户从事农副产品加工和食品加工，并逐步探索和发展了契约、股份分红、利润返还等不同形式的利益联结机制。5 月，省政府发出《加快江西省食品工业发展若干意见的通知》，"建成食品工业大省"的决策正在全省加速形成。

减轻农民负担和保障下岗职工生活　7 月，省委、省政府转发《省委组织部、村建办关于进一步加强农村村务公开、民主管理工作的意见》。9 月，省委、省政府办公厅联合发出通知，要求各地贯彻落实中办发〔1998〕18 号文件精神，切实做好当前减轻农民负担工作。10 月，省委十届九次全会通过了《中共江西省委关于贯彻〈中共中央关于农业和农村工作若干重大问题的决定〉的实施意见》。7 月，省委、省政府发出《切实做好国有企业下岗职工基本生活保障和再就业工作》的通知。截至年底，全省国有企业下岗职工累计为 63.69 万人。本年全省财政收入占国内生产总值的比重为 8.3%，比全国平均水平低 4.1 个百分点。城镇职工收入长期处于低水平。省委、省政府对有关经济发展全局的一些重大问题专门组织调查研究，进一步理清发展思路，突出工作重点，认真抓好落实。

多种经济成份并存的新格局　1998 年省重点建设计划确定全社会固定资产投资 490 亿元，其中国有单位投资 295 亿元。重点是支持水利、能源、交通、通信建设，支持农业产业经营，支持有市场、有效益、产品短缺的加工工业项目，加大企业技术改造的投资。到年底，全省已组建多元投资主体的有限责任公司 7622 家，规范的股份有限公司 61 家，其中上市发行股票的公司 13 家。企业成为真正的法人实体和市场竞争主体。在全省工业经济中，国有工业、集体工业和其他经济类型工业三者之比，调整为 35.2∶32.7∶32.1。所有制结构的调整，打破了原先的公有制结构，产生了国有经济、集体经济、个体私营经济、联营经济、股份制经济、外商投资经济和港台澳投资经济等不同形式的经济主体，初步形成了公有制经济占主体地位，非公有制经济发展迅速，多种经济成份并存和相互促进、竞争发展的新格局。共有 4700 家来自美国、新加坡、日本、泰国、加拿大等 52 个国家和港台澳地区的三资企业落户江西，遍布工业、农业、服务业和高新技术产业等各个领域。

全方位对外开放的新局面　1 月，全省外贸工作会议强调要增强紧迫感，开创利用外资新局面，改善投资软环境，扩大招商引资新合力。随着行业和地域的扩大，对外开放在范围和规模上出现了前所未有的新局面。到年底，全省除开放城市外，还有两个一类对外贸易口岸，400 多个对外开放风景名胜区（点），全年入境的海外旅游者达 11.5 万人次，累计与 130 多个国家和地区建立友好往来关系，与日、美、德等 10 多个外市县缔结友好城市 18 对。在江西工作过的外国专家、学者有 3000 多人次，先后引进国外先进技术 1000 多项，全国因公派遣出国人员近 5 万人次。江西多层次、全方位对外开放的格局已经基本形成，有力地促进了全省经济社会的发展。

科教文卫工作　6 月，全省教育工作会议强调要从社会主义现代化战略全局的高度重视发展教育事业，认真贯彻党中央、国务院"科教兴国"的各项政策措施，全面推进"科技兴赣"战略的实施。南昌大学被正式列入国家"211 工程"重点建设大学行列。建设总投资为 1.005 亿元，其中国家计委安排中央专项资金 2000 万元。7 月，江西新增南昌大学"材料物理与化学"、江西财经大学"产业经济学"两个博士学位授权学科，新增 35 个硕士学位授权学科专业。据年底的统计，全省已建立成人高校 22 所，成人中专 144 所，并创办了许多成人技校，在校学生总数达 173.99 万人，达到了一个比较大的规模。全省小学适龄儿童入学率连续四年稳定在 99% 以上，青壮年文盲率下降到 3% 以下，有 79 个县（市、区）成为"两基"达标县。全省有科技活动机构 498 个，地方国有经济单位专业技术人员 61.4 万人，形成了一支学科专业较为齐全、力量较强的科技队伍，同时还建立了一个上下相连、纵横交错的城乡科普网络。全省已有群众艺术馆 12 个，公共图书馆 104 个，文化馆 101 个，文化站 1884 个。全省卫生机构增至 7972 个，医院病床 83349 张，卫生专业人员 12.11 万人。

"九八"抗洪斗争的胜利 夏季，江西发生了历史上罕见的特大洪涝灾害，来势之猛、范围之广、时间之长和损害之大，为历史罕见。国务院总理朱镕基赶赴抢险现场。副总理温家宝亲临指挥堵口。中共中央总书记江泽民到九江地区慰问抗洪一线广大军民，看望受灾群众，考察和指导救灾、恢复生产、重建家园的工作。中央政治局常委、全国政协主席李瑞环在抗洪一线慰问考察。在中央领导的指挥和关怀下，全省各级党委、政府迅速动员部署，全力以赴组织抗洪抢险。九江江新洲大堤溃决，8000 多名被洪水围困的群众全部得到解救。"九八"抗洪斗争的全面胜利，保护了南昌、九江等重要城市的安全，保护了沿长江和鄱阳湖滨湖大堤的安全，保护了京九铁路等重要交通干线的安全，保护了人民生命财产的安全，尽最大努力减轻了灾害造成的损失。省民政部门收到的全省及省外、境外的捐赠款物折合人民币共计 6 亿元。灾后，省建设厅制定了《江西省灾后重建村镇规划纲要》，提出了移民建设新型小康示范村的规划。11 月，省委、省政府确定对全省 234 座湖堤、河堤实行平垸行洪、退田还湖，增加行、蓄洪总面积 1306.62 平方公里，增加蓄洪容积 68.53 亿立方米。全省规划新建 37 个集镇、150 个中心村和 788 个基层村，10 月中旬开工，计划移民 60 万人。

其他重要事件 3 月，中德合作造林项目在九江实施。4 月，南昌洪城大市场被批准为"国家级中心批发市场"。5 月，省政府发布《江西省道路交通事故处理若干规定》。7 月，省委发出《关于认真学习贯彻〈中共中央关于在全党深入学习邓小平理论的通知〉的通知》。全省贯彻落实中央关于军队、武警部队和政法机关不再从事经商活动的决定。8 月，省人事厅下发《江西省人事代理试行办法》，《江西省事业单位实施全员合同聘用制暂行办法》出台，并开始试点工作。10 月，省第十届运动会在宜春举行。11 月，全省林业工作会议决定在全省实施跨世纪绿色工程，建设鄱阳湖水系生态防护林体系，建设一批商品林基地，抓好森林资源综合利用和山区综合开发。全省开始加快农村电网建设改造工作。12 月，全省第一家企业博士后工作站——江西中医学院附属的江中制药厂博士后科研工作站揭牌成立。

全省本年主要经济指标情况 在克服了历史罕见的特大洪涝灾害和亚洲金融危机带来的种种困难之后，我省国民经济仍保持了稳中有进的发展势头。全年实现国内生产总值 1850.17 亿元，比上年增长 8.2%。农业总产值 735 亿元，下降 3.8%；粮食总产量 311.1 亿斤，下降 12%，总产仍属历史较高年份。工业增加值 615.71 亿元，增长 12.8%，其中国有工业完成产值 635.52 亿元，增长 8.8%。财政收入 145.7 亿元，增长 8%，其中地方财政收入（不含上交中央库的两税收入）97.2 亿元，增长 7%。进出口贸易总额 12.472 亿美元，其中出口 10.187 亿美元，下降 8.1%；进口 2.285 亿美元，增长 4.6%。实际利用外资 7.0865 亿美元，增长 8.4%。社会消费品零售总额 605.09 亿元，增长 8.3%，扣除价格因素，实际增长 9.6%，市场物价持续走低。年末全省总人口 4191.2 万人，人口自然增长率 9.8‰，首次实现将人口自然增长率控制在 10‰ 以下。全省由此开始进入低生育水平阶段。

1998
1月
January

公元1998年1月							农历戊寅年【虎】					
日	一	二	三	四	五	六	日	一	二	三	四	五	六
				1 元旦	**2** 初四	**3** 初五	**4** 初六	**5** 小寒	**6** 腊八节	**7** 初九	**8** 初十	**9** 十一	**10** 十二
11 十三	**12** 十四	**13** 十五	**14** 十六	**15** 十七	**16** 十八	**17** 十九	**18** 二十	**19** 廿一	**20** 大寒	**21** 廿三	**22** 廿四	**23** 廿五	**24** 廿六
25 廿七	**26** 廿八	**27** 廿九	**28** 春节	**29** 初二	**30** 初三	**31** 初四							

1日 全国小城镇建设试点——万载县株潭商贸城落成开业。该商贸城是当前江西省乡镇中规模最大、功能配套最齐全的综合性大市场。

4日 省委、省政府作出《关于加快发展农业产业化经营的决定》。该决定指出，保持江西省农业和农村经济乃至整个国民经济的持续稳定发展，加快传统农业向现代农业的跨越，必须加大农业的科技含量，加快农业产业化经营的发展步伐。该决定要求各地：（一）把推进农业产业化经营作为兴赣富民的重大战略抉择。（二）集中力量主攻农业产业化经营的关键环节。（三）强化支持农业产业化经营的政策措施。（四）加强对农业产业化经营的组织领导。

5日 1996年度全国报纸副刊作品大赛评选揭晓，《江西日报》选送的《昙花一现也辉煌》（作者：彭春兰）获一等奖；《我能摸摸火车吗？》（作者：程鹏）获二等奖；《山·水·故园情》（作者：刘红梅）获三等奖。

5日 中国直升机研究所和昌河飞机工业公司共同研制生产的"直II型"轻型直升机，在景德镇罗家机场进行一级风险试飞获成功，标志着我国轻型直升机研究能力已达到国际同类直升机的水平。

6日 省政府召开全省社会团体清理整顿工作电话会议。据统计，当前全省经县级以上民政部门注册登记的社会团体已有4700多个。会议指出开展社团清理整顿工作，就是要清理非法社团，查处违法违纪社团，规范社团行为，加强社团管理，开创社团管理工作新局面。

6日 全省地市司法局长会议在南昌举行。会议提出，1998年司法行政工作的总要求是：高举邓小平理论伟大旗帜，全面贯彻落实中共十五大精神，坚持用"实践治国方略"这一跨世纪的战略任务来总览全局，进一步完善法律保障体系，拓展法律服务领域，加大法制宣传力度，强化法学教育和法学研究工作，为积极稳妥地实行依法治省，创造良好的法制环境，为促进全省国民经济持续快速发展作出新贡献。会议于7日结束。

6日 全省外贸工作会议召开。会议强调，要进一步增强扩大招商引资的紧迫感，抓住当前良好机遇，以增强全省经济综合实力为出发点，着力改善投资软环境，扩大利用外资的领域，优化利用外资的结构，努力开创外资工作的新局面。会议于7日结束。

7日 南昌大学举办首届科技成果转化展示会。共展出信息工程、生物食品、化工医药、建筑、环保五大类200多个项目，其中不少项目获国家及省部级科技进步奖。省委领导要求高等院校和科研院所的科研工作者要针对江西经济建设和社会发展的迫切需要，不断转变观念，增强服务意识，走出院校大门，与社会各界共同做好"科研成果向现实生产力转化"。

7日 在全国五好文明家庭创建评比活动中，南昌市西湖区民警邱娥国一家获"全国首届'五好文明家庭'"称号。

7日 省煤田地质局高级工程师李文恒，获第五次李四光地质科学奖——野外地质工作者奖。

8日 为期2天的全省食品工业发展座谈会在南昌举行。会议强调，要把食品工业作为江西经济的重要增长点，把加快科技进步作为发展食品工业的重要条件，根据市场需要，发展规模经济，强化名牌资产意识，使企业品牌成为企业发展的生命线，配合"三高"农业的发展，注重发展现代食品、绿色食品、特色食品。

8日 省八届人大常委会举行第三十二次会议。会议通过省九届人大一次会议议程（草案），决定提请省九届人大一次会议预备会议通过；会议通过省九届人大一次会议主席团和秘书长名单（草案），决定提请省九届人大一次预备会议选举；会议通过省人大常委会工作报告（讨论二稿），决定提请省九届人大一次会议审议。会议于9日结束。

9日 省直机关举行反腐倡廉报告会。省委副书记钟起煌代表省委、省政府到会讲话。省委常委、省纪委书记马世昌作《前车之覆，后车之鉴——江西省十件大案要案的初步剖

析》的报告。省委常委、省委组织部部长刘德旺主持报告会，省直机关厅局级干部和部分正处级干部共1400多人出席报告会。

10日 省政协八届一次会议在南昌举行。大会审议通过省政协七届常委会工作报告，通过省政协八届一次会议决议和提案审查报告，选举朱治宏为政协江西省八届委员会主席，选举梅亦龙、罗明、江国镇、厉志成、韩京承、黄定元、喻长林、刘运来、沃祖全、张华康为副主席，选举缪兵为秘书长，并选出83名常务委员。会议于15日结束。

省政协八届一次会议开幕

12日 省九届人大一次会议在南昌举行。大会审议通过关于政府工作报告，关于江西省1997年国民经济和社会发展执行情况与1998年计划等六项决议。大会选举舒惠国为省九届人大常委会主任，卢秀珍、周慤平、陈癸尊、黄名鑫、华桐、钱梓弘、周述荣、全文甫为副主任，罗光启为秘书长，并选出44名委员；选举舒圣

省第九届人民代表大会第一次会议

省九届人大一次会议开幕

佑为省政府省长，黄智权、黄懋衡、孙用和、朱英培、蒋仲平等为副省长；选举李修源为省高级人民法院院长；阙贵善为省人民检察院院长。会议还选出 79 名出席第九届全国人大会议的代表。会议于 21 日结束。

13 日　南昌市委、市政府召开反腐倡廉报告会，省委常委、省纪委书记马世昌作《前车之覆，后车之鉴——江西省十件大案要案的初步剖析》的报告。市五套班子成员及各县区、市直各单位和市属企事业单位在职副县级以上党员负责干部共 1200 余人参加。

13 日　赣东北印刷厂继《初中中国历史四册》、《小学五年级语文六册（黑白）》和《四年级数学练习册》课本获国家新闻出版署署优产品和省优产品后，又在江西省 429 种赣版图书质量评比中勇夺"三优"、"二良"好成绩。

13 日　已故山水画大师傅抱石、黄秋园入选由人民美术出版社与石湾锦绣文化出版社联袂编写的大型美术系列丛书《中国一百位巨匠》。

15 日　南昌铁路局召开全局领导干部会议。会议传达中共中央总书记江泽民给二七机车厂、上海站运营 10 周年的题词和国务院副总理吴邦国给全路领导干部会议的贺信，传达全路领导干部会议精神和部领导的重要讲话。并提出了贯彻全路领导干部会议精神的具体措施。会议于 16 日结束。

16 日　南昌铁路中心医院与江西医学院一附院联合研制的股骨颈导针定位器通过省级鉴定。

18 日　鹰潭编组站驼峰自动化改造工程胜利完成并正式开通运行。采用国产自动化设备、技术，实行电子计算机编组站信息管理系统化，日均办理车数为 8860 辆。

20 日　省科委在南昌召开全省实施"863"计划两系杂交稻试种示范总结表彰会。据统计，1997 年全省 11 个示范点种植两系杂交稻 10.47 万亩，经收割验产普遍比三系杂交稻增产 5% ～ 8%；3000 多亩两系杂交制种，平均亩产 152.3 公斤，达到或接近三系杂交制种水平；不育系繁殖亩产 200 公斤，并育成一批两用核不育系。会议提出，1998 年两系杂交稻示范点进一步扩大到上饶、鹰潭、景德镇、九江和南昌，示范面积达 30 万亩。在两系杂交示范中做出突出成绩的宜春地区、赣州地区等 15 个先进集体和 36 名先进个人受到表彰。会议于 21 日结束。

20 日　省军区党委七届二次全体（扩大）会议在南昌举行。会议传达贯彻中央军委扩大会议和南京军区党委扩大会议精神，总结工作，部署本年度的任务。省委书记、省军区党委第一书记舒惠国，省军区党委领导以及各军分区、南昌预备役师、省军区直属团单位领导出席会议。会议提出，要进一步推进部队民兵预备役人员的组织优势，积极投身改革和建设，为江西省两个文明建设作出新的贡献。会议于 23 日结束。

21 日　景德镇市高新技术专利贸易公司杨传平研制的美容抗衰口服液，获国家发明专利，其技术用于对蚕蛹异味处理。

24 日　南昌比特高新技术材料公司生产的高效电子节能荧光灯，被选为人民大会堂用灯。

25 日　南昌铁路局召开全局运输安全紧急电话会议，通报"1·24"事故概况。全局机务系统召开安全电话会议。

25 日　省纪委召开常委扩大会议，学习贯彻中共中央总书记江泽民在中央纪委二次全会的重要讲话和尉健行的报告。

26 日　《江西日报》报道，1997 年江西民营经济持续健康发展，个体工商户、私营企业户有 84.3 万户，从业人员 241.5 万人，注册资本（金）157.3 亿元，分别比 1996 年底增长 10.6%、3.3% 和 30.8%；个体私营企业纳税 20.55 亿元，比 1996 年同期增长 16.1%。

26 日 白栋材所著的《不平凡的历史转折——改革、发展的探索与实践》一书，由中共中央党校出版社列入《高级干部文库》并出版发行。

26 日 江西"精神文明建设'五个一工程'新闻宣传奖"揭晓。共评出获奖作品 25 篇（件）。《江西日报》的《金声玉振唱山乡》、《春意满枝笑东风》，省电台的《奖牌之外的收获》、《奏响时代主旋律》等 5 件作品评为一等奖。11 篇（件）作品获二等奖，9 篇（件）作品获三等奖。

27 日 省委作出《关于推进依法治省的决定》，决定在全省大力推进依法治省的进程，把坚持党的领导、坚持人民民主和严格依法办事统一起来，把社会各项事业纳入规范化、法制化管理的轨道。

本月 上海大世界吉尼斯总部颁发证书，确认中国硬瓷微雕艺术创始人、吉安艺术家胡绍宇创作的《香港回归瓶》，被列入 1997 年世界吉尼斯纪录。

本月 江西省樟树化工厂与北京研究院合作开发的被列为国家"九五"重点科技攻关项目的尼龙－Ⅱ项目通过国家计委、化工部的鉴定。

本月 江西省国际信托投资公司与荷兰商业银行香港分行、澳洲新西兰银行香港分行等四家银行举行国际银团贷款签字仪式。这是江西省首笔国际银团贷款。

国际银团贷款签字仪式

1998

2月
February

公元1998年2月 农历戊寅年【虎】														
日	一	二	三	四	五	六	日	一	二	三	四	五	六
1 初五	2 初六	3 初七	4 立春	5 初九	6 初十	7 十一	8 十二	9 十三	10 十四	11 元宵节	12 十六	13 十七	14 十八
15 十九	16 二十	17 廿一	18 廿二	19 雨水	20 廿四	21 廿五	22 廿六	23 廿七	24 廿八	25 廿九	26 三十	27 二月小	28 初二

3日 1998年省重点建设计划确定：全社会固定资产投资490亿元，其中国有单位投资295亿元。重点是支持水利、能源、交通、通信建设，支持农业产业化经营，支持有市场、有效益、产品短缺的加工业项目，加大企业技术改造的投资。

4日 南昌铁路局召开春运紧急电话会议。通报铁道部副部长刘志军对2月2日105次列车在麻城站发生因严重超员造成旅客死亡事故的6点批示和前一阶段全局春运工作情况，对做好下一步春运工作提出要求。

5日 奉新县罗市镇蓝田村发现一天然瀑布群。该瀑布群共有4叠瀑布，每叠落差均在40米至50米，整个瀑布群沿溪流长达500米。

6日 赣南医学院顺利通过国家教委本科教学工作合格评价。这是江西本科院校通过国家教委合格评价的第一所院校。

6日 吉安粮油食品厂生产的"庐陵"牌糯米粉成为国家名牌产品。

7日 经公安部批准，在执行警卫任务中，为抢救遇险战友而壮烈牺牲的新建县公安局驻南昌昌北机场保卫科副科长聂平获"全国公安系统二级英模"称号。

7日 景德镇市食用菌研究所研究成功的《一种食用菌栽培方法》在首届国际爱因斯坦新发明、新技术（产品）博览会上，获国际金奖。

7日 最近召开的全国教育工作会议资料显示：1997年，江西省又有18个县（市、区）实现基本普及九年义务教育和基本扫除青壮年文盲。江西通过"两基"验收的县（市、区）已达到81个，人口覆盖率达到75.41%。国家教委通过审查认定，这些县（市、区）基本达到现阶段"两基"普及程度、师资水平、办学条件、经费投入、教育质量、扫盲标准等各项要求。

7日 为期3天的江西省银行行长、保险公司经理会议在南昌召开。各地市分管金融工作的专员市长出席会议。会议指出，1998年江西省金融工作总的任务是：积极稳步地推进金融改革，在适度从紧货币政策指导下，切实贯彻国家信贷政策，全面加强金融监管，严格内控制度，有效防范和化解金融风险，不断改进金融服务，更好地支持国民经济持续、快速、健康发展，各家银行和保险公司均分别就自身的改革和发展作了研究和安排。

7日 为期3天的全省物价工作会议在南昌召开。会议强调，要充分运用价格杠杆，加强宏观调控，积极为调整和优化经济结构服务，促进全省国民经济持续快速健康发展。

8日 石城县博物馆在文物普查中发现民间四枚圆形或长条形苏区印鉴，均为木质，印鉴上分别刻有："中华苏维埃共和国江西省大雷县珠江区苏维埃执行委员会"、"中华苏维埃共和国江西大雷县日东区陈垡乡苏维埃政府"、"大雷县珠江区苏维埃政府"、"大雷县日东区陈垡乡石灰生产合作社"字样。

8日 全省组织工作会议召开。全省各地市委、县委主管组织工作的副书记、组织部长和科长，省委各部门、省直各单位的干部（人事）处长、省属大型企业党委组织部长，共430余人出席会议。会议深入学习贯彻中共十五大精神，部署面向21世纪的组织工作。强调要抓好理论学习、班子建设、年轻干部选拔，加大干部制度改革、加强农村基层组织建设、加强组织部门自身建设等几项工作。

9日 江西旅美学者熊鹏在固体物理学领域取得显著研究成果，获"美国国家物理学最高荣誉奖"，成为100位研究者中唯一获此大奖的人。

9日 省经贸工作会议在南昌召开。会议传达贯彻落实全国经贸工作会议及全省经济工作会议精神，总结1997年的江西全省经贸工作，部署1998年的工作任务，重点研究国有大中型企业三年改革、发展与脱困的措施，并表彰1997年的江西工业十强企业、八个工业优强市（县）及五个中央驻赣优强工业企业。会议提出，江西省国有企业三年脱困总的要求是：通过兼并破产、下岗分流、减员增效、实施再就业工程，使亏损面下降20%左右，负债率降到合理水平，冶金、陶瓷、纺织三个特困行业要改变面貌。1998年全省工业目标是：乡及乡以上工业总产值增长13%。省委领导及省直有关厅局负责人，各地市分管工业的副专员、副市长、经贸委主任，有关市（县）分管工业的领导及部分企业负责人参加了会议。会议于10日结束。

10日 省政府举行表彰1997年工业优强企业及优强市（县）大会。江铃汽车集团公司、江中制药厂、景德镇华意电器公司、赣州创业工业（集团）公司、江西光学仪器总厂、江西纸业有限责任公司、江西民星企业集团总公司、江西水泥厂、景德镇市焦化煤气总厂、广丰卷烟厂被授予1997年的江西工业十强企业称号；江西铜业公司、九江石油化工总厂、昌河飞机工业公司、南昌卷烟厂、南昌飞机制造公司被授予1997年的中央驻赣优强工业企业称号；临川市、赣州市、进贤县、德兴市、广丰县、宜春市、高安市、丰城市8个市（县）被授予1997年江西工业优强市（县）称号。

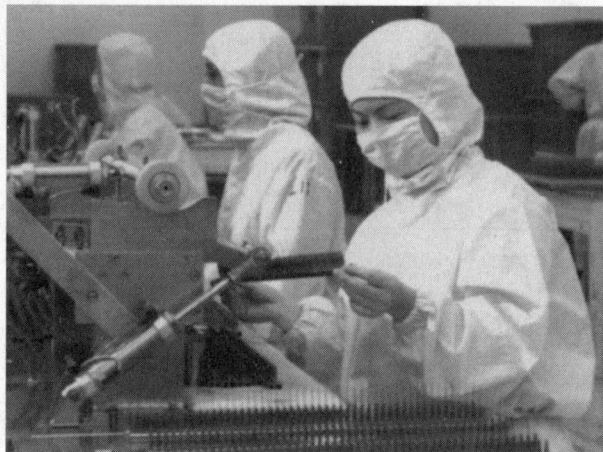

进贤县被授予1997年江西工业优强市（县）称号。图为形成规模的进贤县医疗器械生产车间

10日 省政府发布经1998年1月5日第二十九次省政府常务会议讨论通过的《江西省宗教事务管理办法》。该办法共分10章61条。

11日 兴国县畜牧良种场通过多年科技攻关，成功研究出兴国灰鹅人工授精法，受精率达100%。这一科技成果在生产中的应用处于全国领先地位。

11日 在全国第四届对外宣传电视片"金桥奖"评比中，江西共获得10项大奖。

11日 为期两天的全省农村基层组织建设工作总结表彰动员大会举行。会议总结表彰前三年全面"创五好"的工作成果和先进典型；部署动员新一轮乡村联动的农村基层组织建设工作。省委书记舒惠国到会讲话。

12日 江西省著名作家陈世旭创作的《镇长之死》获首届鲁迅文学奖、1995年至1996年度全国优秀短篇小说奖。这是陈世旭第四次获全国性文学大奖。

12日　江西铜业公司贵溪冶炼厂二期工程竣工投产。它是有色行业唯一列入1998年度国家重点建设项目。该工程竣工投产后，贵溪冶炼厂成为国内技术装备一流生产能力最大的炼铜厂。

江西铜业公司贵溪冶炼厂炼铜车间

国内最大的炼铜厂——江西铜业集团公司贵溪冶炼厂电解车间

13日　在北京召开的全国烟叶生产收购工作会议上，石城县再度被国家烟草专卖局评为全国烟叶生产工作先进县，这是该县自1994年以来连续四年获此殊荣。

13日　舒惠国、舒圣佑在听取省防总关于当前江西省水利冬修和防汛工作的情况汇报时强调，各级领导务必充分认识1998年防汛任务的艰巨性，切实加强领导，立足于抗大汛防大涝，精心部署，早做准备，狠抓落实，确保1998年防汛工作万无一失。

13日　为期两天的全省政法工作会议在南昌召开。会议传达贯彻全国政法工作会议精神，总结近五年的政法工作，分析当前的形势，研究部署1998年政法战线的任务。同时，表彰了1997年社会治安综合治理目标管理先进地市、部门，命名和表彰一批省级安全小区、安全村镇，表彰一批见义勇为先进分子。会议强调，要坚持把维护稳定放在首位，要为改革开放创造良好的环境。

13日　全省中级法院院长会议在南昌举行。会议提出，1998年法院工作的主要任务是，全面加强审判工作，积极推进法院改革，继续狠抓队伍建设，坚持严肃公正执法，全面提高司法水平，为改革、发展、稳定服务，为把建设有中国特色社会主义事业全面推向21世纪提供可靠的司法保障。省高级人民法院院长李修源在会上作了工作报告。会议于15日结束。

14日　萍乡四中英语教师邹兰萍在全国第十二次目标教学优质课评比中获一等奖。

14日　全国外经贸系统表彰先进集体、劳动模范和先进工作者，江西获此荣誉的先进集体为：省粮油食品进出口公司、省畜产进出口公司、赣州地区外经贸局、省国际经济技术合作公司承包工程处、省外贸学校。劳动模范和先进工作者为：谢高莲、张海芳、孙志新、徐玉兰。

中国江西国际经济技术合作公司承建的津巴布韦维多利亚蓄水池工地

16日　信丰与宜丰两县评为首批"全国广播电视先进县"。

16日　全省宣传部长会议在南昌召开。会议认真总结了1997年全省宣传思想工作，研究部署1998年的工作任务。会议强调指出，1998年全省宣传思想工作要按照中宣部提出的"巩固、深入、创新、提高"的方针，紧紧围绕省委、省政府的部署，积极、全面、准确、深入地学习、宣传、贯彻中共十五大精神，坚持以科学的理论武装人，以正确的舆论引导人，以高尚的精神塑造人，以优秀的作品鼓舞人，把广大干部群众的思想统一到十五大精神上来，把全省人民的力量凝聚到实现十五大确定的各项任务上来，努力开创宣传思想工作新局面。

16日　省纪委六次全会召开。马世昌作工作报告，总结1997年工作和部署1998年全省党风廉政建设和反腐败斗争的工作。进一步统一认识，明确任务，加大力度，狠抓落实，把江西省党风廉政建设和反腐败斗争不断引向深入。舒惠国在会上强调，要以更大决心推进党风廉政建设和反腐败斗争。会议于17日结束。

17日　早晨6时许，全南县大吉山镇地区突然连降20分钟冰雹，冰雹直径多数为3.5厘米至4.5厘米。使该地区2000多间民房受损，近千亩经济作物被毁。该县立即组织人力全力救灾。

17日　全省劳动工作会议在南昌召开。省委副书记、常务副省长黄智权到会并讲话，强调要针对新情况加快劳动体制改革。

17日　全省经济体制改革工作会议在南昌召开。会议强调，全省各地、各部门要进一步解放思想，认真学习和深刻领会十五大和中央经济工作会议精神，紧紧抓住改革的重点，密切关注改革的热点，通过改革创新，努力培植新的经济增长点，切实把握好社会稳定点，以更大的决心和魄力，更加深入细致地工作，把江西的改革不断推向前进，促使全省经济持续、快速、健康发展。会议于18日结束。

18日　峡江县新华书店被中宣部、国家新闻出版署、国家科委等10个部委评为全国文化、科技、卫生"三下乡"活动先进集体。

18日　江南动能集团在南昌宣布成立。该集团由江南动能集团公司、江西天源变压器有限公司、江西电机有限责任公司等成员单位组成，属省机械系统大型企业集团。

18日　国务院正式批准设立吉安海关。吉安地区对外开放环境进一步改善，方便江西中西部地区企业就近报验关和进出口。

18日　江西省纺织压锭调整扭亏工作会议在南昌召开。会议确定全省纺织脱困初步目标是：1998年压锭22万锭，占国家下达任务的84%，分流2万人，减亏1/3；1999年力争整体扭亏，2000年力争盈利3000万元。

19日　国家新闻出版署组织的全国百种重点社科期刊评选工作揭晓：江西推荐的《涉世之初》、《足球俱乐部》、《微型小说选刊》三种期刊全部入选，在全国各省期刊的实力次序中并列第三。

19日　经国家批准，中国航空工业向国内外游客开放全国五大飞机制造企业，其中南昌和景德镇有两家列入。

19日　《江西日报》头版发表省委书记舒惠国题为《红色大地伟人行》的文章，纪念邓小平逝世一周年。

19日　纪念周恩来诞辰100周年座谈会暨《周恩来在江西》一书首发式在南昌举行。《周恩来在江西》一书真实地反映了周恩来在江西战斗、工作的经历和光辉业绩，既是我们深入学习、研究周恩来革命实践和伟大精神的宝贵资料，也是江西人民对周恩来百年华诞的最好纪念（3月2日，省新闻出版局召开《周恩来大辞典》出版座谈会。该书由中央文献研究室编纂，江西人民出版社出版）。

20日　省人民医院与中国金卫协和疑难病远程医疗会诊中心的远程会诊开通并试机成功。

20日　省政府在南昌召开第六次反腐败工作会议。会议由常务副省长黄智权主持。省长舒圣佑讲话强调，要以"十五大"精神统一思想，突出重点，狠抓落实，标本兼治，毫不放松地推进政府系统反腐败斗争和廉政勤政建设。1998年的省政府系统反腐败工作要突出重点，认真抓好领导干部廉洁自律和查办大案要案工作，狠抓纠正部门、行业不正之风和执法监察，加强党风建设，努力使反腐败斗争和廉政勤政建设取得新的明显成效。

20日　清华同方股份有限公司兼并江西无线

电厂合同在南昌正式签订。国有控股上市公司兼并军工企业在国内尚属首例。创建于1966年的江西无线电厂是中国500家最大电子及通讯设备制造企业之一。兼并后，江西无线电厂将成为清华同方的军品和通信、光盘、电气产业的生产基地。

21日　省委、省政府召开为期两天的全省农村工作会议。会议指出农业的商品化、专业化是农业现代化发展的方向，也是实现农业两个根本转变的过程。各级领导要实行"三个转变"（领导观念、市场观念和群众观念的转变）。会议强调坚决贯彻稳定和加强农业的方针，确保农业丰收、农民增收、农村社会稳定。

21日　为期两天的全省统战部长会议在南昌召开。省委副书记钟起煌出席会议并讲话，省政协副主席、省委统战部部长梅亦龙作工作报告。会议提出，高举邓小平理论伟大旗帜，围绕党和政府工作的大局，以学习贯彻"十五大"精神为主线，以坚持大团结、大联合为主题，以加强统一战线两支队伍建设为重点，深入开展调查研究，发挥统一战线优势，全面活跃各个领域的统战工作，进一步巩固和扩大爱国统一战线，为江西省经济和社会发展作出新的贡献。

22日　一批由景德镇的工艺美术大师和陶艺家创作的25件现代陈设艺术瓷进入中南海紫光阁等处。

23日　省九届人大常委会一次会议通过《江西省人民代表大会常务委员会关于开展依法治省的决定》。决定内容为：（一）提高认识，统一思想，自觉维护法制的尊严和统一；（二）加强地方立法工作，为依法治省提供良好的法规、规章保障；（三）严格依法办事，不断提高依法行政、公正司法的水平；（四）加强执法队伍建设，提高执法人员素质；（五）建立和完善监督机制，增强监督力度，提高监督实效；（六）深化法制宣传教育，提高全民的法律意识和法制观念；（七）加强领导、狠抓落实，把依法治省引向深入。

24日　江西省保密局长会议在南昌召开。会议传达全国保密局长会议精神，总结1997年工作，表彰1997年度目标管理先进单位，并对1998年保密工作进行部署。

25日　南昌市1998年、1999年压缩淘汰10万锭落后棉纺纱锭，下岗分流职工8381人。

25日　省人大常委会和省政府联合召开1998年立法工作会议。会议的中心议题是总结过去五年的立法工作，落实1998年的立法计划，部署编制本届五年的立法规则，研究如何进一步提高立法质量，推进江西省的地方立法工作。

25日　民革江西省委会九届二次全委会在南昌召开。省政协副主席、省委统战部部长梅亦龙到会传达全国统战部长会议精神，通报1998年省委统战部工作要点。

26日　春运工作胜利结束，南昌铁路全局发送旅客500.9万人次，运输收入完成2.65亿元。

26日　省政府从省林业、财政、计委、土管、国税、地税、工商行政管理、监察等部门抽调人员组成4个检查组分赴南康、会昌、婺源、浮梁、南城、永丰、宜丰、修水8个县（市）就制止与纠正非法征占用林地问题进行抽查。从抽查结果看，非法征占用林地现象十分突出，全省自1992年以来，共非法征占用林地15903.67公顷。为此，省政府办公厅于6月16日向全省转发全省林地管理及林业减负政策落实情况检查组《关于检查全省林地管理和林业减负政策落实情况的报告》要求各地贯彻落实。抽查活动于3月12日结束。

27日　由省委组织部、吉安地委组织部、井冈山市委和井冈山革命传统教育基地联合摄制的，革命传统教育电视系列片《井冈丰碑》在南昌出版发行。

28日　省委召开领导干部会议，传达中共中央十五届二中全会精神。省委书记舒惠国传达中共中央总书记江泽民在十五届二中全会上的重要讲话，并就江西学习、贯彻好二中全会精神提出意见，强调各级领导要在实践中增长才干，保持良好的精神状态，创造性地开展工作。要切实改变工作作风和工作方法。要提倡讲实话、办实事、鼓实劲、求实效。

1998
3月
March

公元 1998 年 3 月							农历戊寅年【虎】						
日	一	二	三	四	五	六	日	一	二	三	四	五	六
1 初三	**2** 初四	**3** 初五	**4** 初六	**5** 初七	**6** 惊蛰	**7** 初九	**8** 妇女节	**9** 十一	**10** 十二	**11** 十三	**12** 十四	**13** 十五	**14** 十六
15 十七	**16** 十八	**17** 十九	**18** 二十	**19** 廿一	**20** 廿二	**21** 春分	**22** 廿四	**23** 廿五	**24** 廿六	**25** 廿七	**26** 廿八	**27** 廿九	**28** 三月小
29 初二	**30** 初三	**31** 初四											

　　1日　南昌市在八一广场举行"学习邱娥国示范青年文明号"命名大会。南昌市筷子巷派出所等10个单位为"学习邱娥国示范青年文明号"，并特聘邱娥国为南昌市青年文明号特邀监察员。

　　1日　南昌市开始对70岁以上老年人实行免费乘坐公共汽（电）车，并为乘车老人办理乘车保险。

　　1日　南昌科瑞集团进入全国超亿元高新技术企业排行榜。

　　3日　南昌市地方税务局郊区分局被授予"1997年全国税务系统先进集体"称号。

　　4日　省陶瓷研究所主持的高温节能间歇窑、高温快烧（釉中彩）颜料及花纸的研制、一种直接生成 α－SIC 微粉的工艺和研究、陶瓷精细物料贮罐、无级变速拉坯机5项重点科研项目和新产品开发项目通过省级鉴定。

　　4日　南昌国家高新区以产权制度改革为突破口，因企制宜，勇于创新，先后完成10家直属公司的改革，改革面达100％。

　　4日　为进一步扩大利用外资，江西省加紧建设招商引资项目库。省政府从2月底汇集的近300个项目中，初步确定270项首批对外发布，其中60％是新项目。这次首选对外招商的项目，符合江西经济发展方向，主要是农业产业化、三高农业、农业基础设施建设；国有大中型企业技术改造、高新技术产业、电子信息产业、粮食精深加工、扩大名牌产品生产规模、旅游资源开发、环境保护、交通、电力以及第三产业等优先发展领域，避免了低水平重复建设，符合国家产业政策，科技含量高，附加值高，有发展前景，社会效益好。

全省粮食精深加工发展较快。图为南昌"好劲道"方便面加工工厂

4日 经全国博士后管委会办公室、国家经贸委技术与装备司批准，江中制药厂成为全国36家博士后工作试点企业之一。

5日 《人民的好总理》图片展在南昌八一起义纪念馆开展。

8日 南昌女子职业学校创办的南昌市女子职业介绍所开张营业。

10日 九江县档案馆发现该馆胡荣彬珍藏的一本抗战前的《杂文》杂志第二期，内容充满爱国主义精神，有较高的文献价值。

10日 省委宣传部、省商业厅、省工商局、省技术监督局联合召开全省"百城万店无假货"活动电话会议，贯彻落实中宣部和国内贸易部等部局关于进一步开展这项活动的通知精神，继续在全省深入开展"百城万店无假货"活动。

10日 全省进入汛期，比往年提前40天，成为全国第一个进入汛期的省份。江西1998年从6月开始洪水泛滥，历时三个多月，到9月才退出。长江八次洪峰，并与鄱阳湖水顶托，洪水来势一次比一次凶猛。水位超过19.50米警戒线长达94天，并创下最高水位23.03的水位纪录。这场洪灾，以来势之猛、范围之广、时间之长和损害之大，为历史罕见。

11日 上高县检察院被授予"1997年度全国保农打假工作先进单位"称号。

11日 贵溪化肥厂女职工委员会被化工部授予"巾帼建功先进单位"的光荣称号。

11日 江西省首次组团参加巴西1998年中国商品展销会，布展人员离开南昌赴巴西圣保罗市。

12日 九江化纤厂通过反复论证后，一次投料100吨棉短绒，生产出88.44吨钱币浆粕，其质量指标均通过检验。

12日 龙宫牌米排粉继获得省优秀新产品奖、中国第三届国际食品博览会金奖后，又获联合国粮农组织颁发的"国际名优"匾牌。

12日 中德合作九江长江中上游防护林造林项目造林合同样本得到德国KFW（复兴）银行最终认可，并正式启动。该工程以生态兼扶贫为宗旨共获得德国政府1200万马克的无偿支持，加上中方3300万元的投资，共约人民币1亿元，在永修、德安、九江、瑞昌、彭泽、湖口6县（市）项目区造林30万公顷。

13日 为贯彻落实"十五大"关于"党要管党"，"从严治党"、"严格按照党章规定的标准发展党员"的精神，省委组织部作出决定，1998年在全省开展"发展党员质量年"活动，以提高各级党组织在发展党员中的质量意识。

13日 江西省——清华大学经济技术合作恳谈会在北京举行。恳谈会由清华大学常务副校长梁尤能主持，清华大学党委书记贺美英，副校长何建坤，校长助理冯冠平、荣泳霖出席恳谈会。省长舒圣佑指出，省政府高度重视与清华大学的全面合作，把它作为加速江西经济增长方式的转变和提高国民经济整体素质的重要战略措施。省校正式签订全面合作协议书，并落实一批合作项目。江西省将一如既往地做好服务工作，提供互惠互利的政策，为清华大学科技、管理成果推向市场，转化为现实生产力提供充分条件。

20日 江西首家不育不孕症专科医院在安义县落成开业。

20日 全省对外宣传工作会议在南昌召开。会议对1998年外宣工作作了部署，要求全省外宣部门紧紧围绕经济建设这个中心，加大改革开放和社会经济发展的对外宣传力度。

20日 省科技情报局建立的江西科技信息网，通过邮电通信网络陆续与全省各地实现互联。

21日 国务院血防综合试点考核验收组一行9人到新建县昌邑、南矶乡和南昌县蒋巷镇、南新乡等地察看水利灭螺、改水改厕及健康教育等情况。

21日 南昌市国家血防综合试点工作通过国务院血防综合试点考核验收组的验收。专家们认为南昌市的血防综合防治试点成功，取得较好的社会经济效益。南昌市的血防试点工作实施了农、林、牧、水等20多个项目工程，加固了大堤，提高了防洪能力，发展了生产，为沿湖疫区人民开辟了一条治虫致富的新路子。试点考核验收于23日结束。

22日 最高人民法院在全国开展的评选"青年法官标兵"活动揭晓，永新县法院民事庭副庭长王跃被评为"全国法院青年法官标兵"。

22日 展示名人为中华苏维埃革命题词的"名人题词碑廊"在瑞金市叶坪革命旧址落成。

22日 国家计委同意南昌大学作为"211工程"项目院校，在"九五"期间进行建设。南昌大学1997年通过立项预审，现正式列入国家"211工程"项目建设计划。

22日 水利部在南昌召开纪念"世界水日"、"中国水周"座谈会，讨论依法治水的经验、问题和对策，进一步增强全社会的水患意识，做好防汛抗洪工作。

23日 南昌卫星地球站开通并投入试运行。

江西省广播电视地球站1995年建成，1997年投入使用

南昌国内卫星通信地球站是邮电部"九五"全国卫星通信网工程新建站之一，是江西省1997年的重点建设项目，也是江西省第一个国内卫星通信地球站。

24日 经省政府确定，南昌市洪城大市场股份有限公司被国内贸易部批准为"国家级中心

洪城大市场步行街

批发市场"。这也是江西省第一家国家级中心批发市场。

25日 南昌铁路局举行"南昌铁路局团委安全路风包保责任状"签订仪式。局长杨建兴、团委副书记熊坚坚在责任状上签字。

26日 全省老干部工作暨"双先"表彰会在南昌结束。会议学习贯彻"十五大"和全国"两会"精神，总结工作，交流经验，表彰先进，研究部署了1998年的工作。

26日 省精神文明建设委员会1998年第一次全体会议在南昌召开。会议强调，1998年全省精神文明建设要以创建文明城市为龙头，精心组织好创建文明城市竞赛活动，促进经济发展和社会全面进步，为改革、发展、稳定创造良好的社会环境。

28日 以公有制为主体、多种经济成分并存的洪都航空工业集团在南昌成立。洪都集团的前身为国营洪都机械厂和南昌飞机制造公司，是我国自行制造的第一架飞机、第一架自行设计的喷气式强击机、第一辆边三轮摩托车、第一枚海防导弹等的诞生地。

28日 江西铁路城管支队成立大会在南昌召开。

29日 中共中央政治局委员、书记处书记、中宣部部长丁关根参观南昌八一起义纪念馆。

29日 经农业部批准，新余市乡镇企业资产评估事务所正式建立。

29日 安福县泰山乡楼下村楼下组10多栋古砖瓦房外墙上，发现一批醒目的苏区革命时期留下的大幅宣传标语，是1930年前后由苏区干部和红军宣传队用石灰拌油漆所写，每个字高2.5米，宽2米。

29日 万安县百加乡村民赵为荣拆迁老家的住房时，在门框砖缝里发现1934年发行的中华苏维埃共和国借谷票和经济建设公债券各一张。

29日 由吉安县党史办编写的《将星辉耀东井冈——中国人民解放军吉安县籍将军传》出版。该书详细介绍1965年以前授衔的吉安县籍45位将军的生平事迹，全书共有46万字。

29日 中共中央政治局委员、书记处书记、中宣部部长丁关根到南昌、井冈山、九江等地考察。他认为，江西工作突出了一个"实"字——扎实、老实、朴实，实实在在，实事求是，从实际出发，创造性地开展工作，取得了很大的成绩。考察于4月3日结束。

丁关根在江西日报社考察工作

30日 江西水泥厂一号窑技术改造项目可行性研究报告经国务院批准，项目总投资64547万元。

30日 南昌铁路局召开贯彻国家计委和铁道部关于调整铁路货运价格、规范铁路收费文件精神电话会议。

30日 文化部部长孙家正在南昌参加全国电影工作会议期间，专程到省文化厅机关与文化工作者座谈，了解基层情况，倾听群众呼声，共商发展文化事业、繁荣艺术创作事宜。

30日 经过省林业公安干警的共同努力，今春林区发案总数有较大幅度下降，治安形势趋于稳定。据统计，1998年春季，全省林业公安机关共受理各类森林案件1204起，较1997年同期下降26.63%，其中森林刑事案件25起，森林治安案件92起，授权处理的林业行政案件1087起。毁坏林地185.1公顷，损失林木505.932立方米，毁坏幼树、竹子4100株，给国家造成直接经济损失30多万元。通过查处案件，打击各类违法人员2135人（次），破获犯罪团伙13个，抓获作案人员60人，收缴非法木材882立方米、野生动物138头（只），为国家挽回直接经济损失210多万元。

30日 省民建五届二次全委会在南昌召开。会议传达学习九届全国人大一次会议、全国政协九届一次会议和民建中央七届二次常委会精神，听取和审议省政协副主席、民建省委会主委喻长林作的常委会工作报告。

30日 坐落在南昌市郊区的省级民营科技园正式开园。当天有5家企业进入科技园落户。南昌民营科技园与南昌高新技术开发区互为补充，重点突出民营与科技两大特色，以民营企业及外资企业为主体，以高新技术产业为龙头，以农副产品加工业为支柱，充分运用民营企业的运行机制，按照"民办、民营、民管"的原则，成为具备科研开发、成果转化、生产经营、人才培育、信息集成、示范辐射的多种功能的科技先导型经济园区。

南昌市郊民营科技园占地面积1.26平方公里，已有14家高科技民营企业进驻园区，每年新增产值近2亿元

31日 江西省首家武警少年军校在景德镇市武警支队成立，并在市体育馆举行阅兵仪式。

31日 省民进委四届二次全委（扩大）会议在南昌召开。会议传达学习九届全国人大一次会议、全国政协九届一次会议精神，听取和审议省政协副主席、民进省委会主委刘运来作的常委会工作报告。

本月 江西新亚商务学院获全国民办高等院校先进单位称号。1997年该院被定为国家高等教育学历文凭考试试点单位。

1998

4月
April

公元 1998 年 4 月							农历戊寅年【虎】						
日	一	二	三	四	五	六	日	一	二	三	四	五	六
			1 初五	2 初六	3 初七	4 初八	5 清明	6 初十	7 十一	8 十二	9 十三	10 十四	11 十五
12 十六	13 十七	14 十八	15 十九	16 二十	17 廿一	18 廿二	19 廿三	20 谷雨	21 廿五	22 廿六	23 廿七	24 廿八	25 廿九
26 四月大	27 初二	28 初三	29 初四	30 初五									

1日　江西省表彰南昌新八一大桥暨南岸道路工程建设先进单位和先进个人。交通部、铁道部及黑龙江、湖南、上海、江苏、福建、江西等省、市的设计、管理、施工、监理等方面的 12 个先进单位、17 个先进集体、7 名优秀项目经理、26 名模范生产（工作）者、103 名先进生产（工作）者受到表彰。南昌新八一大桥及一江两岸南岸道路工程分别于 1995 年 11 月 5 日和 1996 年 10 月 18 日正式开工，1997 年 9 月 29 日建成通车。

新竣工的八一大桥桥头雕塑：南桥头雕塑一对猫，用黑色花岗岩和汉白玉雕成，形态逼真；北桥头雕塑一对青铜行狮，威武雄壮

1日　南昌铁路局长轨段成立，开始京九线、浙赣线无缝线路施工。

1日　公安部召开边防、消防队伍和警卫系统优秀基层干部和优秀班长电视电话表彰大会。江西 3 名消防官兵分别被记个人二等功。

2日　洪都航空工业集团与加拿大宇航公司在上海正式签订两架"农五 A"飞机的生产销售合同。实现了"农五 A"飞机对外销售出口"零"的突破。

2日　省九三学社四届二次全委（扩大）会议在南昌召开。会议传达学习全国"两会"精神，听取和审议本次会议的工作报告。

6日　江西省首座铁路槽形连续梁桥——弋阳葛水河桥通过铁道部科技成果鉴定。该桥建成，为推动铁路桥槽形梁的发展提供了宝贵经验。

6日　九江赛扬镇发现岳飞有关遗址，此次发现包括四处石刻，即"岳氏名园"、"牡丹亭"、"漱石"及"石门荼井"。为研究岳飞在九江的活动提供了重要的史料。

7日　第十七届全国电视剧"飞天奖"评选

揭晓，由中央电视台影视部、省委宣传部、萍乡市委宣传部、江西电视台联合摄制的 8 集电视连续剧《黑天鹅》获中篇电视剧二等奖。这是此剧继获 1996 年全国精神文明建设"五个一工程"奖后再次获殊荣。

7 日 省委书记舒惠国会见来赣访问的以总书记、政府不管部部长希菲凯普涅·波汉巴为团长的纳米比亚西南非洲人民组织代表团。

8 日 国家物资储备工作会议在南昌召开。会议提出 1998 年国家物资储备工作的重点，要求物储工作必须找准位置，认清责任，加强形势政策教育，增强忧患意识，充分认识并努力发挥自身的优势，自我积累，自我完善，自我发展，正确理解"以储为主，多种经营"的方针，进一步加快内部改革的步伐，努力建立一个良好的发展机制，不断探索国家物资储备事业改革和发展的新路子。

8 日 全省综合整治市容环境工作暨现场经验交流会在南昌召开。会议对 1998 年市容环境整治工作提出基本要求：所有城市和县城主要街道、省辖市及各行署所在城市大街小巷路面基本硬化；居民生活垃圾基本做到袋装化；庭院楼道干净整洁；县城以上全面实现净菜进城和农副产品交易市场化；城市交通秩序和设施良好；人均公共绿化面积增加 0.2 平方米，城区基本无裸露泥土现象。会议并对获 1997 年度全省综合整治市容环境工作先进市（县）进行了表彰。

整治一新的南昌市胜利路步行街

8 日 在厦门富山国际展览城举办的第二届厦门对台出口商品交易会上，江西充分发挥人缘地缘优势，积极扩大对台经贸合作，五天共接待外国和台港澳客商 200 余人次，累计进出口成交 371 万美元，协议金额 167 万美元，进口 20 万美元，在各参会交易团中成交量排第三位。交易会于 12 日结束。

9 日 应南昌铁路局党委邀请，辽宁省抚顺市《雷锋精神永恒》演讲报告团四天时间在南昌铁路局作六场报告，全局近万名干部职工参加。

11 日 国家有关部门批准江西省电力技工学校改建为江西高级技工学校。

11 日 省市科协举行大型科普咨询服务活动，700 多名专家和科技人员在八一广场为群众咨询服务。

12 日 经国家信息产业部批准，南昌软件园区被列入国家软件产业发展规划。该园区由省电子集团公司、科环集团、南昌大学、江西师大等单位在南昌国家高新技术产业开发区联合组建，以一区多园的方式，统一规划，分片建设，并以资本为纽带，形成"企业与高校、资本与技术、科研与生产、应用与服务"的强强联合。

12 日 省"八五"期间重点建设工程——东津水电站，通过国内专家组的竣工安全鉴定。东津水电站工程自 1995 年 5 月蓄水至今，三年来运行正常，水库可按设计水位 190 米高程蓄水，提高了工程蓄水、防洪、灌溉、发电等综合功能。

13 日 凤凰光学股份有限公司获"1995～1997 售后服务先进三连冠企业"。

14 日 江西省首例优生优育损害赔偿案在新余市中级人民法院审结。法院判决被告新余钢铁公司某医院承担原告魏某、胡某护理费、营养费及精神损失费合计 3 万元。

14 日 江西省技术市场稳步健康发展。1997 年，经各级科委认定登记的技术合同为 3896 项，技术合同成交额达 3.1 亿元，比 1996 年增长 24.85%。

14 日 南昌铁路局召开路局管辖内慢车乘务改革工作会议。会议决定：自 5 月 8 日起，南昌—江边村 787/8 次列车交向塘车务段、南昌—萍乡 785/6 次列车交宜春车务段、鹰潭—景德镇 712/1 次列车交景德镇车务段担当乘务工作。

15 日 为期 3 天的国家安全部综合计划工作会议在南昌召开。会后，代表们赴井冈山接受革命传统教育，走访慰问了部分烈军属、贫困群众。

16 日 江西省 1997 年"五个一工程"参评广播剧听评会在省彩电中心召开。江西人民广播电台制作的《青山之恋》、《螺蛳·冰棍·哈巴狗》与赣州市委宣传部、赣州市广播电台联合录制的《胡淑华的故事》三部参评广播剧获高度评价。

16 日 江西铜业公司银山矿钟远浩家被中华全国总工会授予"全国文明家庭"称号。

16 日 《中国社会报》主办的南昌市社区服务安排下岗职工再就业座谈会在北京召开。

17 日 为期两天的江西省国企办主任会议在南昌召开。会议的主要任务是：传达贯彻全国国企办主任会议精神，总结回顾 1997 年开展国有企业领导班子考核建设工作的情况；按照全国国企办主任会议、全省经济工作会议和全省组织工作会议提出的任务和要求，对 1998 年的工作作出安排。

17 日 省政府在高安市召开为期两天的全省依法整顿煤炭生产秩序工作会议。会议要求采取综合整顿办法，努力实现全省煤炭生产秩序全面好转。副省长朱英培到会讲话，省长助理凌成兴出席会议。

17 日 省委办公厅、省政府办公厅联合发出紧急通知，要求各地、市、县委，各行署、各市县政府及有关部门加强安全意识，严防在校学生中毒事件和安全事故发生。通知指出，最近一段时期，江西省中小学生集体食物中毒、药物中毒事件和安全事故屡有发生，在学校和社会上造成恶劣影响，严重影响广大学生的身心健康和学校正常的教学秩序。为此，省政府于 4 月 6 日发出《关于防止滥用营养保健类制品，做好学校饮食卫生管理工作的紧急通知》。但是，有关部门和学校并未引起足够重视，致使类似事件再次发生。为切实防止和避免学生中毒事件和安全事故发生，通知要求各级党委和政府要高度重视少年儿童身心健康，把学校安全及安全教育工作当作一件大事来抓，确保各项安全规定和措施落到实处，各级教育、卫生、公安、交通等部门，要各负其责，采取相关措施，做好工作，确保学生安全。

18 日 "外国专家在中国万里采访行"活动在南昌启程。此次活动由《中国引进日报》、江铃汽车股份有限公司联合主办。中国记协等单位十余位记者组成采访团，活动以江铃为第一站，之后将乘由中美联合开发的全顺车，经江西、安徽、江苏、山东、河北、北京等省市的 16 个城市，报道外国专家在中国重点工程建设中发挥的作用。当前在中国的外国专家有 8 万余人，来自 54 个国家。

18 日 1998 年梅岭旅游文化节暨招商引资洽谈会开幕。此次活动由南昌市湾里区人民政府主办，整个活动时间长达一个月，活动内容丰富多彩，有高空艺术表演、驯兽表演、蝴蝶标本展、梅岭庙会，还有大型招商引资洽谈会，旨在使湾里独特的旅游业迅速成为新的经济增长点，带动相关产业的发展。参加开幕式的有来自台湾、香港以及深圳、汕头等地的客商 500 多人。

在梅岭旅游文化节上中国"高空王子"冯九山的高徒秦超仁表演高空走索道

19 日 省委宣传部、省社科院、省社联联合召开加快农业产业化经营座谈会。省委书记舒惠国讲话，强调要抓住历史机遇，实现传统农业向现代化农业的转变，立足兴赣富民，加快发展农业产业化经营步伐。

19日 南昌市地球之子少儿合唱团成立。合唱团由南昌市环保局与市少年宫合作组建，有40多名团员。

19日 江西省国税系统深化"两个转移"加强廉政建设工作会议在南昌结束。

20日 为进一步落实中共十五大精神，加强出版管理工作，全面推进出版工作的繁荣和发展，国家新闻出版署在南昌召开全国图书出版管理工作会。中宣部出版局、中央有关部门的负责人和来自全国31个省、市、自治区的近百名代表出席会议。

20日 中共中央统战部邀请在南昌的各民主党派和工商联负责人及部分党外知识分子进行座谈。座谈会围绕多党合作的制度化、规范化和进一步搞好政治交接两大主题畅所欲言，各抒己见。并就新形势下知识分子队伍现状、特点和发展趋势等问题进行探讨。中央统战部副部长刘延东出席会议。

20日 省政府发布第79号令，《江西省城市绿化管理办法》自1998年6月1日起施行。

20日 靖安县城东北面的解放堰中，发现一条特大的国家二级保护野生动物娃娃鱼，体长1米，重4.5斤。

21日 省招商引资重点项目，投资额逾5000万美元的江西国际经贸广场在南昌高新技术开发区正式动工兴建。该广场由香港巨成投资有限公司董事长黄祖仕投资。

21日 万安水电总公司被水利部列入"百龙工程"。

21日 江西省分析测试研究所承担的省级重点科研项目"有机硅改性聚氨树脂研究"通过省科委鉴定。该研究产品制成涂料应用在汽车、机床及广告等行业，达到国内领先水平，可大量替代进口产品。

21日 赣西供电局及其下属的赣西电力实业总公司先后获"华中网局文明单位"和"华中网局多种经营企业文明单位"称号。

21日 铁道部配属南昌铁路局一套08－32型大型养路机械在京九线高塘——马回岭区间投入使用，南昌局负责工务线路大型化机械的养护维修。

21日 农工民主党省八届二次全委会在南昌召开。会议审议农工党省八届常委会工作报告，通过农工党省八届二次全委会决议。省委副书记钟起煌到会祝贺并讲话。

21日 以中共中央统战部副部长刘延东为团长的全国党外领导干部考察团一行，对江西省南昌、井冈山、赣南等地进行考察。

22日 下午6时5分至30分，萍乡市遭受40多年未遇的罕见冰雹大风袭击。冰雹最大直径超过75毫米，最大风力达10级，受灾带长约60公里，宽10公里至15公里，横贯全市600公里至800公里范围，局部地区堆积厚度高达100毫米以上，其强度之大，持续时间之长，为该市有气象记载（1957）以来所未见。江西萍乡钢铁厂生产生活用电、用水、用气全部中断，造成直接经济损失300万元以上。

22日 列为省级自然保护区的信丰县金盆山经考证已有动植物品种资源2000多种，其中国家珍稀保护动植物50多种，成为亚热带林区典型的天然"基因库"。

22日 南昌市少工委相继获"跨世纪中国少年雏鹰行动先进单位"和"全国雏鹰假日小队手拉手文明行动优秀组织奖"两项殊荣。

22日 全省第六次食品工业工作会议在南昌召开。会议要求充分认识加快发展食品工业的重要意义，理清发展思路，抓住总体目标，扎实高效工作，促进江西食品工业超常规、跳跃式地发展。

23日 中国江西——葡萄牙经济合作项目推介会在北京举行。江西共推介有关交通、电力、旅游、农业及农业产业化等新项目163个，租赁和产权转让项目131个。葡萄牙驻中国大使佩得罗·卡塔里诺出席推介会。

24日 江西省优秀乡土人才表彰会、首期优秀乡土人才培训班暨《田野上的"院士"》图书发行座谈会在江西师大举行。17位优秀乡土人才获"江西省优秀种养能手"称号。

24日 享有"种子大王"美誉的宜黄县兴华公司总经理朱新华与他人合作编著的《巴西陆稻高产栽培技术》一书由江西科技出版社发行。

闻名全国的"种子大王"朱新华（右二）在稻田里为农民传授"巴西陆稻"种植技术

25日 在靖安县一干部家中发现一枚苏区银币，是中华苏维埃共和国国家银行在苏区瑞金铸造发行的。

25日 省电网首次放开用电，凡由省电力工业局及其各分支机构供电的电力客户，用电将享受到电量、贴费等多方面的优惠与便利。此举启动内需市场，发展城乡经济，促进电力消费，提高用电服务效率。

25日 共青团江西省第十二次代表大会在南昌召开。全省各地的565名共青团代表出席会议。大会审议通过潘东军代表共青团江西省第十一届委员会所作的题为《高举邓小平理论伟大旗帜，团结带领青年为实现江西跨世纪宏伟目标而奋斗》的工作报告；选举产生共青团江西省第十二届委员会和江西省出席共青团第十四次全国代表大会的代表。潘东军当选为团省委书记，陈卫民、钟志生、曾庆红（女）当选为团省委副书记。

26日 南昌铁路局增加三条铁路路线：韶关—赣州—龙岩铁路、铜陵至九江铁路和南昌至西安铁路。"九五"期间，在江西境内将形成以京九线为竖线，铜九、浙赣、韶赣龙为横线的"丰"字形路网。

27日 省委书记、省山江湖开发治理委员会主任舒惠国在南昌会见参加中德合作江西省山区可持续发展项目第五次计划会议的德国政府官员普莹女士和德国专家菲谢尔博士以及参加会议的其他代表。

27日 奉新县石溪乡被中国食用菌协会授予"全国食用菌先进乡镇"称号。

27日 新建县大塘坪乡中心卫生院护士长李燕玲获"全国五一劳动奖章"。

27日 "国家计算机信息高新技术考试江西省首批考评员培训班"在南昌结束，全省各地的53名专业技术人员通过认证考试，成为江西省首批国家计算机信息高新技术考试考评员。国家职业技能鉴定中心授权的江西省首批12个考试站也同时正式挂牌。国家级计算机技能资格认证考试在江西省全面启动。

27日 民政部给省政府发来慰问电，对4月20日以来，遭受严重风雹灾害的萍乡、宜春、吉安、景德镇、上饶、抚州、鹰潭、九江、新余、赣州等地市受灾人民致以亲切慰问。

28日 新余市公安局渝水分局、安远县公安局以及新余市公安局副局长兼渝水分局局长田永斌等20名民警分别获"全国优秀公安局"和"全国优秀人民警察"称号。

29日 一汽集团公司在南昌举行红旗轿车江西交车仪式，集团公司负责人向省人大、省政府和省政协交付6辆红旗轿车钥匙。江西省省级机关首次批量接纳红旗轿车为公务用车。

30日 省人大常委会在南昌召开会议，部署对全省企业负担现状及治理工作情况进行重点调查。这次调查的目的是，了解掌握《中共中央、国务院关于治理向企业乱收费、乱罚款和各种摊派等问题的决定》和有关法律法规关于企业负担方面规定的执行情况，检查有关减轻企业负担措施的落实情况，强化对减轻企业负担的社会监督、群众监督、舆论监督和法律监督，督促政府及有关部门及时处理、解决决定和有关法律法规实施过程中存在的问题，进一步推动江西省减轻企业负担工作的开展，为企业创造一个良好的外部环境。这次调查的对象主要是政府和有关行政事业部门以及企业。调查地点为省直单位、赣州地区、上饶地区、南昌市、新余市和萍乡市。

30 日 省邮电局启动"校园电话工程","五四"青年节期间免费为全省大中专院校每个学生宿舍安装一部电话。全省约有 21 万住校大中专学生。每个学生寝室安装一部电话,免收该类电话的初装费、工料费、基本月租费;学生预先购买 200 或 300 电话卡,凭卡拨打本地电话或长途电话。

本月 永丰绿海油脂有限公司与湖南长沙对外经贸公司签订一份 19 吨茶皂素销往美国的合同。该县继 1997 年实现江西省木本植物茶油首销美国之后,又打破了江西省内茶皂素出口国外"零"的纪录。

本月 武宁罐头厂几项产品在美"FDA"注册获一次性通过,打开了该厂产品进入美国市场的大门。

本月 波阳双港山湖水产场在美国食品及药物管理局公布的中国首批获 HACCP 体系法规注册的出口水产品加工企业中榜上有名,江西水产品进入美国市场。

1998

5月 May

公元 1998 年 5 月　　农历戊寅年【虎】

日	一	二	三	四	五	六	日	一	二	三	四	五	六
					1 劳动节	2 初七	3 初八	4 青年节	5 初十	6 立夏	7 十二	8 十三	9 十四
10 十五	11 十六	12 十七	13 十八	14 十九	15 二十	16 廿一	17 廿二	18 廿三	19 廿四	20 廿五	21 小满	22 廿七	23 廿八
24 廿九	25 三十	26 五月小	27 初二	28 初三	29 初四	30 端午节	31 初六						

1 日　南昌市区各主要交通路口使用自动监摄仪，交通拥堵现象明显缓解。

1 日　中国作家协会会员、上饶地区诗人陈运和的诗集《南方南方，北方北方》和政治抒情长诗《邓小平颂》，被美国哈佛大学燕京图书馆、耶鲁大学东亚图书馆、哥伦比亚大学东亚图书馆收藏。

2 日　由清华同方股份有限公司江西清华泰豪电器有限公司研制开发的新产品——TH 多媒体清华显微诊断仪，获国家科委、国家技术监督局等单位颁发的"国家重点新产品"证书。该设备对癌症、脑血栓、男女不育等疾病可在 20 分钟内快速进行检测。

2 日　横贯赣州市至上犹县全长 78 公里的森林小铁路，始建于 20 世纪 60 年代，是当时赣南山区唯一的一条铁路，也是江西省唯一的森林铁路。被称为江西的"夹皮沟"，至今保存完好。

2 日　赣州市博物馆征集到一枚清代木印，上首横刻有"泰和药号"四字，为商号印在包药纸上作广告之用，为研究赣州市古地名和商家广告宣传提供了实物佐证。

2 日　横峰县葛源镇发现一张 1932 年 7 月签发的红军抚恤金联单，落款为军区司令部后方办事处经理部。是闽浙赣革命根据地当时一种优抚凭据。

2 日　吉安博物馆工作人员在旧城改建考古调查中，发现吉州窑黑釉洒褐色油滴连托茶盏两只。这次出土的连托茶盏是南宋中、晚期吉州窑产品。

2 日　应省政府办公厅、省委宣传部、省外办的邀请，外交部新闻司副司长、外交部新闻发言人朱邦造在南昌作国际形势报告，全面阐述外交政策和对外关系，以及近几年来所取得的外交成就。省委、省人大、省政府、省军区、省纪委在南昌的领导，省直副厅级以上干部以及南昌各大专院校和南昌市有关人员 1600 余人出席报告会。

3 日　76 岁的上犹县蓄电池厂退休工人汪国照研制的 WS 系列随车携带式多功能高效节能充电器获得成功并在中国专利技术博览会上获银奖。

3 日　全省各地 40 名中小学计算机好手，聚集南昌三中新校园，参加全省青少年计算机奥林匹克竞赛的决赛。临川二中罗超、九江一中梁知、九江双峰小学杨光分获高中、初中、小学组冠军；抚州地区、萍乡市、南昌市代表队分列团体总分第一名至第三名。临川二中罗超、赣州三中杨润华、临川二中蓝建英（女）3 名选手，组成江西代表队参加全国青少年计算机奥林匹克竞赛。

4 日 由新余钢铁厂引进、开发的油气润滑新技术通过鉴定。

4 日 中外合资伊丽精细化工有限公司推出的细胞生长因子护肤化妆品，获美国爱迪生发明中心（ATTI）颁发的"世界优秀专利（技术）批准入美国转让证书（金质级）"，这是江西化妆品专利技术首次进入美国市场。

4 日 一只直径为 110 厘米的薄胎大碗，在景德镇市艺术瓷厂烧制成功，再次刷新吉尼斯世界纪录，成为最大薄胎瓷碗。

4 日 南昌大学举行建校 40 周年庆典大会。清华大学、北京工业大学、山东工业大学等 20 多所高校的领导出席会议。原国家教委主任朱开轩，美国纽约州立大学（尤蒂卡）、法国普瓦提埃大学、德国吉森·弗里德堡高等专科学校、日本东京工艺大学、香港中文大学、浙江大学、上海大学等近 20 所海内外高校及一些南昌大学境外客座教授，先后发来贺信、贺词、贺电。江西大学和江西工业大学创办于 1958 年，1993 年两校合并组建成南昌大学。五年来，南昌大学上了三个台阶——并校成功、成为博士学位授予单位、通过国家"211 工程"部门预审，结束了江西"三无省"的历史。南昌大学已发展成一所具有相当规模、学科门类比较齐全、国内知名的地方高等学府。

4 日 纪念井冈山会师 70 周年大会在宁冈县举行。毛泽东、朱德、陈毅、谭震林、何长工等革命先辈的亲属代表和吉安地区、宁冈县的主要领导及数千名各界群众参加大会。肖克为大会题词，宋任穷、陈昊苏发来贺电。在纪念大会上，毛泽东、朱德、陈毅、袁文才的亲属分别讲话。

4 日 南昌铁路局工会于当日至 9 日开展"转观念、当主人、促改革"主题教育活动，并组织演讲团在局管内巡回宣讲。

5 日 江西气压机厂销售员赖兰贵爱岗敬业，吃苦耐劳，在北京等地打开产品市场，1997 年实现贷款回笼 406 万元，业绩名列全厂第一。他被赣州市总工会评为"十佳销售员"。

5 日 玉泉酒厂生产的"中华薏酒"获国家专利。该酒曾获"1997 年中华人民共和国国家科委新技术新产品金牌项目奖"。

5 日 省政府作出决定，加快江西省职业教育改革与发展步伐，提出到 2010 年职业教育的奋斗目标是：在 2000 年前，初步建立初等、中等、高等职业教育体系，逐步做到 50% 至 70% 的初中毕业生进入中等职业学校或职业培训机构；到 2000 年，各类中等职业学校年招生数和在校生数占整个高中阶段的比例要分别达到 60%，普及高中阶段教育的城市可达到 70%；到 2010 年，建立比较完整的职业教育体系，使从业者均能受到从业岗位需要的良好职业技术训练，中专、职高和技校的在校生达到 62 万人，85% 以上的从业人员上岗前接受过职业学校教育或职业培训。

5 日 1998 年江西招商引资新闻发布会在深圳举行。签订合同 125 项，合同外资额 4.32 亿美元。

6 日 江西首届"妇女环保十佳"评选揭晓。她们是：省环保科研所总工程师万良碧、赣州市园林处绿化队队长郭军、湘东区荷尧镇荷尧村农民黄桂莲、九江县环保局副局长徐小兰、南昌市青新小学校长毛小梅、江西第二化肥厂安全环保科科长周静萍、安义县乔乐乡党委书记沈冬英、抚州地区环保局环保科副科长万珍秀、弋阳县妇联副主席张火珍、吉安市环境监理所副所长周明霞。

6 日 全省粮食流通体制改革工作会议结束。蒋仲平传达全国粮食流通体制改革工作会议精神。国家发展计划委员会、财政部派员到会指导并讲话。会议指出，粮食流通体制非改不可，不改不行，刻不容缓。江西是国家粮食主产区之一，是这次深化粮食流通体制改革的重点。会议要求各地要坚决按照党中央、国务院的部署，统一思想，统一行动，坚定信心，创造性地工作，把江西省粮食流通体制改革推向前进。

6日 1998年全国省区市党委组织部党建读物工作座谈会在南昌举行。中组部全国基层组织建设联系会议办公室主任、党建读物出版社社长刘俊林出席会议。会议于8日结束。

7日 "全早稻型猪用浓缩料产品技术研究"通过成果鉴定。

7日 赣州市第三次获江西省城市卫生检查评比第一名并连续三次获"全国县级市卫生城"称号。

8日 省党史委组织的纪念项英诞辰100周年座谈会，在项英当年工作过的信丰县举行。

8日 新余钢铁厂冷轧带钢公司高强度大组被评为江西省先进班组、全国先进班组，获全国"五一劳动奖状"。

8日 江西省肿瘤医院采用自体外周血造干细胞移植疗法，治疗恶性淋巴瘤获得成功。

8日 由陈彼得教授任名誉主编、罗兴中教授主编的《实用眼科诊疗手册》一书，已由江西科技出版社出版发行。该书由国内40余位眼科专家教授共同编写而成，囊括了眼科新技术、新方法、新进展，是理论联系实际的一部眼科技术专著。

8日 浙赣复线改造工程全线竣工。该工程包括修建复线、铺设自动封闭设备等，前后历时15年。

8日 南昌铁路局与南昌市工商银行联合开发的计算机无人售票系统在南昌站启用。

9日 贵溪市贵雅电光源有限公司等三家共同研制的一项提高流明维持率，延长灯管使用寿命的生产工艺通过国家轻工总局主持的科技成果鉴定。

9日 井冈山华能电厂经国家批准开工建设。该电厂坐落于井冈山下的吉安市河东镇，由中国华能集团公司、江西省电力公司、江西省投资公司共同投资29.7亿元建设。电厂装机总容量计划为120万千瓦，分两期建成。2001年年底完工。

9日 舒圣佑率领由各地市专员市长和省直有关部门负责人组成的江西省政府赴上海学习考察团即日起在沪考察。中共中央政治局委员、上海市委书记黄菊看望舒圣佑和全体成员。赣沪双方就两省市进一步开展多层次、多渠道、多形式的交流与合作进行了交谈。考察活动于11日结束。

11日 江铃汽车股份有限公司与香港渣打银行在南昌签订融资协议。渣打银行把授信额度从5000万美元扩至8000万美元，为江铃提供信用证、流动资金贷款等全套金融服务。

12日 凤凰光学股份公司生产的凤凰牌F28-70mm/F3.4-4.8变焦镜头，被国家经贸委认定为1997年度国家新产品。

12日 总投资5.4亿元的1997年国家重点建设项目——江西铜业公司贵溪冶炼厂二期扩建工程，经过3个月试生产后正式投产，贵冶这座国内规模最大的现代化炼铜厂，以年产15万吨电解铜能力进入世界特大型炼铜厂之列。

12日 省委宣传部、省委党校、省社会科学院、省社联联合召开纪念真理标准讨论20周年座谈会。省委副书记钟起煌出席并讲话。他指出，理论联系实际要在三个方面下功夫：（一）要强化理论先导意识，自觉用邓小平理论来武装头脑；（二）要强化实践第一意识，进一步解放思想，大胆探索；（三）要强化服务大局意识，进一步认清使命，积极建言献策。

12日 印度籍林业专家阿吉特·班那吉博士和中国林科院刘金龙等于当日至25日，到中德合作造林项目区的湖口、彭泽、瑞昌、九江4县（市）开展项目"参与式"经营并编制出《江西省中德造林项目参与式造林经营计划和土地利用规划纲要》。在利用外资林业项目中引进和实施"参与式"经营方式在江西省还属首次（12月21日，省林业厅印发《中德合作江西造林项目管理实施办法（试行）》）。

13日 1998年江西横向经济联合协作（上海）洽谈会在上海展览中心举行。洽谈会共签订合同440个，引进资金43.7亿元。

13日 省政府召开全省扫盲工作电话会，

对全省扫盲工作进行全面动员和部署,要求各县、市、区进一步加大扫盲工作力度,认真完成扫盲工作达标任务,以优异成绩迎接1998年第四季度国家对江西省的检查验收。

13日 1998年中国瓷都——景德镇国际陶瓷节暨瓷都城乡旅游月推介会在上海举行。该会推出明清制瓷工艺游、现代制瓷生产游、古今陶瓷艺术欣赏等十大旅游项目。

14日 自学成才的波阳县民间漆画家郑银泉创作的一幅《白玉兰》漆画,被日本画院收藏。他有32幅作品被日本、韩国等国家作为艺术珍品收藏,日本收藏他的12幅作品。

14日 法国布瓦提埃大学副校长雅克·博德和管理学院院长赛克一行应邀访问南昌大学。双方就进一步办好南昌大学中法工商管理教育培训中心进行友好交流。

15日 1998年江西旅游促销推介大会在上海举行。省旅游局和江西11个地市代表分别推出集名山名水、名城名人、宗教文物、民俗风情、生态农业和专项旅游等15条精品旅游专线和一系列旅游节庆祝活动。

15日 鹰潭市委书记刘祖三专程到铁路了解改革、下岗分流和再就业工作,并指出,凡是下岗职工到地方申报再就业的,一律按市政府规定实行优惠政策。

15日 应建设部的邀请,以美国国家公园管理局局长罗伯特·斯坦顿为团长的考察团一行10人,即日至16日,考察龙虎山风景旅游区。

16日 中国电视艺术家协会举办的首届"中国百佳电视艺术工作者"评选活动在京揭晓,江西省国家一级导演张仁川、国家二级编剧陈海萍获此殊荣。

17日 中央电视台在宁都县小布乡赤坎村小组拍摄第一次反"围剿"外景时,在龚家祠堂的右侧两楼一房的墙壁上发现项英笔迹。该房间是项英当年的住处。

17日 江西国宝国际体育运动俱乐部(学校)在南昌成立,江西籍羽坛名将熊国宝亲自执教。

17日 南昌职业中学(职业中专)计算机技能大赛落幕。11个地市105名职业中学(职业中专)在校学生汇集南昌参加大赛。

17日 原省委副书记、省人大常委会主任、省顾问委员会副主任、省顾问小组副组长王书枫逝世,终年75岁。

18日 经过专家评估论证,萍乡市湘东区获准为"国家星火技术密集区建设单位"。

18日 全国人大常委会副委员长成思危视察民营(台属)企业江西液体化工原料公司九江罐区。

18日 省政府将5月18日至24日定为"文物保护宣传周",宣传《中华人民共和国文物保护法》、《江西省文物保护管理办法》。

19日 江西省第一条全标准高速公路——温厚公路张家跨线桥主跨顺利合龙,比计划工期提前10天。温厚公路张家跨线桥全长1365米,是江南最长的跨铁路公路高架桥。

温厚公路张家高架桥

20日 经农业部组织有关专家考察验收,瑞昌长江四大家鱼原种场正式成为国家级原种场。瑞昌是千里长江唯一的草鱼、鲢鱼、鳙鱼、青鱼等长江四大家"水花"集聚池。

20日 现代指掌画创始人、萍乡市画家肖增烈的《万里长江图》在萍乡首次开展。该画分四卷,画心166.5米,加引首和拖尾近200米。这是我国首幅描绘万里长江超过150米的长画,也是中国指掌画的第一部长卷。

21日 在九江市庐山区赛阳镇境内,发现一段至今保存完好的古驿道。该古驿道为秦汉时期所建,距今已有2000余年。

21日 省文化界"德艺双馨"座谈会在南昌举行。近50位文艺界人士汇聚一堂,纪念毛泽东

《在延安文艺座谈会上的讲话》发表 56 周年。

21 日　九江石化总厂被全国绿化委员会正式授予"全国造林绿化四百佳单位"。

21 日　江西铜业公司工会和《江西工人报》联合主办的"江铜杯"好新闻征文比赛在南昌揭晓。《绝活胜过洋功夫》、《喜报寄到师傅家》、《江西五旬下岗女工深圳三夺保姆状元》等 12 篇作品分获一、二、三等奖，18 篇作品获优秀奖。

21 日　南昌铁路局召开"5·10"列车脱轨险性事故扩大分析电话会议。上饶工务段段长罗运财作检查发言。副局长龚道增宣布路局对"5·10"险性事故有关人员的处理意见。

21 日　全国报纸理论宣传研究会 1998 年会在宁波召开。年会评选出 1997 年度报纸优秀理论作品。《江西日报》选送的《准确把握邓小平经济理论的科学内涵》（作者：帅宝强）获优秀文章一等奖；《离任是一面镜子》（作者：洪家宁）、《从"薄弱环节"着手》（作者：邓志刚）获优秀短论二等奖。

22 日　中华全国总工会、共青团中央、全国妇联、民政部等 6 部门联合推出的"中华全国敬老好儿女金榜奖"揭晓，九江市庐山区海会镇海会村妇女伍水姣获奖。

22 日　省委、省政府召开领导干部会议，传达中央领导在党中央、国务院召开的国有企业下岗职工基本生活保障和再就业工作会议上的重要讲话、工作报告和即将发布的《中共中央、国务院关于切实做好国有企业下岗职工基本生活保障和再就业工作的通知》。会议还部署全省清房工作，宣读省委、省政府《关于批转省清房工作领导小组关于〈清理纠正领导干部在住房、建房、购房、装修住房等方面违反规定问题的实施办法〉的通知》。全省清房工作全面展开。

24 日　石城县生产的"客情牌"茵陈保健茶继 1996 年和 1997 年两年获国际金奖后，又被中国专利局批准为国家专利产品，畅销上海、广东，打入日本、韩国、泰国等七个国家。

24 日　江西省首届龙舟大赛在上犹县举行。全省 16 支龙舟代表队共 300 多名运动员参加比赛。比赛于 25 日结束。

25 日　瑞金市法院民警发现两套清朝末年出版的《龙岩县志》和《建宁县志》，志书上盖有中央苏区图书馆印章。

25 日　以高级经济师维多利亚·艾略特女士和首席科学家约翰·汤布尔博士等组成的世界银行检查组，于当日至 27 日，在国家林业局项目管理中心主任江行勇和中国林业科学院研究员盛炜彤的陪同下，对江西省进行贷款"国家造林项目"（NAP）进行竣工检查验收，该项目安排在安远、会昌、信丰、全南、遂川、永新、吉水、永丰、乐安、宜黄、资溪、修水、武宁、铜鼓、分宜、萍乡、莲花、德兴、婺源、铅山、浮梁、昌江和枫树山林场 23 个县（市、区、场）；实际完成并经检查验收合格造林面积 125865.36 公顷，占协议规模的 132.5%，占调整后的计划的 110.7%。其中：杉木 66590.37 公顷，马尾松 10315.43 公顷，火炬松 3655.29 公顷，湿地松 32283.99 公顷，阔叶树 13020.28 公顷；完成总投资 3.68 亿元，预计林木总蓄积量 2992.9 万立方米，生产木材 2058.41 万立方米，薪材 98.34 万立方米，松脂 13.96 万吨，经营期 20 年共创利润 19602.83 万元。

26 日　《庐山恋》电影创作放映 20 周年纪念暨"庐山荣誉山民"颁证大会在庐山举行。20 年来，《庐山恋》在庐山电影院已放映 6300 余场，观众人数达 126 万余人次，创同一部故事片在同一影院放映时间最长、观众人数最多、放映场次最多、共享拷贝最多的世界纪录，被载入上海大世界吉尼斯之最。

26 日　赞比亚驻华大使一行抵南昌，就加强赞比亚与江西的经贸合作进行商讨。

26 日　省政协八届二次常委会在南昌举行。本次会议有三项议程：协商讨论反腐倡廉与民主监督问题；审议通过省政协常务委员会工作规则、专门委员会通则和提案工作条例第四条修正案；人事事项。省政协主席朱治宏主持了第一次全体会议，省委常委、省纪委书记马世昌应邀到会通报关于加强党风廉政建设和开展反腐败斗争的情况。

26 日　受第十届大连赏槐节组委会邀请，江西省国画大师黄秋园作品展在大连市展出。此次画展历时 4 天，共展出黄秋园作品 30 余幅。

27日 国家税务总局授予71个办税服务厅"全国税务系统最佳办税服务厅"称号。鹰潭市地税局第一分局成为江西省地税系统唯一获此殊荣的单位。

27日 江西省工艺美术大师命名大会在南昌举行，国家轻工业局陶瓷所、省陶瓷研究所、景德镇市陶瓷研究所、景德镇为民瓷厂、南昌工艺美术厂、婺源工艺雕刻厂等单位的10名工艺美术工作者被授予工艺美术大师称号。自1994年以来，江西共评审两批省级工艺美术大师。第一批有19人。

27日 省政府发出《加快江西省食品工业发展若干意见的通知》，同年底基本形成了"建成食品工业大省"的决策。

27日 铁道部政治部主任盛光祖率有关司局长于当日至29日，到南昌铁路局专题调研实施资产经营责任制工作，并在南昌召集全路实施资产经营责任制试点的南昌、昆明、柳州、呼和浩特局有关领导和部门负责人座谈研讨。

28日 南昌铁路局举行"中国优秀青年卫士"王征先进事迹报告会。会议宣读了南昌铁路局党委《关于开展向"中国优秀青年卫士"王征同志学习活动的通知》，并号召全局政法干警向王征学习。

28日 全国第一所"手拉手"环保小学在安义县万埠镇桃花村竣工。全国政协副主席宋健为该校题写校名。

28日 省政府召开省直有关部门贯彻国务院粮改决定大会。会议提出，要坚决贯彻按保护价敞开收购农民余粮、实行顺价销售、收购资金封闭运行三项政策，坚决实现6月1日以后不再发生新的粮食亏损的目标，打好粮改攻坚战顺价销售第一仗，推进整个粮食流通体制改革。

28日 金庐软件园区成立大会在南昌国家高新区举行。省长舒圣佑为园区揭牌。金庐软件园是被列入国家软件产品发展规划的大型软件产业基地，规划占地总面积850亩，总建筑面积10万平方米，总投资近2.8亿元。园区采取"一区多园"的方式，统一规划，分片建设，并以资本为纽带，形成"企业与高校、资本与技术、科研与生产、应用与服务"的强强联合。

29日 国家民航总局局长陈光毅考察南昌昌北机场，并出席昌北机场专题汇报会。要求1999年国庆节前优质按期建成，民航总局将全力支持解决建设资金问题。

29日 省人大法工委、省林业厅、省政府法制局联合召开会议，就新《森林法》的贯彻实施进行座谈。座谈会上，省社科院、省委党校、南昌大学、江西农业大学、省摄影家协会等单位的专家学者认为：修改后的《森林法》，突出了在可持续发展战略中森林不可替代的主导作用，补充修改了不少内容。

30日 瑞金昌华萤石有限责任公司挂牌成立，成为年出口10万吨的萤石精粉生产基地。

31日 南昌钢铁有限责任公司开发的DN64万新型汽车钢板通过国家重型汽车质量监督检验中心和中国汽车质量重庆监督检验所技术人员的检测，获得成功。

31日 景德镇中国直升飞机设计研究所研制的第一条国产PVC防水卷材生产线在济南塑料一厂投产，我国建材行业中防水卷材的批量生产进入世界先进行列。

31日 中共中央政治局委员、国务院副总理、国家防汛抗旱总指挥部总指挥温家宝在九江考察防汛工作。他深入九江大堤九江永安段和九江市城市防洪工程现场，详细了解情况，在听取舒圣佑以及安徽、江苏两省有关领导汇报各省的防汛工作后指出，各级领导要切实负起责任，紧急动员各方面的力量，立足防大汛、抗大洪，全力以赴做好各项准备工作，确保长江安全度汛。

31日 省人事厅从1998年开始，对全省公务员和专业技术人员进行计算机知识考核，考核成绩分别与年度考核和职称评定挂钩。到月底，全省已有一万余名专业技术人员和公务员参加培训。

本月 从本月起，南昌市推出个人住房公积金贷款。这一新业务由市工商银行与南昌市住房资金管理中心联合开办。凡南昌市职工在本单位按月正常缴纳公积金者，均可向市工行申请个人住房公积金贷款，每户贷款金额限3.5万元以内，享受优惠利率。贷款为按月分期还本付息，20年内全部付清。

1998

6月
June

日	一	二	三	四	五	六	日	一	二	三	四	五	六
	1 儿童节	**2** 初八	**3** 初九	**4** 初十	**5** 十一	**6** 芒种	**7** 十三	**8** 十四	**9** 十五	**10** 十六	**11** 十七	**12** 十八	**13** 十九
14 二十	**15** 廿一	**16** 廿二	**17** 廿三	**18** 廿四	**19** 廿五	**20** 廿六	**21** 夏至	**22** 廿八	**23** 廿九	**24** 闰五月	**25** 初二	**26** 初三	**27** 初四
28 初五	**29** 初六	**30** 初七											

公元1998年6月　农历戊寅年【虎】

1日　《江西省城市绿化管理办法》开始实施。办法对城市绿化从规划、建设到保护、管理均作了具体详细的规范。

1日　江西省1500余名儿童少年在江西艺术剧院庆祝"六一"国际儿童节。

2日　著名美籍华人、作家、社会活动家陈香梅女士向"吉安地区第三届陈香梅奖"100名教育奖、87名新闻奖获得者颁发荣誉证书和奖金。在颁奖大会上，陈香梅女士当场向"吉安地区陈香梅奖评审委员会"捐赠20万元现金，以支持吉安的教育和新闻事业。

2日　南昌铁路局首趟五定货运班列开行。该班列车车次为8167/8次，由鹰潭南站至成都东站。逢双日开行，开行线路为贵阳东、成都东、昆明东站。

2日　国家民航总局局长陈光毅、副省长朱英培、省长助理凌成兴于当日至3日，在南昌铁路局党委书记郑明理、华东民航局局长叶毅干、省民航局局长余当贵的陪同下，专程到庐山疗养院协商引进外资建造机场问题。

3日　江西共青鸭鸭服装大厦生产的"丑丑"牌羽绒服，被确认为1998年度江西省免检产品。

3日　我国自行设计制造的首列双层内燃动力车组在南昌试车成功，并于6月18日在京九线的南昌至九江间运营，冠名"庐山号"。该车运用灵活、低污染、低能耗、方便快捷、不用调头，采用动力分散牵引方式，最高时速为130公里，一次可载客540余人（9日，南昌铁路局召开开行"庐山号"新闻发布会）。

我国自行设计制造的首列双层内燃动力车在京九线的南昌至九江间运营

3日　江西省检察机关侦察终结省国税局原

局长滕国荣涉嫌受贿案、省粮食局原副局长顾三富涉嫌受贿案、安义县原县委书记陈锦云涉嫌杀人案，并向法院提起公诉。

3日　全国光彩事业市场与扶贫研讨会在南昌举行。全国政协副主席孙孚凌、全国工商联副主席胡德平到会讲话。会议认为，市场与扶贫是有关系的。要抓住市场这个纽带，一改过去项目扶贫的局限性，通过建一个市场带动一个或几个区域成片推进，以扩大扶贫面，提高扶贫效果。研讨会于6日结束。

4日　江西省首家细胞分化治疗中心在南昌市第三医院成立。

4日　南昌陆军学院女排长毛丽丹代表南京军区，参加由解放军电视宣传中心和武汉凌云集团有限责任公司联合兴办的1998年"凌云杯"《当代军人与二十一世纪》电视演讲大赛，获三等奖。

4日　美国国际合作委员会主席、著名社会活动家陈香梅女士和美中航运公司董事长郝福满先生一行访问江西，省委书记舒惠国、省长舒圣佑分别会见陈香梅。陈香梅女士此次是第四次来江西颁奖。前三次已奖励教育、文化、体育、新闻事业的优秀人员690人。

5日　地处樟树市山前乡境内的吴城商代遗址被批准为国家重点文物保护单位。该遗址从1973年发现后，否定了"商不过长江"的论点。先后经过6次发掘，共出土石器、陶器、玉器、青铜器等3000多件珍贵文物，并发现刻画在器物上的文字符号160多个，同时还清理出房基、灰坑、稻谷痕迹、陶窑、窑穴、水井、墓葬等各类遗迹。

5日　美国纽约理工学院院长马休与江西财经大学在南昌签订两校合作举办工商管理硕士（MBA）项目协议，这是江西省唯一与美国联合培养MBA的试点单位（6日，副省长黄懋衡会见马休一行）。

6日　在全国田径大奖赛上，江西运动员周伟以10秒17的成绩，创造了中国男子百米跑新纪录。

6日　为充分发挥行业群体优势，增强在国内外市场的竞争能力，走强强联合道路，由被评为中国500家最大规模建筑企业的南昌市一建公司、南昌市三建公司和具有丰富的国外工作经验的南昌市对外工程总公司共同组建建筑工程有限公司，成立建工集团。

6日　江西首届畜牧业交易会在农业大厦举行。交易会期间，全面展示了江西畜牧业发展成就及整体水平，沟通了省内外畜禽生产流通、加工技术、信息交流与合作，现场成交额达2000多万元。

7日　铁道部总工程师华茂昆在南昌主持召开京九线客车提速牵引试验北京西—南昌间运行情况小结分析会。

8日　中国商品交易中心江西省分中心在南昌筹建并投入运作。该分中心由江西省市场营销协会和江西瑞奇期货经纪有限公司按照现代企业制度的要求，共同组建。

8日　省经贸委、省林业厅联合发出关于婺源县人造板有限公司年产3万立方米中纤板技改项目竣工验收的批复。该项目于1998年1月完工，经过4个月的试生产，达到设计水平，可生产1220×2440×（6～25）毫米的各类板材，年产各类中纤板3.11万立方米，总投资4445万元。产品质量符合国家标准。

木材加工产业为县域林业经济发展注入强大活力

9日　崇义县看守所被公安部评为"国家一级看守所"。该所总结一套"解剖麻雀、因人施教"的先进管理经验，已连续26年安全无事故。

10日 国家体育总局检查验收团宣布，九江县为全国体育先进县。

10日 省人大常委会在南昌举行依法治省新闻发布会，旨在借助新闻媒介的力量和作用，更加广泛深入地开展对依法治省的宣传，让广大人民群众更加关心、理解、支持依法治省工作，使依法治省深入人心，同时让社会了解省人大常委会在依法治省方面的有关工作，推进江西省依法治省进程。

10日 南昌铁路局召开路风建设领导小组会议，对宜春车务段发生的乱收费问题提出严厉批评并作出处理意见。

11日 江西省法制宣传教育工作领导小组在南昌召开1998年第一次全体成员会议，讨论、审议《江西省"九五"期间依法治省规划》（送审稿），研究全面启动依法治省工作的有关事项。省领导彭宏松主持，黄名鑫、全文甫、厉志成等出席会议。

11日 全国"振兴国有企业报告团"在南昌举行报告会，介绍企业走出困境的经验。

11日 第五届江西新闻奖评选揭晓，评选出74件优秀新闻作品。

11日 1998年民星杯全国首届青年女子举重锦标赛在南昌县举行。由国家体育总局主办，南昌县政府承办，共举行了4天。全国各地的21个代表队参加比赛。江西选派出5名轻、重量级青年选手参赛。

12日 安远县林业公司职工王红星研制发明的"自感压力气旋式洗衣装置"和"连盖贴挂式方便茶杯"双双获国家专利，载入《1998全国专利精选》一书。

12日 全自动黑板擦清洁机在赣州市研制成功。首批230台全自动黑板擦清洁机在赣州市装箱运往台湾。

12日 江西省社联召开学习江泽民关于社联工作的重要讲话发表10周年暨纪念江西省社联成立40周年座谈会。

12日 全省各级粮食部门贯彻国务院《关于进一步深化粮食流通体制改革的决定》和《省政府关于做好粮食亏损挂账的紧急通知》提出各项政策措施，采取坚决有力的措施，使粮食顺价销售顺利展开，粮价略有回升。宜春地区自6月1日以来，全区286家国有粮店全部挂牌顺价售粮，至8日止，已销售大米15.63万公斤。

12日 省政府在南昌召开加快公路建设工作会议。会议调整确定全省加快公路建设三年决战的目标：到2000年，全省高速公路达到430公里，国道建设基本达到二级公路以上标准，省道和省际出口路达到三级公路以上标准，确保县与县之间有一条三级公路标准以上的连接线；全省路网技术状况有明显改善，主要技术指标力争达到或接近全国平均水平。会议于13日结束。

13日 婺源发现一块罕见的"雨点金星"砚石。金星密集如雨故称之。

13日 全国《中共党史人物传》审稿会暨传记写作经验交流会在南昌举行。全国中共党史人物研究会会长、原中顾委秘书长李力安阐述党史人物研究工作的认识、工作目标、撰写方法、队伍建设等问题。

13日 全省教育工作会议召开。会议围绕"如何把崭新的教育事业带入21世纪"的议题，总结交流五年来教育改革经验，并对今后工作进行全面部署。强调各级领导要从社会主义现代化战略全局的高度重视发展教育事业，认真贯彻党中央、国务院"科教兴国"的各项政策措施，全面推进"科教兴赣"战略的实施。要克服松劲和畏难情绪，确保2000年"两基"目标的实现。要加大力度发展职业教育。会议于14日结束。

14日 为纪念刘少奇诞辰100周年，《今朝安源》一书由萍乡市安源区编成。刘少奇的夫人王光美为该书题词。

14日 省委、省政府领导到省防总了解汛情，针对全省连降暴雨，信江水位全线超过警戒线，部分县市出现洪涝灾害的情况，决定全省立即进入防汛紧急状态。当晚，省防总召开会议，紧急部署抗洪抢险（17日至19日，舒惠国先后到余江、贵溪、铅山、弋阳、进贤检查指导防汛工作。23日，国务院副总理温家宝对江西抗洪抢险作出重要批示：省委、省政府主要领导坚守一线指挥抗洪抢险工作，广大军民奋力防守圩堤，减少了灾害损失，未来一段时间降雨仍较集中，要严密监视水情，继续做好迎战洪峰的各项准备工作，确保重要城镇、铁路交通要道和人民生命财产的安全。同时，积极开展救灾工作，安排好灾区群众的生产和生活）。

信江水吞噬大片农田和堤下三个自然村

14 日　全省计划生育合格村建设现场会在宜丰县召开。会议提出把合格村建设作为一项基础工程来抓，确保 1998 年全省计划生育合格村达到 65% 以上，到 2000 年达到 85%。会议于 15日结束。

15 日　上犹县组织实施的《水稻优良新品种（新组合）及高产栽培技术》科研项目，被省农业厅授予技术进步二等奖。

15 日　鹰潭地区发生严重水灾，南昌铁路局领导率有关人员赶赴现场组织指挥抗洪抢险（17 日，铁道部总工会主席陈效达来电慰问南昌铁路局抗洪抢险的干部职工和受灾的职工家属，并委托南昌铁路局工会向鹰潭市受灾的铁路职工发放慰问品）。

16 日　首列国产内燃动力车组"庐山号"开行金银车票拍卖会在南昌举行。南昌铁路局领导出席拍卖会。

16 日　第六届全国省、市、区党报好新闻评选在西安揭晓。《江西日报》的《安远为香港送去一泓放心水》、《省领导为标兵"让座"》获一等奖，《江西早米何处去》、《长江江西段及鄱阳湖"二豚"戏水》、《赣江飞起新"彩虹"》获二等奖，还有 4 篇（件）作品获三等奖。1997年 8 月 27 日一版版面获优秀版面奖。

16 日　南昌对外工程总公司承建的马里共

和国体育场工程破土动工。马里共和国体育场建在首都巴马科近郊，总投资 3000 万美元。

16 日　省九届人大常委会三次会议进行分组讨论。常委会组成人员对《江西省体育经营活动管理条例（草案修改稿）》和《南昌市城市市容和环境卫生管理条例》等进行认真审议和讨论。

17 日　南昌铁路局纪委组织机关干部和局属各单位领导班子成员共 1890 人，参加全国《行政监察法》知识竞赛。

18 日　省纪委、省监察厅就严格抗洪抢险纪律发出通知，要求严格抗洪抢险救灾纪律，确保防汛工作顺利进行。做到工作到位、干部到岗、领导到场。强调一旦发生险情等紧急情况，群众生命财产和国家重要物资受到威胁时，所有在场的党员、干部必须以身作则，带头抢险救灾，不准临阵脱逃。

18 日　凌晨 4 时，安义县峤岭乡遭受特大暴雨袭击，造成山洪暴发，部分村庄、农田被淹，桥梁、涵闸、道路被毁，不少房屋倒塌。

18 日　全省农电工作会议在南昌召开。会议强调，要从讲政治的高度狠抓降低农村电价工作，积极对农电管理体制进行改革探索，把整顿和降低农村电价，减轻农民不合理负担，作为当前农电工作的中心任务来抓。

19 日　江西省军队转业干部安置工作会议在南昌举行。会议传达 1998 年全国军转安置工作会议精神，总结回顾五年来江西省军转安置工作情况，安排部署 1998 年军转安置任务。

19 日　农业部给省政府及省农业厅发来慰问电，对灾区人民及战斗在抗洪第一线的广大干部群众、解放军指战员和武警官兵表示慰问。

20 日　南昌社区健康服务中心成立。该中心投资 300 万元购置具有国际先进水平的脑多普勒检查仪器等先进医疗设备和健康服务专用车，开通了健康咨询电话。

21 日　应美国纽约中文电视台邀请，以省委常委、省委宣传部部长张克迅为团长的江西省对外文化交流代表团一行 4 人，赴美国进行友好访问。

22 日　香港百亿国际控股集团有限公司副

总裁余清华和总裁助理何志刚等一行4人来赣考察。百亿集团是由海内外六家企业集团共同发起组建的跨国企业集团，经营涉及金融、信息、房地产、高科技、酒店、旅游等。

22日 应中科院邀请，以美国高级环境科学家霍华德先生为首的美国环境科学代表团，对江西省山江湖工程进行考察。考察于26日结束。

23日 江西省防汛抗旱总指挥部向全省各地发出《关于切实加强当前山体滑坡泥石流等地质灾害防治工作的紧急通知》。

23日 省直机关工委召开赈灾捐献活动紧急动员大会，号召省直机关的党员、干部、职工积极向灾区人民捐赠衣被，为灾区人民奉献一片爱心。

23日 6月12日至当日止，江西出现超历史的特大洪涝灾害，林业系统损失严重。共计倒塌房屋8601间（计10.3万平方米）。冲失木材1.2万立方米、毛竹20万多根、木竹制品140万件、畜禽2.2万头（羽），冲毁林区公路1087公里、林区板车道537公里、桥涵445座、毁坏幼林2900公顷、苗圃201.47公顷、果园709.67公顷，损毁发电机39台、输电及通讯线路302公里、被淹工厂设备850台、农田1861.33公顷，造成直接经济损失达2.7亿元。

24日 应省政府邀请，法国驻华大使毛磊一行5人于当日至26日对江西进行工作访问，主要考察江西的自然环境和经济环境，以及考察南昌有关高校的法语教学情况和相关的中法合资企业的现状。毛磊先生还参加了南昌大学中法工商管理教育培训中心教学楼的落成典礼，并作演讲报告（25日，省委书记舒惠国、省长舒圣佑会见毛磊一行）。

24日 赣江、抚河、信江、饶河、修河五大河流和长江九江段、鄱阳湖水位全部超警戒线。省政府召开常务会议部署下一步抗洪抢险。要求发扬顽强拼搏精神，全力以赴夺取抗洪抢险斗争全胜。要一手抓防汛，一手抓经济发展，确保全年经济工作各项任务的完成。

24日 国家防汛抗旱总指挥部给

江西省防汛抗旱指挥部发来慰问电，勉励大家再接再厉，发扬连续作战的精神，抓紧修复水毁工程，安排好灾区群众的生活，同时做好迎接可能再次出现大洪水的各项准备工作，夺取抗洪抢险救灾斗争的全面胜利。

连续的暴雨使抚河大堤李渡、文港、架桥等段多处出现险情，武警南昌市支队官兵和民兵预备役千余人在抚河两岸险段抢险

25日 全国政协社会和法制委员会调查组一行到达南昌，开始对江西的政法队伍教育整顿工作情况进行为期8天的专题调查。

26日 江西省农业发展银行行长会议结束。会议要求各地进一步树立信心，增强责任感，把收购资金管理工作做得更扎实，尽快实现封闭运行（信贷资金），推进粮食流通体制改革。

26日 劳动和社会保障部授予江西省林业技工学校"国家重点技工学校"称号。

27日 面对江西五大江河全面告急、景德镇市城区被淹等险恶形势，全省150万大军投入抗洪抢险，赶赴受灾严重的景德镇市区、浮梁、

省军区某分队投入抗洪抢险营救灾民

乐平、波阳、万年等县。省委各常委分别到各抗洪前线，指导防洪抢险。

28 日 受国务院副总理温家宝的委托，国家防总副总指挥、水利部部长钮茂生到赣考察灾情，指导抗洪抢险。

28 日 南昌铁路局党委在南昌举办金融知识讲座暨资产经营责任制理论研讨会。江西省社会科学院经济研究所所长、研究员汪玉奇主讲，路局党委中心组成员及局机关副处以上干部80余人参加。

28 日 以全国政协副主席万国权为组长，全国政协委员、中国老龄协会会长张文范和全国政协提案委员会委员滕进贤为副组长的安老养老问题调研组，在江西省进行调研。调研活动于30日结束。

29 日 国家防总副总指挥、国家水利部部长钮茂生到昌北地区察看防汛抗洪现场，慰问抗洪武警官兵和公安干警，了解灾情，强调要继续顽强拼搏，夺取抗洪全胜。

30 日 京九线 K1434～K1435 路段自28日凌晨受洪水冲击中断行车后再次塌方。南昌铁路局党政工领导亲临现场组织指挥抢险，上行线于本日22时40分开通，下行线于7月2日23时开通。

本月 信丰县被列为国家生态环境建设第一批重点示范区实施县。该项目总投资1600万元，由国家与地方按1∶1配套投入，分三年实施，共安排植树造林、水土保持、坡耕地改造、生态农业等13个建设项目，实施面积为3188公顷。工程项目建成后，植被覆盖率将由现在的30%提高到85%，强度水土流失可减少80%以上，保土效率可达90%。

1998
7月
July

公元1998年7月							农历戊寅年【虎】					
日	一	二	三	四	五	六	日	一	二	三	四	五	六
			1 建党节	**2** 初九	**3** 初十	**4** 十一	**5** 十二	**6** 十三	**7** 小暑	**8** 十五	**9** 十六	**10** 十七	**11** 十八
12 十九	**13** 二十	**14** 廿一	**15** 廿二	**16** 廿三	**17** 廿四	**18** 廿五	**19** 廿六	**20** 廿七	**21** 廿八	**22** 廿九	**23** 大暑	**24** 初二	**25** 初三
26 初四	**27** 初五	**28** 初六	**29** 初七	**30** 初八	**31** 初九								

1日　中断10天的鹰厦铁路全面恢复通车。6月12日以来，赣东北、闽北地区暴雨成灾，鹰厦线福建、江西境内先后发生水害90处，其中中断行车49处。6月21日晚，鹰厦线因洪灾全线中断。

1日　江西省首家外资公园在龙南县建成并开园。具有赣南客家民俗特色，集旅游、健身、娱乐、休闲为一体，占地2.1万平方米。

2日　因遭受洪水袭击，分别于6月29日及30日两次中断行车的京九铁路南昌段全线恢复通车。

2日　20时，长江第一次洪峰通过九江，洪峰水位达22.15米，最大流量达6.4万立方米/秒。九江市沿江各县、市、区30万军民，奋力拼搏，抗御第一次洪峰的袭击，保护九江长江151.9公里江岸堤防的安全。

3日　全国政协副主席马万祺致电省委书记舒惠国、省长舒圣佑，对江西灾区人民表示深切慰问。

4日　国务院总理朱镕基和国务院副总理温家宝当日至5日在九江、德安察看灾情，代表党

朱镕基（前排右一）和温家宝（左三）在九江永安大堤察看长江水情时，与值班的防洪巡查员亲切交谈

朱镕基在九江视察抗洪救灾情况

朱镕基巡视长江堤

中央、国务院和中共中央总书记江泽民慰问抗洪救灾的干部、群众和解放军、武警官兵，并对防汛抗洪工作作出部署。在听取省委、省政府汇报后，朱镕基充分肯定江西抗洪救灾取得的成绩，强调当前汛情尚未过去，长江、鄱阳湖水位居高不下，有继续上涨的可能，防洪抢险形势依然十分严峻，决不能有任何麻痹松懈思想，各方面一定要做好迎战更大洪水的准备，确保长江大堤万无一失。陪同视察的有国务院研究室主任桂世镛、国家计委副主任刘江、国务院副秘书长马凯、民政部副部长范宝俊、水利部副部长周文智等。

4日 由萍乡市教学研究室黎友源发明、国家科委认可，并允许定名为"黎氏定理"的"一元高次不等式的公式解法"，入选国际经济评价（香港）中心协同香港文汇报社共同组织编写的《世界华人重大科学技术成果公报》。

4日 "昌河汽车并行工程"立项申请报告在北京通过，确定昌河飞机工业公司为并行工程首次用于汽车领域的企业。

4日 南昌陆军学院教员董水平获"热爱祖国"全国影评征文比赛金奖。这是该学院第三次蝉联全国第一，获"三连冠"殊荣。

4日 长江九江站出现1904年有纪录以来的历史最高水位22.22米，超过1995年峰值0.02米，九江沿线正遭受一场近百年未遇的特大洪水。

4日 丰城市书画家聂云军的国画作品《高瞻远瞩》获1998年度新加坡新新州艺术院举办的第五届"醒狮杯"全国精品书画创作大赛特等奖。

5日 中央精神文明建设指导委员会办公室、建设部、国家旅游局联合评选出10个全国文明风景旅游区示范点，江西庐山风景区名列第二。

5日 省政府在余干县黄金埠举行捐赠物资接受仪式，接受南京军区从南京空运来的1200顶帐篷，3万件衣服，总价值约300万元的物资，同时，南京军区还派出6个医疗队赴灾区防病治病。

6日 省委办公厅、省政府办公厅转发《省委组织部、村建办关于进一步加强农村村务公开、民主管理工作的意见》。意见强调，各级党委、政府要统一思想，深刻认识在广大农村普遍实行"村务公开，民主管理"是加强农村基层社会主义民主政治建设的客观要求，是推动农村改革与发展，维护农村社会稳定、政治安定的重要保证，要切实抓好落实。

6日 江西各灾区卫生防疫部门积极动员起来，投入大量人力物力，确保灾区群众健康度汛。仅在南昌地区、市、县、乡各级防疫部门就下派医疗队118支，派出医务人员1095人次，免费提供药品36.6万元，大面积开展环境消毒和饮用水消毒，以防止各类传染病的发生和流行。

新建县大塘乡卫生院的医务人员灾后在长胜村喷洒消毒药水

弋阳县50多名卫生医疗工作者在向农民宣讲饮水消毒、杀菌灭鼠的方法，动员大家紧急行动起来，防止传染病，搞好卫生防疫

7日 省直农口单位负责人会议召开。会议要求各级农口部门把抗洪救灾作为当前第一位的任务，连续作战，扎实工作，全心全力，恪尽职守，力争大灾之年有个好收成。

7日 中国石油化工总公司与省政府草签合同，全省各级石油公司及加油站划归中国石油化工集团公司，从体制上解决长期以来石油产销脱节问题，实现产销一体化，实行成品油销售全省一个价，城乡一个价。

7日 在上高县芦洲乡田溪村一片不到200亩的杉林中，发现有6000多只白鹭在此栖息。

8日 九江市甘棠公园动物园采用母鸡孵鸳鸯蛋的办法，经过28天的孵化期，孵出一对水鸳鸯，江西首次人工繁殖鸳鸯获成功。

8日 省委发出关于认真学习贯彻《中共中央关于在全党深入学习邓小平理论的通知》的通知，要求各地：（一）认真学习领会中央通知精神，进一步兴起学习邓小平理论的新高潮。（二）在实践中学习和运用邓小平理论，开创改革发展的新局面。（三）加强领导，狠抓落实。

8日 江西省召开电话会议，贯彻落实中央组织部和最高人民检察院关于对地、县两级人民检察院和反贪局领导干部进行考察的精神。会议决定，整个考察工作7月中旬开始，9月底以前结束。

9日 南昌有色冶金设计院通过长城质量认证中心认证，取得ISO9001质量体系认证书。

9日 经国务院学位委员会第十六次会议批准，1998年江西增列南昌大学"材料物理与化学"、江西财经大学"产业经济学"博士学位授

江西医学院北院大门

东华理工学院教学主楼

权学科。增列35个硕士学位授权学科、专业中，其中：南昌大学十个、江西师大七个、江西农大三个、江西中医学院一个、江西医学院四个、华东地质学院三个、南方冶院四个、江西财经大学三个。

9日 于都城市信用合作社成立，并依法选举产生了理事会、监视会。这是一家县级股份制商业银行。

10日 中国炼焦行业协会批准焦化厂JN43-80型焦炉通过中国炼焦行业协会专家验收，评为特级焦炉。

11日 红十字国际联合会高级官员威亚德·卡西姆，乘船前往重灾区波阳县昌洲乡考察灾情，并给予粮食、药品等物质援助。陪同前往的有中国红十字总会副会长孙柏秋等。

12日 江西省科研人员研究发明的造纸黑色固化处理新技术通过省级科技成果鉴定，实现造纸黑液处理技术的新突破，推广应用前景广阔。

13日 香江集团与郊区塘山乡长巷村签订共同建设"南昌光彩大市场"协议，全国政协委员、全国工商联常委、香江集团董事刘志强投资2亿元兴建该市场。

14日 全国唯一一家工业陶瓷国家测试中心在萍乡成立，萍乡市工业陶瓷产量占全国的40%，年产值超过4亿元。萍乡成为全国最大的工业陶瓷生产基地、测试中心、信息中心、科研开发中心。

14日 由南昌铁路局科研所和南铁中心医

院共同研制的"透视影像成像与储存系统"通过鉴定。

14 日 中华全国总工会和全国职业道德建设指导协调小组授予市政下水道清淘工龚腊根"全国职工职业道德先进个人"称号。

14 日 省政府召开深化金融体制改革、建立新型银企关系座谈会，交流和探索建立新型银企关系的经验和对策，促进经济体制和经济增长方式两个根本转变，努力实现国有企业改革和金融体制改革两个三年目标。会议于 15 日结束。

15 日 中国进出口商品质量认证中心在北京向华意电冰箱厂颁发了 ISO9001 质量体系认证书。

15 日 上犹县被国家有关部门列为全国旅游开发示范县。前不久，国家计委、国家旅游局和中科院等部门的专家，在上犹县进行了一个多月的旅游资源普查，普查资源实体 160 多个，认为江南最大的树种王国赣南树木园、全国首座坝内式水力发电厂上犹江电厂、保存完好的森林小铁路等，均有较高品位。

15 日 国家"九五"重点工程——鹰潭枢纽编组站改扩建工程全部竣工。鹰潭枢纽编组站是全国 13 个路网性编组站之一，综合自动化程度高，实现车辆编解作业自动化，日编解能力由原 7000 多辆提高到近万辆。

15 日 江西省企业文联文学创作研讨会在新余召开，省文联副主席陈世旭到会讲话。省企业文联副主席吴建中参加会议。会议于 19 日结束。

16 日 省委办公厅、省政府办公厅联合发出通知，要求各地各部门坚决贯彻和落实省委、省政府提出的"三个不动摇"的指示，全力投入生产救灾主战场，帮助灾区全面恢复和发展生产，确保大灾之年有个好收成。

16 日 省政府召开全体会议，分析上半年经济形势，部署下半年经济工作。会议要求全省上下当前要着重抓好以下几方面工作：（一）要以高度的政治责任感，认真安排好灾区群众生活。（二）要抓好国有企业下岗职工基本生活保障和再就业这两件头等大事。（三）全面、准确地落实国家方针政策，推进粮食流通体制改革。（四）努力增加投入，加快基础设施建设。（五）以农民增收为中心抓好农村工作。（六）工业生产要实现速度和效益两个提高。（七）努力实现外经贸工作三大目标，提高国有商业经济效益。（八）抓紧抓好财政工作，确保 1998 年收支平衡。（九）维护社会稳定，促进各项社会事业协调发展。

17 日 江西省机床研究所受铁道部委托开发的"轮对数控动平衡去重机床"在南昌通过铁道部中国铁路机车车辆工业总公司的技术评审。

17 日 当日至 18 日，浙赣线铁路通讯电话全部实现程控自动化。

18 日 江西共青羽绒厂上交利税 1404 万元，实现销售收入 2 亿元两项指标，再次被列入"全国服装行业百强企业"。

19 日 江西新余钢铁公司运输部高级工程师简国义撰写的《起重机轨道安装方法的改进》一文，被收入《中国科学技术文库》。

19 日 吉水县人民医院科研课题《成人肝脏体表投影手掌测量法》，通过专家鉴定。该发明实用推广价值较大。

19 日 南昌市党政军慰问团赴广东湛江慰问"南昌舰"官兵。南昌舰是以南昌市命名的我国海军主力战舰之一，与南昌市是军民共建单位。

19 日 萍乡市湘东区"国家星火技术密集区"正式挂牌。

20 日 被誉为"中国公路明珠"的泰和公路段塘洲道班，被交通部授予"全国百佳文明道班"称号。

20 日 江西省地市委书记、专员、市长会议举行。会议传达贯彻国务院总理朱镕基、国务院副总理温家宝在江西的讲话精神，进一步贯彻落实全国国有企业下岗职工基本生活保障和再就业工作会议精神，分析总结上半年的经济情况，研究部署下半年的经济工作。舒圣佑作了经济形势和工作部署的报告，舒惠国作了会议报告。会议于 22 日结束。

21 日 日本岐阜县知事梶原拓和议长加滕利德率领的日本岐阜县友好代表团一行，应省政

Zhonghua Renmin Gongheguo

府邀请,来赣庆祝两省县结为友好十周年,并与省政府领导举行会谈,签署会谈备忘录并进行岐阜摄影展、友谊林植树等纪念活动。

舒惠国(右)会见以日本国岐阜县知事梶原拓(左)为团长的日本岐阜县友好代表团一行

舒圣佑(右)与日本国岐阜县知事梶原拓(左)会谈,双方在会谈备忘录上签字

22日 万安县沙坪镇长桥村农民廖洪儒将开荒造田时挖出的80公斤古钱币上交给县文物管理部门。经初步清理,其中最早的为汉"五铢"、新莽"货泉"、唐开元通宝、宋朝各帝号钱,以北宋钱居多,上下跨越八个朝代、46个年号,共136品。

22日 安福县严田镇坛洲村刘荣凯家发现一只光釉陶瓷巨缸,主人称它为蟠龙金凤缸。缸高1.4米,围径3.64米,缸壁厚约0.06米,能装20多担水。此缸与主人家屋同年,距今有380多年。

22日 南昌铁路局首届文化艺术节京剧汇演在鹰潭举行,南昌、向塘、鹰潭、上饶、萍乡、新余、景德镇、赣州、九江九支代表队共80余人参加演出。

22日 全省乡镇企业工作会议在南昌召开。会议分析乡镇企业面临的形势,总结交流经验,进一步明确加快乡镇企业改革、发展的思路和政

策措施,强调要统一思想,提高认识,振奋精神,坚持大发展,突出大提高,重点抓改革,着力抓效益,推进江西乡镇企业持续、快速、健康发展。会议于23日结束。

23日 赣州市发掘出8门刻着"崇祯六年"的铸铁大炮,其中最大的一门长1.5米,炮口内直径0.12米,重300公斤。

23日 萍乡市湘东区林业公安分局工作人员,发现一批国家保护动植物。其中有国家二类保护动物云豹、牙獐、豹猫、猴面鹰;国家一级保护植物南方红豆杉、银杏,国家二级保护植物三尖杉。

23日 中共中央总书记江泽民发出号令,全面部署调度,不惜一切代价"严防死守",确保长江大堤和重点圩堤万无一失。

23日 晚上7时至次日上午10时,南昌市遭受建国以来最大暴雨袭击,致使城区民德路、福州路等主干道部分地段和一些小街积水严重,部分路段交通中断。

24日 以莫哈迪为团长的津巴布韦非洲民族联盟青年团代表团一行访问江西。副省长黄懋衡会见代表团,向客人介绍江西省情,希望加强双边经贸、文化等领域的交往。代表团一行将赴南昌卷烟厂、共青垦殖场、庐山等地访问。

24日 省委、省政府召开防汛抗洪紧急会议。舒惠国强调要全面部署调度,不惜一切代价严防死守,确保长江大堤和重点圩堤万无一失。舒圣佑对当前防汛抗洪工作提出10项要求。同日,长江九江站水位达22.24米,超警戒线2.74米,大堤在高水位上浸泡了一个多月。舒惠国、黄智权坐镇省防洪总指挥部,指挥全省抗洪抢险。

星子县救济队向被洪水围困了30多天的蚌湖乡杨家嘴村灾民送粮送菜

24 日 南昌铁路局纪委、政法委联合召开路局公、检、法及有关部门负责人会议，认真传达贯彻中办发〔1998〕14 号文件精神，就坚决执行行政性收费和罚没收入收支两条线管理工作的规定提出明确要求，并结合路局实际对清理整顿工作作出部署。

24 日 中国驻日本大使馆主办的"中国景德镇名瓷和摄影展"在东京举行。展期三天，共展示景德镇名瓷名作 60 余件。

25 日 吉水县下岗职工邓党生研制的扬谷功能的 5TG－72013 半自动脱粒机，获 1998 年新技术新产品博览会金奖。

25 日 凌晨 1 时，国家防洪总指挥部办公室来电，国家防总办由各防汛仓库紧急调运编织袋 110 万条、编织布 24 万平方米、橡皮艇 400 只、冲锋舟 10 艘等防汛抢险物资，运往江西、湖南两省灾区。

26 日 江西共青羽绒厂获国家轻工业局"争创国际名牌优势企业"称号。

26 日 江西部分地区下大暴雨，27 日，长江水位已达 22.72 米，超历史最高水位 0.52 米。省防洪总指挥部召开紧急会议，决定从当天 12 时起，全省进入紧急防汛期，并发出《关于宣布进入紧急防汛期的公告》。江西成为《中华人民共和国防洪法》自 1998 年 1 月 1 日起施行以来，第一个宣布进入紧急防汛期的省份（至 9 月 20 日，全省紧急防汛期结束）。

27 日 斯里兰卡灌溉、电力和能源部长兼国防部副部长拉特瓦特一行访问江西。就飞机制造和国防领域的贸易和合作事宜交换意见。

28 日 闽浙赣交界的广丰县二度关乡大坑村通电灯。该县最后一个特困村结束了煤油灯照明的历史。

28 日 省委、省政府召开全省电话会议，贯彻落实中央关于军队、武警部队和政法机关不再从事经商活动的决定。

28 日 宜春车务段宣风站和南昌站公安派出所客勤三组被共青团中央和铁道部联合命名为国家级"青年文明号"。

28 日 全国人大常委会委员长李鹏打电话询问长江汛情特别是武汉市、九江市的抗洪抢险情况。

28 日 省委、省政府发出《切实做好国有企业下岗职工基本生活保障和再就业工作》的通知。通知要求各地：（一）统一思想认识，明确目标任务。（二）建立再就业服务中心，保障下岗职工基本生活。（三）严格国有企业下岗职工基本生活保障和缴纳社会保险费用资金的筹措、管理和使用。（四）加大政策扶持力度，拓宽再就业渠道。（五）加强劳动力市场建设，强化再就业培训。（六）加快社会保障制度改革，完善社会保障体系。（七）切实加强领导，确保下岗职工基本生活保障和再就业工作顺利进行。

省政府把抓好国有企业下岗职工基本生活保障和再就业当作头等大事，花卉市场为下岗工人提供了再就业机会

29 日 江西清华智能工程研究所开发研制的"产权交易管理信息系统"及江西清华产业公司开发研制的"医疗保障管理信息"，在南昌通过技术鉴定，两项科技成果均达到国内先进水平。

29 日 铁道部部长傅志寰给南昌铁路局打电话，详细询问路局管内的汛情及防洪抢险工作情况。向奋战在防洪抢险第一线的干部职工表示亲切慰问，并对南昌铁路局工作提出要求。

29 日 国务院副总理、国家防汛抗旱总指挥部总指挥温家宝视察京九线郭东防洪大堤和杨家岭车站，看望并慰问防汛一线的干部职工。

温家宝（左一）在舒惠国、舒圣佑陪同下，到九江市郭东大堤、益公大堤检查防汛抗洪，他勉励军民坚定信心，夺取抗洪抢险的全面胜利

30 日 江西省召开紧急会议，专题部署京九线防洪工作。副省长孙用和通报全省汛情、雨情情况。省委书记舒惠国、省长舒圣佑、副省长黄智权分别对京九线防洪工作提出要求。

31 日 1998 年入汛以来，长江最大的一次洪峰通过九江，水位高达 23.01 米。舒惠国、舒圣佑、黄智权和孙用和深夜坐镇省防总指挥抗洪抢险工作。同日，南京军区司令员陈炳德、政委方祖岐向军区全体官兵发布长江流域抗洪抢险紧急动员令。

31 日 南昌铁路局工会下发《关于下拨一九九八年度职工困难补助费的通知》，按人均 18 元至 22 元的标准一次下拨困补费 15.45 万元。

31 日 国家劳动和社会保障部常务副部长李其炎一行 6 人调研组对江西国有企业下岗职工基本生活保障和再就业情况及养老保险金收缴情况进行调研。副省长黄智权参加调研情况反馈会。

1998

8月 August

公元 1998 年 8 月							农历戊寅年【虎】						
日	一	二	三	四	五	六	日	一	二	三	四	五	六
						1 建军节	2 十一	3 十二	4 十三	5 十四	6 十五	7 十六	8 立秋
9 十八	10 十九	11 二十	12 廿一	13 廿二	14 廿三	15 廿四	16 廿五	17 廿六	18 廿七	19 廿八	20 廿九	21 三十	22 七月大
23 处暑	24 初三	25 初四	26 初五	27 初六	28 初七	29 初八	30 初九	31 初十					

1日　国家发展计划委员会、解放军总政治部在南昌八一学校举行由中共中央总书记、国家主席江泽民题写校名的"八一希望学校"挂匾仪式。

1日　省人事厅下发《江西省人事代理试行办法》。省人事代理工作在全省展开并纳入规范化管理轨道。

2日　全国政协主席李瑞环、全国人大常委会副委员长姜春云分别给舒惠国、舒圣佑打电话，询问长江汛情，表示慰问。

2日　长江九江水文站水位达到 23.03 米，破历史最高纪录，流量达 6.93 万立方米/秒。到晚上 10 点，水位回落到 22.98 米。

3日　全国少年男子举重锦标赛在南昌县举行，13 个省市代表队的 84 名运动员参加比赛。

4日　《江西省事业单位实施全员合同聘用制暂行办法》出台，开始试点工作，先在省直和每个地市各选择二至三个单位进行，然后在省直和地市县扩大试点，在总结经验的基础上，全省推广，2000 年前，全省事业单位全面实施全员合同聘用制。

4日　九江江新洲大堤溃决，堤内的 8000 多名被洪水围困的群众，至 6 日 18 时全部脱险。舒惠国、舒圣佑、黄智权、马世昌、彭崑生等直奔现场组织、指挥营救工作。

南昌预备役师和九江县人武部协力在江新洲抢救被洪水围困的儿童

4日　由美国 MODULAR（模板）公司开发的集计算机、无线数字通讯、优化调度等为一体的高新技术产品——DISACH（卡车调度）系统，在江西铜业公司德兴铜矿"落户"。

4日 江医一附院心内科洪绍烈教授的论文《改良中指同射度量食道心房调搏导管深度中止室上性心动过速的临床应用》，被美国柯尔比科学文化信息中心评为优秀医药学论文，并获准进入全球信息网络。

4日 无公害活体芽苗菜在崇仁县试种成功。推动了全省无公害蔬菜生产。

5日 享有盛誉的俄罗斯柴可夫斯基芭蕾舞团在江西艺术剧院演出芭蕾舞剧《天鹅湖》，1500余名观众观看演出。

江西艺术剧院夜景

5日 九江市歌舞剧团创作演出以京九铁路建设为背景的大型现代舞剧《路》，在文化部第八届"文华奖"评选活动中获"文华新剧目奖"。

5日 江西省文物考古研究所与樟树市博物馆在南昌至樟树高速公路延伸段联合进行的考古调查中发现商周古文化遗址三处，总面积达11万平方米，同时还发现明清时期古墓群两处，共有古墓110余座。

6日 江西省畜牧科技人员历经十多年努力，选育成功瘦肉型猪新品种南昌白猪，通过1998年国家科技进步三等奖评审。

6日 江西1998高校录取工作在宜春进行，78所院校首先展开录取工作，这年普通高校计划招生33779名。

6日~10日 国家民委和山东、四川、广东、陕西省委、省政府，天津、重庆、广州市委、市政府，人民日报社等，先后向江西省委、省政府致电，慰问战斗在抢险救灾第一线的广大干部群众、解放军指战员、武警官兵、公安干警和灾区干部群众。

7日 九江市防洪墙发生长50余米的决口。中共中央总书记江泽民打电话给中央军委副主席张万年，指示及时调遣部队支持九江堵口抢险。国务院总理朱镕基打电话给九江市负责人，要求全力保护人民生命安全，坚决堵住缺口。国

九江市军民采取紧急措施，全力堵住决口

务院副总理温家宝在决口的当晚赶赴九江抢险堵口现场，与省市领导共同研究与指挥堵口。舒惠国、舒圣佑、黄智权和南京军区副司令员董万瑞在一线指挥。

7日 九江长江大堤4号、5号闸之间溃堤，南昌铁路局管内七里湖、八里湖站区和家属区被淹。当日至10日铁道部政治部主任盛光祖急赴九江灾区指挥铁路救灾斗争。代表部党组和部长傅志寰慰问路局干部职工，并在九江召集南昌铁路局领导班子座谈会，全面听取南昌铁路局关于经营状况、任务完成、机构、生产布局调整、下

武警部队官兵在九江长江大堤4号、5号闸之间奋力堵口

岗分流、再就业工程、抗洪抢险和水灾损失以及党建、思想政治工作的情况汇报。充分肯定南昌铁路局取得的各项工作成绩，并对抗洪救灾、增收节支工作提出要求。

7日 江西省华意无氟压缩机厂成功地将AE1350Y、1360Y无氟压缩机的噪音由过去的42分贝降到37分贝，该项指标达到国际先进水平。

7日 江西长运股份有限公司所属的南昌长途汽车站，通过公路汽车客运服务ISO9002质量体系认证，成为继青岛汽车站、深圳罗湖汽车站之后全国第三家正式通过该项认证的公路客运站。

7日 解放军总政治部群工部部长马述宽少将带领的解放军四总部联合工作组乘专机到达九江，实地了解灾情、部队救灾情况以及需要解决的困难和问题。

7日~11日 当日至11日国家测绘局紧急调用通航"米－8"直升飞机，派中国测绘科学研究院防洪监测小分队，对鄱阳湖及长江大堤进行航空摄影，为江西灾情监测、评估以及制定长期防洪规划，进行大规模的水利设施建设提供重要基础信息和科学决策依据。

9日 下午，国务院总理朱镕基来到九江市抢险现场，勉励抢险的干部群众、解放军和武警官兵发扬不怕艰苦和牺牲的精神，一定要把缺口堵住，保卫长江大堤和人民生命安全。

国务院总理朱镕基视察九江

9日 南昌铁路局召开房建、生活部门剥离方案研讨会。会议于13日结束。

10日 江西省103所重点及第一批录取院校在4天时间内录取7028名考生。

10日 全省养老保险和再就业服务中心建设工作会议在南昌召开。会议强调，要全力以赴，狠抓中央提出的三项任务的落实，按时完成行业养老保险统筹移交地方管理工作，确保国企下岗职工基本生活，确保企业离退休人员养老金按时足额发放。

11日 武警部队司令员杨国屏到九江慰问堵口的武警官兵。

11日 广东省委、省政府向江西捐赠救灾款100万元，山东省委、省政府捐赠救灾款300万元（13日，中央组织部、全国妇联来电，慰问抗洪一线党员和妇女。上海、贵州、青海、甘肃、陕西、新疆、深圳来电，慰问江西抗洪军民和受灾群众。上海市政府向江西捐赠救灾款500万元。14日，重庆市委、市政府向江西捐赠救灾物资100万元。新疆维吾尔自治区向九江捐赠价值130万元的药品及生活用品。15日，四川、云南、辽宁、宁夏、宁波来电，慰问江西省抗洪军民和受灾群众。四川捐赠10万元药品、40吨猪肉，云南捐赠100万元，辽宁捐赠100万元救灾物资，宁夏捐赠5万公斤大米和药品，宁波捐赠50万元。18日，黑龙江、江苏来电慰问江西抗洪军民和灾区群众。江苏省委、省政府向江西捐赠200万元，广西捐赠200万元救灾物品）。

11日 针对长江九江段水位居高不下，江堤长时间被洪水浸泡，随时可能发生危险的严峻形势，根据江泽民总书记"严防死守，确保长江大堤安全"的指示，南京军区再次派遣增援的部队1.2万人抵达九江。南京军区在九江抗洪一线的总兵力达2.3万人。

11日 萍乡钢铁厂首次冶炼20MnSi钢获得成功，结束只能冶炼单元化钢种的历史。

12日 9时25分，由临川市振兴船舶有限公司一轮二驳组成的石油船队，装载1050吨油料，途经彭泽县城防大堤处时，发生撞击长江城防大堤重大事件。

12日 18时30分，九江市防洪墙决口围堰胜利合龙，抢险成功。

12日~16日 国家民政部部长多吉才让来江西考察灾情，慰问灾民，指导救灾，鼓励灾民团结一心，克服困难，振奋精神，重建家园；表示要竭力帮助江西灾民度过难关。

13日 南京军区司令员陈炳德、政委方祖岐来到九江，就进一步贯彻落实中共中央总书记江泽民、国务院总理朱镕基等中央领导关于抗洪抢险的一系列指示精神作具体部署，并到大堤慰问官兵。南京军区副司令员董万瑞、副政委雷鸣球等军队和地方有关部门的领导参加了部署和慰问。

14日 香港新华集团总裁蔡冠深先生捐赠50万元成立的教育基金颁奖大会在南昌县三江镇举行，有73名师生获奖。

14日 受中央军委主席江泽民委托，中央军委委员、总政治部主任于永波上将率四总部慰问团抵九江，用两天时间亲切慰问了驻九江抗洪抢险一线部队指战员。

15日 92岁高龄的邵逸夫先生抵赣访问（16日，邵逸夫及其夫人方逸华一行到鹰潭参观访问。江西11个地市、45个县（市）的65所学校，先后7次接受邵逸夫的捐赠，金额达3440万港元）。

15日 中科院卫星地面站派副总工程师李传员和王文专到南昌，向江西省防总无偿赠送具有7种模式、25种波束成像能力，世界上第一颗高分辨力民用微波遥感卫星获取的长江、鄱阳湖区汛期影像图片11幅，价值近5万美元。这些图片对江西防洪决策、灾情评估和水利工程建设等具有重要的科研和实用价值。

15日 电影《红苹果》万人开机仪式暨向江西灾区赈灾义演活动在广州天河体育馆举行。

16日 省委办公厅、省政府办公厅发出通知，要求认真学习贯彻中共中央总书记江泽民在湖北视察长江抗洪抢险工作时的重要讲话，奋力夺取全省抗洪抢险最后胜利。

16日 中国邮电电讯总局发行《鄱阳湖候鸟》电话磁卡一套，共5张，面值分别为50元、50元、30元、30元、30元。这是江西继"景德镇瓷器"、"庐山"二套电话磁卡发行之后的又一套以江西风景名胜为内容的磁卡。

18日 省政府发出切实安排好灾民生活的紧急通知。要求各地：（一）要把安排好灾民生活作为当前一项十分重要而又紧迫的任务抓紧抓

好。（二）要进一步做好查灾核灾工作。（三）要采取切实有效措施，解决好灾民吃饭问题。（四）要认真做好灾区的治病防疫工作。（五）要认真研究和着手解决灾民建房问题。（六）要切实解决好灾民的衣被问题。（七）要切实加强对灾民生活安排工作的领导。

18日 省总工会第十次代表大会在南昌举行。大会审议批准省总工会第九届委员会的工作报告，选举产生省总工会第十届委员会，程受锭当选为省总工会主席，童水仙、文之周、李骥、李慈保当选为副主席。会议于20日结束。

19日 外交部、科技部、国家外贸局、国务院侨办、交通银行来电，慰问江西灾区人民。交通银行向江西捐赠300万元，福建捐赠200万元。

19日 入汛以来，南昌市遭受特大洪水灾害。至当日止，全市受灾乡（镇）101个，自然村1641个；受灾人口128万余人，被水围困群众12.54万人，转移安置灾民8.5万人；损坏房屋8.6万间，倒房6.23万间；全市农作物受灾面积26.84万公顷，绝收9.74万公顷；因灾造成直接经济损失达49.436亿元。

21日 团省委作出决定，授予在九江抗洪抢险中奋不顾身抢救130多名群众的优秀青年、九江籍浙江大学学生周晓渊"抗洪抢险青年标兵"的荣誉称号。

21日 省政府发出切实做好灾区学校开学和确保贫困生入学工作的紧急通知。通知要求各地：（一）高度重视灾区中小学秋季开学和贫困学生的入学问题。（二）千方百计尽快使灾区恢复正常教学秩序。（三）加大对受灾家庭困难学生的帮扶力度。（四）加快水毁校园、校舍的重建和教学设施的修复。（五）高度重视灾后中小学校和校园的环境卫生工作。（六）各地（市）、县（市、区）接本通知后，应抓紧贯彻落实，并将落实情况逐级上报省教委。

22日 一批长期奋战在煤炭生产一线的先进集体和个人受到表彰。萍乡矿务局安源煤矿采掘四区等30个集体被评为先进区队；刘其堂、李水清等10人被授予"十佳采掘区队长"光荣称号；乡长湘洪等5人以及何长连等20人被分

别授予"全省煤炭系统杰出青年岗位能手"和"青年岗位能手"称号。

22 日 中共中央政治局常委、全国政协主席李瑞环于 21 日和 22 日，在江西抗洪一线慰问考察，他充分肯定省委、省政府抗洪抢险组织指挥得力，勉励广大军民再接再厉夺取最后胜利，强调切实安置好灾民生活和搞好灾区卫生防疫工作。

李瑞环到九江看望抗洪将士和灾区干部群众

李瑞环（右四）在九江城防堤口处察看军民奋战数昼夜新筑起的堤坝

22 日 为期 4 天的 1998 年全国少年赛艇比赛在宜春水上基地举行，江西队名列总分第二。

23 日 为纪念江西省与日本国岐阜县缔结友好关系 10 周年，应日本岐阜县知事梶原拓的邀请，由省人大常委会副主任周述荣为团长的江西省友好访问团一行 6 人，前往日本岐阜县进行友好访问。

23 日 中国石化集团公司总经理李毅中在江西省公司领导陪同下，视察九江分公司抗洪抢险工作，并亲切慰问战斗在抗洪一线上的广大职工。

24 日 省人民检察院和南昌铁路局党委组织部组成联合考核组，对南昌铁路检察分院和反贪局领导干部进行为期 3 天的全面考核。

24 日 根据国务院总理办公会的决定，建设部部长俞正声率国务院调研组在副省长孙用和的陪同下，于当日至 27 日，在江西调查研究灾后重建和根治洪涝等问题。

25 日 省政府召开全省救灾防病紧急会议，要求各地积极行动起来，进一步抓好救灾防病工作，确保大灾无大疫，夺取 1998 年抗洪救灾的最后胜利。

25 日 福建省赈灾慰问团抵达江西，并捐赠 716 万元的救灾物资。

26 日 第五届国际太极拳年会暨第三届中国陈家沟国际太极拳锦标赛在河南温县结束。江西省代表队获 2 枚金牌、8 枚银牌、5 枚铜牌。

26 日 省委宣传部、省民政厅、省广电厅、省文化厅联合举办的 1998 年赈灾大型文艺晚会，收到省内外各界捐款捐物总值 1.35 亿元。

27 日 天津市赴赣救灾慰问团捐赠 1252 万元的救灾物资。

28 日 江西省、市禁毒办在南昌举办全国禁毒挂图展览。当场焚毁 120 公斤毒品。

28 日 1998 年吉安地区优化资本结构招商洽谈会在井冈山举行。会议期间，签约 48 项，引进资金 3.4 亿元。

30 日 江西省采取各种措施，救灾复校，保证中小学秋季如期开学，贫困学生如愿入学。据统计，全省 5350 所受灾学校 223 万名学生 9 月 1 日按时开学，占受灾学校总数的 93.03%。

31 日 国家重点建设项目工程——京九铁路南段复线工程在吉安火车站举行开工典礼。该工程由向塘至广东龙川，全长 627 公里，工程总投资 23 亿元，1998 年年底竣工。

31 日 中共中央政治局常委、国务院副总理李岚清由教育部部长陈至立、国务院副秘书长徐荣凯、财政部副部长张佑才、卫生部副部长殷大奎陪同，在江西考察灾区防疫治病和中小学秋季开学工作，强调要切实抓好防病治病这个当务之急，确保大灾之年无大疫。要求因地制宜创造条件做好秋季中小学开学工作，搞好学生教育，稳定灾区民心。考察于 9 月 1 日结束。

1998

9月

September

公元 1998 年 9 月							农历戊寅年【虎】						
日	一	二	三	四	五	六	日	一	二	三	四	五	六
		1 十一	2 十二	3 十三	4 十四	5 十五	6 十六	7 十七	8 白露	9 十九	10 二十	11 廿一	12 廿二
13 廿三	14 廿四	15 廿五	16 廿六	17 廿七	18 廿八	19 廿九	20 三十	21 八月小	22 初二	23 秋分	24 初四	25 初五	26 初六
27 初七	28 初八	29 初九	30 初十										

2日 省委宣传部、省教委在南昌召开全省高校扶助灾区困难学生工作会议，提出七项举措，绝不让一个学生因灾失学。会议要求：（一）各校要按照学生名单逐个检查。（二）对灾区困难学生的学杂费、住宿费允许缓交。（三）加大资助力度，妥善安排灾区学生学习和生活，各校应将收费的21％用于建立奖学金、贷学金和困难学生补助，缩小奖学金面，扩大困难补助面，提高补助金额。（四）关心灾区学生身体健康，免费为灾区学生进行体检，有疾病的学生应及时免费治疗。（五）积极开展勤工助学活动，安排灾区困难学生优先上岗，鼓励他们振奋精神，自强自立战胜困难。（六）严禁以各种名目乱收费，尽可能减轻灾区困难学生负担。（七）省教委安排的专款和社会各界支持高校的资金，应直接资助特别困难的学生。

2日 省委办公厅、省政府办公厅发出通知，要求各地认真贯彻中办发［1998］20号文件精神，努力增收节支，制止浪费，做好抗洪救灾工作。通知内容为：（一）坚定抗洪抢险救灾必胜的信心，保持良好的精神状态。（二）广开增产增收门路，千方百计实现1998年国民经济增长目标。（三）采取坚决严厉措施，务必厉行节约，制止浪费。（四）切实加强对救灾款物的监督管理，保证救灾款物如数、及时地发放到灾区灾民手中。（五）密切联系群众，切实改进工作作风。

3日 南昌市博物馆考古工作者在南昌市东郊齐城岗上，发掘一座元代墓葬，出土两面南宋铜镜、一台漆砚、四只南宋瓷瓶，经鉴定，属国家三级文物。

4日 中共中央总书记江泽民冒雨来到江西省受灾最严重的九江地区，慰问抗洪一线广大军

江泽民亲切慰问抗洪一线官兵

民，看望受灾群众，考察和指导救灾、恢复生产、重建家园的工作。江泽民听取省委、省政府的汇报后，对全省抗洪抢险工作给予充分肯定和高度评价，并就夺取抗洪抢险最后的全面胜利和灾后重建发表重要讲话。他说，经过两个月的顽强拼搏，从全局上看，全国抗洪抢险斗争已经取得了

江泽民视察九江市南湖抗洪抢险部队露营地时，走进炊事班的帐篷，询问战士们的伙食情况

决定性的伟大胜利。在继续做好抗洪抢险最后阶段工作的同时，全国受灾地区的工作重点将逐渐转到恢复生产、重建家园上来。他号召灾区广大干部群众，要继续发扬在抗洪抢险中表现出来的万众一心、众志成城、不怕困难、顽强拼搏、坚韧不拔、敢于胜利的伟大抗洪精神，艰苦奋斗，互助互济，早日恢复和发展生产，重建美好的家园。温家宝、曾庆红、傅全有、舒惠国、舒圣佑、陈炳德、方祖岐等陪同考察。

中共中央总书记江泽民视察永修县郭东圩堤，省委领导向他介绍解放军和武警官兵死守大堤

4日　国家建设部作出决定，授予赣州市下水道班"全国文明服务示范窗口单位"荣誉称号。

5日　南康市横市中学初二年级学生谢万莉发明的三引式耕耘器获第九届全国青少年发明一

等奖和特别奖。

6日　全国劳动模范、崇义公路段上营养路队队长简荣兰启程赴京上大学。1998年38岁的简荣兰，曾获全国"五一劳动奖章"、"全国三八红旗手"和"巾帼建功标兵"等荣誉称号。经省、地公路部门推荐，保送简荣兰就读中国工运学院劳模本科班。

6日　省政府召开全省工业生产电视电话会议，对今后几个月的工业生产进行再动员、再部署、再落实，号召全省工业战线广大干部职工大力弘扬抗洪精神，做到重灾区不减产，轻灾区不欠产，非灾区多超产，确保全面完成1998年工业生产的各项任务。

7日　国家新闻出版署署长于友先一行，在省委常委、省委宣传部部长张克迅等陪同下，深入九江县江新洲和永修县立新乡的灾区考察。

7日　省委办公厅、省政府办公厅联合发出通知，要求各地坚决贯彻落实中办发〔1998〕18号文件，切实做好当前减轻农民负担工作，并做好：（一）充分认识减轻农民负担的重要性和严肃性。（二）严格控制提留统筹费。（三）严格执行国家的农业税收政策。（四）坚决禁止"三乱一摊派"。（五）严格要求，严肃纪律。（六）进一步加强对减负工作的领导。

7日　全国人大常委会委员、内务司法委员会副主任委员、中华慈善总会副会长万绍芬，率中华慈善总会慰问团，深入江西灾区，考察灾情，慰问灾民，指导救灾工作（8日，中华慈善总会向江西灾区捐赠3160万元和价值4500万元的物资。12日，北京市委、市政府向江西灾区捐赠1000万元、衣被123万件和价值200万元的药品）。

8日　《江西日报》全文刊登中共中央总书记江泽民4日在江西考察抗洪救灾工作时的重要讲话《发扬抗洪精神重建家园发展经济》。

8日　南昌铁路局工会向九江灾区各单位下拨救灾补助款14.45万元。

8日 国务院总理朱镕基 1998 年第三次到江西，进行为期两天的灾后重建、治理水患、发展经济等检查指导工作。舒惠国主持汇报会。舒圣佑代表省委、省政府向朱镕基一行汇报全省灾情及灾后重建、治理水患的初步打算。这次特大洪灾给江西省造成的损失极其惨重。初步统计，全省共有 79 个县（市、区）、1329 个乡镇、2207.14 万人（次）受灾，因灾死亡 193 人；冲毁公路 1 万多公里、桥梁 5000 多座；200 多座千亩以上的圩堤溃决；损坏房屋 135.86 万间，倒塌房屋 123.6 万间，无家可归人口近 160 万人；农作物受灾 1916.4 万亩、绝收面积 1300 万亩，预计因灾粮食减产 60 亿左右。全省因灾造成直接经济损失共 384.64 亿元。朱镕基在听取汇报后指出，当前最迫切的是，要解决好灾区群众过冬的问题，尤其要抓紧解决住房问题。1998 年可以每户先建一间或一层过冬，来年再续建。对灾区建房，国家给予一定的补助。强调要认真落实江泽民重要讲话精神，切实做好灾后重建和治理江河工作。要下最大的决心搞好鄱阳湖的治理，把退田还湖、移民建镇的规划进一步做细，从长计议，分期执行，根治水患，确保社会长治久安，人民安居乐业。迟浩田、多吉才让、国土资源部部长周永康、建设部部长俞正声、国家发展计划委员会副主任王春正、财政部副部长楼继伟、水利部副部长张基尧、农业部副部长万宝瑞、卫生部副部长王陇德、中国人民银行副行长尚福林、国家林业局局长王志宝、农业银行行长何林祥、国务院副秘书长马凯、国务院研究室副主任魏礼群、总理办公室主任李伟、省领导黄智权等陪同考察并参加汇报会。

8日 中共中央政治局委员、中央军委副主席迟浩田亲切慰问抗洪一线官兵。

迟浩田与抗洪官兵亲切握手

8日 在厦门举行的 1998 年中国投资贸易洽谈会上，江西共签约 123 项，总投资额 7.58 亿美元，协议外资额 5.9 亿美元，其中合同项目 104 项，总投资额 3.65 亿美元，合同外资额 2.96 亿美元。

9日 省委、省政府发出《关于认真学习贯彻江总书记在江西省视察抗洪救灾工作时的重要讲话的通知》（25 日，省委、省政府发出《关于在全省大力弘扬抗洪精神，切实做好各项工作的通知》）。

9日 在 90 多天时间里，南昌铁路局管内遭受百年未遇的特大洪涝灾害。管内京九、浙赣等线大小水害 576 处，九江、鹰潭、景德镇等地家属区被淹，直接经济损失 1.7 亿元。广大干部职工与洪灾展开艰苦的斗争，保证了铁路干线畅通，抢运防洪物资 3283 车，运送 2.5 万名解放军官兵到抗洪前线。

朱镕基在会上讲话，检查指导灾区重建、治理水患和发展经济等工作

9日 南昌市首家"校园电话网"在江西财经大学开通。

江西财经大学

10日 安福县发现一份由中共湘赣省委、省苏维埃政府和工农红军湘赣军区于1933年11月4日出版的《红色湘赣》报两张4开8个版,宽58厘米,长38厘米,为油印。

10日 省教委、省人事厅等部门在南昌举行庆祝教师节暨模范教师表彰大会。全省教育界代表200余人出席会议。大会共表彰27名全国模范教师,57名全国优秀教师和教育工作者,102名全省优秀教师和教育工作者。

10日 省残联第三次代表大会在南昌举行。大会审议通过省残联第二届主席团工作报告,选举产生第三届主席团委员,选举黄智权为省残联第三届主席团主席,王飚、熊印辉、徐效钢等8人为副主席。会议于11日结束。

11日 江西省灾后重建工作座谈会结束。会议初步确定江西灾后重建方案:通过"退田还湖",使鄱阳湖水域的面积增至20世纪50年代初期的水平,平圩行洪区域内居民异地移民,重建村镇;居民住房不搞简单重复建设,尽可能一步到位建设永久性住房,争取2年至3年内建成4121万平方米。

12日 全国人大常委会委员、全国人大内务司法委副主任、中华慈善总会副会长万绍芬率中华慈善总会慰问组一行到南昌县渡头乡和新建县铁河乡看望慰问灾区群众,并送去慰问金和救灾物品。

12日 联合国灾害评估小组詹特昆一行6人,先后深入永修、波阳等县的重灾区考察灾情。该小组此次来华旨在实地考察湖北、江西、湖南、黑龙江等省的灾情,考察结果形成报告,号召世界各国政府捐助中国灾区。考察活动于13日结束。

13日 国家税务总局局长金人庆于当日至15日,在江西考察税收工作。他指出,江西的税收工作比预料的要好。当前,要从实际出发,加强分类指导,辩证地思考和研究问题,做好工作。

15日 省委组织部就贯彻落实省委、省政府《关于认真贯彻江总书记在江西省视察抗洪救灾工作的重要讲话的通知》和中组部《关于在灾区恢复生产重建家园中充分发挥基层党组织战斗堡垒作用和共产党员先锋模范作用的通知》发出通知,要求全省各级党组织,各级领导干部特别是农村基层党组织和广大共产党员要深刻领会江泽民的讲话精神,坚定恢复生产、重建家园的信心,发扬伟大的抗洪精神,再接再厉,奋力夺取重建家园和发展经济的全面胜利。

15日 1998年全国航空模型锦标赛在河南安阳举行。江西省航模队获2金2银3铜,并被评为精神文明运动队。

16日 江西省出版总社输入输出中心在江西新华印刷厂成立。

16日 全国妇联副主席、书记处第一书记顾秀莲,深入江西灾区,考察灾情,慰问受灾的妇女儿童,指导救灾工作。考察慰问于17日结束。

17日 信丰县虎山乡中和村岗高小组村民郭德有发现一大坛古铜币,15公斤重,约3600余枚,其中开元通宝为公元713年至742年间制造,有1200余年历史。

17日 经省委、省政府批准,由省委副书记钟起煌任主任委员,省委常委、省委宣传部长张克迅,省人大常委会副主任周峻平,省政协副主席黄定元等任副主任委员的编辑委员会,在全省范围内加紧组织编辑《中国江西》多媒体电子光盘和大型画册。

17日 上犹县梅水乡洋田村发现一商周文

化遗址。据有关专家考证，该遗址距今已有3000多年的历史，是当前发现的石器品种最多、数量最大、保存最完好的商周文化遗址之一。

17日 全国乒乓球锦标赛在宜春举行。全国24支代表队共200多名运动员参加比赛。比赛期间，国家体育总局还在宜春召开全国乒乓球教练会议。比赛于24日结束。

18日 截至当日，南昌市（含县区民政部门和市慈善总会筹委会）共接受社会捐赠救灾款物3741.15万元；接受省民政厅下拨捐赠物资价值894.05万元（不含未估价物资）。

18日 江西省先进施工企业南昌市第五建筑工程公司获"1998年度全国集体建筑企业全面质量管理优秀企业金屋奖"称号。

18日 江西省首条准一级高标准水泥路面公路——昌厦公路南瑞段开工兴建。

18日 在公安部召开的全国公安系统抗洪抢险救灾先进集体和先进个人表彰会上，九江市公安局等10个先进集体和30名先进个人受到表彰。

20日 江西宣布结束紧急防洪期（21日，最后一批参加抗洪抢险的部队班师回营，九江25万市民挥泪欢送人民子弟兵。23日，南京军区赴江西抗洪抢险部队全体官兵发出致江西人民感谢信）。

20日 团中央书记处书记赵勇到南昌铁路局检查工作，对全局团的工作和列车乘务工作提出要求。

20日 省委常委集中学习中央《关于在全党深入学习邓小平理论的通知》和江泽民在学习邓小平理论工作会议上的讲话，听取全国学习邓小平理论工作会议精神，并联系实际，围绕贯彻落实中央通知和全国会议精神，在全省掀起学习邓小平理论新高潮。参加学习的人员有省委常委、列席常委会的同志。会议于21日结束。

21日 省委办公厅、省政府办公厅联合发出《关于大灾之年抓好农民增收工作的通知》，要求各地：（一）努力从扩种和精管中增产增收。（二）大力从扩大养殖业的规模和优化品种质量

中挖潜增收。（三）尽力从乡镇企业新的发展机遇中创效增收。（四）着力从进一步搞活农产品流通抢占市场营销中增收。（五）千方百计从新辟就业门路中务工增收。（六）加强领导，精心组织，集中力量把农民增收工作做好做实。

21日 省委、省政府发出《关于切实做好卫生防病防疫工作的通知》。通知要求各地：（一）提高认识，加强领导。（二）明确目标，抓住重点。（三）预防为主，防治结合。（四）积极行动，大搞卫生。（五）扩大宣传，加强教育。（六）筹措款物，保障急需。

省、市领导走向南昌市街头打扫卫生

22日 省委召开议军会，强调弘扬抗洪精神，加倍支持军队和国防后备力量建设。

23日 一座镌刻着10万共青人民对子弟兵无限深情的武警抗洪纪念亭在共青城落成。

23日 省委、省政府发出《大力弘扬抗洪精神，切实做好各项工作》的通知，要求各地：（一）要把弘扬抗洪精神作为精神文明建设的突出任务抓紧抓好。（二）要把弘扬抗洪精神贯穿于重建家园、发展经济的全过程。（三）各级领导干部要在弘扬抗洪精神中发挥表率作用。

23日 南昌铁路局经济合同管理工作会议在南昌召开。会议总结全局前一时期的经济合同管理工作，下发南昌铁路局给各单位的《授权通知书》、《授权委托书》和合同专用章，并对经济合同管理工作提出具体要求。

23日 为期两天的江西省学习邓小平理论工作会议在南昌召开。会议旨在进一步兴起学习

邓小平理论新高潮，推动各项工作登上新台阶。省委组织部、宣传部的负责人，全省各地、市委和省直机关工委的分管书记、组织部长和宣传部长、省直各有关单位负责人，各高等院校党委书记参加会议。

24日 代表照相机行业先进水平的数码相机在江西凤凰光学股份有限公司问世。

24日 根据《中华人民共和国宪法》第九十八条关于乡、民族乡、镇人民代表大会每届任期三年的规定和全国人大常委会办公厅《关于乡级人民代表大会代表选举时间的通知》精神，省人大常委会主任会议决定，江西省乡级人大代表应在1999年2月底以前进行换届选举，并要求各地依法按时完成乡、民族乡、镇人大代表的选举工作。

24日 为期两天的江西省第九次高校党建工作会议在南昌举行。会议传达贯彻第七次全国高校党建工作会议精神，研究部署高校战线兴起学习邓小平理论新高潮的工作；坚持和完善党委领导下的校长负责制；总结交流经验，表彰党的建设和思想政治工作先进高等学校。

25日 省委书记舒惠国，省委副书记、省长舒圣佑，省委副书记、常务副省长黄智权和省委副书记钟起煌分别前往省军区和南昌陆军学院，看望全力以赴投入省抗洪抢险的解放军官兵，并代表省委、省政府赠送锦旗。

25日 高安市举行追授何四喜为公安部二级英模的命名表彰大会。省林业厅、公安厅、宜春行署宣读《关于开展向何四喜同志学习活动的决定》。

25日 最高人民法院召开全国法院电视电话会议，表彰在抗洪抢险救灾中涌现出来的先进集体和先进个人。省法院系统有4个先进集体和7名先进个人。九江市中级人民法院、永修县人民法院、波阳县人民法院、新建县人民法院分别记立一等功；九江市中级人民法院副院长杨平忠、永修县人民法院院长龚民德、余干县人民法

院院长万昭保、瑞昌市人民法院院长董才银、进贤县梅庄人民法庭庭长赵道华、波阳县人民法院行政审判庭副庭长姜发来、南昌县人民法院院长李有才7人被记个人一等功。

25日 由江西农业大学承担的省农业开发项目"稻区农牧沼复合生态模式的开发与示范"，在进贤县梁桥乡通过验收。

26日 舒惠国、舒圣佑率全省各地、各行业抗洪英模和代表共30人，赴京参加全国抗洪抢险总结表彰大会，省委、省人大、省政府、省军区、省政协、省纪委在滨江宾馆举行欢送仪式。

出席全国抗洪抢险总结表彰大会的江西代表团在省委书记舒惠国、省长舒圣佑的率领下，乘火车赴京

27日 国家劳动和社会保障部组织的首次全国秘书职业技能鉴定考试在南昌开考。

28日 中国物理学会主办的第三届全国中学物理青年教师教学大赛在山东淄博闭幕。南昌三中老师刘付媛获高中组一等奖。

28日 省政府召开全省棉花工作电话会议，传达贯彻1998年度全国棉花工作会议精神，分析当前棉花供求形势，部署1998年棉花收购工作。会议强调，供销社棉花企业要坚决做到棉花收购资金专款专用，任何单位和个人不得以任何形式挤占挪用棉花收购资金，确保不向棉农打"白条"。

28日 鹰潭线路大修段段长助理黄赞国作为江西省抗洪抢险先进个人代表，参加中共中

央、国务院在北京召开的"全国抗洪抢险总结表彰大会",并受到铁道部党组书记、部长傅志寰等部领导的亲切接见。

29日　在全国检察机关抗洪救灾电话表彰会上,永修县人民检察院等7个集体和8名个人受到表彰。

29日　乐安县文化局局长郭林根研制的"化痔灵"神垫获第四届世界传统医学大会世界传统医学优秀科技成果奖。该神垫1997年获国家专利。

29日　省人大代表评议省计生委工作大会在南昌举行。会议要求坚持依法行政,全面提高计划生育行政执法水平,强化优质服务与科学管理,全面规范计划生育工作。

29日　省经贸委、省林业厅联合发出《关于南丰县多利特化学工业有限公司年产1100吨芥酸技改项目竣工验收的批复》。该项目于1998年7月建成投产,产品质量达到企业标准,并出口美国、日本;完成投资总额人民币2288.95万元。

30日　江西省第一部地方性体育法规《江西省体育经营活动管理条例》,经省九届人大常委会第三次会议审议通过实施。贯彻实施条例新闻发布会在南昌举行。

30日　温厚高速公路三大制约工程之一的温家圳特大桥顺利贯通,比预定工期提前4个月。

30日　江西第一家女子文学社在鹰潭市诞生。

30日　省委办公厅、省政府办公厅发出《关于认真学习贯彻江总书记在全国抗洪抢险总结表彰大会上的重要讲话的通知》(10月2日,省委书记舒惠国主持召开省委常委会,传达、学习全国抗洪抢险总结表彰大会精神)。

本月　省政府下发《江西省人民政府关于加快职业教育改革与发展的决定》。至年底,全省职业中学达304所,在校学生达12.49万人;普通中等专业学校105所,在校学生14.53万人。

1998

10月
October

公元 1998 年 10 月							农历戊寅年【虎】						
日	一	二	三	四	五	六	日	一	二	三	四	五	六
				1 国庆节	**2** 十二	**3** 十三	**4** 十四	**5** 中秋节	**6** 十六	**7** 十七	**8** 寒露	**9** 十九	**10** 二十
11 廿一	**12** 廿二	**13** 廿三	**14** 廿四	**15** 廿五	**16** 廿六	**17** 廿七	**18** 廿八	**19** 廿九	**20** 九月大	**21** 初二	**22** 初三	**23** 霜降	**24** 初五
25 初六	**26** 初七	**27** 初八	**28** 重阳节	**29** 初十	**30** 十一	**31** 十二							

1日 新华金属制品股份公司与中国银行江西分行在新余市举行 1 亿元授信签字仪式。

1日 江西省十运会射击比赛在南昌市第二体育馆举行，景德镇队夺 34 枚金牌，获第一名。名列第二、三名的南昌队和赣州队分别夺 26 枚金牌和 14 枚金牌，有 31 人次在比赛中破省青少年纪录。省十运会自 8 月初开赛以来，共进行了 14 项次比赛，第二阶段的 13 项次比赛在宜春主赛场全面展开。当前，南昌市代表团已获金牌 194 枚，居金牌榜首；景德镇市、宜春地区位居其后。

2日 江西省青少年发展基金会投资 20 万元

曾在赣南插队回沪的上海知青捐赠 20 万元，在陈毅元帅当年战斗过的信丰县油山兴建"上海知青希望小学"

援建的信丰县小江"圳下希望小学"举行落成典礼。全省已有 350 所希望小学建成并交付使用。

3日 新余市建行与新余市邮电局合作开发"网上银行查询系统"获得成功。

3日 南昌铁路局团委被省经委、省劳动厅、团省委联合授予"一九九七年度全省导师带徒优秀组织单位"。

4日 广丰县永丰大桥的拱桥重 245 吨，跨度 72 米，采用双索道一次性吊装成功，总投资 1500 万元。

4日 寻乌县东门小学全体老师集体作词、县文化馆馆长林平作曲的东门小学校歌《雏鹰之歌》，在全国首届"红烛杯"校歌金曲评展大赛中获银奖。

4日 信丰县安西镇禾星村发现一张第二次国共合作时期的报纸——《越华报》，出版时间为民国 27 年 2 月 9 日。第二版配发了时任八路军政治部主任的邓小平的照片。

4日 国家"八五"纺机项目"南昌飞机制造公司 P7100 片梭织机专项技术改造"的配套工程，江西纺织机械厂承担的片梭织机铸件生产通过国家验收。该树脂纱黑色铸件及机加工生产线尺寸精度从CT11-13级提高到CT8-10级，表面粗糙度由Ra-100微米降低到Ra25-12.5微米。

4日 全国政协副主席毛致用参观正在南昌展出的"1998江西抗洪抢险先锋赞"摄影展览。

5日 景德镇陶瓷股份有限公司研制的20头釉中彩"古典园林"餐具通过国家专利局审查，被授予外观设计专利证书。

5日 省委、省政府召开省直机关干部下乡帮助灾区恢复生产重建家园发展经济动员大会。会议号召全省机关干部，发扬伟大的抗洪精神，深入灾区，帮助灾区迅速恢复生产，重建家园，发展经济。会后，全省省、地（市）、县三级万名机关干部分成46个工作组，深入灾区，进行为期三个半月的工作。

省直机关干部下乡动员大会

5日 南昌铁路局工会被评为1997年度江西省工会系统信息工作优胜单位。

5日 国家建设部部长俞正声一行于当日至9日深入重灾区永修、余干、波阳、都昌等地检查指导退田还湖、平垸行洪、移民建镇等灾后重建工作。

6日 全国人大代表、香港华侨华人总会会长古宣辉先生和香港佐丹奴国际集团执行董事陈钜添向江西省灾区捐赠价值507万元的衣物。

6日 全国总工会作出决定，授予在抗洪救灾中作出突出贡献的5个先进集体和14位先进个人全国五一劳动奖并颁发全国五一劳动奖章。

6日 南昌铁路局召开京九南段复线建设工程协调会，传达铁道部部长傅志寰、副部长蔡庆华要求加快建设京九南段复线工程、尽早形成运输能力的电话指示精神。同时，传达刘志军副部长在铁道部紧急电话会议上要求处理好"10·1"新图与复线建设施工的关系等一系列指示，并对加快京九南段复线建设提出要求。

6日 省军区在南昌召开党委七届三次全体（扩大）会议，集中学习江泽民在全国抗洪抢险总结表彰大会上的重要讲话，传达贯彻南京军区党委书记座谈会精神。并就弘扬抗洪精神，贯彻落实民主集中制，全面加强省军区各级党委班子建设问题，进行专题研究。

7日 省文联编辑、中国摄影出版社出版的大型摄影画册《沧海横流英雄浩歌——一九九八江西抗洪救灾摄影纪实》正式发行，并向省党政部门、解放军和武警部队、全省灾区地方政府赠送。

7日 省经贸委主办的江西首届"技术创新周"活动在南昌开幕。全省11个地市、省直有关厅局2000余人组团参加。南昌大学等7所大专院校、省农科院等11个科研院所及500余家企业展示365项科研成果，185道企业急需解决的难题。展览用300多块展板，占60多个交易摊位。

7日 全省地市民政局长会议在南昌召开。会议深入学习贯彻中共中央总书记江泽民在江西视察抗洪救灾工作时的讲话和在全国抗洪抢险总结表彰大会上的讲话精神，安排1998年第四季度的全省民政工作，重点是安排好救灾救济、重建家园工作。会议强调，要真正做到急灾民之所急，解灾民之所困，办灾民之所需，确保灾民有饭吃，有衣被过冬，有干净的水喝，有病能医治，小孩能上学，把1998年的过冬和恢复生产全面安排好。省委书记舒惠国，省委副书记、常务副省长黄智权到会讲话。会议于8日结束。

7日 省委、省政府在南昌召开全省打击走私工作会议。会议贯彻落实中共中央总书记江泽民和国务院总理朱镕基对打击走私工作的重要指示和全国反走私工作会议精神，分析当前江西反走私斗争形势，研究部署打击走私工作。会议强调，各级领导一定要把思想统一到中央的会议精神上来，克服麻痹思想和轻视心理，增强深入开展反走私斗争的自觉性，下更大的决心，采取更加有力的措施，在全省开展一场声势浩大的反走私斗争。会议于8日结束。

8日　省教委在南昌召开全省高教管理体制改革座谈会，贯彻国务院及省政府有关高教管理

江西中医学院院领导班子在规划未来

体制改革精神，研究落实南方冶金学院、景德镇陶瓷学院及江西医学院、江西中医学院、赣南医学院管理体制改革和发展问题。国务院下文决定，将南方冶金学院、景德镇陶瓷学院实行中央与省共建，以省管理为主（9月份，经省委同意，将江西医学院、江西中医学院、赣南医学院划转省教委主管）。

8日　全国人大常委、原国家卫生部部长陈敏章，将他的私人藏书1200册捐赠给九江医专，用于支持该校的医学教育事业。

8日　省首届刑事"实庭考核"活动，评出综合优胜单位和优胜个人奖，获优胜个人奖第一名的法官、检察官、律师分别为景德镇中级人民法院审判员詹和福、吉安市人民检察院检察员朱文生、江西华镇律师事务所律师陈天助。

8日　省文化厅编辑的大型画册《千古流坑》于国庆前夕出版发行。

8日　泰和通讯香港有限公司董事长陈淑忠先生，向九江市公安局捐赠价值150万元的350兆4信道无线集群设备。

8日　江西乳品厂日处理100吨液态奶无菌利乐包全自动生产线正式投产。

8日　南昌铁路局就开通全国首家铁路客票电话购票系统召开新闻发布会。

9日　吉安县的古代名窑——吉州窑一件作为一般文物收藏的天目瓷盏，被文物专家意外发现，鉴定为国家一级文物。

9日　赞比亚外交部、工商部联合组成的访华团举行招商引资发布会。江西国际技术合作公司与该团就在赞比亚建设中国投资开发贸易中心签署合作备忘录。赞比亚成为来江西招商引资的第一个国家。

9日　省直机关纪检监察工作会议在南昌召开。会议总结近年来尤其是1998年以来省直机关开展党风廉政建设和反腐败斗争情况，对下一阶段的工作和加强省直机关纪检监察队伍建设作出部署和要求。

10日　由昌河飞机工业公司开发研制的汽油和液化石油气两用燃料微型客车通过省级技术鉴定。

10日　联合国关注江西省灾情，启动紧急粮援项目，援助江西6.5万吨大米。

10日　南京军区抗洪抢险总结表彰大会在南昌举行。南京军区领导陈炳德、方祖岐、何其宗、董万瑞等，以及国家防汛抗旱总指挥部副总指挥、水利部部长钮茂生，华东五省一市领导应邀出席会议。南京军区司令员陈炳德作抗洪抢险总结报告，南京军区政委方祖岐、国家防总副总指挥钮茂生、省委副书记钟起煌先后讲话。南京军区副司令员董万瑞宣读军区表彰奖励先进单位和先进个人的通令。军区和国家防总、华东五省一市领导向获奖者颁发了奖旗、奖状、证书和军功章。

省军区召开抗洪抢险总结表彰大会，对先进单位和先进个人进行表彰

11日 拿督黄木坤先生率马来西亚霹雳济德阁慈善访问团，通过南昌道德慈善促进会向江西灾区捐赠10.8万元。

11日 省委、省政府在进贤县召开全省水利冬修现场会。全省各地市分管领导、省防总成员单位领导和一些重点县（市）的县（市）长共100余人参加会议。会议要求各地抓紧水毁水利工程的修复，加强长江干堤、赣抚大堤以及各重点圩堤的建设，迅速掀起农田水利基本建设的高潮。

12日~17日 由全国政协委员、国家人口资源环境委员会副主任江泽慧担任组长，全国政协委员、原林业部副部长沈茂成，全国政协委员、原铁道部副部长石希玉担任副组长的全国政协"京九绿色长廊"工程建设考察组，对南昌铁路局管内河南、湖北、江西省的"京九绿色长廊"工程进行考察。

13日 省军区抗洪抢险总结表彰大会在南昌举行。

13日 靖安县在文物调查中，发现一处古民居群落。据县文物部门考证，属清代中晚期建筑。

13日 中组部举办的全国第五届党员电教片观摩评比结束。省委组织部组织摄制的电视纪录片《穿越雨季》和《寻踪》分别获"红星"一等奖和"红星"特别奖；景德镇市委组织部制作的《瓷都党建》（第八十三期）获"全国党建电视专栏节目优秀奖"。

13日 婺源县在江湾、大畈、晓鳙、秋口等乡镇的山间，发现3万多株野生苦丁茶树种。

13日 黎川岩泉林场插播的3000株国家级珍稀濒危植物——南方红豆杉600余株已萌新芽，插播成活率达20%以上。

13日 在天津市国际展览中心举办的1998年全国集邮展览颁奖大会上，江西三部作品获奖。

13日 中国方圆标光认证委员会向洪都钢厂签发ISO9002标准质量体系和四种主要产品质量的双认证证书。

14日 江西日报社主办、广丰卷烟厂协办的《"创办"大家谈》征文评选结果揭晓，有六篇稿件获奖：《卫生，也是投资环境》获一等奖，《"一只桶"的作用》、《"十佳"贵在"实佳"》获二等奖，《清扫"精神垃圾"》、《人人都是城市的形象》、《建立"领导责任街"制度好》获三等奖。

14日 中央电视台和中国健康教育中心研究所"情系灾区 1998 健康之路九江行"代表团一行32人抵达九江。代表团向九江卫生局捐赠30万元药品和5万元健康教育科普书。代表团成员深入重灾区开展为期一周的义诊。

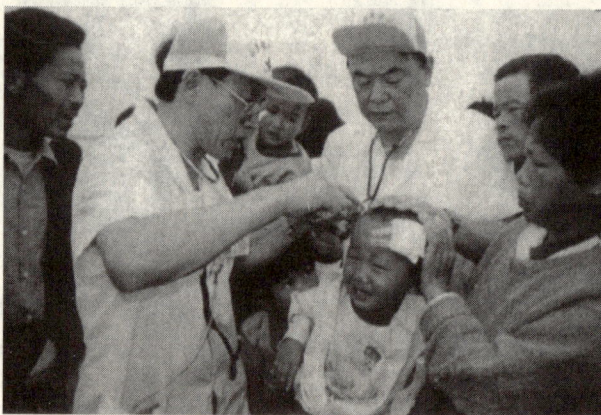

由人民日报科教文部和山西山里娃汽车医院等单位组建的抗洪救灾医疗队，来到江西省重灾区余干县，为灾区儿童及灾民进行为期一周的义诊

14日 中国儿童少年基金会捐资兴办的"春蕾女童"班在南城县株良中心小学开学。

14日 国家决定由中央财政拨款近5亿元，在江西建设仓容为22.3亿斤的中央直属储备粮库。这批粮库库点主要安排在江西铁路沿线和粮食集散地，分布在全省各地市。

14日 江西省老摄影家协会正式成立，王昭荣任协会主席。

16日 省委召开领导干部会议，传达学习中共十五届三中全会通过的《中共中央关于农业和农村工作若干重大问题的决议》。会议要求全省人民团结起来，艰苦奋斗，扎实工作，努力开创全省农业和农村工作新局面。

16日 省十运会乒乓球比赛在宜春体育中心落下帷幕。在地方组的比赛中，南昌市代表队夺得11枚金牌，雄居榜首，该队运动员邓艳娜、陈晨成各获4枚金牌。新余市代表队以6枚金牌排列第二，宜春代表队以1枚金牌名列第三。

16日 省经贸委、省企业管理协会、省企业家协会联合授予江铃汽车股份有限公司、江光等87家企业为1997年度江西省优秀企业称号，授予119位企业领导人为1997年度省优秀厂长（经理）称号。

17日 1998年中国中西部地区对外经济技术合作洽谈会举行。江西新签外资2.3亿美元，签约项目达48个。

17日 江西省第十届运动会在宜春举行。11个地、市，27个系统的38个代表团3460名运动员和922名裁判员参赛。十运会27个项目决出金牌978枚，银牌855枚，铜牌804枚，先后有3人8次超5项世界纪录，28人26次破18项全省纪录。运动会于22日结束。

江西省第十届运动会在宜春体育中心隆重开幕

18日 江西省成品油供应主渠道的江西省石油总公司正式划归中国石油化工集团公司。副省长蒋仲平、中国石油化工集团公司副总经理张家仁在交接协议上签字。

19日 省武警总队在南昌召开抗洪抢险总结表彰大会。

19日 中央综合治理办公室和公安部在南昌召开全国部分受灾地区社会治安综合治理工作座谈会。内蒙古、吉林、黑龙江、江西、安徽、湖北、湖南的代表参加会议。会议探讨加强灾区治安管理、维护灾区重建等方面的问题。中央政法委副秘书长、中央综治办主任陈冀平，公安部副部长牟新生，省委常委、政法委书记、省委秘书长彭宏松以及劳动部、民政部有关部门的负责人到会讲话。

19日 省政法机关不再从事经商活动工作会议在南昌召开。会议学习贯彻全国军队、武警部队、政法机关不再从事经商活动工作会议精神，总结前一段全省开展政法机关不再从事经商活动工作情况，研究部署下一步政法机关企业的撤销和交接工作。省委副书记、常务副省长黄智权，省委常委、政法委书记、省委秘书长彭宏松到会讲话。会议讨论并原则同意《关于全省政法机关不再从事经商活动的实施办法》。

19日 泰和县普及九年义务教育工作通过省"普九"验收组的评估验收。

20日 瑞金市壬田镇个体户廖国禄、廖国祥投资150万元建造的壬田禄祥客运站竣工投入运营。

20日 在省十运会的女子举重63公斤级甲组的比赛中，南昌代表团的熊美英以100.5公斤的抓举成绩、130公斤的挺举成绩、230.5公斤的总成绩，超过该级别100公斤、127.5公斤、227.5公斤的三项世界纪录；上饶地区的傅琳以100公斤的抓举成绩、130公斤的挺举成绩、230公斤的总成绩一项超两项平世界纪录。傅琳因体重轻而获得这一级别的金牌。

20日 景德镇陶瓷学院举行庆祝建校40周年活动。原全国人大常委会副委员长费孝通、教育部长陈至立、省委书记舒惠国等领导题词祝贺。国家轻工业局局长陈士能、省委副书记钟起煌、教育部副部长张天保、副省长黄懋衡及景德镇市党政领导出席校庆。

22日 经过江西省高等学校招生委员会特批，一等功臣孙小强正式成为华东地质学院"业大"的大学生。

22日 中共中央组织部向全国各省、自治区、直辖市党委组织部下发《关于转发〈江西省派出万名机关干部下乡帮助灾区恢复生产重建家园发展经济〉的通知》，充分肯定省委、省政府根据灾后重建工作实际，及时从省、地、县三级机关选派万名干部组成工作组，下乡帮助灾区恢复生产、重建家园、发展经济的做法，并对灾后重建工作特别是加强灾区农村基层组织建设和干部工作进一步提出明确要求。

23 日 省政府召开全省退田还湖、移民建镇工作会。会议制定退田还湖、移民建镇的有关优惠政策，全面部署退田还湖、移民建镇工作。如因平圩行洪、退田还湖减少耕地的移民，可按规定办理免征农业税手续；属平圩行洪、退田还湖移民建房的农户，可免交耕地占用税、土地使用税、房产税、防洪保安资金、造地费等。会议要求沿湖县（市、区）要立足于自力更生，发扬艰苦奋斗精神，精心组织，精心安排，科学规划，科学施工，讲求实效，把这件造福灾区群众、利及子孙后代的大事办实办好。

24 日 全国法院系统首次"双优"评选结果揭晓，德兴市人民法院、赣州市人民法院、南昌市中级人民法院三家的法警支队队长被评为全国优秀司法警察。

24 日 共青团中央、国家经贸委、劳动和社会保障部联合命名表彰1997 年度全国杰出青年岗位能手和全国青年岗位能手。九江石化总厂仪表维修厂副厂长郑朝阳获"全国青年岗位能手"称号。

24 日 应中国贸促会的邀请，以日本东海日中贸易中心会长矶村岩为团长的东海经济代表团一行 19 人，对江西省进行考察访问。考察访问于 27日结束。

25 日 南方冶金学院举行建校 40周年校庆。省人大常委会副主任黄名鑫、国家有色工业局党组成员郭声琨到会祝贺。国家教育部发来贺电。

26 日 《冯任纪念文集》首发式在九江市举行。

26 日 以英国大使馆负责发展合作的二秘何丽燕女士为团长的联合国开发计划署考察团一行 4 人来江西，考察援助全省灾区学校建设，并向灾区捐赠英国政府筹集的 50 万英镑（折合人民币 650 万元）用于建校舍。

26 日 省林业厅转发《国家林业局关于实行全国统一林木采伐年度有关问题的通知》。通知规定从 1999 年起，全省的林木采伐年度统一规定为每年的 1 月 1 日至 12 月 31 日；森林采伐限额、森林总采伐量限额指标和木材生产限额指标的年度执行期与林木采伐年度一致，禁止跨年度使用，但商品木竹的运输可延长到翌年的第一季度；1998 年度的森林总采伐量限额指标和木材生产限额指标执行到 1998 年 12 月 31 日止，届时不论完成与否，都要一律停止。

27 日 全省抗洪抢险总结表彰大会在南昌举行。大会宣读了《中共江西省委、江西省人民政府关于表彰一九九八抗洪抢险功臣和先进个人、追认抗洪抢险勇士的决定》，表彰 61 名抗洪抢险功臣，追认 14 位烈士为"抗洪抢险勇士"。

省领导为抗洪抢险功臣颁奖

全省抗洪抢险总结表彰大会

27 日 省政府成立江西省学位委员会。黄懋衡任主任委员，黄定元、周绍森、潘际銮任副主任委员。每届学位委员会组成人员由省政府批准公布，任期 4 年。

27 日 省委十届九次全会召开。全会审议并原则通过《中共江西省委关于贯彻〈中共中央关于农业和农村工作若干重大问题的决定〉的实施意见》，进一步布置全省灾后重建和后几个月的经济工作。会议强调：一要进一步深化农村改

中共江西省委十届九次全体会议

革；二要加快农业产业化经营步伐；三要大力发展社会化服务；四要深化农产品流通体制改革；五要切实落实好减轻农民负担的各项政策。会议于29日结束。

28 日 九江边防部队政委梅柏林的抗洪抢险摄影作品荣获1998年华东抗洪救灾摄影大奖赛铜牌。该作品曾先后获得1998年"江西抗洪先锋赞摄影展"三等奖和江西、湖北、湖南三省1998年抗洪抢险摄影展二等奖及佳作奖。

28 日 以人民的好警察、群众的贴心人邱娥国为生活原型的电影故事片《阳光小巷》，在滨江宾馆举行首映式。

29 日 由南昌安全防范设备厂开发研制的"F54B－26－SBⅡ型复合防弹玻璃"，通过公安部的质量检测。

30 日 江西民星企业集团公司总经理孟枋，在深化企业改革、强化企业管理、提高企业经济效益等方面的卓著成绩获第八届全国优秀企业家"金球奖"。

30 日 第八十四届广交会闭幕。江西省交易团在本届广交会上出口成交1.4646亿美元，比1997年秋交会增长10.5%。

30 日 省政府在南昌召开全省国有中小工业企业改革工作会议。会议提出下一步国有中小企业改革的总要求：认真贯彻中共十五大精神，以"三个有利于"为标准，突破传统观念束缚，调整、拓宽改革思路，加大所有制结构、产业结构、企业组织结构及产品结构调整和外引内联的力度；学习和发扬伟大的抗洪精神，依靠"三改一加强"，多管齐下，强攻难点，继续坚持多种形式改革，大胆实践，不断完善，注重实效，把江西省国有中小企业的改革与发展推向一个新的阶段。会议于31日结束。

31 日 靖安县博物馆工作人员在该县仁首乡雷家村发现一座保存完好的明代古烽火楼。

本月 鹰潭市工商银行所辖22个会计营业网点的柜面业务一次性并入省行大机网络运行，是江西省第一个100%并网的分行。

1998

11月

November

公元1998年11月							农历戊寅年【虎】						
日	一	二	三	四	五	六	日	一	二	三	四	五	六
1 十三	**2** 十四	**3** 十五	**4** 十六	**5** 十七	**6** 十八	**7** 立冬	**8** 二十	**9** 廿一	**10** 廿二	**11** 廿三	**12** 廿四	**13** 廿五	**14** 廿六
15 廿七	**16** 廿八	**17** 廿九	**18** 三十	**19** 十月大	**20** 初二	**21** 初三	**22** 小雪	**23** 初五	**24** 初六	**25** 初七	**26** 初八	**27** 初九	**28** 初十
29 十一	**30** 十二												

1日 由省委组织部、省委统战部、省委党校联合举办的中共十五大精神与多党合作研讨班开学典礼在南昌举行。省政协副主席，各地、市委分管统战工作的领导和统战部长，高校党委分管统战工作的领导，各民主党派省委会和省工商联负责人参加研讨班的学习。

1日 江西昌河飞机工业公司被中国企业管理协会、中国企业家协会授予全国优秀企业"金马奖"。

3日 改革开放20年来，江西省城市数量由1978年的8个发展到1997年的21个，其中省辖市6个，县级市15个。全省城市人口达1351.8万人，占全省总人口的32%；其中非农业人口占全省总人口的比例也由改革开放前的14.4%上升到20.99%。

3日 以科特迪瓦民主党政治局委员、全国书记阿兰·科科特雷为团长，由科特迪瓦民主党、喀麦隆人民民主联盟、佛得角争取民主运动、几内亚统一进步党和赤道几内亚民主党等五国执政党的干部组成的考察交流团访问江西。

4日 南昌市贤士湖农副产品市场被国家农业部定为"菜篮子工程定点市场"。

5日 全省推进粮食流通体制改革座谈会在南昌举行。会议指出，当前粮食流通体制改革已进入关键时期。会议要求各地要把粮改进一步推向深入，确保三项政策、一项改革贯彻落实，从健全机制、完善配套政策和抓好组织落实三个方面采取有力措施，建立起适应社会主义市场经济要求的粮食流通体制和运行机制。

5日 全国晚报第十三届年会在南昌召开。全国各地100多家晚报的137名代表参加年会。中国记协常务副主席郑梦熊出席会议并讲话。

6日 昌北粮库正式开工建设。江西省中央直属储备粮库建设全面进入施工阶段。

6日 省委发出关于贯彻《中共中央关于在全党深入学习邓小平理论的通知》的实施意见，要求各地：（一）统一思想，明确任务，把理论学习提高到十五大要求的新水平。（二）突出重点，分类指导，把邓小平理论学习的各项任务落到实处。（三）把握导向，形成合力，进一步加强对邓小平理论的研究和宣传。（四）加强领导，改进学风，促进邓小平理论学习新高潮的健康发展。

6日 国家档案局在南昌举行颁奖大会。国家档案局副局长、中央档案馆副馆长毛福民向江西省档案馆颁发证书和奖牌，江西省档案馆正式晋升为国家二级档案馆。

6日 南昌铁路局工会主席沈长生赴意大利，参加由国际劳工局组织的有毒有害物质劳动保护高级师资培训班。培训于29日结束。

7日 吉水县地方税务局直属分局获共青团中央颁发的"青年文明号"牌匾。

8日 江西省技术交易所正式挂牌营业，这是一家股份合作制的技术交易所。

8日 全省民族团结进步模范表彰大会暨民族传统体育项目选拔赛在丰城市举行。国家民委副主任图道多吉、省人大常委会副主任周慹平、省政府秘书长王飚等出席大会。国家民委、省政府给江西获民族团结进步模范的8个单位和8位个人颁发证书。江西11个地市的200多名少数民族运动员参加了民族传统项目选拔赛，选拔赛共设蹴球、键球、民族射弩、民族武术和畲族、瑶族的民间表演项目等。

8日 景德镇城市防洪工程正式动工建设。该工程总长5092米，设计投资6000万元，1999年4月底前完工，使该市的防洪能力由现在的5年至7年一遇提高到20年至50年一遇。

9日 以台商江衍雄为团长的深圳台商协会赈灾考察团一行抵江西。考察灾区永修县九合乡并援建一所希望小学。

10日 第二届全国初中青年数学教师优秀课观摩课与评比活动在湖北宜昌举行。上高县第二中学教师朱伙昌获一等奖。

11日 南京军区抗洪抢险英模事迹报告会在省军区八一礼堂举行。会后，报告团成员前往"八一南昌起义纪念塔"举行宣誓仪式。

11日 江西省全心全意依靠职工办好企业经验交流暨表彰会在南昌召开。会议认真学习邓小平理论，学习贯彻中共十五大精神和党的全心全意依靠工人阶级的思想和理论，总结交流党的十五大以来，全心全意依靠职工办好企业的经

验，表彰先进，从理论和实践的结合上积极探索新形势下全心全意依靠工人阶级的实现形式，发挥工人阶级在经济建设中的主力军作用，促进改革和发展。会议于12日结束。

12日 赣州地区广播电台和江西人民广播电台联合采制的外宣专题《东江源头三百山》获首届"中国彩虹奖"一等奖。

12日 安福县泰山乡楼下村发现《痴翁杂草》全文雕版。该雕版木质双面16开，共155块，距今已有200多年历史。

12日 江西果喜实业集团公司董事长张果喜，作为江西省工商企业界代表，出席11月18日在马来西亚吉隆坡举行的亚太经合组织（APEC）工商界峰会。

12日 江西省农业科技推广示范园区第一期工程在南昌县蒋巷乡开工。该园区是全国十家示范园之一。它以实现园区农业园林化、种植区域化、灌溉节水化、耕作机械化、栽培模式化、产出高效化为标准，由三个示范区组成，包括水稻及油料高科技推广示范区、水产精养高产立体养殖示范区、良种商品猪养殖示范区。

13日 纪念刘少奇诞辰一百周年座谈会暨《刘少奇在江西》首发式举行。

刘少奇（左一）1964年4月在北京接见安源工人袁品高（中）时的合影

13日 全国武警拳击散打赛在南昌开幕。

13日 江西省中国茶文化研究中心在南昌成立。该中心将全面系统地搜集江西历代茶文化资料，研究探讨中国茶文化的发展轨迹，深入调查了解中国茶文化对当代社会与精神文明建设方

面的作用，促进江西与国际茶文化的交流与合作。

14日 南昌铁路局运输收入完成14.93亿元，提前47天完成铁道部下达的14.9亿元的运输收入计划。

15日 上海振兴江西促进会建会10周年之际召开会员代表大会，选出以原江西省副省长钱家铭任会长、原上海市副市长刘振元为名誉会长的新一届理事会。

15日 水利部部长汪恕诚在江西考察指导灾后重建工作。省委、省政府随后作出规划，确定全省平圩行洪、退田还湖234座。移民11.69万户、46.75万人。该规划实施后，当湖口水位达22米高程时，鄱阳湖面积可由当前的3900平方公里增加到4917平方公里，蓄积容量由298亿立方米增加到350.6亿立方米，基本恢复到1954年的水平。

16日 都昌县北炎云小张家发现商代古遗址并出土算珠形陶纺轮、印纹陶罐和大量碳化竹片等商代文物。

17日 国家重点建设工程——丰城电厂三号机组顺利并网发电。丰城电厂是江西历史上投资规模最大的一个项目，总投资46亿元。

17日 省委、省政府在永修县召开永修、都昌、星子、新建、波阳五县重灾区重建工作组组长座谈会。省长舒圣佑到会讲话，强调重灾区要迅速把工作重点转到重建家园、发展经济上来。

18日 省"九五"重点技术改造工程——江西水泥厂一号窑技术改造正式开工，这是江西开工建设的国家"双加"项目中投资额最大的技术改造项目。

18日 江西省林业工作会议在南昌举行。会议按照省委、省政府关于灾后重建、根治水患决定的部署，决定在江西省实施跨世纪绿色工程：（一）建设鄱阳湖水系生态防护林体系；（二）建设一批商品林基地；（三）按照产业化经营思路，走精、深加工增值之路，进一步抓好森林资源的综合利用，搞好

山区综合开发，继续提高林业经济效益。会议于19日结束。

19日 全省农村个体私营企业代表座谈会在南昌召开。会议强调，要把发展非公有制经济放在突出位置，创造良好的环境，推动农村经济更快更好地发展。

19日 省政府在南昌召开全省加快农村电网建设改造工作会议。会议强调，要坚决贯彻落实国务院、国家计委关于改造农村电网，改革农村电力管理体制，实现城乡同网同价的精神，全省上下要从讲政治、讲稳定、讲发展规律的高度认识此问题，抓住机遇，切实加快农村电网改造，降低农村电价，减轻农民负担，繁荣农村经济。会议于20日结束。

20日 江西省科技进步奖评审在贵溪揭晓。评出获奖项目125项，其中一等奖4项，二等奖37项，三等奖84项。

21日 江西纸业有限责任公司储木场发生火灾，共烧毁造纸原料松木段1万立方米左右，造成经济损失500万元左右，没有人员伤亡。

21日 1998年江西食品展销会在赣州市赣南光彩大市场开幕。全省646家食品及食品包装企业的1864种产品参加展览、展销。浙江、广东、福建、四川、上海等10个省市的企业参加展销会。

22日 江西省征兵办在南昌向塘机场欢送100名乘飞机进藏新兵。

23日 香江家具光彩大市场竣工开业。

23日~24日 中共中央政治局常委、国务

李岚清（右一）考察永修县立新乡黄婆井灾民新村时与灾民亲切交谈

院副总理李岚清,在江西考察灾民安置、灾后重建和卫生防疫等工作。李岚清先后考察永修县和新建县的部分灾民新村、水利冬修工地、学校和卫生防疫点等。

24日 省统计局组织的历时两个多月的1998年江西市场品牌调查揭晓,南昌卷烟厂生产的"金圣"和"南方"牌卷烟双双被评为"1998年江西市场占有率最高品牌"、"1998江西用户认定质量最佳品牌"和"1998年江西用户购物首选品牌"。

24日 香港新闻界"内地灾后重建采访团"来赣采访。该团到修水、都昌两县和九江防洪墙堵口拆除工地进行实地采访。

24日 全国妇联副主席、书记处书记华福周一行来赣考察五好文明家庭、文明楼院创建工作。

25日 江西省召开电话会议,部署福利彩票赈灾专项募集工作。经国务院批准,民政部发行50亿元专项赈灾福利彩票,筹集15亿元赈灾资金,用于援助1998年遭受洪涝灾害的灾区人民恢复生产、重建家园,其中,分配给江西9000万元募集任务。

26日 在江西革命烈士纪念堂举行《光辉历程时代画卷——纪念改革开放20周年江西摄影·美术·书法展览》。

26日 在1998年北京国际稀土资源开发及综合利用成果展览会上,赣州有色冶金研究所、江西省稀土研究所等12个先进单位和18名先进个人受到表彰。

26日 分宜县获"中国夏布之乡"的证书和铜匾,该县形成种麻—纺纱—织布一体化。

26日 江西省军地双方举行交接仪式,将驻赣部队所办8家企业正式移交给省武警部队和政法机关企业交接工作办公室。8家企业为:江西康久制药厂、南昌阳明织带厂、上饶新星制药有限公司、南昌长城印刷制板厂、赣州大厦、萍乡富丽建筑工程有限责任公司、江西鹰潭明胶厂、赣西防水材料厂。省领导黄智权、马世昌、冯金茂、彭宏松、朱英培、蔡新贵等参加交接仪式。

26日 江西省农学会主办的华东地区农业综合开发与可持续发展学术研讨会在新余市召开。会议于29日结束。

27日 江西省煤炭行业关闭非法和布局不合理煤矿工作会议在南昌召开。会议以优化煤炭工业经济结构、解决煤炭总量过剩、实现供求基本平衡为目标,根据国务院分配下达的计划任务,决定从现在起到1999年底,全省关闭各类小煤矿2305处,压减非法和不合理煤炭产量710万吨。

27日 南昌县分别通过基本消灭麻风病省级考核验收。

27日 在教育部国际合作与交流司的主持下,日本政府向江西等四省(区)教委提供"利民工程"赠款签字仪式在北京举行。江西省教委派人参加赠款签字仪式,并代表省教委接受日本政府捐款9.0735万美元。这笔赠款落实到遭受洪涝灾害严重的余干、波阳、南城等地有关学校。

28日 经国家文物专家组鉴定,一张由会昌县西江镇农民刘根水捐献给瑞金市中央革命根据地纪念馆收藏的一张二六四期《红色中华》报为国家一级文物珍品。

28日 1998年江西食品展销会组委会公布评为"1998年江西市场食品质量优胜产品"称号的生产企业,林业系统有信丰县银杏开发中心的信明牌银杏神茶、九连山保健饮料厂的古兰牌绞股蓝袋泡茶、信丰草菇开发有限公司的科信牌信丰草菇和广昌县食用菌开发集团公司的远泰牌茶树菇4个产品获优胜产品称号。

28日 横南线开通暨运输分流会议在南昌召开。铁道部建设司、计划司、财务司、运输局、工程设计鉴定中心和南昌、上海局有关领导及处室负责人参加会议。

29日 国家汽车质量监督检验中心公布1998年轻型越野车质量检验结果。江西富奇汽车总厂生产的FQ2022轻型越野车再次被评为国家一等品,已连续8年获此殊荣。

29日 经省政府批准,以信息产业为发展方向的高科技股份公司——江西飞虹电子科技股份有限公司正式成立。该公司拥有资产总额5.3

亿元，下属六个分公司、四个子公司，副省长朱英培出席大会暨第一次股东大会。

30日 省政府召开保障海南至上海蔬菜运输"绿色通道"畅通工作电话会议，研究部署保障"绿色通道"江西段的安全和畅通工作。交通部、公安部、国务院纠风办最近决定，开通海南至上海的蔬菜运输"绿色通道"。这条"绿色通道"在江西境内，主要经由龙南至九江，途经8个地（市）的32个县（市、区），共计里程约1020公里，占整个"绿色通道"的1/5。

30日 国土资源部、交通部、信息产业部、水利部、农业部、环保总局、民航总局、国家林业部、中国气象局、国家轻工局、国家纺织局、铁道部12个部局在井冈山召开中央国家机关保密工作第六次经验交流会。

本月 新余钢铁有限责任公司锰铁生产线顺利通过 ISO9002 国际质量认证，获得通往国际市场的"通行证"，成为中国锰铁行业首家通过认证的企业。

本月 经国家科技部批准，分宜县"夏布精深加工"开发项目，列入1999年国家星火计划。

本月 江西中医学院博士生导师洪广祥教授发明的蠲哮片，在香港举办的首届1998年世界华人发明博览会上获金奖。

1998
12月
December

公元 1998 年 12 月							农历戊寅年【虎】						
日	一	二	三	四	五	六	日	一	二	三	四	五	六
		1 十三	**2** 十四	**3** 十五	**4** 十六	**5** 十七	**6** 十八	**7** 大雪	**8** 二十	**9** 廿一	**10** 廿二	**11** 廿三	**12** 廿四
13 廿五	**14** 廿六	**15** 廿七	**16** 廿八	**17** 廿九	**18** 三十	**19** 十一月小	**20** 初二	**21** 初三	**22** 冬至	**23** 初五	**24** 初六	**25** 初七	**26** 初八
27 初九	**28** 初十	**29** 十一	**30** 十二	**31** 十三									

1 日 1998 年江西十大杰出青年评选揭晓。10 位青年是：黎川县林业局速生丰产林基地站长王天禄，江西省军区独立营二连连长毕志忠，江西师大物理系副主任刘三秋，武警江西总队抚州支队机关炊事班班长孙小强，江西润田天然饮料食品有限公司总经理林小湖，南昌大学机电学院院长、博导柳和生，新钢绕结厂厂长钟崇武，贵溪流口派出所民警施华山，江西清华科技集团总经理黄代放，民星集团江西饲料厂厂长谌祖桂。

1 日 省九届人大内务司法委员会第十三次会议在南昌举行。会议强调确保司法公正，推动依法治省，听取并审议"两院"教育整顿工作汇报。会议于 3 日结束。

1 日 江西省纪念中共十一届三中全会召开和实行改革开放 20 周年研讨会在南昌举行。全省思想理论战线的百余名代表，以理论研讨会的方式，纪念 20 年前党和国家历史上的伟大转折，总结 20 年来改革开放和现代化建设的辉煌历程和丰富经验，深入探讨建设有中国特色社会主义的重大理论和实践问题。会议于 2 日结束。

2 日 美国享特投资有限公司与江西绿色照明集团合资生产"STN 液晶显示器"项目的中美合资 ATT（中国）国际微电子有限公司合同签字仪式在南昌举行。该合资项目将填补我国现代电子技术产品的一项空白。

2 日 省委、省政府召开全省电话会议，传达贯彻《关于实行党风廉政建设责任制的规定》。要求采取切实有效措施，不折不扣地落实好，把学习贯彻该规定作为当前和今后一个时期的一项重要任务，切实抓紧抓好。

2 日 在江西省召开的精神文明建设表彰大会上，鹰潭站、上饶站、萍乡机务段、上饶医院、南昌机械学校、南昌卫校、南昌建筑、电务工程公司八个单位以及 67/8 次、游 7/8 次、庐山号旅客列车分别被评为江西省级文明单位。

2 日 江西省第六届文明单位表彰暨精神文明建设工作会议在宜春召开。黄懋衡宣读了省委、省政府关于命名表彰第六届（1996 年至 1997 年度）省级文明单位的决定。会议于 3 日结束。

2 日 全省宣传部长座谈会在宜春召开，传达全国宣传部长座谈会精神，总结 1998 年宣传思想工作，部署近期任务，研究 1999 年工作。

会议强调，把思想行动进一步统一到中共十五大精神上来。座谈会于3日结束。

2日 国务院侨办主任郭东坡一行在江西考察侨务工作，于4日结束。

3日 江西省环保系统开发的造纸黑液固化处理技术在赣南林业造纸厂首次应用获成功。

3日 以易格纳索·阿米拉斯为团长的联合国灾后重建调研组在江西考察。考察于5日结束。

4日 省政府召开全省县级粮食流通体制改革电话会议，动员和部署全省县级粮食流通体制改革工作，要求从1999年1月1日起，全省各县（市）粮食系统按照政企分开、附营业务与收储业务分离这种新的管理体制和运行机制运行。

4日 塞舌尔青年文化部长帕特里克·皮莱先生率领的塞舌尔政府文化代表团一行4人，对江西省进行友好访问。访问于8日结束。

4日 经国务院学位委员会批准，江西医学院为新增博士学位授予单位，江医一附院烧伤专业为博士学位授予点。

江西医学院大门

江西医学院校园一角

5日 省科委有关专家对靖安县技术市场开发中心、靖安县中源乡食用菌开发公司共同承担的"花菇高棚层架立体栽培"项目进行验收。

5日 省委常委、省人大常委、省政府、省政协党组成员和省纪委、省委组织部、省委宣传部等有关部门主要负责人在南昌收听收看全国深入开展以讲学习、讲政治、讲正气为主要内容的"三讲"教育电视电话会议实况。全国会议结束后，江西召开全省深入开展"三讲"教育电视电话会议。

6日 江西田径运动员周伟、举重运动员秦广参加在泰国举行的第十三届亚运会，获1枚银牌。

8日 省政府发出通知，要求各级政府和社会保险机构，采取切实有效措施，确保企业离退休人员养老金按时足额发放。

8日 昌北机场高速公路建成通车。该工程于1997年6月18日开工，为4车道全封闭、全立交高速公路，设计时速100公里/小时。公路主线4.2公里，立交匝道5.4公里。

8日 江西国信寻呼有限责任公司正式挂牌。

8日 省民盟十届二次会议在南昌召开。省委常委、组织部长傅克诚到会讲话，省人大常委会副主任、民盟省委会主委陈癸尊作常委会工作报告，名誉主席戴执中出席会议。会议增选朱友林为民盟省委会副主委。会议于9日结束。

9日 南昌铁路局召开横南铁路分流专题会议。南昌铁路局各有关业务处室和站段负责人参加会议。南昌铁路局总工程师传达铁道部横南铁路分流会议精神和路局具体实施方案，讨论研究分流前有关机车整备、人员安排、线路整治、计算机软件修改、牵引试验、资金安排等问题，明确近期工作的主要责任部门。

10日 省政法机关与所办经营性企业彻底脱钩的任务基本完成，全省共撤销627户，移交39户，解除挂靠104户。

12日 江西师大政法学院在南昌成立。省高级人民法院院长李修源讲话，省内外20多所高等院校发来贺电贺信。

12日 在由中国新闻摄影学会和《长江日报》联合举办的1998年全国抗洪抢险新闻摄影评选表彰会上,《江西日报》获版面综合奖三等奖,该报记者万基耀被授予"'长江杯'1998全国抗洪抢险报道优秀摄影记者"称号。

12日 在曼谷举行的第十三届亚运会上,江西选手蔡烨清继8日在女子气手枪比赛中夺得一金一银,打破该项目的亚洲纪录后,在女子运动手枪的比赛中,又以685.3环的成绩摘得金牌,她还和队友合作,以1743环的成绩夺得这一项目的团体冠军。在本届亚运会上,蔡烨清共获三枚金牌、一枚银牌。

13日 经长城(天津)质量保证中心的专家审核,新余纺织有限责任公司质量保证体系符合ISO9002系列要求,为企业产品打入国际市场取得通行证。

13日 南昌县蒋巷镇柏岗山获全国平原造林绿化"千佳村"称号。

13日 一幅20世纪60年代末期由江西丝绸厂特制的高220厘米、宽150厘米的巨幅彩色绸锦画《毛主席去安源》在临川市被发现。

13日 南昌十七中西藏班被国家民族事务委员会评为"全国民族团结进步模范单位"。

14日 全省农村基层组织建设工作会议在南昌召开。会议学习贯彻中共十五届三中全会精神,传达贯彻全国农村基层组织建设经验交流暨表彰会议以及全国农村基层组织建设和党员干部实用技术培训工作电视电话会议精神,部署江西省下一阶段的农村基层组织建设工作。

14日~16日 国家发展计划委员会主任曾培炎和水利部、建设部有关方面负责人,在江西检查指导灾后重建工作。

14日 马文女士率领的欧盟驻华代表团项目官员和专家一行抵南昌,对欧盟援助江西省沙荒地开发项目进行7天评估(该项目由欧盟无偿提供2680万元,于1993年9月开始在南昌、新建两县实施)。

15日 首部《南昌年鉴》正式出版发行。

16日 江西省纪念党的十一届三中全会召开20周年大会在南昌市隆重举行。

大会会场

17日 省妇联八届六次执委会在南昌召开。会议号召各级妇联组织带领广大妇女发扬"四有"、"四自"精神,为推动全省两个文明建设发挥重要作用。会议表彰全省妇女抗洪救灾先进集体和先进个人,通过省妇联八届六次执委会有关决议。会议增选魏小琴为省妇联副主席。

17日 吉安市临江古窑址正式对外开放展览。临江古窑是中国最早烧制青花瓷的窑口。

17日 江西省武警部队执勤设施建设暨"内转外"工作会议在南昌举行。会议指出,确保重要目标安全是国家安全和社会稳定的基础。"内转外"是哨兵由监狱墙内看守转为监狱墙外围警戒的执勤改革。较之传统的内看守执勤方式,有利于减少事故,提高安全系数,促进社会稳定和经济发展。为切实抓好武警部队执勤设施建设和"内转外"工作,必须做到:组织落实;计划落实;资金落实;质量落实;目标落实。会议要求"内转外"1998年年底前要完成70%,1999年要全部实现"内转外",执勤设施建设也要全部达标。

17日 省林业厅发出《关于进一步加强阔叶树资源保护的通知》。要求各地对古树、名木、母树、风景树要进行调查摸底,登记造册,建立档案。特别是珍贵树种要挂牌保护,并落实专人管护制度。

18日 江西省第一批省级企业技术中心挂牌。副省长朱英培等为江铃汽车股份有限公司、江西制药有限责任公司、江南动能集团公司、江西东亚药业有限责任公司4家首批省级企业技术中心授牌。

18日 以中国驻巴基斯坦大使陆树林为团长的部分驻外使节访赣团一行22人,到南昌、吉安、九江等地参观访问。访问于24日结束。

19日 在亚运会赛艇男子四人单桨无舵手项目的决赛中,江西籍选手张炳德和队友配合夺得一枚金牌。

19日 京九南段复线工程路局管内最长的区间峡江——八都段提前开通交付运营。

20日 江西省二十一世纪出版社出版的《莎士比亚戏剧故事全集》和百花洲文艺出版社出版的《祖国永远在我心中》,在十一届中国图书奖评选活动中获中国图书奖。

20日 国家"再取华东"重点工程——横南铁路试运营获得成功。该铁路由横峰至福建南平,全长251.856公里,由铁道部、江西、福建三家合资4.5亿元建成,于1995年动工,历时三年完工开通。

21日 16时,两列货车在浙赣西线江西境内王华站至西村站区间相撞,中断行车50多个小时,但无人员死亡。经南昌铁路局组织人员奋力抢修,浙赣西线于24日凌晨1时50分修复通车。

21日 江西省新修订的《江西省实施〈工会法〉办法》公布实施。

22日 江西选手欧阳鲲鹏夺得1998年全国短池游泳锦标赛男子50米仰泳的金牌。

22日 省委发出《关于认真组织学习江泽民同志在党的十一届三中全会二十周年纪念大会上的重要讲话的通知》、《关于认真学习贯彻〈中共中央关于在县级以上党政领导班子、领导干部中深入开展以讲学习、讲政治、讲正气为主要内容的党性党风教育的意见〉的通知》。

23日 国家"九五"攻关课题"德兴低品位硫化铜矿细菌浸出提铜工业化试验研究"通过国家科技部、国家有色金属工业局组织的鉴定和验收。

23日 经国家体育总局航天航海中心批准,

宜丰中学被列为"中国航海模型运动协会江西省青少年培训基地"。

23日 安义县少儿活动中心大楼工地出土古铜币2600多枚,重量达75公斤。

23日 中国航空技术进出口总公司、昌河飞机工业公司、中国直升机设计研究所三家组成的中国景德镇直升机集团,与美国西科斯基飞机公司等五国的六家直升机公司联合研制的S-92直升机,在美国佛罗里达州西科斯基飞机公司试飞中心首飞成功。

23日 全省经济工作会议召开。会议传达中央经济工作会议精神,总结全省1998年经济工作,研究和部署1999年的经济工作,进一步动员全省人民以中共十五大和十五届三中全会精神为指导,坚定信心,排难而进,保持经济的持续快速健康发展。会议确定1999年经济工作总的要求是:高举邓小平理论伟大旗帜,深入贯彻十五大、十五届三中全会和中央工作会议精神,继续推进改革开放,全面贯彻中央关于扩大内需的各项重大决策,深化各项改革,调整经济结

全省经济工作会议

构,稳定和加强农业,着力主攻工业,努力开创城乡市场,千方百计扩大出口,大力提高经济效益,整顿经济秩序,搞好灾后重建,促进国民经济持续、快速、健康发展和社会全面进步,以优异的成绩迎接建国50周年。会议于26日结束。

26日 中央银行新体系组成部分之一,人民银行武汉分行南昌金融监管办事处、人民银行南昌中心支行在南昌正式挂牌。江西省内人民银行各地市中心支行和县支行将在新的管理体制下履行中央银行职责。

26日 江西省机械工业学校庆祝建校40周

年,国家总督学柳斌、副省长黄智权及省领导题词表示祝贺。该校建校40年来共为各条战线培养了2万多名专业人员。

28日 南康市发掘出3座古墓,出土玛瑙佩珠、青铜镜等文物40多件,墓葬均为凸字形砖室墓,根据出土的文物考证,均属1500年前的南北朝前期所葬。

28日 江西省个体私营经济工作暨表彰会议召开。会议提出要进一步解放思想,更新观念,努力营造有利于个体私营经济发展的良好环境,加快个体私营经济发展步伐,为促进江西经济发展构筑新的经济增长点。会议于29日结束。

江西省个体私营经济工作暨表彰大会在南昌召开

28日 江西省第一家企业博士后工作站——江中制药厂博士后科研工作站正式揭牌。

28日 以町长蛭沢喜代治为团长的日本青森县东北町代表团一行访问南昌。该代表团与新建县政府签署《友好交流备忘录》,并向新建县捐款420万日元兴建一所希望小学。

29日 乐平矿务局机床厂生产的田丰牌IGZ-120型耕整机通过国家监督检验。

29日 根据国家行政管理体制改革要求,江西省邮政与电信正式分营。江西省邮政局组建成立。

29日 老八一大桥最后4个桥墩全部拆除。老八一大桥拆除爆破工程圆满结束。

29日 华中理工大学在南昌与省经贸委、科委、教委分别签署经济、科技、教育合作协议书。

29日 全省经贸工作会议在南昌召开。会议强调,1999年要紧紧围绕三年改革和脱困目标,进一步加大主攻工业力度,抓住企业这个根本,把提高经济效益放到突出位置,改革抓重点,脱困攻难点,通过"三改一加强",加快调整工业结构,改善工业经济运行总体质量。会议于30日结束。

31日 根据国务院部署,1998年年底省政府宣布,1999年全省将关闭非法和布局不合理煤矿2305处,关停数量占全国近1/10。这期间,全省各地一律停止审批新开煤矿。对应取缔和关闭的各类小煤矿不得换发、补发采矿许可证、煤炭生产许可证和营业执照。

本 年

本年 《江西省地质矿产志》、《江西省社会科学志》、《江西省烟草志》、《江西省档案志》、《江西省商业志》、《江西省农垦志》、《江西省出版志》定稿出版。

本年 洪都航空工业集团江西洪都助力车公司先后收到瑞典、法国、荷兰、西班牙四国的订单。洪都牌助力车走出国门。

本年 上高县参评"十好"的农户55713户,占总农户的96.6%,被中宣部列为全国200个创建文明村镇示范点之一。

本年 至年末,江西省已核发林权证总面积1051.80万公顷,其中国有林地136.20万公顷,集体林地 895.60 万公顷,分别占其总面积的 93.5% 和 98.8%。

本年　全省完成人工造林 4.77 万公顷,飞机播种造林 0.54 万公顷,迹地更新 3.29 万公顷,"四旁"植树 7770 万株;封山育林面积 230.95 万公顷,其中本年新封 20.75 万公顷,幼林抚育实际面积 49.53 万公顷,成林抚育面积 35.95 万公顷,低产林改造面积 25.79 万公顷。生产木材 236.60 万立方米、毛竹 2849.34 万根、篙竹 213.07 万根;生产锯材 17.09 万立方米,胶合板 15.50 万立方米、纤维板 7.73 万立方米、刨花板 9.37 万立方米,木地板 7.19 万平方米;生产松香 14029 吨、松节油 2359 吨,合成樟脑 500 吨,活性炭 2200 吨。

1999年

概　要

1月31日至2月5日，省九届人大二次会议在南昌召开。会议提出1999年的基本思路和目标：紧紧围绕农民增收、农村稳定两大目标，继续打好"农业上台阶，农民奔小康"攻坚战，打好灾后重建攻坚战，实现灾区工农业生产灾后一年内全面恢复，重建家园两年内完成，经济社会发展三年有较大变化的目标。1999年全省经济社会发展主要目标是：全年实现国内生产总值2030亿元，增长9%，其中第一产业增长5%，第二产业增长11%，第三产业增长10%；全社会固定资产投资560亿元，增长18%；财政总收入155亿元，增长7%，其中地方财政收入105亿元，增长9%；居民消费价格总指数涨幅控制在4%以内，零售物价总指数涨幅控制在3%以内；农民人均纯收入2248元，增加200元；城镇居民人均可支配收入4451元，增加200元；全省粮食总产340亿斤；工业增加值680亿元。

农村经营体制与县域经济　农村继续稳定和完善家庭联产承包责任制和"统""分"结合的双层经营体制，从适应改革农产品购销体制和控制、减轻农民负担的要求出发，加强了农业合同承包管理，并在年初完成了以30年为期的第二轮土地延长承包期工作。在稳定粮食生产的基础上，优化农村产业结构，大力发展二、三产业，提高农村经济综合效益。到本年，全省有城乡集体贸易市场2885个，年成交额445.5亿元。年国内生产总值超10亿元的县（市、区）已增为49个，其中超20亿元的有12个；年财政收入超亿元的增加到30个。县域经济的发展支持了全省经济总量的较快增长。

企业重组　9月，省委十届十次全体会议通过了《中共江西省委关于贯彻〈中共中央关于国有企业改革和发展若干重大问题的决定〉的实施意见》。会议强调，学习贯彻四中全会精神，从总体上讲，要切实把握"统一认识，解放思想，对症下药"，进一步形成推进国企改革和发展的合力，坚持从本地区、本企业的实际出发，有针对性地采取深化改革、促进发展、克服困难的有力措施，采取一厂一策，一厂多策的办法，分块突破，分块搞活，逐个化解矛盾，从整体上推进国企改革和发展。通过扶优扶强，实行大公司大集团战略，到本年，全省已组合成200多个大企业集团。其中有与日本五十铃、美国福特公司联合的江铃集团，由江西钢厂、新余钢铁厂等合组的新钢公司，与科龙公司合作的华意电器集团，与燕京集团组建的江西燕京啤酒公司，以及洪都集团、凤凰光学集团、九江石化总厂、景德镇陶瓷集团等等，均是全省工业经济中具有规模和较强市场竞争力的优势企业集团。江西纸业集团租赁抚州造纸厂后，发展势头和规模效益有了新增长。当年核销了部分企业在银行的呆坏账，并先后对贵溪化肥厂、江西凤凰光学集团、九江石化总厂等24家企业实施了债转股改革，使企业的债务负担大为降低，发展后劲增强。通过几个方面的改革，全省国有经济分布结构、企业组织结构，都有较为明显的改善。同时，重新构造商贸体制企业组织形式，组建和培育了一批有活力、有实力、有发展后劲的商贸企业。当年，全省限额以上批发和零售商贸企业有525个，其中，省粮油食品等多家进出口公司，南昌等地多家石油公司、省烟草公司，省新华书店，南昌市百货总公司、南昌百货大楼股份公司，洪城大厦股份公司，景德镇市瓷都百货大楼，南昌亨得利钟表眼镜公司等，在销售总额和利税总额两方面都显示出较强实力，成为全省流通领域的重点企业。

进出口贸易　当年全省进出口贸易总额为97.4亿美元（其中出口69.6亿美元，常年出超）。与此同时，江西还在60多个国家和地区展开了以工程承包和劳务合作为主的对外经济技术合作业务。

多层次城镇体系　全省建设工作会议提出，到2010年，全省要形成以大城市为中心，大中小城市有机结合，布局合理有序的多层次的城镇体系，力争城市化率从目前的24%增加到40%。从1999年起把工作重点放在抓好移民建镇、小城镇建设、城市基础设施和经济适用房建设四个方面，"撤地设市"的工作由此展开。

"三讲"教育　年初，江西省"三讲"（讲学习、讲政治、讲正气）教育地、市试点在景德镇市拉开序幕。省委及时召开常委会议，传达学习全国"三讲"教育工作会议精神，研究部署省委、省人大、省政府、省政协领导班子和领导干部"三讲"教育工作。强调党委（党组）要把"三讲"教育摆在首位，各套班子的一把手要带好头，处理好"三讲"与工作的关系。地市和省直单位的"三讲"教育分两批进行。"三讲"教育的时间为两个月左右。

文化事业　江西提前一年达到了2000年实现"两基"（基本普及义务教育、基本扫除青壮年文盲）的目标。1999年江西省第一个高校博士后流动站在南昌大学设立。著名科学家、教育家吴有训纪念馆在江西高安市落成。由作家出版社出版四卷集的《九十年代江西文学作品选》收入江西220位作家的269篇（首）文学作品，内容包括中短篇小说、儿童文学、报告文学、文学评论、新诗、散文诗、散文等，并辑录90年代（1989~1998）江西长篇小说及各类文学作品专集书目569部，集中展示了江西文学创作的丰硕成果。

扶贫工作与"两个确保"　全省扶贫开发工作会议提出全省"八七"扶贫攻坚目标，全省有216.9万农村贫困人口未解决温饱，计划1999年先解决其中100万的温饱问题。省政府要求各级政府要高度关心困难群众生活，切实帮助困难群众解决实际问题。要坚持扶贫进村入户，摸清对象，切实查清重点扶贫的贫困户和贫困村，落实责任单位、责任人、帮扶资金、措施与时间，面上扶贫以帮助非贫困县乡中的贫困户解决温饱为重点。要千方百计实现"两个确保"（确保国有企业下岗职工基本生活，确保企业离退休人员养老金按时足额发放）。

揭批"法轮功"　本年以来，在全省开展的揭批"法轮功"邪教组织的斗争，教育转化了绝大多数"法轮功"练习者，依法打击和处理了极少数违法犯罪分子。

其他重要事件　国务院批准《江西省土地利用总体规划》（1999~2010）。国家级社会发展综合实验区——井冈山市正式成为"国家可持续发展实验区"。省政府下发了《关于进一步推行政务公开的决定》。全省99%的村委会实行了村务公开、民主管理。全省各地、各民主党派，群众团体机关学校，企事业单位声讨以美国为首的北约野蛮轰炸我国驻南斯拉夫使馆的侵略暴行，坚决支持中国政府的严正声明。南昌民用机场——昌北机场通航。全省最大的液化气集装运输码头建成投入使用。江西省副省长胡长清腐败案发，并受到查处，12月13日至17日举行的省九届人大常委会第十三次会议作出了关于终止胡长清省九届人大代表的代表资格的决定。

全省本年主要经济指标情况 国内生产总值1967.7亿元，按可比价格计算增长7.8%，其中第一产业增加值475.0亿元，增长7.1%；第二产业增加值760.66亿元，增长6.8%；第三产业增加值732.05亿元，增长9.6%。全省财政总收入和地方财政收入分别达到155亿元和105.1亿元，增长6.4%和8.2%。农业总产值750亿元，粮食总产量346.6亿斤，增产35.5亿斤。工业总产值1823.76亿元，增长6.9%。社会消费品零售总额650亿元，增长11.1%。进出口贸易总额达131387万美元（其中出口90611万美元，进口40776万美元）。年末总人口4231.17万人，人口自然增长率为9.49‰。

1999

1月

January

公元 1999 年 1 月							农历己卯年【兔】						
日	一	二	三	四	五	六	日	一	二	三	四	五	六
					1 元旦	**2** 十五	**3** 十六	**4** 十七	**5** 十八	**6** 小寒	**7** 二十	**8** 廿一	**9** 廿二
10 廿三	**11** 廿四	**12** 廿五	**13** 廿六	**14** 廿七	**15** 廿八	**16** 廿九	**17** 十二月大	**18** 初二	**19** 初三	**20** 大寒	**21** 初五	**22** 初六	**23** 初七
24 腊八节	**25** 初九	**26** 初十	**27** 十一	**28** 十二	**29** 十三	**30** 十四	**31** 十五						

1日　南昌火车站广场举行 21 世纪倒计时"世纪钟"揭幕典礼。

1日　赣州地区国有资产管理局在改进和完善行政事业单位及国有企业的资产管理工作中，取得优异成绩，被国家人事部、财政部授予"全国财政系统先进集体"称号。

3日　从 1998 年 12 月 25 日起，在龙南、定南两县连续发生"三无"桶装猪油中毒事件，至本日 16 时止，已有 162 人中毒，其中 24 人中毒严重，2 人死亡（至 7 日 23 时，已有 221 人中毒。1 月 6 日，深圳市公安机关根据江西警方提供的情况，抓获了 6 名疑犯，并在龙岗区坂田镇发现 1500 桶可疑油料）。

4日　4 时 30 分，九江县狮子镇发生山体崩裂，造成 1 人死亡，6 人被埋入沙石。

4日　江西省"三讲"教育地市试点景德镇市召开全市县级以上领导干部"三讲"教育动员大会，就"三讲"教育工作作出部署。会议指出，要用整风精神开展好"三讲"教育。在"三讲"教育中必须抓好四个环节：一是要抓好学习提高，切实掌握思想武器；二是要搞好调查研究，紧密联系实际，解决突出问题；三是要搞好批评与自我批评，开展积极健康的思想斗争；四是要及时巩固成果，取得实效。

5日　崇仁县粮食局郊西粮管所大众山粮库被国家粮食储备局批准为"江西崇仁大众山国家粮食储备库"。

5日　在北京举行的世界杯短池游泳系列赛上，江西选手欧阳鲲鹏夺得男子 100 米混合泳金牌、男子 50 米仰泳金牌和男子 100 米仰泳铜牌。

5日　在桂林召开的全国旅游工作会上井冈山被评为首批"中国优秀旅游城市"。

5日　全省计划会议在南昌召开。会议提出全省计划的主要任务和目标（草案）：国内生产总值"保九争十"，工业生产完成增加值 677 亿元，增长 10.5%，全社会固定资产投资增长 18%，农民人均纯收入增加 200 元，力争 240 元，城镇居民人均可支配收入增加 200 元，力争 260 元，人口自然增长率控制在 10‰以内，乡镇企业生产值增长 20%，力争全年解决 100 万人脱贫，实现农民增收和农村稳定。

6日　省政协八届四次常委会议举行。会议

通过省政协八届委员会常务委员会工作报告；通过省政协八届一次会议以来提案工作情况的报告；通过关于召开省政协八届二次会议的决定；通过省政协八届二次会议议程和日程；通过人事任免事项。

7日　经省委、省政府同意，由省委党史研究室编纂的《辉煌二十年——江西改革开放的历程》一书，正式出版发行。全书约70万字。

8日　江西财经大学漆权副教授主持完成的国家社科基金项目——"高科技发展对世界经济的影响"研究成果，通过专家评审鉴定。

8日　在中国集体建筑企业协会上，南昌市第五建筑工程公司获1998年度全面质量管理金屋奖。

8日　在刚结束的"1998香港青少年航空模型邀请赛"上，南昌十七中高二学生邓伟获"强-5仿真模型飞机平掷直线距离"项目第一名。

8日　省委宣传部、省文明办召开科技、文化、卫生三下乡座谈会。提出，"三下乡"活动要突出重点，面向贫困地区，特别要向重灾区倾斜，"三下乡"要常下乡，省级部门要在今冬明春组织一批有影响、有规模、有效果，带动作用大的项目下乡，不仅要人下去，资金下去，还要设施下去，重点放在队伍培训、阵地建设、设施建设上，通过扎扎实实的工作，留下一支不走的"三下乡"队伍。

8日　江西省关于政法机关不再从事经商活动工作领导小组办公室召开专项检查动员大会，决定分12个小组，从1月16日开始，对全省政法机关不再从事经商活动工作进行专项检查。

9日　瑞金革命纪念馆在整理馆藏革命历史文物中发现一批藏品，经国家文物小组鉴定，其中有22件文物为国家一级革命历史文物珍品，均为原始件。

9日　省人大常委会办公厅发出通知，要求认真学习宣传和贯彻实施《村委会组织法》。

10日　3时55分，南康市潭口镇代卫村杜家组66号爆竹作坊发生爆炸，造成22人伤亡，其中死亡13人。

10日　贵溪市滨江乡洪塘村中央直属粮食储备库破土动工，预计1999年夏粮入库前工程全面竣工并交付使用。

10日　中国九江外轮代理公司组织代理的第一艘外籍轮"FORTUEN RIVER"（福江）号抵达九江港外贸码头。这艘巴拿马国的外籍轮为日本东车船务公司所属，全长93.9米，宽18米，总载重量近5万吨，装载1500立方米汽车散件。

11日　江西开展"视觉第一中国行动"，1998年全省有九千多名白内障致盲患者通过手术复明。这项行动是国家卫生部和中国残联与国际狮子会合作开展的。全省现共有盲人29.2万，其中白内障致盲18万。从1988年开始，全省开展大规模的复明手术活动，已使5.35万盲人重见光明。

11日　由南铁工程总公司第二工程公司承建的铁道部和江西重点工程——横南铁路上饶至永平联结线上的铅山河大桥，胜利完工。该桥全长510.99米，有20个桥墩，2个桥台，挖运土石方41868立方，灌注混凝土3591立方，总投资近300万元。

11日　国家科技部公布1998年度国家科技成果奖，江西"苦瓜清凉酒工艺研究"获国家发明四等奖；"籼稻花药培养及其育种技术研究"、"南昌白猪选育"分别获国家科技进步三等奖。

12日　省直机关党的工作会议暨"创文明单位、做人民好公仆"活动表彰大会在南昌召开。

12日　以上海市政协副主席谢丽娟、陈正兴为正、副团长的上海市政协赴赣考察团在江西进行为期两天的参观考察。考察团考察了南昌国家高新技术开发区，参观了八一起义纪念馆、共青城等地，并代表上海市政协向省政协捐赠200万元，用于救灾工作。

13日　为期两天的江西省总工会十届二次委员会（扩大）会议在南昌结束。会议提出，坚定不移地推动全心全意依靠工人阶级方针的落实，突出工会的职能，充分发挥民主参与、民主监督和社会调节作用，不断加强工会的群众化、民主化、法制化建设，努力开创工会工作新局面。

13日 南昌高新技术产业开发区"金庐软件园区"通过国家科技部评审，成为全国第十个"国家火炬计划软件产业基地"。

14日 全省地市委组织部长会议召开，传达贯彻全国省、区、市组织部长会议精神，总结1998年的组织工作，研究部署1999年的工作。省委书记舒惠国讲话，强调做好1999年的组织工作要深入学习邓小平理论，扎实有效地进行"三讲"教育，要加强领导班子建设，积极推进干部人事制度改革，要以农村和企业为重点，狠抓基层组织建设和党员队伍建设，要加强党风廉政建设，切实纠正用人上的不正之风。并就全省乡（镇）换届工作强调，要廉洁换届，把德才兼备的干部选到班子中来。

15日 省政府召开第十五次常务会议，传达贯彻落实国务院召开的国有企业下岗职工基本生活保障和再就业工作会议精神。要求各级政府要高度关心困难群众生活，切实帮助解决实际问题。强调要千方百计实现"两个确保"（确保国有企业下岗职工基本生活和企业离退休人员养老金按时足额发放）（1月22日，省政府召开电话会议，要求把"两个确保"作为第一位的工作任务来抓）。

15日 南昌市自来水公司与中法水务投资有限公司合作成立南昌双港供水有限公司。经过三年的经营，取得预期效果。省领导在南昌会见了以香港新世界集团董事陈锦灵先生为代表的中法水务投资公司客人，对该公司表示感谢，并介绍江西的环境、矿产、旅游资源和交通状况。

15日 南昌大学举行首届博士学位授予仪式，授予黄菊花、江雄心、吴洪飞、程军博士学位。

南昌大学第一批博士〈前排从左至右〉程军、江雄心、吴洪飞、黄菊花在博士学位授予仪式上

15日 省政府召开全省生猪定点屠宰工作会议。提出，1999年县以上定点屠宰推行面要达到100%，省辖市和行署所在城市全部实行工厂化、机械化屠宰，县城机械化、半机械化屠宰率要达到100%。

15日 贵溪桥梁厂生产的全国首孔16米高速重载铁路桥梁经过两个多小时的静载试验，获得成功。

16日 省政府召开电话会议，动员全省上下立即行动起来，广泛深入地开展爱国卫生运动，打一场爱国卫生防疫防病的战役。

16日 江西省足球学校挂牌仪式在省体校举行。首期学员有30多人。

17日 在靖安县宝峰寺附近一处基建工地发现距今840余年的藏有宋代宝峰寺住持高贤的普同塔地宫墓群。

17日 在南城县上唐镇源头村发现一座记载南宋思想家、文学家朱熹讲学及其慈善活动的青石碑文。该碑高190厘米，宽108厘米，有碑座。经考证，碑文是宋朝淳祐年间的，距今750多年。

17日 瑞金市象湖镇个体户钟某，在改建旧房时意外发现一张原版的中国工农红军机关报——第六十四期《红星》报。经文物和党史部门鉴定，此报出版于红军长征前夕，并由邓小平同志主编，在国内系首次发现，属国家珍贵革命历史文物。

18日 日本国际贸易促进协会理事长中田庆雄一行5人抵赣访问。中田庆雄先生此行主要是介绍推荐日本五藤光学研究所的宇宙剧场专用装置，并就进一步促进日本与江西之间的经贸投资、科技交流与合作和江西有关方面交换意见。

18日 省、市工商局为了净化节日市场，在公安、商检、质检、盐业管理等部门配合下，联合组织百名执法人员，开展为期10天的以"食品打假、清理不良文化现象和检查流通领域进口商品"的整治活动。

18日 省政府召集宜春、赣州、上饶、吉安、抚州、南昌、九江七个烟酒主产地市及省直有关部门负责人，就加快江西烟酒工业的发展，增加地方财政收入，促进全省经济和社会发展进行专题座谈研讨。

18日 省军区党委在南昌举行七届四次全体（扩大）会议上提出，省军区各级党委要认真落实中央军委主席江泽民讲话精神，按照南京军区党委扩大会议的部署，适应跨世纪发展的新要求，创造性地抓好部队和民兵预备役各项工作的落实。

20日 江西省万名机关干部赴灾区帮建工

舒惠国迎接赴灾区帮助重建归来的工作组

舒圣佑迎接赴灾区帮助重建归来的工作组

作组，帮助数百万灾民安全度过洪灾后最艰苦的三个多月，于当日结束帮建工作。

20日 省政府召开第二次全体会议，讨论修改《政府工作报告（草案）》，部署当前工作。会议指出要把思想统一到中央确定的"统一思想、坚定信心、抓住机遇、知难而进、团结一致、艰苦奋斗"的工作方针上来。坚持以经济建设为中心，各项工作都要服务、服从于这个中心。

20日 全省政法工作会议在南昌召开。会议提出，1999年政法工作的任务是，坚持把维护稳定放在首位，推动依法治省的进程，为全省经

济持续快速健康发展和社会全面进步创造良好的社会环境。

20日 美国著名法学家熊玠先生访问江西，受到副省长朱英培的接见。

20日 全省地市公安局长会议在南昌举行。会议要求，维护治安大局，实现持续稳定。

21日 全省人事局处长会议在南昌召开。会议总结回顾改革开放20年以来人事制度改革的成绩和经验，确定部署1999年人事工作的目标和任务，省委副书记、常务副省长黄智权到会讲话。

21日 全省建设工作会议召开。会议提出，到2010年，全省要形成以大城市为中心，大中小城市有机结合，布局合理有序的多层次的城镇体系，力争城市化率从目前的24%增加到40%。1999年、2000年，要把工作重点放在抓好移民建镇、小城镇、城市基础设施和经济适用房建设四个方面。会议于22日结束。

21日 省政府召开全省综合整治市容环境表彰大会。从1996年开始的全省综合整治市容

萍乡市区一瞥

萍乡市绿茵广场

宜春秀色

南昌新貌

赣州市南门广场

新余市劳动路立交桥

九江市甘棠湖滨

环境工作，经全面检查和综合评议，赣州市、九江市、南昌市获 1998 年优胜奖，赣州市是"三连冠"的城市。新余市、宜春市、吉安市、萍乡市获先进城市。

22 日 江西省舞蹈家协会第四次代表大会在南昌召开。会议选举产生新一届理事会，李克为名誉主席，余达喜为主席。

22 日 省政府召开全省国有企业下岗职工基本生活保障和再就业工作电话会议，会议强调要坚决贯彻国务院会议精神，千方百计实现"两个确保"。会议由省长舒圣佑主持。

23 日 省委宣传部等 11 个部门提出，1999 年的"三下乡"活动重点是为农村办好 40 余件实事。

23 日 以全国总工会副主席、书记处书记方嘉德为团长的全国总工会送温暖慰问检查团抵赣，在上饶、鹰潭进行为期两天的慰问。

23 日 国家农业部部长陈耀邦在瑞金、会昌、信丰、泰和、永丰、新干等县（市）的乡村、农户中进行调查研究，了解农民增收面临的新情况、新问题，并就 1999 年的增收问题和农民进行讨论。

24 日 全省农村工作会议在南昌结束。会议贯彻落实中央农村工作会议精神，研究和部署全省农业和农村工作。省委书记舒惠国、省长舒圣佑分别到会讲话。舒惠国讲话分三大部分：一是正确认识当前形势及其发展趋势，增强把农业放在经济工作首位的坚定性和责任感。二是切实把握农业和农村工作重点，着力抓好农民增收、农村稳定这两件事关全局的大事。三是自觉遵循农业发展的客观规律，把"贵在坚持"的思想贯穿于农村工作的始终。

24 日 江西理工专修学院和江西财经专修学

院实现联合办学，这在江西民办高校尚属首次。

25日 江西省首届"窗口行业服务标兵"评选结果揭晓。方琦、陈美兰、童凤春、黄河、古金海、施华山、胡满鹰、何长生、周水明、项兰花10人当选。

25日 中共中央总书记江泽民为著名书法大师舒同的题词"长征过来人，书坛谱新篇"矗立于江西东乡。东乡县委、县政府举行题词立碑奠基仪式。

26日 共青团江西省第十二届二次会议在南昌召开。会议总结回顾过去一年的工作，研究部署1999年的任务，表彰1998年江西省十大杰出青年。会议强调团员青年要继续深入开展青年志愿者、青年文明号、希望工程、少年儿童手拉手活动和大中学生寒暑假"三下乡"活动。

26日 省、市有关方面负责人，各民主党派人士，各大专院校和在南昌的台胞、台属、台商代表近百人举行座谈会，纪念江泽民对台重要讲话发表四周年暨全国人大常委会《告台湾同胞书》发表20周年。

27日 中国气象局、省文明委联合召开命名大会，授予江西省气象系统"创建文明行业工作先进系统"称号。

27日 省侨联四届三次全委会在南昌召开。会议强调，侨联要围绕工作的广泛性、典型性和向心性并紧扣"三突出"（突出窗口作用、突出以经济建设为中心、突出优质服务），有针对性地开展工作。

27日 德国联邦经济合作与发展部官员谢尔福先生一行抵赣访问，考察正在执行的由德国政府技术援助的"山区可持续发展项目"和"南昌食品加工中试车间项目"这两个项目的进展情况，德方援助两个项目各600万德国马克。

27日 晚10时36分，萍乡市湘东区腊市镇乌岗村兴达煤矿发生特大瓦斯爆炸事故。1人死亡，8人困在井下，生还希望渺茫。此次事故发生原因是盲目开采，违章作业，瓦斯超限造成（28日，萍乡全市煤矿进行整改，炸毁所有独眼井，进行安全大检查）。

27日 为期两天的民进省委四届三次全委会议在南昌举行。会议通过《关于加强宣传思想工作的意见》和《关于做好议政调研工作意见》两个文件。

28日 为期两天的江西省九届人大常委会第七次会议在南昌结束。会议通过省九届人大议程（草案）；通过省九届人大二次会议主席团和秘书长名单（草案）；通过省人大常委会工作报告（修改稿）；通过关于接受黄懋衡辞去省政府副省长职务的决定和接受罗光启辞去省人大常委会秘书长职务的决定。

28日 全省工商行政管理体制改革工作会议在南昌召开。会议就贯彻落实党中央、国务院改革工商行政管理体制的决定和经省委、省政府批准的《全省工商行政管理体制改革方案》作出部署。省以下工商行政管理机关实行垂直管理，与所办市场彻底脱钩。

28日 乐安县流坑村古村落保护规划通过国家级论证审定。

29日 省政协八届二次会议在南昌召开。会议通过省政协八届二次会议决定和提案审查情况报告。增选黄懋衡为副主席，补选蒋如铭为秘书长。

省政协八届二次会议

30日 江西省首家台资企业协会——南昌市台湾同胞投资企业协会成立。

30日 全省万名机关干部帮助灾区重建工

作表彰大会召开。大会宣读了省灾区重建工作组联络办公室、省委组织部、省直属机关工委《关于表彰全省万名机关干部帮助灾区重建工作先进个人的决定》。

31日 省九届人大二次会议在南昌举行。出席会议代表568人，会议听取《政府工作报

舒惠国在省九届人大二次会议上投票

舒圣佑在省九届人大二次会议上投票

省第九届人民代表大会第二次会议

告》、《关于江西省一九九八年国民经济和社会发展计划执行情况与一九九九年计划的报告》、《关于江西省一九九八年省本级预算执行情况》、《一九九九年省本级预算的报告》、《关于江西省人民代表大会常务委员会工作报告》、《关于江西省高级人民法院工作报告》、《关于江西省人民检察院工作报告》，并通过相应的决议。会议提出，1999年经济社会发展主要目标是：全年省内生产总值2030亿元，增长9%，其中，第一产业增长5%，第二产业增长11%，第三产业增长10%；全社会固定资产投资560亿元，增长18%；财政总收入155亿元，增长7%，其中地方财政收入105亿元，增长9%；居民消费价格总指数涨幅控制在4%以内，零售物价总指数涨幅控制在3%以内；农民人均纯收入2248元，增加200元；城镇居民人均可支配收入4451元，增加200元；全省粮食总产340亿斤；工业增加值680亿元。会议选举张克迅为省九届人大常委会副主任；补选胡振鹏为副省长；补选崔林堂为省九届人大常委会秘书长。

31日 省九届人大会议决定，设立省九届人大农业和农村委员会，周慜平兼任主任委员；钱梓弘兼任环境与资源保护委员会主任委员。

31日 国家劳动和社会保障部常务副部长李其炎到江西省考察调研，看望慰问下岗职工。据统计，截至1998年底，全省国有企业下岗职工累计63.69万人，其中享受基本生活保障的22.4万人，占实有下岗职工的90.79%。

本月 在曼谷举行的第七届远南残疾人运动会上，江西籍王晖等3名选手，获2枚金牌，2枚银牌和1枚铜牌。

本月 九江长江大桥获国家科技进步一等奖。

本月 连续6年保持微型客车产销量全国第一的江西昌河飞机工业公司销售微型车10817辆，首破月销车1万辆的纪录。

1999

2月
February

公元1999年2月 农历己卯年【兔】														
日	一	二	三	四	五	六	日	一	二	三	四	五	六
	1 十六	**2** 十七	**3** 十八	**4** 立春	**5** 二十	**6** 廿一	**7** 廿二	**8** 廿三	**9** 廿四	**10** 廿五	**11** 廿六	**12** 廿七	**13** 廿八
14 廿九	**15** 三十	**16** 春节	**17** 初二	**18** 初三	**19** 雨水	**20** 初五	**21** 初六	**22** 初七	**23** 初八	**24** 初九	**25** 初十	**26** 十一	**27** 十二
28 十三													

1日 省政府抽调省直11个厅局的领导带队，分9个工作组深入11个地市进行消防安全大检查，督促火灾隐患整改。

2日 为期3天的江西省纪律检查委员会第七次会议在南昌举行。省纪委书记马世昌作题为《突出重点，标本兼治，切实推进党风廉政建设和反腐败斗争》的工作报告。会议提出：进一步推进领导干部廉洁自律；加大查办案件力度；坚决纠正部门和行业不正之风；进一步从源头遏制腐败。

3日 全省首次邮政工作会议在南昌召开。会议提出以邮电分营为契机，努力提高经济效益，力争一年减亏，两年扭亏，三年盈利。

4日 省政府召开全省计划生育、环境保护先进表彰会。崇义等7个县（市、区）被省委、省政府授予计划生育红旗县（市、区）称号；新余市沙土乡等50个单位被授予计划生育工作先进集体称号；萍乡发电厂等18个单位分别被授予"四河"整治和取缔、关停"五小"企业的环保先进单位称号。

4日 省政府发出赣州撤销地区设立地级市的通知。

5日 江西省杂技家协会召开第二届代表大会。大会选举产生新一届理事会。

5日 中共中央政治局委员李铁映来南昌就灾区重建和国企改革进行了为期两天的考察。

5日 国务院副总理温家宝到江西考察灾后重建工作。他强调，要认真落实党中央、国务院的部署，把灾后重建、整治江湖、兴修水利当作一项系统工程来抓，统筹兼顾，因地制宜，突出重点，分步实施，切实安排好灾区群众的生活，以"认真、严格、负责"的态度全力抓好水利工程建设，让党和人民放心。

铅山县英蒋乡阴家村的灾民们正忙着建新房

7日 国家财政部部长项怀诚到江西考察九江城防堤决口复堤工程，并看望永修县立新乡迁入灾后重建的灾民新村的灾民。9日结束考察。

8日 乐安、于都、安远、会昌、吉水、泰和、吉安、莲花、修水实现"两基"（基本普及九年义务教育和基本扫除青壮年文盲）。江西省累计有88个县实现"两基"，高出全国人口覆盖率平均数14.03个百分点。

8日 在全国教育工作会议上，贵溪市、泰和县被评为全国"两基"先进单位。

8日 省重点工程、第一条全标准高速公路温厚公路正式通车。总投资12.7亿元，全长35.5公里。

温厚高速公路

9日 江西首座储气5万立方米的干式气柜竣工投入使用。该气柜由南昌钢铁有限责任公司与南昌市煤气公司共同筹资兴建，总投资1350万元。

10日 江西中央粮库建设工作会议召开，省政府与各地市签订中央粮库建设责任书。国务院及国家有关部委先后分三批安排江西中央粮库建设项目15个，仓容11亿公斤，投资4.879亿元。全省招标工作顺利结束，现进入全面施工阶段。

11日 省卫生厅药政管理局及有关部门在南昌市新建县北郊垃圾场，销毁17个品种150余件、标值50多万元的假劣药品。据统计，1998年全省立案查处假劣药品案件885起，查处的假劣药品标值360万元，罚没款221万元，有7人因涉嫌制售假劣药品被移送司法机关处理。

12日 省政府召开廉政工作会议，对1999年政府系统廉政建设和反腐败工作作出安排，进

省政府廉政工作会议

一步推动全省政府系统的廉政建设和反腐败斗争。省长舒圣佑讲话，强调1999年全省政府系统的廉政建设和反腐败工作要坚持标本兼治，综合治理，在严厉惩治腐败分子和遏制腐败现象的同时，加大从源头上预防和治理腐败的力度。

12日 省移民建镇工作指挥部发出紧急通知，要求全省灾区各级政府在保证建材正常供应的同时，把钢材、水泥、木材、砖瓦、棚布、砂石的价格一律控制在1998年6月1日前的价格水平上；对哄抬物价、趁机牟取暴利者要严厉打击。

13日 4时10分，瑞金市审计局一栋私人开发建设的住宅楼刚封顶两天即发生倒塌。省长舒圣佑指示，要求有关部门立即严肃查处（23日，省建设厅针对这起事故，在瑞金召开重大工程质量事故现场会，举一反三，杜绝类似重大事故的再次发生。25日至26日，省政府召开基础设施建设工程质量工作会议，强调确保工程质量，一定要做到十二个字：认真、严格、严肃、规范、反对腐败。并决定近期对全省在建基础设施项目工程质量进行一次全面检查）。

14日 江西省最大的县（市）级城市的文化广场在赣州市建成投入使用。该文化广场总面积4.1万平方米，是一个集观赏、休闲、娱乐于一体的开放式广场。

15日 与昌九高速公路相接的九景高速公路

九江至湖口段正式开通运营。全长 14.82 公里。

15 日 省委常委、省军区司令员冯金茂等一行,在南昌市负责同志陪同下,来到进贤县民和镇,慰问在 1998 年抗洪抢险中光荣牺牲的民兵文景星遗属,并送上慰问金 1 万元。

16 日 全省移民建镇(村)规划设计已经完成,宅基地已基本落实到户,约有 80% 受灾户的新房开工建设,其中大部分已盖好一层。全省共移民 11.69 万户,46.75 万人,新建镇 37 个、中心村 150 个、基层村 788 个。

17 日 明代大戏剧家汤显祖创作的《牡丹亭》的原景地——大余县"牡丹十景"修复。这是自清光绪六年之后的第九次修复。原"牡丹十景"由牡丹亭、芍药栏、绿阴亭、舒啸阁、铁蕉龙、梳妆楼、丽娘冢、梅花观、玉池、玉池精金组成。此次修复由大余县及海内外人士多方筹资 800 余万元,自 1995 年开始动工。

18 日 鹰潭市人民医院被卫生部定为国际紧急救护中心,该医院为全国首批 811 家紧急救援中心网络成员医院之一。

18 日 南昌铁路局担负施工的京九铁路阜九段和阜阳枢纽两项工程,获全国建筑施工行业质量最高奖——鲁班金像奖。

18 日 省委书记舒惠国、副省长朱英培在赣南地区进行为期 3 天的走访考察工作。舒惠国强调要振奋精神,开拓进取,开创工作新局面。要认真开展以"三讲"为主要内容的党性党风教育,进一步提高干部素质。要正确处理改革、发展、稳定的关系,全力维护社会稳定。

19 日 中国工艺美术大师张松茂和日本冈山县著名陶艺家浦上善次联袂创作的大型陶瓷壁画《庐山骏马图》,在景德镇圆满完成。

19 日 九江市 10 县(市)的农电管理体制基本理顺,走在江西省前列,每年可减轻农民用电负担 8000 万元。

19 日 瑞金市日东乡境内发现一处天然古溶洞。溶洞长 50 多米,洞内空间占地面积 3000 多平方米。洞内有大量的天然生成的奇形怪状的钟乳品。据专家推测,该溶洞的形成大约已经经历了上万年。

20 日 省长舒圣佑在九江进行为期 3 天的考察工作。舒圣佑强调要坚定信心,迎难而进,努力实现农民增收、职工增收、财政增收、企业增收、社会稳定的"四增一稳定"的目标。

21 日 团中央书记处第一书记周强考察南昌至北京的 68 次列车第二包乘组。

21 日 铁道部 1998 年度星级优质货场评选结果揭晓,青云谱站被评为全路三星级优质货场。

22 日 萍乡市中医院主任医师、江西中医学院兼职教授黄中柱撰写的医学论文《冠心乐冲剂治疗冠心病疗效研究》一文,获 1998 年世界华人医学金奖。

22 日 九江棉纺织有限责任公司布机挡车工、农家织女李传芳被团中央授予"全国青年岗位能手"称号。

23 日 1998 年全国高中数学联赛江西赛区颁奖大会在临川举行。临川中学张新米获江西赛区第一名,并连闯六关进入中国数学奥林匹克集训队,被北京大学提前录取。

25 日 江西省计生"合格村"建设取得阶段性成果。到 1998 年底,全省已有 13837 个计生"合格村",计划生育率达 92.8%,基本实现以宣传教育为主、孕前管理为主、经常性工作为主的"三为主"县(市、区),首次突破 70%。

26 日 省政府办公厅转发省农业厅、省林业厅等单位《关于一九九九年在全省推广农业良种和农业先进实用技术项目的意见》(赣府厅发〔1999〕10 号)。

26 日 省人大常委会和省政府联合召开立法工作会议,共商实施五年立法规划措施,加强立法工作,提高立法质量。1999 年拟提请省人大常委会审议的法规项目 11 个。南昌市人大常委会拟提请省人大常委会审查批准的 5 个。调研论证项目 19 个。

26 日 在"首届中原艺术博览会"上,瓷都景德镇工艺美术师俞海青设计创作的陶瓷艺术作品"春韵"夺得金牌。

28 日 省委常委中心组围绕开展以"讲学习、讲政治、讲正气"为主要内容的党性、党风教育,并集中学习。就围绕"三讲"教育的必要性和紧迫性，以及在县级以上领导班子和领导干部中，用整风精神抓好党性党风教育，促进全省改革开放和社会主义现代化建设的问题，进行了集中讨论。

28日 江西省横向经济联合协作暨对口支援工作会议在南昌召开。会议提出，要加大力度，扩大范围，进一步开创经协工作和对口支援工作新局面。

28日 省社联六届三次理事会暨省社科院、省社联1999年工作会议在南昌召开。省社联主席傅伯言作题为《充分发挥社会科学在两个文明建设中的作用，把适应时代需要的社联带入二十一世纪》的报告。

28日 铁道部授予鹰潭南站货场1998年度三星级优质货场称号。

28日 江西氨厂化工有限责任公司金丰生产线，被团中央命名为"全国百条青年文明号生产线"。

1999

3月

March

公元 1999 年 3 月							农历己卯年【兔】						
日	一	二	三	四	五	六	日	一	二	三	四	五	六
	1 十四	**2** 元宵节	**3** 十六	**4** 十七	**5** 十八	**6** 惊蛰	**7** 二十	**8** 妇女节	**9** 廿二	**10** 廿三	**11** 廿四	**12** 廿五	**13** 廿六
14 廿七	**15** 廿八	**16** 廿九	**17** 三十	**18** 二月小	**19** 初二	**20** 初三	**21** 春分	**22** 初五	**23** 初六	**24** 初七	**25** 初八	**26** 初九	**27** 初十
28 十一	**29** 十二	**30** 十三	**31** 十四										

1日 江西省直单位包乡扶村工作总结表彰暨动员大会在南昌召开。会议提出包乡扶村总的目标和任务是：通过三年努力，在乡镇党委建设上逐步实现"六个好"，达到"六个一"，在村级组织建设上实现"五个好"的目标。

1日 省技术监督部门在全省开展"查农资、保春耕"专项执法检查。此次检查重点是农药、化肥、种子、农膜、饲料、农用水泵、种植机械、耕作机械等农资产品。

1日 国际SOS儿童村东南亚地区负责人索比由中国SOS儿童村协会理事长成燕陪同考察南昌SOS儿童村。考察于5日结束。

2日 江西省消费者协会决定1999年"3·15"活动以"安全健康消费"为主题，并开展各种活动，维护消费者合法权益。

4日 江西省委党校在新落成的学术中心楼举行1999年春季开学典礼。有关部门负责人、地厅级干部进修班、县级干部进修班、青年干部政治理论培训班学员参加开学典礼。省委常委、组织部长傅克诚就加强学习、抓好"三讲"、提高干部素质讲话。

4日 经国家科技部批准，江西赣昌高新技术创业服务中心成立。其任务是促进科技成果转化，扶持中小型高科技企业。

5日 中国歌舞团在九江市人民影剧院进行首场慰问演出。1200名抗洪英模、驻九江部队及各界群众的代表观看演出。歌舞团还以小分队形

中国歌舞团在九江市慰问演出

式,深入到湖口、瑞昌等基层灾区及驻九江部队进行慰问演出。

6日 江西省十大"巾帼建功标兵"评选结果揭晓。他们是:刘三秋、陈义华、舒小萍、张玉兰、郑晓芳、万玉娥、徐桂芬、梅彩萍、赖少莲、龚金花。

8日 省工商银行确定1999年增加人民币各项贷款40亿元。飞虹电子、洪都、江铃、南烟、江纸、江氨等大中型企业与工商银行就关于加强银企合作具体事宜达成共识。

11日 省地市林业局长会议提出,全省今后营林将围绕提高林地单位面积产量,进行树种林龄调整,采取封山育林为主的措施,减伐天然林,积极营造针阔混交林,及时抚育中幼林,加大平原湖区绿化力度,注重山上山下同步发展,以求森林资源快速增长。1999年全省封林计划新增2000万亩,连续封育五年。

11日 省地市法宣办主任会议召开。会议强调,1999年在全省公民中重点普及《宪法》以及《村民委员会组织法》、《澳门特别行政区基本法》、《土地管理法》、《消防法》、《兵役法》等。

12日 江西参加华东进出口商品交易会实现出口成交9072万美元,在参会的10个交易团中名列第五。

15日 南昌市公安局刑侦支队侦破自建国以来南昌最大的一起盗窃国家储备粮食系列案件(共盗粮食25万斤),8名犯罪嫌疑人落入法网。

16日 江西、云南两省烟草经济合作合同在昆明签字。副省长朱英培、云南省副省长程映萱出席签字仪式。

16日 省地市老区建设办公室主任会议确定1999年、2000年为扶贫攻坚决战年,1999年将帮助120万贫困人口摆脱贫困,使全省贫困人口降至百万以内。并提出老区建设扶贫工作思路是:坚持一个宗旨,抓好两大工程,确保三个优先。

16日 为期两天的江西省邓小平理论研究中心工作会议在南昌召开。会议强调,要以"三讲"为动力,以县以上领导干部为重点,推动理

论学习继续深入发展;以"五个一工程"为龙头,以各个邓小平理论研究中心为依托,加大理论研究工作力度,多出精品。

17日 江西选手熊美英在全国举重锦标赛63公斤级比赛中,抓举105公斤、挺举130公斤,以235公斤的总成绩打破该级别世界纪录。

18日 江西省武警总队召开大会。宣布体制编制调整后总队主官的任职命令。崔阳生任省武警总队总队长、李恩德任省武警总队政治委员。武警部队体制编制进一步调整后,江西武警总队调整为副军级。

18日 江西各地的13家宾馆总经理聚首南昌青山湖宾馆,宣布共同组建江西省宾馆(饭店)连锁销售中心,以强强联合之势应对竞争日趋激烈的国内、国际旅游市场挑战。这是江西旅游企业一次最大规模的举动。

18日 日本大分县教育访问团讲学暨捐赠仪式在南昌职业技术师范学院召开。该团向学院捐赠500万日元作为助学基金,计划五年内每年以100万日元资助1998年家庭遭灾的贫困学生和成绩优秀的学生。

19日 "江西省山江湖区域发展工程"被选定为2000年在德国汉诺威举办的世界博览会参展项目。江西山江湖工程已成为世界可持续发展网络的成员。

19日 全国"三讲"教育工作电视电话会议召开。江西省级领导干部集体收听收看实况转播。收听收看实况转播后,江西就贯彻中央部署,切实抓好"三讲"教育召开会议。

19日 江西省防汛抗旱总指挥部召开1999年第一次成员会议,确定1999年防汛总目标:在发生保证水位以下的洪水情况下,确保5万亩以上圩堤和南昌、九江等重要城市安全;在发生设计标准以内的洪水情况下,确保大中型水库和浙赣、京九铁路等重点交通干线和重要设施的安全(23日,江西召开防汛工作会议,强调防汛工作要早准备、早部署、早动手、早落实,要未雨绸缪,确保1999年安全度汛)。

20日 省委、省政府分别召开大会,传达学习九届全国人大二次会议精神。学习报告分三

部分，即大会概况、大会主要精神和贯彻意见。

20日 省政府颁布实施《江西省水产种苗管理条例》。这是全国水产种苗管理的第一个地方性法规。

20日 国防大学副校长侯树栋应邀到省军区作"三讲"教育专题辅导报告。

21日 《江西省九届人大常委会立法规则》正式下发实施。

22日 江西省召开消防工作会议，提出要以高度的政治责任感和使命感抓好消防工作。

22日 江西举重运动员秦广在全国男子举重锦标赛上，在94公斤级比赛中，以211公斤的成绩打破210.5公斤的全国纪录。秦广还包揽了这个级别的抓举、挺举和总成绩3项金牌。

23日 在国家建设部召开的风景名胜专家论证会上，三清山风景名胜区被列入国家1999年申报世界遗产预备清单。三清山管委会正积极准备上报工作。

23日 全省地市委秘书长、办公室（厅）主任座谈会议召开。省委常委、省委政法委书记、省委秘书长彭宏松作题为《坚持以邓小平理论为指导，把江西省党委办公室（厅）工作提高到一个新水平》的工作报告。省委书记舒惠国出席会议并讲话。

24日 省委召开常委会议，学习讨论贯彻九届全国人大二次会议精神，会议强调各级党委、政府要把学习贯彻这次会议精神作为一件大事，高度重视，精心组织，周密部署，狠抓落实。

24日 省环境保护委员会全体会议在南昌召开。会议原则通过《江西省环境保护工作（1998~2002）纲要》，提出到2000年环保工作要实现"一控双达标"，使全省环境质量得到进一步改善。

24日 省医改工作会议基本确定建立城镇职工基本医疗保险制度总体规划，各地据此制定具体方案，并于1999年年底前分步实施。

25日 江西召开加强民间组织管理维护社会稳定工作会议，要求充分认识加强民间组织管理，维护社会政治稳定的重要性，增强做好民间组织管理工作的政治责任感和使命感，切实把民间组织管理工作抓紧、抓实、抓好。

26日 全省勘界工作会议召开，要求坚持以党和国家的根本利益为重，从讲政治的高度来正确处理勘界中遇到的各种矛盾和分歧。

26日 在公安部召开的电话表彰会上，新余市渝水公安分局再次获"全国优秀公安局"称号。该局连续三年获此殊荣。

26日 省委、省政府作出《关于开展以萍钢为榜样，深入学邯钢活动的决定》（30日，省政府召开电视电话动员大会，号召开展以萍钢为榜样深入学邯钢，努力开创国有企业改革发展新局面，以实现江西省大多数国有大中型企业三年解困和发展目标）。

29日 省委召开常委会议，传达学习全国"三讲"教育工作会议精神，专题研究部署省委、省政府、省人大、省政协领导班子和领导干部"三讲"教育工作。会议讨论研究了《省委、省政府、省人大、省政协领导班子和领导干部"三讲"教育实施方案》。省委书记舒惠国就抓好"三讲"教育提出要求。

30日 1999年辽宁产品供需订货会在南昌举行。共组织58家重化类主要生产企业，近5000个品种和规格的产品参加。

30日 南昌市召开"百城万店无假货"活动示范街动员大会，江西的"无假货"示范街——市中山路东段正式亮相。4月4日被中宣部等四部委列为全国第二批"百城万店无假货"示范街之一。

31日 省老区建设委员会全体会议在南昌召开。会议指出要以开展"三讲"活动为动力，以贫困户增粮增收解决温饱为中心，坚持开放式扶贫方针，努力实现1999年的三个目标：剩下的贫困户解决温饱率达60%以上，未解决温饱的贫困乡（镇）要有60%以上解决温饱，力争全年解决120万左右农村贫困人口的温饱问题。

1999

4月

April

公元 1999 年 4 月							农历己卯年【兔】					
日	一	二	三	四	五	六	日	一	二	三	四	五	六
				1 十五	2 十六	3 十七	4 十八	5 清明	6 二十	7 廿一	8 廿二	9 廿三	10 廿四
11 廿五	12 廿六	13 廿七	14 廿八	15 廿九	16 三月小	17 初二	18 初三	19 初四	20 谷雨	21 初六	22 初七	23 初八	24 初九
25 初十	26 十一	27 十二	28 十三	29 十四	30 十五								

1 日　省直（属）挂钩扶贫先进单位表彰会议召开。会议强调要坚持如期实现八七扶贫攻坚计划不动摇，下定决心，增强信心，加大力度，举全省之力，攻克难点，切实完成扶贫攻坚的各项任务。省委、省政府决定党政机关和企事业单位挂钩扶贫延长至 2000 年，各单位要一如既往地抓好这项工作。

1 日　庐山西南麓九江县马回岭富民村几位农民在山上发现一古代土窑，陶窑深数十米，最大空间高 4 米至 5 米，宽 3 米左右，四壁均被"火砖"围砌，砖上有花纹图案，窑有多个门洞，保存完好。据初步认证可能为殷商时期陶窑。

2 日　省委、省政府、省人大、省政协领导班子和领导干部"三讲"教育动员大会在南昌召开。会议动员省级领导班子和领导干部，提高认识，端正态度，以饱满的政治热情和良好的精神状态投身于"三讲"教育。省委副书记、省长舒圣佑主持会议，省委书记、省委"三讲"教育领导小组组长舒惠国作动员报告，中央巡视组组长王其超讲话。

3 日　省委"三讲"教育领导小组召集省级

省级领导班子干部"三讲"教育动员大会

领导班子和领导干部"三讲"教育调查组和秘书组全体成员开会并进行培训，学习领会"三讲"教育有关精神，明确工作任务，为做好调查研究和秘书组工作打牢基础。

3 日　省第十八届"爱鸟周"活动在南昌八一广场拉开帷幕，当天的活动有万人签名、赠言、鸟类电视录像和图片、标本展览等。

3 日　列入国家"双加"（加大投资力度、加快技改速度）工程的昌河微型车生产线技术改造工程竣工，昌飞公司已具备年生产16万辆车的能力。

3日　美国阿姆斯壮大学荣誉博士学位授予仪式在江西财经大学举行。

4日　会昌县麻州镇发现一块清代乾隆十年的"奉县宪禁碑"。高148厘米，宽78厘米，厚11厘米，四周雕有花纹。碑文刻着"严禁不法之徒潜入山林强伐杉松竹木桐樟树，使耕山者免受其苦，庶乡民得以安宁耕种……违者严处，决不姑息"的字样。落款为乾隆十年三月，立碑人为几十名乡绅。

5日　应省台办邀请，中共中央台办副主任、海峡两岸关系协会常务副会长唐树备在南昌作两岸关系形势报告。

5日　受国家计委委托，中国国际工程咨询公司组织专家一行11人，对《江西省长江干流江岸与堤防加固和整治工程可行性研究报告》进行评估，形成专家组评估意见。

6日　省对外宣传工作会议在南昌召开。会议强调要围绕中心，服务大局，继续强化对外宣传。

7日　省政府在南昌举行接受国家扫盲检查验收反馈意见会。国检团团长、国家副总督学郭振有在会上作抽检评估报告时说，江西省政府对全省各县（市、区）通过扫盲验收的结论符合实际，达到了现阶段国家规定的基本扫除青壮年文盲的目标。副省长胡振鹏到会讲话。

7日　东乡县瑶圩乡万石塘村获"全国造林绿化最佳村"称号。

8日　省政府决定成立省科技教育领导小组，省委副书记、省长舒圣佑任组长，副省长胡振鹏任副组长。办公室设在省政府办公厅。同时，原省科技领导小组撤销。

9日　洪都集团公司承担的"八五"国家纺机项目——片梭织机专项工程通过国家验收。

10日　17时20分，南昌至青岛首次正式开行往返的454/1、453/2列车。该列车穿越赣鄂豫三省，全程运行1555公里。

10日　1998年江西省报纸副刊好作品评选结果日前揭晓。评出一等奖12篇；二等奖19篇；三等奖30篇，好版面7块。《江西日报》选送的《感动》等4篇作品获一等奖，并有4篇获

二等奖，3篇获三等奖，好版面3块。

12日　江西省确定1999年省级技改重点项目计划，30个技改含量高、适销对路的产品被列入技改重点项目。30个技改重点项目投资金额为32.55亿元。

12日　1999年春季以来，以"歌颂伟大祖国，迎接新世纪的太阳"为主题的江西省第四届大学生文化艺术节活动在江西省高校全面启动。整个文化艺术节活动持续时间近一年，分三个阶段进行，并在5月、10月、12月形成三个高潮。

12日　全省70个乡镇、625个村的水毁工程已全部修复，70座水厂已恢复供水，5000台手动泵井被更换，58万人口开始饮用符合国家标准的清洁水。

12日　南昌高新技术产业开发区与韩国赛富特国际集团合作建立南昌赛富特国际工业园区。

13日　省九届人大常委会第八次会议在南昌举行。会议通过《江西省实施〈中华人民共和国母婴保健法〉办法》；通过省人大常委会关于赣州市第一届人大代表名额、常委会组成人员的决定；通过省人大常委会关于成立赣州市第一届人大筹备组的决定。会议于15日结束。

13日　经农业部批准立项的国家级青虾良种场落户瑞昌。1998年3月，瑞昌依托资源优势，向农业部申报建立国家级青虾良种场，并于同年10月获准立项。国家和地方将共同投资400余万元，建设标准青虾良种虾池100亩，以及其他若干配套工程。青虾良种场建成后，每年可向社会提供优质幼虾2000万只，后备亲虾原种3200公斤，年养商品虾80万公斤，新增产值1300万元。

13日　江西对全省近千家房地产开发企业进行资质检查，不合格者将给予降级或吊销资质。这次资质检查还包括对住宅工程质量、安全生产、开发业绩、经营行为、自有资金、人员情况、管理措施等项内容，重点检查工程质量责任制和开发行业各项管理制度的落实情况。

14日　省委宣传部、新华社江西分社主办的"迎1999澳门回归祖国大型图片展"在江西革命烈士纪念堂开展，共展出图片200余幅，许

多照片是首次公开展出。

14 日 江西省公开选拔副厅级领导干部动员大会在南昌召开。省委决定，在全省乃至全国范围内公开选拔省委政策研究室、省科学技术委员会、省卫生厅、省对外贸易经济合作厅、省旅游局、省社会科学院、省农业科学院、省社会科学学会联合会、省石化国有资产经营公司、省物资集团公司、省电子集团公司、省纺织国有资产经营公司、省建工集团总公司 13 个省直单位的 13 名行政副职领导干部。

江西省公开选拔副厅级领导干部笔试在南昌举行，省委书记舒惠国等领导巡视考场

14 日 安远县三百山东江源近千名青年志愿者参加植树造林活动。此为东江源 133.33 公顷绿化工程的前期工程，拉开江西省"保护母亲河——绿色希望工程"活动的序幕。这是团中央、全国绿化委员会、水利部、国家林业局、中国青少年发展基金会共同组织发起的一项社会公益活动。

全民义务植树运动开展 20 年来，全省参加义务植树人数达 2.57 亿人次，累计义务植树 10 亿多株

14 日 江西盐矿年产 30 万吨精制盐，2 万吨无水芒硝扩建工程通过国家验收。

14 日 3 时 15 分，湖口县两个邮政储蓄网与省邮政金融计算机中心实行成功对接。

14 日 国家体育总局乒乓球羽毛球运动管理中心主办、宜春体育中心承办的"中国劲酒杯"全国青年羽毛球锦标赛在宜春开幕。

15 日 省人大常委会在南昌举行第二十七次法律知识讲座。这次讲座主要是学习宪法修正案。省人大法工委主任朱开杨主讲"九九修宪与宪法实施"。

15 日 省爱国卫生运动委员会和南昌市政府联合召开"创卫"动员大会。要求省市军民迅速行动起来，以主人翁姿态积极投身到创建国家卫生城市工作中去。省委副书记钟起煌讲话，要求省市一体，上下联动，多方参与，形成合力，一举成功。

15 日 省综治委、省教委、省公安厅联合召开全省电话会议，传达贯彻全国学校治安综合治理工作电话会议精神，部署从现在起至 6 月底，对全省各类学校及周边地区治安开展集中整治。这次整治要突出解决四个问题：一是除"暴"；二是清"障"；三是扫"黄"；四是治"乱"。

15 日 省九届人大常委会第八次会议，通过免去张珮琦、万学文、上官新晨的省人大财政经济委员会委员职务；免去段夫瑞、宫正的省人大教育科学文化卫生委员会委员职务；决定免去田克忠的省人大常委会办公厅副主任职务；决定免去钟金安的省人大常委会吉安地区工作委员会副主任职务；任命熊小江为省卫生厅厅长，程水凤为省政府外事办公室主任，卢联灿为省建设厅厅长；任命曹炳根为省人民检察院上饶分院检察长，林升泰为九江市人民检察院检察长，严能礼为鹰潭市人民检察院检察长；决定免去刘志高的省人民检察院抚州分院检察长职务。

16 日 省移民建镇工作指挥部召开第二次会议，会议要求采取有力措施，切实搞好资金和工程质量管理，加快移民建镇进度。在 6 月底主汛期之前，所有移民要搬出湖区，盖好一层住房。

16 日 以黄玉章为组长的全国人大常委会内务司法委员会调查组一行考察南昌救灾救济款

物发放使用情况。

16日 南昌市人民检察院对贪污救灾物资的原新建县望城镇民政所所长徐兵荣、原新建县民政局副局长郭国干等人依法提起公诉。

16日 全国党报第五次内参工作座谈会及1998年度优秀内参评选工作会议在海南省海口市结束。中国记协和人民日报社联合主办的这次会议，评出一等奖12篇、二等奖33篇、三等奖55篇。《江西日报》推荐的《江新洲大堤严重崩岸应引起有关部门重视》和《应重视灾区干部的情绪和困难》两篇作品分获一、三等奖。

17日 贵溪市公安局流口派出所民警施华山在首都人民大会堂受到共青团中央、中央综治委办公室等12个部门和单位的联合表彰，被授予第二届"中国十大杰出青年卫士"荣誉称号。

18日 全省地市专员、市长会议在南昌召开。会议分析一季度经济形势，部署二季度经济工作，强调要以"三讲"为动力，振奋精神，坚定信心，知难而进，围绕"四增一稳"（农民增收、职工增收、企业增收、财政增长和社会稳定）做好各项经济工作。会议提出上半年经济预测性目标：国内生产总值力争增长9%，工业总产值力争增长16%，产品产销率达到96.5%，全省地方国有工业企业产品销售收入净额增长17%，盈利企业实现盈利增长40%，亏损企业户数减少15%，亏损下降30%，农民现金收入超过1100元。

19日 万安县棉津乡高岭村发现国家二类保护植物的古银杏群，共有36株。据考证，树龄均在500年以上，有的达1000多年，最大的一株围径达7.2米，高25米。

19日 原中央军委副主席张震上将，在省军区副司令员季崇武陪同下视察鹰潭。张震上将回顾了当年红三军团与红十军在上清会师的战斗历程，为地方党史提供了珍贵的文史资料。

20日 省政府办公厅发出通知，要求各地抓住机遇，加大力度，加快肉牛开发工程建设，开辟农村经济新的增长点。力争到2001年，全省存栏牛达到550万头，年出栏牛150万头，纯收入达到25亿元。

20日 省委召开常委会议，传达学习贯彻胡锦涛在中央、国家机关领导干部大会上关于"三讲"教育的重要报告。会议强调，要进行一次思想再动员，认识再提高，从事关党和国家前途命运的高度，从切实解决领导干部党性党风方面存在的突出问题，加强领导班子思想建设的高度，来认识和对待"三讲"教育，积极投身"三讲"教育，以整风的精神搞好省级四套班子及其成员的"三讲"教育。省委书记舒惠国主持会议。中央巡视组组长王其超参加会议并讲话。

江西省第一次"三讲"教育工作会议

20日 构筑民间流通、科技推广、法律保障、舆论监督、信息高速公路五大连接市场和生产基地的服务网络在江西省启动，加大农业社会化服务体系建设的力度。

20日 南昌至河南郑州航线开通。

20日 南昌铁路局鹰潭车辆段把开展推广应用国际劳工局有毒有害化学物质信息卡作为改善职工劳动环境的措施，被中华全国总工会授予全国"推卡"先进单位。

21日 江西萍钢30万吨棒材生产线投产，总投资4890万元。

21日 共青羽绒厂"鸭鸭"牌系列羽绒制品，被世界城市经济协作组织（英国伦敦）冠以"中国鸭鸭"，并被列为全球城市经济商展会推介产品。

21日 全国政协副主席陈锦华、毛致用一行考察景德镇、九江、南昌、井冈山、赣州等地市。省委、省政府领导汇报了江西政治、经济等方面的工作。考察于27日结束。

21日 9时，为世人瞩目的九江长江城防堤

工人们正在浇筑九江防堤 4 号、5 号闸溃口复堤工程最后一块墙模

4号和5号闸溃口复堤主体工程——4584 立方米钢筋混凝土浇筑任务宣告完成。九江市城市防洪工程安排在 1999 年汛前应急计划项目有 12 项，计划投资 1.3 亿元。当前，各施工单位正进一步加强人员、机械的组织调配，进行最后的施工冲刺决战，各主体工程均可望在 4 月底内全部完工，确保汛期到来前完成任务。

22日 国防大学研究生院 120 余名硕士、博士研究生在该院政委胡钦佩将军的率领下，到革命老区宁冈开展为期 10 天的以革命传统教育为主题的现场教学活动。

23日 为纪念"五四"运动 80 周年，江西省举办优秀青年题材影片展映活动。在南昌举行展映影片之一《良心》的首映式，之后该片陆续在江西省各地展映，历时两个月。

23日 第四届华东新闻摄影作品评选会在广丰结束，摄影作品《万人空巷送亲人》（江西）获特等奖，《"考研"民工》等 6 件作品获一等奖，《喜签承包书》等 14 件作品获二等奖，《特大中华鲟被救上岸》等 35 件作品获三等奖。

23日 全省中学生田径运动会在宁冈中学结束。11 个地市的 182 名运动员参加比赛，赣州地区代表队以 187 分获团体第一。

23日 省档案馆在整理馆藏民国档案时，发现两张日军侵华"军事秘密"地图。这两张地图一张编号为"南昌二十号"，主要绘制的是南昌、新建两县交汇处及两县与周边高安、丰城等县交合部的地形；另一张编号为"南昌二十五号"的是高安县地图。两张同一规格，长 107 厘米，宽 77 厘米。地图右上角均用日文印有"军事秘密"字样，右下角印有"昭和十三年七月调制，参谋本部"、"昭和十三年七月制版，陆地测量部"字样。

24日 财政部、国家计委就江西国债项目资金使用中存在虚设建设项目骗取国债资金，擅自挪用国债资金，编造假账、假合同隐瞒事实真相等问题作出处理决定。在未得到全面整改前，除少数项目外，一律暂停拨付国债资金，对于查出被挪用的国债专项资金限期收缴中央财政，对存在问题通报全国予以批评，严肃查处有关责任人的责任，处理决定于 5 月 10 日前送财政部和国家计委。

24日 南昌百特实业有限公司研制开发的"血细胞计数分析仪试剂"，通过了国家级"星火计划项目"的验收。

24日 江西省政府向昆明世界园艺博览会捐赠一只景德镇特制"铜红釉大碗"，江铃汽车集团向昆明世界园艺博览会组委会无偿提供的 60 辆"全顺"牌汽车，祝贺世博会开幕。

江西省政府捐赠给昆明世博会的瓷中精品"铜红釉大碗"

提供给昆明世博会的"全顺"牌汽车

25日 全国农村报刊出版工作研讨会在井冈山市举行。国家新闻出版署副署长梁衡出席会

议并讲话。

26日　吴有训纪念馆在高安市落成，副省长胡振鹏讲话并剪彩。吴有训是著名的科学家和教育家，中国近代物理学的开创者和奠基人，原中国科学院副院长。

26日　省政府在昆明世界园艺博览会"江西瓷园"前举行世博会江西展馆新闻发布会，正式对外亮相。

26日　全省防汛重点地、市、县领导干部防汛抢险研讨班开学。省委、省政府领导在开学典礼上指出，要克服麻痹松懈思想，立足于防汛，认真检查落实，切实做好防汛抢险的各项准备工作，确保1999年安全度汛。

26日　全省乡镇企业工作会议在南昌召开。会议要求以"三讲"教育为动力，推进全省改革、发展和稳定，推动乡企发展，推动全省两个文明建设。

26日　上饶市沙溪镇五里村党支部书记郑德道获国家民政部、劳动部、全国总工会、团中央、全国妇联、中国老龄协会联合颁发的"全国重视老龄工作功勋"奖章。

26日　九江附近江面上，九江县城子镇渔民于上午9时许在捕鱼时偶然捕获的中华鲟，长3.2米，体重约250公斤。随后放归长江。

27日　省委宣传部、组织部、省经贸委、省总工会决定分别授予江铃汽车集团公司等29个企业（单位）和34位员工为1997年至1998年度"江西省职工思想政治工作先进单位"和"江西省职工思想政治工作先进个人"荣誉称号。

27日　江西省庆祝"五一"国际劳动节暨表彰大会在南昌召开，向获得1999年全国、全省"五一劳动奖章"、"五一劳动奖状"和"全省十大能工巧匠"称号以及受到表彰的先进集体和个人颁奖，要求进一步发扬工人阶级优良传统，当好改革、发展、稳定的主力军。

27日　省人民武装委员会在南昌召开全体委员会议，研究解决当前江西国防后备力量建设

中的有关问题。会议指出要加强党管武装工作，推进国防后备力量建设。

27日　省政府召开全省春季防疫防病动员大会，组织万名以上医疗、卫生防疫、血防人员，深入灾区和非灾区开展灾后爱国卫生与防病治病工作，确保大灾之后无大疫。

27日　省委、省政府、省军区在南昌联合召开全省县（市、区）人武部建设座谈会。会议强调，各级党委政府要适应"市场"和"战场"需要，以锐意改革精神，不等不靠，创造性地解决民兵预备役工作中的重点、难点问题，确保基层武装机构的稳定，高度重视人武干部队伍建设，切实保障民兵预备役经费落实，积极推进法规建设进程，抓好民兵预备役质量建设。会议于28日结束。

28日　省政府召开第十八次全省绿化委员会全体会议。会议提出实施"跨世纪绿色工程"的总体目标：力争到2010年，在江西省初步建立比较完备的林业生态体系和比较发达的林业体系，再造一个山川秀美的新江西，以基本适应经济社会可持续发展和人民群众日益高涨的对良好生态环境的需要。近五年的主要任务是：建设鄱阳湖水系生态防护林体系工程；建设商品林基地1010万亩；综合开发森林资源。

29日　全省工业扭亏脱困工作会暨学萍乡钢铁厂现场会在萍乡召开。会议强调，认清形势，坚定搞好国有企业改革和发展的信心，切实做好江西省国有企业改革和发展工作。要像萍钢人那样振奋精神，不等不靠，开拓进取。

30日　团省委、省青联决定，授予柳和生、王征、黄日升、周和平、罗方承、李艳茶六位青年第二届"江西青年五四奖章"。

本月　九江石化总厂顺利通过GB/TI9002—ISO9002质量标准体系认证。

本月　孟加拉国乡村银行总裁拉迪菲和协调员比塔利将考察江西小额信贷扶贫模式的实施情况，了解山江湖工程和开展小额信贷扶贫试点工作所取得的成果与经验。

1999

5月

May

公元 1999 年 5 月　　农历己卯年【兔】													
日	一	二	三	四	五	六	日	一	二	三	四	五	六
						1 劳动节	**2** 十七	**3** 十八	**4** 青年节	**5** 二十	**6** 立夏	**7** 廿二	**8** 廿三
9 廿四	**10** 廿五	**11** 廿六	**12** 廿七	**13** 廿八	**14** 廿九	**15** 四月大	**16** 初二	**17** 初三	**18** 初四	**19** 初五	**20** 初六	**21** 小满	**22** 初八
23 初九	**24** 初十	**25** 十一	**26** 十二	**27** 十三	**28** 十四	**29** 十五	**30** 十六	**31** 十七					

1 日　1999 年中国昆明世界园艺博览会开幕。省林科院参展作品获金奖 4 项、银奖 3 项；大余县送展的花卉——虎舌红获室内观叶植物第一名。

3 日　省委组织部、省委政法委、省公安厅联合发出《关于开展县市公安机关领导职务资格考试考核工作的通知》，强调今后县市公安机关领导任命必须经过资格考试。

3 日　加拿大 CORP – SACE 国际公司总裁 ELFEHDI 先生一行抵达南昌，与省建工集团总公司签订合资合作协议，共同参与在西非国家承揽建设施工项目。

3 日　10 时 50 分，全国铁路首趟以"雷锋号"命名的 453/454 次旅客列车从南昌站首发，沿京九铁路北上进京。南昌铁路局举行首趟命名挂牌仪式。

3 日　在全军第九次青年工作会议上，武警南昌指挥学校一队学员刘荣昭被解放军总政治部表彰为"全军优秀士兵"。

3 日　省委书记舒惠国、副省长孙用和 3 日至 4 日到九江干堤、城防堤及棉船圩检查指导防汛工作。舒惠国指示，要弘扬伟大的抗洪精神，克服麻痹思想，集中精力、人力、物力、财力，做好防汛工作。

5 日　"1999 环保赣江行"新闻发布会在南昌举行。该项活动主题是"向大气污染宣战"，时间从 5 月 6 日开始到 1999 年底结束。在全省范围内，就《大气污染防治法》的贯彻实施，组织人大代表监督检查，同时组织记者开展新闻采访报道。

5 日　全国人大常委会委员、民建中央副主席朱向远率调研组一行 6 人来南昌，就《传染病防治法》执行情况进行调研。

5 日　省残联、省新闻工作者协会和省残疾人事业新闻宣传促进会共同举办的第五届"江西省残疾人事业好新闻奖"评选结果揭晓，《江西日报》选送的评论《弘扬扶残助残好风尚》获二等奖，消息《江西省残疾人事业迅速发展》获三等奖。

5 日　萍乡建德电梯厂生产的第一台全电脑控制交流变压变频调速乘客电梯，经过省级检测合格。

6日 意大利帕维亚大学摩罗教授一行4人飞抵南昌,江西省专家与外国学者合作进行的"鄱阳湖湿地生态环境现状"项目就此正式启动。这是江西首次承担"中国—欧盟科技合作"项目。

6日 经有关专家评审认定,江西清华三波电机公司研制开发的"20SFZ双频自动机组"填补了国内空白。

7日 江西省1999年第一批基建重点项目确定,共计29项,计划投资84亿元。项目建设全面实行"四制"(法人责任制、工程招投标制、工程监理制、合同管理制)和对其经手的工程质量负终身责任。

7日 省委组织部在南昌召开省直机关处级青年干部下派锻炼迎送会。热烈欢迎锻炼结束的同志凯旋,欢送即将下派的同志到基层经风雨、见世面,接受锻炼和考验。省委书记舒惠国到会讲话。

7日 零时,长达765米的雁列山隧道一号左线提前了52天顺利贯通。这条位于湖口县境内堪称"江西第一公路隧道"总长3300余米,按双洞单向交通设计,总造价0.9亿元。

8日 1999年中国曹禺戏剧奖·小品小戏奖暨1999年中国剧协"百优小品大赛"在江西艺术剧院开幕。

8日 江西省级领导班子和领导干部"三讲"教育转入第二阶段,即"自我剖析,听取意见"阶段。第二阶段动员会在南昌举行。省委副书记、省长舒圣佑主持,省委书记舒惠国和中央巡视组组长王其超分别讲话。

8日 宁都县田头乡民政所所长廖长春,获全国尊老爱幼金鹰奖。

9日 由国家环境保护总局、中国少年报社、中国中学生报社联合举办的"第二届全国中小学生'我需要地球,地球需要我'环保作文比赛"近日在北京结束。南康市西华中心小学刘春华的《"娘水"给我的思索》获小学组一等奖;东乡县二中黄磊的《根》获中学组三等奖。还有3篇获中学组、小学组的纪念奖,省环保局获优秀组织奖。

9日 省委、省人大、省政府、省政协四套班子领导成员集体收看中共中央政治局常委、国家副主席胡锦涛发表的重要电视讲话,并举行座谈会,声讨北约野蛮轰炸我国驻南斯拉夫使馆的侵略暴行,坚决支持中国政府发表的严正声明。江西省各地、各民主党派、群众团体、机关学校、企事业单位都强烈谴责以美国为首的北约这一野蛮行为,拥护我国政府的严正声明,表示要以更加勤奋的工作来回击北约的侵略行径。

"省直机关干部职工强烈谴责以美国为首的北约的野蛮暴行"座谈会

江西师大学生在校园集会,声讨以美国为首的北约的野蛮行径

10日 12时30分,南昌市、靖安、奉新、上高、樟树、余江等地出现不同程度的冰雹天气,冰雹直径为5毫米至13毫米,同时出现8级以上雷雨大风。

10日 江西省国际经济技术交流中心成立。副省长周慇平任中心理事会理事长。

10日 由江西服装专修学院和江西长江进修学院组建的长江教育学院,被国家教委授予"全国百所名校和30所著名民办学校"荣誉称号。

11日 省政府派出五个调查组陆续分赴有关地市，就江西省投资环境和企业经营环境问题进行专题调查。

11日 省委组织的地厅级主要领导干部金融研讨班在南昌开学。省委领导在开学典礼上要求高度重视金融工作，认真学习和掌握金融知识，努力做好金融工作，切实防范和化解金融风险，努力促进江西省经济发展。

11日 第二届江西省"十大杰出妇女"评选结果揭晓。朱青、罗水玉、杨秀珍、林培明、胡淑华、饶福娣、敖美兰、黄菊花、詹慧珍、蔡烨清当选。

11日 江西省工业经济联合会在南昌成立。副省长钱家铭任会长。

11日 为期两天的1999年江西招商引资新闻发布会在深圳市举行。共签订利用外资合同项目140项，合同外资额2.26亿美元。

12日 在全国摩托艇锦标赛上，江西名将彭林武夺得男子0A5公里、0B10公里两个项目第一名。

12日 江西全民健身运动会拉开帷幕。全民健身运动会举行6个组别，10个不同年龄段的40个项目的比赛。此项运动10月27日结束，全省共有104个县、市、区和地直机关，30多个厅局举行了开幕式，500万人次参加各项比赛。

12日 在江苏溧阳举行的中美滑水对抗赛上，江西选手史隆飞在男子花样个人比赛中获第一名，另一选手田山获第二名。

13日 为期3天的全国报纸理论研究会第六届年会在山东泰安结束。《江西日报》选送的《赣地学者一席谈》获优秀专栏奖；《改革公有制实现形式，促进生产力极大发展》获优秀理论文章二等奖；《副市长勇斗歹徒引发的思考》、《贵在品质》获优秀短论二等奖。

14日 省、市有关方面负责人以及食品卫生等部门的专业人员，检查省直单位和中央驻南昌单位的创卫工作。

15日 宁都县城发现国家级珍贵革命文物，文物发现于墙缝中的木盒内，盒内有"中华苏维

埃共和国经济建设公债券"伍圆券一张。公债券为有光纸石印，长17厘米，宽14.6厘米。券面上加盖"中华苏维埃共和国临时政府财政人民委员部"印。下方是主席毛泽东（印）、国民经济人民委员林伯渠（印）、财政人民委员邓子恢（印）。

16日 省委在南昌召开全省党员领导干部会议，传达学习江泽民同志在欢迎我国驻南斯拉夫联盟共和国大使馆工作人员大会上的重要讲话。省委书记舒惠国讲话，要求认真学习江泽民讲话，深刻领会精神实质。紧紧抓住经济建设这个中心，努力做好各项工作。

南昌大学千名大学生在校内举行隆重的宣誓仪式，坚决拥护江泽民总书记的重要讲话及我国政府的严正声明

16日 南昌市开展"无障碍与视觉第一"为主题的"全国助残日"活动，共2000余人冒雨参加活动。

17日 应南昌高新技术产业开发区和韩国赛福特集团的共同邀请，韩国大宇集团上海办事处首席代表朴根太先生一行来南昌高新技术产业开发区对投资环境进行考察。

17日 "面向二十一世纪赣州经济发展高级研讨会"在赣州举行。全国人大常委会副委员长丁石孙、全国人大常委会原副委员长费孝通等出席会议。这次会议由赣州行署、省政府发展研究中心、民盟江西省委和南方冶金学院共同主办。中央和江西的近50名专家、学者开展了学术讨论活动。

18日 经省政府批准，省消费者协会商品质量监督检测中心在南昌成立。该监督检测中心以江西进出口商品检验局为依托，是为强化消协

组织履行《消费者权益保护法》所赋予的职能而建立的公证检验机构。

19日 江西中医学院在建校40周年之际，以2000万元将国家一类新药"槐定碱抗癌研究"成果转让给吉林省通化方大药业有限公司；以1000万元将"红三七"软膏转让给江中制药集团。

19日 江西省重点工程建设项目之一的宜春中密度纤维板厂竣工试生产。该项目实际完成投资2.3亿元，原设计能力为年产5万立方米，实际可达6.4万立方米。试产后至12月底共生产产品4000多立方米。

19日 1999年昆明"世博会"蔬菜果类单项评选结果揭晓，赣州市选送的特种蔬菜"紫青天葵"获铜奖。

19日 全国人大常委会副委员长、民盟中央主席丁石孙在江西省考察时指出，民主党派要为维护安定团结的政治局面，促进祖国繁荣富强出力。考察工作至20日结束。

20日 为期两天的江西省残疾人举重比赛在南昌举行。36名男女运动员参加了14个级别的角逐，有8位成绩优秀者被选为备战2000年在上海召开的全国第五届残疾人运动会。

22日 赣州地区为了抓好基层党组织建设，提出五大目标，即"建好党委（支部）、造就高素质干部队伍、壮大街道办事处和居委会、搞好社区服务、稳定社会"。

22日 上犹县营前镇发现10块石刻红军标语，这些石刻标语长的4米，短的1.2米，宽在0.3米至0.5米之间，内容有："建立全国苏维埃根据地"、"彻底平分一切土地"、"冲破敌人围剿"、"反对国民党欺骗群众的国民议会"、"禁止童养媳"、"实行妇女剪发"、"反对帝国主义进攻苏联"、"打倒帝国主义"等，落款为："中国工农红军独立九师四十三团，中共上犹第一支部军事会"。

23日 全省第四届老年人健身体育运动会在江西体育馆开幕。各地市、行业系统共30个代表团的1200多名选手参加开幕式。这次运动

会设九个竞赛项目，分两个阶段在南昌举行，第一阶段从5月23日至25日，第二阶段从10月20日至24日。

全省第四届老年人健身体育运动会开幕式

24日 在都昌县县城西部的龙王山土掩岩石上发现明太祖朱元璋"水面天心"的雕刻字迹。

25日 南昌卷烟厂召开新闻发布会，宣布该厂生产的"金圣"牌卷烟与"中华"、"红塔山"等品牌一起被评为1999年度全国名优卷烟品牌。

25日 中央纪委、监察部在北京召开落实"收支两条线"规定的全国电视电话会议。全国主会场结束后，江西省、地（市）分会场继续召开会议。会议要求各地、各部门明确目标，突出重点，加大工作力度，全面推行"银行代收制"，规范行政事业性收费行为。

26日 省文联、省美协、省文化厅、团省委共同主办的纪念"五四"运动80周年暨江西青年美术书法作品展，在省文联展览馆揭幕。参展作品共275件。

26日 靖安茶厂经过三年潜心培育，将世界珍稀茶种"白茶"以无性繁殖和嫁接的手段大面积移栽成功。靖安县茶厂投资113万元，建成江西省第一个百亩白茶基地。这是全国第二个白茶生产基地。

26日 广昌县发现一套早期苏区米票。面额分别为八两、九两，有编号和使用说明。米票上部盖有"中华苏维埃共和国中央政府粮食人民委员部"圆形公章。左下部盖有粮食人民委员陈潭秋方印，有效期为1934年3月1日起至当年8

月31日止。

27日 下午，鹰厦铁路路基发生大面积塌方，造成鹰潭至厦门区间中断运行。塌方点位于福建省沙县境内，塌方长45米，深为15米。鹰潭站经全力疏导，没有旅客滞留。

27日 新余市召开公开选拔县级领导干部动员大会，决定采取组织推荐、群众举荐、个人自荐与考试考核相结合的办法，面向江西省公开选拔市物资总公司总经理、新余电大校长、市委政策研究室副主任、市妇联副主席、新余师范学校校长、市技工学校校长、市环境监测站站长、市卫生防疫站站长8名正、副县级领导干部。

27日 分宜县发现国家一级保护野生动物白颈长尾雉，二级保护动物水鹿、雀鹰、苍鹰、白鹇、勺鸡，省级保护野生动物白鹭、雉鸡、红嘴相思鸟等20多种珍稀动物。

28日 第二次全国中西部地区经济顾问工作会议在井冈山市举行。沿海和发达地区的著名

"旅游兴市"是井冈山市的发展战略目标

企业家、中西部地区12省31市的政府负责人和新闻单位代表共300多人参加会议。会议重新确定330名顾问。在31个城市中首选井冈山市作

为试点，组成井冈山课题组，共同研究开发井冈山。

28日 省委、省政府转发省纪委、省监察厅《关于改进机关车辆管理，促进党风廉政建设的总结报告》和《机关车辆管理使用办法（试行）》，要求把改进机关车辆管理工作作为"三讲"教育活动中解决领导干部廉洁自律方面存在的突出问题来抓。

28日 省政府印发《江西省领导干部离任审计暂行规定》。规定：凡省、地（市）、县（市、区）直属部门、国有企业和事业单位、乡镇政府的主要领导干部，都要按规定离任审计。未经审计，有关部门不能为其办理离任手续。

30日 江西省"十佳少先队辅导员"表彰会暨"手拉手"互助成果汇报会在南昌召开。有10名获"全省十佳少先队辅导员"称号。

31日 省委宣传部、省委组织部、省科委、省人事厅、省科协决定在全省开展"十大科技明星"评选活动。评选小组成立以中国科学院院士潘际銮、中国工程院院士陆孝彭为特邀顾问，副省长胡振鹏为组长。经各地、各部门推荐，已产生30名候选人。

31日 江西长江岸线整治一期保安工程如期完工。全线长151.9公里，干堤长122.89公里，长江整治一期保安工程自1998年10月起共有8个堤段分14个标段开标施工。

31日 在世博园"人与自然馆"举办的世界名花月季专题展览竞赛上，南昌市参赛的"金奖章"、"花房"、"绿云"、"白云"4盆月季获世博会银奖；"激光"、"贝拉米"、"马希娜81"3盆月季获铜奖。

1999
6月
June

公元1999年6月 农历己卯年【兔】														
日	一	二	三	四	五	六	日	一	二	三	四	五	六
		1 儿童节	**2** 十九	**3** 二十	**4** 廿一	**5** 廿二	**6** 芒种	**7** 廿四	**8** 廿五	**9** 廿六	**10** 廿七	**11** 廿八	**12** 廿九
13 三十	**14** 五月小	**15** 初二	**16** 初三	**17** 初四	**18** 端午节	**19** 初六	**20** 初七	**21** 初八	**22** 夏至	**23** 初十	**24** 十一	**25** 十二	**26** 十三
27 十四	**28** 十五	**29** 十六	**30** 十七										

1日 香港知名人士、香港孔教学院院长、著名实业家汤恩佳捐资铸造的南宋著名哲学家、教育家和文化大师朱熹青铜像，在庐山白鹿洞书院落成揭幕。

1日 法国驻武汉总领事馆总领事尚多礼先生来赣参观在南昌的中法教育、经贸等合作项目。尚多礼先生表示法国愿意同江西在科技和教育等方面进行合作交流。

1日 国家质量技术监督局对安徽、江苏、江西、湖南、四川、广西6个省、自治区的水稻种子进行国家监督专项抽查，共抽查45家企业的79种水稻种子，合格的64种，抽样合格率为81.0%。其中江西省和四川省的水稻种子质量稳定，抽样合格率达100%。江西省水稻种子质量较好的有宜黄、泰和、兴国、金溪、南城、宁都六个县种子公司经营的种子。

1日 江西省着力营造儿童良好发展环境，促进儿童事业发展。当前，县以上的儿童活动中心13个，6000所各级各类家长学校每年接纳数十万家长参加培训；已基本建立起较完善的儿童监测统计机制；崇仁、安福、分宜、渝水四县区已纳入全国实施《儿童纲要》示范县区行列；全省孕产妇死亡率、婴幼儿死亡率以及5岁以下儿童死亡率分别下降到0.665‰、41.9‰和57.1‰；儿童免疫率、儿童营养不良降低率、普及中全饮水等均实现国家规定的目标。

2日 到当前为止，江西共选拔享受政府特殊津贴专家1770人，国家有突出贡献的中青年专家65人。

3日 以全国政协民族和宗教事务委员会副主任、中国佛教协会副会长兼秘书长刀述仁为组长的调查组一行9人赴鹰潭、九江、南昌三市，调查江西省当前宗教团体自助建设和宗教活动场所管理方面的情况。

5日 在昆明世博会盆栽花卉单项竞赛中，江西送评的盆栽花卉大岩桐获金牌；大余金边瑞香、萍椒3号、广昌太空莲、井冈山的莲座橛、香樟，以及月季金奖章、绿云、花房、白云等获银奖；于都脐橙等10个展品获铜奖。到当前为止，已获1金9银10铜共20块奖牌。

5日 省环保局、省老摄影家协会主办的《环境·家园》摄影作品展在江西省展览中心展出。副省长朱英培出席开幕式。此次展出共130幅作品。

6日 九江浔阳区1998年全区人口出现了低出生、低死亡、低自然增长的良性循环，获得"全国计划生育先进集体"和"江西省计划生育工作红旗县（区）"称号。

6日 江西选派21位主管科技的副县长赴贫困县扶贫。1998年以来，已先后选派十批共195名主管科技的副县长赴贫困县扶贫。

7日 《江西日报》创刊50周年纪念大会

省领导在阅读当天双面彩印的《江西日报》

举行。省委书记舒惠国讲话，省长舒圣佑题词："知民情，察民意，代民声，荟民智"表示祝贺（1949年5月22日，南昌解放，出版了《南昌新闻》，至同年6月6日奉命结束，6月7日起《江西日报》正式创刊）。

江西日报社新闻大厦

7日 省级领导班子和领导干部"三讲"教育经中央巡视组同意并报中央"三讲"办批准，转入第三阶段，即"交流思想，开展批评"阶段。省委在南昌召开第三阶段动员大会。省委书记、省委"三讲"教育领导小组组长舒惠国和中央巡视组组长王其超到会讲话。

7日 应省委、省政府领导邀请，全国著名高级记者、经济学家、全国政协委员、《经济日报》总编辑艾丰前来江西调研、讲学，在萍乡、井冈山和南昌作五场经济形势报告和"小城镇大战略"研讨报告。

7日 全国1999年下半年药品交易会在南昌召开。全国3000多个医药厂家、商家约3万名代表陆续到达南昌，纷纷举行联谊会。

7日 省政协八届七次会议在南昌召开。会议就食品工业发展问题提出许多很好的建议和意见，这些意见和建议以主席会议建议案的形式，报送省委。会议还通过《关于撤销省政协赣州地区工作委员会的决定》；通过人事事项。会议于9日结束。

8日 工商银行江西省分行与洪都航空、江铃汽车制造厂、江中草珊瑚制药厂、江西造纸厂、南昌卷烟厂、江西锅炉厂、洪城大厦、南昌百货大楼8家企业签订银企合作协议。省工行承诺年内向上述企业发放4.85亿元贷款。省委常委钟家铭出席签字仪式。

8日 江西人民广播电台召开建台50周年纪念大会。毛致用题词："努力办好广播，为两个文明建设服务"。舒惠国题词："扬广播优势，奏时代强音"。舒圣佑题词："办一流节目，创一流电台"。

江西人民广播电台播出机房

8日 宁都县肖田乡农民邓起福设计发明的"发动机自动保护器"在全国1999年新技术、新产品博览会上获金奖。

8日 汇集《江西日报》创刊以来各时期发表的优秀作品160多篇的《笔耕红土地——江西日报》由百花洲文艺出版社出版。

9日 全国电力政研会供电专委会年会在南昌举行。会议强调，坚持"立足基层、服务一线、超前研究、注重实效"的工作方针，紧紧围绕供电企业改革、发展、稳定的大局，结合两个文明建设，积极开展政研工作，充分发挥政治思

343

想工作的作用。

9日 新华社江西分社举行建社50周年纪念大会。省委书记舒惠国到会讲话。

10日 武警司令部、政治部、后勤部联合主办的第二届"中国武警十大忠诚卫士"评选活动揭晓，武警江西总队抚州地区支队警通中心副中队长孙小强榜上有名。

一等功臣孙小强

10日 八一电影制片厂和中央新闻电影制片厂联合摄制的大型文献纪录影片《挥师三江》在九江举行首映式。江西省领导及亲历1998年抗洪抢险的英模、人民解放军、武警部队官兵和各界人士千余人参加首映式。

10日 省文物考古研究所和瑞金市博物院联合对该市夏畈镇南坂村檀树嘴遗址进行了科学发掘，发掘面积400余平方米，清理出房基6座，墓葬8座，灰沟2条，灰坑7个，出土较完整的文物20余件，这是一处典型的商周大型聚落遗址。

12日 洪都航空工业集团有限责任公司与巴基斯坦联合研制生产的K8教练机被列为在巴黎举行的第43届国际航空与航天博览会参展新机之一，并做精彩表演。

12日 南昌煌上煌公司的产品"皇禽"酱鸭被中国食品协会授予"全国食品行业名牌"称号。

12日 "1999江西啤酒饮料节"在南昌举行。有30多家省内外知名企业参加，其中啤酒企业11家。

13日 为期两天的江西省科教兴林工作会议召开。会议要求各地增强紧迫感，加快实施科教兴林战略，推动江西"跨世纪绿色工程"建设水平不断提高。省委书记舒惠国、国家林业局党组成员、中国林科院院长江泽慧、副省长孙用和到会分别讲话。

14日 国务院港澳办副主任、澳门特别行政区筹备委员会秘书长陈滋英在南昌作迎澳门回归报告，江西140多个单位的在职副厅级以上干部和涉外部门处级干部共700余人出席报告会。

14日 国家体育总局武术运动管理中心、中国武术协会主办的国际传统武术暨绝技大赛在浙江台州市举行，江西运动员张克林获A组男子56公斤级散手冠军，张克萍获A组女子48公斤级散手冠军，江西银鹰女子木兰拳队囊括木兰拳、木兰剑、木兰扇三项特别优秀奖，并获大会武德奖。

15日 人民日报社、省委宣传部、省文化厅在江西烈士纪念堂举办《目击暴行——人民日报战地记者白岩松新闻摄影展》。此次展览举办一周，展出267幅作品，分为"亲历中国驻南斯拉夫使馆遭北约轰炸"和"目击北约对南暴行"两大部分。

15日 应省政府邀请，香港中华总商会会长梁钦荣赴赣考察团一行30人来赣考察访问（17日，省委书记舒惠国、副省长黄智权会见梁钦荣一行）。

15日 全省乡镇分流人员减轻农民负担现场会在南昌召开。会议强调要从讲政治、讲大局的高度，充分认识乡镇分流人员、减轻农民负担工作的重要性和紧迫性，要坚持高标准、严要求，把乡镇分流人员、减员增效工作落到实处。

16日 江西省青年农村发展中心在南昌成立。

17日 国家工商局粮食市场管理交叉检查组，在宜春、南昌、抚州、鹰潭等地市进行为期四天的粮食市场管理检查。

20日 濒危灭绝物种、国家一级珍稀保护植物——香果树在铜鼓县花山林场五百垇山场被首次发现。

22日 省直单位政府采购公务用车招标、开标仪式在南昌举行。省直单位对商品实行政府采购制度正式启动。

23日 经中央巡视组同意，省级领导班子和领导干部"三讲"教育转入第四阶段，即"认真整改，巩固成果"阶段。第四阶段动员大会在南昌举行。省委书记、省委"三讲"教育领导小组组长舒惠国和中央巡视组组长王其超分别讲话。

23日 应文化部邀请，土耳其摄影家富拉特及助手茹娜吾抵赣，进行摄影艺术创作。富拉特走访滕王阁、八大山人纪念馆、庐山等风景名胜，还准备深入到工厂、农村基层进行采访。

24日 "天佑牌"有机婺源绿茶在北京举行的"1999 诺贝尔世界发明成果博览会"上，再次获最高国际金奖。

24日 省地市政协秘书长座谈会在南昌召开。省政协主席朱治宏出席会议并讲话，要求机关建设要按照全国政协主席李瑞环提出的"讲质量、讲效率、讲规范、讲服务"的要求，全面加强自身建设。他指出，为政协履行职能服务，为政协委员服务，是政协秘书长和办公厅、办公室主任的职责，是政协机关一切工作的宗旨。

省政协主席朱治宏（右四）参加政协座谈会讨论

24日 省人大常委会近期决定，从 7 月到 10 月，在全省范围内开展《中华人民共和国森林法》、《中华人民共和国水土保持法》执法大检查，并组织部分省人大代表对省林业厅和省水利厅的工作进行评议。

25日 全省松毛虫春防工作全面结束。1999 年入春以来，越冬代松毛虫呈明显上升势头。据 5 月统计，全省越冬代松毛虫发生面积 46.67 千公顷。在鄱阳湖地区和赣抚平原的贵溪、余江、弋阳、铅山、波阳、乐平、余干、万年、进贤、新建以及修水等县（市）呈大暴发趋势，

并造成严重的灾害。省林业厅和各地、市、县政府、森防部门及时作出部署，采取有效措施，全力以赴抓春防工作，控制松毛虫的危害与蔓延。全省共组织药剂 134.1 吨，其中化学农药 22.88 吨、生物农药 111.22 吨，防治越冬代松毛虫面积共 25.75 千公顷。

26日 江西省铁路治安重点整治工作会议在南昌召开。会议总结近两年全省铁路治安工作情况，交流经验，研究部署铁路治安重点整治工作。省综合治理委员会决定，从现在起到 10 月底，在全省铁路沿线开展重点整治。要求多方密切配合，齐心协力，确保境内铁路沿线畅通。

26日 香港中华历史文化教育基金会组织香港青少年到祖国内地进行参观活动。以梁洁华教授为名誉团长的香港中华青少年历史文化教育交流团抵达南昌，参观滕王阁，并与江西师大师生进行联欢，然后赴井冈山参观学习（29 日赴北京参加首都青少年庆祝香港回归两周年活动）。

27日 全省依法治县工作经验交流会在南昌召开。会议提出 1999 年、2000 年依法治县工作的总要求是：抓住重点，整体推进，服务大局，讲求实效，努力把江西省依法治县工作提高到一个新的水平。

27日 景德镇著名国家级陶瓷艺术大师与青年艺术家合作绘制的两套精品艺术陈设瓷《祖国颂锦绣前程》和《祖国颂欢庆锣鼓》被中国历史博物馆收藏。

27日 省九届人大常委会第九次会议在南昌举行。会议通过《江西省实施〈中华人民共和国防空法〉办法》，通过《江西省实施〈中华人民共和国村民委员会组织法〉办法》，通过省人大常委会关于修改《江西消防条例》的决定，通过省人大常委会关于批准《南昌市国有企业法定代表人任期经济责任审计条例》的决定，通过人事任免事项。会议于 30 日结束。

28日 省政府召开鄱阳湖区治理二期防洪工程建设会议，研究工程建设与管理问题。该项目经国务院同意，国家计委批准，于 1998 年底正式立项并部分开工建设。工程投资 20.08 亿元，五年内完成。

28 日 萍乡举行秋收起义纪念碑奠基仪式。省委、省政府领导及萍乡市六套班子出席仪式。萍乡是秋收起义的发源地。经中办、国办批准，萍乡建设以秋收起义命名的广场并在广场上竖立一座纪念碑。

建成后的秋收起义纪念碑

29 日 省委常委扩大会议在南昌召开。会议传达学习中共中央总书记江泽民在华东七省市国有企业改革和发展座谈会上的重要讲话，强调要联系实际，解决好国有企业面临的突出困难和问题，统一思想，坚定信心，打好国有企业改革和发展攻坚战，建立现代企业制度。

29 日 由农业部稻米及制品质量监督检测中心列为江西省第一家的定点企业——奉新县碧云米业集团正式挂牌成立。

30 日 1999 年上半年，江西向中国粮油食品进出口总公司提供出口大米货源 44 万吨，比 1998 年同期增长 10% 左右。减轻了江西粮食库存的压力，腾出仓容储备新粮。中粮公司与印度尼西亚等国签订的大米出口合同，由江西供货。

1999

7月 July

公元 1999 年 7 月							农历己卯年【兔】						
日	一	二	三	四	五	六	日	一	二	三	四	五	六
				1 建党节	2 十九	3 二十	4 廿一	5 廿二	6 廿三	7 小暑	8 廿五	9 廿六	10 廿七
11 廿八	12 廿九	13 六月小	14 初二	15 初三	16 初四	17 初五	18 初六	19 初七	20 初八	21 初九	22 初十	23 大暑	24 十二
25 十三	26 十四	27 十五	28 十六	29 十七	30 十八	31 十九							

1 日　赣州举行庆典大会，庆祝赣州地级市诞生。大会宣读了国务院、省政府关于赣州撤地设市的批文。省领导分别为赣州市五套班子授印揭牌，并为赣州市四项工程奠基。

1 日　原福州军区顾问龙飞虎因病在福州逝世，享年 85 岁。龙飞虎，永新县人，1928 年加入中国共产主义青年团，并参加中国工农红军，1929 年转为中国共产党党员。

1 日　由省文联、吉安地委宣传部、吉安地区文联主办的《井冈情艺术作品展》在江西艺术展览中心开展。共展出 220 件美术、书法、摄影、微雕作品。

1 日　美国远景技术公司（FTC）总裁兼首席执行官、洛杉矶 OUR OFFICE GENIE 公司信息系统管理部主任刘瑄先生一行，访问南昌大学，就与南昌大学信息网络中心的合作事宜进行磋商。

1 日　临川一中教师集体制作的电教软件《森林和我们》获全国多媒体环保和教育软件创作大赛三等奖。

2 日　南昌市滨湖地区 266 公里长的重点圩堤接近或超警戒线，滨湖地区全面进入防汛实战阶段（7 月 12 日，南昌市委、市政府召开汛情分析会；7 月 13 日，市委召开常委扩大会议研究分析汛情，部署工作；7 月 16 日，防汛进入高危水位阶段。16 日晚上，市委、市政府召开紧急防汛会议，号召全市军民紧急行动起来，投入抗洪抢险战斗；8 月 12 日，滨湖地区外洪水位已降至警戒线以下，全市抗洪抢险战斗结束）。

4 日　清华大学党委常务副书记陈希率领的参观考察团一行 8 人来江西考察七一三厂等合作项目，同时还在人才培养等方面寻求新的合作领域（5 日，副省长朱英培、胡振鹏与陈希一行，就进一步在经济、科技和教育等方面加强合作进行座谈）。

4 日　省自然保护区管理办公室接到宜黄县林业局报告，称该县白竹乡丰产村窑背坑发生野生动物袭击农民袁洪华致死事件，疑是华南虎所为（7 月 29 日至 31 日，国家林业局华南虎种群调查项目组组长金昆博士一行 6 人到宜黄实地勘察，在白竹乡西华山发现有华南虎毛发，还认为宜黄适宜华南虎栖息的生态环境比他们在福建、广东两省看过的还要好。8月30日，经省有关部门的专家联合进行考察论证，分析估计宜黄县存在着5只野生华南虎，而全世界目前大概仅存30只。省有关部门并批准该地晋升为省级华南虎自然保护区）。

6日 宜丰县下岗职工彭泽朝发明的"旋风式多级串联除尘器"获得国家专利。

7日 中组部、团中央组织"博士服务团"来赣献计出力。8名来自中直单位科研院校的博士，将在江西省有关县市和科研部门挂职锻炼一年。省委、省政府在南昌举行欢迎会。

7日 全国机电外贸产品检验技术学术报告会在南昌举行。国家出入境检验检疫局副局长王凤清在会上作学术报告，并详细询问江西的一些基础设施建设情况，介绍商检机构改革的重要性和迫切性。

7日 宁都县博物馆考古人员在该县贡江镇上欧村宽石寨风景区发现新石器晚期至商周时期文化遗址。

7日 共青羽绒厂"鸭鸭"牌羽绒服获中国纺织品十大名牌称号。

8日 自6月23日以来，长江、鄱阳湖水位超警戒线已持续8天，九江站水位达21.14米，超警戒线1.64米，鄱阳湖超1.53米。省防汛抗旱总指挥部要求有关地区和部门加强领导，严阵以待，落实各项防汛措施，确保1999年安全度汛。

8日 经全国高等学校设置评议委员会评审通过，国家教育部批准成立民办蓝天职业学院，参加1999年普通高校招生的资格。

9日 从4月初开始，省委、省政府、省人大常委会、省政协四套班子深入开展以"讲学习、讲政治、讲正气"为主要内容的党性党风教育。三个多月来，顺利完成各阶段的任务，基本上达到中央提出的"思想上有明显提高，政治上有明显进步，作风上有明显转变，纪律上有明显增强"的要求。省委、省政府、省人大常委会、省政协在南昌分别召开领导班子和领导干部"三讲"教育总结大会。

9日 "第十一届江西省美术作品展览"在江西艺术展览中心开展。展出作品356件。

9日 江西在农村全面推行村务公开、民主管理取得阶段性成果。到当前为止，全省99%的村委会实行了村务公开、民主管理。万载、鹰潭、瑞金等市县的经验得到中组部的充分肯定，并向全国推介。

9日 日处理垃圾达1000余吨的麦园垃圾处理场二期工程竣工。

9日 江西省加快食品工业发展领导小组成立，副省长朱英培任组长（12日，召开第一次领导小组会议，明确近期食品工业工作思路，在选大、做大、扶优、扶强上下功夫）。

9日 定南县个体户魏龙发明的多功能皮鞋修饰机和鞋类修饰切边打磨机，获国家发明专利。

9日 瑞金市岗面乡竹园村村民尚某在维修旧房时从墙跟下挖出4枚基本完整的手雷。该手雷系苏区时期，红军中央兵工厂于1933年10月至1934年10月间制造的。

10日 省委常委集体来到省防总，听取当前防汛情况的汇报，要求全省要从讲政治的高度，民主地做好当前的防汛工作，弘扬伟大的抗洪精神，用铁的纪律确保防汛工作万无一失。

10日 省级领导班子和领导干部"三讲"教育总结电视电话会议在南昌举行。会议总结省级领导班子和领导干部"三讲"教育工作的成效和经验，通报省级领导班子的整改措施，部署下一步工作。

11日 会昌县周田镇岗脑村石坝小组发现一处苏区时粤赣军区总指挥部兵工厂。

11日 省林业厅华南虎调查组在宜黄县黄陂镇秀源村厚竹背山脊上发现20多米长的华南虎足迹。

13日 省文管委办公室、省"扫黄打非"办组织省新闻出版、文化、广电等部门，在南昌集中销毁了一批黄色和非法出版物。

13日 省政府在上饶、广丰、临川三地市召开全省工业增盈增收工作现场交流会。会议指出，要抓住有利时机，坚定信心，振奋精神，深化改革，勇于创新；坚持扶优扶强，创十大名牌，扶十大企业，加快发展食品工业；坚持增盈扭亏，大力提高经济效益。

15日 省委、省政府召开防汛工作紧急电话会议。会议要求紧急行动起来，扫除一切麻痹侥幸思想，弘扬伟大抗洪精神，以铁的纪律，全力以赴抓好1999年防汛工作，确保10万亩以上圩堤不溃决，确保京九铁路等重要交通干线和南昌、九江等城市的安全，确保人民群众生命财产安全。

15日 省委书记舒惠国在南昌会见以色列驻华大使南月明一行。

15日 当晚9时，长江鄱阳湖水位比1998年同期高出20厘米至30厘米，且仍在上涨。

15日 南康市赤土镇一农民在家中老屋发现苏区纸币4张和铜币1枚。

16日 省政府为江中制药厂等9户1998年工业优强企业，中国石化九江石油化工厂等5户中央驻赣优强企业，广丰县等8个优强县市颁发奖牌。

17日 为期4天的"1999江西省青少年航海模型竞赛"在宜丰中学举行。宜丰县新昌一小的马旸等24人分获24个项目的金牌。

18日 韩国世界陶瓷博览会委员长金钟民一行访问江西。景德镇的艺术陶瓷与韩国的陶瓷现代化工艺均享誉世界。双方希望能以陶瓷为纽带，加强交流与合作。

18日 江西20位知名外科专家、教授历时两年编写完成的《实用腹部外科》一书，由天津科技出版社出版。

19日 全省粮食流通体制改革工作会议召开。会议指出，要继续深化粮食流通体制改革，大力促进粮食种植结构调整，提高粮食质量和生产效益，增加农民收入。会议强调，粮食部门和粮食购销企业，要在坚持顺价销售和资金封闭运行的前提下，积极采取措施，扩大粮食销售，搞活粮食流通。确定1999年每50公斤常规早籼稻51元，对劣质早籼稻按低于生产成本确定，原则上每50公斤45元。可以上下浮动，但浮动幅度不得超过3%。副省长蒋仲平到会讲话。

19日 8时，长江九江站水位达22.21米，为长江九江站有记录以来的第二高水位，仅次于1998年历史最高水位23.02米，超警戒线2.71米。九江市防洪指挥部根据《中华人民共和国防洪法》，宣布全市进入紧急防洪期。波阳20万人上堤防洪，永修10万大军日夜守堤（20日，省长舒圣佑强调，迎战特大洪水，要做到认识再提

彭泽县干群正急备物料上"前线"

高、措施再落实、物资再充足、纪律再严明，扎扎实实做好各项工作，确保长江干堤万无一失，安全度汛。24日，长江、鄱阳湖水位开始回落）。

21日 省纪委、省委组织部、省监察厅联合发出《关于严肃防汛抢险救灾工作纪律的紧急通知》，重申必须严肃防汛纪律，以铁的纪律，保证抗洪斗争的胜利。

21日 新余市青年作者罗武生与人合著的《士兵心理通信七十问》一书，获第二届中华教育艺术与管理理论学术成果评比二等奖。

21日 南昌黄庆仁药店被国家药品监督局授予"医药商品质量管理全国示范药店"称号（8月1日，省市领导向该店授牌匾）。

22日 北京大学和东乡县联合实施的"东乡生态农业系统工程"被国家环保总局确定为全国重点环保实用技术项目。

22日 零时，"全球通"数字移动电话（GSM）用户号码升位割接一次成功。江西"全球通"数字移动电话号码由10位升至11位。

22 日　全省各地、各机关团体干部群众收听收看了中央对"法轮功"定性的重要新闻后，

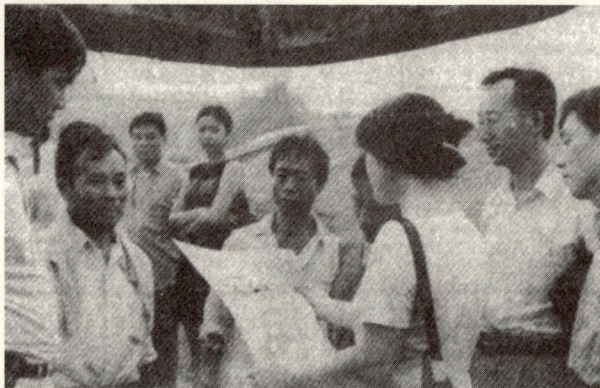

上饶市茅家岭乡组织人员深入到田间地头，揭批"法轮功"的罪恶

表示坚决拥护党中央决策，要坚定立场，反对迷信，以实际行动维护社会稳定；促进改革开放和经济建设健康发展。《江西日报》发表《决不允许歪理邪说危害社会》的评论员文章。

22 日　南昌市各级公安机关开始依法收缴"法轮功"各类宣传品。截至 26 日，南昌市文化

公安部门收缴的《法轮大法》等非法书籍

收缴的部分法轮功非法出版物

市场管理部门对非法销售的"法轮功"书刊进行收缴。其中南昌市东湖公安分局迅速收缴（法轮大法）研究会非法出版发行的书籍、录像带，非法出版物 1000 多件，并登记造册，上交封存。

23 日　江西新建的昌北机场接受 8 个专业验收小组的"检阅"顺利通过初检。认为整个工程建设周期短、速度快、质量好、投资省。

南昌昌北机场

24 日　全国农业生产环境和农村可再生能源工作会议在赣州结束。29 个省、市、自治区的农村能源办和农业环保站负责人、部分省农业厅厅长参加会议，农业部副部长路明、副省长孙用和出席会议并讲话。赣州的"猪—沼—果"生态农业模式成为农业部在会上推广的能源生态工程技术。

24 日　副省长孙用和在南昌会见日本海外协力基金项目促进特别调查团团长实方贞夫一行。

26 日　新建县妇联 20 名为军地建设作出突出贡献的军嫂获南昌市首届"妇军嫂"称号。

26 日　南昌市工商局查处南昌鑫汇经贸有限公司超经营范围进行的非法传销活动，该公司法人代表被拘留，700 余名外来传销人员被遣散。

28 日　8 时，省工商局机关"12315"消费者举报投诉电话正式开通。

28 日　省科教领导小组召开第一次全体会议，提出加大实施科教兴赣战略力度，促进全省经济社会更好更快地发展。

28 日　省委在南昌召开为期两天的全省第

一次"三讲"教育工作会议,动员和部署地市、省直单位领导班子和领导干部"三讲"教育工作。省委书记、省委"三讲"教育领导小组组长舒惠国讲话,要求坚持高标准、严要求,扎扎实实地做好"三讲"教育各个阶段的工作。地市和省直单位的"三讲"教育将分两批进行。第一批五个地市、51个省直单位。第二批为五个地市、46个省直单位。每批单位集中开展"三讲"教育的时间为两个月左右(30日,省委举办第一批"三讲"教育巡视组培训班)。

29日 省委书记、省军区党委第一书记舒惠国在省委常委议军会上要求,支持部队开展科技练兵应当作为一项战略任务来完成,在全省范围内掀起支持部队科技练兵的高潮。

29日 朱德军官教育团旧址经维修整治重新对外开放。

29日 江西公开选拔的13名副厅级领导正式产生。余森清、杨贵平、李利、陈锦水、丁晓群、李小兰、肖争鸣、沈谦芳、肖建国、郝明龙、杨柳、吴健民、熊茂平光荣当选。省委书记

江西省公开选拔出的副厅级干部任职仪式在滨江宾馆1号楼隆重举行

舒惠国在任职仪式上讲话,提出五点殷切希望:一要刻苦学习;二要勤奋工作;三要搞好团结;四要心系群众;五要廉洁自律。省长舒圣佑宣布任职决定。

31日 《中共中央关于共产党员不准修炼"法轮大法"的通知》下发后,各级党组织深入开展学习教育活动,党员参加学习的面达到95%以上。江西省共派出38758名党员干部下到县、乡(镇)、村、街道居委会开展教育转化工作。

群众在主动上交"法轮功"书籍和"法轮功"练功音乐带

本月 经国家实验区领导小组检查,江西省第一个国家级社会发展综合实验区——井冈山市,顺利通过阶段性验收,正式成为"国家可持续发展实验区"。

本月 《江西省林业志》由黄山书社出版发行,共印1600册,字数90万字。

本月 连续五届获"全国农村科普工作先进集体"的德安县,经上级有关部门联合检查验收,被中国科协命名为江西首个"全国科普示范县"。

1999

8月

August

日	一	二	三	四	五	六	日	一	二	三	四	五	六
1 建军节	**2** 廿一	**3** 廿二	**4** 廿三	**5** 廿四	**6** 廿五	**7** 廿六	**8** 立秋	**9** 廿八	**10** 廿九	**11** 七月大	**12** 初二	**13** 初三	**14** 初四
15 初五	**16** 初六	**17** 初七	**18** 初八	**19** 初九	**20** 初十	**21** 十一	**22** 十二	**23** 处暑	**24** 十四	**25** 十五	**26** 十六	**27** 十七	**28** 十八
29 十九	**30** 二十	**31** 廿一											

1 日　省技术监督局举办的"1999 百家企业质量承诺活动"拉开帷幕。各倡议单位的代表签署《质量承诺倡议书》。

1 日　九景高速公路咽喉工程——全长 3260 米的雁列山隧道全部实现全断面贯通。隧道按双洞单向设计，单洞净宽 10.25 米，行车道宽 7.8 米。

2 日　全国人大常委会副委员长、民革中央主席何鲁丽，考察江西民革的有关工作。何鲁丽还参观民革党员开办的私营企业金阳光时尚广场。

2 日　江西省开展森林分类区划界定工作。从 1998 年 10 月开始，在崇义县开展森林分类经营试点，历时 4 个月，完成试点工作任务。在此基础上在全省全面展开。计划用两年的时间，完成全省生态公益林、商品林的区划和标桩定界工作。

2 日　首批 500 吨从中东进口的纯净液化气从湖口县中建万佳液化气码头的输气管道输入储气罐内，投资 4000 多万元、江西省最大的液化气码头正式建成并投入使用。码头占地 3.5 万平方米，拥有 1000 立方米储气站和 260 米长的专用码头，年吞吐液化气 10 万至 20 万吨。有效地缓解长江流域部分省市液化气供应紧张的状况。

3 日　江西省十大科技明星评选揭晓。他们是：邓希平、左长清、江凤益、刘浩元、钱怀璞、黄路生、勒中坚、曾光志、曾昭智、戴育成。

3 日　省政府召开全省强化移民建镇资金管理工作电话会议，通报对上饶、九江、永修、都昌、余干五县市在移民建镇资金管理中违纪问题的处理决定。会议要求，以"三讲"教育为动力，强化移民建镇资金管理。

3 日　省送变电建设公司施工的江西首座 500 千伏变电站土建施工基本结束。比预定时间提前 13 天。该变电站为三峡外送第一座枢纽 500 千伏变电站，全部使用国产化设备。该公司将全面展开场地电气安装、调试工作，2000 年 7 月投产运行。

3 日　中央电视台举办的首届全国电视诗歌、散文展播评选奖在北京揭晓。江西有线电视台摄制的电视散文《最后一张情人卡》获二等奖。

3日 全省财政地税工作会议在南昌召开。研究落实中央进一步加大实施积极财政政策力度的措施，部署下半年及今后一个时期的财税工作。省委副书记、常务副省长黄智权在会上强调，各级财政部门要转变职能，切实加强财政监督管理，整顿财经秩序。

5日 世界银行贷款江西贫困地区林业发展项目（FDPA）正式启动实施。该项目经过三年的精心准备，世界银行决定贷款3亿元，落实在赣州、吉安、宜春、抚州、萍乡5个地（市）的18个贫困县进行，建设期为7年，计划营造用材林、经济林和毛竹林共64千公顷、建设小型乡镇企业7个。1999年计划完成造林17.33千公顷。

5日 一本全面反映江西科协系统业绩的《江西科协四十年》画册出版。

5日 在会昌县周田镇下坝村一农户家的墙壁上发现一张苏区时期《红色中华》报号外版第十期。

5日 省政府在南昌召开为期两天的依法行政工作会议。国务院法制办公室主任杨景宇应邀到会讲话。会议强调贯彻依法治国方略，全面推进依法行政进程。从严治政，建设廉洁、勤政、务实、高效的政府，把全国依法行政工作会议落到实处。

5日 省军区党委召开七届五次全体会议，传达贯彻全军政治工作会议精神，部署进一步加强团以上党委班子思想政治建设，推动部队和民兵预备役各项工作落实。会议于6日结束。

5日 全省电信地市局长、书记座谈会在南昌召开。会议确定电信下一步的发展计划和目标，强调要加强全民信息化的进程，推动江西省国民经济进一步快速、健康发展。会议于8日结束。

6日 "1999昆明世界园艺博览会"江西省活动周开幕。活动周于8月12日结束（7日，活动周招商引资签订独资、合资、合作项目15个，引进外资1851万美元，内资1.37亿元）。

6日 安义县原县委书记陈锦云策划指使他人谋害该县原县委书记胡次乾、副书记万先勇案，经南昌市中级人民法院审理作出一审判决：陈锦云犯故意伤害罪、受贿罪，数罪并罚被判处死刑，缓期两年执行，剥夺政治权利终身。

6日 江西出入境检验检疫局在南昌正式挂牌，省领导周慤平、孙用和、韩京承、喻长林出席挂牌仪式。

8日 南昌航空工业学院与澳大利亚著名大学LATROBE大学、北墨尔本高等技术学院签订合作办学协议，共同创办中澳教育培训中心合作培养国际市场营销等专业高级技术人才。

8日 从螃蟹中提取高科技保健食品——甲壳质几丁聚糖科研项目，由江西省三抗保健品有限公司成功开发，并通过省级鉴定。

10日 省政府下发《关于进一步推行政务公开的决定》。决定分五部分：（一）实行政务公开的重要意义；（二）实行政务公开的机构；（三）实行政务公开的内容；（四）政务公开的形式和方法；（五）政务公开的组织领导和保障措施。

10日 中华全国总工会副主席徐锡澄抵赣，就国企改革、下岗职工再就业和基本生活保障、厂务公开、新经济组织组建工会四个重点问题进行调研。

10日 全省棉花工作会议召开。会议提出，1999年江西省将大力调减棉花种植面积，调整种植结构，帮助或引导农民改种其他经济效益好的农作物。同时，棉花收购价格按照市场形成价格的原则，由购销双方协商确定优质优价。

11日 南昌旋耕机厂通过中国农机产品质量认证中心（CAM）认证，成为全国首批通过此项产品质量认证的三家农机企业之一。

12日 萍乡市裕新发展高科技陶瓷有限公司与杭州制氧机研究所合作开发研制的KXZ-A蓄热介质填料被国家科技部列为1999年度国家级火炬计划项目。

12日 省委、省政府在南昌召开全省扶贫开发工作会议。会前，省委、省政府分别召开常委会议和常务会议听取汇报，进行专门研究。会议提出，坚定信心，确保如期实现江西省"八七"扶贫攻坚目标。到1997年底，全省没有解决温饱的贫困人口剩下 136 万。由于 1998 年江西省发生历史罕见的严重自然灾害，致使不少贫困人口返贫，当前全省还有 216.9 万农村贫困人口尚未解决温饱。会议要求，182 万贫困人口必须在 1999 年、2000 年内解决温饱。计划 1999 年解决 100 万，2000 年解决 82 万。会议于 13 日结束。

13 日 1999 年 8 月 21 日是方志敏诞辰 100 周年纪念日。省委、省政府在南昌召开纪念方志

方志敏诞辰 100 周年纪念大会会场

敏诞辰 100 周年座谈会。追忆他光辉的革命生涯，缅怀他不朽的历史功绩，学习他伟大的人格风范。省委书记舒惠国讲话。

15 日 万安县百云山发现珍稀中华虎凤蝶，经鉴定属国家二级保护昆虫。

15 日 中央电视台海外中心专题部《中国报道》摄制组来南昌采访"春蕾计划"实施情况及救助 78 名女童重返校园的事迹。

16 日 上午 10 时许，江西省农业开发项目最大的引水隧洞——坳背岗引水隧洞贯通。

16 日 副省长胡振鹏在波阳县会见红十字与红新月会国际联合会救灾代表彼得·斯贝波先生和卫生代表戴拉·皮娜女士及中国红十字香港特别行政区代表廖纬轩一行。

16 日 省九届人大常委会第十次会议在南昌举行。会议通过《江西省职业病防治条例》、《江西省计量监督管理条例》，批准《南昌市城市防洪条例》的决定；通过免去胡长清的副省长的决定。会议于 20 日结束。

16 日 省落实"收支两条线"规定工作情况汇报会在南昌召开。省委副书记、常务副省长黄

智权讲话，指出全省上下要明确任务，咬定目标，确保全年"收支两条线"工作目标全面实现。

16 日 原鹰潭市皮革厂下岗工人鲁凤英发明的"戒烟王圣水"在第八届中国专利新技术新产品博览会上获国家知识专利局颁发的金奖。

17 日 省政府批准全省第三批主要学科带头人 10 名培养对象。他们是：江西农大潘晓华、省农科院秦厚国、省科学院邱培民、南昌大学张华、南昌航空学院黎明和刘新才、江西医学院郭光华和易敬林、中德联合研究院许杨、省政府发展研究中心王志国。江西省主要学科跨世纪学术和技术带头人前后三批共 32 人。

17 日 江西省建立城镇职工基本医疗保险制度总体规划经省政府审批正式出台。总体规划对医改的覆盖项目、统筹层次、管理原则、缴费办法、有关人员医疗待遇等都作了相应的规定。

17 日 《江西省气象管理规定》颁布实施。

省政府颁布实施《江西省气象管理规定》新闻发布会

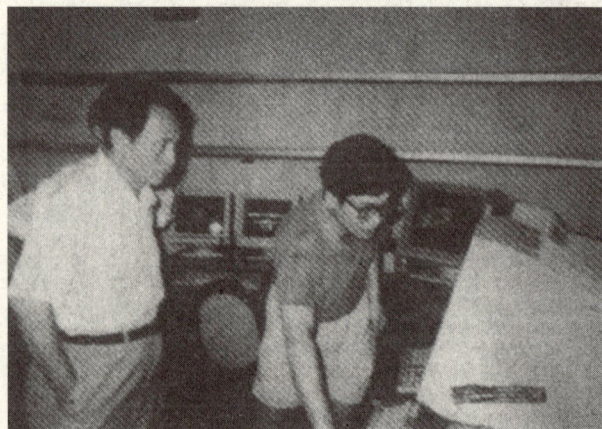
中国气象局局长温克刚考察江西省气象局业务现代化建设

17日　应日本冈山县政府邀请，省人大常委会副主任钱梓弘率领江西省人大友好访问团一行6人，对日本进行为期一周的友好访问。

17日　省委书记舒惠国在上饶地区就国有企业改革及贯彻落实中央关于当前和此后经济工作的一系列重大战略部署进行两天调研。他指出，要进一步解放思想，拓宽工作思路，采取有力措施，加快国有企业改革和发展；采取多种方法、多种形式，着力拉动需求，加快结构调整，稳步推进改革，保持社会稳定，促进经济快速健康发展。

18日　省民政厅承办的《民族英雄方志敏》展览在江西革命烈士纪念堂开展。

18日　第十七届中国电视"金鹰奖"参评工作在深圳揭晓。江西电视台拍摄的电视连续剧《朱德上井冈》在各省送评的近700部（集）中篇电视连续剧中名列第二，获优秀中篇电视剧奖。

19日　省委常委针对省级领导班子和领导干部"三讲"教育中检查出来的突出问题，经过认真研究和广泛征求意见，制定下发《中共江西省委关于进一步加大党风廉政建设和反腐败工作力度的意见》。意见分六部分：（一）认真贯彻落实党风廉政建设责任制；（二）从严治党，进一步推进领导干部廉洁自律工作；（三）加大对违法违纪案件的查处力度；（四）突出重点，坚决纠正部门和行业不正之风；（五）标本兼治，进一步从源头上遏制腐败；（六）切实加强执纪执法机关领导班子和队伍建设。

19日　民航总局副局长沈元康考察南昌昌北机场。听取昌北机场建设指挥部关于机场建设和转场通航准备工作的汇报。

19日　方志敏烈士陵园经修整正式对外开放。

19日　在方志敏诞辰100周年之际，弋阳县在烈士家乡漆工镇举行方志敏塑像揭幕仪式。

20日　省委下发《中共江西省委关于认真贯彻〈条例〉加强和改进干部工作的意见》。意见共分四个部分：（一）提高素质，优化结构，进一步加强各级领导班子建设；（二）大力推进干部制度改革，不断完善选人用人机制；（三）规范干部选拔任用程序，把好选人用人关；（四）加强干部教育，强化监督管理。

20日　铜鼓县1999年山区综合开发重点技改项目——永宁建筑材料总厂扩建高强度竹帘胶合板竣工投产。该项目实际完成投资额559万元，年产量由不足4000立方米增至6000立方米以上，产值和利税分别增长43.19%和110%。

20日　以韩国青年会议所中央会长廉东烈为团长的韩国青年会议所代表团一行8人访问江西。韩国青年会议所是由40岁以下的中小企业家组成的民间经济团体，现有会员2.8万人，是国际青年商会的第三大会员组织。该组织在韩国社会、政治、经济生活中十分活跃。该组织与全国青联自1992年正式建立交往关系以来，双方开展了形式多样、富有成效的交往，代表团此次访华属双边交流项目之一。在赣期间，韩国客人参观了共青垦殖场，并与九江市青年企业家进行座谈。

20日　代表江西省参加中国1999年昆明世界园艺博览会插花艺术专题竞赛的赣州市章贡区园林处选手卓琳的自由命题作品《蝴蝶泉》获银奖，张俊梅的命题作品《秋》获铜奖。

21日　德安县"数控多功能电动机节电保护起动器"项目，和"多功能复合肥微生物固体肥料（微肥）生产线开发"项目，分别被列入国家级火炬计划和科研改革计划。

21日　国家邮政总局发行纪念方志敏诞辰100周年的邮票一套，共两枚，面值1.6元，邮票首发式在方志敏的故乡弋阳县"方志敏烈士纪念馆"举行。

23日　方志敏烈士家乡弋阳县召开大会，纪念伟大的无产阶级革命家、杰出的共产主义战士、江西农民运动的卓越领导人、闽浙（皖）赣革命根据地和红十军的主要创建者方志敏诞辰100周年。省委、省政府、省军区的领导以及老同志汪东兴、饶守坤、方震出席纪念大会（20日，国家副主席胡锦涛发表《在纪念方志敏同志诞辰一百周年座谈会上的讲话》）。

23日　省人大常委会副主任华桐在南昌会见以斯里兰卡国会议员埃迪利威拉·威拉瓦迪纳

为团长的斯里兰卡青年体育代表团一行，双方进行了亲切友好的交谈。

23日 副省长蒋仲平在南昌会见以台湾新普公司董事长梁文锋为团长的数码相机项目考察团一行。

24日 省委、省政府经过认真研究，就深化改革加快经济发展制定下发《关于加快经济发展几个问题的意见》。意见分五个部分：（一）进一步解放思想，更新发展思路；（二）推进国有企业改革和发展；（三）整治和优化投资软环境；（四）加快个体私营经济发展；（五）积极培育新的经济增长点。

25日 江西艺术节在江西艺术剧院开幕。同时拉开了江西庆祝新中国成立50周年系列活动的帷幕。历时两个月的艺术节，将有全省各地的44支代表队2300余人演出31台共220多个剧（节）目。艺术节由"三节"组成：少儿艺术节（8月25日至29日），音乐舞蹈节（10月1日至7日），玉茗花戏剧节（10月9日至25日）。

25日 加拿大中国儿童健康基金会执行主席谢华真教授一行访问江西。代表团此行是来江西建立省儿童医院与加拿大卑诗省儿童医院的友好合作关系。江西省聘请谢华真教授为省儿童医院名誉院长。

25日 鹰潭市龙虎山旅游管理处接到国家知识产权局的通知，仙水岩旅游公司申报的崖墓仿古吊装表演旅游项目获国家专利。

25日 省政协八届八次常委会议在南昌举行。到会的70名常委会委员集中协商讨论关于加快个体私营经济发展的问题。会议于27日结束。

26日 省委、省政府下发《关于坚持实事求是，防止和纠正弄虚作假行为的意见》。意见指出要防止和纠正脱离实际，追求高指标及盲目攀比、弄虚作假等在"三讲"教育中群众反映强烈的问题。

26日 省委在南昌召开全省解决人民法院"执行难"工作会议，就解决人民法院"执行难"问题进行部署。省委常委、省委政法委书记、省委秘书长彭宏松到会讲话，指出人民法院要依法独立、公正、文明、高效地做好执行工作，落实依法治国方略，确保法院裁判执行。

26日 省委、省政府在各地市分片召开贯彻中央和省关于当前经济工作文件精神的座谈会，要求全省上下特别是各级领导干部迅速把思想统一到中央的重大决策上来，把行动统一到中央当前经济工作的各项部署上来，振奋精神，坚定信心，齐心协力，开拓前进，进一步加快经济发展的步伐。黄智权、钟起煌、彭崖生、朱英培、蒋仲平分别主持南昌市片，赣州市、吉安地区片，上饶地区、抚州地区片，九江市、景德镇市片，新余市、鹰潭市片的座谈会。

26日 江西新钢机械制造公司研制设计的"锥形下调心托辊"通过省科委组织的科研鉴定。

27日 省委根据《中国共产党地方委员会工作条例（试行）》的有关规定和"三讲"的要求，制定下发《关于进一步增强省委常委班子整体合力的意见》。意见分四部分：（一）加强和改进省委常委班子的理论学习；（二）集中精力议大事抓大事；（三）认真贯彻党的民主集中制；（四）解放思想，求真务实，创造性地开展工作。

27日 全省水利建设工作会提出，在不放松防汛工作的同时，把当前水利工作的重点转移到大规模水利建设上来，水利建设的重点是堤防，堤防的重点是除险，除险的重点是防渗。会

南昌市城市防洪工程

议明确江西此后三年水利建设的主要任务是：集中力量抓紧实施长江干堤加固工程，鄱阳湖二期治理工程，赣抚大堤除险加固工程。城市防洪工程建设，重点加强南昌市、九江市的城市防洪建设步伐，尽快达到百年一遇标准。

27日 首批10位新考上大学的学生从江西省中行领到教育助学贷款。

28日 经中共中央批准，九届全国政协副主席毛致用（原江西省委书记）离开南昌赴湖南长沙定居。

28日 南昌昌北机场顺利通过国家验收。批准投资的洪都航空集团公司摩托车发动机关键技术改造项目（列为国家双加工程），通过国家验收。

29日 省委在南昌召开地市厅局"三讲"教育电视电话会议。会议要求加强领导，发动群众，高标准、高质量地搞好"三讲"教育。

29日 副省长朱英培率省政府经济友好代表团一行12人，前往德国进行为期8天的友好访问。

30日 省委、省政府在南昌召开第四届村委会选举工作会议。按照《村委会组织法》和《实施办法》的规定，全面部署全省第四届村委会选举工作。

31日 由南昌市选送的南昌电信局艺术团演出的群口快板《生男生女都一样》，代表江西省进京参加庆祝建国50周年全国计划生育文艺调演，获金奖。

31日 台湾知名作家团一行16人访问南昌大学。

31日 鹰潭火车站公安派出所被共青团中央、公安部联合命名为1998年度"全国青年文明号"。

鹰潭火车站广场

本月 原副省长、省九届人大代表胡长清腐败案受到查处。胡长清先后87次收受、索取他人财物，共计人民币544.25万元，另有161.77万元巨额财产来源不明。其生活极其糜烂，嫖娼宿妓，包养情妇。政治上蜕化变质，与党和政府离心离德（胡长清于2000年2月13日被判处死刑，剥夺政治权利终身。同年3月8日被执行枪决）。

本月 由中国摄影家协会主办的第十九届全国摄影艺术展览评选结果在京揭晓，江西叶学龄拍摄的《融融母爱》获金牌；欧阳萍拍摄的《万人空巷送英雄》获银牌；燕平拍摄的《将军挥泪送将士》获铜牌。

1999

9月

September

公元 1999 年 9 月							农历己卯年【兔】						
日	一	二	三	四	五	六	日	一	二	三	四	五	六
			1 廿二	**2** 廿三	**3** 廿四	**4** 廿五	**5** 廿六	**6** 廿七	**7** 廿八	**8** 白露	**9** 三十	**10** 八月小	**11** 初二
12 初三	**13** 初四	**14** 初五	**15** 初六	**16** 初七	**17** 初八	**18** 初九	**19** 初十	**20** 十一	**21** 十二	**22** 十三	**23** 秋分	**24** 中秋节	**25** 十六
26 十七	**27** 十八	**28** 十九	**29** 二十	**30** 廿一									

1日　省新闻出版局、省出版局在全省 11 个地市同时组建成立地市分局（驻地市办事处）统一挂牌。全省新闻出版管理体制实现重大突破。

1日　没有守车的 2806 次货物列车缓缓驶出赣州车站，京九线赣南段货物列车首次告别守车作业，向智能化迈了一大步，南昌铁路局正式结束货物列车守车作业的历史。

1日　省红十字会争取境内外款物价值近亿元的援助，"三救"（救灾、救护、救助）工作取得显著成绩。1998 年全省各级红十字会接受救灾款物及重建款达 6000 多万元，超过前十年接受的救灾款物总数的两倍。各地红十字会沿公路干线建立以乡镇卫生院为依托的红十字急救站 300 多个。同时开展以"三定一包"为主要内容的助老、助孤、助残等社会服务活动。

1日　德兴市异 VC 纳有限公司获中国进出口商品质量认证中心颁发的 ISO9002 质量体系认证证书，企业产品获得进入国际市场的通行证。该公司三年完成技术创新重大项目 54 项。

2日　省委书记舒惠国考察刚通过总验收并即将通航的昌北机场及其高速公路，听取省民航管理局关于昌北机场建设和通航准备工作情况汇报。舒惠国强调要充分利用已改善的能源、交通、通讯等基础设施条件，把江西经济拉上去。

2日　江西陆军预备役步兵师首批授衔的 74 名军官在南昌八一起义纪念馆，参加授衔仪式。省军区政治部主任王峰出席并讲话。

江西陆军预备役步兵师预备役军官授衔仪式

2日　江西省 20 个城市（不包括南昌市）卫生检查评比揭晓：赣州市第一名，井冈山市第二名，新余市与宜春市并列第三名，吉安市、瑞昌市、高安市获进步奖。

2日　吉安市工商局被评为全国工商系统1996年至1998年度执法监督工作先进单位，受到国家工商局的表彰。

3日　奉新县罗市初中13岁的女学生罗贤莉在全国少年女子分龄举重锦标赛中，夺得42公斤级抓举第一名，总成绩第一名，总得分第一名。

3日　国家发展计划委员会副主任刘江由市领导刘伟平、李豆罗陪同考察南昌城区防洪工程建设情况。

3日　宁都县刘坑乡农民在原"江西省苏维埃政府旧址"旁检修老屋时，发现一个铁盒子，内有《中华苏维埃共和国临时中央政府内务人民委员会训令》一份。训令为黄毛边纸，石印，长32.2厘米，宽29厘米。训令上加盖直径10.4厘米"内务人民委员会印"。训令发布于1933年3月21日，由代部长何叔衡签署，主要内容是消灭疾病，号召各县区政府发起与领导群众性的卫生运动。

4日　经国务院批准，国家经贸委、国家发计委下达1999年财政预算内专项资金国家重点技术改造项目计划。总投资13.4亿元的江西纸业有限责任公司高档彩色胶印新闻纸技术改造项目名列其中。这一项目的实施，将为我国实现关键纸种的替代进口，使国产新闻产品达到国际先进水平，满足国内市场对高档新闻纸的需求。

5日　江西出席全国公安保卫战线英雄模范和立功集体代表大会的13名代表和6名集体代表从北京载誉返回南昌（6日，在省军区礼堂举行全省公安英模代表报告会）。

5日　1999年6月，省地质科学研究所的科研人员在信丰县境内进行地质考察时，发现2枚恐龙牙齿化石，每枚化石长约3.7厘米，齿尖较完整，7月派人送北京古脊椎动物研究所，8月经专家鉴定为肉食龙牙齿化石，地质时代属白垩纪晚世，距今约700万年。此发现证实赣南曾经有肉食龙生息，还为研究赣南的古气候、古环境及地质时代的确定提供了珍贵的实物依据。

6日　省地质研究所在上犹县双溪乡芦阳村发现蕴藏丰富的高档优质石材"蒙古黑"，储量达600万立方米，且质地优良，露天易采。"蒙古黑"的发现在江西省尚属首次。

7日　昌樟高速公路延伸工程胡傅高速公路上第一座跨铁路桥梁——敖岭立交桥主体工程近日竣工。

8日　中共中央决定，步正发任中共江西省委委员、常委、副书记。

8日　省政府下发通知：自1999年7月1日起国有企业下岗职工基本生活保障水平在原标准基础上提高30%。9月15日前发到下岗职工手中。以前拖欠的企业离退休人员统筹项目内的养老金全部一次性补清。

8日　应文化部邀请参加庆祝建国50周年献礼演出的江西省话剧团《古井巷》剧组在中央戏剧学院实验剧场作首场演出，受到领导、专家和近千名观众的好评。

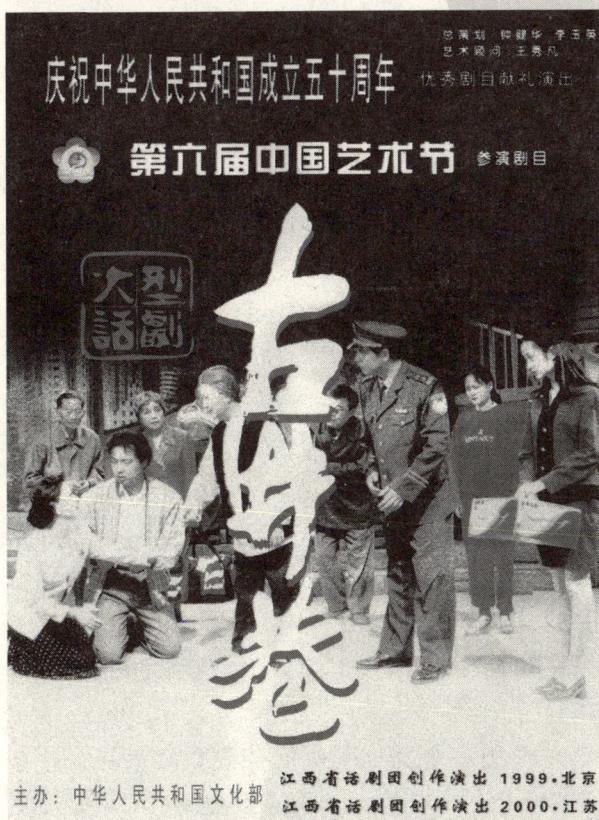

江西省话剧团：《古井巷》宣传海报

8日 江西省参加第三届中国投资贸易洽谈会的代表团在厦门举行项目推介会，向海内外客商介绍经济发展状况及此次推介会的有关项目。期间，共签约65项，总投资1.679亿美元，合同外资金额1.383亿美元。台商投资合同19个，投资合同金额1256万美元。对外贸易成交150余万美元。吸收国内客商合同项目12项，总投资4.5亿元，合同外资3.8623亿元。

9日 省人大常委会举行第十一次会议。会议应到54人，实到51人。会议听取并审议省人大环境资源保护委员会副主任委员张佩琦作的《关于开展"1999环保赣江行活动"情况的报告》。决定任命王君为省政府副省长。

9日 江西乔家栅食品厂生产的"滕王阁"牌月饼，第四次获"中国名牌月饼"称号。

9日 省委常委理论学习中心组集中今明两日学习邓小平、江泽民关于技术创新的重要论述和《中共中央、国务院关于加强技术创新、发展高科技、实现产业化的决定》，并就继续深化科技体制改革，大力推进科技创新，全面实施科教兴赣战略，进一步提高经济的整体素质和综合实力，保证社会主义现代化建设第三步发展战略目标的胜利实现的问题进行讨论。

10日 中国教育电视台和江西教育出版社《教师博览》编辑部联合摄制的电视艺术片《生命的红烛》在中国教育电视台播出。

11日 中央组织部、中央宣传部、国家经贸委、人事部、全国总工会共同组织的国有企业领导班子先进事迹报告会在南昌举行。省领导以及省直、南昌、九江、上饶、抚州、鹰潭、景德镇六地市代表共600多人出席报告会。

11日 为纪念在安源与煤矿工人共同战斗的中国早期工人运动的领袖李立三诞辰100周年，八集电视连续剧《李立三》在安源正式开拍。

12日 《赣州市志》由中国文史出版社出版发行。

12日 全国江河堤防建设现场会在九江市召开。会议总结交流堤防建设经验，对下一步的堤防建设工作进行部署。水利部部长汪恕诚、副部长张基尧出席会议并讲话。

12日 江西陆军预备役步兵师阅兵式在南昌八一广场举行。省委书记、省军区党委第一书记舒惠国，省委常委、省军区司令员冯金茂检阅部队。1500名预备役官兵精神抖擞，列成15个方队接受检阅。2000余人观看阅兵式。

江西预备役师隆重举行阅兵式，省委、省军区领导在检阅部队

13日 铅山县房地产交易所获"1998年度房地产市场管理创全国先进水平达标单位"称号。该所拥有国家建设部备案的国家级房地产评估师3人，经济师1人，会计师1人，评估员评估资质均达到四级。

13日 在第四届城运会50米蝶泳比赛中，17岁的南昌小将欧阳鲲鹏以34秒80的成绩夺得金牌。

14日 全省禁毒工作会议召开。会议指出，要坚持禁吸、禁贩、禁种、禁制"四禁"并举，堵源截流，严格执法，标本兼治，综合治理，努力实现"禁绝毒品"的目标。要以创建"无毒社区"为载体，广泛发动群众打一场禁毒的人民战争。

14日 国家水利部部长汪恕诚、副部长张春园察看南昌城市防洪系列工程。

14日 新钢研制的江西省重点开发新产品高聚物（SBS，APP）改性沥青卷材防水建筑材料，通过省级鉴定。

14日 应瑞典伊莱克斯电器集团制冷公司和美国爱罗帕尔斯公司的邀请，以省委常委、南昌市委书记钟家明为团长的南昌市经济技术代表团一行4人赴美国考察访问。

15日　南昌民用机场——昌北机场通航。全国人大常委会委员长李鹏为昌北机场题名，中共中央政治局委员、山东省委书记吴官正，全国政协副主席毛致用，全国人大常委会委员、财经委员会主任陈光毅分别致电、致信祝贺。参加通航典礼的有国家民航总局局长刘剑峰、副局长鲍培德，省领导舒惠国、舒圣佑、步正发等。昌北机场1996年10月20日开工建设，跑道长2800米，宽45米，可满足A320、B727等大中型客机起降；可同时停靠17架大型飞机，年旅客吞吐量200万人次，货邮吞吐量3万吨，高峰每小时1100人次。

省领导和民航总局来宾为通航剪彩

15日　在北京召开的全国第七届精神文明建设"五个一工程"颁奖大会上，江西在八个奖项评比中有七项共11件作品获奖，省委宣传部获组织工作奖。江西入选作品有：电视剧《沈鸿》、《朱德上井冈》，话剧《小巷民警》（现改名《古井巷》），歌曲《爸爸》、《为了谁》，广播剧《正气歌》、《神羊峰》，图书《一百个中国孩子的梦》、《我的中国》，理论文献专题片《共和

江西省话剧团：《古井巷》剧照

国之魂》，文章《关于旗帜问题的思考——纪念真理标准讨论二十周年》。

15日　投资6139万元的220千伏清江输变电工程并网，实现达标投运。清江变电站是赣西供电局第一座达标投运的变电站。

15日　一部由摄影家刘礼国摄影，中国摄影出版社出版，讴歌红土地的大型画册《锦绣江西》在南昌发行。省长舒圣佑为其作序。

16日　全省农产品流通工作会议在南昌召开。会议要求大力发展农村民间流通协会等农产品营销组织，加快农业市场化、专业化进程，把江西省农产品流通工作提高到一个新的水平。要从搞活农产品流通着手，带动农村经济结构的调整和优化，努力实现农民增收。

16日　幅宽6.6米的短纤针刺非织造土工布生产线在高安市建成投产。

17日　9月21日是中国人民政治协商会议成立50周年纪念日。省委和省政协在南昌举行庆祝大会。

18日　南昌新四军军部旧址陈列馆举行《铁的新四军》陈列展。中共中央总书记、国家主席、中央军委主席江泽民为南昌新四军军部旧址的题词："铁的新四军"。

南昌新四军军部旧址

江泽民题词

19日 第四届全国城市运动会结束。南昌代表团获优秀后备人才奖和后备人才输送奖及体育道德风尚奖。代表团共获金牌 5 枚，银牌 5 枚，铜牌 2 枚，均超历届。

19日 以乃依木·牙生为团长、张金英为秘书长的全国城市卫生综合检查团第九团一行16人，抵达南昌进行为期 4 天的明察暗访、随机抽查。检查内容有爱国卫生、健康教育、市容环境卫生、城市环境综合整治、环境保护、食品卫生、传染病防治、公共场所饮用水卫生、除五害、窗口单位卫生等 11 个项目。近年来，南昌市加大了对城市环境的整治力度，投资 3000 万元对处于市中心的东湖、西湖、南湖、北湖进行了抽淤、疏浚、整治，既为市民提供了良好的生活环境，又美化了市容市貌。

整治后的东湖，绿树成荫，高楼相映

20日 贵溪化肥厂与中国信达资产管理公司债转股签约仪式在北京举行。这是全国第一批、江西省第一家债转股企业。

江西贵溪化肥厂

20日 在 1999 年全国航空模型锦标赛上，江西省 10 名运动员获参赛项目所设的 11 块金牌中的 8 块，获银牌 2 块，铜牌 2 块。

20日 在北京举行的新中国 50 周年农业和农村经济成就展暨中国国际农业博览会上，遂川县狗牯脑茶被评为中国国际农业博览会名牌产品。

22日 江西省博物馆新馆落成。该馆位于南昌市滕王阁百步之遥的新洲，1996 年 5 月 15 日破土动工，1999 年竣工。占地 60 亩，建筑面积 3.5 万平方米，展厅 1.3 万平方米，投资 1.7 亿元。

23日 来自美国、日本、新西兰、澳大利亚的回国考察交流团的博士潘郁生、孟江洪、毛光伶、叶蔚一行四人来赣考察。他们是应国务院侨办的邀请参加"海外华侨（华人）百名博士回国考察交流团"。

24日 省委召开常委扩大会议，传达学习中共十五届四中全会精神，要求全省广大干部群众用全会精神武装头脑，振奋精神，扎实工作，奋力拼搏，创造性地做好工作。省委书记舒惠国强调，搞好国有企业改革和发展必须正确认识和处理好四个关系：（一）改革和发展的关系，在进一步解放思想上下功夫。（二）有所为与有所不为的关系，在提高国有经济的控制能力、影响力、带动力上下功夫。（三）强化企业内部管理与建设高素质经营者队伍的关系，在提高国有企业整体素质上下功夫。（四）政企分开与出资人的关系，在加强和改善国有企业改革和发展工作的领导上下功夫。

25日 "日月明杯"全国体育舞蹈精英公开赛在省体育馆拉开帷幕。300 多名国内体育舞蹈优秀选手参加比赛。在 14 个组别中进行预赛、复赛和决赛。

26日 省、市庆祝中华人民共和国建国 50 周年文艺晚会——"我们的共和国"在江西艺术剧院举行。

26日 国家计委"八五"重点科技攻关项目《百喜草在国土保护、"三高"农业中的利用研究及推广》通过专家鉴定。

26日 吉安地区集邮协会选送的王华新《中国苏区邮票邮史研究》专著参加邮展并获银奖，该书的出版填补了我国苏区邮票史研究的空白。

27日 江西省11个模范集体和个人赴京参加全国民族团结进步表彰大会。省长舒圣佑代表省委、省政府向模范集体代表——省计委助理巡视员廖唐廉、模范个人代表——铅山县民族宗教事务局局长雷友根等表示问候并讲话。

27日 省委十届十次全体会议在南昌举行。出席会议的有省委委员46人。省委副书记舒圣佑传达中共十五届四中全会精神；讨论并原则通过《中共江西省委关于贯彻〈中共中央关于国有企业改革和发展若干重大问题的决定〉的实施意见》。省委书记舒惠国作题为《迎难而上、开拓前进，努力开创江西省国有企业改革和发展的新局面》的讲话。

中共江西省委十届十次全体会议在南昌召开

27日 省委、省政府在南昌召开会议，通报当前经济工作情况，部署当前和此后一段时间的经济工作。省委副书记、省长舒圣佑就当前经济形势和经济工作讲话，要求：（一）千方百计增加投入；（二）引导居民在增加收入的同时扩大消费；（三）以农民增收为中心，加强农业和农村工作；（四）千方百计扩大出口，积极有效加大招商引资力度；（五）从讲政治的高度、抓好财政工作。

27日 江西省纪念新中国成立50周年暨第六次邓小平理论研讨会在南昌召开。会议总结新中国成立50年来江西省社会主义建设的历史经验，推动邓小平理论学习和研究的深入开展。会议于28日结束。

28日 江西省《两个文明建设成就展》在省展览中心展出。展出时间至10月20日。共接待观众30万人次，高峰时一天2万多人。

29日 省社科院编撰的《当代江西五十年》首发式在南昌举行。该书由江西人民出版社出版发行。

29日 反映省文物工作者进行抢救性考古发掘工作成果的《尘封瑰宝——江西配合基本建设出土文物精品》一书近由江西美术出版社出版。

29日 马里共和国国防部长默罕默德·索科纳一行6人来江西参观访问。先后参观了洪都航空工业集团公司、八一起义纪念馆、八大山人纪念馆，游览了滕王阁、庐山。访问于10月3日结束。

30日 大型文献图书《新中国五十年》的系列丛书《新中国五十年的江西》出版发行。全书约170万字。

30日 省政府在南昌举行1999年国庆外国专家表彰会，向获1999年度江西省"友谊奖"的获得者江西师范大学英籍教师吉恩·格朗色特女士等12位专家颁发奖状和证书。78位外籍专家和外籍教师出席表彰会。

30日 省、市各界1500多人在江西艺术剧院集会，热烈庆祝建国50周年，省委书记舒惠国出席并讲话。同日晚，省市举行焰火晚会，省领导与各界群众一道观看。

30日 省委常委、省军区司令员冯金茂陪同马里共和国国防部部长默罕默德·索科纳一行6人参观考察洪都航空工业集团有限责任公司。

30日 省新华书店联合有限公司和省新东方报刊总社正式成立。

30日 国家和省"九五"重点工程九景高速公路120公里主线路基拉通。湖口大桥东西主塔封顶，雁列山、鸡冲岭隧道贯通。

1999

10月
October

公元 1999 年 10 月							农历己卯年【兔】					
日	一	二	三	四	五	六	日	一	二	三	四	五	六
					1 国庆节	**2** 廿三	**3** 廿四	**4** 廿五	**5** 廿六	**6** 廿七	**7** 廿八	**8** 廿九	**9** 寒露
10 初二	**11** 初三	**12** 初四	**13** 初五	**14** 初六	**15** 初七	**16** 初八	**17** 重阳节	**18** 初十	**19** 十一	**20** 十二	**21** 十三	**22** 十四	**23** 十五
24 霜降	**25** 十七	**26** 十八	**27** 十九	**28** 二十	**29** 廿一	**30** 廿二	**31** 廿三						

1日 江西首届"扶贫助学——爱心标志"活动拉开序幕。此项活动的时间自即日起至2000年9月30日。旨在募集更多善款资助贫困地区的失学少年，配合希望工程实施的重点转移，更多渠道、更广范围挖掘社会公益捐资潜力。

1日 江西省博物馆新馆举行开馆庆典并正式对外开放。

1日 洪都航空工业集团有限责任公司研制生产的12架强5C型飞机和16枚导弹，作为共和国50华诞受阅装备通过天安门广场。

3日 以廖若为团长的纽约江西协进会代表团一行6人访问江西，先后考察了昌北开发区和南昌市的主要商业区。

4日 瑞金日东乡的赣江源头发现一条黄竹

江西省博物馆新馆

364

树至福建长汀大同镇的古商道，始建于宋朝。

4日 省长舒圣佑在都昌县、波阳县考察农村经济、移民建镇、水利建设等工作，并就加快县域经济发展进行调查研究。他指出，要充分发挥区域特色，加快县域经济的发展。发展县域经济必须以农民增收、财政增长为目标，这是衡量县域经济工作搞得好不好的标准。

6日 参加首届中国国际高新技术成果交易会的江西代表团，在深圳市关山月美术馆举行新闻发布会。副省长胡振鹏到会讲话，指出希望借助高交会这座"桥梁"，展示红土地精华，促进"科教兴赣"战略的实施，为实现江西经济增长方式的根本转变添油增力。高交会上，江西省成交项目9个，金额1.2亿元，并获得高交会优秀成交奖。

6日 《上饶师专学报》获首届全国双十佳社科学报。

7日 "江西省第十六届摄影艺术展"在南昌开展。参展的365幅作品中，评选出金奖5幅，银奖13幅，铜奖28幅。

7日 新干县中医院蒋奇平、黄明纪等研究完成的《三草黄龙液灌肠法治疗慢性肾功能衰竭》项目，通过专家鉴定。

8日 港澳地区江西省政协委员返赣视察灾后重建工作。他们将深入九江、永修、上饶、铅山等地实地考察。

8日 省委召开常委会议，认真学习贯彻国家主席江泽民在庆祝建国50周年大会上的重要讲话。表示要坚决贯彻江泽民重要讲话精神，以时不我待、只争朝夕的紧迫感和责任感，把江西建设得更加美好。

8日 江西省妇幼保健院在全省率先推行无节假日工作运行制度。

9日 菲律宾著名华人企业家、侨领陈永栽一行10人抵赣考察投资环境，寻找投资机会，视察其投资的南昌亚啤公司。陈永栽在江西省投资已逾亿元。

9日 省自然保护区办公室、省科学院野生动物标本公司和吉安地区林业工作站专家和科技人员，在遂川县高坪镇白沙村杨荷顶、中村棋盘岭和桃花园水库等山区开展夏候鸟迁飞调查。经过七天七夜驻守在海拔1500多米的杨荷顶和棋盘岭，捕捉一些夏候鸟证实遂川县西部有一夏候鸟迁飞通道。这一发现填补了江西省鸟类研究的一项空白。

9日 崇义县龙勾乡中心小学三年级学生肖军燕收到德国教师马库斯鲁道夫寄来的1000元人民币的助学金。

10日 副省长蒋仲平在南昌会见国际狮子会港澳303区半岛狮子会主席黎鸿亮和副主席张恒星。黎鸿亮、张恒星此行检查"视觉第一中国行动"在江西的进展情况。并到德安县人民医院进行实地考察。

10日 省政协在南昌举行《江西省政协志》首发式。该书50余万字，分7篇35章共153节，彩照34幅。

11日 江西省对口支援三峡工程领导小组成员会议在南昌召开。江西无偿支援三峡库区资金132万元。用于希望小学、卫生院等公益事业建设物资，折合人民币46.7万元，无偿培训人员22名。两地之间合作项目九个，已投产项目四个。此后在高效农业、机械、旅游开发、技术转让等方面进行广泛合作，拓展市场，共谋发展。

11日 在全国个人射击锦标赛上，江西运动员蔡烨清以691.7环的总成绩夺得女子运动手枪60发项目的金牌。

11日 全国大中城市传染病院第十四届协作网络会议在南昌召开。北京、上海、天津等70多个城市的传染病院院长及专家代表共200余人参加。

12日 全国历史文化名城第六届消防工作研讨会在南昌召开。开封、扬州等18个历史文化名城消防支队代表共62人参加。

12日 全国政协组织的驻河南省全国政协委员赴赣视察团在南昌、吉安、赣州等地市就农业和农村工作进行为期10天的视察。

12日 南昌市首批安装在城区主要街道和流动人口密集地区的60台避孕安全套自动发放机开始启用。

12日 省政府办公厅发出《关于深入学习贯彻中央〈决定〉和省委〈实施意见〉，推进国有企业改革和发展的通知》。通知要求各地各部门立即行动起来，深入学习和贯彻中央和省委重要文件精神，加快推进国有企业改革和发展的进程。

12日 赣江流域水土保持重点治理第二次工作会议在会昌召开。会议提出对全省水土保持工作思路作出调整，即坚持以小流域为单元，山、水、田、林、路、草统一规划，工程措施、生物措施、保土耕作措施等有机结合，乔、灌、草相结合，大力植树种草，特别是种植百喜草，实行综合治理。会议于13日结束。

江西地区水土保持较好的土地

13日 中华苏维埃共和国与新中国50年理论研讨会在瑞金召开。全国各地的70余名党史、党建、宣传理论界的专家学者参加会议。中央文献研究室向瑞金市委、市政府赠送一批珍贵的历史资料光盘和图书。

13日 第四届"全省十佳少先队员"揭晓。他们是：马莉惟、艾莉、刘欣、刘赫穹、汤城、罗嗣明、黄健、黄晞、曾妍、曾静。省领导黄名鑫、沃祖全为获奖少先队员颁奖。

14日 弋阳县圭峰风景区南岩石窟门前的放生池中发现12颗唐末宋初时期的石雕佛头。

14日 省长舒圣佑到萍乡、新余、樟树，深入到工厂、车间、国有企业进行一周的考察。他强调，国有企业必须全面贯彻中共十五届四中全会精神，坚定信心，扎实工作，努力开创国有企业改革发展新局面。

15日 省委、省政府在南昌召开全省减轻农民负担工作大检查电话会议，要求紧紧抓住提留统筹、农业税收政策执行情况、农村"三乱"的治理情况、端正干部作风和精简乡镇机构情况、减轻农民负担各项制度落实情况四个重点进行检查，发现问题严肃处理。

15日 省人大代表评议省林业厅工作大会在南昌召开。省林业厅副处级以上干部参加评议大会。此前，省人大代表进行了执法检查和评议工作。7月至8月，各地、市和省直部门对《森林法》的执法情况进行了自查。9月，省人大常委会各位副主任分别参加了8个执法检查和评议调查组，到11个地市和省直有关部门进行了重点执法检查和评议检查。10月开始，分组进行深入调查研究。

15日 福建省委、省政府、公安厅在福州市召开表彰大会，授予赣南青年罗斌"见义勇为"称号。颁发奖金1万元，并号召全省青年向罗斌学习。

15日 全省第二次城区基层组织工作会议在南昌召开。省委副书记步正发到会讲话，强调要切实把城区基层组织建设工作纳入重要议事日程，按照一级抓一级的原则，建立健全抓好城区基层组织建设工作的责任制。要加强城区基层组织的领导班子和队伍建设，整体推进城区基层组织建设。

17日 省委书记舒惠国在高安考察工业企业时指出，要认真学习贯彻中共十五届四中全会精神，因地制宜，因企制宜，搞好国企改革发展和县域经济结构的调整。

18日 第三十次全国药材交流大会在樟树市举行。全国2000余家药商的2万名代表参加，展出各类新药特药1500余种，约占参会药材总数的40%。

18日 为期3天的第二届中国竹文化节暨国际竹业博览会在湖南省益阳市举行。江西参展的靖安县竹雕系列产品、铜鼓县"江欧牌"竹地板等8个产品获金奖，江西省参展代表团获组织奖。

18日 为期一周的全国新编地方志成果展览会在中国革命博物馆举办，江西有200多部志书、年鉴、方志理论著作参加展览。

19日 首届"中国烟草十大金叶卫士"事迹报告团在南昌作首场报告，拉开了该团在全国各省市巡回演讲的序幕。10位"卫士"是来自全国最基层的烟草专卖及工商、公安、检察等执法部门干部，他们讲述了自己维护国家和广大消费者的利益，捍卫烟草专卖制度的经历。

19日 省政府在南昌举行"全国精神文明创建工作先进单位"授牌仪式。受表彰的45个单位喜接奖牌。省委副书记钟起煌在揭牌仪式上强调，要搞好延伸辐射，推动三大创建活动（创建文明城市、文明村镇、文明行业）向深度和广度发展，提高创建工作水平。

19日 全国30个省市的200多家冰箱经销商汇聚江西华意电器总公司，签订2000年华意无氟冰箱销售合同16万多台，共计金额2.5亿元。

20日 省委在南昌召开全省第二次"三讲"教育工作会议，总结交流第一批地市厅局"三讲"教育工作的情况和经验，研究、部署下一步全省"三讲"教育工作。省委书记舒惠国出席并讲话，要求坚定信心、再接再厉，高标准、严要求，切实搞好第二批地厅级单位的"三讲"教育。

20日 省九届人大常委会第十二次会议在南昌举行。会议通过《江西省反窃电办法》和《江西省矿产资源开采管理条例》；决定公布《江西省实施〈中华人民共和国土地管理法〉办法（修订草案）》；通过决定任命余欣荣为省农业厅厅长；决定免去危朝安的省农业厅厅长职务；免去罗筱玉的省计划生育委员会主任职务。

21日 全国平原绿化先进县之一的玉山县，近几年来先后投入100多万元用于公路绿化工作，使全县1200公里的公路两旁建设成为三季有花、四季常青的公路绿化带，生态效益良好，收到了绿一条路、富一方民的效果。

21日 1999年江西农业新品种、新技术、新产品展示会在南昌举行。展出260多种新品种、新技术和新产品的实物样品。

22日 鄱阳湖流域管理国际研讨会在南昌举行。会议就学术交流和鄱阳湖流域（山江湖区域）的可持续发展问题进行研究。全国政协副主席、中国工程院院长宋健等向大会发来贺电。

22日 省政府召开第十五次省长办公会议，省长舒圣佑主持会议并讲话。会议强调推进国有企业改革和发展要着重做好的七项工作：（一）坚定信心，排难而进。（二）从战略上调整好国有经济布局。（三）有进有退。（四）积极推进国有企业战略性改组。（五）加快建立现代企业制度。（六）切实加强和改善企业管理。（七）加快国有企业的技术进步和产业升级。

23日 铜鼓县赣西北竹木建材大市场正式投入运营。该市场投资近2000万元，占地1.33公顷，建成标准交易铺面144间，商住楼40多套。广纳湘鄂赣毗邻地区竹木、建材产业厂家、经营单位和个体经营者前来承租、运营。

25日 中国新闻界最高奖新闻奖揭晓，江西获奖的作品有《98抗洪系列报道》、《开学第一课》、《长江九江防洪墙决口昨日合龙》、《决战洪魔九江长江大堤决口今天合龙》、《鱼水情满浔阳地》共五篇。

25日 以省长舒圣佑为团长、副省长蒋仲平为副团长的江西省政府代表团一行，自即日至11月3日在浙江学习考察，参加在温州市举办的1999年江西省横向经济联合协作项目洽谈会，并就两省在面向新世纪征程中，展开新一轮合作，谋求共同发展等方面，进行广泛的交流座谈和洽谈，共签约533个经济技术协作项目，引进资金48亿元。

26日 江西省精神文明建设第七届"五个一工程"工作表彰会在南昌举行。获中宣部精神文明建设第七届"五个一工程"组织工作奖和入选作品奖的单位和个人，以及获江西省"五个一工程"组织工作奖和入选作品奖的单位和个人受到表彰。

26日 由全国山区综合开发办公室、中国林业科学院和铜鼓县政府联合举办的第三届中国南方竹木建材投资贸易洽谈会在铜鼓县召开。德国、澳大利亚、新加坡、比利时等6个国家和地区及国内 13 个省、市的 340 多位客商参加会议。洽谈会进行了两天，达成合同引资额 8020 万元，合同贸易额 14145.3 万元，比上届分别增长 45% 和 10%。

26 日 中共中央政治局委员、书记处书记、中央军委副主席张万年在驻赣部队调查研究时强调，要继承和发扬老区人民和军队的优良传统和作风，大力加强思想政治工作和领导班子建设，抓好民兵预备役工作，巩固和发展军政军民团结，全面推进我军质量建设，切实解决好"打得赢"、"不变质"两个历史课题。

张万年视察江西省军区

26 日 1999 年全国货币金银工作会议在井冈山市举行。会议部署 1999 年旺季及 2000 年春节前的工作，研究和展望 2000 年货币金银工作的基本思路及前景。中国人民银行副行长史纪良、副省长王君到会并讲话。

27 日 《井冈山精神：中国革命精神之源》一书在南昌举行首发式暨出版座谈会。省委书记舒惠国为该书作序。

27 日 南昌市委、市政府召开分离市属企业自办中小学校工作会议，宣布 28 所市属企业自办中小学校从企业中分离出来。

28 日 江西省召开的全省厂务公开工作会议强调，要加大力度在全省范围内广泛推行厂务公开工作，把它作为深化改革的一项重要工作抓紧抓好，2000 年 7 月 1 日前全省所有国有、集体企业和国有、集体控股企业都必须实行厂务公开。

本月 宋明理学开山鼻祖周敦颐墓曾被列为九江十景之一。1959 年列为省级重点文物保护单位。该墓"文革"初期被毁。月底，周敦颐墓在庐山区莲花镇栗树岭重修竣工。

1999

11月
November

公元 1999 年 11月							农历己卯年【兔】						
日	一	二	三	四	五	六	日	一	二	三	四	五	六
	1 廿四	**2** 廿五	**3** 廿六	**4** 廿七	**5** 廿八	**6** 廿九	**7** 三十	**8** 立冬	**9** 初二	**10** 初三	**11** 初四	**12** 初五	**13** 初六
14 初七	**15** 初八	**16** 初九	**17** 初十	**18** 十一	**19** 十二	**20** 十三	**21** 十四	**22** 十五	**23** 小雪	**24** 十七	**25** 十八	**26** 十九	**27** 二十
28 廿一	**29** 廿二	**30** 廿三											

1日 省委、省政府在南昌召开省级有关部门开展减负检查清理工作会议，要求所有与涉农收费有关的各部门做表率，高质量完成各项减负检查清理任务，做到正本清源、守土有责，真正解决农民反映的突出问题，切实把农民负担减下来。清理工作历时一个月，于11月30日前结束。

1日 江西省人大"工会两法"检查组历时 4 天到江西棉纺织印染厂、江西纸业有限责任公司、汇仁集团和进贤县、青云谱区等地检查贯彻《中华人民共和国工会法》和《江西省实施〈工会法〉办法》执行情况。

汇仁集团有限公司主产品"汇仁肾宝"包装车间

1日 南昌市召开道教第一次代表会议，听取并审议《南昌市道教协会筹备小组工作报告》和《南昌市道教协会章程（草）》，选举产生市道教协会第一届理事会。

1日 中共中央委员、人民日报社社长邵华泽到江西景德镇考察艺术瓷生产经营，并召开座谈会。期间，邵华泽还走访雕塑瓷厂、轻工总会陶研所、古窑、陶瓷历史博物馆等地。并为陶瓷历史博物馆内的瓷碑长廊题写"国之宝"。

2日 香港特别行政区政府组派"熟悉内地事务探访团"抵达南昌。探访团一行 21 人将在南昌、景德镇两地进行考察访问。

2日 安远县东江源头三百山下30 多位农民在紧挨"香港回归林"的一处山坡上种下 99 株南方珍贵树种，并竖起一块"澳门回归林"的标牌。

2日 洪都航空工业集团有限责任公司南飞纺机公司"债转股"签字仪式在北京举行。该公司成为全国首批"债转股"企业。

3日 省委书记舒惠国在参加"学习贯彻党的十五届四中全会精神，加快县域经济发展研讨班"的县（市、区）主要领导座谈时强调，加快县域经济发展，要紧紧围绕"农民增收、农业增产、工业增效、财政增长、后劲增强"这个目标。坚持"市场为先、各创特色、科技推动、富民富县"的战略取向。

4日　全国连环画报刊第十三届"金环奖"颁奖大会在南昌举行，由江西省21世纪出版社创办的《大灰狼》画报获全国连环画报刊的最高奖——"金环奖"。

5日　国家人事部授予全国10名专业技术人员"杰出专业技术人才奖章"，给予40名同志记一等功奖励。

5日　江西省出席第六次全国见义勇为先进分子表彰大会的4位代表：王意礼、徐荣花、晏文华烈士的妻子陈小芳、柯亨逵烈士的妻子刘明凤从北京返回南昌。

6日　省妇联召开八届七次执委会。会议替补、增补了省妇联八届执委、常委，选举魏小琴为省妇联主席，潘玉兰、王萍为副主席。

6日　建国以来首次医师资格认定工作在江西省拉开帷幕。

6日　江西省新一轮国土资源大调查的第一批18个项目，通过设计审查近千万元的项目经费已全部到位，为期12年的新一轮国土资源大调查正式启动。

7日　应荷兰欧中经贸集团邀请，副省长孙用和率江西省农业考察团一行6人出访荷兰，与荷兰欧中经贸集团洽谈畜牧业良种引进、畜产品加工合作、温室种植技术的引进，并与荷兰CMO园艺工程公司等单位洽谈花卉业合作。

7日　在中国教育学会小学自然教学专业委员会1999年会暨全国小学自然课比赛中，上饶市第一小学杨蕴宇执教的二年级"不倒窗"自然课获一等奖。

8日　《江西省实施中国21世纪议程行动计划》通过评审。为编好这一文件，省政府组织了数十个厅局、科研机构上百名专家，进行大量调查研究。

8日　全省纠正医药购销中不正之风工作会议召开，动员和部署切实搞好纠正医药购销工作中不正之风的专项治理工作。省委副书记、常委副省长黄智权在会上强调，要下决心把非法药品集贸市场坚决取缔，决不允许以任何借口搞"变通"、留"死角"。要建立"统一开放、竞争有序、管理科学"的医药生产流通体制。

9日　以邱娥国为生活原型的电影故事片《阳光小巷》在南昌公映。省领导和省市军民1500余人一道观看电影。

9日　在全国消防日活动中，江西省公安消防总队发行首张火灾警示VCD光盘——《火灾警示录》。省委副书记、常务副省长黄智权、省政协副主席厉志成和省长助理凌成兴出席首发式。

9日　"江印集团杯"江西网络小姐总决赛在江西省有线电视台幸运大转盘演播厅举行。省数据通讯局的付剑峰、南昌大学的喻烜、21世纪出版社的杨定安分别获冠军、亚军、季军。付剑峰将代表江西参加在上海举行的第二届中国互联网络小姐大赛。

10日　省委决定建立省委思想政治工作联系会议及办公室工作制度。联系会议召集人为钟起煌、步正发、张克迅。省委思想政治工作联系会议召开第一次全体会议，会议审议了联系会议及办公室工作制度，讨论了近期主要工作安排。

10日　省政府在龙南召开全省改善外商投资软环境现场会。会议强调，要把优化环境作为牵动全省经济发展的突破口，列入重要议事日程。要建章立制，规范管理，推行外商投资企业"一站式"办公制度，规范收费行为，加强执法检查，切实保障外商投资企业的合法权益。

11日　省领导舒惠国、黄智权等实地察看上世纪末南昌市最为浩大宏伟的市政基础设施建设——"一江两岸"城市道路防洪系列工程。

11日　团省委决定，追授铁路乘警徐晓强勇斗歹徒的"江西杰出青年卫士"称号。

11日　由国家科技部主办的全国稀土应用经验交流会在南昌召开。副省长胡振鹏、中国工程院院士李东英出席开幕式并讲话。此次会议主要研究如何进一步加强我国稀土应用工作。会上，赣州有色冶金研究所被授予"南方稀土生产促进中心"的铜牌。

12日　中华苏维埃共和国国家政治保卫局旧址重建奠基仪式在瑞金市举行。

13日　以省政协副主席张华康为团长的江

西省侨务工作访问团一行 5 人赴美国进行工作访问。

13 日 全省民族工作会议在南昌召开。会议传达中央民族工作会议精神，研究民族工作面临的新形势，部署跨世纪的民族工作。指出民族工作必须服务于大局，致力于加强不同民族、不同信仰群众间的团结，维护社会稳定，促进经济发展。

13 日 经过 20 年的研究，我国科研人员发现生长于我国南方九江市的一种珍稀植物——青钱柳，能有效地降低血糖和尿糖。以青钱柳为原料生产的保健茶获美国食品与药品管理局认可，成为我国第一个获得美国 FDA 认可的保健茶。

13 日 曾获江西省第二届地方志优秀成果一等奖的《全南县志》在北京参加全国新编地方志成果展览会获好评，30 本县志被北京图书馆等单位收藏。

14 日 以小野鸟司为团长的亚行贷款项目九景高速公路建设检查团一行抵达江西，对九景高速公路建设的速度、质量、资金及移民安置等情况开展检查。

14 日 余江县洪湖乡塘桥村农民舒加荣，历时四年探索，终于掌握一套网箱养鳝技术。据专家介绍，网箱养鳝技术获得成功。

15 日 全省农业科技进步与产业化座谈会召开，听取依靠农业科技进步，推动农业产业化发展的意见和建议。会议认为，科技进步已成为推动江西农业产业化加速发展的重要力量。必须紧紧依靠科技进步，依托资源优势，进一步深化改革，实行强强联合，或组建上市公司。

15 日 南昌钢铁公司中型厂研制开发的 6 号角钢一次试车成功，并批量生产。

15 日 国内首家数码相机生产企业——南昌凤凰数码科技有限公司在南昌高新技术产业开发区挂牌。该公司由江西凤凰光学股份有限公司与英属联科国际有限公司共同投资兴建。

15 日 新干县商墓出土的四足铜甗、乳丁纹铜方鼎、伏鸟双尾铜虎 3 件文物，经国家文物专家评审，被鉴定为国宝。

15 日 省委、省政府领导自即日至 17 日，考察广丰县两个文明建设的成果。在赣州市、信丰、南康、大余、瑞金、于都、赣县、章贡等县（市、区），与县（市、区）领导、农村干部群众和国企、个私、外资经营者交谈，就县域经济发展和党建工作进行调查研究。要求解放思想，大胆实践，加强新形势下党的建设和领导班子作风建设。到奉新、高安检查粮改工作。要求必须坚定不移地按保护价敞开收购农民余粮，继续加强粮食收购市场管理，推动粮改稳步健康发展。

16 日 南昌铁路局姚家洲车站起重机司机胡新民研究成功的"防磨损节绳抓斗"技术获国家专利，并被美国的 EI 数据库收录和采用。

16 日 在由中国扶贫基金会和新华社《半月谈》杂志社联合主办的第六届全国十大"扶贫状元"、"扶贫贡献奖"表彰大会上，余干县黄新春获"全国扶贫状元贡献奖"。

17 日 全国部分省市烟花爆竹安全管理经验交流会在广丰召开。会议推广广丰"搞基地建设—抓安全生产—促规模销售"和"市场牵龙头—龙头带基地—基地连农户"的花爆生产管理模式，力争经过 2 年至 3 年，使农村个体作坊非法生产烟花爆竹的问题得到彻底解决。

18 日 上午 9 时 35 分，进贤县李渡出口花炮总厂礼花分厂装引车间发生一起烟花爆炸事故，炸塌车间 2 栋、面积 200 平方米，受损车间 3 栋、面积 300 平方米，炸死 4 人，受伤 5 人，直接经济损失 10 万余元。

18 日 江西第三制药厂研制成功新型植物增长素"稳多富"，该产品具有多种植物生理活性的叠加效应，对农作物的生长生育可起到有效的调控作用。填补了我国农药制剂的一项空白。

19 日 邓向平老人尽心保护的一对石狮，经专家考证，是出自三国时期东吴都督府门前的镇兽文物，有 1700 多年历史的珍贵文物，已被九江市政府列为市级文物。

20 日 省长舒圣佑率领省政府经济友好代表团出访法国和意大利。此次出访将考察法国罗地亚化工集团巴黎总部，洽谈在稀土生产和深加工方面合作事项；考察法国利穆赞大区的农牧业、陶瓷业、农产品加工业等，寻求经贸、科技友好合作。12月5日结束访问回国。

20日 奥地利旅游专家沃尔纳·沃普兹来江西考察指导旅游规划工作。双方就关于江西旅游业发展环境分析、产业、定位问题、发展战略构思与区域布局等十大问题进行探讨。

20日 全国人大常委会委员、内务司法委员会副主任、中华慈善总会会长万绍芬在江西就捐资办学进行为期一周的调查研究,回访受灾后正在兴建的新村。

20日 省委常委召开扩大会议,传达江泽民、朱镕基在中央经济工作会上的重要讲话,要求认真学习中央经济工作会议精神,进一步认清形势,统一认识;从江西实际出发,突出抓好经济工作中的重点,进一步加强和改善对经济工作的领导。省委书记舒惠国讲话强调:第一,要以市场为导向,调整优化农业和农村经济结构,千方百计增加农民收入。第二,要加快国有企业改革和发展。第三,要千方百计做好扩大内需这篇文章,进一步拉动经济增长。第四,要立足省情,着力抓好县域经济的发展。

22日 日本北京新能源事务所所长井上淳一行来赣考察秸秆气化项目。国家计委、中国科学院、山东省及江西有关部门负责人会见日本客人(23日起井上淳一行赴永修、星子等地考察)。

23日 中纪委专项检查组组长金莲淑一行,来江西检查落实"收支两条线"规定工作情况。

23日 在雅典举重世锦赛女子63公斤级比赛中,江西选手熊美英以132.5公斤的成绩获挺举银牌,并以237.5公斤的成绩获该级别总成绩第二名。熊美英还以105公斤的成绩获得抓举铜牌。

23日 兴国县樟木乡福上村一唐代古驿道被游人发现,该驿道长约10.2公里、宽约2.5米,全部由鹅卵石砌成,整条路上的三个茶亭楼阁雕刻精致,图案栩栩如生,为唐朝初期所建,距今有1300多年的历史。

24日 以林金泉为组长的中央"三讲"教育调查组一行5人抵赣,了解江西省级班子"三讲"教育情况,并对全省地市厅局"三讲"教育及县级"三讲"教育试点工作进行调查研究

(25日下午,省委在南昌召开汇报会,向中央"三讲"教育调查组汇报江西省"三讲"教育的进展情况。经过21天的调查研究后,12月14日,调查组与省委常委会交换意见。林金泉讲话认为,江西省级领导班子整改工作是认真的,落实的情况是好的,成效也是明显的。地厅局"三讲"教育工作是扎实的,发展是健康的,收获也是明显的)。

25日 1999年全国大学生艺术节,江西省报送节目45个,共获一、二、三等奖31个,占报送节目、作品数的68.8%,比全国55.5%的平均水平高出13.3个百分点。

25日 国务院、中央军委阅兵装备工作领导小组授予洪都航空工业集团有限责任公司"在建国五十周年国庆首都阅兵装备工作中作出突出贡献"奖牌;国防科工委授予该公司"参阅装备银奖"奖牌。

25日 由国家工商行政管理局副局长李建中任组长的国务院粮食检查组抵达南昌,对江西贯彻落实中央粮改政策、粮食收购及粮食风险基金到位情况进行为期四天的检查。

25日 澳门建筑师李埜子一行抵赣,对龙南客家围屋进行考察。该县有围屋360多座,是全国数量最多、规模最大、保存最好的地方。

25日 1999年江西省技术创新周结束。各地300多家企业、400余名代表参加了技术创新周活动。活动期间,企业界代表考察参观了南昌大学等高校,观看了科技成果展示。高校与企业界对口交流、洽谈,并向第二批省级企业中心授牌。

25日 继1998年底江铃等4家企业被授牌首批省级企业技术中心后,江中制药厂、华意电器公司、江西药都樟树医药集团公司、南昌华声通信有限公司等10家第二批省级企业技术中心被认定。"十五"期间江西省还将组建50家省级企业技术中心。

26日 副省长蒋仲平率省农资市场考察团出访德国和加拿大,进行为期12天的考察访问。

28日 省委、省政府召开全省领导干部会议,学习领会贯彻中央工作会议和省委常委扩大

会议精神，要求抓紧年内时间努力完成国民经济和社会发展的各项任务，全面做好加快2000年经济社会发展的各项准备工作。

28日 全国人大常委会副委员长、中国科协主席周光召院士，在赣考察、讲学，并看望省人大常委会、省科协工作人员（29日，在南昌作题为《信息科技与未来竞争力》的科技报告。省委书记舒惠国主持并讲话）。

29日 "FLM强的功能陶瓷（纳米农用863）在水稻栽培中的应用"科研课题通过省科委组织的成果鉴定。

29日 全省竹产业现场会议在崇义县召开。会议提出，力争到"九五"期末，江西省竹业年产值达20亿元，年出口创汇4000万美元，提高竹业的综合效益。

30日 国务院批准《江西省土地利用总体规划》（1999～2010）。规定全省分区土地利用方向，并规定至2010年江西实现耕地总量动态平衡的方向和途径。

30日 广东、江西及国家有关部委、科研院所的专家学者140多人，在赣州认真探讨京九南段沿线地区的资源开发与可持续发展的合作和经验。促进赣中南、粤东北地区经济发展，加强赣、粤、港三地联系与合作。

30日 上饶全良液酒厂"全良牌系列白酒"的生产制造通过ISO9002国际质量体系认证，其质量体系符合"GB/T，19002－1994－ISO9002，1994"标准，全良牌系列白酒产品已获世界贸易"通行证"。

30日 上饶地区13个政府网站开始向社会发布信息，为公众打开了解上饶风土人情、土特产品和经济发展状况的窗口。

1999

12月
December

公元 1999 年 12 月							农历己卯年【兔】					
日	一	二	三	四	五	六	日	一	二	三	四	五	六
			1 廿四	2 廿五	3 廿六	4 廿七	5 廿八	6 廿九	7 大雪	8 十一月大	9 初二	10 初三	11 初四
12 初五	13 初六	14 初七	15 初八	16 初九	17 初十	18 十一	19 十二	20 十三	21 十四	22 冬至	23 十六	24 十七	25 十八
26 十九	27 二十	28 廿一	29 廿二	30 廿三	31 廿四							

1日　9时半，省政府举行庆贺澳门回归祖国、祝贺澳门特别行政区成立的纪念礼品《百荷图》发送仪式。《百荷图》巨型瓷花瓶高 1999 毫米，瓷瓶装饰图案是澳门特别行政区区花——荷花，每个花瓶彩刻荷花 99 朵，称作《百荷图》，寓九九归一。

庆祝澳门回归纪念礼品发送仪式

1日　"台湾亚洲水泥有限公司常务董事、江西亚东水泥有限公司"董事长张才雄一行 5 人访问江西。省委副书记、常务副省长黄智权，副省长朱英培关切地询问了台湾地震中该公司的受损情况，以及江西亚东水泥有限公司的工程进展情况。

1日　经中编办和国家出入境检验检疫局批准，正式成立江西出入境检验检疫局南昌机构办事处，负责南昌航空口岸出入境卫生检疫、动植物检疫和进出口商品检验的行政执法。

1日　分宜县发现一块明代"田粮碑"。立于明万历年间，距今约 400 多年历史。

1日　瑞金市珍稀动植物调查组在该市日东林场境内人迹罕至的观音山东狮子岩发现一明代茶园。茶园面积约 100 余平方米。

2日　全国人大常委会副委员长周光召到鹰潭市考察。

2日　省委下发《关于进一步转变工作作风的意见》。要求各新闻媒体减少领导人参加会议和活动的新闻报道，更多的宣传群众和基层。

3日　在全省范围内开展的消灭骨髓灰质炎强化免疫活动在南昌拉开序幕。省领导分别到省委保育院、省第三保育院，为儿童喂服糖丸。

4日　在北京举行的第二十届福特世界超级模特总决赛中，江西省纺织工业学校李冰获"世界超级模特十佳"称号，是本次大赛中唯一进入"十佳"的中国模特。

4日 南昌市公安局东湖分局墩子塘派出所所长万斌，当选第二届"中国保护未成年人杰出公民"。

5日 南昌钢铁有限责任公司的高炉利用系数焦比等主要技术经济指标已跻身全国先进行列。

7日 省委、省政府在南昌召开全省各民主党派、工商联关于全省经济建设、社会发展调研成果汇报会。通过"领导出题、党派调研、听取汇报、部门落实"的模式，形成调研报告25篇，提出120多条意见和建议，省委常委会予以充分肯定。

7日 江西海外联谊会和新华社澳门分社联合主办的"澳门的历史与发展"大型图片展在江西革命烈士纪念堂开展。展览分澳门历史沧桑、澳门与祖国内地的联系、今日澳门、澳门回归之路四部分，200多幅图片。

7日 萍乡佳能环保公司和南昌大学联合研制的"球形轻质陶粒"通过科技鉴定。

8日 全省农业和农村工作会议在泰和县召开。会议提出2000年的农业和农村工作以围绕农民增收为核心，以推进农业产业化经营为突破口，带动结构调整，乡镇企业、小城镇建设、科教兴农等各项工作全面发展。

8日 万安县庭院经济典型示范模式通过专家评审，被评为"全国庭院种养结合型典型示范县"。

8日 以左连璧为组长的国家六部委局纠正医药购销中不正之风联合检查组一行自即日至13日先后深入九江、景德镇、南昌、吉安等地，进行专项检查。

9日 民盟省委十届三次会议在南昌召开，会议传达民盟八届七次中常委会精神，听取并审议民盟江西省十届委员会常委会工作报告。

9日 省委宣传部、省文明办等11个部门联合召开全省文化科技卫生"三下乡"电话会议。强调指出，要努力探索、勇于创新，扎实推进"三下乡"常下乡，坚持长流水，不断线。

9日 在全国遭受百年未遇的特大洪涝灾害的省份中，江西率先正式宣布："灾情超历史、疫情如常年"，取得"大灾之后无大疫"的全面胜利。省政府召开总结表彰会。表彰39个先进集体，并部署防病防疫工作。卫生部副部长殷大奎出席会议并讲话。

9日 日本岐阜县民族艺术代表团在省艺术剧院表演该县指定为无形文化遗产的数河狮子舞，近千名观众欣赏了这场中日文化交流晚会。

9日 江西财经大学与美国纽约理工学院合作培养的MBA项目举行首届毕业典礼，42名学生获得学位证书，成为江西省第一批工商管理硕士。

9日 上高县七宝山在铅锌矿采掘过程中，发现大面积纵横交错被深埋在山底下的古采掘坑道遗址。

9日 九江化纤厂首产成功的消光高白度黏胶纤维获国家重点新产品证书。

9日 一部以昌河飞机制造公司为原型的电视剧《第三条线》在南昌开拍。

10日 1999年江西食品展销洽谈会在南昌八一广场举行。参展企业共881家，展出产品有25大类共3471个品种，出席展销洽谈会的供需代表5500多人。展销洽谈会总成交19.76亿元，其中零售5468万元，签订合同金额19.22亿元。

10日 全省第十次高校党建工作会在南昌召开。会议强调指出，要全面推进高校党建和思想政治工作。南昌大学、江西师大、江西中医学院、南昌航院、江西财大、南昌水专、吉安师专7所高校获全省文明校园称号。

10日 被誉为"天下第一楷书"的颜真卿《麻姑山仙坛记》手撰之圣地——南城县麻姑山仙坛旧址重现"仙境"，投资近10万元重建的仙坛重新展现在中外游人面前。

12日 经第九届全国美展总评委会评选，确定江西省入选作品刘称奇创作的《世纪潮》获全国第九届美展画类金奖。

12日 省委、省政府在南昌召开纪念曾山同志诞辰100周年座谈会。中共中央政治局候补委员、中央书记处书记、中央组织部长曾庆红，曾山的夫人邓六金以及曾山的其他子女及亲属应邀出席。省委书记舒惠国讲话，省长舒圣佑主持会议。曾山 1899 年 12 月 12 日出生于吉安县永和白沙锦原曾家村。1925 年投身革命，1926 年 10 月加入中国共产党。

12 日 省委统战部组织的党外专家学者考察团一行 11 人，赴上饶地区考察发展县域经济，调整农业、农村结构问题和农业产业化问题。

12 日 江西省举行颁奖大会，奖励第十六届全国中学生物理竞赛江西赛区的优胜单位和个人，为获得江西赛区团体总分前四名的南昌二中、高安中学、临川一中、临川二中，获个人一、二、三等奖的同学颁发证书。

13 日 省委副书记、常务副省长黄智权在南昌会见来赣考察粤赣高速公路泰和至赣州段（世行贷款项目 II 项目）的世界银行官员尼克森一行 3 人。

13 日 省林业厅对 1999 年度世行贷款"森林资源发展和保护项目"、"贫困地区林业发展项目"的实施情况进行检查验收。检查结果表明：全省九个地（市）39 个县（场）共营造了高质量、高标准速生丰产林 3036.93 公顷，完成集约经营毛竹低产林改造 9251.38 公顷，幼林抚育 31556.43 公顷。新造林面积核实率 100%，一级苗使用率 97.34%，造林成活率 98.2%，平均生长量达标率高达 184.9%，综合达标率 106.57%，各项质量指标均达到部颁标准。

13 日 崇仁县石露水库被水利部列入全国水土保持生态环境建设"十、百、千"示范工程。

13 日 江西省首届优秀舞蹈演员比赛在省文艺学校举行。全省 11 个代表队 99 名选手参赛，通过比赛全面选拔优秀舞蹈演员。选拔赛于 17 日结束。

13 日 省九届人大常委会第十三次会议在南昌举行。会议通过《江西省旅游管理条例》、《江西省建筑管理条例》，通过关于批准《南昌市青山湖保护条例》、《南昌市社会医疗机构管理条例》、《南昌市殡葬管理条例修正案》的决定，通过省人大常委会关于召开省九届人大三次会议的决定，通过人事任免事项，通过关于终止胡长

清九届人大代表资格的报告。会议于 17 日结束。

14 日 8 时左右，余干县古埠镇上桥村上官良家发生一起特大烟花爆竹爆炸案，造成 8 人死亡，1 人受伤，2 幢房屋完全毁坏。

14 日 崇义华森集团有限公司 3 万立方米细木工板生产线竣工投产。这是该公司继胶合板、刨花板、中密度纤维板、高强度复塑竹胶合板和竹木刨花板等 5 条人造板生产线之后，通过招商引资与香港华桂实业有限公司合资兴办的。

14 日 九江长江大桥获首届中国土木工程奖（詹天佑奖）。詹天佑奖是中国土木工程创新工程荣誉奖。

15 日 江西省庆祝澳门回归电视文艺晚会"荷花情·世纪风"在南昌举行。省领导和社会各界 2000 多名群众一起观看演出。

15 日 景德镇市外贸高新技术发展中心研制的"天然栀子黄色素"获国家经贸委颁发的"全国食品工业科技进步优秀新产品奖"。

16 日 全省地市农业局长会议提出：江西省 2000 年农业结构调整的重点是围绕增强农产品市场竞争力，着力实施良种产业化、良法、良农的"三良"工程，依托区域优势，调整农业产业布局，力争在发展生态农业、大打绿色食品牌上有所突破，推出一批具有江西特色的名牌产品。

16 日 经公安部党委批准，鹰潭市公安局巡警支队荣立一等功，该支队 1999 年被评为全国公安系统先进集体。

16 日 在北京举办的 1999 年全国聋哑人田径、游泳、乒乓球选拔赛上，江西选手王国泉获男子 100 米自由泳、100 米蝶泳 2 枚金牌，100 米仰泳银牌。徐志英获女子 100 米自由泳金牌，100 米仰泳、50 米自由泳 2 枚铜牌。

16 日 江西省首家利用外资建设的电力项目、省"九五"重点建设项目——九江三期发电工程开工。原能源部部长黄毅诚、中国华中电力集团公司总经理林孔兴在典礼上讲话。该工程总投资 37.17 亿元，工程建设规模为两台 35 万千瓦发电机组，全部工程 3 年完成。

16 日 江西省第一家通过国家科技部、中

国科学院专家评审"作为高新技术企业上市公司"——洪都航空股份有限公司正式成立。

17日 1999年度江西省科学技术进步奖在新余市评审揭晓,共有98项优秀科技成果获奖,其中一等奖4项,二等奖26项,三等奖68项,500多名科技人员获得奖励。"轮对数控动平衡去重机床"、"江西省国家造林项目科技成果运用"、"血细胞计数分析仪试剂开发"、"蛇伤综合治疗技术及青龙蛇药的研制"等四项成果获一等奖。

17日 中国人民抗日战争纪念群雕铸铜仪式在南昌举行,南昌裕丰金属工艺品厂、南昌铜工艺品厂与北京市中国人民抗日战争纪念雕塑园工程业主委员会正式签字。36尊铸铜群雕将于2000年5月30日以前全部完成。

17日 经中国科协批准,庐山植物园、南昌市少年宫、德安县园艺场和省气象科普教育基地,成为首批全国科普教育基地。

18日 江西省庆祝澳门回归美术书法作品展览在南昌举行。共展出213件作品。省领导和社会各界人士300余人出席开幕式。

19日 一部反映中国革命史重要事件的史料性专集——《宁都起义》,由宁都起义纪念馆编纂,军事科学出版社出版,原中央军委副主席张震题写书名。

20日 省政协庆祝澳门回归座谈会在南昌召开。省政协主席朱治宏,副主席梅亦龙、黄懋衡、江国镇、厉志成、刘运来、沃祖全、张华康和秘书长蒋如铭出席座谈会。

21日 省政府在南昌召开为期3天的全省经济工作会议,会议贯彻落实中央经济工作会议精神,回顾和总结1999年的经济工作,研究和部署2000年的经济工作。会议指出,省委确定2000年为全省整治投资环境年。会议从八个方面部署2000年的经济工作:(一)以农民增收和财政增收为重点,进一步加快县域经济发展;(二)紧紧围绕扩大国内需求,千方百计加大投资力度;(三)扎实有效地推进国有企业改革和发展,努力促进工业生产快速增长;(四)坚持以商促农、以商促工,加快市场体系建设;

(五)全面实施科教兴赣战略,努力提高技术创新水平;(六)正确引导城乡居民消费,加快培育新的经济增长点;(七)进一步加大财源建设力度,努力保持财政收入稳定增长,着力化解金融风险;(八)切实改善人民生活,确保社会稳定。

22日 省委、省人大、省政府、省政协、省纪委领导班子成员集中收看中央电视台播发的中纪委对胡长清严重违法违纪问题作出严肃处理,开除党籍、开除公职,由司法机关依法处理的决定。与会同志坚决拥护中央和中央纪委对胡长清问题的处理决定,全力支持把这个案子彻查到底。

22日 省政府发出《关于井冈山自然保护区管理处划归井冈山市管理的通知》,决定从2000年1月1日起,将井冈山自然保护区管理处划归井冈山市管理。

22日 12时50分,南昌市北郊发生一起森林大火,经解放军、武警、公安、预备役民兵和当地干部群众3000多人奋力扑救,省市领导亲临指挥,大火于23日凌晨1时许扑灭。过火面积780亩,直接经济损失近30万元。

22日 在全国生态示范区建设部分试点考核验收工作中,共青城被命名为国家级生态示范区。

22日 省委、省政府在南昌召开经济交流会,推广万载县"同城不吃请、乡镇分餐制、下村吃派饭"三项制度,进一步规范公务接待工作。省委书记舒惠国、省长舒圣佑到会讲话。

23日 江西赣东苎麻纺织厂研制开发的绿色环保产品"32STENEL与变性苎麻混纺纱"获国家专利。

23日 江西省党管武装座谈会在南昌召开。会议通报一年来江西省武装工作形势,共商2000年武装工作。省委书记舒惠国、省长舒圣佑到会讲话。他们指出,各级领导干部要切实把握经济建设与国防建设的内在联系,自觉处理好改革、发展与稳定的关系,围绕"发展县域经济,促进江西振兴"作出贡献。

23日 江西美术出版社出版、中国著名摄影家吕厚民作序的大型画册《光影之恋》在南昌与读者见面。该画册共收录江西省王昭荣、叶学龄等江西70多位老摄影家从1949年到1999年的100幅作品。

23日 江西省社会主义学院在南昌喜庆40华诞。省领导步正发、梅亦龙、江国镇、厉志成、张华康，老同志杨永峰等前往祝贺。

23日 省政府召开全省城镇职工基本医疗保险制度改革会议，要求充分认识医改的必要性、重要性、紧迫性及其艰巨性，积极推进这项改革的顺利进行。全省11个地市，除南昌、赣州两市外，其他地市的医改实施方案已报省医改领导小组审核。会议于24日结束。

23日 省委在南昌召开全省人大工作会议。回顾和总结20年来全省人大工作的经验，研究新形势下进一步加强和改善对人大工作的领导，更好地发挥地方国家权力机关的作用，推进全省民主法制建设和依法治省的进程。

24日 临川二中申报的《自编高中英语video Listening教程试验》教研课题，经国家教育部基础教育司批准，立项为全国基础外语教学研究资助金项目。

24日 全省计划会议在南昌召开。会议提出2000年江西省经济社会发展的主要目标：国内生产总值2110亿元，增长7%，力争8%，其中第一产业增长4%，第二产业增长7%，第三产业增长9%。财政总收入169亿元，增长8%。全省社会固定资产投资25亿元，增长12.5%。社会消费品零售总额712亿元至718亿元，增长9%~10%。外贸出口9.5亿美元，增长3.5%。利用外资5.5亿美元，与1999年持平。人口自然增长率控制在9.7‰以内。

24日 省纪委、省监察厅下发《关于坚决刹住收受和赠送"红包"歪风的通知》。通知明确规定：从发文之日起，党员、领导干部仍然收受和赠送"红包"的，不管是个人行为还是集体行为，一经查实，一律停职检查，再按照干部管理权限，根据事实、证据，运用条例、条规和有关程序从严处理。

25日 江西民间艺术之乡精品展在省文联艺术展览中心举行。宜春版画、萍乡农民画、石城灯彩、瑞昌剪纸、南丰傩面、赣州根雕等几百件工艺品大部分来自被文化部命名的7个"中国民间艺术之乡"和省文化厅命名的32个"艺术之乡"。

25日 全省政法工作会议在南昌召开，省委副书记、常务副省长黄智权讲话强调，要坚决果断排除一切干扰，确保江西省社会政治持续稳定。会议提出，全省政法工作要实现全省社会政治稳定，城乡社会治安秩序平稳，法律保障水平提高，政法队伍形象明显改观四项目标。

26日 首届江西农民艺术节开幕式暨省市"百龙迎新年"龙腾灯会在南昌八一广场举行。农民艺术节为期6个月，有几十个县（市区）专业剧团、上百个农民业余剧团、民间职业剧团和各类演出队参演，是一场声势浩大的群众文化活动。

首届江西农民艺术节暨省、市喜迎2000年民间龙腾灯会在南昌八一广场隆重举行

26日 为期两天的全省个体私营经济工作经验交流会在赣州召开。会议提出，解放思想，转变观念，放宽思路，真抓实干，努力营造有利于个体私营经济发展的良好环境，推动全省个体私营经济大发展。

27日 省委书记舒惠国考察正在建设的省重点工程九景高速公路时指出，重点工程是江西经济建设的重中之重，要用重点建设的办法推动全省经济发展，要严格重点工程管理，优化重点工程建设环境，完善重点工程管理法规。

27日 宜春市绿鹰宾馆雨棚坍塌,造成8人当场死亡,5人受伤。

28日 省委宣传部、省文化厅、省文联共同主办的"喜迎2000年文艺晚会"在江西艺术剧院举行。

江西省喜迎2000年文艺晚会

28日 省委、省政府、省军区在南昌召开全省双拥模范城(县)暨双拥先进单位和个人命名表彰大会。授予南昌市等36个市(县)"双拥模范城"(县)和叶晓茵等3人"爱国拥军模范"荣誉称号;省政府、省军区决定,授予南昌市双拥办等52个单位拥军优属先进单位称号;授予南昌市东湖区人武部等34个单位拥政爱民先进单位称号;授予匡壁民等36人拥军优属先进个人称号;授予唐雄华等24人拥政爱民先进个人称号。

28日 南昌市二建公司研制成功的屋面生态防水、种植技术通过国家专利局初审认证。

28日 全省经贸工作会议在南昌召开。会议明确2000年江西省经贸工作指导思想:紧紧围绕"三年两大目标",深化改革,加大调整力度,加强管理,加快技术进步,全力开拓市场,完成"四大任务、六个目标"。四大任务是:打好扭亏脱困攻坚战,推进国企改革和发展,提高中小企业有效工作率和经济效益,保持企业和社会稳定。六个目标是:工业增加值增长7.6%,销售收入增长10%,盈利企业盈利额增长5%,亏损企业亏损额下降10%,盈亏相抵后净利润1亿元,实现整体扭亏为盈,工业经济效益综合指数上升2%。

28日 1999年"江西十大杰出青年"评选在南昌揭晓。他们是:包静、杨名权、陈年代、邱京望、周艳军、徐晓泉、黄正瑞、彭小英、曹林、蔡烨清。

29日 省政府在南昌召开全省参加中国1999年昆明世界园艺博览会总结表彰会。全省11个地市、41个县(市、区)、400多个单位、5000余人参加世博会的筹展。在评比竞赛中,获奖牌67块,名列95个参展国家、国际组织和全国34个展团的第十四位,实现了省委、省政府提出的"江西特色、争创一流"的目标。

30日 江西省重点工程——江西省科学技术馆破土动工。省科技馆占地面积约4.6万平方米,建筑面积1.6万平方米,计划投资规模1亿余元。科技馆将由展示区、宇宙剧场、学术行政区三大功能区域组成。

30日 省科教领导小组第二次会议在南昌召开。会议强调,要加快实施"科教兴赣"战略,以技术创新和高新技术成果转化为主线,深化改革,锐意创新,着力创造有利于科技进步的良好环境。会议决定,2000年2月中旬召开全省科技创新大会。

31日 江西省城市绿化工作成绩显著。截至年底,城市建成区绿化覆盖率已达23.5%,绿地率20%,人均公共绿地面积为5.75平方米,

八一公园内景

八一公园林荫道

城市公园达108个，市容市貌大为改观，城市环境明显改善。

本月 江西体育50年"双十佳"评选结果揭晓，体工队获荣誉称号的运动员有：许艳梅（女，跳水）、童非（体操）、熊国宝（羽毛球）、钱萍（女，羽毛球）、毕忠（田径）、罗萍（女，游泳）、周美虹（女，举重）、周伟（田径）。教练员有：张健（体操）、冯上豹（游泳）、欧阳蕊（女，跳水）、陈观珍（女，羽毛球）、包新农（技巧）、李小英（女，田径）。

本 年

本年 《浮梁县志》、《江西省电子工业志》、《江西省广播电视志》、《江西省轻工业志》、《江西省机械工业志》、《江西省国民经济计划志》、《赣州市志》、《江西省文化艺术志》、《江西省林业志》、《江西省农牧渔业志》、《江西省民政志》、《江西省政协志》、《江西省医药志》、《江西省财政志》、《江西省金融志》、《江西省冶金工业志》、《江西省审计志》已编纂定稿并出版。

本年 全省完成人工造林3.082万公顷，飞机播种造林0.59万公顷，迹地更新2.501万公顷，"四旁"植树8201万株；封山育林面积273.95万公顷，其中1999年新封43.00万公顷，幼林抚育作业面积41.19万公顷，成林抚育面积35.77万公顷，低产林改造面积22.01万公顷。全省完成木材产量254.99万立方米、毛竹3008.67万根、篙竹293.85万根；生产胶合板14.39万立方米、纤维板15.97万立方米、刨花板9.25万立方米，松香13919吨，松节油1879吨，樟脑429吨，活性炭3218吨。

50年来，江西林业逐步发展成为一个集资源培育、基地建设、采伐运输、林业加工和第三产业为一体的综合性大产业，全省现有人造板、松香加工、活性炭等林产工业企业3000余家，全省林产工业稳步发展

策划编辑：柏裕江
责任编辑：刘彦青　阮宏波
装帧设计：肖　辉
责任校对：书林翰海校对公司

图书在版编目（CIP）数据

中华人民共和国 江西日史/中华人民共和国日史编辑委员会江西编辑室编.
－北京：人民出版社,2008.9
ISBN 978－7－01－007244－9

Ⅰ.中… Ⅱ.中… Ⅲ.①中国－现代史②江西省－地方史－1949～2005
Ⅳ.K27

中国版本图书馆 CIP 数据核字（2008）第 130970 号

中华人民共和国
江 西 日 史
ZHONGHUARENMINGONGHEGUO
JIANGXI RISHI
第 七 卷
（1995～1999）

中华人民共和国日史编辑委员会江西编辑室　编

名誉主编：孙家正　李金华　张文彬
　　　　　张承钧　李永田
主　　编：孙用和　蒋仲平　魏丕植
　　　　　管志仁　沈谦芳
副 主 编：符　伟　杨德保　廖世槐
　　　　　罗益昌　张翊华

人民出版社 出版发行
（100706　北京朝阳门内大街166号）

北京中文天地文化艺术有限公司排版
北京盛通印刷股份有限公司印刷　新华书店经销

2008年9月第1版　2008年9月北京第1次印刷
开本：889毫米×1194毫米　1/16　印张：24
字数：645千字　印数：0,001－3,000套

ISBN 978－7－01－007244－9　　（全八卷）定价：1860.00元

邮购地址 100706　　北京朝阳门内大街166号
人民东方图书销售中心　电话：（010）65250042　65289539